ますだ ひでとし

リーガルマインド
租税法

[第5版]

増田 英敏 著

成文堂

第 5 版　はしがき

　本書の第 5 版を刊行することがようやくできた。第 4 版発行からすでに 6 年が経過してしまった。その間に代理人として、いくつかの租税訴訟実務を経験するなど、筆者の研究環境が大きく変化したことも、本書第 5 版の刊行に時間を要した理由といえる。

　ところで、本書は租税法の基礎理論を租税正義の視点から解明することをコンセプトとして執筆したものであり、事例も基礎理論に対応するものを選択したことから、初版当初から毎年の税制改正の詳細を解説することは念頭になかった。

　しかし、第 4 版刊行から 6 年が経過して、裁判例は重要度の高い注目裁判例が次々に登場し、事例編はさすがにアプデートが必要になってきた。改訂に当たり裁判事例の大幅な差し替えを検討したが、大島訴訟をはじめ岩瀬事件、そして、長崎年金二重課税事件など、いずれも古典となりつつある事例が厳選して所収されており、いずれの事例も筆者が初版以来、理論編と関連づけて執筆してきたものであり普遍的な議論の展開が可能な事例であるところから、編集者や読者の意見を踏まえ、借用概念としての住所の概念を争点としたユニマット事件を武富士事件と差し替えるのみにとどめることにした。

　この第 5 版では、基礎理論編に消費税の章（13章）を加筆して理論編の体系的充実を図るとともに、事例研究編では、ユニマット事件に差し替えて武富士事件（第 5 章）を、そして、債務免除益事件（第13章）、分掌変更による役員退職給与事件（第17章）、IBM 事件（第18章）、時価評価と評価通達 6 項事件（第20章）、消費税課税と実質所得者課税事件（第21章）の 5 事例を加筆することによりアップデートを図った。本改訂により、注目裁判例と時を経ても租税法の基本判例として重要性が色あせない事例がちりばめられ、基礎理論編と事例研究編がバランスのとれた内容になったと思われる。

なお、本書が通説として参照した金子宏『租税法』（弘文堂）の第23版が2月に刊行されたのに伴い、本書の内容も同書23版の内容を反映させることに努めた。

この改訂にさいして次の方々に感謝の意を表したい。

まず税理士の中川俊治先生には毎年継続して専修大学と私の研究室に研究助成いただいている。心からお礼を申し上げたい。

成文堂の阿部成一社長と本書の改訂作業を適切にリードしていただいた成文堂編集部の飯村晃弘さんに謝意を表したい。

本書の校正は、谷口智紀君（島根大学准教授）とともに、山本直毅君（専修大学助教）、そして、横井里保君（専修大学博士後期課程2年）にお願いした。献身的に校正作業を進めてくれたことに心から感謝申し上げる。

最後に私事でわたるが、この改訂も家族の応援の賜といえる。妻と二人の娘に感謝したい。令和元年にふさわしく、娘二人はそれぞれの道を全力で歩み始めた。初版はしがきで交通事故で重傷を負ったと記した長女美佳子は今年無事に医師国家試験に合格し研修医生活を4月からスタートさせた。また、下の娘由佳子も大学院生活をスタートさせた。家族を全力でサポートする妻貴子に感謝したい。

　　令和元年5月3日

　　　　　　　　　　　　　　新緑の軽井沢山荘にて

　　　　　　　　　　　　　　　　　　　　増田英敏

初版 はしがき

　本書は、租税法におけるリーガルマインド（法的思考）の養成を図ることを目的とした実践的教科書である。

　法の目的は正義の実現にある。したがって、租税法の目的も租税正義の実現にあるといえる。この崇高な租税法の目的は、租税法の適正な解釈・適用によって初めて達せられるといえよう。そのためには租税法に向き合う納税者や租税法実務家に健全なリーガルマインドが具備されることが不可欠となる。

　そこで、本書のコンセプトは、租税正義の実現に有用なリーガルマインドを養成し、租税法実務に法の支配を確立するための道標を提供することにある。

　このコンセプトに基づいて、本書の構成には、租税法の理論と実際の両面から、読者が租税法の根底にある考え方を学べるよう、筆者なりに意を用いた。

　第Ⅰ部は租税法の基礎理論を、そして、第Ⅱ部は、その基礎理論を分析のツールとして租税裁判事例を研究し、法的思考の練成を図る、という実践的構成になっている。とりわけ、第Ⅱ部の裁判事例研究では、できる限り事実や判旨を要約せずに、生の判決文を搭載し、読者に読み解いてもらい、思索を重ねる機会を提供しようとした。そのうえで、各章のはじめに「研究のポイント」や「注意点」を明示し、さらに「研究」では租税法の基本原則の視点から何が問題か、そして、その問題点の法的な解決の方法を具体的に示した。

　読者が租税法の理論と実際を本書により、学ぶことを通して、租税法におけるリーガルマインドが構築されていくことと信じる。

　本書は、初めて租税法を学ぶロースクールの学生、租税法実務家、とりわけ税理士や公認会計士、そして、税理士事務所の職員等を読者として想定している。もちろん、第Ⅰ部の基礎理論編は、法学部の専門課程の学生向けの租税法の教科書としても最適であると考える。

　前著『租税憲法学』は2002年12月に初版が刊行されたが、筆者の予想をはるかに超える多くの読者を得て、現在の第3版も数次にわたる増刷を重ねている。筆者としては望外の幸せである。

　本書は、その『租税憲法学』の後継の書と位置づけている。同書が体系書ではなかったところから、当初はオーソドックスな租税法の体系書・教科書を上梓することを目指した。しかし、すでに金子宏『租税法』（弘文堂）に代表されるような優れた教科書が刊行され、最近でも水野忠恒『租税法』（有斐閣）や岡村・渡辺・高橋

『ベーシック租税法』（有斐閣）などが相次いで刊行されているところから、筆者が同種の教科書を執筆する意義を見出すことはできなかった。そこで、年来の筆者の研究の視点である租税正義という価値理念を根底にすえ、その視点から租税法実務におけるリーガルマインドの養成を図ることに目的を絞った体系書を本書に求めたのである。

ところで、ここ数年、筆者は全国の税理士会等で租税法を講義する多くの機会に恵まれた。講演を通じて税理士をはじめとする租税法の実務家の有能さと弱点を知ることができたように思う。講演の機会に、会場に来られた税理士の方に、ある租税法上の実務的な処理法を質問すると、即座に的確な処理法を回答される。ところが、なぜその処理法を結論として導出できたのかについて法的根拠も含め重ねて質問すると、回答に詰まるということが繰り返された。さらには、通達にそう書かれている、もしくは、これまでそのように処理してきたからといった回答が大部分であった。法的思考の脆弱さを痛感した次第である。

現行の税理士試験が条文や通達の暗記、そして、計算力の練成の到達度が問われるといった内容であるところからすればやむを得ないのかもしれない。

しかし、税理士が租税法の専門家として社会的ニーズにこたえるためには、租税法が法である以上、事実認定や私法上の法律構成、そして、個別租税法の解釈・適用といった能力を具備した租税法の法律専門家としての力量を備えることが不可欠となろう。ロースクール時代を迎えた我が国の社会は、行政国家からまさに司法国家として再生を図ろうとする過渡期にある。

本書が、有能な我が国の租税法の実務家が、法人税法や所得税法の根底にある基礎理論を習得し、その基礎理論の上に立って個別租税法の適正な解釈・適用過程におけるリーガルマインドを練成するための有用な一助になることを祈るばかりである。

なお、租税正義の理論は、故松沢智教授の『租税法の基本原理』（中央経済社、1983年）の内容を出発点として、さらに筆者なりの理論の開拓を試みた。本書の底流には同書の哲学が脈々と継承されているはずである。

また、本書の第Ⅰ部の基礎理論の内容は、現在の租税法学の通説を築かれた金子宏東京大学名誉教授の教科書『租税法』（弘文堂）の最新版である第12版を基本書にした。特に金子宏『租税法』として本文もしくは脚注で注記した場合には第12版の該当ページを指すことを了解願いたい。

租税法学の構築に貢献された金子宏教授を始め故松沢智教授の学恩に改めて感謝したい。

なお、筆者を研究者の道に導いてくださった、経済学博士・兼子春三先生、商学博士・北條恒一先生の両先生は90歳を超えられているが矍鑠とし、なおも筆者の研究の動向を見守ってくださっている。ありがたいことである。

　そして、体系的思考を用いた租税法研究の手法をご指導いただいた日本大学総合学術研究所教授・法学博士・木村弘之亮先生には現在も研究会等において多くの貴重なご指導をいただいている。

　本書を兼子春三先生、北條恒一先生、そして、木村弘之亮先生に捧げることをお許しいただきたい。

　本書の刊行を快諾いただいた成文堂の阿部耕一社長に感謝したい。また、本書も成文堂の本郷三好編集長の適格なご助言がなければこれほどスムーズには刊行にいたらなかったであろう。ここにお礼を申し上げる。

　本書の校正は、恩師松沢智先生のご子息松沢正人氏、私の大学院のゼミの卒業生である西方剛人君、松原圭吾君、増田明美君、そして現役の院生である谷口智紀君にお願いした。快く校正の作業を進めてくれた皆さんに謝意を表したい。

　なお、3月末刊行という時間的制約のために本書には「索引」を付すことが不可能であった。読者にお詫び申し上げる。索引は版を改めるときに作成することをお約束したい。さらに、租税手続法については本書では取り上げていない。できるだけ早い時期に本書に引き続き刊行する計画であることを読者に重ねてお約束したい。

　最後に私事にわたるが、本書は、娘・美佳子の交通事故により1年刊行が遅れた。重傷であった彼女は持ち前の頑張りで怪我を克服し、現在は、元気に、そして、きわめて前向きに中学生活を送っている。家族が健やかに過ごせる幸福をいま噛み締めている。私は人間の幸福は足下にあるのだということを、いまさらながら感じている。

　妻（貴子）、娘（美佳子、由佳子）の存在は、私に大きな勇気と活力を与えてくれている。本書の刊行は家族との総力戦で勝ち得たものである。すばらしい家族に感謝するばかりである。

2008年1月1日

雪の軽井沢の山荘にて

増田英敏

（本書の内容は全国銀行協会学術研究振興財団の平成18年度研究助成と、専修大学の平成17年度および19年度の個人研究助成による研究成果の一部であることをここに記して両機関に謝意を表したい。）

第 2 版　はしがき

　本書の上梓から 1 年を経過したが、予想をはるかに超える多くの読者を得ることができた。著者にとって望外の幸福であり、読者に感謝するばかりである。

　読者の支持を励みに、ここに第 2 版を刊行させていただくことになった。この第 2 版では、理論編に「税理士の職務と租税正義」の章を、実践編には「益金の計上基準としての権利確定主義の意義」と「借用概念の解釈と租税法律主義」をテーマとする裁判事例を研究する二つの章を加え、合わせて 3 章を加筆することができた。理論編、実践編のそれぞれの内容をさらに充実できたといえよう。とりわけ前者の「税理士の職務と租税正義」の章は、本書の読者の多くを占める税理士をはじめとする租税法実務に携わる多くの方々へのメッセージの意味を込めた内容でもある。

　約 80 頁のページ増となったが、さらに形式の統一や新たに判例索引を付し読者の利便に供した。

　本書の校正は博士課程の院生である谷口智紀君に大変お世話になった。また、初版刊行以来、成文堂の本郷三好氏には的確なご助言とお世話をいただいた。両氏に心から謝意を表する。

　なお、筆者の研究は専修大学法学部の同僚諸兄をはじめ多くの方々に支えられてきている。とりわけ税理士の中川俊治氏には、大学を通して毎年私の研究室に過分な研究助成をいただいていることをここに記して同氏に心から感謝申し上げる。

　（第 2 版で加筆した実践編第 4 章及び第 8 章の内容は専修大学の平成 20 年度の個人研究助成による研究成果の一部であることを記して謝意に代えたい）

2009 年 8 月 10 日

　　　　　　　　　　　　　　　　　　　　　　　　研究室にて

　　　　　　　　　　　　　　　　　　　　　　　　　　　増　田　英　敏

第3版　はしがき

　本書は2008年3月上梓された。この3月（2011年）で3年を経過することになるが、本書は、この間に多くの読者の支持を得ることができた。第2版を2009年8月に、そして、このたび第3版として版を改めることになった。このように版を重ねることができることは、筆者とって無上の喜びであり、感謝に堪えない。

　この第3版では、第Ⅰ部の基礎理論編に「租税法解釈のあり方」と題して、租税回避問題を立法的措置ではなく法解釈の手法により阻止することの是非を中心に、租税法解釈のあり方を論じた第12章を追加した。

　さらに第Ⅱ部の事例研究編には所得税に関する注目事例を検討した二つの章（第8章および第9章）を追録した。すなわち、第8章には福岡高判平成21年7月29日を素材に「収入を得るために支出した金額の意義（法人負担保険料事件）」を論じた判例研究を収録した。第9章には最判平成22年3月2日を素材に「源泉徴収制度と基礎控除（ホステス源泉徴収事件）」を論じた判例研究を収録した。それぞれの事案は租税法解釈の在り方が争点とされた事案であり、いずれも租税法研究に不可欠な事案であるといえる。

　趣旨解釈の名の下に拡大解釈や縮小解釈が行われるとすれば、租税法律主義は形骸化する。従って、租税法解釈のあり方は常に検証されねばならない。第3版はこの租税法解釈のあり方に対する筆者の問題意識を特に力説する章を基礎理論編と事例編にそれぞれ加えたことになる。

　なお、筆者の研究は家族をはじめ多くの方々により支援され、支えられてきている。今回も専修大学OBである税理士の中川俊治氏には、大学を通して毎年私の研究室に過分な研究助成をいただいていることをここに記して、同氏に衷心よりお礼を申し上げる。

　本書の校正は博士課程の院生である谷口智紀君をはじめ院生の方々に大変お世話になった。最後にこの改訂も成文堂の本郷三好氏にお世話になったことを記して感謝を表したい。

2011年2月6日

研究室にて

増　田　英　敏

第4版　はしがき

　本書の第3版が2011年3月に刊行されてから2年が経過しようとしている。その間に、いくつもの重要な最高裁判所の判決が下され社会的に大きな注目を集めた。また、減価償却制度や移転価格税制の改正とともに更正の請求や税務調査に関する国税通則法の大きな改正が行われた。

　社会的要請に対応すべく租税法は常に変革を強いられている。しかし、絶え間ない法改正という表面上の変革が根なし草のようであってはならない。変革の根底には、国民の幸福を租税法により実現するという「租税正義」の土台が必要であるというのが本書のコンセプトある。

　租税法の基礎理論と法人税法や所得税法の構造を、リーガルマインドの視点から平易かつ簡潔に解説し、重要判例を素材に租税法の解釈適用のあり方を研究することにより、租税法におけるリーガルマインドを練成することを本書は目指している。したがって、本書では詳細な税制改正については取り上げてはいない。

　今回の改訂では、理論編で第4章「租税法律主義と租税公平主義の相克と調整」、実践編で、第3章に「租税法律主義の射程―損益通算廃止立法の遡及適用の憲法適合性」、第6章「所得税裁判事例研究Ⅰ―二重課税の排除と非課税所得の範囲（長崎年金二重課税事件）」、第8章「所得税裁判事例研究Ⅲ―必要経費の範囲（弁護士会役員事件）」の計4章を新たに加筆した。

　理論編に加えた租税法律主義と租税公平主義の相克の問題は、租税法の立法と解釈・適用のすべてに及ぶ基本問題である。また、実践編に加えた事例はいずれも注目裁判例であり、第3章と第6章は最高裁判所の最近の重要な判決を研究の素材としたものである。また、弁護士会役員事件も所得税法の必要経費の範囲を争点とした事例であり、極めて重要な裁判例といえる。

　租税法の基礎理論を掘り下げ、体系的に理解し、租税正義の視点からリーガルマインドの練成を図るという本書の目的は、これらの章を増補することにより補強されるものと信じる。

　もちろん、本書は、今後の改訂を重ねることによりその完成度を高めるものであることに変わりはない。たとえば、今回の改訂では実現できなかったが消費税法の論点を整理する章を理論編に加えることや、実践編に消費税裁判事例研究を組み込むことは次回の改訂の宿題としたい。読者の皆さんのご批判に真摯にこたえていくつもりである。

なお、筆者の研究は学界や専修大学の同僚の方々に支援され、そして、家族に支えられてきている。また、専修大学OBであり、税理士の中川俊治先生には引き続き過分な研究助成を大学を通じていただいている。皆様に心より感謝申し上げたい。

　また、本改訂にさいしてとりわけ感慨深いのは、初版刊行の「はしがき」に交通事故にあったと記した「娘」も、この4月から医学生として大学生活を踏み出すことである。「光陰矢のごとしである」ことを肝に銘じて精進を誓いたい。

　最後に、校正は島根大学法文学部准教授の谷口智紀君をはじめ専修大学の院生の方々にお世話になった。今回の改訂からは成文堂編集部の飯村晃弘氏に大変お世話になった。ここに記して感謝申し上げたい。

　　平成25年3月20日

研究室にて
増 田 英 敏

◆目　次◆

第5版はしがき
初版はしがき
第2版はしがき
第3版はしがき
第4版はしがき

序　章　租税正義と憲法原理の構図―租税憲法学の系譜 ………… *1*

　Ⅰ　租税憲法学の系譜　*1*
　Ⅱ　租税法の基本原理と租税正義　*3*

第Ⅰ部　基礎理論編

第*1*章　租税法を学ぶ意義 ……………………………………… *9*

　Ⅰ　租税法を学ぶ意義―租税法における「法の支配」の確立　*9*
　Ⅱ　「租税法を学ぶ」こととは、リーガルマインドを身につけること　*10*
　Ⅲ　租税法解釈の困難性とリーガルマインド　*12*
　Ⅳ　判例研究によりリーガルマインドは養成される！　*14*

第*2*章　租税法の基本原則Ⅰ―租税公平主義 ………………… *17*

　Ⅰ　意義　*17*
　Ⅱ　憲法14条の「平等」の意味―法的平等の真の意味　*19*
　Ⅲ　「担税力に応じた課税」と「水平的公平」と「垂直的公平」　*20*
　Ⅳ　担税力の測定基準としての所得・資産・消費　*22*

第3章 租税法の基本原則 Ⅱ──租税法律主義 …………………… 24

- Ⅰ 意義　*24*
- Ⅱ 租税法律主義の生成と沿革　*25*
- Ⅲ 機能と内容　*27*

第4章 租税法律主義と租税公平主義の相克と調整 ………… 33

- Ⅰ はじめに　*33*
- Ⅱ 租税法の解釈適用と二つの基本原則の関係
  ──租税法律主義と租税公平主義との関係　*34*
- Ⅲ 武富士事件最高裁判決の意義
  ──租税法律主義は租税公平主義に優先するか？　*43*
- Ⅳ 租税法律主義と租税公平主義の関係性
  ──文理解釈と目的論的解釈　*57*
- Ⅴ むすび　*59*

第5章 申告納税制度の本質と租税法律主義 …………………… 64

- Ⅰ 申告納税制度と租税法律主義の関係　*64*
- Ⅱ 申告納税制度と納税義務の確定　*65*
- Ⅲ 申告納税制度に不可欠なファクターとしての予測可能性の確保の原理　*68*
- Ⅳ 申告納税制度における租税法の二面性と予測可能性との関係　*71*
- Ⅴ 納税者の予測可能性確保の阻害要因　*73*

第6章 租税法の解釈・適用──租税法の本質と特殊性 …………… 79

- Ⅰ 租税法の本質──行為規範と裁判規範　*79*
- Ⅱ 裁判規範としての租税法と租税法律主義　*82*
- Ⅲ 租税法律関係の特殊性　*85*

Ⅳ　租税法と私法の関係　*86*
　　Ⅴ　固有概念と借用概念　*88*

第 *7* 章　租税法と要件事実論 …………………………………… *91*

　　Ⅰ　租税法律主義と要件事実論の有用性　*91*
　　Ⅱ　租税訴訟における要件事実　*95*
　　Ⅲ　課税要件事実の主張・立証責任　*97*
　　Ⅳ　まとめ　*102*

第 *8* 章　節税・租税回避・脱税 ………………………………… *107*

　　Ⅰ　税負担の減少行為─節税・租税回避・脱税　*107*
　　Ⅱ　租税回避行為の否認の意義　*109*
　　Ⅲ　租税回避行為の否認をめぐる学説の対立　*110*

第 *9* 章　税理士の職務と租税正義 ……………………………… *114*

　　Ⅰ　税理士の職務は租税正義の実現にある！　*114*
　　Ⅱ　税理士の職務と紛争予防　*115*
　　Ⅲ　なぜ税理士にリーガルマインドが必要か　*119*
　　Ⅳ　不利益な税法改正の遡及適用は税理士に過酷　*121*
　　Ⅴ　税法における形式と実質　*123*

第 *10* 章　所得税の意義と所得税法の構造 …………………… *130*

　　Ⅰ　所得税の意義　*130*
　　Ⅱ　担税力の指標としての所得の意義　*131*
　　Ⅲ　所得税の類型・課税単位・納税義務者　*133*
　　Ⅳ　所得税法の構造と計算の仕組み　*136*
　　Ⅴ　所得税の計算─簡単な事例により税額計算を理解しよう　*142*
　　Ⅵ　所得区分の意義と租税公平主義　*145*

Ⅶ　各種所得の範囲と金額の算定　*146*

第*11*章　法人税の意義と法人税法の構造……………………*154*

　　Ⅰ　法人税の意義　*154*
　　Ⅱ　法人の所得と法人税法22条の意義と構造　*156*
　　Ⅲ　収益の認識基準と法人税法22条の2の創設　*162*
　　Ⅳ　益金の額の範囲　*165*
　　Ⅴ　損金の額の範囲　*169*
　　Ⅵ　資本等取引　*171*
　　Ⅶ　益金と損金の計上基準　*171*
　　Ⅷ　同族会社に対する課税　*174*

第*12*章　相続税の意義と相続税法の構造……………………*180*

　　Ⅰ　相続税の位置付け　*180*
　　Ⅱ　相続税の課税根拠　*181*
　　Ⅲ　相続税の類型　*183*
　　Ⅳ　相続税法の基本的な仕組み　*184*
　　Ⅴ　相続税の納税義務者　*189*
　　Ⅵ　相続財産の範囲　*190*
　　Ⅶ　相続財産の評価と問題点——財産の評価基準としての「時価」の概念　*194*

第*13*章　消費税の意義と消費税法の構造……………………*200*

　　Ⅰ　消費税の意義　*200*
　　Ⅱ　我が国における消費税の導入の経緯と沿革　*201*
　　Ⅲ　附加価値税としての我が国の消費税の特徴　*203*
　　Ⅳ　附加価値税としての消費税の構造　*206*
　　Ⅴ　消費税法の課税対象と納税義務者　*209*

Ⅵ　消費税額の計算構造　*214*
　Ⅶ　附加価値税としての我が国の消費税法の最重要論点検証
　　　—仕入税額控除の問題点　*218*

第Ⅱ部　事例研究編（実践編）

第*1*章　租税公平主義と大島訴訟（サラリーマン税金訴訟）‥‥*229*

　Ⅰ　大島訴訟（サラリーマン税金訴訟）　*230*
　Ⅱ　大島訴訟最高裁判決から学ぶ　*237*

第*2*章　租税法律主義と旭川市国民健康保険料事件‥‥‥‥*244*

　Ⅰ　事案の概要　*245*
　Ⅱ　判旨　*249*
　Ⅲ　研究　判旨に反対　*252*

第*3*章　租税法律主義の射程
　　　　　—損益通算廃止立法の遡及適用の憲法適合性‥‥‥‥‥‥*268*

　Ⅰ　事案の概要　*269*
　Ⅱ　判旨　*272*
　Ⅲ　研究　判旨に反対　*276*

第*4*章　租税法の解釈・適用
　　　　　—租税回避行為の否認とその可否（岩瀬事件）‥‥‥‥‥*297*

　Ⅰ　租税回避行為の否認をめぐる租税公平主義と租税法律主義の
　　　相克　*298*
　Ⅱ　両基本原則の衝突と合理的調整—注目事例としての岩瀬事件—
　　　租税正義の検証　*299*

Ⅲ　研究　租税正義の検証　*309*

第5章　借用概念の解釈と租税法律主義
　　　——海外財産の贈与と借用概念としての住所の認定
　　　（武富士事件）……………………………………………*313*

　Ⅰ　事案の概要　*314*
　Ⅱ　判旨　*321*
　Ⅲ　研究　判旨に賛成　*328*

第6章　所得税裁判事例研究　Ⅰ
　　　——二重課税の排除と非課税所得の範囲
　　　（長崎年金二重課税事件）………………………………*346*

　Ⅰ　事案の概要　*347*
　Ⅱ　本件の争点と当事者の主張　*349*
　Ⅲ　判旨　*354*
　Ⅳ　研究　判旨に賛成　*357*

第7章　所得税裁判事例研究　Ⅱ
　　　——所得区分（建物利益事件）……………………………*374*

　Ⅰ　事案の概要　*375*
　Ⅱ　判旨　*386*
　Ⅲ　研究　判旨に賛成　*391*

第8章　所得税裁判事例研究　Ⅲ
　　　——必要経費の範囲（弁護士会役員事件）………………*405*

　Ⅰ　事案の概要　*406*
　Ⅱ　判旨　*410*
　Ⅲ　研究　判旨に反対　*419*

第9章　所得税裁判事例研究　Ⅳ
　　　　　―譲渡損失と損益通算（ゴルフ会員権事件）……………… 430

- Ⅰ　事案の概要　*431*
- Ⅱ　判旨　*432*
- Ⅲ　研究　判旨に疑問　*435*

第10章　所得税裁判事例研究　Ⅴ
　　　　　―譲渡所得と譲渡費用の範囲（農地転用決済金事件）……… 442

- Ⅰ　事案の概要　*443*
- Ⅱ　判旨　*449*
- Ⅲ　本件下級審の判旨　*450*
- Ⅳ　研究　判旨に賛成　*453*

第11章　所得税裁判事例研究　Ⅵ
　　　　　―収入を得るために支出した金額の意義
　　　　　　（法人負担保険料事件）……………………………………… 465

- Ⅰ　事案の概要　*466*
- Ⅱ　争点と当事者の主張　*468*
- Ⅲ　判旨　*471*
- Ⅳ　研究　判旨に賛成　*475*

第12章　所得税裁判事例研究　Ⅶ
　　　　　―源泉徴収制度と基礎控除（ホステス源泉徴収事件）……… 484

- Ⅰ　事案の概要　*485*
- Ⅱ　争点および争点に対する当事者の主張の要旨　*487*
- Ⅲ　判旨　*492*
- Ⅳ　研究　判旨に賛成　*494*

第13章 所得税裁判事例研究 Ⅷ
　　　　─債務免除益の所得区分と給与所得課税
　　　　（債務免除益事件） …………………………………… *504*

- Ⅰ　事案の概要　*505*
- Ⅱ　判旨　*512*
- Ⅲ　研究　判旨に賛成　*514*

第14章 法人税裁判事例研究 Ⅰ
　　　　─益金の計上基準としての権利確定主義の意義
　　　　（不法行為による損害賠償請求権事件） …………… *528*

- Ⅰ　事案の概要　*529*
- Ⅱ　判旨　*533*
- Ⅲ　研究　判旨に賛成　*536*

第15章 法人税裁判事例研究 Ⅱ
　　　　─法人税法22条と貸倒損失の計上基準
　　　　（日本興業銀行事件） ………………………………… *550*

- Ⅰ　事案の概要　*551*
- Ⅱ　判旨　*558*
- Ⅲ　研究　判旨に賛成　*572*

第16章 法人税裁判事例研究 Ⅲ
　　　　─税法上の交際費の意義（萬有製薬事件） ………… *591*

- Ⅰ　事案の概要　*592*
- Ⅱ　判旨　*594*
- Ⅲ　研究　判旨に賛成　*597*

第*17*章　法人税裁判事例研究Ⅳ
　　　　　―分掌変更による役員退職給与
　　　　　（分掌変更による役員退職給与事件） ……………………… *609*

　Ⅰ　事案の概要　*610*
　Ⅱ　判旨　*615*
　Ⅲ　研究　判旨に反対　*621*

第*18*章　法人税裁判事例研究Ⅴ
　　　　　―自己株式の取得と同族会社の行為計算否認規定の
　　　　　適用の可否（IBM 事件） ……………………………………… *640*

　Ⅰ　事案の概要　*641*
　Ⅱ　判旨　*643*
　Ⅲ　研究　判旨に賛成　*653*

第*19*章　相続税事例研究Ⅰ
　　　　　―相続税法7条の「著しく低い価額の対価」の意義
　　　　　（みなし贈与事件） ……………………………………………… *664*

　Ⅰ　事案の概要　*665*
　Ⅱ　判旨　*674*
　Ⅲ　研究　判旨に賛成　*678*

第*20*章　相続税裁判事例研究Ⅱ
　　　　　―相続税の時価評価と評価通達6項
　　　　　（時価評価と評価通達6項事件） ……………………………… *693*

　Ⅰ　事案の概要　*694*
　Ⅱ　判旨　*700*
　Ⅲ　研究　判旨に賛成　*705*

第21章　消費税裁判事例研究
　　　　　──消費税の仕入税額控除と「資産の譲渡等」の対価の
　　　　　帰属の判定原則（消費税課税と実質所得者課税事件）……… 725

　Ⅰ　事案の概要　　725
　Ⅱ　判旨　　730
　Ⅲ　研究　判旨に賛成　　735

事項索引　　745
判例索引　　753

【凡例】

本書において引用する主要基本参考文献，法令，判例集及び雑誌の略語は次の通りである。なお，年号の引用は，西暦年号の数字だけによる。文献の引用中，「　」は論文，『　』は著書を示す。

主要参考文献

金子『租税法』　　金子宏『租税法 第23版』（弘文堂，2019）
松沢『基本原理』　松沢智『租税法の基本原理』（中央経済社，1983）
松沢『実体法』　　松沢智『租税実体法 補正第2版』（中央経済社，2005）
岡村『法人税法』　岡村忠生『法人税法講義 第3版』（成文堂，2007）

法令

行審	行政不服審査法
行訴	行政事件訴訟法
消税	消費税法
所税	所得税法
所税令	所得税法施行令
所税規	所得税法施行規則
税通	国税通則法
税通令	国税通則法施行令
相税	相続税法
措置	租税特別措置法
措置令	租税特別措置法施行令
地税	地方税法
地税令	地方税法施行令
法税	法人税法
法税令	法人税法施行令
法税規	法人税法施行規則

判例集・雑誌等

民集	最高裁判所民事判例集
刑集	最高裁判所刑事判例集
行集	行政事件裁判例集
訟月	訟務月報
時報	判例時報
判タ	判例タイムズ
税資	税務訴訟資料
民商	民商法雑誌
日税	日税研論集
シュト	シュトイエル
ジュリ	ジュリスト
別ジュリ	別冊ジュリスト
税弘	税務弘報
税通	税経通信
判評	判例評論

序　章

租税正義と憲法原理の構図—租税憲法学の系譜

I　租税憲法学の系譜

　筆者は、拙著『租税憲法学』（成文堂、2002年）の初版「はしがき」で、「租税法を研究対象とする学問である租税法学の目的は、租税正義を実質的に担保する理論を提供することにある。正義は、日本国憲法の価値秩序によって実体化され、租税正義は本質的に租税平等主義と租税法律主義によって実現される」と租税正義と憲法原理の関係性を明確に述べた。

　同書では、租税法の立法から、解釈適用に至るすべての場面で、租税公平（平等）主義と租税法律主義という2つの憲法原理の要請を充足すれば、租税正義の実現が図られていると評価できることを明確にした。

　換言すると、租税法は法であるから、その目的は正義の実現にある。租税法の立法原理は、租税正義の実現を図ることにあるということができる。ゆえに、正義の概念については後に明確にするが、単純化すると正義とは公平としてもよいであろう。そうすると、租税法の立法原理は租税負担の公平の確保にあるといえる。租税負担の公平を図る租税制度を構築できるよう、例えば所得税法は立法されたのである。

　租税負担の公平を求める租税公平主義は立法原理であるといえる。法律による課税を要請する租税法律主義は、課税権の行使方法に関する原理ということができる。租税法律主義は租税法の立法目的の実現をサポートする原理であるという関係にある。

　租税正義がなぜ重要かといえば、人々を幸福に導く価値概念であるからである。民主主義を根底に据えた日本国憲法の存在意義は、人々の幸福を実現するための価値秩序体系と見ることができる。

さらに、同書では現実の経済社会における、法解釈と法改正による適正性の判断基準としての憲法原理について次のように指摘した。

「租税法の中核は、激動する経済社会の中で活動する個人及び法人の経済取引を認識して課税する、課税要件法である。経済取引は時代の進展とともに急速に変動していくために、課税要件法である個別税法規定が、現実の経済取引に対応できない事態を常に招く。変貌する経済取引の実態と個別税法規定との乖離現象が生じるのである。

この両者の乖離を補充するためには、次の2種の方法が考えられる。その第1は、迅速な法整備によりその乖離を埋め合わせる方法である。第2は、現行規定の解釈の適正な展開により法の欠缺を補う方法である。

経済取引の急速な変貌に対応して、タイムラグ無しに適正に法整備を行うことは、実際には不可能である。そこで、第2の方法が現実的には有用な方法とされるであろう。もちろん、これらの立法作用もしくは法解釈のいずれの方法を採用するにしても、先に提示した憲法上の価値規範である租税平等主義と租税法律主義の要請に合致していなくてはならないことはいうまでもない。

適正な法整備と法解釈を行うためには、憲法規定を法的根拠とする租税法の基本原則の要請を最大限に尊重し、その要請の許容範囲内にあるか否かが絶えず検証されねばならない。なぜならば、両基本原則により支持された租税法の立法は、租税正義の実現に肯定的に受容され、また、両基本原則を尊重した個別租税法の解釈・適用は、租税正義の実現に寄与するからである。」
(増田英敏『租税憲法学 初版』4頁（成文堂、2002年))。

以上の内容を容易に理解できるよう以下に図示した。

この図の憲法原理とは、租税法の基本原理としての租税公平主義と租税法律主義を指す。租税公平主義は担税力に応じた課税を要請し、租税法の立法原理として尊重されねばならない。②の法改正の際に常に考慮されねばならない。租税法律主義は租税法の執行原理として、①の租税法の解釈・適用過程を監視し、統制する。両憲法原理が密接にその機能を発揮することによ

租税法の解釈と適用における正義の判断基準＝憲法原理

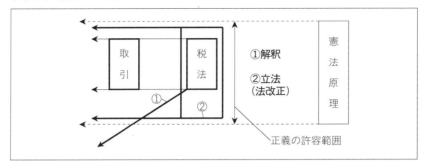

り、租税正義は実現するのである。すなわち、この基本原則に抵触しないことが租税法の目的である租税正義を実現する要件となることを確認しておく。

Ⅱ　租税法の基本原理と租税正義

通説とされる金子宏教授の著書『租税法』が、租税公平主義と租税法律主義、そして、自主財政主義の3つの原理を取り上げているのに対して、松沢智教授の著書『租税法の基本原理』の第3章「現代租税法の基本原則」は、租税法の基本原則として、納税者主権主義と租税法律主義の2つの原則について詳述されている。同教授が租税公平主義と租税法律主義を並列的に説明しない理由を、「公平とは正義の顕現であって、法は正義の実現を目的としている以上は、租税法が法であるから、法に内在する条理として当然のことを言っているに過ぎない」（同『租税法の基本原理』60頁）と述べられ、租税公平主義をことさら基本原則として取り上げるまでもないとされている。

法の目的が正義の実現にあることを前提にすると、租税法が目的とするのは租税負担の公平であり、租税正義の実現にあることは当然といえるものであり、松沢教授の説明に賛同することができる。

しかし、憲法前文で国民主権を憲法の理念とすることを明確にし、憲法14

条が法の下の平等原理を説き、30条と84条で租税法律主義を宣言しているところからすると、租税法の基本原理として、納税者主権主義、租税公平主義、そして、租税法律主義の各原理を租税法の立法、解釈、適用の過程における基本原則として並列的に位置づけ、それぞれを基本原理として構成すべきであろう。

正義といっても、その目的とするところは国民の幸福追求に他ならないのであるから、国民である納税者の主権を確認することは当然である。租税公平主義も租税法律主義も租税法律関係における主権者が納税者にあることを前提に論じられるべきものである。したがって、これら三者の関係は、正義の実現に向けて有機的に結合する関係にあるものといえる。

以下の図は、民主主義憲法の原理を反映させた納税者主権主義を中心に、租税正義と憲法原理の関係性をチャートにしたものである。

租税正義と憲法原理

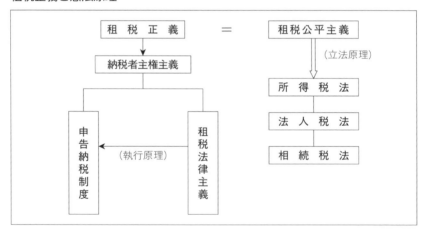

この図は次のように説明できる。

① まず、「租税正義」の実現のための立法原理として、租税公平主義に基づいて所得税法や法人税法は体系化され立法されている。

② 租税正義は人々を幸福にすることを目的としているはずであるから、納税者主権主義を前提としていると考えるのが合理的であろう。

③ 納税者主権主義は申告納税制度という課税方式を通してその理念が顕現される。
④ 租税正義の実現を立法目的とした個別租税法である所得税法・法人税法・相続税法等を法律のとおりに解釈・適用することを租税法律主義が強制する。
⑤ なお、課税要件明確主義をも内容とする租税法律主義は、国家もしくは租税行政庁による恣意的課税を排除する役割を果たす。恣意的課税は、租税正義に反する結果を招くからである。
⑥ 納税者主権主義の顕現である申告納税制度は租税法律主義により強固にサポートされる。納税者の予測可能性の確保は申告納税制度の大前提である。

このように理解することができる。各基本原理が租税法の立法・解釈・適用のすべての過程において尊重されることにより、租税正義の実現は担保されるのである。

租税正義と租税憲法学の概念は以下の概念図により理解することができる。

租税憲法学の概念図

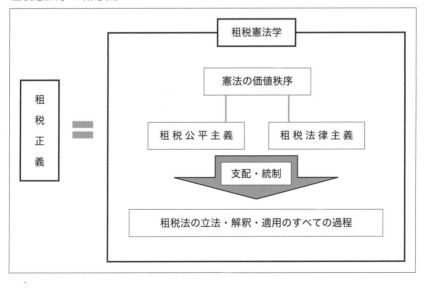

第Ⅰ部　基礎理論編

第 *1* 章

租税法を学ぶ意義

I 租税法を学ぶ意義――租税法における「法の支配」の確立

　現在、我が国は行政国家（官僚国家）から司法国家への過渡期にある。護送船団方式がもたらした不良債権問題、昨今のトピックである官製談合、さらには官民癒着による汚職問題に象徴されるように、行政国家の非効率性は既に証明されている。明確なルールが示されず、国民や業界が官僚の行政指導によって他力本願的に行動し、官僚も結果責任を負わない。

　ルールが不透明であるため、国民は各領域を管轄する行政庁に指導を求める。行政指導を受けるまでは、国民の予測可能性が確保されない。このような従来の我が国の弊害を排除していくためには、ルールの確立と透明化が不可欠である。そのルールの下で運営される国家に変革していくことが、いま求められている。このルールこそが「法」である。司法国家が目指すべき方向は「法の支配」の確立にあるといえよう。

　その法の究極の目的は「正義」の実現にある。したがって、租税法の目的は「租税正義」の実現にあるといえる。租税法実務に「法の支配」を確立することが「租税正義」の実現に不可欠である。まさに「租税正義」の実現は時代の要請といえよう。

　ところで、戦後の賦課課税制度から申告納税制度への変革は、民主主義を根底にした憲法の思想を、租税制度に反映したものである。主権者である国民が、国家運営のための経費を自弁する制度として、民主主義にふさわしい徴税の仕組みが申告納税制度である。戦前は、租税行政庁が租税法に基づいて国民の納税額を査定し、賦課するという賦課課税制度を採用していた。戦前の租税法は、賦課課税制度を遂行する租税行政庁のために存在したといっ

ても過言ではない。ところが、申告納税制度は、国民自らが自己の納税額を、租税法に基づいて算定し、申告により納税義務を確定し、履行する制度であるから、租税法は、申告納税制度によって、まさに国民のための租税法へとドラスティックな地位の変貌を遂げたといえる。

この申告納税制度の下では、国家と国民は、租税法の下で、法的には全く対等な関係になったと見ることができる。しかし、この両者の対等性は、国民が租税法の知識を蓄え、租税法の解釈・適用能力を具備することにより、はじめて実質的に確保されるのである。国民が租税法に無関心で、学ぶことをしなければ、申告納税制度とは名ばかりで、戦前の状況と同様に租税行政庁に過度に依存する体質から脱却できないことは自明である。

そのことを心配した、シャウプ勧告で著名なコロンビア大学のシャウプ博士は、勧告書の中で、日本における租税法教育の必要性を説いたのである。

租税法を学ぶ意義は、主権者である国民が、国家と国民の租税をめぐる関係性を純粋な法律関係と認識し、両者の間に法の支配を確立し、租税正義を実現していくことに求めることができよう。租税法を学ぶことは、申告納税制度における納税者が、まさに主権者である国民として国家と対等な立場にたつ権利の行使ともいえる。

Ⅱ 「租税法を学ぶ」こととは、リーガルマインドを身につけること

「租税法を学ぶ」とは、個別税法である所得税法や法人税法の規定を暗記することではない。税理士試験などでは条文と通達を暗記することに、その労力の大半が消費されるようであるが、それは租税法を暗記することではあるが、本来の意味における「学ぶこと」とはいえない。もちろん法規定の暗記も学ぶことの一つの要素といえるが、学びの本質とはかけ離れている。

ところで、租税法が法である以上、租税法の究極の目的は「正義の実現」にあることは疑う余地はない。正義とは、人々を幸福にする価値概念であ

り、租税法における正義とは「公平な課税」の実現を意味するといえる。

したがって、所得税法も法人税法も、それぞれの規定が担税力に応じた、いわゆる公平な課税の実現を目的として立法されている。その立法目的を踏まえて、租税法を適正に解釈し、その租税法を実際の取引事実に当てはめていくことが、租税法の目的である租税正義の実現に不可欠である。

そうであれば、租税法を単なる税金の計算方法と認識するのではなく、租税正義の実現を目的とした価値ある法律であることを再確認すべきであろう。

租税法を学ぶことの第一歩は、租税法が租税正義の実現を最高価値理念とする法律であることを確認することから始まる。

したがって、他の法律学を学ぶ場合と同様に、租税法が法律である以上、租税法の規定の解釈や、判例研究、学説や理論体系を学び、所得税法や法人税法といった実定法の規範的意味内容を体系的に理解することが、まさに租税法を学ぶことといえよう。

しかし、「法律学を学ぶにあたって重要なことは、法律の条文や判例・学説の細かなことをあれこれ覚え込むことよりも、物事を法的に筋道をたてて考え的確に判断する能力を養い、法的なものの考え方、いわゆるリーガル・マインド（Legal Mind）を身につけること」（佐藤幸治他『法律学入門〔第3版補訂版〕』174頁（有斐閣、2008年））である。そして、「リーガル・マインドの核心は、法律の条文や判例・学説についてのたんなる専門的な理論的知識（knowledge）ではなく、個別具体的な問題を適正に解決するために法独特の議論様式・技法によってこれらの知識を実際に活用する実践的叡知（wisdom）」（同書、同頁）であるといえよう。

そうすると租税法を学ぶとは、まさに租税法におけるリーガルマインドを身につけることに尽きるといえよう。このようなリーガルマインドを身につけるためには、何よりもまず、基本的な法的概念や租税法の基本原理を学ぶことが必要である。そのうえで、個別税法に規定された重要な条文を精読し、主要な判例・学説などの理解をはかり、法の独特の議論様式や解釈技法

にも慣れることが不可欠である。とりわけ判例研究はリーガルマインドの養成に有益といえる。ロースクールでは、ケース・スタディーを通して、このリーガルマインドの養成が図られている。

ところで、一般の納税者にリーガルマインドの構築を求めるものではないが、ロースクールの学生はもちろん、法学部の学生や、納税者をサポートする税法の専門家である税理士は、すくなくとも租税法を学ぶことにより、租税法律関係に生じた問題を法的に解決していくための、まさにリーガルマインドを練成することを目的として租税法を学ぶことが望まれる。

III 租税法解釈の困難性とリーガルマインド

租税法は規定自体が難解であるといわれる。それは計算式や不確定ともいわれる概念が多用されているところにあるといえる。さらに、租税法が対象とする経済取引も、生の経済取引であるところから経済の進展とともに日々刻々と変貌し、新しい取引形態が誕生する故に、租税法の取引への当てはめも困難を極める場合が多く生じる。立法当時に想定された取引が変貌を遂げ、租税法の規定と乖離した場合には、法改正といった立法による対応が望まれる。しかし、立法府が迅速に対応しているとは言い難く、大きなタイムラグが生じる。したがって、実際には、立法趣旨を踏まえて法解釈により対応することになろう。この租税法解釈力の練成がリーガルマインドの構築の第一歩となる。

注目を集めたストック・オプションの権利行使益が給与所得に該当するか、一時所得に該当するかを争点とした訴訟は、所得税法の立法当時は想像もしなかった報酬の支払い形態の登場が、所得税法の所得区分規定の解釈をめぐり提起された問題といえる。ストック・オプションの付与によりもたらされた経済的利益の所得区分の問題は、まさにこの租税法特有の困難性を象徴するものであろう。

この租税法の解釈・適用をめぐる困難性は、以下の図のように理論と実際

に分けて考えるとさらに理解しやすい。

```
① 理論上の困難性
   経済取引と租税法の乖離 → 租税法解釈により乖離を補充 → 限界
   → 適正な法解釈の限界を超えると拡大解釈となり租税法律主義に抵触

② 実際上の困難性
   経済取引と租税法の乖離 → 解釈通達による対応 →
   根拠法と解釈通達の乖離 → 通達課税とされ租税法律主義に抵触
```

　理論上の問題は、変貌する取引に無理な法解釈により租税法をあてはめようとすると、その結果は拡大解釈となり、租税法律主義に抵触する。一方、実際上は、租税行政庁が租税法の解釈通達を発して対応することが当然のこととして受け入れられている。

　わが国の現状は、まさに通達依存主義が租税法実務に蔓延しているといわざるを得ない。通達は租税法の法源とはいえない。通達に過度に依存すると、納税者は本来有すべきはずの租税法解釈権を放棄する結果を招く。

　ところで、さらに問題とされるのは、この取引と租税法の乖離を補充するための租税法解釈能力を練成する努力は、ごく一部の租税法に関心のある弁護士などの法曹や、きわめて問題意識の高い税理士によってのみなされているところにある。

　ロースクールでは租税法を法律の視点から研究し、ケース・スタディーを通してリーガルマインド養成のトレーニングがなされている。しかし、租税法の専門家とされる税理士には、租税法の法律的視点からのトレーニングを受ける機会がほとんど用意されていない。税理士試験も条文と通達の暗記、そして、計算能力の養成に精力のほとんどが傾注されているのが現状であり、法的トレーニングを受ける機会は、試験の準備過程では全くないといえる。

Ⅳ　判例研究によりリーガルマインドは養成される！

1　解釈力練成方法―判例研究の必要性

　租税法の適用過程は大きく分類すると、具体的な事実関係を確定する事実認定過程と、事実認定過程において確定された事実関係に適用すべき法規範を選択し、その意味内容を解明する法解釈過程に分けることができる（佐藤幸治他『法律学入門〔第3版補訂版〕』185頁以下（有斐閣、2008年））。法の解釈とは、実定法の規範的意味内容を解明する作業といえるが、端的にいえば、ある規定の意味を解釈するとは、その規定の効力範囲もしくは適用範囲を確定する作業ともいえる。

　したがって、租税法の適正な解釈といっても事実を離れて検討することは不可能であるといえる。単なる租税法規定の意味内容を解明することは、実践的な法律のトレーニングとはいえない。単に、教科書なり、参考書なりを読み込む作業は、租税法の基礎理論や体系、法的概念、原理、制度の意味内容・相互関連を理解することには有用であるが、その法理論を用いて実際の租税法上の紛争を解決するには、その理論と実際の乖離が大きすぎて戸惑うことになる。

　そこで、具体的な生の事実を用いて上述の租税法の解釈・適用過程を検証する研究の重要性がここで確認される。

2　判例研究の方法

　判例研究とは「判決の中から先例となる一般的規準を抽出し、制定法との関連などの実定法体系における位置を明らかにして、将来の判決の予測だけでなく、判例の批判検討によって、より適正な裁判規準の形成に働きかける」（佐藤幸治他、同上書、175頁以下）作業といえる。この作業がまさに判例研究の法律学上の意味である。

　リーガルマインドの養成を目的とした租税法の適正な解釈・適用力を養うために不可欠な実践的な判例研究を、ここでは想定している。判例研究は、

生の判決文に記された事実から裁判所の行った事実認定を検証し、争点とされる適用条文の解釈を行い、判決文に示された裁判所の法適用の是非を検討する作業であるといえよう。

この判例研究の具体的な作業過程は次のようにまとめることができよう（弥永真生『法律学習マニュアル〔第4版〕』162頁以下（有斐閣、2016年）参照）。

判例研究の手順
① 裁判例分析の目的——判例の発見とその射程範囲（その判例を適用できる範囲）を確定する。
② 関連裁判例の収集——事実認定に注意し、事実を類型化したうえで関連裁判例の収集を行う。
③ 関係判例評釈の収集
④ 判例の流れの把握——当該判例がこれまでに抽出された裁判例のなかでいかなる位置づけにあるかを確認する。たとえば、交際費の範囲をめぐる2要件説、3要件説といった裁判例の流れのなかで、当該判例がいかに位置づけられるかを検証しておく。
⑤ 事実関係の分析の仕方——事実関係の類型化を行うことにより、結論の位置づけも可能となる。
⑥ 事実関係に含まれる要件の抽出
⑦ 関連事案の最高裁の見解を網羅

判例研究の具体的な構成（判例研究を発表する場合）
事件の簡単な題名
① 事実の概要
② 判旨……なお高裁判決もしくは最高裁判決であれば下級審の判旨も紹介する。
③ 本判決の意義と関連裁判例における位置づけ
④ 学説の紹介

⑤ 本判決の評価─この評価が特に重要である。まず、判決に賛成か否かを明確にしたうえで、その理由を租税法学理論の観点から合理的に説明する。反対するばかりではなく賛成することも充分考えられるが、いずれの立場をとるにせよ合理的な理由を提示した切れ味の良い評価が重要である。

このような判例研究を自分なりにまとめるトレーニングは、法的思索を重ねる訓練となる。その積み重ねにより徐々にリーガルマインドは構築されてくるのである。

裁判官の法的判断の方法を学ぶこと、また事実認定における証拠の構成や両者の主張の整理方法などを学ぶことは、判決文に凝縮されている。判例研究なくしてリーガルマインドは養成できるものではない。本書は、第Ⅱ部で本書第Ⅰ部の基礎理論を踏まえてリーガルマインド養成のために判例研究を取り上げている。研究のポイントを踏まえたうえで、チャレンジしてみよう。

租税法の体系を理解するためのチャート

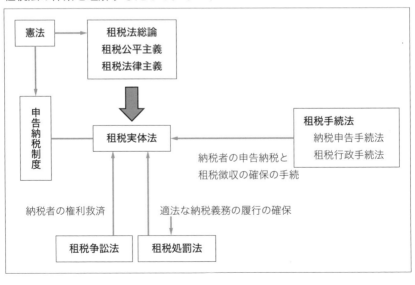

第2章

租税法の基本原則 I ―租税公平主義

I 意義

　法の目的が正義の実現にあることに疑念の余地はない。法に価値をもたらすのは、法が正義の実現を目的としているからに他ならない。租税法も法である以上、租税の領域における正義の実現を図ることがその目的であるといえる。正義の中核的要素は公平であり、正義と公平は一体ともいえる。したがって、租税法の目的は租税正義の実現であり、具体的には公平な課税の実現にあることを、まず、はじめにここで確認しておこう。そのうえで、租税公平主義の意義を整理することにしよう。

　租税公平主義を金子宏教授は次のように定義されている。すなわち、「税負担は国民の間に担税力に即して公平に配分されなければならず、各種の租税法律関係において国民は平等に取り扱われなければならないという原則を、租税公平主義または租税平等主義という。これは、近代法の基本原理である平等原則の課税の分野における現われであり、直接には憲法一四条一項の命ずるところであるが、内容的には、『担税力に即した課税』(taxation according to ability to pay) と租税の『公平』(equity) ないし『中立性』(neutrality) を要請するものである。」(金子『租税法』89頁以下)とされる。この定義を我々は通説として受け入れることができよう。

　この定義にしたがって、租税公平主義の内容を詳細に分析しておこう。租税公平主義は、まず、租税法の立法の場面と執行の場面とに分けて理解しておく必要がある。

　第1の意義は、立法の側面で、租税公平主義は担税力に応じた租税負担の配分を求める原則といえる。担税力（担税力は租税の負担能力を意味する）に応

じた課税を実現できるよう租税法の立法過程を統制する立法原理ともいえる（租税負担公平の原則）。

　第2の意義は、執行の側面で、機会均等を要請し、担税力に応じた公平な租税負担の実現を目的として立法された租税法を、すべての国民に平等に適用することを要請する原則である（平等取扱原則）。

　我々国民もしくは納税者の経済的能力に格差があることは事実であり、その格差を無視してすべて国民に等しく税負担を強いることは平等とはいえるが、経済的能力の脆弱な人々には過酷な状況をもたらす。法の目的である正義に反する結果を招くといえよう。租税負担の能力、すなわち担税力の弱い納税者には過酷とならないように租税負担を求め、経済力があり、担税力の強い納税者には、その負担能力に応じて大きな租税負担を求めることが正義の理念に合致するはずである。

　この正義の理念ともいえる「担税力に応じた課税」を実現することを目的として所得税法も法人税法も、さらには相続税法も立法されているのである。所得税法における累進税率構造などは、租税法の立法原理としての「担税力に応じた課税」を実現するうえでの象徴的な仕組みといえよう。

　次の重要な問題は、正義の実現を目指して立法された租税法が、何人にも平等に適用されなければならないということである。租税法の法的取扱いの平等が確保されなければ、正義の実現を目的とした立派な租税法ができたとしても、その法の目的が達成されることはない。そこで、租税公平主義は第2の原理である平等取扱原則を内包し、何人にも絶対的に等しく租税法が適用されることを要請しているのである。

　担税力に応じた課税は、平等取扱原則が保障されてはじめて実現されるのであるから、平等取扱原則は担税力に応じた課税の大前提といえる。租税公平主義は、租税負担公平の原則と平等取扱原則の二つの平等概念により、その内容が構成されていると理解することができるのである。

　そして、この原則の実効性を担保する法的根拠は、憲法14条1項の「法の下の平等」規定に求めることができる。租税公平主義は憲法の中核的規定で

ある14条1項の「法の下の平等」規定を根拠とした憲法原理である。この平等概念を確認することにより租税公平主義の意義はさらに明確になろう。

Ⅱ 憲法14条の「平等」の意味─法的平等の真の意味

　租税公平主義は憲法原理であり、租税法律主義とともに憲法規定を法的根拠とする。租税公平主義の根拠規定は、憲法14条であり、公平の概念は同条1項の「法の下の平等」規定である。したがって、ここでは、憲法の要請する「平等」の意味を理解しておこう。

　同規定の意義について、大島訴訟（サラリーマン税金訴訟）最高裁昭和60年3月27日（民集39巻2号247頁）判決は、「憲法14条1項は、…中略　この平等の保障は、憲法の最も基本的な原理の1つであって、課税権の行使を含む国のすべての統治行動に及ぶものである。しかしながら、国民各自には具体的に多くの事実上の差異が存するのであって、これらの差異を無視して均一の取扱いをすることは、かえって国民の間に不均衡をもたらすものであり、もとより憲法14条1項の規定の趣旨とするところではない。すなわち、憲法の右規定は、国民に対し絶対的な平等を保障したものではなく、合理的理由なくして差別することを禁止する趣旨であって、国民各自の事実上の差異に相応して法的取扱いを区別することは、その区別が合理性を有する限り、何ら右規定に違反するものではないのである」と判示して、憲法が命ずる平等概念の意義を明確にした。

　憲法の平等概念は、合理的理由なくして差別することを禁止する、相対的な平等概念であることを確認しておくべきである。国民に財産や才能など多くの事実上の差異がある以上、その差異を無視して絶対的に等しく扱うことは、結果の不平等をもたらし、国民の幸福に寄与しない。したがって、等しい状況にあるものを等しく扱うことは、結果としての平等を確保できる。しかし、差異があり等しくない状況にあるものを法が等しく扱うことは、法が平等に何の貢献もしていないことと同じ結果をもたらす。法の目的が正義で

ある以上、法適用の結果、その差別なり差異といった不平等な状況が改善されるよう、その機能を果たすことが法の役割といえよう。

　国民の間に富が偏在し、富める者と貧しい者の格差が拡大した場合には、その格差を縮減するために差別的取扱いを定める法制度を樹立することは、憲法の平等概念に反しないのである。なぜならば、経済的格差が国民を不幸にしているとすれば、その格差を是正することは「合理的な差別」に該当するからである。

　所得税における累進税率構造や、ある一定の富を相続した者のみに課す相続税は、差別的取扱いの象徴ともいえる。しかしながら、これらの制度は憲法14条に抵触するものではない。なぜならば、貧富の格差や富の偏在は国民に不幸をもたらすから、その偏在を是正し、平準化するための手段として差別的な法制度を立法することは、「正義」の価値に合致し、合理的理由があるから、合理的差別であり、許容される。

　したがって、国民の間に富が平準化され、格差が解消された社会では、累進税率構造採用の合理的理由がないのであるから、累進税率構造の採用は合理的理由のない差別に該当し、平等規定に抵触するのである。

　差別に合理性があるか否かは、社会の実態や価値観の変化に伴い変化していくものであることには注意を要する。消費税は逆進性が強く、累進税率構造を取り入れた所得税とは対極に位置する。消費税が無批判に許容されるのは、富の格差が是正され、平準化された社会情勢の下で富の再分配が不要となった場合ということができよう。

　次に、担税力に応じた課税の実質的な意味を探るために、水平的公平と垂直的公平の意味について考えてみよう。

Ⅲ　「担税力に応じた課税」と「水平的公平」と「垂直的公平」

　担税力に応じた課税の基本的な考え方は、等しい担税力を持つ人々は等しく租税を負担し、異なる担税力を持つ人々は異なる租税負担を負うことを求

めるというものである。前者が水平的公平を意味し、後者が垂直的公平を意味する。担税力を測定する指標を所得として、累進税率構造を想定して説明すると次のようになる。

すなわち、100の所得をもつAは20の租税を負担し、1000の所得を有するBは400の租税を負担する。Aには20％の税率、Bには40％の税率を適用するという累進税率構造（ここでは議論を平易にするために超過累進ではなく単純累進とする）を前提にすると、100の所得を有する者はすべてAと等しく20を、1000の所得を有する者はすべて等しく400の租税を負担する。

これが等しい担税力を持つ者が等しい租税を負担するという、水平的公平を意味する。

一方、AとBは異なる所得を有するから、その担税力の相違に基づいて税率はAが20％とBが40％というように、異なる税率を適用することが垂直的公平に該当する。

ここで、水平的公平はだれもが異論なく公平として支持するであろうが、垂直的公平は差別的取扱いが存在するのであるから、だれもが支持できるとは限らない。垂直的公平が支持されるのは、そのような差別的取扱いに合理性がある場合に限られる。先の例に当てはめると、なぜAには20％、Bには40％の異なる税率を適用してよいのか、そして、その差別の程度が妥当かどうか、といった価値判断が問われる。

シャウプ勧告で知られるシャウプ博士は、水平的公平を誰もが合意できるという意味から「コンセンサス基準」とし、垂直的公平は負担率の差異が生じるところから「コンフリクト基準」と呼んでいる。

富める者と貧しい者の格差が広がり、富の偏在の顕著な社会にあっては、富の再分配を可能とする累進税率構造が有益である、といった合理的な理由があるから垂直的公平が支持されることになる。他方で、職業選択の自由や競争（人々が努力すれば富を獲得できる社会）が保障され、「富の分配」が平準化された社会においては、垂直的公平の要請は弱まることになる。

垂直的公平は、合理的差別は認めるが不合理な差別を禁止することを定め

た、憲法14条の「法の下の平等」規定が要請する平等概念とも符合する。

富の再分配等の合理的な理由なくして、垂直的公平の名のもとに差別的取扱いを納税者に行うことはできないと理解すべきである。

水平的公平と垂直的公平は一見対立する概念のように見えるが、実は公平の概念に包摂されるものであり、両者が一体となって公平を実質的に価値あるものにしていることを確認しておこう。

Ⅳ　担税力の測定基準としての所得・資産・消費

担税力に応じた課税を実現するためには、担税力の測定基準が極めて重要となる。適正に担税力を測定する指標が存在して初めて公平な課税が実現できるのである。

担税力を測定する基準として、従来から①所得、②資産、そして、③消費が支持されてきた。これらの担税力測定基準は、それぞれ長短が存在するが、所得がこれまで最も優れているとされてきた。所得は累進税率構造の採用や、基礎控除などの人的諸控除を組み合わせることにより、課税最低限を設けることができ、最低限度の生活水準を維持するための所得には課税しないことを保障する仕組みを構築できるなど、担税力に応じた課税をより実質的なものにすることが可能であるとともに、さらには富の再分配機能をも併せて発揮することができるという点から高く評価されてきた。しかし、所得の捕捉を完全に行うことが不可能であり、クロヨン問題に象徴されるように、所得の捕捉率の格差の問題も短所として指摘されてきた。

資産は実際に存在する資産を課税対象とするところから、捕捉漏れの弱点は所得より補強されるが、一方で、資産の価値評価が困難であり、さらには納税する際に換金化を図る必要があるという短所が存在する。

消費は、消費税の課税対象の選定によっては逆進的となり、担税力に応じた課税に反する結果を招くという点から、担税力測定基準としては最も劣っている。

我が国では、所得を担税力とする所得税、法人税を中心として、資産に担税力を求める相続税、消費には消費税が制度化されている。

　捕捉できなかった所得に対して、その所得を消費すれば消費税が課されるし、消費しないで最後まで手元に蓄財し、財産を形成しても人生の終局時点で相続税として課税される。したがって、これらの租税をバランスよく組み合わせることにより、課税漏れを防ぐことができ、担税力に応じた課税が実現される。

　所得税法や法人税法などの各個別租税法は、担税力を適正に測定するための法体系として構築されており、その立法原理はまさに租税公平主義に求められる。租税法の立法目的が、担税力に応じた公平な課税を実現することにあることがここに確認されよう。

　租税公平主義は租税正義の中核を構成するものであるから、租税公平主義を立法原理とした個別租税法の目的は租税正義の実現にあるということができるといえよう。

第3章

租税法の基本原則 II ──租税法律主義

I　意義

　租税法律主義とは、「法律の根拠に基づくことなしには、国家は租税を賦課・徴収することはできず、国民は租税の納付を要求されることはない。」（金子『租税法』78頁）ことを宣言した、租税法の基本原則である。この原則は、「代表なければ課税なし」（No taxation without representation）という、近代民主主義国家建設の基本思想に、その起源を求めることができる。租税はそれを賦課される国民の同意に基づいて課されるべきことを要請するものである。

　この租税法律主義は、民主主義国家の憲法原理としても広く受け入れられている。我が国の憲法30条は「国民は、法律の定めるところにより、納税の義務を負ふ。」と定め、さらに同84条は「あらたに租税を課し、又は現行の租税を変更するには、法律又は法律の定める条件によることを必要とする。」と定めて、租税法律主義を憲法原理として明確にしている。

　前者の憲法30条は、国民に対して、納税の義務は法律の定めるところにより生じ、法律のないところに納税義務はないことを宣言している。一方、後者の憲法84条は、「租税を創設し、改廃するのはもとより、納税義務者、課税標準、徴税の手続はすべて前示のとおり法律に基いて定められなければならないと同時に法律に基いて定めるところに委せられている。」（最（大）判昭和30年3月23日民集9巻3号336頁）ことを国家に対して特に命じている。2つの憲法規定は、国民と国家のそれぞれに対して租税法律主義の原則の尊重を命じたものと理解することができる。とりわけ憲法84条は、課税要件規定のみならず、租税の賦課・徴収手続までも法律により詳細に定めるべきことを要

請していることには注意を要する。

　この租税法律主義の原則の法的根拠として、憲法が2つの条文をも用意している趣旨は、租税の本質が権力性にあるところから、租税が国民の財産の一部を直接的な反対給付なしに徴税権力を背景に国家が収受するものであり、国民の自由と財産を租税が侵害する危険を常にはらむという歴史的教訓に求めることができよう。租税は時の権力者により恣意的に課されるものであることは歴史的事実である。日本国憲法は、その恣意的課税の危険を阻止するために、租税の賦課・徴収の条件として、国民の同意が必要であるという仕組みを国家の最高法規に定め、そして、国家運営の基本原理として尊重すべきであることを条文に明確に定めたものである、ということができよう。

　したがって、憲法30条の規定は、国民に法律のないところに納税の義務はないことを明らかにしたものであり、国民は法律のある場合に限り納税の義務が生じるという点を強調して理解しておくべきである。

　法律ではない通達による課税は、憲法に違反するのである。この点は以下で詳述する。

Ⅱ　租税法律主義の生成と沿革

　租税法律主義は近代法治主義国家の建設過程において市民が獲得した権利の象徴ともいえる存在である。

　租税法律主義の本質を正確に理解する上で、租税法律主義の生成過程を概観することは有益である。租税法律主義の生成過程は次のように概観することができる。

　「租税法律主義の考え方は、いわゆる『罪刑法定主義』とともに、その起源は遠く1215年の、かの有名なイギリスの大憲章（Magna Carta）にその萌芽をみることができる。その大憲章の12条には『一切の楯金もしくは援助金は、朕の王国の一般評議会（Commune Consilium）によるのでなければ、朕の

王国においてはこれを課さない』とあり、そしてこの規定は1290年の『承諾なき賦課金に関する法律』第１章において、『承諾なき課税の禁止』と言う題目の下に一層明確な形で規定された。そして、1628年の『権利請願（Petition of Rights)』の１条および10条、そしてまた1689年の『権利章典（Bill of Rights)』の１条４号等でもそれぞれ再確認されるに至っているのである。つまり、イギリスにおいては、それまで国王がほしいままに行使していた租税の賦課徴収権を、先ずは封建諸侯の反対、更には新興市民階級の団結によって、長い抗争の結果、ついに国王の譲歩と言う形で、やっと国民議会の承諾なくしては国王は租税を賦課徴収し得ないこととしたのである。

またフランスでは、1789年のいわゆる『人権宣言』の13条で『武力を維持するため、および行政の諸費用のため、共同の租税は、不可欠である。それはすべての市民のあいだでその能力に応じて平等に配分されなければならない。』と規定し、またその14条では、『すべての市民は、自身でまたはその代表者により公の租税の必要性を確認し、それを自由に承諾し、その使途を追及し、かつその数額、基礎、徴収および存続期間を規定する権利を有する。』と規定して、より近代的な形での租税法律主義が明確にされているのである。

そしてまたアメリカでは、1764年イギリス本国が自国の歳入増加をはかる目的で、アメリカ植民地の承諾なしに『砂糖条例』および『印紙条例』等により各種の租税を課することにしたことに反対し、いわゆる『代表なければ課税なし（No taxation without representation)』のスローガンの下に、1774年フィラデルフィアで第１回の大陸会議を開き、植民地を代表しないイギリス議会はイギリス本国においてのみ権限を有し、植民地における課税と内政とは専ら植民地議会の立法によるべきである旨の宣言を決議した。そして1776年の大陸会議では遂にイギリス本国からの独立を決議し、アメリカ独立の一つの要因がこの租税法律主義の実現にあったことは余りにも有名である。」(吉良実『租税法概論改訂版』23頁以下（中央経済社、1992年))

このような租税法律主義の憲法原理の生成過程を概観すると、まさに租税法律主義は近代民主主義国家の骨格をなす基本原理であることが確認できよう。その本質が国王に象徴される権力者の恣意的課税を阻止し、民主主義の理念を租税の分野において具体化する根本原理であるということができる。

租税法律主義は、他の諸国においても憲法原理として承認されるようになり、わが国においても、明治憲法が、「新ニ租税ヲ課シ及税率ヲ変更スルハ法律ヲ以テ之ヲ定ムヘシ」(明治憲法62条1項)と規定し、日本国憲法においては、本来の意味での租税法律主義の規定を明確に定めるに至った。

Ⅲ 機能と内容

租税法律主義の機能は次の2つに分説することができよう。

① 租税法律主義の第1の機能は、租税の賦課・徴収のすべての過程を租税法が支配・統制することにより、国家の恣意的な課税を阻止し、国民の自由と財産を保障することにある。主権者である国民の権利が租税により侵害されることを防止するところに租税法律主義の最も重要な機能がある。

② 明確に法定された租税法が存在することにより納税者は自己の租税負担を容易に予測することが可能となると同時に、租税法律関係における法的安定性も保障される。

①と②の機能のうち、とりわけ国民の経済活動が高度化・複雑化されるのに伴い、②の租税法律関係における予測可能性と法的安定性の確保の機能が重視されることになる。

租税法律関係における、この納税者の予測可能性の確保の機能は、納税者が租税法律主義の具体的な内容を理解することにより担保される。

もちろん、租税法律主義の主たる機能が、国家もしくは国王に代表される、時の権力者による恣意的な課税を阻止することにより、納税者である国民の権利を保護し、租税正義を実現することにあることはいうまでもない。

納税者の権利が十分に保障されるためには、租税法律主義が形骸化されてはならない。故に、租税法律主義は次の4つの内容・原則により強固に構築されていると理解しておくべきである。この内容はいずれも先の憲法規定の目的論的解釈から導出される原則であり、いずれも憲法規定に包摂される。

1 課税要件法定主義

罪刑法定主義を原型とした原則が課税要件法定主義である。租税は国民の財産の一部を収奪するものであるから、国民の同意を要件として課されないとすると、財産権の侵害をもたらす。したがって、国民の代表者である国会の承認を経て成立した法律によってのみ課税権が具体的に行使されることを要請する租税法律主義の中核的内容である。この原則は、課税要件を法定するだけにとどまらず、租税の賦課・徴収手続に至るまで厳格な法の支配の下に置くことを要請している。

＊論点—課税要件法定主義と行政立法

論点として、法律と行政立法の問題が取り上げられる。租税立法と行政立法への委任の関係は、「法律の留保の原則」と「法律の優位の原則」の二つの原則により律せられるべきである。「法律の留保の原則」とは、法律の根拠なしに政令・省令などの行政立法により課税要件を定めることは許されないというものである。

一方、「法律の優位の原則」とは、法律の定めに反する政令・省令はその効力を持たないという原則である。

これらの原則は、国会の承認を経ない行政立法により租税法の支配を空洞化させないという、課税要件法定主義の実効性を確保する上で重要な原則といえる。

2 課税要件明確主義

課税要件明確主義は、租税法の規定は可能な限り一義的かつ明確な文言により定められるべきであることを要請する原則である。

課税要件及び租税の賦課・徴収手続が法定されており、課税要件法定主義が充足されていても、その租税法の規定が一義的かつ明確さを欠けば、法定されていないに等しく、恣意的課税の余地は排除することはできないばかりか、租税行政庁に白紙的委任を与えると同様の結果を招くことになる。

明確でない租税法規定は、納税者の予測可能性の確保や権利保護にもその効力を発することはできない。

ところが、課税要件明確主義の原則が存在するにもかかわらず、租税法ほど明確さに欠ける、いわゆる「不確定概念」が多用されている法領域も少ない。不確定概念の存在は、納税者の予測可能性を阻害し、文言が不確定であるがゆえに租税行政庁の過度の裁量の余地と恣意性が介入する余地を生む。

たとえば、法人税法132条は「税務署長は、…中略　その法人の行為又は計算で、これを容認した場合には法人税の負担を<u>不当に減少させる</u>結果となると認められるものがあるときは、その行為又は計算にかかわらず、…中略　法人税の額を計算することができる。」（筆者傍線加筆）と規定しているが、この規定の下線部の「不当に減少させる」との文言が抽象的で不確定概念に相当する。条文の構成からすると、「不当な税負担の減少」に該当するか否かを判断するのは租税行政庁の側である税務署長である。不当性の判断基準を他に示す文言は条文上見当たらない。税務署長の恣意的な判断を完全に排除できるかについては疑義が存在する。

同種の疑義が認められる不確定概念ともいえる文言は、租税法の規定の中にほかにも多く存在する。たとえば、税務調査をめぐる質問検査権の行使の発動要件を定めた、国税通則法74条の2（旧所税234条）は、税務職員は、「必要があるとき」は質問検査権を行使できると定めているが、いかなる場合を「必要があるとき」といえるのかについて不明確であり不確定概念として批判される。特に、税務調査としての質問検査権の発動がその要件を充足して、合法的なものか否かの適否については「必要があるとき」に該当するかどうかが判断の基準になるのである。にもかかわらず、その具体的に「必要性」を判断する基準については、その文言からは明確にすることができない

ので「課税要件明確主義」に反するのではないかとの疑念が生じるのも無理はない。しかし、最高裁昭和48年7月10日（刑集27巻7号1205頁）決定は、この規定は不明確な規定ではないと判示している。

このほかにも、「不相当に高額」（法税34条2項・36条）、「相当の理由」（所税145条2号等）、「正当な理由」（税通65条4項等）などの不確定概念が課税要件規定等に用いられている。

課税要件明確主義の原則の下で不確定概念の存在が容認されるのであろうか。その理由は、複雑化する経済事象を適用の対象とする租税法を形式的かつ硬直的に適用し執行すると、課税の公平を確保できない事態を招くからである。先の同族会社の行為・計算否認規定（法税132条）に、具体的かつ形式的な要件を定めると、租税回避を目的としてその形式的適用要件をかいくぐる行為が頻発しかねない。ここに不確定概念を容認せざるを得ない合理的理由がある。

課税要件明確主義の要請を過度に厳格にすると、一方で担税力に応じた課税を求める租税公平主義を犠牲にするという不可避の問題に直面するのである。そこでは、両者の適度な調和を求めて立法がなされていると理解すべきである。

そこで、不確定概念にも2種類あるという点を十分に理解しておくことが重要である。

＊論点―不確定概念の2類型

不確定概念は、①立法趣旨をも踏まえた法解釈により、その意味内容を明らかにすることができる不確定概念と、②法解釈により明らかにできない不確定概念の2つの類型がある。法解釈によりその意味内容を明らかにできない不確定概念は、租税行政庁の恣意性の介入をもたらすものであり、課税要件明確主義に反し、違憲とされる。詳細は以下のとおりである。

「不確定概念にも、2種類のものがあることに注意する必要がある。1つは、その内容があまりに一般的ないし不明確であるため、解釈によってその意義を明確にすることが困難であり、公権力の恣意や乱用をまねくおそれの

あるものである。たとえば『公益上必要のあるとき』とか『景気対策上必要があるとき』というような、終局目的ないし価値概念を内容とする不確定概念が、それである。租税法規が、このような不確定概念を用いた場合には、その規定は課税要件明確主義に反して無効であると解すべきであろう。これに対し、いま1つは、中間目的ないし経験概念を内容とする不確定概念であって、これは一見不明確に見えても、法の趣旨・目的に照らしてその意義を明確になしうるものである。したがって、それは、租税行政庁に自由裁量を認めるものではなく、ある具体的な場合がそれに該当するかどうかの問題は、法の解釈の問題であり、当然に裁判所の審査に服する問題であると解される。その必要性と合理性が認められる限り、この種の不確定概念を用いることは、課税要件明確主義に反するものではない、と解すべきであろう。」
（金子『租税法』85頁以下）

すなわち、不確定概念が課税要件明確主義に抵触するか否かは、①不明確な規定であっても立法趣旨を踏まえた趣旨解釈によりその意味を明確にできるか否か、②その規定によると公権力の恣意や乱用を招く恐れがあるか否か、そして、③その不明確な文言の使用に課税の公平を確保するといった合理的理由が存在するか否か、の3つの基準から判断されることになろう。

租税法が法規である以上、解釈によりその意味・内容を明らかにできないとすれば、その法は予測可能性を確保できないばかりか、公権力の恣意的課税を誘発し、納税者の権利を保護することもできないのであるから、租税法律主義の要請に反するのは当然である。

3　合法性の原則

合法性の原則とは、租税法が定める課税要件を充足する限り、租税行政庁にはその課税要件に対応する税額を徴収する義務があり、税額を減免する自由は認められないとする原則である。租税法が強行法であるところからすれば、租税法が定める以上の税を徴収することも、また、減額することも許されず、租税法が定めるとおりの税額を徴収することが要請されることは当然

＊論点─合法性の原則に対する制約原理

　合法性の原則には次の3つの制約原理があることを理解しておくべきである（金子『租税法』88頁）。

　第1は、納税義務を軽減・免除する等、納税者に有利な行政先例法が成立している場合には、租税行政庁はそれに拘束され、それに反する処分をなしえない。

　第2は、租税行政庁が、納税者に有利な解釈・適用を広く一般的に行い、それを是正する措置をとっていない場合に、合理的理由がないにもかかわらず特定の納税者を不利益に扱うことは、たとえ上の解釈・適用が行政先例法として成立していないとしても、平等取扱原則に反して許されない。

　第3は、租税法においても、個別的救済の法理としての信義則ないし禁反言の法理の適用が認められるべきであり、その範囲で合法性の原則が制約を受ける。

4　手続保障の原則

　そもそも租税法律主義の本質が国家による恣意的課税の阻止にあるところからすると、課税要件法領域ばかりでなく租税の賦課・徴収手続といった租税手続法領域も法の支配が確立されることが不可欠である。したがって、租税の賦課・徴収手続の適正な保障も確保されるべきであることを、手続保障の原則という。この手続保障の原則は租税争訟手続にも及ぶことは当然である。

　例えば、青色申告に対する更正処分を行う際の、更正処分の理由附記（所税155条2項、法税130条2項）、青色申告承認取消処分の理由附記（所税150条2項、法税127条4項）といった手続きの詳細な規定は、この手続保障の原則の命じるところである。

　いずれの規定も手続的規定であるが、課税要件規定と同様に納税者の権利保護の視点からすると重要な意義を有する規定である。

第4章

租税法律主義と租税公平主義の相克と調整[1]

I　はじめに

　申告納税制度は、納税額を租税法に基づいて納税者自らが計算し、申告し、納税することにより納税義務を履行する制度である。この申告納税制度の下では、納税者の申告により納税義務が確定する。戦前の賦課課税制度に代わる、まさに国民主権の納税制度ともいえる制度が申告納税制度といえよう。[2]

　納税者はもちろん課税権を行使する国家も、租税法律主義を尊重することにより申告納税制度は円滑に機能する。[3]換言すると、租税法律主義の機能である納税者の予測可能性の確保こそが、申告納税制度の生命線であるともいえる。したがって、租税法律主義と申告納税制度はセットになって民主主義国家の租税制度形成に寄与するという関係にある。[4]

　一方、この租税法律主義と並び称される租税法の基本原則が租税公平主義である。この租税公平主義は、「租税負担は国民の間に担税力に即して公平に配分されなければならず、各種の租税法律関係において国民は平等に取り扱われなければならないという原則を、租税公平主義または租税平等主義という。」（金子宏『租税法』89頁以下）と定義される。本章では、この租税公平主義を、まず、前述第2章の通り租税法の立法の場面と執行の場面とに分けて説明する。

　ところで、これらの基本原則はいずれも尊重されねばならないのであるが、租税法の立法と解釈・適用の場面で両者が相克する問題が頻発する。いかにこの両者の相克を調整すべきかという問題が、租税法の基本問題の一つとして検討されなければならない。

租税法を立法する場合に、租税法律主義の内容である課税要件明確主義の要請があるにもかかわらず、「著しく」や「不相当に」、そして「不当に」といった、いわゆる不確定概念を租税法規に規定せざるを得ないのはなぜか。その理由は、担税力に応じた実質的公平を確保するためには、単に租税法律主義のみを重視して画一的な定めを置いたのでは租税公平主義が一方的に歪められてしまうことに配慮したことに求められる。

また、租税法の解釈・適用といった租税法実務の場面においても、両基本原則の相克の問題が生じる。たとえば、公平な課税を歪める納税者の租税回避行為に対して、個別的な否認規定がなくても、その租税回避行為を否認できるか否かといった問題に直面する。この問題は、両基本原則のいずれを優先させるかという問題である。

両基本原則が相対峙する場合の調整もしくは解決のあり方は、租税法学上の基本問題として常に学界において問題提起がなされてきた[5]。

そこで、本章では、両基本原則の意義を踏まえたうえで租税法の解釈・適用過程において、租税法律主義と租税公平主義が相克する場合に、いずれの原則が優先されるか、というこの基本問題について学説を代表すると思われる、松沢智『租税実体法』[6]及び、この問題について検討された佐藤英明教授の論文の内容をトレースしたうえで、武富士事件最高裁判決[7]を整理し、学説と判例の考え方を確認する。

Ⅱ 租税法の解釈適用と二つの基本原則の関係
─租税法律主義と租税公平主義との関係

1 松沢智『租税実体法』における基本的考え方

研究者ばかりか多くの実務家に読み継がれてきた松沢智『租税実体法』（中央経済社、初版昭和51年刊）は松沢智教授の代表的著作といえるが、同書第1章『租税実体法の本質』の冒頭部分において、同教授は「租税法をめぐる理論的問題は、要するに租税法律主義と租税公平負担の原則とを如何に調整[8]

するかの問題に尽きる。特に、租税実体法は、課税要件を直接に規定した法規であるから、租税法律主義を背景にする納税者の財産権の保護の主張と、租税公平負担の原則を基礎とする課税行政庁の財政収入の確保の主張とが鋭く対立する。それは、租税法の解釈・適用について、法的視角から捉えようとする立場と、経済的視角から論じようとする立場との相剋となって表われてくる。

一体、租税法、特に租税実体法はどのような基準を以って解釈・適用すべきなのか。そもそも租税実体法は、一体誰のためにあるのか。租税法律主義と租税公平負担の原則とが対立した問題については、どのようにして理論的解決をしたらよいのか。」といった問題提起から説き起こされ、同書がこの問題を究明することを目的としていると述べておられる。裁判官として多くの租税訴訟を担当された同教授のこの問題意識は、租税法の解釈・適用の理論と実際の問題を解明する上で最も重要な、そして普遍的な研究テーマとして位置付けることができよう。[9]

租税法律主義の立場を強調する納税者と租税公平主義の立場に立脚して租税法の解釈・適用を展開する租税行政（課税行政）庁との対立の構図として、両基本原則の相克の問題が顕在化することを指摘されていることは興味深い。

次いで、同教授は同書において、租税法律主義の本質と租税公平主義の本質を整理された上で、この問題に対する結論的見解を次のように述べておられる。

「かくてここに租税法律主義による法の明確化の要請が専ら納税者側から、自己の財産権を守るという形において主張され、これに対し、租税制度存立の基礎ともいうべき公平負担の原則が課税庁側から法の適正な執行者の立場において租税法の基本理念として強調された。しかして両原則は、現実には対立する理念として、あたかも相剋する運命にあるというような、換言すれば、まさに租税法規そのものの宿命であるというような観さえ呈して租税法の解釈・適用のあらゆる場面にその対立する形相を表わしている。

つまり租税法の解釈・適用にあたっては、前述したように、その内容が明確かつ一義的でないところから、一方ではその経済的実質的目的に着目し、実質的に同様な経済的効果を伴う場合には、公平負担の原則に基づき、同様な課税を行なうべきものとする立場と、他方では、租税法律主義に基づく経済生活の法的安定と予測可能性の必要性を強調し、解釈・適用について疑義があれば、厳格に解釈し、疑わしきは納税者の利益に解すべきものと説く立場が拮抗する。…中略

　従って、租税法律主義も公平負担の原理も、両者とも本来調和すべきは当然のことであって、本質的に矛盾対立する原理ではないといわねばならない。

　その意味において、租税法の解釈・適用にあたっては、租税法における租税法律主義と公平負担の原則の二個の基本原理をふまえたうえで、そのいずれにも偏せず、両者の妥当な調和を図りつつ、何が租税正義であるかを発見することが必要であるとおもわれる。」と述べて、その結論を示され、以下の章では、租税回避行為と租税法律主義（第2章）、同族会社の行為計算否認の本質（第3章）、税法上の法人格否認の法理（第4章）、そして、法人税法上の所得概念と権利確定主義（第2編第1章）、といった租税法実務上、具体的に生じる論点を具体的に設定して、両基本原則を調和させることにより、租税法の解釈・適用が租税正義の実現に帰結することを示されている。

　同教授は、租税法の解釈・適用は、租税公平主義と租税法律主義の二つの租税法の基本原則の調和を図ることにより、租税法の目的である租税正義が実現されるとの考え方を明確に示されている。

　いずれかの原則を過度に強調した租税法の解釈・適用がなされると、租税正義の実現が図れないということを確認されている。

　しかし、問題は、調和をいかなる基準により図るべきか、いかなる論理により調和が図られるべきかを明らかにしなければ、結局のところその事例ごとに場当たり的な解決が図られるという、結果を招くのみである。

　以下で取り上げる、佐藤論文はこの両基本原則の調整の在り方を、租税法

律主義の内容を詳細に分析し、租税法律主義の視点から明確にしており、この問題に対し論理的な解答を導き出したものと評価できる。

2　佐藤英明「租税法律主義と租税公平主義」の整理[10]

　この租税法律主義と租税公平主義の関係性に関する研究が佐藤英明教授によって発表されている。同教授の「租税法律主義と租税公平主義」と題する論考は、租税法律主義と租税公平主義の関係性を極めてクリアに論じられており、この問題を整理する上で有益である。

　同教授のこの論考を本章では、分析の前提とする理論に据え、両基本原則の租税法の解釈・適用のステージにおける衝突もしくは相克の問題を、注目裁判例が、いかに調整し判断を下しているのかを検証する。

　以下ではまず、同論考をトレースしておきたい。

　同論考は、「はじめに―本稿の目的」において、租税法律主義と租税公平主義が租税法の基本原則としてあげられてきたが、特に租税法律主義の内容について何を盛り込むべきかも一様に確答があるわけではないし、租税法律主義と租税公平主義の衝突する場面においてどのような調整が図られるべきか、という点についても、「一貫した解決策が提示されているわけではないように見える。」とされたうえで、「本稿においては、租税法律主義の内容としてどのような考え方をどのような位置づけで取り上げるべきかということを、租税法律主義と租税公平主義とが相克する場面における問題解決の在り方と関連させて、考えてみることにしたい。」として、租税法律主義の内容を整理し、その理解に立って租税公平主義と租税法律主義の衝突の問題解決の方向性を明らかにすることを同論考の目的とする、とされている。[11]

　租税法の解釈・適用の実際の場面では、租税法律主義と租税公平主義とが衝突する事態が頻発する。この両基本原則の衝突の問題を前述の松沢智『租税実体法』は「租税法律主義と租税公平主義の相克」の問題と表現している。

　この両基本原則の租税法の解釈・適用の段階における相克もしくは衝突をいかに論理的に調整すべきかは、租税法の基本問題の一つであると位置づけ

ることができる。同論考は、この問題を、租税法律主義の内容を整理するという切り口から、解明することを主題としている。

　同論考は、この基本問題を論じる準備作業として租税法律主義の内容が一様とされていないとの認識から、租税法律主義の内容を整理されている。すなわち、「金子宏名誉教授は、租税法律主義の内容として、課税要件法定主義、課税要件明確主義、合法性の原則、手続的保障原則、遡及立法の禁止、納税者の権利保護の6点を挙げておられる。」とされた上で、学説を概観されている。学説は古くは杉村章三郎博士にさかのぼり、田中二郎博士、清永敬次名誉教授、そして、水野忠恒教授の著書等の記述を簡潔に概観したうえで、岡村忠生教授が上記金子名誉教授の見解を採用されていることを「注目に値する」と評価し、「租税法律主義の中心的考慮要素は予測可能性の確保である」ことを確認されている。

　そして、両基本原則の関係性について学説を検証したうえで次のように整理されている。

　すなわち、「予測可能性の確保を重視するという租税法律主義の理解は、租税法律主義と並ぶもう1つの租税法における重要な基本原理である租税公平（平等）主義と租税法律主義との関係をどのように考えるかという点にも重要な影響を及ぼしている。すなわち、かつては実質的な租税負担の公平を最重要視する見解も有力に主張されたが、現在においては租税法律主義の要請する予測可能性・法的安定性の確保は個別の場面における租税負担の実質的な公平に優先するという考え方が通説といいうる状況であり、租税回避の否認、借用概念の解釈、租税法規の厳格解釈の要請などの個別の論点においてそのような態度が明確に示されている。」としながらも、「このような租税法律主義、とりわけ合法性の原則に関しては、一定の制約要因があるとされている。すなわち、行政先例法が成立している場合、平等取扱い原則に抵触する場合、および、信義則の適用を認めるべき場合には、租税法律主義の内容とされる合法性の原則はその適用が制約され、現存する租税法規との関係では形式的に『違法』と考えられる措置が実質的に適法だと考えられるとさ

れるのである。これらは事案に即した個別的な救済を可能にする」と述べられている[12]。

　本章との関係で重要な点は、租税法律主義と租税公平主義が相克する場面では、現在では租税法律主義が優先されることが通説とされている点と、租税法律主義にも制約要因がいくつか存在する点の2つの指摘である。

　同論文では、検討課題として次の3点を示されている。第1は「租税法律主義の内容として盛り込まれる多様な「主義」や「原則」の中にはその「主義」・「原則」などの基本的な考え方としての強弱についてかなりの程度の差異があり、この点をどのように理解すべきか、ということが挙げられる。」とされ、第2は「課税要件明確主義の位置づけの問題である」、そして、第3は、租税公平主義と租税法律主義が相克した場合の解決の在り方の問題であると、検討課題を3点設定されている。

　本章の目的との関係性においては第3の検討課題が最も重要といえる。

　第3の検討課題について、「租税法律主義と租税公平主義が衝突した場合の解決のあり方も重要検討課題である。すなわち、予測可能性の確保を重視する観点から租税法律主義は実質的な租税負担の公平性の維持に優先するという原則を立てながら、一定の場合には、租税公平主義に由来する（と思われる）平等取扱原則が租税法律主義の内容の1つである（とされる）合法性の原則に優先するとされる、その理由づけはいかなるものであるかということが問題となりうる。

　このことは、合法性の原則に反してまで納税者の平等取扱いを優先させるべきであるのはどのような場合か、そのような扱いが求められる要件はどのようなものか、という問題でもある。」と検討課題を設定されている。

　この検討課題を解明していく上で有用と思われる手法として、「租税法律主義の再構成の試み」と題して展開されている。その試みとは、租税法律主義の内容には、それぞれの原理間において強弱の差があるところから、強い原理である「課税要件法定主義」とその他の内容に二層化するという試みである。

租税法律主義の内容の二層化の詳細についてはここで紹介する余裕はないが、同教授の述べる二層化のエッセンスのみを紹介すると、「租税法律主義の内容を課税要件法定主義と予測可能性原則に分けて理解するということは、単に分類の問題にとどまらず、その効果にも及ぶ。

すなわち、課税要件法定主義はまさに憲法が一般原理を加重して明確化した内容そのものであり、したがって、その違反は直ちに違憲と評価されるべきである。その意味で、課税要件法定主義は「固い」原則だと言いうる。

これに対して、予測可能性原則に含まれる種々の準則は、憲法84条、30条の定めの直接の内容ではなく、そこから派生した原則だと見るべきである。そのため、その適用においては種々の考慮要素との衡量が必要とされ、必要に応じて例外が設けられるなど、柔軟な対応が期待されることになる。すでに指摘したように、遡及立法の禁止に関する多くの例外や不確定法概念の使用と課税要件明確主義との間に生じている問題、または、信義則が適用される範囲に関する問題などは、いずれも予測可能性の確保という価値と、遡及適用の必要性、実質的な租税負担の公平性確保と立法技術の限界、納税者間の平等などの価値との衡量によって準則の内容が決定されている例だと考えることができる。[13]」として、租税法律主義の内容のうち、課税要件法定主義と他の原則を別格に位置づけ、前者は絶対的原則であり、後者、すなわち予測可能性確保原則[14]に収斂される派生原則として課税要件明確主義等の原則は位置付けられ、これらの原則は相対的原則として制約が認められる原則とされる。このように租税法律主義の内容は、佐藤教授の表現によれば「固い」原則とされる課税要件法定主義と課税要件明確主義等のその他の原理をまとめた予測可能性確保原則の二層化が試みられている。

ところで、課税要件法定主義を中核とする租税法律主義は現代社会においては予測可能性の確保の機能が強く要求される。その理由として、同論考では、「第1に、課税権を定める租税法が刑罰権に関する刑事法と並ぶ典型的な侵害規範であり、かつ、財産権への侵害という定型的な侵害を定める規範であること。第2に、現代国家における租税負担は相当に重く、重大な侵害

となること。第3に、税制は複雑化、精緻化、専門化しており、そこから生じる租税負担を事前に正確に予測することは容易ではないこと、の3つの理由を挙げることができよう。このような考慮から、租税法律主義は課税要件法定主義に並ぶ基本的な原則として、予測可能性確保の原則を内容とすることになる。」として、現代社会における予測可能性の確保の要求が強くなってきている理由をこのように述べられている。

租税国家において、国民の租税負担の割合はますます増大しており、租税負担の予測可能性の確保が不可欠とされるのである。この予測可能性の確保の要求は強まるばかりといえよう。

これまでの分析を踏まえて、同論考は、租税法律主義と租税公平主義の衝突の調整もしくは解決という検討課題に対する回答を次のように導き出されている。

すなわち、「1、2で述べた整理に基づくと、それぞれの「主義」や「原則」が衝突する際の解決の方向性は、以下のようになる。

第1に、課税要件法定主義は予測可能性原則に優先する。この結果、たとえば、国民の税負担を増大させるような行政先例法の成立は否定される。この点はすでに述べた。

第2に、租税法律主義の内容である予測可能性原則は、租税公平主義に優先する。したがって、実質的な税負担の公平性の確保を理由として、納税者の予測可能性を害する法解釈や処分を行うことは認められない。これは、これまでも租税回避の否認や借用概念の解釈に関して学説が説いてきた点である。

また、合法性の原則を租税法律主義の内容と考えないことにより、行政先例法や信義則の適用に関して、租税法律主義の内部での価値対立を解消しうる。

これにより、個別救済法理の適用は、予測可能性確保の観点からその要否が判断されれば足りることになる。このような考慮によって個別救済法理の適用が促進されることを、本稿が示す租税法律主義理解の効果として、期待

したい。

　第3に、第1、第2のルールに抵触しない範囲で、租税負担の実質的公平性の確保は形式的公平性の実現に優先する、と解する余地がある。このように考えるメリットは、第1、第2のルールにおいて租税負担の実質的平等が後順位に置かれていることに対する代償的な措置を設け、制度解釈上の「あそび」の部分を設けることにある。」として、両基本原則間の優先劣後関係を明確に結論づけられている。

　租税法律主義の内容を一律にとらえるのではなく、憲法84条の規定からダイレクトに導かれる課税要件法定主義は絶対的原理と位置づけられる。したがって租税法の基本原則として何の制約も受けない最優先される原則であるから、課税要件法定主義に抵触した場合には憲法違反と評価される。

　次いで、課税要件明確主義等の予測可能性確保原則が優先される。この予測可能性確保原則は、租税公平主義に優先される。なぜならば、租税負担の予測可能性の確保は現代社会の強力な要求であり、租税法律主義の機能の中核を担うものが予測可能性の確保であるからである。

　同教授は、租税法律主義と租税公平主義の衝突の場面では、租税法律主義が優先されることを、租税法律主義の内容を検討し、そのうえで租税法律主義の機能とされる予測可能性の確保が現代社会の要請であり、この予測可能性の確保の重要性から租税公平主義に租税法律主義が優先するとの結論を学説の通説をも整理検討したうえで導出されている。同論考は、我々に租税法律主義の意義と内容、租税公平主義との関係性について基本的な考え方を提示したものとして、ここで確認しておく。

3　小括

　松沢智『租税実体法』は、初版が昭和51年に発行されたのであるが、その当時の租税法学は揺籃期にあったといえる。当時としてはどちらかというと租税公平主義を重視し、実質課税の原則や経済的観察法といった考え方も有力説として学界においても展開されていたといえる。したがって、同書が租

税法の解釈・適用における租税法律主義と租税公平主義の相克の問題が、租税法の基本問題として、租税実体法の解釈・適用の具体的場面における両基本原則の相克問題を提起されたことは画期的な視点であったと思われる。

同書は、両基本原則の対立を租税法の解釈・適用の場面で適切に調整していくことが租税法の目的である租税正義の実現に不可欠であることを説き、さらに両基本原則は本来調和すべきは当然で、本質的に矛盾するものではないと述べられている。また、2つの基本原理を踏まえたうえで、「そのいずれに偏せず、両者の妥当な調和を図りつつ、何が租税正義であるかを発見することが必要である」ことを力説されている。

さらには、同書第2章では、事実認定における実質主義と税法解釈における実質主義の異同を詳細に論じられている。当時の租税法学では、租税公平主義を根拠とする実質主義の議論が展開されていたのである。

一方、佐藤論文では、租税法の解釈・適用の過程における租税法律主義と租税公平主義の衝突の場面では、租税法律主義が租税公平主義に優先されることを学説及び租税法律主義の内容を詳細に整理することにより明らかにしている。

租税法律主義を優先するその根拠は、租税法律主義の機能である予測可能性確保の要請は、①租税法が侵害規範であること、②また、租税負担の増大で侵害の度を増していること、③経済取引の複雑化、高度化に伴い予測可能性の確保がますます困難になっていることから、従来にも増してその重要性は増幅していることに求められるとしている。

III 武富士事件最高裁判決の意義
―租税法律主義は租税公平主義に優先するか？

学説は、実質主義、租税公平主義重視の時期を乗り越えて、租税法律主義が租税公平主義に租税法の解釈・適用過程においては優先されるとする、租税法律主義重視説が通説となってきていることを、先の佐藤論文の記述を紹

介することにより確認した。

　裁判例も、最高裁の最近の判断に見られるように、租税法律主義重視説ともいえる学説の通説的理解を支持する注目判決が相次いでいる。立法目的や租税公平主義を根拠とする租税行政庁の主張を排斥し、租税法が侵害規範であることからその文言は厳格な文理解釈によるべきであるとする、租税法律主義重視の立場を鮮明にしてきているといえよう。

　たとえば、長崎年金二重課税事件最高裁判決[18]やホステス源泉徴収事件最高裁判決[19]、そして、武富士事件最高裁判決[20]は、裁判所が司法積極主義に転じたかと期待できるような判断内容であったと評価できよう。

　とりわけ、武富士事件最高裁判決については筆者も既に複数の専門誌等に私見を述べた[21]。本章では、租税法の基本問題である租税法律主義と租税公平主義の衝突と調整の問題として注目された武富士事件最高裁判決を素材に検証することにしたい。なお同事件は、本書事例編第5章で詳細に検討している。

　同事件は、租税回避の否認と借用概念の解釈における租税公平主義と租税法律主義の関係性に関して明確に最高裁の判断を示したものと思われる。

1　武富士事件の展開

(1)　事件の概要

　この事件は、消費者金融大手の武富士の故武井保雄会長とその妻が保有していたオランダ所在の子会社株式を香港居住の長男に贈与したことに対して、原処分庁が贈与時点の長男の主たる生活の本拠地は日本にあったと認定し、1157億円余の贈与税および加算税173億円余の課税処分がなされたことを不服とした原告が出訴した事案である。本件では長男（原告）が贈与時点に国内に住所を有していたか否かが争点とされた。株式贈与時点で受贈者である原告が国内に住所を有していたと認定されれば、我が国の贈与税の納税義務を負うことになる。贈与時点当時の相続税法では国外財産を非居住者に贈与した場合には贈与税の納税義務者に該当しないとされていた（なお、平

成12年度税制改正でこの方法による租税回避は封殺されることになった)。

　本件は、贈与税改正が予想されるとの情報を得た原告らが、弁護士、公認会計士の助言に基づいて、国外財産を国外居住者に贈与するという贈与税回避スキームを実行に移した、いわゆる租税回避事件であったといえよう。

　贈与者が所有する財産を国外へ移転し、更に受贈者の住所を国外に移転させた後に贈与を実行することによって、我が国の贈与税の負担を回避するという方法が、平成9年当時において既に一般に紹介されており、原告等は、同年2月ころ、このような贈与税回避の方法について、弁護士から概括的な説明を受けていたことが訴訟過程において認定されている。

(2) 争点—住所概念（借用概念）に租税回避の意図の基準を加えることができるか？—客観的事実説と主観的意思説

　本件の実質的な争点は、贈与時点で原告の住所が日本と香港のいずれに所在していたか、という住所の認定にあった。住所の認定に際しては、そもそも「住所」とは何か、といった住所概念が明らかにされなければならない。住所について租税法は特に定義規定を用意していないところから、民法22条が定める「生活の本拠」概念を借用したものと理解されている。住所概念が借用概念とされながら、借用元の民法上の住所認定判断の要素に含まれていない租税回避の意図を、租税法解釈の名の下に租税法が独自に認定基準の一つとして加えることができるか否かが争点とされた。

(3) 本件の位置づけ—租税法律主義と租税公平主義との関係が争点

　この争点は、実は、租税回避の否認により租税負担の公平（租税公平主義）を図ることを大義とする課税庁の主張と、借用概念である住所概念は借用元の民法と同一概念で租税法の領域でも用いることが租税法律主義の機能である予測可能性の確保に沿うものであるとする納税者（原告）の主張が、真っ向から対立した事案ということができる。

　すなわち、当初から巨額の贈与税の回避を図ることを目的に海外に住所を移転した原告の行為は、租税公平主義の視点からは看過できないものであり、阻止すべき行為であるとの主張は説得力がある。しかし、租税法は、許

容できない租税回避行為には個別に否認規定を用意して対応するという構造を採用している。よって、法規定がないにもかかわらず巨額な租税回避行為であるから否認できるとすれば、租税法律主義の内容である課税要件法定主義に反する結果を招く。

　この問題が正面から争われたのがこの武富士事件である。一審は租税法律主義重視の立場から、原告の主張を認容したが、控訴審では、租税回避の意図の存在を重視し、租税公平主義重視の考え方をベースに被告国側に勝訴の判決を与えた。この上告審判決が本判決である。

(4) 争点に対する第1審(東京地裁)の判断

　武富士事件の第1審である東京地裁(東京地判平成19年5月23日訟月55巻2号267頁)は、住所認定基準について、「法令において人の住所につき法律上の効果を規定している場合、反対の解釈をすべき特段の事由のない限り、住所とは、各人の生活の本拠を指すものと解するのが相当であり(最高裁昭和29年10月20日判決参照)、生活の本拠とは、その者の生活に最も関係の深い一般的生活、全生活の中心を指すものである(最高裁判所第三小法廷昭和35年3月22日・民集14巻4号551頁参照)。そして、一定の場所がある者の住所であるか否かは、租税法が多数人を相手方として課税を行う関係上、客観的な表象に着目して画一的に規律せざるを得ないところからして、<u>一般的には、住居、職業、国内において生計を一にする配偶者その他の親族を有するか否か、資産の所在等の客観的事実に基づき、総合的に判定するのが相当である。(筆者傍線)</u>」と判示し、行為者の主観的な意図を考慮すべきか否かについては、「これに対し、主観的な居住意思は、通常、客観的な居住の事実に具体化されているであろうから、住所の判定に無関係であるとはいえないが、かかる居住意思は必ずしも常に存在するものではなく、外部から認識し難い場合が多いため、補充的な考慮要素にとどまるものと解される。」として、住所の認定判断では行為者の主観的意思は補充的な考慮要素にとどまるとして主たる住所認定の基準として採用すべきではないと判示した。

(5) 控訴審（東京高裁）の判断

　ところが、同控訴審（東京高判平成20年1月23日判タ1283号119頁）では、住所の意義について第1審と同様に最高裁の判決を引用しているが、後半部分で下線部分の通り、東京地裁が補充的考慮要素とした「居住の意思」を主要な判断要素の一つとすると判示した。すなわち、「法令において人の住所につき法律上の効果を規定している場合、反対の解釈をすべき特段の事由のない限り、その住所とは、各人の生活の本拠を指すものと解するのが相当であり（最高裁判所昭和29年10月20日大法廷判決・民集8巻10号1907頁参照）、生活の本拠とは、その者の生活に最も関係の深い一般的生活、全生活の中心を指すものである（最高裁判所昭和35年3月22日第三小法廷判決・民集14巻4号551頁参照）。そして、一定の場所が生活の本拠に当たるか否かは、住居、職業、生計を一にする配偶者その他の親族の存否、資産の所在等の客観的事実に、①居住者の言動等により外部から客観的に認識することができる居住者の居住意思を総合して判断するのが相当である。②なお、特定の場所を特定人の住所と判断するについては、その者が間断なくその場所に居住することを要するものではなく、単に滞在日数が多いかどうかによってのみ判断すべきものでもない（最高裁判所昭和27年4月15日第三小法廷判決・民集6巻4号413頁参照）。（筆者傍線および番号を追記）」と判示して、下線部①のとおり原告の居住意思を重視し、さらに下線部②のとおり、居住日数という客観的な数値の多寡により判断するものでもないとして、第1審の判断を取消し、被告国側の主張を認容した。

　同控訴審判決は、上記のとおり住所の認定基準として居住の意思をほかの判断基準と同格に位置づけ総合的に判断するとしている。職業や財産の所在といった客観的証拠により認定される判断要素と、個人の居住の意思という主観的要素を同列に扱い総合的に判断すると判示しているのである。意思を主たる判断要素に加えると、客観的な滞在日数などの証拠は、その意思が色濃く反映されて法的評価が変容するのは必然ともいえる。

　たとえば、「被控訴人は、…中略　香港に居住すれば将来贈与を受けた際に贈与税の負担を回避できること及び上記の方法による贈与税回避を可能に

する状況を整えるために香港に出国するものであることを認識し、出国後は、本件滞在期間を通じて、本件贈与の日以後の国内滞在日数が多すぎないように注意を払い、滞在日数を調整していた」として、租税回避の目的等、原告の香港滞在の意思を重視し、その目的が租税回避目的であることを詳細な事実認定により論証しており、租税回避の意図の下に居所、職業、財産、滞在日数といった客観的証拠を再評価しており、租税回避の意図の存在が住所認定の中心的な認定基準とされている。

(6) **整理——両判決の比較**

東京地裁判決は、居住意思その他被控訴人（原告）の主観的事情について、原告が「日本出国日時点においても、香港に居住すれば将来贈与をうけた際に贈与税の負担を回避できることを認識していた可能性もあり得るものと考えられる」と認定しつつも、「被告の主張は、原告の租税回避意思を過度に強調したものであって、客観的な事実に合致するものであるとはいい難い」として、被告国側の主張を批判し、客観的証拠に基づいた事実認定がなされるべきことを確認した。一方、東京高裁の判断は、まさに「その前提としての判断基準と考慮要素の比重を生活の本拠地の判断において変更しており、その結果東京地裁判決と大きな相違をもたらしている。同判決は、租税回避目的（さらにはその認識）を過度に評価し、租税回避目的と多くの認定事実の評価を関連付けることによって原判決取消しとの結論を導いている」[22]と整理することができよう。

なお、議論の便宜上から以下では、上記東京地裁判決が採用した客観的事実により住所を認定し、居住の意思などの主観的意思は補充的考慮要素とする住所認定の考え方を「客観的事実説（事実主義）」と呼称し、居住の意思を重視した東京高裁判決の採用した認定の立場を「主観的意思説（意思主義）」と呼称することにしたい。

整理すると、客観的事実説によれば、本件贈与当時、原告の居所、職業、財産、滞在日数といった客観的な事実により住所は認定されるので、原告の住所は香港に所在していたと判断される（東京地裁判決）が、主観的意思説に

よると、租税回避の意図の下に居所、職業、財産、滞在日数といった事実が、租税回避の意図（目的）のために作出されたものであるというフィルターをとおして評価されることになるから、その証明力は租税回避の意図により打ち消され、結果として日本国内に住所が所在したとの認定がなされる（東京高裁判決）。

　客観的事実説の基本的考え方は、借用概念は借用元の概念のとおりに租税法でも用いることにより、予測可能性と法的安定性が担保されるという租税法律主義の要請を尊重する考え方といえる。

　一方、主観的意思説は、租税法独自の概念、すなわち本件の争点とされる住所概念に租税回避の意図の存否を組み込む考え方であり、租税公平主義の考え方を重視するものであるといえる。

　したがって、本件の争点の背後には、本章の主題である租税法律主義と租税公平主義のいずれを重視するかといった、両基本原則の衝突もしくは相克する場面において、いずれの原則を重視すべきか、という基本問題が横たわっているものといえよう。

2　租税法解釈・適用における租税法律主義と租税公平主義の関係性について判示した最高裁判決の意義と構造

(1)　住所概念と住所認定基準

　最高裁平成23年2月18日（時報2111号3頁）判決は、まず、住所概念を以下のように民法からの借用概念であることをふまえて、「法1条の2によれば、贈与により取得した財産が国外にあるものである場合には、受贈者が当該贈与を受けた時において国内に住所を有することが、当該贈与についての贈与税の課税要件とされている（同条1号）ところ、ここにいう住所とは、反対の解釈をすべき特段の事由はない以上、生活の本拠、すなわち、その者の生活に最も関係の深い一般的生活、全生活の中心を指すものであり、一定の場所がある者の住所であるか否かは、客観的に生活の本拠たる実体を具備しているか否かにより決すべきものと解するのが相当である」と判示して、

住所が民法からの借用概念であるから借用元の住所概念に居住意思や租税回避の意図をとりこむことを否定して、「客観的事実説（事実主義）」の立場を採用することを明らかにしている。すなわち、租税回避の阻止という租税公平主義よりも予測可能性と法的安定性の確保を求める租税法律主義の考え方を重視する立場を採用したものと評価できる。

(2) **租税回避は解釈ではなく立法により対処すべきと判示**
　　――租税回避の意図を重視した高裁判決を否定

　最高裁は原告が香港の現地法人に勤務実体が存在した点、香港居宅に駐在期間の3分の2滞在した点、そして、現地法人に勤務実体があった点を指摘し、そのうえで、「一定の場所が住所に当たるか否かは、客観的に生活の本拠たる実体を具備しているか否かによって決すべきものであり、主観的に贈与税回避の目的があったとしても、客観的な生活の実体が消滅するものではない」と判示して、租税回避目的という主観的な意図が存在していたとしても、仮装でない限り客観的実体を否定することはできないとして、原審の判断を斥けている。

　次いで、租税回避行為の否認は、法を趣旨解釈の名の下に拡張解釈するという対応をとるのではなく立法措置によるべきであることを次のように判示している。すなわち、「法が民法上の概念である『住所』を用いて課税要件を定めているため、本件の争点が上記『住所』概念の解釈適用の問題となることから導かれる帰結であるといわざるを得ず、他方、贈与税回避を可能にする状況を整えるためにあえて国外に長期の滞在をするという行為が課税実務上想定されていなかった事態であり、このような方法による贈与税回避を容認することが適当でないというのであれば、法の解釈では限界があるので、そのような事態に対応できるような立法によって対処すべきものである。そして、この点については、現に平成12年法律第13号によって所要の立法的措置が講じられているところである。」としている。

　最高裁は、租税回避行為を阻止する手段として、租税法を趣旨解釈の名の下に拡張解釈することは適当でないと断じており、許容すべきでない租税回

避行為は立法措置により防止すべきであることを明確にしている。ここに本件最高裁判決の重要な意義を見出すことができる。

3　借用概念の解釈と租税法律主義

ところで、贈与税の納税義務者は贈与により財産を取得した者である。相続税法１条の４は贈与税の納税義務者について、「次の各号のいずれかに掲げる者は、この法律により、贈与税を納める義務がある。」としたうえで、同１号で、「贈与により財産を取得した個人で当該財産を取得した時においてこの法律の施行地に住所を有するもの」と定めている。

財産の取得時において日本国内に住所を有する個人は、無制限納税義務者として贈与によって取得した財産のすべてについて贈与税の納税義務を負う。

本件では、贈与財産を取得した時点の原告の住所が国内に存在していたか否かが争点とされている。

租税法は納税義務者の要件として住所の所在を用いる場合が多い。贈与税や相続税はもちろん所得税の納税義務も、その個人の住所が国内にあるか否かにより判別される。

たとえば、所得税法は、第５条において居住者は所得税の納税義務を負うと定め、第２条１項３号で、居住者とは、「国内に住所を有し、又は現在まで引き続いて一年以上居所を有する個人をいう。」と定義し、居住者は「国内に住所を有する個人」をいうと定めている。したがって、住所は納税義務の存否を判断する要件としてきわめて重要である。にもかかわらず、所得税法を始め個別税法は住所について積極的に定義規定をおいていない。そこで、住所の概念については民法の定める住所概念を借用することになる。

そもそも、租税法が規定に用いる概念については、固有概念と借用概念の概念が想定されている。前者の固有概念は、他の法分野では用いられておらず租税法独自に用いられる概念である。固有概念については個別税法の冒頭で一括してその概念について定義規定をおく場合が通常である。一方、後者

の借用概念は他の法分野で用いられ、すでに明確な意味内容が付与されている概念である。

「住所」についても租税法上、特に定義規定を置いていないところから租税法固有の概念ではなく、民法で用いられている住所概念を借用して使用するという意味で借用概念と位置づけられる概念である。

この借用概念については、その概念を他の法分野で用いられている意義と同意義に解して用いるべきか、借用概念であるとしても租税法独自の意義を付加して解すべきかが問題となる。この点について、従来から統一説、独立説、そして目的適合説の3つの見解が存在するとされるが[23]、通説的には借用概念は他の法分野において認知された意義と同意義に解すべきであるとする統一説が通説とされる[24]。なぜならば、他の法分野で用いられる意義と同意義に解することは、租税法律主義の機能である法的安定性と予測可能性の確保に寄与するからである。

借用概念に租税法独自の意義を租税の徴収確保や租税負担の公平の見地から付加することは、借用概念とされながら固有概念の性質をも混合させることになり、法的安定性ばかりか予測可能性の確保をも阻害する結果を招く。

ところで、所得税法上の「住所」の解釈をめぐり、最高裁昭和63年7月15日判決は[25]、「所得税法2条1項3号は、『居住者』とは、国内に住所を有し、又は現在まで引き続いて1年以上居所を有する個人をいうと規定している。ところで、同法が、民法におけるのと同一の用語を使用している場合に、所得税法が特に明文をもってその趣旨から民法と異なる意義をもって使用していると解すべき特段の事由がある場合を除き、民法上使用されているのと同一の意義を有する概念として使用するものと解するのが相当である。したがって、右の所得税法の規定における『住所』の意義についても、右と同様であって、所得税法の明文またはその解釈上、民法21条の定める住所の意義、即ち各人の生活の本拠と異る意義に解すべき根拠をみいだし難いから、所得税法の解釈においても、住所とは各人の生活の本拠をいうものといわなければならしない」ないとして、租税法上の借用概念の解釈について一つの指針を提示

している。

　この最高裁の見解は、民法上の用語と同一の用語を租税法がいわゆる借用概念として用いている場合には、その用語の解釈に民法とは異なる独自の意義を付加するためには、租税法自体にとりわけ明文を持って異なる意義に使用することが明らかにされていることが必要であることを判示したものであり、その異なる意義を有することが法によって明示されていない場合には民法で用いられているのと同意義にその用語を解すべきであることを確認している。

　したがって、本件の争点とされる贈与税の「住所」についても、根拠法である相続税法に民法とは異なる独自の意義を付加することが明示されていない以上、民法22条（現行法）の意義と同一に解して、住所の認定についても同一の基準を用いて認定すべきである。

　すなわち、民法22条は住所につき「各人の生活の本拠をその者の住所とする」と定めており、選挙権の要件としての住所の所在が争点とされた事件における一連の最高裁が判示した住所の判断基準は、租税法、とりわけ本件の贈与税の納税義務の要件とされる住所の所在を判断する上で準用されるべきであろう。

　判例は、「法令において人の住所につき法律上の効果を規定している場合、反対の解釈をなすべき特段の事由のない限り、その住所とは各人の生活の本拠を指す[26]」ものと解するのが相当であり、さらに「住所は、その人の生活に最も関係の深い一般的生活、全生活の中心をもってその者の住所と解すべきである[27]」が、しかし、住所は生活の本拠を指すものであり、「一定の場所が、ある者の住所であるか否かは、客観的に生活の本拠たる実体を備えているか否かにより決すべきものであるから、次点者を繰上当選させるために住所を移転させる強固な意思をもって転出届をしただけでは、住所の移転があったものとはいえない。[28]」としている。生活の本拠たる実体の存在が重要で、本人の意思によって住所が変動するものではないことも明示している。

　整理すると、租税法上の「住所」の概念は、個別税法が定義規定を特に置

いていないのであるから、私法上の法律関係に即して租税法律関係を確定する租税法の下では、民法22条が定める住所概念を借用することが前提とされている借用概念として理解すべきである。この借用概念の解釈については租税法の基本原則である公平負担や租税歳入確保の見地から特別な意味を付加する目的論的解釈もありうるが、租税法独自の意味を付加することなく、民法と同意義に解するのが租税法律主義の機能である法的安定性の観点から支持されている。

　我が国の学説・判例は、借用概念は私法と同意義に解すべきであるとする統一説を採用することが通説として固まっている。

　一方、租税行政庁の租税法規の解釈指針である通達もこの統一説を踏襲することを裏付けるように、民法上の住所の意義と同意義に相続税法上用いられている住所を解すべきことを確認している。すなわち、この住所の意義とその認定の基準について、法令解釈通達である相続税法基本通達の1の3・1の4共—5は「法に規定する「住所」とは、各人の生活の本拠をいうのであるが、その生活の本拠であるかどうかは、客観的事実によって判定するものとする。」と明確に定めている。ここで注目しておくべきは、居住の意思などの主観的要素を排して客観的事実により住所の所在は判断すべきであることを確認している点である。

　したがって、「住所」の解釈に際しては民法上の「住所」と同意義に解すべきである。そして、住所の認定の基準も住所概念が民法と同意義である以上、住所認定の基準に租税法独自の判定基準として主観的要件等を持ち込むべきではないということを、ここでまず確認しておく。

　租税回避行為は租税公平主義の要請を阻むものであり、正義に反する。ゆえに看過できない租税回避行為に対しては立法措置によって対処するというのが我が国の租税法体系の基本である。この点につき、岡村忠生教授は、「租税回避は立法の不完全さを示すものであるから、租税回避が認識された場合には、課税要件規定の修正整備、すなわちルールによって対処をすべきことになる。[29]」として、租税回避行為に対しては個別に否認規定を整備して

対処すべきことを明らかにされている。租税法律主義の趣旨を正しく理解していればこのように理解できよう。

実際に看過できない租税回避行為の横行に対しては、例えば所得税法59条のみなし譲渡規定や相続税法7条のみなし贈与規定のように個別否認規定が具体的に個別税法に用意されているのである。[30]

4　小括

筆者は本件最高裁判決に賛成する。本件は、贈与財産の贈与時点における住所の所在が国内か国外かによって贈与税の納税義務の存否が左右されるという、改正前の相続税法の下で、Xの住所の所在をめぐる事実認定が争点とされた事案である。本件が単なる事実認定事例であればことさら本研究で取り上げる必然性もない。しかし、本件は、とりわけ以下の2点で大きな検討すべき価値を有しているといえよう。

すなわち、本件では租税法上のもっとも困難な問題の一つである租税回避行為に、租税法がいかに対処すべきかが問われている点[31]と、さらに租税法は借用概念を多用するが、その借用概念の解釈・適用は租税法律主義の下で、いかにあるべきかという租税法学上の重要な論点を提供している。

詳細は本論に譲るが、本件を検討して導出できた点を簡潔に整理すると以下の通りである。

租税法は、私法上の法律関係に即して租税法律関係を確定させていくという点で、民法などの他の法分野の解釈・適用と大きく異なる。租税法の解釈・適用過程において、私法上の法律関係を確定させる場合に、租税法独自の事実認定や解釈・適用を行うことは個別税法に明文の規定がある場合以外は許されない。なぜならば、租税法上に明文の規定がないにもかかわらず事実認定も含めた私法関係の確定過程に租税回避の意図の認定といった独自の解釈・適用を容認すると、租税法律主義の機能である法的安定性と予測可能性が確保されないからである。この点は本件でも重要な前提とされるべきである。

ところで、民法からの借用概念とされる「住所」の意義は、租税法上も民法と同意義に解されるべきであることに異論の余地はない。その理由は先の租税法律主義の要請にある。この点については本件の両当事者に争いはない。
　「住所」概念自体については両当事者が同意義に理解しているようであるが、具体的に住所の所在を判定する事実認定の段階で両者は見解を異にする。租税回避目的を事実認定の間接事実として考慮すべきであるとするとのYの主張に対して、本件裁判所はその主張を明確に否定した。この判断は肯定されるべきである。
　なぜならば、「住所」概念を租税法上は借用概念として民法上の通説的理解と同意義に解する以上、住所の所在を判定する要件事実も、そして、その認定も民法の通説的理解に基づいてなされるべきである。事実認定段階で租税回避の意図・目的を加味すべきであるであるとの租税法特有論ともいえる主張は、借用概念である住所概念を、実は租税法特有の意味を付加した固有概念に変容させるべきであると主張しているに等しい。
　住所を判定する要件事実は、住所の定義規定から導き出される。民法の借用概念としての住所を用いるのであるから、根拠法の解釈から導出された要件事実以外の事実を認定事実に付加しようとすれば、根拠法にそのことを追加的に規定しなければならないはずである。
　本件最高裁判決は、このYの主張の矛盾点を見極めたうえで、妥当な判断を下したという点で高く評価されよう。
　租税公平主義を歪める租税回避行為は肯定されるべきでないことは当然である。しかしながら、個別否認規定がない場合には、借用概念に借用元の概念にない要素、本件では租税回避の意図、居住の意図といった基準を加えて租税回避行為を否認することは、予測可能性を損なうもので、租税法律主義を軽視する結果を招く。見過ごすことのできない租税回避行為は立法を持って対処すべきである。実際に、本件の直後にこのような住所の海外移転による租税回避行為を封じるために相続税法の該当規定が改正された。

Ⅳ 租税法律主義と租税公平主義の関係性
―文理解釈と目的論的解釈

　租税法解釈において租税法の文言から離れて制度趣旨を重視する解釈姿勢は立法原理としての租税公平主義を重視し、その結果、租税法律主義の要請を軽視するものであり、両者は相いれない関係にある。国家による恣意的な課税を抑止するために租税法の文言は一義的かつ明確でなければならないという、課税要件明確主義の要請を受けて租税法はその文言が条文化されているのであるから[32]、文言の解釈は文理に則してなされなければならないことは当然である。文理解釈が優先されなければ課税要件明確主義の要請は実効性を持たない。

　したがって、制度趣旨を優先し、文言の文理に基づく解釈論を展開しない租税法解釈の姿勢は租税法律主義の下では是認できない。少なくとも租税法解釈の在り方の基本は、租税法律主義の要請を租税公平主義に優先させることを意味する。租税法律主義を重視すると、文理解釈が優先されるという文理解釈優先主義によらざるを得ない。

　たとえば、ホステス源泉徴収基礎控除事件[33]の争点とされた「期間」という文言の解釈は、特に租税法が定義規定を置いていない以上、明確な意義を持つ文言を法が用いているのであるから、通常一般人が使用する言語として、その文理により解釈がなされるべきである。そうすることにより、租税法律主義の機能である予測可能性が確保される。

　租税法解釈における、この文理解釈と趣旨解釈もしくは目的論的解釈の関係性について以下で整理しておこう。

　租税法の解釈がなぜ文理解釈により厳格になされるべきかと言えば、それは租税法が侵害規範であり、そうであるゆえに租税法律主義により課税庁の恣意的課税を阻止するということを憲法が命じているのであるから、その租税法律主義の要請を形骸化させないために文理解釈により厳格な法解釈がなされるべきなのである。類推解釈や拡大解釈、縮小解釈が許容されると、解

釈する側の力の大きさによりその法解釈の幅が決められることになり、恣意的な課税を許す結果を生む。恣意的課税を阻止するために租税法の解釈・適用は文理解釈によるべきことが要請されるのである。

厳格な法解釈がなされず、目的論解釈や趣旨解釈の名の下に、「法文から離れた自由な解釈が許容されるとするならば、そのような自由な解釈に基づく税法の適用は、法律に基づく課税とはいえず、したがって、租税法律主義が税法の解釈を通じて潜脱され破綻してしまうことになるからである。

税法は強行法規であり侵害規範であるから、最も説得力のある権威的論拠とされる法文および文言に忠実な文理解釈こそが、厳格な解釈の要請に最もよく適合する」[34]のである。すなわち、租税法の解釈においては、何よりもまず租税法規の法文および文言が最重視されなければならない。

この場合、文言を重視し、その文言に忠実に解釈するとはいかなる意味かといえば、それは、条文が「日本語という自然言語で書かれている以上、その言語慣用や通常の用語法に従って、個々の法規の意味内容すなわち規範が解明されなければならない」[35]こと意味する。法規の文言に忠実にという意味をこのように理解することにより、「租税法規の意味内容について、広く納税者の間に共通の理解が成立し…中略　しかも解釈の『客観化』や予測可能性・法的安定性の確保にも資することになろう。このことは、民主主義国家、特に申告納税制度、における税法の解釈のあり方として、望ましいことである」[36]と評価できるのである。

租税法解釈・適用の場面では租税公平主義よりも租税法律主義の要請が優先されるべきである。なぜならば、租税公平主義は立法原理であり、租税法の解釈・適用という執行の段階では、予測可能性の確保の要請が強く働き、執行原理である租税法律主義が重視されるべきであるからである。

ホステス源泉徴収事件において最高裁は、「租税法規はみだりに規定の文言を離れて解釈すべきものではなく、原審のような解釈を採ることは、上記のとおり、文言上困難であるのみならず、ホステス報酬に係る源泉徴収制度において基礎控除方式が採られた趣旨は、できる限り源泉所得税額に係る還

付の手数を省くことにあったことが、立法担当者の説明等からうかがわれるところであり、この点からみても、原審のような解釈は採用し難い」と判示して、下級審の判断の対立に対して終止符を打つ妥当な判断を下したものと評価できる。

　租税法律主義の下における租税法の解釈は文理解釈によるべきという原則を踏まえた租税法解釈の在り方を再確認したものとしてホステス源泉徴収事件最高裁判決は高く評価できるものであり、その意義は極めて大きいといえよう。

　租税行政庁には解釈権は付与されているが、租税法の規定の文言を離れ、趣旨解釈の名の下に恣意的課税を行うことは許されていない。租税法律主義の存在を踏まえ租税法の解釈・適用の在り方を再度確認すべき事例として長崎年金二重課税事件、ホステス源泉徴収事件、そして、武富士事件といった一連の最高裁判決の租税法実務に与えた影響は大きいことも合わせてここに確認しておく。

むすび

　租税法律主義と租税公平主義の衝突は、立法段階、租税法の解釈・適用という執行段階のそれぞれにおいて生じるものであるが、本章では租税法の解釈・適用という執行段階における場合に、いかにその両者の調整を図るかを検討した。別言すれば、いずれの原則を優先させるかといった問題について学説と判例の考え方を検証することにあった。

　筆者は、学説の通説とされる租税法律主義重視説に立つものであるが、従来から判例はこの基本問題について学説の通説とは異なる立場を採用しているかとも思われる傾向が見られた。

　しかし、長崎年金二重課税事件についてはここで紹介する余裕はなかったが、本章で紹介した武富士事件最高裁判決やホステス源泉徴収事件最高裁判決に見られるように、明確に租税法律主義と租税公平主義の衝突する場合

に、租税法律主義を優先させる考え方が明示されたものといえよう。

　この基本問題に学説の通説的理解に判例も歩み寄ってきていると評価したい。租税法実務の複雑化、専門化する経済取引に対応するには、原理原則に立ち戻り判断をしなければその判断はぶれてしまい、混乱を招く。少なくとも、租税法の存在意義は租税法律関係における予測可能性の確保にあることに異論はないはずである。そうすると、恣意的課税の排除を本質とする租税法律主義が租税公平主義に優先されるべきであり、この考え方は学説ばかりでなく判例においても維持されるべきであり、学説と判例の両者に乖離があることは避けられるべきである。とりわけ大増税時代を目前にした我が国の状況下では予測可能性の確保と恣意的課税の阻止は最重要課題といえよう。

注
1）本章の内容は、増田英敏「租税法律主義と租税公平主義の衝突」日本税法学会編『税法学』創立60周年記念号347頁以下（2011年）に若干の補正を加えたものである。
2）この問題については、増田英敏「納税者の予測可能性の確保と申告納税制度」『租税訴訟』第1号60頁以下（租税訴訟学会、2007年）参照。
3）本章では租税法律主義を次のように理解して、以下の議論を展開していく。すなわち、「この租税法律主義は、民主主義国家の憲法原理としても広く受け入れられている。我が国の憲法30条は『国民は、法律の定めるところにより、納税の義務を負ふ。』と定め、さらに同84条は『あらたに租税を課し、又は現行の租税を変更するには、法律又は法律の定める条件によることを必要とする。』と定めて、租税法律主義を憲法原理として明確にしている。
　前者の憲法30条は、国民に対して、納税の義務は法律の定めるところにより生じ、法律のないところに納税義務はないことを宣言している。一方、後者の憲法84条は、『租税の創設し、改廃するのはもとより、納税義務者、課税標準、徴税の手続はすべて前示のとおり法律に基いて定められなければならないと同時に法律に基いて定めるところに委せられている』（最（大）判昭和30年3月23日民集9巻3号336頁）ことを国家に対して特に命じている。2つの憲法規定は、国民と国家のそれぞれに対して租税法律主義の原則の尊重を命じたものと理解することができる。とりわけ憲法84条は、課税要件規定のみならず、租税の賦課・徴収手続規定までも法律により詳細に定めるべきことを要請していることには注意を要する。
　この租税法律主義の原則を法的根拠として憲法が2つの条文をも用意している趣旨は、租税の本質が権力性にあるところから、租税が国民の財産の一部を直接的な反対給付なし徴税権力を背景に国家が収受するものであり、国民の自由と財産を租税が侵害する危険を常にはらむという歴史的教訓に求めることができよう。」（本書24頁以下）と理解して、租税法律主義の本質は国家は租税を通して国民の財産権を侵害するリスクを常に有するから、租税の賦課徴収の過程のすべてに法の支配を貫徹することにより、国家による恣意的課税を阻止していくところに租税法律主義の

V　むすび　　61

存在意義がある。
4）本書64頁以下。
5）たとえば、田中治「租税行政の特質論と租税救済」芝池義一、田中治、岡村忠生編『租税行政と権利保護』34頁以下（ミネルヴァ書房、1995年）は、租税行政庁の課税の公平の主張を、「課税の公平または正義をめぐる課税庁の主張は、類型的には課税関係の実質重視を強調する傾向と、課税関係の形式的処理を強調する傾向の二つに分けることができる」として、租税行政庁の租税公平主義重視の考え方を整理されている。
6）松沢『実体法』3頁。
7）佐藤英明教授の論考は、金子宏編『租税法の基本問題』（有斐閣、2007年）の第2章55頁以下に所収されており、同書の書名にふさわしい租税法の基本問題を学術的に整理されたものであり、極めて有益である。
8）松沢智教授は、租税負担公平の原則と表現されているが、本稿では同教授の租税負担の公平原則を租税公平主義と同義と解して用いることにする。
9）松沢、前掲注6）、3頁。
10）佐藤、前掲注7）、55頁以下。
11）佐藤、前掲注7）、64頁。
12）佐藤、前掲注7）、59頁。
13）佐藤、前掲注7）、66頁。
14）課税要件法定主義と予測可能性原則（課税要件明確主義、遡及立法禁止原則など）により租税法律主義の内容を二層化させる考え方は斬新である。予測可能性原則の具体的原理としては、「第1に、国民が自らが負う租税負担を予測可能な程度に法令の定めが明確でなければならないという意味で、課税要件明確主義が含まれる。これは予測可能性を確保しうる方法であれば足り、形式的な意味での法律によらねばならないという要請を含まない点で、課税要件法定主義の系としての課税要件明確主義とは異なる内容の考え方である。」（佐藤、前掲注7）、65頁）とされるが、租税法律主義は課税要件法定主義を中核としているのであるから、法律の形式をとらない手段による予測可能性の確保は容認されるとは考えられないのではないかと、筆者は思料する。
15）佐藤、前掲注7）、70頁以下。
16）松沢、前掲注6）、10頁。
17）本章では筆者の問題意識に引き寄せて佐藤論文を整理したものであるから、佐藤教授の論旨を正確に整理できているか否かについては、心もとないのであるが、同論文が租税法学の基本問題を分析し試論とされながらも説得力のある論理を展開されており、何よりも筆者の問題意識の中枢を見事に整理されておられる点には敬意を表したい。
18）最判平成22年7月6日民集64巻5号1277頁。本件を取り上げた文献は多数に上るがさしあたり、増田英敏「特約年金は所得税法9条の非課税所得に該当するか」TKC税研情報20巻2号1頁（2011年）参照されたい。
19）最判平成22年3月2日民集64巻2号420頁。
20）最判平成23年2月18日時報2111号3頁、判タ1345号115頁。
21）増田英敏「税理士界」平成23年4月15日号12面以下（2011年）。
22）占部裕典「贈与税の租税回避行為と『住所』の認定」税理51巻5号93頁（2008年）。
23）この学説の分類は、金子宏教授が整理されておられる。独自説は「租税法が借用概念を用いている場合も、それは原則として独自の意義を与えられるべきであるとする見解」、統一説は「法秩序の一体性と法的安定性を基礎として、借用概念は原

則として私法におけると同義に解すべきである、とする考え方」、目的適合説は「租税法においても目的論的解釈が妥当すべきであって、借用概念の意義は、それを規定している法規の目的との関連において探求すべきである、とする考え方」であると整理されている。金子宏「租税法と私法―借用概念および租税回避について―」租税法研究6号1頁以下（1978年）要参照。
24) 金子『租税法』127頁以下。我が国では借用概念の解釈は統一説によることが学説・判例の通説として定着しているが、ドイツの状況も統一説で固まっていたようであるが近年は通説そして判例の立場が目的適合説に移行してきているとされる。詳細は、谷口勢津夫「借用概念と目的論的解釈」税法学539号105頁以下（1998年）を参照されたい。
25) 最判昭和63年7月15日税資165号324頁。
26) 最（大）判昭和29年10月20日民集8巻10号1907頁。
27) 最判昭和35年3月22日民集14巻4号551頁。
28) 最判平成9年8月25日判時1616号52頁。
29) 岡村忠生「租税回避行為の規制について」税法学553号187頁（2005年）。
30) 岡村忠生教授は、租税回避行為は租税法の立法の不備により生じるとして、次のような見解を述べておられる。すなわち、「また、租税回避を認識するのは、立法のために必要であるからということになる。問題とされた行為が、もし課税要件規定の不備を示すものでなければ、それは租税回避ではない。問題とされた行為の後も立法による対処がなければ、それは立法府がその行為による税負担軽減を承認したことに他ならない。租税回避を認識することは立法の不完全を認めることであるから、租税回避を法の根拠なしに否認できる（納税者の行った実際の行為とは異なる擬制された行為を基礎として税負担を課すことができる）とすることは、不合理である。原因である不完全な法律を作った者、つまり国が、その責任を負うべきだと考えられるからである。もちろん、租税法律主義や法の支配といった理念も論拠となろう」（岡村、同上論文、187頁）と述べておられるが、まさに傾聴に値する見解である。
31) 占部裕典教授は、租税回避行為の否認をめぐる学界の議論の推移と現状を以下の通り簡潔にまとめられており参考になる。すなわち、「我が国の租税回避行為の否認めぐる課税上の取扱いは、租税法律主義の下で個別否認規定による否認ついては、学説上、徹底した租税法律主義のもとで、個別否認規定がない限り租税回避行為の否認は認められないと解する見解が今日まで圧倒的な多数を占めていたといえる（『税法解釈・適用の実質主義による否認』あるいは『経済的観察法による否認』の駆逐）。しかし、1990年代末あたりから、わが国の租税回避行為論に新たな流れが生じてきたといえよう。一つは、周知の『私法上の法律構成による否認（事実認定による否認）』論であり、一つは個別租税法規の拡大解釈あるいは限定解釈といった手法による租税回避行為への対応である。このような流れの背景には、国際的な租税回避行為による課税逃れに対するわが国の司法（裁判官）への期待が存していたことは否定できないであろう。『私法上の法律構成による否認』に代表されるような『広義の租税回避の否認』が強調されるに及んで、これまでの『租税回避行為の否認』論（『狭義の租税回避の否認』）は議論の土俵を租税法から私法（の事実認定）へと移している。お互いの土俵が違うことから両者の主張は必ずしも十分にかみあっていないところが存するが、一方でここ数年、『私法上の法律構成による否認』論にかかる判例や学説の積み重ねもあり、双方の議論は精緻化してきている。」（占部裕典「最近の裁判例にみる『租税回避行為の否認』の課題」税法学553号275頁（2005年））。
なお、わが国の租税回避行為の否認の研究については本章の注記で取り上げたも

ののほかに、主要な文献として、岡村忠生「税負担回避の意図と二分肢テスト」税法学543号3頁以下（2000年）、今村隆「譲渡所得課税における契約解釈の意義」ジュリ1271号78頁以下（2004年）、占部裕典「租税回避行為論再考」税法学548号21頁以下（2002年）、占部裕典「租税回避に対する新たなアプローチの分析」税法学546号27頁以下（2001年）等を参照。中里実「『租税法と私法』論再考」税研114号74頁以下（2004年）、松原圭吾「租税回避行為の否認に関する一考察―『私法上の法律構成の否認』論の功罪―」税法学553号107頁以下（2005年）、金丸和弘「フィルムリース事件と『事実認定による否認』」ジュリ1261号136頁以下（2004年）などを参照されたい。

32）金子、前掲注24）、84頁以下。
33）前掲注19)参照。
34）谷口勢津夫『税法基本講義〔第6版〕』40頁（弘文堂、2018年）。
35）谷口、同上書、40頁以下。
36）谷口、同上書、41頁。

第5章

申告納税制度の本質と租税法律主義

I　申告納税制度と租税法律主義の関係

　租税法律主義の下においては、国家と国民の租税をめぐる関係は法により律せられ、ダイレクトな法律関係として理解される。したがって、租税をめぐる両者の法律関係には原則的に租税行政庁が介在する余地はない。

　申告納税制度は、自己の納税義務の範囲を租税法に基づいて申告することにより確定していく納税制度である。まさに国民主権の納税制度への顕現ともいえる制度が申告納税制度といえる。この申告納税制度は、納税者による適法な申告が行われている限り、納税義務の確定過程に租税行政庁が介在することは想定されていない納税制度といえる。国税通則法16条1項1号の申告納税方式の文言からもこのことは確認できよう。

　戦前の賦課課税制度下では、租税行政庁の行政官が租税法を解釈・適用し、国民の納税義務の範囲を確定し、納税者に確定した納税義務を履行させるのであるから、租税法は賦課課税制度を担う租税行政庁の行政官のためにあったといっても過言ではない。戦後の申告納税制度は、国民自らが租税法を解釈・適用して自己の納税義務の範囲を確定し、履行していくものであるから、租税法は、まさに納税者のためにあるということができる。

　一方、租税行政庁は、申告納税制度の下では、納税者の申告が租税法の定める通りに履行されているかどうかを検証する、チェック機関に過ぎないものであると位置づけることができよう。いくら課税の公平が図れるように立法された租税法であっても、その解釈・適用に誤りがあれば課税の公平は確保されない。納税者の申告に誤りがないかどうかをチェックし、租税法律主義における合法性の原則が堅持されているかどうかを点検する任務が、租税

行政庁に委ねられているといってよい。

　そうすると、主権者である国民が容易に租税法を解釈し、申告が可能となるような租税法の体系が構築されなければ、申告納税制度は画餅に帰する。納税者の一部を除いてほとんどが、租税法の専門家とはいえないから、課税要件が法定されているばかりでなく、明確であり、容易に解釈が可能な租税法の存在が、申告納税制度を機能させるうえで、不可欠なインフラといえよう。そのインフラを構築する基本原理が租税法律主義である。

　以下で詳述するが、この申告納税制度は、租税法律主義の要請が厳守されることにより円滑に機能する。換言すると、租税法律主義の機能である納税者の予測可能性の確保こそが、申告納税制度の生命線であるともいえる。したがって、租税法律主義と申告納税制度はセットになって民主主義国家の租税制度形成に寄与するという関係にある。租税法律主義の内容については第3章で詳述している。

　この関係を図解すると次頁のとおりである。

Ⅱ　申告納税制度と納税義務の確定

　我が国の納税義務の具体的な確定方式は申告納税方式によっている。国税通則法16条1項は、国税の納税義務の確定方式として申告納税方式と賦課課税方式のいずれかによることを定めている。

　申告納税方式は、納付すべき税額が納税者の申告により確定することを原則とし、その申告がない場合又はその申告に係る税額の計算が国税に関する課税要件規定に従っていなかった場合もしくは租税行政庁の調査したところと異なる場合に限り、租税行政庁の処分により確定する方式をいう、と定めている（通則法16条1項1号）。また、賦課課税方式は、納付すべき税額がもっぱら租税行政庁の処分により確定する方式をいう、と定めている（通則法同条同項2号）。

　申告納税方式の最大の特徴は、納税者の具体的な納税義務の範囲を納税者

申告納税制度と租税法律主義の関係

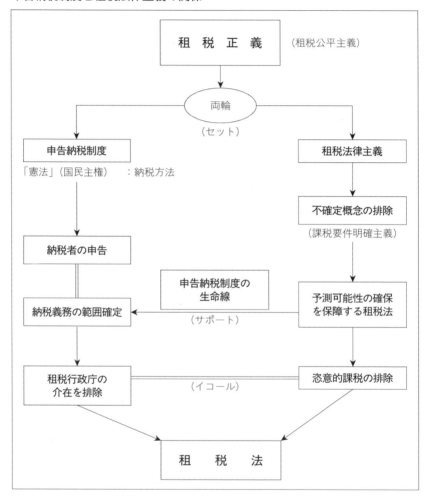

自らの申告により確定させることができる点にあるといえよう。適法な申告を納税者が行えば、納税義務の確定と履行過程に租税行政庁の介在する余地が原則的に排除される納税制度ということができる。

我が国では、戦前は賦課課税方式が採用されていたが、戦後の民主主義憲法の制定に伴い、全面的に申告納税方式が導入された。主権者である国民が

国家運営の経費を自弁する仕組みを構築する上で、自己の納税額を租税法に基づいて自ら算定し、確定する申告納税方式は、徴税効率に益するばかりでなく、まさに民主主義を根幹とした日本国憲法にふさわしい納税方式として導入されたものといえよう。

申告納税方式による納税制度をここでは申告納税制度と呼称する。この申告納税制度は、アメリカで伝統的に採用されてきた納税方式であり、納税者自らが租税法の課税要件規定を解釈・適用して自己の納税額を確定する方式であるところから、自己賦課（self-assessment）制度とも呼ばれる[1]。

租税法の課税要件を充足することにより納税義務が成立し、納税者が自ら申告することにより、その納税義務は確定する。この場合における国家と国民の租税をめぐる法律関係は租税債務関係説により的確に説明可能となる。

租税債務関係説によれば国家と国民の法的関係は次のように理解できる。すなわち、課税要件法とされる所得税法や法人税法が定める課税要件を個人や法人の行為が充足すれば納税義務が成立するが、この納税義務の成立と同時に国民は租税債務を国家に負い、国家は租税債権を国民に有するという租税債権・債務関係が成立する。課税権力の行使といった概念を介在させずに、民法の債権・債務関係と同様に、両者の関係は純粋な法律関係によって律せられることになる。

したがって、所得税法や法人税法といった租税実体法が、租税法律主義の内容とされる課税要件法定主義及び課税要件明確主義の要請に対応して充分に整備されていることを前提にすると、納税義務の成立過程に租税行政庁が介在する余地はない[2]。

課税要件法として租税法規定に不備がなく、不確定概念の批判にも耐えうる租税実体法が存在すれば、納税者自らがその租税実体法を適正に解釈・適用し、この納税義務の範囲を算定し、申告・納税することにより、納税義務は履行され、いわゆる申告納税制度は完結することになる。まさに、申告納税制度は、課税要件の充足により成立した納税義務を具体的に納税者自らが履行し、確定させる方式であるところから、すべての過程において適法性が

担保されている限りにおいて、租税行政庁が納税義務の範囲の拡大等の行為を介在させる余地が完全に排除される納税制度といえる。[3]

　国税通則法が定めるとおり、申告納税制度の下においては、納税義務の確定の主体は納税者であり、租税行政庁は納税者の申告納税の適正性を検証する機関として従属的に位置づけられるものである。納税義務の成立と確定、そして、その履行のすべてのプロセスに渡り、納税者が主体的に関与し完結させることが可能な制度が、申告納税制度であるということができる。いずれの段階においても租税行政庁が介在する余地は排除されるのが、この制度の原則なのである。この点に、同制度がまさに国民主権の憲法思想に適合した制度として受け入れられる所以があるといえよう。まさに納税者主権を中核とする納税制度が申告納税制度であるということができる。

Ⅲ　申告納税制度に不可欠なファクターとしての予測可能性の確保の原理

1　申告納税制度における申告プロセス

　納税者が自己の納税義務の範囲を主体的に確定し、その義務を履行させる納税方式が申告納税制度である。そこで、この申告納税制度が円滑に機能するためのファクターもしくは要件を、ここでは確認してみよう。

　まず、法の適用過程は、一般に、具体的な経済取引に係わる事実関係を確定する事実認定作業と個々の事実関係に適用すべき法規範を選択し、その意味内容を解明する法の解釈作業という2つの作業に分けられ、伝統的に、適用されるべき法規範を大前提、具体的事実を小前提とし、法規範に事実を当てはめるといった法的三段論法の過程として理解できる。[4]

　申告納税制度において納税者の納税義務の成立から申告までの租税法の解釈・適用過程も、例外なくこのプロセスを通常は踏むことになろう。これを詳細に示したものが以下の①から⑥に至るプロセスということになろう。

　①　課税要件事実の認定作業

Ⅲ 申告納税制度に不可欠なファクターとしての予測可能性の確保の原理　69

② 私法上の法律構成（契約解釈）
③ 租税法の発見・選択
④ 当該租税法の課税要件規定の解釈
⑤ 適用（租税法の課税要件事実への当てはめ）
⑥ 申告・納税

①と②を、課税要件事実の認定作業として第１ステップとし、③と④を第２ステップ、そして、⑤と⑥を第３ステップとすれば、上記の三段論法が租税法の解釈・適用過程にも当てはまる。

もちろん、このステップは順番どおりではなく、まず関連租税法が定める課税要件規定の解釈が行われ、その後にその課税要件を充足する事実の発見、すなわち課税要件事実の認定がなされる。申告に際しては租税法解釈の作業が先行し、課税要件事実の認定がなされ、そのうえで租税法の課税要件事実への当てはめが行われることが原則となろう。

申告納税制度は、第１のステップから第３のステップまでをすべて納税者自らが行う制度といえる。

2　納税者の予測可能性の確保の意義と重要性

そうすると、申告納税制度を円滑に機能させるためには、まず、課税要件が必要にして充分な程度に定められており（課税要件法定主義）、すべての納税者が理解できるように租税法に課税要件が明確に定められていなければならない（課税要件明確主義）。なぜなら、租税法の専門家でもない通常の納税者が、自ら租税法を解釈・適用して申告納税を行うことが申告納税制度の原則とされているからである。

ここに課税要件とは、納税義務者、課税物件（課税の対象とされる行為、物、又は事実）、課税物件の帰属、課税標準、そして、税率の５つをいう[5]。すなわち、①誰が納税義務者か、②課税対象は何か（課税物件）、③その課税対象は誰に帰属するのか（課税物件の帰属）、④課税対象の規模を金額・価額・数量などで表すとどれくらいになるのか（課税標準）、そして、⑤課税標準のいか

なる割合で税を課すのか（税率）、といった5つの課税上の要素が課税要件とされる。

　納税者はこの課税要件を所得税法等の租税実体法の文言を解釈することにより抽出し、自らが認定した課税要件事実にこの課税要件を当てはめ、納税額を算定し、申告を行うことになる。この申告により租税実体法の法律効果は確定する。

　課税要件が不備なく、かつ通常の納税者が容易に一義的に解釈できるように明確かつ平易に租税法が定められることによって、的確に国家と納税者の租税法律関係について納税者自身の予測可能性が確保される。すなわち、租税法律主義の要請が充足される。

　換言すると、租税法の立法過程において課税要件法定主義及び課税要件明確主義を中心とした租税法律主義の要請を充足した租税法の下で、初めて自己の納税申告額に関する納税者の予測可能性は確保される、ということができる。

　納税者の予測可能性が確保されることは、申告納税制度にとって不可欠である。なぜならば、納税者が自己の納税額について租税法を通じて見通しがつかないことになれば、申告納税過程において納税者は、租税行政庁の見解や指導などに依存せざるを得なくなり、結果として、租税行政庁の介在を余儀なくされる。先に確認したように、申告納税制度は国家と納税者が租税法の下にダイレクトな法律関係を構築し、納税義務を確定させるところにその最大の特徴がある。租税行政庁の介在を排除しえない状況では、申告納税制度の趣旨が没却されかねない。したがって、申告納税制度にとって納税者の予測可能性の確保は不可欠である、というところに同制度の意義は大きくクローズアップされることになる。

Ⅳ 申告納税制度における租税法の二面性と予測可能性との関係

1 行為規範としての租税法

租税法は他の法と同様に行為規範としての側面と裁判規範としての側面を有する。ここでは、行為規範としての租税法は自己の納税義務を履行するための行為マニュアルという意味で用いることにする。一方、裁判規範としての租税法は、課税処分が違法か否かを決定するための規範という意味で用いることにする。[6]

まず、申告納税制度を採用している現行の租税制度の下においては、租税法は、納税者の申告納税を可能にするための行為規範としての側面が強調されよう。

行為規範としての側面とは、たとえば次のように理解してよいであろう。納税者がある収入を得たとしよう。その収入が給与所得に該当するか、一時所得に該当するのかは、その後の税額の多寡にダイレクトに影響するため、納税者は所得税法の所得区分規定を納税マニュアルとして読み解くことになる。申告納税制度の下においては、租税法の解釈権は、納税者に当然に付与されているのであるから、課税要件規定を熱心にチェックすることになる。このように、租税法規定は申告納税行為を適法に履行するためのマニュアルとして存在するという意味で、租税法の行為規範としての側面が顕在化するということができる。納税者の申告納税行為のすべてのプロセスが先に確認されたように租税法によって律せられているのであるから、租税法はまさに納税者の申告納税のための行為規範といえる。

2 裁判規範としての租税法──納税者と租税行政庁のポジションの相違

先の例を引き続き用いると、一般に納税者は、納税額の最小化を望むポジションにいるはずであるから、その収入が一時所得に該当することを求める。

一方、申告納税の適法性を確保するためのチェック機関として存在する租税行政庁は、徴税額の最大化を望む傾向がある。租税行政庁の側からすれば、その収入は給与所得に該当すると主張したいはずである。

このように納税額の極小化を望む納税者と徴税額の極大化を望む租税行政庁とは、ある意味で利害が鋭角的に対立する。この両者のポジションの相違は、租税法の該当規定の解釈に反映される。

行為規範とされる所得税法の所得区分規定について、自己のポジションを色濃く反映した解釈を導出する両者の傾向は否定しがたい。給与所得と一時所得の範囲をめぐる根拠規定の解釈をめぐって両者の主張が平行線をたどり、納税者の一時所得とする申告が否定され、課税処分がなされたとする。そうすると、納税者はその処分の違法性を根拠に取消訴訟を提起することになる。この時点から、行為規範としての租税法が裁判規範としての租税法に転換するということができる。

ところが、租税法を裁判規範としてみた場合、次のような極めて大きな欠陥を有することに気付かざるを得ない。

すなわち、ある収入が給与所得に該当するか否かは、所得税法28条の規定から判断される。同条は給与所得を「給与所得とは、俸給、給料、賃金、歳費及び賞与並びにこれらの性質を有する給与（以下この条において「給与等」という。）に係る所得をいう。」と定義している。この規定は俸給等の性質を有する給与にかかわる所得が給与所得であると定義しているわけであるが、実は俸給等の性質とは何かが、条文によって明らかにされていない。この性質づけが条文で明らかにされていれば、ある収入が給与所得に該当するか否かを容易に条文によって判断できるはずである。

しかし、その性質が条文によって明らかにされていないために、その性質をめぐり紛争が生じることになる。この種の欠陥ともいえる条文は、所得の定義規定をはじめ、租税法の多くに存在していることが指摘できる。納税者は、この性質を確認するために裁判所に提訴し、裁判所の判断を仰がなければならないのである。もし納税者がこの作業を怠ると、租税行政庁の解釈あ

るいは通達によって、その性質づけはなされていくのである。[7]

この点は、租税法が裁判規範のみならず行為規範としても批判されねばならない欠陥の一つといえよう。

このような納税者からの租税法の条文が不明確であるとの批判は、実は租税法の条文の作り自体に多くの欠陥が存在するところにある、ということができるのである。この不明確さは、納税者と租税行政庁のポジションの相違（利害対立）から生じる、租税法の解釈・適用上の紛争の誘発原因となっている。

租税法上の不確定概念の存在は、納税者の予測可能性の確保を阻害するが、一方で租税法の条文の構成自体の欠陥が、納税者の申告行為における予測可能性の確保を困難ならしめているという点が、申告納税制度上の大きな問題として指摘できる。

なお、行為規範としての租税法と裁判規範としての租税法については第6章で詳述する。

納税者の予測可能性確保の阻害要因

1　租税法規定の不備―租税法律主義に抵触する事態の発生

租税法規定の不備は納税者の租税法律関係における予測可能性の確保を阻害する。これまで述べてきたように、予測可能性の確保には課税要件が遺漏なく定められていることが必要である。これは課税要件法定主義として租税法律主義の中核的内容を構成する。

さらに課税要件は法定されていればそれで良いかというと、それは明確に法定されていることが不可欠であるという条件を伴う。不確定概念の存在や一義的に意味内容を解釈できないような定めが課税要件に存在すると、租税行政庁は租税歳入確保の立場から恣意的な解釈を試みようとする結果をもたらす。租税法では租税行政庁の自由裁量や恣意的課税を誘発する不明確な規定を定めることは原則的に禁じられている。これは、課税要件明確主義とし

て課税要件法定主義とともに、納税者の予測可能性の確保のための両輪ともいえる原則である[8]。

　これらの２つの原則の要請を充足し、その要請に抵触しない租税法規定を用意しておくことが立法者には求められている。立法者がこの点に注意を払わず、租税法規定に不備が存在すれば、納税者の予測可能性は確保されず、結果として租税行政庁の裁量の余地を生み、恣意的課税の危険性が生じ、申告納税制度の本質が崩壊しかねないことを確認すべきである。

2　合法性の原則と信義則適用の要件

　租税法律主義のコントロール下においては、国家と納税者との関係は法律によって厳格に律せられており、ダイレクトな租税法律関係が構築されているはずである。そうすると、租税行政庁は、租税法が定める以上に租税を徴収することも、減額して徴収することも許されない。すなわち、租税法に定められた通りに租税行政庁は税額を徴収しなければならないという原則が、合法性の原則である。

　一方、民法１条２項の「権利の行使及び義務の履行は、信義に従い誠実に行わなければならない。」との定めを根拠とする信義則は、私法と公法に通ずる法の一般原理として存在するゆえに、租税法律関係にも適用される[9]。

　合法性の原則と信義則との関係が租税法上問題となる。納税者がある取引の課税上の取扱いについて租税行政庁に照会し、その取扱いについて租税行政庁が納税者に正式に表示し、その表示を信じて納税者が申告納税したところ、後にその表示が適法でなく誤りであったことを理由に遡及して課税処分がなされた場合に、納税者が信義則の適用を主張することが可能か否か、が大きな問題として浮上する。

　納税者の信義則の適用の主張の可否に関して、通説は一定の要件を充足することを前提に適用できるとされている。

　信義則の適用は、①租税行政庁が納税義務者に対して信頼の対象となる公的見解を表示したこと、②納税者がその表示を信頼し、その信頼に基づいて

行動したことについて納税者の責めに帰すべき事由がないこと、③納税者のこの行動の後に租税行政庁がその表示に反する適法な課税処分を行ったこと、およびその課税処分のために納税者が不利益を被ることになったこと、の3要件を充足すると、信義則は租税法律関係にも適用される。[10]

この3要件が充足されれば、信義則が適用され、租税行政庁は合法性の原則を主張できない。すなわち、租税行政庁が表示を変更し、遡及して納税者に対して、その表示に反する課税処分を行うことは違法とされるのである。

ところで、信義則適用の要件を厳格にして、そのハードルを高くすることは、予測可能性確保の観点から問題であることを理解しなければならない。なぜならば、納税者が租税行政庁に課税上の取扱いを照会する場合は、租税法の規定が難解で理解しがたいとか、抽象的で複数の解釈が生じるといった場合が通常であるはずだからである。次章で論じるように、ストック・オプションの権利行使益が一時所得に該当するか、給与所得に該当するかといった困難な問題が通常であるはずである。

このように、租税法の不備や難解さから生じた予測可能性の低下を租税行政庁の見解により補おうとする納税者の行為は保護されるべきである。租税法の不備により生じた不利益を納税者に転嫁することは避けねばならない。合法性の原則を犠牲にしてもなお納税者の信頼を保護すべきであるための前提条件として、先の信義則の適用要件は存在すると考えてよい。

そうすると、租税行政庁の表示を信頼した納税者の利益を保護することは、予測可能性の確保の視点からも重要であり、納税者を中心とした申告納税制度の趣旨に沿うものと思われる。

3　その他の予測可能性の阻害要素―租税法律主義の形骸化要因

予測可能性の確保を阻害する要素として次の問題を指摘できる。

(1)　個別否認規定によらない租税回避行為の否認

租税回避行為は租税公平主義の要請に反する行為として否認すべきである

との視点から、租税法は個別否認規定を多数用意してきている。しかし、従来から、実質主義による否認の可能性や、近時の学界において論争を巻き起こした私法上の法律構成による否認論が台頭している現状は、一方で、納税者の予測可能性を阻害する危険性をはらんでいることに注意を払うべきである。[11]

(2) 通達課税の横行

租税行政庁の課税上の取扱いの変更を法令の改正ではなく、通達により安易に行う方法は、法令の改正とは異なり事前に納税者がその取扱いの変更を予測することが難しい。

また、通達は法律ではないところから、租税行政庁による通達の使い分けが行われやすい。[12] 通達の使い分けが行われると、納税者の予測可能性は確保されない。

(3) 遡及立法

納税者にとって不利益な取扱いを遡及して立法することは租税法律主義に違背する。たとえば、土地の譲渡損失の損益通算禁止措置などはこの遡及立法の疑念がある。一般の納税者はその禁止措置が自己の取引に事後に適用されるなど予測できるものではなく、多くの批判がなされた。[13]

他にも考えられるが、ここでは、以上3点のみを指摘しておく。

これらの租税法律主義に抵触するファクターを検証すると、そこには常に租税法の立法・解釈・適用の場面で国（租税行政庁を含む）の恣意的課税を招く危険が存在するといえよう。

注
1) 申告納税制度は、「わが国でも、第二次世界大戦後、従来の賦課課税方式の代わりに、広く採用されるようになった。すなわち、それは、まず昭和22年に直接国税について全面的に採用され、ついで昭和37年には関税を除く間接国税についても原則的に採用された。さらに、昭和40年には関税についても原則的に採用され、その結果、今日では、国税については、申告納税方式が原則的・一般的方法となってい

る。ただし、地方税については、申告納付は、法人住民税・法人事業税・地方消費税・たばこ税等に限られており、依然として例外的である。」(金子『租税法』919頁) とされている。
2) 谷口勢津夫教授は租税債務関係説を租税行政庁の課税権の恣意的な介入の余地を排除する理論として位置づけられている。すなわち、「租税債務関係説は、法律の定める課税要件の充足によって納税義務が成立するものとし、課税要件法を、国民の納税義務を創設する権限を税務官庁に付与する授権法・手続法としてではなく、国と国民との間の租税債権債務関係を規律する実体法として性格づける考え方であり、租税権力関係説と比較すると、納税義務の成立について税務官庁の創設的な行為が介入する余地を認めない点に、その特徴がある。」(谷口勢津夫「納税義務の確定の法理」芝池義一ほか編『租税行政と権利保護』62頁 (ミネルヴァ書房、1995年) と述べられている。
3) 松沢智教授は、租税法律主義の下においては、「法律の規定する一定の課税要件が充足すれば、国または地方公共団体は法律上当然に租税債権者となり、相手方たる人民は租税債務者となって、両当事者間に租税債権債務関係が成立する。行政権の関与によって右の関係が成立するものではない。ただ、確定手続を経ることによって、はじめて現実的に給付請求権としての租税債権が具体化する。」(松沢『実体法』4頁) と述べておられ、租税法律主義を前提とする限り、納税者と国家との租税債権債務関係の成立に租税行政庁の介在する余地がないことを明確に確認されている。
4) 増田英敏「相続税法7条の『著しく低い価額の対価』該当性判断」TKC税研情報15巻5号133頁 (2006年)。
5) 課税要件の内容の詳細は、金子、前掲注1)、156頁以下を参照されたい。なお、課税要件についてさらに7つの要素を挙げる説明もある。たとえば、「ここに課税要件とは、課税主体〈国または地方公共団体それらの税務行政庁〉、納税主体 (納税義務者)、課税物件、課税標準、税率、納税主体と課税物件との帰属関係、課税主体と納税主体との所属関係 (これにより、当該租税が国税であるか地方税であるかが定まる。) の七個の課税要件要素から構成される。いずれの課税主体が、いずれの納税主体に対して、なに (課税物件) について、どのような評価基準 (課税標準) によって、いかなる割合 (税率) で、どれだけの税額の納税義務を負担させるかを規定するのは、租税法律主義のもとでは、法律の任務である。」(新井隆一「青色申告の法的性格」日税20号27頁 (1992年)) とされており、地方税と国税の判別基準を課税要件に加えられている。
6) 行為規範と裁判規範については本章においても次の通りに理解して用いる。「行為規範」とは、一般の人々に対して直接一定の行為をあらかじめ一般的に指図する規範を意味し、「裁判規範」とは、違法行為や法的紛争が生じた場合に個別具体的に要件事実の存否を認定し法律効果を事後的に帰属させるための基準を意味する (佐藤幸治他『法律学入門〔第3版補訂版〕』164頁 (有斐閣、2008年) 参照)。
7) 租税法実務は通達により遂行されている。納税者の側でその通達の内容について疑義を提起し、争わない限り租税法の解釈・適用に関する多くの問題は通達を判断規範として解決されることになる。金子、前掲注1)、116頁参照。
8) 金子宏教授はこの両者の関係を「みだりに不明確な定めをなすと、結局は行政庁に一般的・白紙的委任をするのと同じ結果になりかねず、また納税者の経済活動における法的安定性と予測可能性を害することになりかねないからである。したがって、この原則は、課税要件法定主義の一環として要請されるものであると同時に、自由主義に基づくものでもあって、課税要件明確主義という。したがって、租税法においては、課税リスクの最小化の見地から行政庁の自由裁量を認める規定を設け

ることは、原則として許されないと解すべきであり（もっとも、租税手続法の分野では、徴収緩和のために自由裁量を認める必要のあることが少なくない）、また不確定概念（抽象的・多義的概念）を用いることにも十分に慎重でなければならない。」（金子、前掲注１）、84頁以下）として、課税要件明確主義の重要性を確認されておられる。
9) 金子、前掲注１）、144頁。
10) 谷口、前掲注２）、84頁以下参照。
11) 品川芳宣「租税回避行為の否認と仮装行為の否認」税理49巻15号７頁以下（2006年）は、租税回避行為の否認の類型としての私法上の法律構成の否認論の限界を明確にしないと、納税者の予測可能性が確保されず、租税法律主義の保障の観点から問題であるとして、有益な問題分析を試みている。要参照。
12) 通達の使い分けによる予測可能性の阻害についての詳細な検討は、増田英敏『租税憲法学第３版』149頁以下（成文堂、2006年）を参照されたい。
13) 税理士会も平成17年度・税制改正に関する建議書において、納税者の租税負担につき不利益を及ぼす遡及立法の疑念を提起している。http:www.nichizeiren.or.jp/guidance/pdf/kengisho-H17.pdf を参照。

第6章

租税法の解釈・適用―租税法の本質と特殊性

I 租税法の本質―行為規範と裁判規範

　まず、ここで取り上げる行為規範と裁判規範とはいかなる内容かについて確認しておこう。行為規範とは、「あれをしなさい」もしくは「これをしてはならない」というように、人々の行為を規律する規範ということができる。一方、裁判規範は、どのような事実があれば権利もしくは義務が発生し、またその権利が変動し、さらには消滅するのかを規律する規範であり、裁判官が法的判断を下すうえでの手がかりとなる規範ということができる。このように両規範の意味を確認しておく。

　法には、行為規範としての側面と裁判規範としての側面がある。租税法も法である以上、両者の側面がある。しかし、我々納税者は行為規範としての租税法に学習の焦点を当ててきたようである。しかし、租税法のもっとも重要な機能である予測可能性の確保は、裁判規範として租税法を学習する視点を避けては確保されない。

　ところで、租税法は申告納税を行うためのマニュアルともいえる。課税要件に不備がなく（課税要件法定主義）、そして明確な定めによって体系化された（課税要件明確主義）租税法は、適正な申告納税のための唯一の行為規範である。不確定概念が存在せず、解釈上の疑義を排除した租税法の存在は申告納税を行ううえで、まさに申告マニュアルといえる。

　例えば、市役所に勤務するAが、上司の指揮命令のもとに勤勉に仕事をした報酬として毎月市から支給される給与は、所得税法28条1項が「給与所得とは、俸給、給料、賃金、歳費及び賞与並びにこれらの性質を有する給与（以下この条において「給与等」という。）に係る所得をいう。」と定めるところ

の、給与所得に該当することに疑いの余地はない。給与所得の金額は、同条2項が、その年中の給与等の収入金額から給与所得控除額を控除した残額とすると規定しているところから、同条3項の給与所得控除の算定規定により計算した給与所得控除額を給与収入金額から控除した差額が、給与所得の金額として容易に算出される。まさに、所得税法は申告行為のための行為規範といえよう。

　ところが、典型的な給与所得に該当する場合はよいが、給与所得に該当するか否か、その判断が困難とされる事例が生じた場合には、根拠規定の解釈をめぐり納税者と租税行政庁とが対立することになる。

　たとえば、外国に所在する親会社から日本子会社の役員に付与されたストック・オプションの権利行使益は、所得であるのは間違いないが、いずれの所得に区分されるかについては悩ましい問題となる。

　このように租税法規の対象である経済取引は時とともに進展していく。そこで、租税法の立法当初に想定し得なかった経済取引が生じることは少なくない。

　ストック・オプションの権利行使益が給与所得に属するか、一時所得に属するかについては多くの訴訟が提起された。

　このように根拠規定の解釈をめぐり疑義が生じた場合にも、納税者は申告をせざるを得ない。納税者としては、雇用関係のない親会社からの所得であり、毎年発生する所得ではなく一時的に発生した所得であるので、給与所得ではなく、租税負担の軽減できる一時所得として申告したとする。

　その後、租税行政庁が調査により、この権利行使益が給与所得に該当すると判断したとしよう。そうすると納税者の判断と租税行政庁の判断が対立することになる。

　このように、租税法解釈をめぐって納税者と租税行政庁の見解が相違し、両者が対立する場面が生じることは、多くのケースで見られるし、容易に想像できる。なぜならば、納税者と租税行政庁は租税をめぐって利害が鋭角的に対立するからである。納税者は納税額最小化を望むのに対して、租税行政

庁は徴税額最大化を目指すはずである。その緊張関係は租税法の解釈にも大きく反映される。

　租税法の解釈・適用をめぐり租税行政庁と納税者との見解が最終的に異なった場合には、租税行政庁は納税者の申告納税額を否定する課税処分をなすことができる。これは、租税法律主義の内容である合法性の原則を蔑ろにはできないゆえに処分もやむを得ない。

　租税行政庁の当該処分に納税者が納得しない時には、法解釈の誤りもしくは適用の誤りを指摘して、納税者は不服申し立てを経て訴訟を提起することができる。納税者には裁判を受ける権利が保障されているのであるから、当然の権利行使として租税訴訟が提起される。申告納税における行為規範としての租税法は、租税訴訟の場面に至り、裁判規範としての側面が強調されることになる。

　行為規範としての租税法の明確性は租税法律主義により保障されているが、裁判規範としての租税法の側面を納税者は意識しているであろうか。

　その答えは否定的にならざるを得ない。租税法を裁判規範としてみた場合には、課税要件の判断基準や、立証責任の分配の規準などが租税法に明確に規定されてはいないために、納税者が紛争の裁判規範として租税法を意識することはほとんどないといえる。納税者ばかりか、租税法の専門家である税理士さえも例外とはいえない。

　裁判官は、租税法の解釈・適用を巡る紛争を法的に解決していくために、法解釈によりこの租税法を裁判規範としての租税法に再構成するのである。

　ところで、納税者が課税処分の取消を求めて出訴するか否かの判断は、裁判の勝算の存否に大きく左右されるはずである。故に、裁判の見通しに予測可能性を確保するためには、裁判規範という視点から租税法をとらえなおす必要が生じる。

　いかなる事実があれば納税者にいかなる納税義務が生じるのかを、具体的に租税法の条文から法解釈により裁判官は抽出する。租税法を裁判規範に再構成するのである。裁判規範としての租税法は、まさに裁判官が法的判断を

下すための租税法ということができる。

　先のストック・オプションの事例でいえば、いかなる事実の存在があれば、給与所得に該当するのか、もしくは該当しないのかを判断する基準を所得税法の条文の解釈から導き出さなければならない。しかし、現行の租税法の解釈から一般の納税者が平易かつ明確にその判断基準を導き出すことは困難な作業といえる。

　申告納税制度の下では、納税者自らの申告納税により、具体的な納税義務が確定する。この確定した納税義務が誤りであるとして租税行政庁が更正処分をする際には、当然に納税者とその処分をめぐり紛争に発展することを租税行政庁は視野に入れて処分を行うはずである。そうすると、租税行政庁にとっては、裁判規範としての租税法の視点から、その処分が裁判官の批判に耐えうるか否かという検証が行われることは当然である。

　そうすると、納税者も租税法を行為規範としてとらえるばかりでなく、裁判規範としての租税法の側面をも視野に入れておくべきであろう。ましてや、租税法の専門家である税理士には裁判規範としての租税法について、租税裁判例を日ごろから研究しておく必要がある。

Ⅱ　裁判規範としての租税法と租税法律主義

　これまで、租税法律主義の視点から租税法を点検する際には、不確定概念の存在や、租税法規の不備、過度な通達による税務行政の執行などに焦点が当てられてきた。

　ところが、所得税法の所得区分の規定に象徴されるように、それが定義規定であるにもかかわらず、その範囲を確定するための基準が明瞭に示されていない場合がほとんどである。先の給与所得の定義規定（所税28条1項）でも、給与所得とは、「俸給、給料、賃金、歳費及び賞与並びにこれらの性質を有する給与」としているが、ぎりぎりの判断が求められるのは、ある金銭の授受が給与に該当するかどうかであり、実は給与といえるか否かの判断に

は、いかなる性質を有する金銭の授受が給与に該当するかが明示されなければならないはずである。しかし、同条同項は「俸給、給料、賃金、歳費及び賞与並びにこれらの性質」を有する給与と定めるのみである。そうすると、俸給や給料等に共通する性質は何かについては、その規定の解釈者の法解釈に委ねることが期待されているといわざるを得ない。

　ある金銭の授受が給与所得に該当するかどうかの判断の基準は、まさに裁判規範としての租税法の視点から租税法を解釈することにより再構成し、導き出されるのである。

　実際には、納税者は裁判規範としての租税法の再構成を判例の検証により実践的に行う。先の給与所得の根拠規定の法解釈により、最高裁昭和56年4月24日（民集35巻3号672頁）判決は次のようにその性質を明確に判示して、判断基準を示している。この事案は、弁護士の顧問料収入が事業所得か給与所得かのいずれに区分されるかを争点としたが、最高裁は、「給与所得とは雇傭契約又はこれに類する原因に基づき使用者の指揮命令に服して提供した労務の対価として使用者から受ける給付をいう。」と判示した。この給与所得の性質づけは、その後の給与所得の範囲を確定する基準として踏襲されている。

　このように裁判規範の側面から租税法を読み解く、もしくは解釈することは、租税法を所得計算のための規定というマニュアルとして所得税法を位置づけるのではなく、法律としてとらえることに他ならない。

　ところで、松沢智教授は、「裁判所は、法解釈の最終結論者である。…中略　従って、裁判官は、法律に拘束されるから、紛争を解決するための裁判の前提は『法律』であるので、裁判の前提たる法命題から具体的判断基準を引き出さねばならない。裁判官は、具体的事件を処理するに当たっては、立法府たる国会の定立した法のなかから判断基準たる規範を探し出さなければならないことが要請されるのである。…中略　右のような、**裁判規範としての性格をもつ租税法は、平常においては潜在化しており、顕在化しない。租税行政庁と納税者とが法解釈をめぐって争うときに初めて顕在化するのであ**

り、それは**補充的性格をもつということができる**（筆者傍線・太字）。これは、申告納税制度のもとにおいてこそ明確に裁判規範の性格が現われるものということができる。けだし、申告納税制度のもとにおいては、租税実体法、すなわち納税要件法の法解釈を第一に行うのは、まず納税者たる国民であって租税行政庁ではないから、法解釈の争いが生ずるということは、法の当然に予定しているところといいうるからである。しかし、かつてのような、賦課課税制度のもとでは、法解釈は課税行政庁が行い、納税者において、右の処分に不服があるときにのみ取消を求めるのであるから、行政処分に適法性の推定が働くとする行政法学の通説に従う限りは、あえて補充的な裁判規範たるの性質を論ずる必要はなかったからである。これまで、租税法が補充的にも裁判規範をもつという本質を看過していたのは、申告納税制度こそ租税法の基礎であるとする納税者主権主義の本質を理解していなかったからである。1)」と述べておられる。

　同教授のこの指摘は我々納税者にとって極めて重要な意義を持つ。すなわち、賦課課税制度の下では、行為規範としての租税法のみが強調された。しかし、申告納税制度の下においては、租税法の第一次的解釈権は納税者にあるから、それをチェックする機関としての租税行政庁との関係は常に緊張関係にあり、租税法の解釈・適用を巡る紛争が生じることは、不可避である。よって租税法は裁判規範としての側面が顕在化し、裁判規範としての租税法の重要性を認識すべきであることを指摘されている。

　裁判規範としての租税法の視点を軽視すると、納税者の租税法律関係における予測可能性は低下する。租税法律主義の第１の機能は納税者の予測可能性を確保することにある。裁判規範としての租税法は、紛争を裁判官が判断する際に示された、個別租税法規に法解釈を加え、導出した判断基準にほかならない。

Ⅲ　租税法律関係の特殊性

　租税法律主義は、国家が国民に租税を課す場合に法律に基づいて課すべきことを定めた憲法30条及び84条を法的根拠とする租税法の基本原則である。したがって、租税法律主義の下では、租税をめぐる国家と国民の関係は法律関係であると捉えることが妥当である。この租税をめぐる国家と国民の関係を租税法律関係ということができる。

　この租税法律関係の性質を権力関係と見るか、債務関係と見るかについては従来から論争が存在したが、現在ではその基本的な法的性質は債務関係であるとされている[2]。

　租税法律関係は債務関係と理解されるが、この債務関係は私法上の債権・債務関係とはその性質を異にし、次の3点の特質を有する。

　その第1は、私法上の債務が当事者の合意によって形成されるのに対して、租税法上の債務は各個別税法の規定によって定められる法定債務であるという点である。

　第2は、租税法律関係は国家と私人というように公法上の法律関係であるという点である。

　第3は、租税が公共サービスの資金調達の法的な手段であるところから、その強い公益性を根拠に租税債権者である国家に種々の特権が付与されているという点である。そのために租税法律関係においては、租税債権者である国家が租税債務者である国民に比して大きな優越性を持つ。

　たとえば、納税者の納税義務の具体的な確定は納税者の申告によるが、租税行政庁の更正・決定を通して納税者の申告による租税債務の内容が修正され、変更され得る。また、その更正・決定のための情報収集手段としての質問検査権が租税行政庁に付与され、また、裁判所によらずに自ら租税の徴収を図ることを可能にする自力執行権限も与えられ、さらには滞納処分の際に私債権に租税債権が優先される租税債権優先の原則が認められている（金子『租税法』31頁以下）。

ところで、私法上の債務関係と租税法における債務関係との法律関係の性質の相違に着目することは重要である。とりわけ、私法上の債務関係は、債権者と債務者が対等な法主体関係にあるが、租税法上の債務関係は、実定租税法により国に対して優越的権限が付与されていることは前述の通りであり、対等な法主体関係にない。そうすると、租税訴訟において私法上の債権・債務関係をめぐる紛争を処理する場合と同様の取り扱いをすることは、裁判における攻撃防御のうえで、両主体間の実質的な公平を確保できないという結果を招く。この点について、租税訴訟の当事者の租税法律関係のこの特質に着目すると、主張立証責任の分配に関する、藤山雅行（裁判官）氏の「更正処分取消訴訟の立証責任については、安易に債務不存在確認訴訟に準じた取扱いをすることは許されず、その処分の性質が典型的な侵害処分であることに照らすと、…中略　税額が更正処分の結論を下回るものでないことを全体として被告が立証すべきであり、その例外を認めるには、租税法規の趣旨が当該事実の立証責任を納税者に負わせるものであると読み取れるものであって、しかもその定めが憲法に違反しない場合に限られるといえよう。」[3]との見解は、租税法律関係の特質を踏まえた合理的な見解として評価できる。

Ⅳ 租税法と私法の関係

租税法は種々の経済取引を課税の対象としているが、それらの経済取引は通常の場合には私法によって規律されている。そこで、課税要件法である租税実体法（所得税法、法人税法等）は、民法等の私法により規律される私法上の法取引を前提に課税要件規定を構成している。

たとえば、AからBに両者の契約により資産の移転が行われたとする。有償で資産の移転が行われた場合（民法555条の売買の要件を充足した場合）には、売主に所得税法33条が定める譲渡所得が発生したとして、所得税が課税されることになる。一方、無償で資産の移転が行われたとすると（民法549条の定

める贈与の要件事実を充足した場合)、相続税法21条の「贈与税は、…中略　贈与により財産を取得した者に係る贈与税額として計算した金額により、課する。」とする規定に基づき、贈与税が課されることになる。[4]

　このように、私法上の契約等が法的に有効に成立し、その法律効果の発生を前提に課税要件の当てはめが行われ、譲渡所得の課税や贈与税の課税といった租税法の法律効果が発生するという構造になっている。

　金子宏教授は、私法と租税法の関係を、「租税法は、種々の経済活動ないし経済現象を課税の対象としているが、それらの活動ないし現象は、第一次的には私法によって規律されている。租税法律主義の目的である法的安定性を確保するためには、課税は、原則として私法上の法律関係に即して行われるべきである」（金子『租税法』129頁）として、私法上の法律関係を前提に租税法律関係は構築されるべきであると述べられている。

　この租税法の適用は、通常、以下の①から⑥のプロセスを経ることにより行われるということができる。

① 　経済取引事実の発生
② 　要件事実の認定
③ 　私法上の法律構成（契約解釈……売買、交換、贈与等）
④ 　租税実体法の発見（所得税法、相続税法等）
⑤ 　租税実体法の解釈
⑥ 　租税実体法の適用

　租税法の適用過程は、まず①の「事実認定」の作業から、③の私人間で行われた経済取引が民法上の売買の要件を充足しているのか、贈与の要件を充足しているのかといった「私法上の法律構成」がなされる。次いで、④のその法律構成に該当する課税要件規定の選択がなされ、⑤の該当する課税要件規定の適正な解釈を経て、⑥の課税要件規定の適用にいたる。ここで確認すべきは、私法上の法律関係が構成され、その法律関係に基づいて租税法の課税要件規定の当てはめが行われるという点である。

固有概念と借用概念

　ところで、租税法には固有概念と借用概念が存在する。固有概念は租税法の規定により新たに租税法独自の法概念として創造されたものである。たとえば、同族会社やみなし配当といった概念は固有概念に該当する。一方、「借用概念」は民法や商法といった私法上の既存の法概念で、租税法独自の「固有概念」に対するものである。たとえば、売買、交換、贈与、相続、所有等といった概念は借用概念といえる。

　租税法は、これらの借用概念を多く用いて課税要件規定が構成されている。借用概念を用いた課税要件規定を解釈するに際して問題となるのは、この借用概念の意義を、他の法分野で用いられている本来の意義と同意義に解すべきか、租税歳入の確保もしくは公平負担の観点から異なる意義に解すべきかの問題である。租税法律主義における法的安定性の要請を考慮すると、借用概念については租税法独自の意味に解することは避けるべきであるとの考え方が通説として受け入れられる。すなわち、「私法との関連で見ると、納税義務は、各種の経済活動ないし経済現象から生じてくるのであるが、それらの活動ないし現象は、第一次的には私法によって規律されているから、租税法がそれらを課税要件規定の中にとりこむにあたって、私法上におけると同じ概念を用いている場合には、別意に解すべきことが租税法規の明文またはその趣旨から明らかな場合は別として、それを私法上におけると同じ意義に解するのが、法的安定性の見地からは好ましい。その意味で、借用概念は、原則として、本来の法分野におけると同じ意義に解釈すべき」（金子『租税法』127頁）である。

　そうすると、租税法上の借用概念の大部分は私法、とりわけ民法の領域に属する概念であり、その民法領域において分析検討がなされてきた要件事実に関する考え方、すなわち要件事実論は、基本的には修正を受けることなく裁判規範としての租税法領域にもそのまま当てはまる理論だということができよう。

つまり、贈与税における贈与は民法からの借用概念であるが、その贈与概念については、本来の民法上の贈与と同意義であるから、贈与税の課税要件である贈与契約の要件の充足の可否については、民法上の贈与契約をめぐる要件事実の存否を検証することがまずなされるという関係にある。

法の解釈・適用について、金子宏教授は「法を適用する場合には、法の解釈とともに事実の認定が必要である。論理上の順序としては、事実の認定がまず行われ、次いで認定された事実に適用すべき規定を選択し、選択された規定の解釈が行われる。しかし、実際には、裁判官は――おそらくは学者も実務家も――、これら3つの作業を併行的に行いながら結論に到達する場合が多いのではないかと思われる[5]」とされる。

このように租税法の解釈・適用過程は、事実認定に始まり、私法上の法律構成を行い、そして、実定租税法の解釈を行い、その法を事実に当てはめることにより完結する。実際には、裁判官、実務家もこのプロセスを同時併行的に行いながら結論に到達する場合が多いものと思われる。

さらに、ここで重要な点は租税法独自の、もしくは固有の事実認定手法が存在するものではない点にも注意を要する。

注
1) 松沢『基本原理』122頁。
2) 租税法律関係をめぐる両説については次のように説明される。すなわち、「(1) 権力関係説　これは、オットー・マイヤーを中心とする伝統的学説で、租税法律関係を国民が国家の課税権（Finanzgewalt, Steuerhoheit）に服従する関係としてとらえ、そこでは国家が優越的・権力的意思の主体として現われることを理由に、それを典型的な権力関係の一例と見る考え方である。…中略
(2)　債務関係説　これは、1919年のドイツ租税通則法（Reichsabgabenordnung）の制定を機縁として、アルバート・ヘーンゼルによって体系的に主張されるようになった学説で、租税法律関係を、国家が納税者に対して租税債務の履行を請求する関係としてとらえ、国家と納税者とが法律のもとにおいて債権者・債務者として対立し合う公法上の債務関係として性質づける考え方である。…中略
この見解の対立は、1926年3月にミュンスターで開催されたドイツ国法学者協会において、『公法の概念構成に対する租税法の影響』というテーマのもとに、アルバート・ヘーンゼルが債務関係説を展開し、オトマール・ビューラーが権力関係説を展開したときに、はじめて明確な形をとるに至った。」（金子『租税法』27頁以下）とされている。
3) 藤山雅行「行政事件と要件事実」伊藤滋夫＝長秀之編『民事要件事実講座第2

巻』340頁以下（青林書院、2005年）。
4）租税法が私法上の法律関係を前提にしていることについては、「個人から贈与によって財産を取得した個人には贈与税の課税問題が生ずる。また相続によって財産を取得した個人は相続税を納付しなければならないことになる。会社に会社更生や破産等の手続が適用されると、それに応じて当該手続に特有の租税問題が生ずる。このように、人々の市民生活に関連して租税問題が生ずる。このことは、税法は市民生活秩序、つまり市民法秩序を前提としていることを意味する。租税法律主義（憲30条、84条）のもとに形成されるところの税法秩序は、このような市民法秩序を前提にしてのみ成立する」（北野弘久『税法問題事例研究』72頁（勁草書房、2005年））と考えられる。
5）金子宏「最近の租税判例の動向」税研106号18頁（1999年）。

第7章

租税法と要件事実論[1]

I 租税法律主義と要件事実論の有用性

1 要件事実論とその有用性

　まず、はじめに要件事実論とは何かについて、その意義を確認しておく。要件事実論研究の第一人者ともいえる伊藤滋夫教授は、「要件事実論とは、要件事実というものが法律的にどのような性質のものであるかを明確に理解して、これを意識した上、その上に立って民法の内容・構造や民事訴訟の審理・判断の構造を考える理論である。[2]」と定義付けておられ、さらに端的に「裁判官による法的判断の構造を考える理論」ともいえるとされている[3]。そして、「要件事実とは、法律効果を生じるために必要な実体法（裁判規範としての民法）の要件に該当する具体的事実である[4]」、とされる。

　実体法は権利の体系として構成されており、ある一定の事実関係が存在する場合（法律要件もしくは構成要件）には、ある一定の法律的に意味のある効果（法律効果）が発生するという形で構成されている[5]。したがって、要件事実とは、実体法上の法律要件を充足させるのに必要な具体的な事実である、ということができる。

　これらの定義を踏まえて、さらに要件事実論を敷衍すると、次のように理解することができよう。

　民法等の実体法の定める個々の条文や、判例・学説において論じられてきた法律要件の意味内容を分析するとともに、民事裁判における攻撃防御方法として、原告・被告がそれぞれ主張立証すべき事実は何かを考察する理論あるいは手法をいう[6]、と定義することができる。

　この要件事実論は、事実認定論ときわめて密接な関係にあるといえるが、

その本質は異にするとされ、「要件事実論が、民事裁判における裁判官の法的判断の構造であり、事実認定論は、民事裁判における裁判官による事実判断の構造である。」とされており、要件事実論は裁判官の法的判断の構造を考える理論であることは先に確認したとおりであり、事実認定論とはその本質を異にするものであり、この区別は重要であることをここに確認しておく。

ところで、要件事実論の有用性は、民事訴訟の適正迅速な審理判断をするために不可欠であるという点にある[7]。

伊藤滋夫教授は、その有用性について以下のように整理されておられる[8]。

① 要件事実を的確に考えることにより、ある法律効果の発生のために直接に必要な事実としては、どのような事実が主張立証されれば必要かつ十分かが明確になる。

② 要件事実論は、訴訟上問題となる種々の事実が、訴訟物との関係でどのような性質を持っているかを明確にすることができる。すなわち、要件事実を請求原因、抗弁、再抗弁、再々抗弁などと性質づけをすることができる。この性質づけによりどちらの当事者がある事実について主張立証責任を負うべきかが明確になる。

民事訴訟は原告が、訴訟物として主張する権利の存否について判断し、原告の訴えの当否について判断するものであるから、法律上のある権利もしくは法律効果の発生要件に該当する具体的事実、すなわち要件事実について検討しその考え方を考察することは有益であることは当然であろう[9]。

以下、これらの要件事実論とその有用性に関する理解を前提に、租税法と要件事実論について述べることにする。

2 租税法律主義と要件事実論

伊藤滋夫教授は、実体法としての民法には行為規範としての性質と裁判規範としての性質を併せ持つと指摘されるが、租税法にもその指摘は当てはまる。

申告納税制度の下において、所得税法に代表される各個別租税実体法は租税法律関係のうち、納税義務者は誰かといった租税債務の当事者、納税義務の範囲を定める租税債務の内容、租税債務の成立・承継・消滅などを定めるものであり、納税者にとっては申告納税するための行為規範としての性質を有するといえる。

一方、これらの租税実体法の解釈・適用をめぐり国と納税者の間に見解の相違が生じ、紛争が生じた場合には、これらの租税法規は、裁判規範としての側面が強調されることになる。

ところが、租税法を裁判規範としてみた場合には、民法と同様に規定に不備がある。すなわち、租税実体法は、課税要件を定め、その要件を充足する場合には租税に関する法律効果が発生もしくは消滅すると定めている。しかし、裁判において誰がどのような事実を立証すれば特定の法律効果の発生を主張でき、あるいはどのような事実を立証すれば法律効果が発生しないことを主張できるかといった、いわゆる主張立証責任の分配に関してはなんら具体的規定を用意していない。

そうすると、納税者が租税に関する法律効果の発生・消滅をめぐり租税行政庁と対立し、租税訴訟を提起しても、要件事実に関する主張立証責任の分配はどうあるべきか、また、有効な攻撃防御の方法はいかにあるべきか、そして結果的に裁判官がいかなる方法により法的判断を下すかについて、現行の租税実体法はその規定の中になんら具体的な文言を定めていないために、訴訟提起による納税者の権利救済の主張の成否に関して、納税者がまったく予測可能性を確保できないという問題が顕現される。まさに、ここに租税実体法が裁判規範としての機能を十分に果たしきれないという結果を招くのである。

そこで、租税法を裁判規範として機能させるためには、立証責任の分配を考慮に入れた裁判規範としての租税法に再構成する必要性がある。ここに先に確認したように、訴訟における立証責任の分配や攻撃防御の方法を体系的に理解する考え方である要件事実論が租税法領域においても有益かつ不可欠

な理論であるということができるのである[11]。

　ところで、租税法の基本原則である租税法律主義は憲法30条及び憲法84条を法的根拠とするものであり、その機能は、租税が法律に基づいて課されることを憲法が保障することにより、国家による恣意的な課税を阻止し、租税法律関係における予測可能性と法的安定性を確保することにある。

　この租税法律主義は、侵害規範の側面を持つ租税法の解釈・適用が国によって恣意的になされることを阻止することを、その本質的な機能とする。明確な課税要件規定の存在は、租税行政庁の恣意的な課税を阻止する。

　この租税行政庁の恣意的課税を阻止するという租税法律主義の本質的な機能は、租税争訟制度により担保される。租税法の解釈・適用をめぐって納税者と租税行政庁の見解が相違し、納税者の申告が否認され、課税処分がなされた場合には、自己の申告の正当性を主張し、権利救済を求める法制度として租税争訟制度が用意されている。租税行政庁の課税処分の正当性の検証手段として租税争訟制度が存在するともいえる。

　納税者が権利救済を求め、租税争訟制度を利用する際に、租税実体法は裁判規範として認識されることになる。すなわち、松沢智教授はこの点につき、「裁判規範として租税実体法を認識したとき、課税が適法、妥当となるための構成要件（Tatbestant）または要件事実は何かということを租税実体法自体から把握する必要がある。課税要件事実を租税実体法から整理し、争訟の対象となった処分の当否につき、請求の理由あらしめる事実を主張し、立証することによって、当該処分の違法性、不当性の存否の判断を求めることとなるのである。[12]」と指摘されている。

　租税争訟制度を有効に機能させることが、租税法の基本原則である租税法律主義の要請を実質的に保障することになる。そのためには、租税法の裁判規範としての側面を重要視することが不可欠となる。

　要件事実論が、租税実体法の裁判規範としての機能を有効にするものであることは先に確認したとおりである。そうだとすれば、要件事実論は租税法律主義にとっても有益な理論といえよう。

さらに付言すると、要件事実論が裁判官の法的判断の構造の分析であるとすると、納税者が租税訴訟を提起する際に、要件事実論は裁判の行方を見通すための有益な情報を納税者に提供することになる。すなわち、訴訟を提起するか否かは、その裁判に勝算があるか否かによって左右されるのであるから、裁判官の法的判断の構造を分析する手法である要件事実論は、訴訟提起の可否判断に有益な情報を提供することになるといえる。

Ⅱ　租税訴訟における要件事実

　まず、課税処分取消訴訟を前提に租税訴訟における主要事実、すなわち要件事実について確認しておこう。ここでは、要件事実は主要事実と同義とし、さらに要件事実は課税要件事実とも同義として扱う。
　課税要件事実は租税実体法の個別的な定めにより具体化する。主要な国税である所得税法や法人税法は所得に担税力を見出し、担税力の適正な測定構造を重層的に構築している。課税要件事実とは、この担税力の指標である所得の測定のための主要事実ということができよう。
　実額課税の場合に限ると、この課税要件事実である主要事実のとらえ方について①主要事実を総所得金額又は課税所得金額とする「所得説」、②各種所得の金額が収入金額から必要経費を控除して算定するところから、この両者を主要事実とする「収入・必要経費説」、そして、③所得金額の算定に必要とされる所得発生原因となる具体的な諸事実を主要事実とする「具体的事実説」の3種の有力な学説が存在する。[13]
　まず、要件事実を総所得金額又は課税所得金額と見る①の所得説は妥当ではない。なぜならば、租税行政庁が所得金額を過少であるとして課税処分した場合には、所得金額をダイレクトに要件事実として立証の対象とすることは現実的には不可能であるからである。所得金額の正当性は、その構成要素である収入金額と必要経費の正当性を立証することにより可能となるのである。売上高及び必要経費の両者を要件事実として過少な所得金額であること

を立証しなければならないということができる[14]。

　ところで、この主要事実としての課税要件事実について松沢智教授は、「課税要件事実とは、ある年分または事業年度における納税義務者たる特定の個人または法人に帰属する課税所得の存在を組成する具体的な法律要件事実をいい、それは個々の収益の存在および損費の不存在ということになる。すなわち、課税要件事実とは、国家が個人または法人に対し一定額での租税債権を取得するために必要な法律要件事実である。それは、所得税法についていえば、一定期間（年分）における総収入金額から必要経費を控除した金額が課税所得であるから、したがって、収入金額、必要経費が課税要件事実（主要事実）ということになる。法人税法についていえば、一定期間（事業年度）における益金から損金を控除した金額が課税所得であるから（法人税法22条1項）、したがって、益金、損金が課税要件事実（主要事実）ということになる。」[15]とされ、所得税法では収入金額と必要経費、そして、法人税法では益金と損金を課税要件事実であると述べられている。松沢説は、先の分類によれば②の収入・必要経費説に属するであろう。

　租税訴訟の訴訟類型の大部分は課税処分の取消訴訟であり、取消訴訟の争点の多くは税額確定に関するものである[16]。したがって、所得税法も法人税法もその税額が所得を基準に税率を乗じて決定されるところから、所得の決定要素である収入金額と必要経費（所得税法）、そして、益金と損金（法人税法）が課税要件事実に集約されることになるのであるから、②の収入・必要経費説は有力な見解といえよう。

　③の具体的事実説は、所得税額や法人税額が重層的な具体的事実の累積により算定されることに着目した説である。

　所得税法の課税所得及び所得税額の算定構造を見ると、次の5つのステップを踏んで税額は確定する。すなわち、①発生源泉による所得区分、②各種所得金額の計算及び損益通算、③所得控除、④課税所得金額に税率を乗じて所得税額を計算、そして、⑤税額控除を経て所得税額を算定するといった、5段階のステップにより所得税額を算定する構造を所得税法は定めている。

課税要件事実は、このそれぞれの段階において存在する。所得が発生すると、その発生源泉を証明する事実が認定され、その事実に基づいて各種所得の区分が行われる。各種所得の金額は、たとえば事業所得についてみれば、収入金額を構成する個別事実と必要経費を構成する個別事実を会計帳簿や領収証といった証明資料により認定し、測定されることになる。さらに所得控除や税額控除が可能であることを示す諸事実を確認する資料等により、控除が可能となる。このような各段階を経て所得税額が確定される。

このように租税法の適用対象となる事実は個別取引に始まり、税額にいたる多様な段階を経て構成されており、租税法における要件事実の特徴は、段階的な層状構造をなしているところに求められよう。[17]

租税訴訟においては税額が争点とされたとしても、これらの層状構造をなすいずれの段階の事実が、要件事実として証明対象となるのかが整理・確認されねばならない。その意味からすると③の具体的事実説が、より妥当性を有する説として支持できよう。

③の具体的事実説は今日では多数説とされるが、その理由はさらに次の2点にあるとされる。すなわち、「一つは、主要事実とは、直接証拠により証明できる事実をいうが、所得、収入や経費が、収入の計上時期や所得区分等の法的判断を経た上、計算の結果として算出される金額であって、直接証拠による証明ができる具体的事実ではないこと、もう一つは、相手方の防御すなわち不意打ち防止の観点からしても個別具体的な事実が望ましいこと[18]」の2つの理由をあげることができる。

Ⅲ 課税要件事実の主張・立証責任

行政処分の取消訴訟における立証責任の分配基準として、行政行為の公定力を理由としてすべて原告が立証責任を負うとする公定力根拠説や、法治行政の原則を根拠として被告行政庁が行政行為の適法性すべてにわたり立証責任を負うとする法治主義根拠説などの見解が見られたが、公定力と立証責任[19]

が、そして、法治主義と立証責任が論理的に結びつかないといった点から、いずれの説もその根拠と立証責任の分配の基準とが合理的に結びつかないとする批判を解消することはできなかった。[20]

一方、立証責任に関する近時の有力な見解として次の3説を取り上げることができる。[21]

①法律要件分類説[22]

民事訴訟における法律要件分類説を抗告訴訟にも導入しようという考え方である。この説は、行政処分の根拠規定を権限行使規定と権限不行使規定に分類し、前者については権限行使を主張する者（積極処分の取消訴訟では被告、消極処分の取消訴訟では原告）が、後者については権限を行使すべきではないと主張する者（積極処分の取消訴訟では原告、消極処分の取消訴訟では被告）がそれぞれ既定の要件事実について立証責任を負うとする見解である。[23]この説は、先の公定力根拠説に対抗して主張された説であるとされる。

②個別検討説[24]

統一的な基準によることなく、適用すべき法規の立法趣旨、行政行為の特性、当事者間の公平、事案の性質、事物に関する立証の難易等によって具体的事案についていずれの当事者の不利益に判断するかを決定するとの見解で、第1次的には立証責任を行政庁に負担させるが、反証責任などについて個別具体的に検討し国民の側にも負担させるというものである。この説は①の法律要件分類説を批判する形で登場したものである。

③憲法秩序帰納説[25]

基本的人権の尊重及び法治主義という憲法上の原則から、国民の権利を制限する侵害的行政処分については行政庁が、国民の側から権利の拡張を求める場合は当該国民（原告）が立証責任を負うとする見解である。

以上の①説ないし③説が有力説とされるが、訴訟実務で受け入れられ通説とされるのは、①の法律要件分類説といえよう。いずれの説にも批判が存在する。[26][27]たとえば、①の法律要件分類説に対しては、公法規定は私法規定とは規律の対象・目的などを異にしているにもかかわらず、民事訴訟における立

証責任の分配基準を行政訴訟に類推させようとするのは妥当とはいえないとか、権限行使・権限不行使の両規定の分類が実際に可能かといった批判が加えられている。②の個別検討説は立証責任の分配について統一的な基準を提示しているとは言えず、基準たり得ないもので、立証責任について法的安定性にも寄与しない説といえる。また、③の憲法秩序帰納説は、具体的事案について立証責任の分配を決しうる基準とはなりえないし、生存権保障の立証責任を一般的に国民に負担させるということについては原理的にも問題があるといえる。さらには、国民の自由権の制限と権利付与の区別が困難である点も批判の対象とされよう。[28]

　以上が、行政処分の取消訴訟における立証責任の分配の基準をめぐる考え方の概観である。[29]

　ところで、課税処分には一般行政処分に見られない特殊性が存在する。[30] しかし、課税処分自体は行政処分のひとつであるから、課税処分をめぐる租税訴訟においても、一般の行政訴訟における立証責任の分配の基準は当てはまるといえる。

　とはいえ、租税法は租税法律主義を基本原則としている。租税法律主義は、納税者の予測可能性と法的安定性の確保を憲法規定により保障した租税法の基本原則である。この租税法律主義の機能を担保する制度として位置づけられているのが、まさに租税争訟制度である。したがって、租税訴訟における立証責任の分配の基準についても、納税者の予測可能性と法的安定性を保障する租税法律主義の要請にかなうことが求められる。とりわけ、租税訴訟においては、予測可能性と法的安定性の視点から立証責任の分配についてもその基準の優劣が論じられねばならないといえる。

　それでは、課税処分の取消訴訟における課税要件事実の立証責任の分配基準はどう考えられようか。

　予測可能性と法的安定性の確保の視点からすると、法律要件分類説が最も優れている基準といえよう。

　そもそも、この法律要件分類説は、「要件事実の特定とその証明責任の分

配、すなわち『誰が、何を、証明すべきか』について裁判所と当事者との共通の理解の下で訴訟遂行を可能ならしめることを主眼にしている。したがって、当事者の主張・立証活動における予測可能性、法的安定性という点で優れており、この説による証明責任の分配は、訴訟追行過程における指針として非常に有効である。」との評価がなされているが、妥当な見解といえる。

すなわち、法律要件分類説によれば、租税行政庁と納税者の立証責任について、次のように明確に整理できる。

すなわち、課税処分の取消訴訟では、課税処分の適法・違法が訴訟物であり、租税行政庁の課税処分は、その権限行使規定（「この行為をしたときにはこの処分を行う」といった規定）により行われるために、被告租税行政庁が、この権限行使規定の要件事実について立証責任を負うことになる。一方、納税者が租税債権の消滅を主張する場合には、権限不行使規定（「この行為をしたときにはこの処分を行わない」といった規定）の要件事実は、納税者である原告が立証責任を負うことになる。

要するに、課税処分の根拠である租税債権の存在に係る要件事実については被告租税行政庁が、租税債権の発生を妨げる特別の事情あるいは消滅に係る要件事実については原告納税者が、立証責任を負うことになる。

法律要件分類説によれば、課税処分の要件事実の立証責任の所在が明確になり、裁判所も納税者を含む訴訟当事者も立証責任の所在の予測可能性と法的安定性が確保されるということができよう。

金子宏教授も、「租税行政庁が確定処分を行うためには、課税要件事実の認定が必要であるから、原理的には第2の見解（筆者注・法律要件分類説）が正当であり、課税要件事実の存否および課税標準については、原則として租税行政庁が立証責任を負う、と解すべきである…中略　。ただし、課税要件事実に関する証拠との距離を考慮に入れると、この原則には利益状況に応じて修正を加える必要があろう。」として、原則的には法律要件分類説に立脚しながら、個別的な事情をも考慮して立証責任の転換をも許容するという立場をとられている。

それでは、具体的な要件事実を踏まえてその立証責任について若干の整理を試みよう。

　租税訴訟における主たる要件事実は前述したように、課税所得又は総所得金額と、その構成要素である収入金額及び必要経費ということができるが、これらの要件事実の存否に関する立証責任は租税行政庁にある。[33]

　ただし、所得の減額要因である必要経費については、法律要件分類説によっても、租税債権の減額もしくは消滅をもたらす特別の事情に該当する場合があると考えられる。ゆえに、必要経費を通常の必要経費と特別の経費に分類し、通常の必要経費の立証責任は、租税行政庁の側にあると解すべきであるが、特別経費については、原告に立証責任があると解すべき場合が想定される。

　たとえば大阪高裁昭和46年12月21日判決[34]は「必要経費の点を含め、課税所得の存在については、課税庁たる被控訴人に立証責任があることは、さきに述べたとおりであるが、必要経費の存在を主張、立証することが納税者にとつて有利かつ容易であることに鑑み、通常の経費についてはともかくとして、控訴人らの主張する利息のような特別の経費については、その不存在について事実上の推定が働くものというべきであり、その存在を主張する納税者は、右推定を破る程度の立証を要するものと解するのが公平である。」として、立証責任の分配の基準を法律要件分類説に立脚しながら、証拠との距離と公平性などを考慮に入れた判断を下しており、参考になる。

　貸倒損失も通常の経費とは異なり特別な経費に該当すると思われる。たとえば、仙台地裁平成６年８月29日判決[35]は、「貸倒損失は、所得金額の算定にあたって控除すべきものであり、所得の発生要件事実を構成すると考えられるので、貸倒損失の有無が争われる場合には、所得の一定額の存在を主張する課税庁側において当該貸倒損失の不存在を立証すべき責任がある。」としながらも、「貸倒損失は、通常の事業活動によって、必然的に発生する必要経費とは異なり、事業者が取引の相手方の資産状況について十分に注意を払う等合理的な経済活動を遂行している限り、必然的に発生するものではな

く、取引の相手方の破産等の特別の事情がない限り生ずることのない、いわば特別の経費というべき性質のものである上、貸倒損失の不存在という消極的事実の立証には相当の困難を伴うものである反面、被課税者においては、貸倒損失の内容を熟知し、これに関する証拠も被課税者が保持しているのが一般であるから、被課税者において貸倒損失となる債権の発生原因、内容、帰属及び回収不能の事実等について具体的に特定して主張し、貸倒損失の存在をある程度合理的に推認させるに足りる立証を行わない限り、事実上その不存在が推定されるものと解するのが相当である。」として、貸倒損失は特別経費に属しているゆえに一定程度の立証責任は納税者も負担すべきであると判示している。本件の判断は、控訴審及び上告審においても維持された。

以上が租税訴訟における立証責任の分配の基準の理論と実際である。

Ⅳ まとめ

金子宏教授は、「租税の確定と徴収が違法に行われることは、決して少なくない。たとえ、建前として租税法律主義がとられていても、違法な租税の確定または徴収が行われた場合に、納税者がそれを争い、その権利の保護を求めることが保障されていなければ、租税法律主義は『画にかいた餅』にすぎなくなってしまう。その意味で、租税争訟は、納税者の権利保護の観点から、きわめて重要な意味をもっており、租税争訟制度の確立は、租税法律主義の不可欠の要素である。」と述べられて、租税法律主義が、租税争訟制度によって担保されていることを明確にされている。

ところが、租税法律主義と租税法をめぐる問題は、これまで行為規範としての租税法に焦点を当てて検討されることが中心であった。たとえば通達課税と租税法律主義といった問題である。

租税法律主義の実効性は、租税争訟制度により担保されるという構造にありながら、裁判規範としての租税法の役割を軽視してきたために、租税訴訟における課税要件事実は何か、またその立証責任はいかに配分され、裁判官

はいかなる法的判断構造を採用するかについて、本章で引用したように優れた研究は見られるが、研究が十分になされてきたとはいいがたい。これらの点について十分な研究を加えることができれば、本章で詳述したように裁判規範としての租税法の不備は補完され、租税訴訟の行方に予測可能性が確保されることになるはずである。納税者の権利は租税争訟制度により保護される。

　本章の目的は、要件事実論が租税法律主義とって有益であることを確認し、租税法を学ぶ際にこの視点に留意する必要があることを確認することにあった。すなわち、要件事実論が裁判規範としての租税法の不備を補完する理論であり、租税訴訟における納税者の予測可能性と法的安定性の確保に有益であるとの、まさにこの命題を確認することを目的とした。

　本章ではこの命題について以下のとおり確認することができた。

① 　租税法は行為規範であるとともに裁判規範でもあるが、裁判規範としての租税法規が不完全であり、規定に法的な不備が存在する。この「裁判官の法的判断の構造」を明らかにする理論である要件事実論は、その規定の不備を補完する。

② 　裁判規範としての租税法の機能を高めることは、租税訴訟における納税者を含めた訴訟当事者の裁判の行方に対する予測可能性の確保に有益である。

③ 　租税訴訟における予測可能性の確保は、納税者が違法な課税処分を是正するための裁判を受ける権利を保障し、その結果は租税法律主義の機能を担保することになる。

④ 　租税法の特殊性を理解したうえで租税訴訟における要件事実は何か、そして、その要件事実の立証責任の分配の基準について明らかにできた。

　以上の通り、要件事実論が租税法の基本原則である租税法律主義の要請を充足する上で有益であることが明らかにできたといえよう。

注
1) この内容は、増田英敏「租税訴訟における要件事実論」伊藤滋夫代表『要件事実の現在を考える』172頁以下（商事法務、2006年）所収論文を本書用に若干の補正を加えたものである。
2) 伊藤滋夫『要件事実の基礎新版』6頁（有斐閣、2015年）。
3) 伊藤滋夫教授の著書、同上書『要件事実の基礎』のサブタイトルが「裁判官による法的判断の構造」とされており、要件事実論のまさに本質を示されているものと思われる。
4) 伊藤、前掲注2）、6頁。
5) 原田和徳「要件事実の機能—裁判官の視点から」伊藤滋夫＝難波孝一編『民事要件事実講座総論1』79頁（青林書院、2005年）。
6) 村田渉「要件事実論の課題」ジュリ1290号38頁（2005年）。
7) 要件事実論の考え方に対する批判に反論する形で、要件事実論の有用性について裁判官自らの経験に基づき次のように高く評価する意見として、「要件事実は、民事訴訟の審理の過程において、当事者の攻撃防御の焦点となり、当事者の主張立証の要となるものであり、訴訟提起の段階から判決書の作成に至るまで、民事訴訟の充実した審理を実現し、紛争の適正迅速な解決を図るために大いに貢献している。要件事実は、当事者にとっても裁判所にとっても、訴訟の適正迅速な解決のために必要不可欠なものであ」（原田、前掲注5）、88頁）るとされている。なお、同論文では、要件事実の機能について具体的かつ詳細に列挙しており参考になる。
8) 伊藤、前掲注2）、16頁以下参照。
9) さらに、裁判官の原田和徳氏は、裁判を担当する実務家の視点から要件事実論の具体的機能について、次の点を列挙されている。すなわち、①適切な訴訟物選択、②争点整理、③真の争点の早期把握、④争点整理の在り方、⑤無駄のない審理、⑥充実した証拠調べの実施、⑦不意打ちの防止、⑧事件の筋、⑨現代型訴訟、⑩判例の正確な理解、⑪判決書の作成、⑫民事紛争の予防、といった点で、要件事実論の思考はきわめて有益であるとされている（原田、前掲注5）、89頁以下参照）。
10) 松沢智教授は租税実体法の行為規範と裁判規範の性質について次のように述べておられる。
「租税実体法（Steuer materielles Rechts）は、課税庁の行為規範として財政需要の充足のために国民から租税を徴収するという行政作用にその根拠を与えるものであるのみならず、申告納税制度の下では、納税者において納税申告をする際の拠りどころとなるので、納税者の申告にあたっての行為規範でもある。さらに、右の課税庁と納税者とで、法の解釈・適用をめぐって意見を異にし争われたときは、その限りにおいて紛争を解決するために裁判規範として機能するという両面性をもつものである。」（松沢智『新版　租税争訟法』19頁（中央経済社、2001年））として、租税実体法の行為規範と裁判規範の二面的性質について指摘されておられる。
11) この租税法における要件事実の主張立証といった問題の必要性を確認され、わが国で始めて体系的な研究書を上梓されたのは、木村弘之亮教授であろう。同教授の『租税証拠法』（成文堂、1987年）の「はしがき」では、「本書は、推計課税、立証責任、協力義務、違法な税務調査、租税申告等のテーマを証拠法の観点から分析するために、一般証拠法の基礎理論に立ち返り、租税法その他の行政法における証拠法理論を再構築しようとするものである。」と述べられているが、この研究内容は裁判規範としての租税法の機能を補強するものである。要参照。
12) 松沢、前掲注10）、19頁以下。
13) 今村隆ほか『課税訴訟の理論と実際』132頁（税務経理協会、1998年）。なお、主要事実について小林博志教授は、「実額課税における主要事実に関しては、以下の

Ⅳ　まとめ　105

　　6説が考えられる。所得税の更正処分を例にして考えると、①税額を主要事実とする説、②総所得金額を主要事実とする説、③各種の所得金額を主要事実とする説、④収入金額及び必要経費を主要事実とする説、⑤勘定科目ごとの金額を主要事実に解する説、⑥所得金額の算出に必要な個々の所得発生原因事実すなわち具体的事実を主要事実とする説である。」(小林博志「税務行政訴訟における主張責任、証明責任」日税研論集43巻136頁(2000年))として、6説あると紹介されている。
14) 岡村忠生「税務訴訟における主張と立証」芝池義一ほか編『租税行政と権利保護』298頁(ミネルヴァ書房、1995年)。
15) 松沢、前掲注10)、385頁以下。
16) 石島弘「納税者の救済と訴訟類型」芝池ほか編、前掲書14)、236頁以下参照。
17) 岡村、前掲注14)、299頁。
18) 小林、前掲注13)、137頁。
19) この説は、田中二郎博士の初期の見解に見られる。田中二郎『行政争訟の法理』107頁(有斐閣、1986年)参照。なお、後にこの説を改め、田中博士は個別的検討説を採用するにいたっている(田中二郎『新版　行政法上巻全訂第2版』345頁(弘文堂、1985年)参照)。
20) 今村ほか、前掲注13)、134頁。なお、ドイツの立証責任論の詳細な議論については、木村、前掲注11)、47頁以下の記述が参考になる。
21) 木村、前掲注11)、134頁。なお、藤山雅行「行政事件と要件事実」伊藤滋夫編『民事要件事実講座2』322頁(青林書院、2005年)。
22) 代表的論者は滝川叡一博士である。滝川叡一「行政訴訟における立証責任」垂水克己ほか編『岩松裁判官還暦記念・訴訟と裁判』471頁(有斐閣、1956年)を参照。
23) 藤山、前掲注21)、322頁。
24) 雄川一郎『行政争訟法』214頁(有斐閣、1957年)。
25) 高林克己「行政訴訟における立証責任」田中二郎ほか編『行政法講座第3巻行政救済』301頁(有斐閣、1965年)。
26) 春日偉知郎「行政訴訟における証明責任」南博方編『条解行政事件訴訟法』254頁(弘文堂、1987年)。
27) これら最近の有力な見解についても次のような批判が加えられている。すなわち、「法律要件分類説に対しては、行政法規は公益と私益の調整を目的とするもので裁判規範としての意味よりも行政機関に対する行為規範としての意味が強く、必ずしも訴訟における立証責任の分配を考慮して立法していないとの批判があり、個別検討説に対しては、基準として不明確であるとの批判がある。憲法秩序帰納説に対しては、立証責任分配法則の指標として適用すべき法規の立法趣旨と行政行為の性質のみをよりどころとして一律に割り切るのは疑問であるとの批判がある。」(今村ほか、前掲注13)、134頁)とされる。
28) 山村恒年「主張責任・立証責任」雄川一郎ほか編『現代行政法体系5行政争訟Ⅱ』200頁以下(有斐閣、1984年)。
29) なお、行政訴訟における立証責任をめぐる議論の詳細は、春日、前掲注26)、254頁以下参照。
30) 課税処分の具体的特殊性としては次の点があげられる。
　　①個々の納税者において一定の課税期間中に生じた多様な所得発生事実の存否・数額を認定しなければならないという困難さを伴う。
　　②課税が大量・反覆的に行なわれる性質のものであり、しかも、租税確定権には除斥期間が定められているため、所得発生事実の存否や数額の認定がきわめて短期間のうちに行なわれなければならないという時間的制約を伴う。
　　③課税処分時の事実認定の困難さや時間的制約にもかかわらず、訴訟が提起されれ

ば、訴訟物が数額に関するものだけに、争点が著しく拡大するおそれが生ずる。
④納税者の所得計算の基礎となる帳簿書類等の直接資料を実際に調査把握し、これに基づき課税標準等または税額等を認定したうえで行なわれるいわゆる実額課税処分と、種々の間接的資料・方法を用いて課税標準等または税額等を推定計算して課税するいわゆる推計課税処分の二種が存在する。岩﨑政明「立証責任」小川英明ほか編『新裁判実務体系18租税争訟』211頁以下（青林書院、2009年）参照。
31) 春日、前掲注26)、265頁以下。
32) 金子『租税法』1112頁。
33) 最高裁昭和38年3月3日（訟月9巻5号668頁）判決は、「所得の存在及びその金額について決定庁が立証責任を負うことはいうまでもないところである。」と明確に立証責任の所在を示している。
34) 大阪高判昭和46年12月21日税資63号1233頁。神戸地判昭和53年9月22日訟月25巻2号501頁参照。
35) 仙台地判平成6年8月29日訟月41巻12号3093頁。
36) 控訴審仙台高判平成8年4月12日税資216号44頁、上告審最判二小平成8年11月22日税資221号456頁。
37) 金子、前掲注32)、1069頁。

第8章

節税・租税回避・脱税

I 税負担の減少行為—節税・租税回避・脱税

　租税法学上は、租税負担を納税者が意図的に軽減する行為について①節税（tax saving, Steuerersparung）行為、②租税回避（tax avoidance, Steueruumgehung）行為、③脱税（tax evasion, Steuerhinterziehung）行為の3種に分類・整理して論じられている。三者の概念を対比して論じることにより、各々の概念および特質を明らかにできる。特に租税回避行為が、節税行為と脱税行為の中間に位置する概念であるために、租税回避行為の概念を明確化しようとすれば他の2つの概念と比較することは有益である。そこで、三者を比較すると以下の通りである。

1　節税行為

　節税行為とは、租税法規が予定した法形式を選択することにより租税負担を軽減する行為である。たとえば、土地を譲渡する場合に、その土地の取得後5年を経過して譲渡することにより経過を待たずに譲渡するよりも租税負担を半減させることが可能となることを租税法規より予測して、5年経過後に土地を譲渡する行為を節税行為ということができる。これは、租税法が予定した行為であるので当然適法行為である。

2　租税回避行為

　租税回避行為に関してまとまった研究書を上梓されている清永敬次教授の定義によれば、租税回避行為とは、「通常のものと考えられている取引形式を選択せず、それとは異なる取引形式を選択することにより、通常の取引形

式を選択した場合と同一またはほぼ同一の経済的効果を達成しながら、租税上の負担を軽減または排除することである」(清永敬次『租税回避の研究』369頁 (ミネルヴァ書房、1995年))とされる。また、木村弘之亮教授は、さらに詳細に「私的自治の原則および契約自由の原則によって支えられている民事法体系においては、当事者は一定の経済的目的を達成しあるいは経済的成果を実現しようとする場合に、どのような法形式を用いて法形成するかについて選択の自由を有する。このような民事法上の法形成の選択可能性を利用し、私的経済取引だけの見地からはさしたる理由がないにもかかわらず、一方で、通常用いられない法形式と法形成をことさら選択することによって、意図した経済目的ないし経済成果を最終的には実現しつつ、他方で、通常用いられる法形式と法形成に相応しい租税法律要件の充足を回避し、これによって税負担を減少させあるいは回避することを、租税回避という[1]」と定義されている。

ここで意義を整理すると、私的自治の原則および契約自由の原則のもとにある私法の分野における法形式の選択可能性を利用して、①異常な法形式を選択し（ここで異常という意味は通常用いられる法形式ではないということであり異常で違法な法形式を意味しないところに注意を要する)、②通常想定される法形式を選択した場合と同一の経済的効果を達成し、③その結果として租税負担の軽減を図る行為を、租税回避行為ということができる。この三要件を充足する行為を租税回避行為という。

たとえば、土地の所有者が、もっぱら譲渡所得に対する租税負担を免れるために、土地を譲渡する代わりに、その上にきわめて長期間の地上権を設定して、土地の使用・収益権を相手方に移転し、それと同時に、弁済期を地上権の終了する時期として相手方から当該土地の時価に等しい金額の融資を受け、さらに右の2つの契約は当事者のいずれか一方が希望する限り更新すること、および地代と利子は同額とし、かつ相殺することを予約したとする。このように複雑で異常な法形式を用いることによって、土地所有者は、土地を譲渡したのと同一の経済的成果を実現しながら、譲渡所得の発生を免れる

ことができるから、これは典型的な租税回避の例であるとされる[2]（なお、当該事例の原型とされる事案については、最判昭和49年9月20日訟月20巻12号122頁参照）。

このような法形式を選択することの合理的意図が租税負担軽減以外に見出せないところに着目することが重要である。特に確認しておくべきは、租税回避行為は私法上有効な法律行為であるという点である。

3　脱税行為

脱税行為とは、「課税要件の充足の事実を全部または一部秘匿する行為」である。すなわち、本来課税所得等の課税対象となるべき事実を「偽りその他不正の行為」を用いて、所得の一部または全部を仮装・隠ぺいする行為をいう。たとえば二重帳簿を作成して売上の一部を故意に脱漏させたり、架空の領収書に基づいて経費を水増しすることにより、所得の一部もしくは全部を隠ぺいする行為である。脱税行為は、課税要件事実そのものを秘匿する行為であり違法行為であるから、刑事責任を問われる行為である。

Ⅱ　租税回避行為の否認の意義

租税回避行為は、私法上は有効な法律行為である。その法律効果は有効に生じるのであるが、租税負担の軽減のみを意図してなされた通常用いられない法形式の選択について、租税法上黙認することは、課税の公平を歪めるものであるから、その法形式が私法上は有効なことを前提としつつも、租税法上はそれを無視し、通常用いられる法形式に租税行政庁が引き直し、課税要件が充足されたものとして課税を行うことを租税回避行為の否認という。

租税公平主義の要請を根拠に、当事者が選択した私法上の法形式を無視し、通常の法形式に引き直して課税する租税回避行為の否認は支持できるとする立場（実質主義もしくは経済的観察法[3]を根拠に支持する立場も含める）と、租税法律主義の要請が支配する租税法領域においては、明確かつ個別的な法的根拠が存在する場合を除き、当事者が用いた法形式を尊重し、租税法上もそ

の法形式を容認し、租税負担の軽減を黙認すべきであるとする立場とに分かれ、学説上および判例上も鋭く対立してきた。

租税回避行為の否認を一般的に認めた有名な規定として、ドイツ租税通則法42条がある。同条は「租税法律は、法の形成可能性の乱用によって回避することはできない。乱用が存する場合には、租税請求権は、経済事象に適合した法的形成（einer den wirtschaftlichen Vörgangen angemessenen rechtlichen Gestaltung）の場合に成立するのと同じく成立する。」と定めている。

わが国には、これに相当する規定はないが、やや一般的な否認規定として、同族会社の行為または計算の否認規定（所税157条、法税132条、相税64条）が存在する。個別否認規定もかなりの数に上る。たとえば、所得税法は、建物の所有を目的とする地上権の設定等をしたことに伴い、通常の場合の金銭の貸付の条件に比し、特に有利な条件による金銭の貸付その他特別の経済的利益を受けた場合には、当該貸付を受けることによる特別の利益その他特別の経済的利益の額は権利金に含めるものとし、権利金の額がその土地の価額の10分の5をこえているときは、それを譲渡所得として課税する旨を定めている（所税33条1項）が、これは、個別否認規定に該当するであろう。

Ⅲ 租税回避行為の否認をめぐる学説の対立

個別の否認規定が存在する場合には租税法律主義に抵触せず、租税回避行為を否認できることは論を待たないが、問題は、個別否認規定が存在しない場合に否認が容認できるか否かについてであり、以下の通り、学説の見解も分かれる。

金子宏教授は、個別否認規定がない場合の租税回避行為の否認について、「この場合に否認が認められないと解すると、租税回避を行った者が不当な利益を受け、通常の法形式を選択した納税者との間に不公平が生ずることは否定できない。したがって、公平負担の見地から否認規定の有無にかかわらず否認を認める見解にも、一理がある。しかし、租税法律主義のもとで、法

律の根拠なしに、当事者の選択した法形式を通常用いられる法形式にひきなおし、それに対応する課税要件が充足されたものとして取り扱う権限を租税行政庁に認めることは、困難である。また、否認の要件や基準の設定をめぐって、租税行政庁も裁判所もきわめて複雑なそして決め手のない負担を背負うことになろう。したがって、法律の根拠がない限り租税回避行為の否認は認められないと解するのが、理論上も実務上も妥当であろう」として、租税法律主義の要請からすれば、租税回避行為の否認は認められないとの見解を示されている。また、もし認めてしまうと租税行政庁も裁判所も個別否認事案の妥当性の判断に過度の負担を強いられることを指摘されてもいる。そうしたうえで、「もちろん、このことは租税回避行為が立法上も容認されるべきことを意味しない。新しい租税回避の類型が生み出されるごとに、立法府は迅速にこれに対応し、個別の否認規定を設けて問題の解決を図るべきであろう。」として、租税回避行為に対しては個別否認規定を用意して対処すべきであることを明確にされている。

　この金子説に対して、木村弘之亮教授は、「契約自由と法律（主に民事法）の濫用に基づき選択された法形成によって、租税法律要件の充足を回避することはできない。濫用がみられる場合、当該経済的事実に相応する法形成を選択したならば発生するであろうと同じように租税請求権（納税義務）が発生する。」として、これをルール01と呼称した上で、「この租税回避の一般的否認ルール01は、憲法12条が自由および権利の濫用を禁止し、さらに法解釈は考えうる語義の両端で終了し、税負担を増強する類推適用の禁止原則がはたらくということに基因する。これら三つの前提要件に照らし、この租税回避についての一般ルールは日本国憲法の下においても租税法上一般に承認され確立しうるものと解される。このルール01は、契約自由と法律（主に民事法）の濫用に基づき選択された法形成の活用によって、租税法律を回避する可能性を遮断する。この一般条項は合憲であり、課税の平等に資する一方、民法1条3項（権利濫用の禁止）に相当する規定が租税法律に欠けているそうした意識的な法律の欠缺の（法律の目的又は原則を指向する）補塡の手段とみな

され、十分に明確に定式化されている。」として、法律の濫用が見られる場合には憲法12条の自由および権利濫用の禁止規定により、個別否認規定が存在しなくとも当然に否認しうるとされる。

注
1）木村弘之亮『租税法総則』170頁以下（成文堂、1998年）。
2）金子『租税法』134頁。なお、金子『租税法』133頁以下では、「租税回避（tax avoidance, Steuerumgehung）とは、このような私法上の形成可能性を異常または変則的な（『不自然』という言葉は、主観的判断の幅が広く、不確実度が大きいため、避けておきたい）態様で利用すること（濫用）によって、税負担の軽減または排除を図る行為のことである。」としたうえで、「合理的または正当な理由がないのに通常用いられない法形式を選択することによって、通常用いられる法形式に対応する税負担の軽減または排除を図る行為」と「租税減免規定の趣旨・目的に反するにもかかわらず、私法上の形成可能性を利用して、自己の取引をそれを充足するように仕組み、もって税負担の軽減または排除を図る行為」である。
　　この取引の2つの類型は、いずれも、私法上の形成可能性を濫用（abuse; Missbrauch）することによって税負担の軽減を図る行為の2類型があると定義されている。
3）経済的観察法とは、「税法の解釈方法の一つであり、同時に次章で述べる要件事実の認定方法の一つでもある。しかも、ベッカーによれば、外部的な法形式よりも内部的な経済的実質を重視し、税法の解釈及び要件事実の認定を注す方法である。…中略　すなわち、税法の解釈に当たっては、その規定が使用している文言の概念形式にとらわれることなく、その文言によって表現されている実質的な経済的意義を基準として決定すべく、また要件事実の認定に当たっては、当事者の使用している外見的法形式にとらわれることなく、それによって仮装されている事態の実質的経済的意義を基準として決定すべきであるというのである。その論拠は、税法は経済事象を課税要件として把握し、しかもこれを既成の法形式で表現しているから、表現形式にとらわれていたのでは、租税立法者の意思に適合した税法の解釈適用をなし得ないというのである。」（中川一郎編『税法学体系』73頁（ぎょうせい、1997年））とされている。
4）租税回避行為を否認するための根拠規定とされる、この同族会社の行為計算否認規定の本質について、松沢智教授は「同族会社のそもそもの性格が、法人税法の予定するいわゆる"合理的経済人"としての法人の理想像とはほど遠く異質のものであり、しかもわが国では法人と名のつく会社の、そのほとんどが個人会社ないし一族会社のような同族会社であって、しかもそれがもっぱら税金対策のために造られたものが少なくないとあってみれば、同族会社と租税回避行為との関連性は、その設立自体からの宿命であったといっても決して過言ではあるまい。
　　過去における多くの同族会社の行為計算否認規定をめぐる裁判例を眺観すれば、そこに課税庁側の理想的法人像を画いて公平負担の原則に基づき財政収入を確保しようとする立場と、租税法律主義を原点として財産権の保護をはかろうとする納税者側との相剋を見出すことができよう。
　　しかし税法の正しい解釈は、租税公平負担の原則と租税法律主義の両原則をふまえて、財政収入の確保とともに納税者の権利の保護をはかるべきものとおもわれる」（松沢『実体法』32頁以下）と指摘されているが、同族会社の行為計算否認規

定を巡る解釈論争は、まさしく租税法律主義と租税公平主義の相克が顕在化する場面である。

5) 金子、前掲注2)、138頁以下。
6) 金子、前掲注2)、139頁。
7) 木村、前掲注1)、171頁以下。
8) 木村、前掲注1)、172頁。

第9章
税理士の職務と租税正義[1)]

I 税理士の職務は租税正義の実現にある！

1 租税公平主義は租税正義の中核的要素である！

　法の目的は正義の実現にあるといわれるが、法の究極の目的である正義とは何か？　この問いかけを研究する正義論はイデオロギー論的であるといった嫌疑をかけられた時代もあった。しかし、ハーバード大学のジョン・ロールズ教授の『正義論』（A Theory of Justice (1971年)）が登場することにより、学問研究の対象として見事に復権を果たした。筆者も租税公平主義の意味を思索する過程で同書と格闘する時期があった。

　ここでは正義論の厳密な議論をトレースすることはしないが、「正義」の中核的な要素が「自由と平等」、そして、「実質的な平等」により構成されることに異論はないであろう。これらの要素のベクトルは、すべて国民の幸福の探求に向かっている。また、すくなくとも「正義」は政治的理念でもなければイデオロギーでもないことを確認しておきたい。

　正義の実現は国民の幸福に帰着する。租税正義の具体的内容は租税公平主義にあるといえよう。そうすると、租税法の目的は「租税正義」、すなわち「公平な課税」を実現させることにより、国民に幸福をもたらすことにある。

　国民の租税負担能力を考慮せず租税が課されると国民は不幸になる。国民の租税負担能力（以下では、「担税力」という。）に応じて租税が課されるか否かは、国民の幸不幸を左右する。まさに租税公平主義はこの担税力に応じた課税を求める原理である。

2 所得税法のベクトルは国民の幸福に向かっているか？

個別税法に目を転じると、たとえば所得税法は租税公平主義を立法目的としている。担税力に応じた課税を実現するために所得の発生源泉による担税力の差異に着目して所得区分を設け、さらに納税者の担税力に直接的に影響を与える扶養家族数等の人的事情を各種の人的諸控除により反映させ、担税力の指標となる所得金額の大きさに応じて累進税率を採用する。所得税法は担税力に応じた課税を実現できるよう工夫されている。

所得税法は個人の所得課税における担税力に応じた公平な課税の実現、すなわち租税正義の実現を目的とする法であるということができるのである。

3 税理士の職務は租税正義の実現にある！

ところで、税理士は租税法を適正に解釈・適用する租税法の専門家であるとされる。税理士自身が租税法を単に税金計算の道具と捉えると、その職務と責任の範囲も矮小化される。一方で、租税法が租税正義の実現を目的とする崇高な法であると位置づけると、税理士は租税正義の実現を担う専門家として国民の幸福に貢献する職業専門家としての地位と誇りを獲得する。税理士は租税正義を担う法律家であることが望まれる。

Ⅱ 税理士の職務と紛争予防

1 税理士と紛争予防のための税法学[2]

松沢智教授は、「税法は争うことにより、その解釈が発展する[3]」と述べられた。租税法も租税訴訟を通じて裁判例が蓄積され、法解釈が深化し定まるのであるから、まさに箴言といえよう。

ところで、租税法上の争いは、納税者と国家（租税行政（課税）庁）が紛争の当事者となる。民法などの私法とは異なり、租税法の解釈・適用上の争いは、基本的には納税者が強大な国家と対峙する構図にならざるを得ない。

国家を紛争の相手にして納税者が勝機を見出すことは至難である。その至

難さは、租税訴訟における納税者の勝訴率の低さに如実に表れている。運よく租税行政庁との争い（訴訟）に勝利した納税者でさえも、争点とされた税額が結果として還付されるのみである。得るものはあまりにも少ない。いわんや敗れた納税者は経済的にも精神的にも大きな負担と損失を強いられる。

だからこそ、租税法上の争いを未然に予防するための租税法学を構築することが求められよう。私は、この租税行政庁との紛争を未然に予防するための租税法学を構築できないかと、ここ数年来考え続けてきた。判例研究や裁判所に提出する鑑定意見書の執筆過程を通して、紛争の原因をつぶさに検証する多くの機会を得ることができた。その検証により私なりに紛争を予防する租税法学の構造を具体的に描くことに成功したように思う。

すなわち、私が現在構想している紛争を未然に予防するための租税法学を、『紛争予防税法学』と初めてここに呼称することにする。

以下では、この『紛争予防税法学』の構造を簡潔に紹介しておこう。『紛争予防税法学』は、「理念」、「理論」、そして、「実践」の三位一体により構成される。その内容と関係性は次のとおりである。

第1は、紛争予防には、ぶれることのない理念ないし哲学が不可欠である。紛争を誘発するのは恣意性や人間の理性を邪魔する欲望であるから、その人間の本性を乗り越えることができる崇高な理念として私は「租税正義」を位置づける。

第2は、理念を実践に結び付けるには理論が必要である。「租税正義」という理念だけでは、租税法実務との距離が遠すぎて実践にその理念を展開することができない。そこで、理論として、租税法の基本原則である租税公平主義と租税法律主義が不可欠である。公平は正義の構成要素であり、正義は法に適合しているか否かにより検証されるのであるから、租税法律主義は、まさに租税正義を実現させるうえでの理論上の動力源となる。

第3は、理論を実践に展開していくにはスキル（技術）が必要である。そのスキルがリーガルマインド（法的思考）である。租税法実務は、事実認定（小前提）に始まり、租税法の解釈（大前提）を経て、その租税法の事実への

当てはめ、という三段論法を多かれ少なかれ採用している。その際に、いかなる実務上の問題も、法的に筋道を立てて考え、結論を導き出すという、リーガルマインドを身につけることが不可欠である。

税理士が、崇高な理念、強固な理論、そして、着実な技術に裏付けられた実践によって租税法実務を遂行するならば、紛争は確実に予防できるはずであり、その結果はクライアントの幸福と信頼を獲得するはずである。

2 紛争予防のために租税法を学ぶべき

納税者の権利を事後的に救済する租税争訟はもちろん重要である。しかし、クライアントの信頼と幸福を考えるならば紛争を未然に防止することが重要であり、税理士は紛争予防のために租税法を学ぶべきである。

前述の通り、①理念と②理論、そして、③リーガルマインドとは何かを三位一体として学ぶことが紛争予防に不可欠である。

筆者は予防法学という言葉に魅力を感じる。将来発生するであろう紛争を未然に防止できたらそれに越したことはない。私人間の法律関係を規律する民法などの私法の分野では、紛争の当事者は私人であるから、経済力や法的知識に差異があるにしても両者は対等の関係にあるといってよい。ところが、租税法律関係をめぐる紛争の当事者は、国家と納税者であるから、その背景とする力の差は歴然としている。紛争における攻撃と防御の関係において対等とはいえない。情報力、経済力、そして、人的資源において圧倒的に優位に立つ国家を相手に、租税の賦課・徴収過程において納税者自身の考えを主張するには大きなストレスを受けることは想像に難くない。場合によっては大きな痛手を被る。したがって、租税法律関係こそ紛争予防のために租税法を学ぶという視点が重要視されなければならないと思うのである。

現在の税理士の職務は多様であるが、申告納税制度の下における税理士の本来の職務は、複式簿記の原理に基づいて作成された帳簿を出発点として租税法の適正な解釈・適用過程を経てクライアントである納税者の適正な納税申告をサポートすることに集約される。租税法の専門家とされる税理士は紛

争予防のために租税法を学ぶべきである。なぜならば、紛争予防は税理士のクライアントである納税者の利益になるからである。

ところで、租税法律主義は明確でわかりやすい租税法を立法するよう命じた憲法原理であるが、明確でわかりやすい租税法は国民に予測可能性と法的安定性を付与する。租税法による納税者の予測可能性と法的安定性の保障は、まさに租税法律関係における紛争予防のために不可欠である。そうすると、将来の課税関係を予測するために租税法自体が紛争予防のために存在するということがいえよう。

すなわち、明確でわかりやすい租税法の存在自体が租税法律関係をめぐる紛争を予防する法体系ということができるのである。

税理士は、租税法が民法などと同様に行為規範と裁判規範の両者の側面を持つことをまず確認しなければならない。

たとえば、個人Ｘが取得した土地を譲渡したとする。そうすると、Ｘは「譲渡所得とは資産の譲渡による所得をいう」と定める所得税法33条1項の課税要件規定により譲渡所得を計算し申告納税する。このように課税要件規定の第1次的機能は行為規範としての機能に求められる。ところが、同法33条1項が規定する資産の範囲は有形のものに限られるのか、また、譲渡とは有償譲渡に限定されるのか、といったいわゆる規定の文言の射程の問題が、実務上は顕在化するのである。不合理な判断基準によれば紛争に発展しかねない。租税法の規定の文言を、紛争を裁断する判断基準、すなわち裁判規範としての租税法に読み替える能力が紛争予防に不可欠である。

たとえば、所得税法26条1項の「不動産の貸付による所得」とは「目的物の使用収益の対価としての経済的利益」をいうと解することにより、平面的な条文を実際の取引事実に当てはめていく上での法的判断基準すなわち、裁判規範としての租税法に読み替えるのである。これが紛争予防の第一歩なのである。

税理士には租税法を裁判規範の側面から再構成する能力が必要なのである。この能力を具備することにより紛争予防は可能となるはずである。

Ⅲ なぜ税理士にリーガルマインドが必要か

　税理士の多くは商学部出身者により占められている。会計は強いが法律は苦手であると公言する税理士も少なくない。しかし、税理士が租税法の法律専門家であることを否定することはできない。

1　税理士と税務調査の行方

　今回は、租税法の専門家である税理士になぜリーガルマインド（法的思考）が必要かを税務調査の事例を想定して考えてみたい。

　ここに頭のめっぽうきれる税理士Ｘ（以下「Ｘ」という。）がいる。彼の顧問先のＷ社に税務調査があった。Ｘは顧問税理士としてその調査に立ち会うことになった。担当調査官Ｙ（以下「Ｙ」という。）は、若いが所轄税務署内でも論客との評判が高い。このＹが調査過程でＷ社の税務処理について否認するとし、修正申告を慫慂した。この見解に対してＸは論理的と思われる反論をした。ここでは、両者の主張は論理的に筋が通ってはいるようであるが法的主張とは言えないことを前提としておく。

　そうすると、両者とも理論家として自己の主張を延々と続けるが平行線をたどることになり、ついには感情的にも引くに引けない状況に陥る。一般的にこの種の対立は、主張する側の背景にある力の大きさにより勝敗が決せられることになるから、Ｘは不利な立場に追い込まれる。すなわち強大な組織を背景とする課税当局側のＹ調査官の主張が議論を制することになる。

2　税務調査を法の支配の下に置くことの有用性

　この場合にＸが活路を見出すためには、この議論を法の支配の下に置くことが有用である。そもそも、法の目的である正義の意義は、強者が弱者を理不尽に支配していくことを阻止し、両者の関係を公平かつ対等に保つことにある。そうすると、租税法はＸがＹと対等な立場で自己の主張を展開していくための唯一の土台ともいえる。さらには、租税法律主義の下では、Ｘの申

告の正当性は租税法により論証する以外に立証できない。

　ところで、税務調査を法の支配の下に置くとは、具体的には次のように問題を法的に整理することに集約される。

　まず、税務調査で問題となるのは租税法の解釈・適用上の問題に限定されるはずであるから、法の解釈・適用上の問題に焦点を絞ることである。

　つまり、租税法の実務を法的に整理すると、①事実認定に始まり、②該当する個別税法の条文から抽出された課税要件を、③事実認定により認定された要件事実にあてはめることになる。

　したがって、調査で問題となっている争点が、①の事実認定の問題か、②の課税要件の導出をめぐる租税法解釈の問題か、もしくは③の要件事実への課税要件のあてはめの問題かの、いわゆる法的三段論法を構成する三つのステージのいずれに属するかを整理する必要がある。

3　問題解決の処方箋はリーガルマインドに

　争点をこのように立体的に整理することにより問題解決のための処方箋を的確に準備することが可能となる。たとえば、事実認定の問題であれば、契約書や領収書、そしてそれらを反映した会計帳簿といった証拠の証明力が問題となる。また、課税要件規定の解釈上の見解の対立が争点とされるのであれば、学説・判例を検証し、そこから通説は何かを明らかにする以外にない。課税要件規定の要件事実へのあてはめの問題であれば、そのあてはめに恣意性が混入していないかが検証されなければならない。

　争点をこのように法的三段論法を前提に整理することにより、税理士が用意すべき対応策が明確化できるのである。

　将来の租税実務上の紛争の火種は税務調査の段階で消し去るべきである。そのためには税理士がリーガルマインドを駆使して争点を法的に整理し、対応すべき有効な処方箋を準備する以外にないと考えるべきである。

Ⅳ　不利益な税法改正の遡及適用は税理士に過酷

　ブレない本物の税理士の要件として、リーガルマインドの涵養が不可欠である。

　ところで、税理士は現在存在する租税法規を前提にリーガルマインドを発揮するのであるが、租税法規が改正され、しかも遡及適用されることになると、予測可能性が阻害され、職務履行の前提が崩壊する。

1　譲渡損失の損益通算廃止立法の遡及適用は許容されるか？

　土地・建物等の譲渡損失の損益通算廃止立法の遡及適用が憲法に違反するか否かが争点とされた裁判の判決が福岡と東京で相次いで言い渡されている。

　福岡地裁平成20年1月29日（判時2003号43頁）判決は、平成16年3月10日に住宅を譲渡したことにより長期譲渡所得の計算上約2000万円譲渡損失が生じた事案であり、東京地裁平成20年2月14日（TAINS Z888-1313）判決は、平成16年2月26日に土地・建物を譲渡し数億円の譲渡損失が生じた事案である。いずれも土地・建物の譲渡により生じた損失を他の所得との損益通算することを更正の請求により各税務署長に求めたが、同年4月1日施行の法律の改正により、同年1月1日以後に行われた譲渡により生じた譲渡損失は他の所得と損益通算できなくなったとして、更正すべき理由がない旨の通知処分を受けたことから、同処分の取消しを求めて出訴した事案である。

　両事案における原告の主張は、損益通算廃止を定めた改正税法を平成16年1月1日に遡って適用するものとする同改正法附則は、憲法84条が定めた租税法律主義の要請内容の一つである不利益立法の遡及適用の禁止原則に違反するから、上記通知処分も違法となると主張して、同処分の取消しを求めるというものであった。

　福岡地裁は、租税法規不遡及の原則は国民生活の法的安定性と予測可能性の確保を要請しているのであるから、所得税が期間税であるとしても、その

遡及適用により国民の予測可能性が侵害されれば同原則に抵触するとして被告の主張を排斥した。これに対して、東京地裁は、不遡及原則の例外は遡及適用の合理性が確認できれば認められるべきであるとしたうえで、本件改正は遡及適用の合理性があるし予測可能性も新聞等により確保され、さらには所得税が期間税であることを根拠に遡及適用に該当しないとする論理により、租税法律主義に抵触しないとした。

残念なことに前者の控訴審である福岡高裁平成20年10月21日（時報2035号20頁）判決は、東京地裁とほぼ同じ論旨により租税法律主義に抵触しないとする逆転判決を下した。

なお、最高裁平成23年9月30日（裁判所時報1540号5頁）判決も租税法律主義に違反しないことを確認している。

2　憲法はなぜ84条を敢えて定めたのか？

法治国家であれば法律によりすべての国家運営が行われるべきことは当然である。にもかかわらず、なぜあえて憲法84条が租税の賦課・徴収を法律に基づくとする定めを租税法律主義のタイトルの下においたのか。それは租税法律主義の重要性を示すと同時に、常に租税は国家により恣意的に課される危険をはらむからに他ならない。

租税法律主義は国民の自由と財産権を保障し、さらには国民の租税法律関係における予測可能性と法的安定性を確保する民主主義国家に不可欠の機能を持つ。

3　憲法84条の求める予測可能性の確保は法によるべき！

損益通算廃止を含む税制改正大綱が新聞等に掲載されれば、国民の予測可能性が確保されるとする裁判所の見解は誤りである。さらには、所得税が期間税であるから遡及適用ができるとする見解も誤りである。なぜならば、租税法律主義は法律により国民の予測可能性を確保することを求めているからである。さらに、所得税の性格が期間税であることが予測可能性の確保に寄

与するものでもない。

　申告納税制度の大前提は予測可能性の確保にあることを忘れてはなるまい。

 税法における形式と実質

1　実質所得者課税の原則と実質主義の亡霊

　所得税法はその冒頭ともいえる第12条で「実質所得者課税の原則」を規定している。同条は、「資産又は事業から生ずる収益の法律上帰属するとみられる者が単なる名義人であって、その収益を享受せず、その者以外の者がその収益を享受する場合には、その収益は、これを享受する者に帰属するものとして、この法律の規定を適用する。」と定めている。

　この規定は、所得の法律上の帰属者が単なる名義人（形式）であることが認定されたならば、反射的に形式ではなく実質的な帰属者を突き止めてその者に課税せよと命じた規定である。所得税法の規定が形式的な所得の帰属者に適用されたのでは、担税力に応じた課税は崩壊するのであるから当然のことを規定したとも言える。したがって、実質所得者課税の原則は租税公平主義の内容を構成すると位置づけることができる。

　ところが、この原則は、「実質主義」の名の下に租税行政庁の租税執行原理として独り歩きをする危険があることに我々は注意を払うべきである。所得税法12条のベクトルは納税者というよりむしろ租税行政庁に向かっているとも言える。

　税理士等の租税法実務家は、実質所得者課税の原則の射程に注意を払わないようであるが、実は、租税行政庁と納税者間に生じる紛争の中心は、この形式と実質をめぐる見解の相違に起因するといっても過言ではない。

2　形式を排除し実質をとるのは当然─担税力に応じた課税の意味

　誰に所得が帰属するかを判定することは、誰に所得税法を適用し、所得税

を課すべきかを認定判断することを意味する。そして、法は、この重要な判断を行う実際の場面では、形式と実質が存在し、両者が一致しない困難な場合がありうることを想定したうえで、その場合には実質上の帰属者に所得税を課すべきことを確認したのである。

　この実質所得者課税の原則の考え方、すなわち形式と実質が不一致である場合には実質に即して課税せよとの考え方は、課税庁によりその射程は大きく拡張され、所得という課税物件の帰属の問題ばかりでなく、租税法の解釈・適用のあらゆる場面に実質主義として援用され、尊重すべき重要原則として受け入れられてきた。その結果として、実質所得者課税の原則は租税法実務に大きな影響力を及ぼしている。このことに実務家は注意を払うべきである。

　ところで、所得税法の立法原理は担税力に応じた課税を求める租税公平主義である。担税力に応じた課税は、形式的に、その担税力の帰属主体が認定されたのでは実現し得ない。真に担税力を有する者はだれかが実質に即して判断されなければ担税力に応じた課税は実現しないのは当然ともいえる。なぜならば、担税力の帰属者は租税負担を負うのであるから経済的実体に裏付けられていなければならないからである。

　したがって、この実質所得者課税の原則は所得税法の立法原理である租税公平主義の内容として租税法実務の場面を具体的に想定した重要原則と位置付けることができよう。

　しかし、実質所得者課税の原則の射程は所得の帰属に限定されるべきであり、実質主義として拡張されるべきではない。実質主義の名の下に拡張されることの誤りを以下では論証したい。

3　事実認定における実質主義

　納税者の納税義務は、小前提としての「認定された事実（課税要件事実）」に大前提としての「租税実体法（課税要件法）」をあてはめることにより法律効果として生じ、その範囲は申告納税により確定する。この場合の事実は法

律事実であるから、その認定は証拠によるということになる。

　そうすると法律上の事実認定に実質主義の入り込む余地はない。なぜならば、証拠により認定された事実には形式も実質も存在しないはずであるからである。

　ここでは、法律上の事実認定に実質主義の入り込む余地のないことを簡単な事例を取り上げて考えてみよう。

　Xは愛人Aにレストランの経営をさせることにした。店舗の取得から開店に至るまでのすべての費用については、Xの資金により賄われたが、同店の開業に伴う諸届けの書面上の名義はA名義でなされた。申告納税もAの事業所得としてなされた。ところが、実際には同店の利益の約30％相当分がXからAに毎月現金で支払われ、残りはすべてXが収受した。

　Xには他にも複数の所得があり、累進税率の適用の緩和による租税負担の軽減を目的として、当初からA名義で事業所得を申告させ、Xの所得を意図的に分散する計画で開業の諸届けをA名義で提出させ、レストランの形式的経営者にAを仕立て上げたとしよう。

　この場合は、レストラン経営による利益は所得税法上の事業所得に区分されるのであるが、経営者の形式（名義）と実質が一致しない場合といえる。そうすると、所得の帰属者は誰かという問題が生じる。

　しかし、店舗開店に至る資金の出所、所得の支配者はどちらかなどの証拠に基づく事実を積み上げるならば、Xに所得が帰属すると認定できよう。

　先に紹介した実質所得者課税の原則は、この事業所得の帰属が実質的にXもしくはAのいずれに帰属するかを決定する場合の事実認定の在り方を確認したものと位置づけられる。この実質所得者課税の原則は形式的に所得の帰属者を認定したのでは、担税力の所在の判定を誤り、課税の公平が実現できなくなるから、実質の名の下に真実の課税物件の帰属者を確定し、課税要件規定をあてはめよと命じたところにその趣旨がある。

　収集された証拠から認定された事実により所得の実質的帰属者を判定するのであるから、事実認定における実質主義なる考え方は、租税法固有のもの

ではなく法律一般の適用に際して当然に用いられる事実認定の問題と相違はない[4]という点に我々は注意を要する。

ことさらに、実質主義の名の下に課税庁には独自の事実認定の手法が認められているわけではないのである。事実認定は証拠によるのであり、証拠により真実の事実関係を突き止める作業であることをここに確認しておく。

4 事実認定の当然の在り方を確認した確認規定——それが「実質所得者課税の原則」の正体

他の法分野と同様に、課税要件事実の認定において重要な点は、事実関係や法律関係の「形式と実質」もしくは「外観と実体」が一致していない場合には、実質や実体に即して事実を認定しなければならないという点である。この事実認定の在り方は、先の所得の帰属を実質的に認定せよとする課税物件の帰属の問題に限定されない。なぜならば、担税力に応じた課税を目的として立法された租税法が形式的事実に適用されるならば、その租税法適用による法律効果は担税力に応じた公平な課税を実現し得ない。

したがって、事実認定は証拠の積み上げにより真実の事実関係を確定する作業であるから形式ではなく実質によりなされるべきであることは至極当然であろう。法律上の事実の認定が形式にのみ着目してなされるとすれば、法適用により生じる法律効果は立法目的とは異なる結果となる。

そうすると、実質所得者課税の原則を所得税法などの個別税法が規定した意義は、事実認定の在り方を確認したものといえよう。

他の法分野にはない租税法特有の事実認定の在り方が「実質主義」の名の下に存在するかのように、とりわけ強調することは許容されないと理解しておくべきである。

5 租税法解釈における実質主義

事実認定が実質に着目してなされるべきことは当然であり、実質主義の名の下に租税法特有の事実認定があるかのような錯覚に陥ることは危険である

ことが確認できた。その上で、租税法の解釈・適用過程における一方の主たるファクターである租税法解釈における実質主義について整理してみよう。

租税法の立法原理は担税力に応じた課税の実現にある。その担税力は形式ではなく実質に着目した担税力を意味する。

実質的担税力を踏まえて、所得税法は累進税率構造のみでなく、所得をその発生源泉により10種類に区分し、それぞれの所得区分ごとに所得金額を計算する仕組みを取り入れている。所得控除制度も各人の家族構成等により担税力が異なることに着目して導入された制度である。

これらの諸制度の制度設計の目的は、担税力を形式ではなく実質に着目して測定し、個人の担税力の実質に応じた課税の実現を図ることにあったといえよう。したがって、租税法規定の解釈に当たっては、まず文理解釈を原則とすべきであり、実質主義の名の下に租税法の文言を拡大解釈し、類推解釈してはならないのである。なぜなら、担税力の実質に即した課税を実現すべく制度設計がなされ条文化されたのであるから、条文解釈の段階でさらに実質主義を考慮することは不要であり、実質主義の名の下に法解釈に恣意性を介入させる危険さえもある。

6 担税力の実質に着目した所得区分規定の実際

ここでは所得税法の所得区分規定を例に租税法解釈の在り方を確認してみよう。

たとえば、2000万円の給与収入を得た者をAとしよう。一方、25年の勤続の後、退職金として2000万円を得た者をBとしよう。同じ2000万円の金額を得たのであるから両者は金額という名目（形式）では同じ担税力を有するという考え方を我が国の所得税法は採用していない。

Aの給与収入は給与所得に属するものとされ、所得税法28条の規定により、2000万円から給与所得控除額195万円が控除され1805万円が給与所得金額とされる。Bの退職金は退職所得に区分され、所得税法30条の規定により、退職金2000万円から退職所得控除額1150万円を控除した850万円の2分

の1の425万円が退職所得金額とされる。

　同じ雇用関係を基礎にした対価であっても、継続的に支給される給与と一時的にまとめて支給される退職手当とでは、その担税力に実質的な差異が存在する。老後の生活の糧としての性質をもつ退職手当は担税力が低いから控除後の金額を2分の1に圧縮することを規定に盛り込んでいる。同じ金額であってもその稼ぎ方、発生の態様により担税力が実質的に異なることを加味して制度設計がなされているのである。

　両者は勤労性所得であることは共通であるが、退職手当が雇用関係の終了時に一時的に支給される対価であるのに対して、給与所得は継続的に支給される点で担税力が強いと理解されており、両者は担税力の実質により区別されるのである。

　所得税法は資産性所得（担税力＝大）は重課、勤労性所得（担税力＝小）は軽課の考え方を採用している。

7　租税法解釈の在り方

　このように租税法は制度設計の段階で実質的担税力を考慮して立法化されているのである。したがって、立法化された文言は厳格に文理解釈がなされるべきである。実質主義の名の下に文言を拡張解釈することは許されない。これは租税法律主義の要請でもある。

　ところで、借用概念とされる「住所」認定をめぐって注目を集めた武富士事件（東京地判平成19年5月23日訟月55巻2号267頁、東京高判平成20年1月23日判タ1283号119頁、最判平成23年2月18日時報2111号3頁）では、住所の判断要件に居住意思（租税回避の意図）をくみこむか否かが争点とされた。実質主義の名の下に意図を組み込むのであれば、「住所」はもはや固有概念と解するほかはない。

　租税法の解釈は租税法律主義のコントロールの下におかれている。文理解釈を租税法の解釈の原則であることを踏まえると、借用概念の解釈も法規定によらずに租税法独自の解釈をとるべきではない。とりわけ、税理士は租税

法実務における租税法の解釈・適用をこの視点から検証すべきである。租税行政庁の恣意性の介入をいかに阻止するかは税理士の職務といえるからである。

注
1）本章の内容は専門誌『税務弘報』2009年1月号より「実践租税正義学」のタイトルで連載された内容の一部である。税理士の職務にとって重要な租税法上の論点を平易に整理したものであり、税理士の職務を租税法の視点から明確にした。編集部の了解を得て本書に搭載することにした。
2）増田英敏「『紛争予防税法学』のすすめ」TKC427号1頁（2008年）。
3）松沢智『税理士の職務と責任第3版』230頁（中央経済社、1995年）。
4）松沢『実体法』24頁。

第10章

所得税の意義と所得税法の構造

I　所得税の意義

　所得税は個人の所得に対して課される租税である。所得税法がその主要な法源であるが、租税特別措置法の中にも、所得税に関する重要な規定が数多く置かれていることには注意を要する。国際的にみると所得税は消費税などと比較すると、新しい租税であるが、今日では我が国も含め多くの国においてその租税制度の中核的存在として支持されている。

　その支持の理由は、所得税が大きな税収を確保できるという、税収の側面からだけでなく、担税力に応じた課税の実現という租税公平主義の要請に最も適合するという点で、優れた租税であると考えられてきたからである。

　所得税は、担税力に応じた課税を実現するための仕組みを容易に取り入れることができる。たとえば、所得の発生源泉による担税力の差異に着目して所得区分を設けることができるし、納税者の担税力に直接的に影響を与える扶養家族数等の人的事情を各種の人的諸控除により反映させることができる。さらには担税力の指標となる所得金額の大きさに応じて累進税率を適用することにより担税力に応じた課税を実現できる。

　公平の概念には水平的公平と垂直的公平の概念があるが、所得税は、水平的公平のみならず、担税力の大きい者にはさらに大きな租税負担を課すという垂直的公平をも、累進税率構造を採用することにより実現できる。

　しかしながら、所得税は正確に所得を捕捉するという執行上の困難を伴う租税であるという弱点が存在する。デリバティブ取引や投資信託取引といった近年の投資形態の多様化と大量化、さらには電子商取引の登場とその拡大などの、経済取引の複雑化は所得捕捉の困難さを加速させている。

給与所得者の所得捕捉率は100％に近いが、事業所得者は60％前後などと批判されてきたクロヨン問題は、まさに所得の捕捉率の格差に由来する。

　担税力に応じた公平な課税制度として支持されてきた所得税制度自体の国民の信頼を脅かす問題であるところから、この執行上の課題の克服は急務といえる。その具体的な方策として納税者番号制度が導入され、電子申告制度は既に制度化されている。

Ⅱ　担税力の指標としての所得の意義

　所得を担税力の測定指標とする主要な税には、個人の所得に課税する所得税と、法人の所得に課税する法人税とがある。

　所得税は個人の所得を課税物件とする。個人の所得を担税力の測定指標とする所得税の本質を理解するためには、所得とは何か、といった所得の概念について理解しておく必要がある。

　財貨の利用によって得られる効用や人的役務によって得られる満足が本来の所得の中身を構成するが、これらの効用や満足は客観的な測定基準を持ち得ない。そこで、効用や満足を所得税の課税対象とするために貨幣価値に換算することが必要となる。効用や満足を測定可能な貨幣価値に換算し、指標化したものを、所得税の課税物件としての所得と理解することができる。

　所得が効用や満足であることには異論はない。ところが、その所得の範囲をめぐって、消費型所得概念と取得型所得概念の２つの概念構成が存在する。

　消費型所得概念は、収入のうち財や役務を購入し得られた効用のみ、すなわち消費によって得られた効用のみが所得を構成し、貯蓄に向けられたものは所得から除外するという考え方である。

　稼得した収入は、一般的には消費と将来のために蓄える貯蓄に向けられる。例えば、収入1000万円のうちから乗用車を200万円で購入し、さらに700万円を生活費やレジャーのために消費し、残りの100万円を貯蓄したとしよ

う。収入のうち乗用車や生活費などに消費された900万円、すなわち消費に充てられた部分のみを所得とし、支出されず貯蓄に充てられた100万円を所得から除外するという考え方が、消費型所得概念とされるものである。

一方、取得型所得概念とは取得した金銭的価値で測定しうる経済的利得をすべて所得として構成する所得概念をいう。収入金額1000万円をすべて所得と認識する考え方が取得型所得概念である。

前者の所得概念は、貯蓄に向けられる経済的利得が所得から除外されるために、富の再分配効果を減退させ、垂直的公平の実効性を阻害する点や、借り入れによる金銭を消費に充てた場合にも所得を構成することになり、さらには、消費に課税するところから納税資金をいかに確保するかといった執行面の困難性を伴うなど、不合理であるといった批判がなされてきた。

したがって、後者の取得型所得概念は多くの支持を得て一般的な制度として受け入れられ、制度化されてきた。

ところで、取得型所得概念は、所得の範囲をいかに画するかという点から、制限的所得概念と包括的所得概念の2つの所得概念に分類することができる。

これらの所得概念を簡潔に整理すると以下の通りである。

まず、制限的所得概念は、経済的利得のうち、利子・配当・地代・利潤・給与等の反復的・継続的に生ずる利得のみを所得とし、一時的・偶発的・恩恵的利得を所得の範囲から除外する所得概念である。

一方、包括的所得概念は、人の担税力を増加させる経済的利得はすべて所得を構成するという考え方である。この包括的所得概念は、経済的利益をすべて所得として捕捉するところから、以下の理由で一般的な支持を得ている。

① 一時的・偶発的・恩恵的利得であっても利得者の担税力を増加させるものである限り、課税の対象とすることが担税力に応じた課税の要請に、より合致する。

② すべての利得を課税の対象とし、累進税率の適用の下に置くことが、

所得税の支持理由としての富の再分配機能をさらに強める。

担税力に応じた公平な課税を実現する上で、より優れている包括的所得概念を我が国の所得税法も採用していると考えられる。

我が国の所得税法は所得区分規定を設けているが、雑所得の区分を設けているのは、まさにすべての経済的利得を課税対象としているものであり、包括的所得概念の考え方に基づくことを示すものといえる。現金の形をとった利得のみではなく、現物給付・債務免除益等の経済的利得も課税対象とし、合法的に獲得された利得のみではなく、不法な利得も経済的利得として個人に帰属した経済的利得はすべて所得として課税の対象となると解される（金子『租税法』196頁以下参照）。

*論点―未実現利得と帰属所得の問題―未実現の利得と帰属所得は課税対象となるか？

→未実現の利得（unrealized income）とは、自己の所有資産の価値の増加益などをいう。帰属所得（imputed income）は自己の財産の利用や自家労働から得られる経済的利得をいう。これらの未実現利得や帰属所得は諸外国の場合と同様に我が国でも課税対象から除外されている。もちろん、包括的所得概念の考え方からすれば経済的利得である以上、所得概念を構成するものであるが、未実現の利得も帰属所得も金銭価値に評価し適正に捕捉することも不可能であるという、執行上の限界があるために原則として課税対象から除外されているのである。

Ⅲ 所得税の類型・課税単位・納税義務者

1 所得税の類型

所得税には分類所得税と総合所得税の2つの類型がある。分類所得税は、所得をその発生源泉ないし性質に応じていくつかの種類に所得を分類し、分類した所得ごとに課税する方式である。一方、総合所得税は、課税の対象とされる所得をすべて合算した上、それに同一の累進税率表を適用して課税す

る方式である。

分類所得税は担税力の類似した所得の種類ごとに所得控除を行い、比例税率を適用するという時代には合理的であるとされた。しかし垂直的公平を図る累進税率の適用が一般化されるにつれて、個人の担税力は、その個人が獲得した各種の所得を総合することにより適正に測定されるはずであるとの考え方が台頭し、総合所得税が支持されるようになった。

我が国の所得税法は、所得をその発生源泉ないし性質に応じて、10種類に分類しているが、これは同一の1000万円の所得であるとしても、勤労を発生源泉とする1000万円と、資産を発生源泉とする1000万円とでは、担税力に差異があるとの考え方による。所得をその発生源泉により分類することにより、担税力の相違を所得測定に反映させたものといえる。この所得分類は分類所得税の考え方を採用したものといえよう。しかし、所得をその発生源泉により分類して、各所得ごとに所得金額を計算したうえで、その各種所得金額を合算して、同一の人的所得控除を行い、同一の累進税率表を適用するという税額計算の全体像からすると、我が国の所得税法は総合所得税に分類される（金子『租税法』200頁以下参照）。

2　課税単位の重要性

課税単位（Tax Unit）とは、所得税の税額算定のための人的な単位をいう。課税単位には、①個人単位主義、②夫婦単位主義、そして、③家族単位主義の三種がある。個人単位主義では家族構成員の各人を一つの課税単位として所得税の税額算定が行われる。夫婦単位主義は、夫婦のそれぞれの所得を合算して課税単位とするもので、家族単位主義は、家族の構成員の所得をすべて合算して所得税の税額算定が行われる。

夫婦の所得は合算され、生活費は分担され、消費や貯蓄に充てられる。実際上の消費単位を考慮しても、担税力の測定単位としては、個人単位主義よりも夫婦単位主義や家族単位主義が妥当であると考えられる。さらには、個人単位主義を利用した租税回避行為を防止することもできる。すなわち、累

進税率構造の下においては、家族構成員の所得を合算するよりは分散させることにより低い税率区分を選択し、結果として家族全体の租税負担の軽減を図ることを目的とした意図的な租税回避行為が図られるが、家族単位主義にすると所得分散自体が図れない。

我が国の所得税法は、戦前は家族単位主義を採用してきたが、戦後の民主主義憲法の下で個人の尊厳が重視されることになり、その理念を反映する形で、戦後の所得税法は個人単位主義に課税単位の変更がなされた。この個人単位主義への変更に伴い、個人事業者の家族への所得分散による要領のよい納税者の租税回避もしくは租税負担の軽減行為を防止するために、個人事業者が家族従業員に支払った労務の対価は必要経費に算入させないことを規定した、現行の所得税法56条の原型となる規定が導入された。

現行の所得税法の56条の規定は、まさに個人単位課税を利用した家族構成員間の所得分散による租税回避行為の防止を立法目的とする。

一方で、夫婦単位主義や家族単位主義にも、独身者と既婚者との間で差別的取扱いをするという批判が存在する。

課税単位の問題は所得税制度の根幹にかかわる問題を提起しているものといえよう。

3 納税義務者は誰か

所得税の納税義務者は個人であるが、その個人の態様により納税義務の範囲が異なり複雑である。居住者であるか否かにより納税義務の範囲が異なり、居住者か非居住者かの判別も困難な場合がある。以下では、所得税法が定める基本的な納税義務者に対する考え方を整理しておく。

所得税の納税義務者は、無制限納税義務者と制限納税義務者に分類できる。無制限納税義務者は、その所得の発生源泉が国内もしくは国外を問わず、すべての所得に納税義務を負う（所税5条1項・7条1項1号）。制限納税義務者は、国内に発生源泉のある所得についてのみ納税義務を負う（所税5条2項・7条1項3号）。

居住者は無制限納税義務者であり、非居住者が制限納税義務者である。両者の判別基準は、その者が居住者か非居住者かによる。居住者とは、「国内に住所を有し、又は現在まで引き続いて1年以上居所を有する個人」（所税2条1項3号）のことである。さらに住所とは各人の生活の本拠を意味する（大阪高判昭和61年9月25日訟月33巻5号1297頁）。生活の本拠とは、その者の生活に最も関係の深い一般的生活、全生活の中心を指すものである（最判昭和35年3月22日民集14巻4号551頁）。

さらに、居住者のうち、非永住者は、国内源泉所得およびそれ以外の所得で国内において支払われまたは国外から送金されたものについてのみ納税義務を負う（所税7条1項2号）。ここに非永住者とは「日本の国籍を有しておらず、かつ、過去10年以内において国内に住所又は居所を有していた期間の合計が5年以下である個人」をいう（所税2条1項4号）。

なお、法人も所得税の納税義務者とされている（所税5条3項・4項）のは、所得税法が源泉徴収制度を採用しているからである。

Ⅳ 所得税法の構造と計算の仕組み

所得税法21条は以下のように所得税の計算の構造を「所得税額の計算の順序」と題して納税者が自己の所得税額の算定プロセスを概観できるように規定している。

> **第21条**（所得税額の計算の順序）
> 1 居住者に対して課する所得税の額は、次に定める順序により計算する。
> 　一 次章第二節（各種所得の金額の計算）の規定により、その所得を利子所得、配当所得、不動産所得、事業所得、給与所得、退職所得、山林所得、譲渡所得、一時所得又は雑所得に区分し、これらの所得ごとに所得の金額を計算する。

二　前号の所得の金額を基礎として、次条及び次章第三節（損益通算及び損失の繰越控除）の規定により同条に規定する総所得金額、退職所得金額及び山林所得金額を計算する。

三　次章第四節（所得控除）の規定により前号の総所得金額、退職所得金額又は山林所得金額から基礎控除その他の控除をして第八十九条第二項（税率）に規定する課税総所得金額、課税退職所得金額又は課税山林所得金額を計算する。

四　前号の課税総所得金額、課税退職所得金額又は課税山林所得金額を基礎として、第三章第一節（税率）の規定により所得税の額を計算する。

五　第三章第二節（税額控除）の規定により配当控除及び外国税額控除を受ける場合には、前号の所得税の額に相当する金額からその控除をした後の金額をもつて所得税の額とする。

2　前項の場合において、居住者が第四章（税額の計算の特例）の規定に該当するときは、その者に対して課する所得税の額については、同章に定めるところによる。

所得税法は、次の順序の通り、5つの段階を踏んで課税標準を測定し、税額を計算することを定めている。

第1の段階─各種所得の金額の計算

所得を発生源泉別に各種所得の金額として、利子所得に始まり、雑所得までの10種に区分し、これらの10種の所得ごとに所得の金額を計算すべきことを命じている（所税21条1項1号）。利子所得は収入金額そのものが所得金額になるが、他の所得は、収入金額から必要経費やその他の費用等の控除を行うことにより所得の金額を算出することを定めている。

第2の段階―損益通算及び損失の繰越控除

規定に従い各種所得の金額を計算すると、マイナスの所得の金額が出る場合もある。総合所得税の考え方により、その場合にはプラスの所得とマイナスの所得を通算する、いわゆる損益通算を行うことができる。不動産所得の金額、事業所得の金額、山林所得の金額または譲渡所得の金額の計算上生じた損失がある場合には、それをその他の各種所得の金額と相殺する損益通算を認めている（所税69条1項）。

この損益通算には除外規定が存在する。所得税法69条2項は、生活に通常必要でない資産に係る所得の金額の計算上生じた損失の金額があるときは、その損失は損益通算から除外することを定めている。さらには、垂直的公平の維持や不要な不動産投資の抑制といった政策目的により、租税特別措置法41条の4により、土地等を取得するために要した負債の利子に相当する金額も損益通算の対象から除外することを定めている。

損益通算してもなお控除しきれないで残る損失を純損失というが、過去3年間に生じた純損失の金額がある場合には、純損失の繰越控除及び雑損失の繰越控除として、総所得金額、退職所得金額または山林所得金額の計算上控除することができる（所税70条・71条）。

第3の段階―所得控除と課税所得金額

所得控除の規定に基づいて、総所得金額、退職所得金額または山林所得金額から基礎控除などの人的控除を行い課税総所得金額、課税退職所得金額、そして、課税山林所得金額を求める（所税21条1項3号）。これらの金額が所得税の課税標準を構成する。所得税法が定める所得控除は、所得税が納税者の人的事情を考慮して担税力に応じた課税を行う上で重要な役割を果たしている。まず、納税者本人及びその家族の最低限度の生活を維持するのに必要な所得は担税力を構成しないとの考え方に基づいて人的控除制度が用意されている。

所得控除は次の5種の類型に分類され構成される。

① 基礎的な人的控除（personal exemption）である、基礎控除（所税86条）、配偶者控除（所税83条）及び扶養控除（所税84条）…この人的控除は憲法25条の生存権の保障を所得税法に反映させたものである。所得のうち本人やその家族の最低限度の生活維持に必要な所得は、課税対象となる担税力を構成しないという考え方を根拠に設けられたものである。
② 担税力の減殺要因である特別な人的事情により生じる生活上の追加的経費を考慮した特殊な人的控除といえる、障害者控除（所税79条）、寡婦（夫）控除（所税81条）及び勤労学生控除（所税82条）
③ やむを得ない事情による雑損失や医療費は納税者本人の担税力を減殺するという点を考慮した、雑損控除（所税72条）及び医療費控除（所税73条）
④ 義務的な保険料に充てた所得は担税力をもたないことを考慮した、社会保険料控除（所税74条）、小規模企業共済等掛金控除（所税75条）、生命保険料控除（所税76条）及び地震保険料控除（所税77条）
⑤ 国家にとって直接又は間接に好ましい支出を奨励するための一種の優遇措置である、寄付金控除（所税78条）

　なお、配偶者控除については、逓減消失控除方式が採用され、配偶者特別控除については、グループ別逓減消失控除方式が採用されることで控除額が縮小された。

以上の5種に分類できるそれぞれの所得控除は、担税力の減殺要因を所得測定に反映させ、担税力に応じた公平な課税を実現させるうえで極めて重要な所得測定要素である。

所得控除の一覧表

	控 除 項 目	控 除 の 理 由
①	基礎控除、配偶者控除、配偶者特別控除、扶養控除	所得のうち本人及び家族の最低限度の生活を維持するのに必要な部分は担税力を持たないという考慮に基づくもので、憲法25条の生存権の保障の租税法における現われである。※1
②	障害者控除、寡婦（寡夫）控除、勤労学生控除	障害者などは、通常の者に比較すると、生活上追加的経費が必要であり、担税力の減殺要因が多い。
③	雑損控除、医療費控除	一定の金額を超える医療費や雑損失は納税者の担税力を弱める。
④	社会保険料控除、生命保険料控除、地震保険料控除、小規模企業共済等掛金控除	これらの保険は、法令によって加入が義務づけられているか、大多数の人々にとって加入するのが普通であるため、これらの保険料の支払いに充てた部分は担税力を持たない。
⑤	寄付金控除	これは上記の諸控除とは異なり、公益的事業への個人の寄付を奨励することを目的としており、その意味で一種の特別措置である。

＊1　わが国の租税政策論においては、課税最低額という観念が用いられる。これは、所得のうちそこまでは課税されない金額という意味であり、給与所得者の場合は①の人的控除のほか、給与所得控除及び社会保険料控除を含むものとして観念されている。夫婦子供2人の4人家族の給与所得者の場合、所得税の課税最低限は平成23年分から261万6000円となっている（金子『租税法』205頁）。

第4の段階─税額計算（税率適用）

　各課税所得金額（課税総所得金額・課税退職所得金額および課税山林所得金額）に税率を乗じて所得税額が計算される（所税89条）。課税総所得金額、課税退職所得金額及び課税山林所得金額に別々に税率を適用して税額が算出される（所税21条1項4号）。この税率の適用に際しては、課税退職所得金額及び課税山林所得について分離課税の適用が定められているほか、山林所得については5分5乗方式（所税89条1項）が適用され、また、変動所得（所税2条1項23

号）及び臨時所得（所税同条同項24号）については平均課税制度が適用される（所税90条）。

課税山林所得金額に適用される5分5乗方式とは、山林所得については、累進税率の適用をさらに緩和するため、課税山林所得金額の5分の1に税率を適用して得られた金額を5倍して、税額を算出する税額算出方式である（89条1項）。税率表は以下のとおりである。

なお、累進税率は単純累進税率と超過累進税率の2種が考えられるが、我が国の所得税法は、超過累進税率を採用している点に注意を必要とする。

超過累進税率内容は、以下のVの計算のところで確認できる。

平成18年分まで		平成27年分以後	
課税所得	税率	課税所得	税率
330万円以下の金額	10%	195万円以下の金額	5%
900万円以下の金額	20%	330万円以下の金額	10%
1800万円以下の金額	30%	695万円以下の金額	20%
1800万円超の金額	37%	900万円以下の金額	23%
		1800万円以下の金額	33%
		4000万円以下の金額	40%
		4000万円超の金額	45%

第5の段階―税額控除（credit）

算出された所得税額から税額控除の規定により、外国税額控除（所税95条）や配当控除（所税92条）などの税額控除を行い、さらに税額計算の特例の要件を満たす場合にはその特例を適用して税額控除を行い、最終的な所得税額が算定される。

基本的には、①所得区分と各種所得の金額の計算、②各種所得金額の損益通算、③所得控除、④税率適用による税額算出、⑤税額控除、の5段階を踏まえて所得税額は算定される。

所得税の計算構造

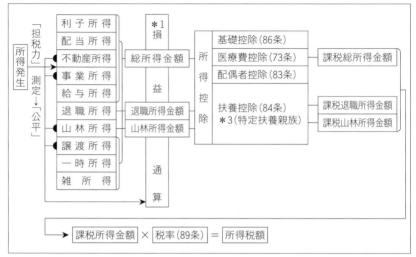

＊1 損益通算の後、純損失または雑損失の繰越控除が行われる。
＊2 この概観図には記載されていないが、この例外に租税特別措置法の分離課税がある。
＊3 特定扶養親族は年齢16歳以上の控除対象扶養親族のうち、19歳以上23歳未満の扶養親族をいう。控除対象扶養親族の控除額は38万円で、特定扶養親族の控除額は63万円とされている（平成30年時点）。

Ⅴ 所得税の計算―簡単な事例により税額計算を理解しよう

〈問1〉 次の甲氏の所得税額を計算過程を明示の上算定しなさい。なお、現行法の配偶者控除は、納税者本人の所得金額により段階的に控除額が減額されるが、本事例では一律38万円とする。

家族　妻と子供2人（16歳、21歳）の4人家族、所得控除は基礎控除・配偶者控除・扶養控除ができる。

給与収入金額　800万円

〈問2〉 次の乙氏の所得税額を算定しなさい。

家族　妻と本人の二人家族

給与収入金額　980万円

事業収入金額　8500万円　　　必要経費　5700万円

＊平成27年分以後の税率表による計算

195万円以下の金額	百分の五
195万円を超え330万円以下の金額	百分の十
330万円を超え695万円以下の金額	百分の二十
695万円を超え900万円以下の金額	百分の二十三
900万円を超え1800万円以下の金額	百分の三十三
1800万円を超え4000万円以下の金額	百分の四十
4000万円を超える金額	百分の四十五

〈問1〉

$800 - \left\{186 + (800 - 660) \times \dfrac{10}{100}\right\} = 800 - 200 = 600$ （給与所得金額）

$600 - (38 + 38 + 38 + 63) = 423$ （課税総所得金額）

$423 \begin{cases} 195 \times 5\% = & 9.75 \\ (330 - 195) \times 10\% = & 13.5 \\ (423 - 330) \times 20\% = & 18.6 \end{cases}$

$\qquad\qquad\qquad\qquad 41.85$ （所得税額）

〈問2〉

$980 - \left\{186 + (980 - 660) \times \dfrac{10}{100}\right\} = 980 - 218 = 762$ （給与所得金額）

$8500 - 5700 = 2800$ （事業所得）

$762 + 2800 = 3562$ （総所得金額）

$3562 - (38 + 38) = 3486$ （課税総所得金額）

$3486 \begin{cases} 195 \times 5\% = & 9.75 \\ (330 - 195) \times 10\% = & 13.5 \\ (695 - 330) \times 20\% = & 73 \\ (900 - 695) \times 23\% = & 47.15 \\ (1800 - 900) \times 33\% = & 297 \\ (3486 - 1800) \times 40\% = & 674.4 \end{cases}$

$\qquad\qquad\qquad\qquad 1114.8$ （所得税額）

＊論点―累進税率構造

　累進税率構造には単純累進税率構造と超過累進税率構造の2つの考え方がある。前者は、900万円から1800万円が33％であれば、例えば1200万円の課税所得金額とすれば、1200万円に33％を単純に乗ずることによって税額を算定する方法である。後者は上記の計算の通り、900万円を超え1800万円に属する超過分にのみ33％を乗じて税額算出をする方法である。

　なお、累進税率構造はいかなる理由により支持されるのであろうか。その根拠には累進税率構造が憲法14条の理念に合致し、租税公平主義の原則からも合理的であることが、次の見解により明確にされよう。

　「累進税率の法的基礎は、憲法14条に求めることができる。小さい所得をもつ者と大きい所得をもつ者とが、それぞれに異なる状況にある、ということについては、まず異論はないであろう。およそそれぞれの所得を基礎とする限り、税の支払能力には差がある、というべきであろう。そうだとすれば、公平取扱の要請からすれば、その違いに応じて異なって取り扱うべきことになる。…中略　負担の公平を実現するにおいては、それぞれの納税者の経済実体に応じて、実質的な負担能力をもって比較すべきである、という公平の考え方が、累進税率の存在を正当化するのであろう。

　もう一つの正当化根拠は、課税による所得の再分配をとおして、国家が、所得分配の不平等性を多少とも克服することは正しい、とする社会的承認があることであろう。

　このように考えるならば、公平の観点からみた累進税率は、①当該納税者の生存や生活にとっての重要性、必要性を基準としてみた実質的公平の実現、および、②課税をとおして達成される所得分配における公平性の回復、という論理によって正当化しうるのではないかと思われる。」（田中治「所得税の税率の法理論」日税研論集49号24頁（2002））

Ⅵ 所得区分の意義と租税公平主義

　金子宏教授は所得区分の意義と重要性、担税力の強弱について以下のように述べられている（金子『租税法』218頁以下）。

1　所得区分の意義

　「所得税法は、所得をその源泉ないし性質によって10種類に分類している。これは、所得はその性質や発生の態様によって担税力が異なるという前提に立って、公平負担の観点から、各種の所得について、それぞれの担税力の相違に応じた計算方法を定め、また、それぞれの態様に応じた課税方法を定めるためである。たとえば、給与所得は、他の所得と異なり、給与所得控除が認められ、また配当所得・利子所得等とともに源泉徴収の対象となる。また、長期譲渡所得は、その2分の1のみが課税の対象となる。」

2　所得区分の重要性と困難性

　「所得は、その種類によって、計算方法および税負担が異なり、あるいは課税方法が異なるから、ある所得がどの種類の所得に該当するか、すなわち所得分類の問題は、納税者の利害に密接な関係をもつ。その意味で、各種所得の意義と範囲を検討する必要がある。特に、最近における金融取引の発展と投資の多様化に伴い、その収益の所得分類については立法論上・解釈論上の問題が少なくない。」

3　所得の性質と担税力の強弱

　「なお、所得は、勤労性所得（給与・退職所得等）、資産性所得（利子・配当・不動産・山林・譲渡所得等）、資産勤労結合所得（事業所得）の3種類に大別することができるが、このうちでは、資産性所得が最も担税力が大きく、勤労性所得が最も担税力が小さい。そのため、所得税法は、資産所得重課＝勤労所得軽課の考え方をとっている（給与所得控除は、その表現である。昭和63年の改正

で廃止された資産合算制度も同じ)。しかし、資産所得および資産勤労結合所得は各種の租税特別措置によって優遇されており、また勤労所得の把握率は一般に資産所得および資産勤労結合所得よりも高いため、実際には資産所得軽課＝勤労所得重課の結果となりがちである。」

　所得は、その性質や発生の源泉または態様によって担税力が異なると考えられているために、すべての所得を同じ土俵で測定計算することは、担税力に応じた課税を求める租税公平主義の原則を尊重したものとはいえない。例えば、勤労性所得である給与収入で1000万円を取得した者をA、利子所得で1000万円を取得した者をBとしよう。それぞれの年間の収入金額は1000万円で相違がないが、勤労性所得に分類される給与収入を得たAと、資産性所得に分類される利子所得を得たBとは明らかに担税力に差異があることが認められよう。この担税力の差異に着目し、所得の発生源泉別に所得金額を求めることにより担税力に応じた課税を、より精密にすることを目的として導入されたのが所得区分制度といえる。

　したがって、所得区分制度は我が国の所得税法にとって極めて重要な意義を有するものといえる。

Ⅶ　各種所得の範囲と金額の算定

1　各種所得の意義と範囲の概観

利子所得	公社債及び預貯金の利子などにかかる利子をいう。	利子所得の金額＝収入金額
配当所得	会社などの法人から受ける利益の配当などの分配による所得をいう。	配当所得の金額＝収入金額－負債利子
不動産所得	不動産の上に存する権利等の貸付による所得をいう。	不動産所得の金額＝総収入金額－必要経費

事業所得	農業、漁業、製造業及び卸売業、小売業、サービス業等の事業から生ずる所得をいう。	事業所得の金額＝総収入金額－必要経費
給与所得	給料、賃金及び賞与並びにこれらの性質を有する給与にかかる所得をいう。	給与所得の金額＝給与に係る収入金額－給与所得控除額
退職所得	退職手当、退職により一時に受ける給与及びこれらの性質を有する給与をいう。	退職所得金額＝(収入金額－退職所得控除額)×2分の1
山林所得	山林伐採又は譲渡による所得をいう。	山林所得金額＝総収入金額－必要経費－特別控除額
譲渡所得	資産の譲渡による所得をいう。	譲渡所得金額＝総収入金額－(譲渡資産の取得費＋譲渡費用)－特別控除額
一時所得	利子所得ないし譲渡所得以外の所得のうち、営利を目的とする継続的行為から生じた所得以外の一時の所得で、労務その他の役務又は資産の譲渡の対価としての性質を持たないものをいう。	一時所得金額＝総収入金額－収入を得るために支出した金額－特別控除額 (その2分の1のみが課税対象)
雑所得	利子所得ないし一時所得のいずれにも該当しない所得をいい、公的年金等とその他の所得をいう。	公的年金＝収入金額－公的年金控除額 その他＝総収入金額－必要経費

2　各種所得の意義とその範囲[1)]

(1) 利子所得

　　ⅰ 意義　公社債および預貯金の利子ならびに合同運用信託、公社債投資信託および公募公社債等運用投資信託の収益の分配にかかる所得をいう (所税23条1項)。

　　ⅱ 金額　利子等の収入金額であり (所税23条2項)、必要経費の控除は認められない。

＊総合課税の対象とされているが、他の所得と分離して一律に比例税率で課税することとされており（措置3条・3条の3）、源泉徴収を行うこととされている（所税181条）から、源泉徴収によって課税が完了することになる。これを一律源泉分離課税という。

(2) 配当所得

ⅰ 意義　法人から受ける剰余金の配当、利益の配当、剰余金の分配、基金利息ならびに投資信託及び特定受益証券発行信託の収益の分配に係る所得をいう（所税24条1項）。これらの経済的利得に共通する性質は、法人等の利益が出資額に応じて分配されるという点にみられる（最判昭和35年10月7日民集14巻12号2420頁参照）。

　　資本の減少、株式の消却等の一定の事実に基づく、株主への経済的価値の交付及び保有株式の価値増加は、利益の配当等と同じ性質をもつ限りにおいて、利益の配当又は剰余金の分配とみなされる（所税25条）。これを「みなし配当所得」と呼ぶ。

ⅱ 金額　配当等の収入金額から配当等の基因となる株式等を取得するために要した負債の利子を控除することが認められている（所税24条2項）。配当所得も源泉徴収の対象になるが（181条、182条二）、源泉分離課税は、一定範囲の配当所得についてのみ、納税者の選択適用が認められている（措置8条5）。

(3) 不動産所得

ⅰ 意義　不動産、不動産の上に存する権利、船舶又は航空機の貸し付けによる所得をいう（所税26条1項）。不動産の貸付けが事業として行われる場合であっても、人的役務が伴わない場合や人的役務が付随的なものにすぎない場合（例えば貸間業）は、その業務により生ずる所得は事業所得ではなく不動産所得であると解される。

ⅱ 金額　不動産所得に係る総収入金額から必要経費を控除した金額であ

る（所税26条2項）。

(4) 事業所得

i 意義　事業所得とは、各種事業（所税令63条）から生ずる所得をいう（所税27条1項）。事業とは、自己の計算と危険において営利を目的として対価を得て継続的に行う経済活動をいう（最判昭和56年4月24日民集35巻3号672頁）。判例・学説は、事業性の判断基準として具体的な基準を提示している。たとえば、①規模や設備、組織性（雑所得との区分のために有益）、②自己の計算と危険、独立性（給与所得との区分に有用）、③営利性、有償性（一時所得との区分に有益）、④継続性、反復性（一時所得との区分に有益）を具体的基準として提示している。

ii 金額　事業所得に係る総収入金額から必要経費を控除した金額である（所税27条2項）。

(5) 給与所得

i 意義　給与所得とは、俸給、給料、賃金、歳費、賞与、並びにこれらの性質を有する給与に係る所得をいう（所税28条1項）。給与所得の性質を有するか否かの判断基準として、最高裁は、①雇用又はこれに類する原因に基づいて、②雇用者の指揮命令に属して③非独立的に提供する労務の対価で、退職に伴う一時支給金を除いたものである（前掲・最判昭和56年4月24日）か否かの3要件を判示している。

ii 金額　給与所得の金額は、原則として、給与等の収入金額から給与所得控除額を控除した残額とされる（所税28条2項）。給与所得控除は、一般的には、給与所得に係る必要経費の概算控除、担税力の弱さの調整、捕捉率の高さの調整及び早期徴収に伴う金利分の調整のための措置としての性質が混在しているとされる。それぞれ

の性質の比重については説明がなされていない。

　この金額の計算については多くの論点が存在する。たとえば、給与所得に係る特定支出（通勤費、転勤費、研修費、資格取得費及び単身赴任者帰宅旅費）の合計額が給与所得控除額を超える場合には、その超過額の控除が認められる（所税57条の2）。この特定支出控除制度は、サラリーマン税金訴訟として注目を集めた大島訴訟の争点とされた必要経費の実額控除の可否をめぐる事業所得者と給与所得者との差別的取扱いの合憲性をめぐる訴訟が契機となり導入されたものといえる。最高裁は、異なる取扱いは合理的な差別の範疇にあるとして平等原則に違反しないとの判断を示した（最大判昭和60年3月27日民集39巻2号247頁）。

　給与所得は源泉徴収の対象とされており（所税183条以下）、給与等の収入金額が一定の金額以下の者については年末調整が行われ（所税190条以下）、他に一定額を超える所得（所税121条参照）や特定支出控除、医療費控除等の所得控除がない場合には、年末調整によって課税関係が終了することになる。

(6) 退職所得

　i 意義　退職所得とは、退職手当、一時恩給その他の退職により一時に受ける給与及びこれら性質を有する給与に係る所得をいう（所税30条1項）。これらは、勤務関係の終了又はこれに類する事実に基づき、長年の勤務に対する報償的給付として一括して後払いされる給与であり、この限りでは給与所得と異なる性質をもつものではない。したがって、2分の1課税に着目して税負担の軽減を目的として、例えば5年又は10年という比較的短い期間を区切って退職金名義の対価の支払がなされても、従前の雇用関係が実質的に継続しているとみられるような場合は、当該支払は退職所得ではなく給与所得に該当すると解される（最判昭和58年9月9日民集37

Ⅶ　各種所得の範囲と金額の算定　*151*

　　巻7号962頁、最判昭和58年12月6日時報1106号61頁参照）。
　ⅱ 金額　退職所得の金額は、退職手当等の収入金額から退職所得控除額を控除した残額の2分の1の金額である（所税30条2項）。退職所得は分離課税の対象とされ（所税89条1項）、しかも源泉徴収の対象とされている（所税199条以下）ので、源泉徴収をもって課税関係が終了する。退職所得控除、2分の1控除及び分離課税は、退職所得のもつ特別の性質（長期発生所得、勤務に対する報償、老後の生活保障等）を考慮して設けられた負担軽減措置といえ、担税力に応じた課税を考慮していることが確認できよう。

(7)　**山林所得**
　ⅰ 意義　山林所得とは、山林の伐採又は譲渡による所得をいう（所税32条1項）。山林の伐採又は譲渡による所得は、その性質上は、事業所得、雑所得又は譲渡所得のいずれかの性質をもつが、所得税法は、山林の所有期間が比較的長期にわたる場合についてはその特別な性質（長期発生所得等）を考慮して山林所得という独立の類型を設け（所税32条2項参照）、所得の金額の計算及び課税方法に関する特別の取扱いにより租税負担の軽減を図っている。これも、担税力に応じた課税の原理の所得税制度への反映といえる。
　ⅱ 金額　山林所得の金額は、山林所得に係る総収入金額から必要経費及び特別控除額を控除した残額であり（所税32条3項）、山林所得は他の所得と分離して5分5乗方式で課税される（所税89条1項）。

(8)　**譲渡所得**
　ⅰ 意義　譲渡所得とは資産の譲渡による所得をいう（所税33条1項）。譲渡所得に対する課税の趣旨は、所有期間中の資産の価値の増加益に対する清算課税にある（最判昭和43年10月31日訟月14巻12号1442頁、最判昭和47年12月26日民集26巻10号2083頁参照）。譲渡所得の範囲で

は、資産とは何か、譲渡とは何かが大きな問題となる。

　所得税法は、資産とは譲渡可能な有価物を広く意味するが、棚卸資産（所税2条1項16号）及び山林はこれに含まれない（所税33条2項）と規定しており、さらに、金銭債権を資産の範囲から除外することを通達において定めている。しかし租税法律主義の視点から問題があろう。また、資産の譲渡とは、有償無償を問わず資産を移転させる一切の行為を意味し（最判昭和50年5月27日民集29巻5号641頁）、売買、交換、競売、購買、収用、代物弁済、現物出資等を含むものである。借地権等の設定も、一定の要件のもとに資産の譲渡に含まれる（所税33条括弧書）。

ⅱ 金額　譲渡所得の金額は、まず短期譲渡所得と長期譲渡所得とを区分し、それぞれについて総収入金額から資産の取得費及び譲渡費用を控除した残額の合計額から特別控除額を控除して計算される（所税33条3項）。取得費および譲渡費用の範囲をめぐり紛争が多発しており、最高裁も有益な見解を示している。特別控除額は種々の政策的見地から増額されている（措置33条4、34条〜36条、最判平成17年2月1日時報1893号17頁、最判平成18年4月20日時報1933号76頁）。譲渡所得は原則として総合課税の対象とされているが（所税22条1項2号）、土地・建物等の譲渡による所得については分離課税の対象とし、所有期間や資産の種類等に応じて異なる取扱いをなしている（措置31条〜32条）。また、有価証券の譲渡による所得も原則として申告分離課税の対象とされている（措置37条の11の5）ことにも注意が必要である。

(9)　一時所得

ⅰ 意義　利子所得ないし譲渡所得以外の所得のうち、営利を目的とする継続的行為から生じた所得以外の一時の所得で、労務その他の役務または資産の譲渡の対価としての性質をもたないものをいう。

馬券・車券の払戻金、懸賞金、生命保険の保険金、法人からの贈与、遺失物拾得者が受ける謝礼金などが、これに当たる。

ⅱ 金額　その年中の一時所得にかかる総収入金額からその収入を得るために支出した金額の合計額を控除し、その残額から一時所得の特別控除額を控除した金額である（所税34条2項）。一時所得は原則としてその金額の2分の1のみが総合課税の対象とされる（所税22条2項1号）。

(10)　雑所得

ⅰ 意義　雑所得とは、以上の9種類の所得のいずれにも該当しない所得をいう（所税35条1項）。公的年金等とその他の雑所得とからなる。

ⅱ 金額　雑所得の金額は、公的年金等については、収入金額から公的年金等控除額を控除した残額であり、その他の雑所得については、総収入金額から必要経費を控除した金額である（所税35条2項）。公的年金等は源泉徴収の対象とされる（所税203条2以下）。

注
1）この部分の記述に関しては金子『租税法』219頁以下、および『税理士登録時研修テキスト』239頁以下（日税連、2007年）をとりわけ参考にしている。

第11章

法人税の意義と法人税法の構造

I 法人税の意義

1 法人税の意義

　法人税とは、法人の所得に対して課される租税ということができる。法人税法が5条において、「内国法人に対しては、各事業年度（連結事業年度に該当する期間を除く。）の所得について、各事業年度の所得に対する法人税を課する。」と規定しているように、事業年度という期間を単位として測定した法人の所得に対する租税ということができる。法人税は、法人の所得を担税力の測定基準として、各事業年度ごとに測定された所得に一定の税率を乗じて算出される。

　法人税法は、①各事業年度の所得に対する法人税のほかに、②各連結事業年度の連結所得に対する法人税、③法人課税信託の所得に対する法人税、④退職年金等積立金に対する法人税を定めている。

　法人税は所得税や附加価値税とともに、先進諸国においても税制の中心的な存在とされ、我が国でも、法人税は税収の面でも租税収入全体の中で大きな割合を占めている。

2 法人税の性質と二重課税の調整

　法人税の性質には、①法人擬制説に立つ考え方と②法人実在説に立つ考え方の2つの考え方が従来から存在する。

　前者は、法人を株主の集合体として捉えるため、法人税は、株主に対する所得税の前取りであるとする考え方に立脚している。後者は、法人を個人から独立した別個の存在として捉えるため、法人税は、法人自体が独立して有

する担税力に課税する租税であるとの考え方を採用する。

　法人擬制説の考え方に立つと、法人の所得に対して法人税を課した後に、さらにその課税後の法人の所得から配当された個人の配当所得に対して所得税を課すことになるために、2つの段階でそれぞれ課税がなされ、しかもその課税は所得課税であるところから、理論的に一種の二重課税の問題が生じることになる。

　この二重課税の排除方法には多様な方法が考えられるが、我が国は配当所得税額控除方式（個人の受け取った配当の一部を、所得税から控除する方式）を採用している。

　配当所得が100として、それに対する法人税は35であるとする。残りの65が個人に配当され、最高税率（55％）が適用されたとすると、所得税額は35.75となる。この両者を合計すると、70.75となる。この数字から、配当額65の25％（16.25）を控除すると、税額は54.50となり、二重課税の部分が完全に排除されることになる。この方式を我が国は採用している。

内　国　法　人　の　分　類			
法人の分類	属する法人の例	課税所得の範囲	税　率
公共法人	地方公共団体、各種の基金・公団・公庫・事業団等		非課税（法税4条）
公益法人等	法人税法別表第2に列挙　民法上の公益法人、特別法に基づいて設立された各種非営利法人等	収益事業から生じた所得（法税4条、7条）	軽減税率課税（法税66条）
人格のない社団等	各種の親善・社交を目的とする団体、同窓会等	収益事業から生じた所得（法税4条、7条）	普通課税（法税66条）
協同組合等	農業協同組合、商工組合、消費生活協同組合、信用金庫等	すべての所得（法税5条）	軽減税率課税（法税66条）
普通法人	株式会社・合名会社・合資会社・合同会社等の営利法人（上記いずれにも属さない法人）等	すべての所得（法税5条）	普通課税（法税66条）

（金子『租税法』333頁以下、三木義一『よくわかる税法入門第13版』181頁（有斐閣、2019年）参照）

3 納税義務者

法人税法は、法人(人格のない社団等を含む)を納税義務者とする。法人税法における法人の概念は、私法と同義である。

① 無制限納税義務者…内国法人　源泉地を問わずに全ての所得について納税義務を負う(法税4条1項・5条)
② 制限納税義務者…外国法人　国内源泉所得についてのみ納税義務を負う(法税4条3項)

Ⅱ 法人の所得と法人税法22条の意義と構造

1 法人税の課税物件―法人の所得と法人税法22条の構造

我が国の法人税法は、法人税の課税物件を法人の所得とし、その課税標準を法人の各事業年度の所得の金額であるとして所得計算の通則を次のように定めている。

「第2款　各事業年度の所得の金額の計算の通則

第22条

1　内国法人の各事業年度の所得の金額は、当該事業年度の益金の額から当該事業年度の損金の額を控除した金額とする。

2　内国法人の各事業年度の所得の金額の計算上当該事業年度の益金の額に算入すべき金額は、別段の定めがあるものを除き、資産の販売、有償又は無償による資産の譲渡又は役務の提供、無償による資産の譲受けその他の取引で資本等取引以外のものに係る当該事業年度の収益の額とする。

3　内国法人の各事業年度の所得の金額の計算上当該事業年度の損金の額に算入すべき金額は、別段の定めがあるものを除き、次に掲げる額とする。

一　当該事業年度の収益に係る売上原価、完成工事原価その他これらに準ずる原価の額

二　前号に掲げるもののほか、当該事業年度の販売費、一般管理費その他の費用(償却費以外の費用で当該事業年度終了の日までに債務の確定しない

ものを除く。）の額
　三　当該事業年度の損失の額で資本等取引以外の取引に係るもの
4　第二項に規定する当該事業年度の収益の額及び前項各号に掲げる額は、別段の定めがあるものを除き、一般に公正妥当と認められる会計処理の基準に従つて計算されるものとする。
5　以下省略」

　この規定は、法人税法の課税所得計算の基本的構造を示す規定である。すなわち、法人税法22条1項は、法人の各事業年度の所得の金額は、当該事業年度の益金の額から当該事業年度の損金の額を控除した金額とする旨を上述のとおり定めている。法人の所得の概念を積極的に定義するのではなく、益金の額から損金の額を控除した差額として所得を確定させることを明示している。事業年度という一定期間に生じた益金と損金の差額により、各事業年度の法人の所得を確定させることを定めている。

　益金の額の範囲は、法人税法22条2項が別段の定めがあるものを除き同条2項が例示列挙するものであると規定している。一方、損金の額も同条3項が具体的に列挙するものが損金の内容を構成すると規定している。

　ところで、企業利益が収益から費用を差し引きその純額概念とするのに対して、法人税法が益金と損金という文言を使用するのは、別段の定めや無償取引に関する規定等により、企業会計上、収益に算入される項目（金額）が益金に不算入とされ、逆に企業会計上、収益に含まれない項目（金額）が益金には算入されるなど、その範囲を異にすることを明示するためである。費用と損金の関係も同様に、両者間で算入もしくは不算入とされるなど、その範囲を異にすることを明確に示すためであるといえよう。

　法人税法が規定する別段の定めの適用により、益金と企業会計上の収益とは範囲を異にする。損金も同様に企業会計上の費用とその範囲を異にする。両者の範囲を異にする結果をもたらす「別段の定め」の立法目的は、まさに担税力を適正に測定し、課税の公平を実現することに集約される。企業会計

法人税の計算構造

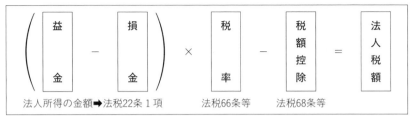

が期間損益の適正な算出により企業の利害関係者にその企業の経営成績と財政状態を表示することを目的とすることと、その目的は大きく異なる。

　法人税法の本質は、課税の公平の実現のために、企業会計上の収益・費用の範囲に修正を加えることを目的とする「別段の定め」の法体系ということができる。したがって、法人税法を学ぶことは、別段の定めを中心とした益金・損金の意義と範囲を確定する基準を学ぶことであるといえよう。

2　制度会計と法人税法──公正処理基準

　法人税法22条4項は、法人の益金及び損金の額は、「一般に公正妥当と認められる会計処理の基準」に従ってその範囲が確定されるべきことを命じている。

　この規定の趣旨は、「昭和42年に、法人税の簡素化の一環として設けられたものであって、法人の各事業年度の所得の計算が原則として企業利益の算出の技術である企業会計に準拠して行われるべきこと（『企業会計準拠主義』）を定めた基本規定である。」（金子『租税法』348頁）と、確認される。企業会計に準拠するとしたその理由は、法人の利益と法人の所得は概念それ自体に差異があるわけではなく、共通するものといえるから、法人所得を測定するための独自の法人税法のための会計帳簿を法人に作成させるなどの手間を省くことに求めることができよう。法人をめぐる会計は以下の図のように三重構造とか、トライアングル体制といった言葉で呼称される。

　法人税法の目的は租税公平主義の要請に対応して、法人の担税力に応じた課税を実現することにある。一方、企業会計の目的は適正な期間損益計算に

「会計の三重構造」と法人の所得測定

基づいて、企業の経営成績と財政状態を企業の利害関係者である株主や債権者、そして従業員などに提供することにある。法人税法の目的とは、その目的に大きな相違が存在することを確認しなければならない。したがって、企業会計の計算に調整を加える際にもその目的は反映されるべきである。したがって、次のような指摘は極めて重要となる。すなわち、「企業会計における公平さと、法人税法における公平さの間には、齟齬が生じる。したがって、企業会計への過剰な依存は、特に税法の基本的な理念や、租税法律主義（納税義務は法律に基づくことが必要であるとする原則。憲法84条）を、阻害する可能性があることに注意すべきである。すなわち、もっぱら企業と投資家の利害関係によって選択され、国会による公平負担の観点からの吟味を経ていない会計方法によって税負担が決定されてしまう可能性が考えられる。つまり、法人税法が、外部の異質なルールによって左右される可能性である。」（岡村『法人税法』38頁）との指摘に注意する必要がある。

したがって、企業会計原則が法人税法の処理基準である「公正妥当な会計処理の基準」とはイコールではないのである。なぜなら、企業会計原則の内容や会計慣行が必ずしも公正妥当であるとは限らない（大阪高判平成3年12月19日行集42巻11＝12号1894頁）し、また会計処理の基準について網羅的ともいえないからである。

法人税法22条4項は、当該事業年度の益金の額及び損金の額に算入すべき金額は、「一般に公正妥当と認められる会計処理の基準」に従って計算されるものとする旨を定めている。これは、法人所得の計算が原則として企業利益の算定技術である企業会計に準拠して行われるべきことを意味するものではあるが、企業会計の中心をなす企業会計原則（昭和24年7月9日経済安定本部

企業会計制度調査会中間報告）や確立した会計慣行は、それ自体では法的判断の基準たり得ないという点がとりわけ重要である。一般に公正妥当であることを要するとしている趣旨は、当該会計処理の基準が一般社会通念に照らして公正で妥当であると評価され得るものでなければならないとしたものである。なお、租税法が裁判規範であるところからすれば、社会通念に照らして公正妥当な会計処理の基準か否かが問われることは当然である。企業会計原則は会計処理の基準たりうるものと指導原理とが混在しており、決して網羅的とはいえない。さらに、法人税法の目的が適正かつ公平な課税の実現を目的として立法されているところからすれば、裁判規範としての批判に耐えうる、公正妥当な基準が求められているのである。

　法人が行った益金及び損金の額の算入に関する計算が公正妥当と認められる会計処理の基準に従って行われたか否かは、結局のところ、その会計処理の基準によって担税力が適正に測定されているといえるか否か、課税の公平の要請を実現できるか否かによって評価されるべきものである。

　例えば、減価償却方法について法人税法は詳細な定めを置き、さらに計算要素である耐用年数も法定している。しかし会計理論上は、減価償却は費用配分の方法であり、その耐用年数は見積もりによって決定すればよいと考えられるが、法人税法上は極めて詳細かつ一律に定めを置いている。減価償却の例に象徴されるように、なぜ耐用年数が法定されるのかといえば、耐用年数を法人が個別に決定できるとすると、減価償却費の金額が恣意的に操作可能となり、結果的に所得操作の余地を生むことになるからである。これは課税の公平を阻害する結果をもたらすから、その操作余地を排除するために耐用年数を法で定めているのである。まさに課税の公平という目的実現のために法定化されているのであるといえよう。

3　法人税法23条以下の「別段の定め」と法人税法「22条4項」の関係

　公正妥当な会計処理の基準に従うことを規定する、法人税法22条4項と同法23条以下の別段の定めの関係をいかに理解しておくべきかをここで確認し

ておこう。

　松沢智教授は、この関係性を、「法人税法は課税所得の計算に関して別段の定めとして種々の規定を設けているので、23条以下の規定が先ず適用され、それによって解決しえない場合にはじめて補充的に22条4項が適用される。同条4項がすべてに優先する原則的規定と解すべきではない。従って、同項は、法に明文がない場合の法解釈として当然のことを定めた確認的規定であると解すべきである。勿論、同項が、一般的な不確定文を用いているからといって課税庁の自由裁量の余地を認めたものではない。納税者において、一般に公正妥当とされている会計慣行に反した会計処理をすれば、課税庁は4項に基づいて更正しうるし、逆に課税庁の更正処分が、公正妥当な会計慣行に反していれば4項に違反する違法な処分として取消しを免れないことになる。つまり、会計慣行が法的な『事実たる慣習』としての性質を帯びることにより法規範性が与えられているからである。」（松沢『実体法』161頁）と述べておられる。

　しかし、この説明は法の構造と文言を確認すれば当然のことといえよう。法人税法22条2項の益金の額の範囲の規定は、「別段の定めがある場合を除き」と限定を付しているのであるから、同法23条以下の別段の定めが同法22条の益金もしくは損金の範囲を確定する上で優先適用される。そして、法人税法22条4項は、同法同条2項の益金の額と同法同条3項の損金の額が「公正妥当な会計処理の基準」に従って計算されるべきことを命じているのである。

　別段の定めがない場合には、益金の額は資産の譲渡による収益等により構成されるが、その収益の額の認識・計上は「公正妥当な会計処理の基準による」と定めているのであるから、「別段の定め」が優先されるのは当然である。ではなぜ、松沢教授が法規定の構造からすると当然ともいえる規定の適用関係をことさら取り上げているのであろうか。

4 「公正妥当な会計処理の基準」は所得測定の事実認定の基準である！

その意図は、法人の所得は法人税法という法律により認識、測定され、具体的にその範囲が法律判断とその適用により確定するのであるから、「公正妥当な会計処理の基準」が企業会計原則を指すと理解する会計学から出発した読者を想定し、法人の所得が単なる計算技術により測定されるのではなく、租税法の解釈・適用により法的に確定することを強調することにあったと理解することができよう。

この法人税法22条4項の意義は、まさしく事実認定の基準を明示したという点に求められよう。個別取引をいかに契約書等の証拠資料により認識し、測定し、記録するかについて、「公正妥当な会計処理の基準」により、法的に認定すべきことを命じたところにこの法人税法22条4項の意義は求められる。

法は、この法人税法22条4項が定める「会計処理の基準」を当初から明文の基準であることを予定していない。なぜならば、事実認定の問題は租税法独自の問題ではないからである。益金・損金の範囲を法的に確定していくプロセスは、裁判官の法的な批判に耐えうる程度の規範性を持つ、社会通念の視点からも認容されねばならないことを命じたものであるといえよう。

Ⅲ 収益の認識基準と法人税法22条の2の創設

益金の計上基準については判例の動向も紹介しつつ以下のⅦの「益金と損金の計上基準」で説明するが、以下のとおり、収益に認識基準のグローバル化に伴い我が国の企業会計基準も収益の認識基準について明確な基準を制定した。この基準の制定に対応すべく法人税法も法人税法22条の2の規定を創設した（金子『租税法』354頁以下参照）。

国際会計基準審議会（IASB）は、米国財務会計基準審議会（FASB）と共同して、収益認識に関する包括的な会計基準の開発を行い、2014年（平成26年）5月に「顧客との契約から生ずる収益」を公表した。この収益の認識基準の

公表に対応すべく、わが国の企業会計基準委員会も、平成27年3月から収益認識に関する包括的な会計基準の開発に向けて検討を開始し、平成30年3月30日に、「収益認識に関する会計・基準」（企業会計基準29号）および「収益認識に関する会計基準の適用指針」（企業会計基準適用指針30号）を決定し、公表したが、その内容はIASBとFASBが公表した世界統一基準とほぼ同じであり、金融商品取引等一定の取引を除く商取引の収益認識について、その基本となる原則として、「約束した財又はサービスの顧客への移転を当該財又はサービスと交換に企業が権利を得ると見込む対価の額で描写するように、収益を認識することである」とする収益認識基準・原則を公表した。

この企業会計基準委員会が決定・公表した収益認識基準に対応すべく、平成30年度税制改正により法人税法22条4項の別段の定めとして同法22条の2が以下のとおり創設された。

「第二十二条の二　内国法人の資産の販売若しくは譲渡又は役務の提供（以下この条において「資産の販売等」という。）に係る収益の額は、別段の定め（前条第四項を除く。）があるものを除き、その資産の販売等に係る目的物の引渡し又は役務の提供の日の属する事業年度の所得の金額の計算上、益金の額に算入する。

2　内国法人が、資産の販売等に係る収益の額につき一般に公正妥当と認められる会計処理の基準に従つて当該資産の販売等に係る契約の効力が生ずる日その他の前項に規定する日に近接する日の属する事業年度の確定した決算において収益として経理した場合には、同項の規定にかかわらず、当該資産の販売等に係る収益の額は、別段の定め（前条第四項を除く。）があるものを除き、当該事業年度の所得の金額の計算上、益金の額に算入する。

3　内国法人が資産の販売等を行つた場合（当該資産の販売等に係る収益の額につき一般に公正妥当と認められる会計処理の基準に従つて第一項に規定する日又は前項に規定する近接する日の属する事業年度の確定した決算において収益として経理した場合を除く。）において、当該資産の販売等に係る同項に

規定する近接する日の属する事業年度の確定申告書に当該資産の販売等に係る収益の額の益金算入に関する申告の記載があるときは、その額につき当該事業年度の確定した決算において収益として経理したものとみなして、同項の規定を適用する。
4　以下省略」

　法人税法22条の2第1項は、販売等の目的物に引渡しや役務の提供の日の属する事業年度の所得金額に益金を計上する収益の年度帰属の基準を明文化したものである。
　この規定は、実現主義の具体的基準である引渡基準又は役務提供基準を明確に法定化したものである。
　法人税法22条の2第2項は、「一般に公正妥当と認められる会計処理の基準に従つて当該資産の販売等に係る契約の効力が生ずる日その他の前項に規定する日に近接する日の属する事業年度の確定した決算において収益として経理した場合には」、契約効力発生日基準又は検修日基準を採用することができることを明文化したものである。
　法人税法22条の2第3項は、法人が資産の販売等を行った場合において、当該資産の販売等にかかる同条2項の近接する日の属する事業年度の確定申告書に当該資産の販売等にかかる収益の額の益金算入に関する申告の記載があるときは、その額につき当該事業年度の確定した決算において収益として経理したものとみなして、同条2項の規定を適用すると定めて、確定決算と確定申告との間の不一致の解消を図ったものである。
　これらの規定の創設は、租税法律主義の視点からも歓迎されるべきである。

Ⅳ　益金の額の範囲

1　益金の額の範囲—益金の範囲は下図のように理解できる！

法人税法22条2項は、上記のとおり益金の額に算入すべき項目の範囲を以下のように例示列挙している。

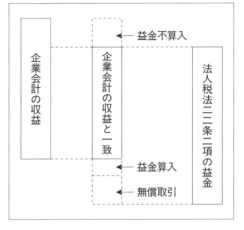

すなわち、「別段の定めがあるものを除き」次の取引にかかわる収益を益金とすることを定めている。

①　資産の販売

②　有償又は無償による資産の譲渡

③　有償又は無償による役務の提供

④　無償による資産の譲受け

⑤　その他の取引で資本等取引以外のものに係る当該事業年度の収益の額

このように定めているが、それぞれの項目に共通するのは益金の額は実現主義により認識するということである。

益金の範囲について論点とされる点を概観すると以下のとおりである。

(1)　**益金不算入**

①　受取配当等（法税23条）

②　資産の評価益（法税25条）

③　法人税等の還付金（法税26条）

(2)　**無償取引**（益金が発生する無償取引）**の益金算入**

①　無償による資産の譲渡

②　無償による役務の提供

③　無償による資産の譲受け

2　なぜ無償取引も益金を構成するのか？

　授業で受講者に法人税法の22条2項を読んでもらうことがある。その時に「六法にミスプリントがある」と発言する者が毎年出現する。無理もないことである。

　その部分とは、無償による資産の譲渡・役務の提供が益金の範囲に含まれると規定している法人税法22条2項の無償取引規定の個所である。企業会計上はもちろん社会通念の上からいっても、無償による資産の譲渡がなぜ収益として認識され、益金を構成するのかについては即座に理解し難く奇異な規定と思われるようである。

　この立法趣旨と解釈については多くの議論がなされてきたが、学説・判例とも、通説的見解は、いわゆる適正所得算出説であろう。適正所得算出説とは、「収益とは、外部からの経済的価値の流入であり、無償取引の場合には経済的価値の流入がそもそも存在しないことにかんがみると、この規定は、正常な対価で取引を行った者との間の負担の公平を維持し、同時に法人間の競争中立性を確保するために、無償取引からも収益が生ずることを擬制した創設的規定であると解すべき」(金子『租税法』338頁以下)であるとする見解である。

　判例も、「資産譲渡にかかる法人税は、法人が資産を保有していることについて当然に課税されるのではなく、その資産が有償譲渡された場合に顕在化する資産の値上がり益に着目して清算的に課税される性質のものであり、無償譲渡の場合には、外部からの経済的な価値の流入はないが、法人は譲渡時まで当該資産を保有していたことにより、有償譲渡の場合に値上がり益として顕在化する利益を保有していたものと認められ、外部からの経済的価値の流入がないことのみをもって、値上がり益として顕在化する利益に対して課税されないということは、税負担の公平の見地から認められない。したがつて、法人税法22条2項は、正常な対価で取引を行った者との間の負担の

公平を維持するために、無償取引からも収益が生ずることを擬制した創設的な規定と解され」(宮崎地判平成5年9月17日税資198号1080頁・最判平成7年12月19日民集49巻12号3121頁参照)と判示して適正所得算出説を採用しているようである。

一方、この適正所得算出説に対しては、「このような擬制に基づく課税は、租税回避の否認と全く同じ論理構造を持つ。課税はあくまでも納税者が現実に行った取引を対象とするのが原則であり、擬制による課税は、課税上の弊害等の観点から、立法者が例外的に特別な根拠規定を設けている場合に限るべきである。」(岡村『法人税法』43頁) として、そうでなければ、租税法律主義の要請を軽視する結果を招くとの、批判的見解も説得力がある。

この擬制に基づく課税であるとの批判を回避できる説として、清算課税説が存在する。清算課税説は、「無償による資産の譲渡からの収益を説明すると、次のようになる。いま、購入時から値上がりしている資産を譲渡した納税者を考えよう。所得課税の論理からは、資産の値上がり益は、その資産を値上がり時に保有していた者に対して課税されるべきである。つまり、資産値上がり益(ママ)は、資産を保有していた者、すなわち、資産を譲渡した者に帰属する。譲渡という行為は、資産を保有していた者に対して値上がり益に課税ができる最後の機会である。したがって、譲渡者は、譲渡資産に係る価値変動を、譲渡を機会として清算し課税を受けるべきことになる(清算課税説)。注意しなければならないのは、この清算課税が、譲渡対価とは関係がないことである。たとえ対価が無償であっても、値上がり益は存在するから、清算課税は発生する。これが、無償譲渡に対する課税の論理である。」(岡村『法人税法』42頁) というものである。

筆者はこの規定の趣旨を次のように理解すべきであると思う。

法人税法の適用対象である法人は、利益極大化を目的として経営活動を展開しているはずである。そうすると、法人が何らの反対給付としての経済的利益を得ることなしに、自己の資産や役務を相手方に提供することは通常はあり得ないと考えられる。必ず、何らかの経済的利益を前提に行動をとるは

ずであり、その利益が顕在化して表面に現れる場合が常であるとは考え難い。経済的利益が潜在化して、租税行政庁が捕捉できないことも多様な取引形態の採用により想定される。

　たとえば、自社と将来10年間にわたり毎年10億円の取引を継続してくれたら、自社所有の時価１億円の土地を取引先に無償で譲渡するとの契約を締結したとする。もし、この無償取引の規定がなければ、この１億円相当の土地を無償譲渡した法人に課税することはできない。しかし、10年間の取引継続により、この法人に１億円相当の経済的利益が流入したとしても課税のタイミングを失うことになる。もちろん、個々の取引ごとに取引自体による収益は発生するから、その売り上げに対しては課税されるが、10年間取引を継続することによる経済的利益には課税することが不可能となる。このように、潜在化した経済的利益を租税行政庁（課税当局）がすべて捕捉することは不可能である。そこで、このような課税のタイミングを外して租税負担を回避する行為を防止し、租税負担の公平を図るところに、この無償取引規定の立法目的が存在すると筆者は考える。このような明文の定めを置くことにより、無償取引や低額取引の形態を採用することにより潜在化させた、この経済的利益の流入に対しても、担税力として捕捉し課税することを目的に同規定が立法されたものと理解できよう。

　法人税法の目的が担税力に応じた公平な課税を立法原理としている以上、同規定は、無償取引や低額取引といった取引形態の採用によって潜在化してしまった経済的利益をも、担税力としての所得に組み込むことを命ずる規定と解することが妥当であろう。したがって、無償取引や低額取引によって租税負担を回避する行為を阻止することを立法趣旨とする規定として理解すべきであると考える。

V 損金の額の範囲

1 損金の額の範囲―損金の範囲は下図のように理解できる！

法人税法22条3項は、損金の額に算入すべき金額を次のように規定している。別段の定めがあるものを除き、次に掲げる額とする。

① 当該事業年度の収益に係る売上原価、完成工事原価その他これらに準ずる原価の額

② 当該事業年度の販売費、一般管理費その他の費用の額

③ 当該事業年度の損失の額で資本等取引以外の取引に係るもの

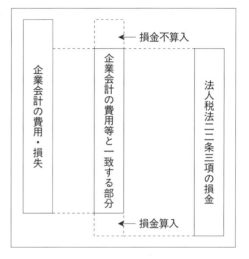

これらは広い概念であるが、規定の仕方は、例示ではなく限定列挙である。したがって、法人の純資産を減少させる取引で、資本等取引や別段の定めに該当しないものであっても、これら3つのいずれかに該当しなければ損金ではない。つまり、損金は、純財産の減少（財産法）によってではなく、各取引の損金該当性（損益法）によって捉えなければならないものである。収益獲得（事業活動）に無関係な支出は、原則として損金ではないと考えられる。なお、不法な取引や無効な取引からの収益も益金を構成する以上、それに係る費用は、損金に算入されると考えられる（岡村『法人税法』45頁）。

(1) 損金不算入の規定

① 資産の評価損（法税33条）

② 役員給与等（法税34条）

③ 寄附金（法税37条）

④ 租税・公課（法税38条）

⑤ 交際費等（措置61条の4）

⑥ 使途秘匿金（措置62条）

　使途秘匿金課税の趣旨は、企業による使途を秘匿した違法または不当な支出やそれがもたらす社会的問題を是正することにある。したがって、使途秘匿金課税は、政策税制と見るべきであろう。使途秘匿金は、ほぼ使途不明金として損金不算入され、さらに使途秘匿金に40％を乗じた金額が法人税額に加算される。

(2)　課税の繰り延べのための損金算入の規定

① 圧縮記帳（法税42条）

② 引当金（法税52条等）

③ 繰越欠損金（法税57条）

④ 準備金（措置55条等）

＊その他の損金の範囲を確定するうえで注意すべき論点

　「ここに損金というのは、原則としてすべての費用と損失を含む広い観念として理解すべきである。費用として損金に計上を認められるためには、所得税法の場合と同様に、必要性の要件をみたせば十分であって、通常性の要件をみたす必要はないと解される（反対、東京地判昭和33年9月25日行裁例集9巻9号1948頁）。したがって、不法ないし違法な支出も、それが利益を得るために直接に必要なものである限り、費用として認められる（反対か、横浜地判平成元年6月28日月報35巻11号2157頁）。ただし、架空の経費を計上して所得を秘匿するために要した支出は、所得を生み出すための支出ではないから、費用にはあたらないと解すべきである（最決平成6年9月16日刑集48巻6号357頁）。

　不正な支出の損金算入の可否については、平成18年度改正で2つの規定が

設けられた。第1に、内国法人が所得の金額もしくは欠損金額または法人税の課税要件事実の全部または一部の隠ぺい・仮装により法人税の負担を減少させ、または減少させようとする場合には、その隠ぺい・仮装行為に要する費用の額、またはそれにより生ずる損失の額は損金に算入しない旨が定められた（55条1項）。この規定は、法人が納付すべき法人税以外の租税にも準用される（2項）。第2に、かねて争いがあった賄賂について、内国法人が供与する刑法198条に規定する賄賂または不正競争防止法18条1項に規定する金銭その他の利益の合計額に相当する費用または損失の額は損金に算入しない旨が定められた（同5項）。」（金子『租税法』342頁以下）

VI 資本等取引

法人税法22条2項および同条3項3号は、資本等取引にかかる収益および損失を益金および損金の範囲から除外している。

資本等取引というのは、①法人の資本金等の額（法税2条16号・17の2、法税令8条・8条の2）の増加または減少を生ずる取引と、②法人が行う利益または剰余金の分配（資産流動化法115条1項の中間配当を含む）の2つを含む（法税22条5項）。

VII 益金と損金の計上基準

法人の収益・費用・損失等をどの年度において計上すべきかについては、現金主義と発生主義の2つが想定されるが、今日の複雑化した経済社会においては、信用取引が支配的で、多数の債権・債務が併存し、現金主義によっては企業の期間損益を正確に把握することが困難である。よって、発生主義が収益・費用・損失などの計上基準として妥当するといえよう。

1 益金の計上基準

ある収益をどの事業年度に計上すべきかについて、「法人税法は、特例を定めているほかは（同法62条ないし64条）、原則的な基準について同法自体の中に明文の規定をおかず、一般に公正妥当と認められる会計処理の基準に従って計算するとしているにとどまる。そして、一般に公正妥当と認められる会計処理の基準によれば、ある事業年度内における企業活動の成果である収益は、その実現があったときの属する事業年度に計上すべきであるとされている。」（東京高判昭和48年8月31日行集24巻8＝9号846頁）として実現主義を採用することを判示している。

実現主義を原則とするとしても、収益の実現については、その取引態様により実現の判断の具体的基準は異なる。原則的には、たな卸資産の販売による収益の帰属の時期については引渡基準、また、請負による収益の帰属の時期については物の引渡を要する請負契約にあっては引渡基準、物の引渡を要しない請負契約にあっては工事完成基準等が確立されている。

これらの場合、代金を受領していなくても当期において引渡ないし工事をすでに完了しておれば、当該法人のなすべき給付の履行が完了し、その対価である代金債権にその給付の価値が転化しているといえる。換言すると、収益が実現しているので、これを収益に計上すべきものと解して問題はない。すなわち、期間収益を正確に算出するために、収益が具体化・顕在化し、社会通念上代金請求権という債権が発生したと認められた時点で益金は認識され、計上されるべきものと考えられる。

そうすると、法人税法上の益金の具体的な計上基準は、権利確定主義によっているといえる。

2 損金の計上基準

法人税法22条3項は、「償却費以外の費用で当該事業年度終了の日までに債務の確定しないもの」を費用の範囲から除外している。これは、債務として確定していない費用は、その発生の見込みとその金額が明確でないために

これを費用に算入することを認めると、所得金額の計算が不正確になり、また所得の金額が不当に減少するおそれがあるという趣旨から、債務の確定していない費用を損金の範囲から除外する規定が定められていると解することができる。同法同条同項は、損金の計上基準が「債務確定主義」によるとされる法的な根拠規定ともいえる。

なお、法人税法および租税特別措置法は、一定の支出および損失について、損金経理を条件として損金の額に算入することを認めている（法税31条1項・42条1項・2項・52条1項・2項、措置55条等）。損金経理というのは、法人がその確定した決算において費用または損失として経理することをいう（法税2条26号）。

損金経理の結果、企業会計は租税会計の影響を強く受けることになる（金子『租税法』344頁）。

3 権利確定主義の問題点と例外

(1) 問題点
  ⅰ 納税者による操作可能性が存在する。契約日を基準にすると、その契約日が恣意的に操作可能となる。
  ⅱ 利息制限法に違反する利息のような私法上無効な債権や対価が益金に計上できない。
    →権利確定主義のこの限界を補完修正するために管理支配基準が部分的に導入されたと考えることができる。

管理支配基準とは、対価等が現実に納税者の管理支配の下に入った時点で、益金に計上するという考え方である。

ところで、岡村忠生教授は権利確定主義や管理支配基準に批判的である。以下の見解は興味深い。

「権利確定主義やこれを補う管理支配基準には、根本的な誤りがある。それは、これらの考え方が、もっぱら対価、つまり、取引によって納税者に入って来たものに着目していることである。所得課税の観点からは、入って来

た対価ではなく、譲渡された目的物や提供された役務、つまり、出て行ったものが着目されねばならない。その理由は、前述した清算課税説に見られるように、所得課税の基本的な考え方として、資産の譲渡に係る損益は、納税者の保有期間にどれだけの価値変動があったか、納税者がどれだけの価値を付加したかによって算定され、また、役務提供にかかる損益も、納税者がどれだけの価値のある役務を提供したかによって算定されるからである。そうでなければ、無償取引のように対価が観念できない取引をはじめ、現物出資や現物配当についても収益が発生することを説明できない。もちろん、通常の取引（市場取引）における対価は、資産や役務の客観的な価値を適正に指し示している。しかし、それは収益が映し出された射影に過ぎず、収益の実体そのものではない。対価への着目は、収益把握のための一つの手段であり、現象的な手続に過ぎない。収益の本源は、資産の譲渡や役務の提供という取引に求められるべきであり、したがって益金の年度帰属も、対価の収受や債権の成立とは無関係に、譲渡や提供という取引事実が認められた年度とされるべきである。」（岡村『法人税法』59頁）

　この批判は所得課税の本質を考えるうえで有益である。しっかりこの批判の意味を理解しよう。

(2) 権利確定主義の例外
　ⅰ　特殊な取引であることを理由とするもの
　　①　2年以上にわたる長期割賦販売等に該当する資産の販売等
　　②　長期大規模工事のうち一定の要件をみたすもの
　　③　一事業年度をこえる工事で長期大規模工事に該当しないもの
　ⅱ　未実現の損益も課税すべきとの理由によるもの（租税回避防止目的）
　　①　時価主義（デリバティブ取引を中心とする一定範囲の金融資産及び金融負債）

Ⅷ　同族会社に対する課税

　我が国では法人成りの現象が顕著であり、実体が個人企業と異ならない法

人がきわめて多い（これらの法人は、家族会社（family company）ないし閉鎖的法人（closed corporation）と呼称される）。これらの法人においては、家族構成員を役員または従業員としてこれに報酬・給与を支払い、所得を分割する傾向があり、また利益を内部に留保して、法人税率よりも高い所得税の段階税率の適用を回避する傾向が見られる。また、これらの法人は、一般に、1人または少数の株主によって支配されており、所有と経営が結合しているため、少数の株主のお手盛による取引や経理が行われやすく、その結果として、租税負担が減少することが少なくない。

このような同族会社ならではの租税負担の減少を図る行為に対応するために、法人税法上は次の2つの対処法を定めている。

① 同族会社の特別税率の規定（法税67条）
② 同族会社の行為又は計算の否認規定（法税132条）

1 同族会社の範囲

わが国の法人の大部分は同族会社である。法人税法2条10号は「会社（投資法人を含む。以下この号において同じ。）の株主等（その会社が自己の株式（投資信託及び投資法人に関する法律（昭和26年法律198号）第2条第14項（定義）に規定する投資口を含む。以下同じ。）又は出資を有する場合のその会社を除く。）の3人以下並びにこれらと政令で定める特殊の関係のある個人及び法人がその会社の発行済株式又は出資（その会社が有する自己の株式又は出資を除く。）の総数又は総額の100分の50を超える数又は金額の株式又は出資を有する場合その他政令で定める場合におけるその会社をいう。」と定義している。

平成18年度改正によりさらに以下の2種類に分類される。

① 同族会社（従来の意義と同様）
② 特定同族会社「1人の株主およびその同族関係者が発行済株式の総数の50％超を所有している会社」→留保金課税の対象（法税67条）

2　同族会社の特別税率の規定

法人税法67条は、特定同族会社に対して特別の法人税率を課すことを定めている。

　課税の対象：各事業年度の留保金額のうち、留保控除額をこえる部分の金額

　税率：3段階の超過累進税率（10、15、20％）

留保金額控除額を上回る部分に対してのみ課税しているのは、法人の正常な活動のために必要な合理的な留保あるいは債権者の保護のために必要な利益の積立を課税の対象とするのは適当でないからである。また、超過累進税率が用いられているのは、この制度が所得税の回避を防止し、個人企業との間の租税負担の均衡を図ることを目的としていることにかんがみ、所得税の税率構造のパターンに従う必要があると考えられているためである。

3　同族会社の行為又は計算の否認規定

法人税法132条は、同族会社（外国法人である同族会社を含む）の行為または計算で、これを容認した場合に法人税の負担を不当に減少させる結果となると認められるものがあるときは、税務署長はその行為または計算にかかわらず、その認めるところにより、法人税額を計算することができる旨を定めている（法税132条1項1号。地方税法72条の43も、同族会社の事業税につきほぼ同旨の定めを置いている）。

同法同条の規定の趣旨は、同族会社が少数の株主ないし社員によって支配されているため、当該会社またはその関係者の租税負担を不当に減少させるような行為や計算が行われやすいことにかんがみ、租税負担の公平を維持するため、そのような行為や計算が行われた場合に、それを正常な行為や計算に引き直して課税する権限を租税行政庁に認めるところにあるといえよう。

この規定は、租税回避行為の個別否認規定として位置づけられるべきである。同規定を創設的規定と解すると、その適用対象は同族会社のみに限定されるが、確認的規定と解すると、非同族会社をも適用対象とする余地が生ま

れる。非同族会社をも適用対象とすると、包括的な租税回避行為の否認規定と解することが可能となり、租税法律主義の観点からも問題が生じる。

(1) **租税負担を「不当に減少させる」との文言は不確定概念か？**
→**不確定概念であるとすると課税要件明確主義違反ではないか？**

判例の見解は、「法人税法第132条は「法人税の負担を不当に減少させる結果になると認められるとき」には同族会社等の行為計算を否認しうる権限を税務署長に付与しているのであるが、右行為計算否認の規定が、納税者の選択した行為計算等が実在し私法上有効なものであっても、いわゆる租税負担公平の原則の見地からこれを否定し、通常あるべき姿を想定し、その想定された別の法律関係に税法を適用しようとするものであることにかんがみれば、右の「法人税の負担を不当に減少させる結果になると認められる」か否かは、もっぱら経済的、実質的見地において当該行為計算が純粋経済人の行為として不合理、不自然なものと認められるか否かを基準として判定すべきものと解される。一般に、かかる場合の判定基準は、法律上できうる限り具体的、個別的、一義的に規定しておくことが望ましいのではあるが、複雑多岐にして激しく変遷する経済事象に対処しうるような規定を設けることは極めて困難であるから、法人税法が前記程度の規定をおいたにとどまることもやむをえないところであって、これをもって、いわゆる租税法律主義を宣明し、租税を創設し改廃するのはもとより、納税義務者、課税標準、納税の手続は、すべて法律に基づいて定められなければならない旨規定する憲法第84条に違反するものということはできない。」（最判昭和53年4月21日訟月24巻8号1694頁）として、租税法律主義に違反するとの原告の主張を退けている。

(2) **租税負担の不当な減少をもたらすと認められる同族会社の行為・計算とは何か？**

法人税法132条の適用要件としての税負担の不当な減少をもたらす同族会社の行為・計算に該当するか否かを判断する基準については、以下の判例の傾向がみられる。

「判例の中には、2つの異なる傾向が見られる。1つは、非同族会社では通常なしえないような行為・計算、すなわち同族会社なるがゆえに容易になしうる行為・計算がこれにあたる、と解する傾向であり（東京高判昭和40年5月12日税資49号596頁、東京地判昭和26年4月23日行裁例集2巻6号841頁（明治物産事件））、他の1つは、純経済人の行為として不合理・不自然な行為・計算がこれにあたると解する傾向である。いずれの考え方をとっても、具体的事件の解決に大きな相違は生じないであろうが、非同族会社の中には、同族会社にきわめて近いものから所有と経営の分離した巨大会社に至るまで、種々の段階のものがあり、何が同族会社であるがゆえに容易になしうる行為・計算にあたるかを判断することは困難であるから、抽象的な基準としては、第2の考え方をとり、ある行為または計算が経済的合理性を欠いている場合に否認が認められると解すべきであろう。そして、行為・計算が経済的合理性を欠いている場合とは、それが異常ないし変則的で、租税回避以外にそのような行為・計算を行ったことにつき、正当で合理的な理由ないし事業目的が存在しないと認められる場合のことであり、独立・対等で相互に特殊関係のない当事者間で通常行われる取引（アメリカの租税法で arm's length transaction（独立当事者間取引）と呼ばれるもの）とは異なっている取引には、それにあたると解すべき場合が多いであろう。この規定の解釈・適用上問題となる主要な論点は、①当該の具体的な行為計算が異常ないし変則的であるといえるか否か、および②その行為・計算を行ったことにつき租税回避以外に正当で合理的な理由ないし事業目的があったとみとめられるか否か、である（本書17版以降、従来の説を修正し、3つの基準をあげてきたが、第3の基準（租税回避の意図があったか否かの基準）は、第2の基準の主観的側面であり、いわば繰返しであるから、21版以降は削除している。ただし、②の基準の適用において問題となることが多い）。」（金子『租税法』532頁以下）

(3) 同規定の適用範囲

　非同族会社をも適用範囲に含めるかについては、通説は否定的見解に立つ。

法人税法132条を創設的規定であると解すると、その適用対象は規定が同族会社を対象とするとしているのであるから、非同族会社は適用対象から除外されることは当然といえよう。したがって、非同族会社にはその行為・計算の否認を認める規定がないから、その行為・計算が経済的合理性を欠いている場合であっても、それを否認することは認められないと解される。非同族会社は規定の対象外とすることが規定の解釈として妥当である。

第12章

相続税の意義と相続税法の構造

I　相続税の位置付け

　担税力に応じた課税を実現することが租税法の目的である。そして、その担税力測定の基準として、所得、消費、そして、資産が考えられてきた。相続税は相続財産という資産に担税力を認める租税であるといえる。

　ところで、資産課税は、資産の①保有、②取引、③移転に対する課税の三つに分類することができる。①資産の保有に対する課税には、地価税、固定資産税、都市計画税、特別土地保有税、自動車税、軽自動車税がある。個人が保有する資産で、宝石、美術品、骨董、預貯金、株式等に対しては課税されない。②資産の取引に対する課税には、不動産取得税、自動車取得税、印紙税、登録免許税等があり、いわゆる流通税の性格を持つものである。③資産の移転に対する課税には、相続税と贈与税がある（資産課税の保有、取引、移転に対する課税に3分類する考え方は、水野正一「資産課税の理論と課題―資産課税の概念とその根拠―」木下和夫＝金子宏監修、水野正一編『資産課税の理論と課題』（税務経理協会、1995年）参照）。

　相続税は、人の死亡によって財産が移転する機会にその財産に対して課される租税である。相続税の課税要件を定める相続税法の中に贈与税の課税要件規定も搭載されている。贈与税自体は、贈与によって財産が移転する機会にその財産に対して課される租税であるが、相続税の補完税としての性質を持っていることから相続税法に共に規定されている。相続税と贈与税の両者は、ともに一つの法律である相続税法の中で規定されており、共通の取扱いを受ける場合が少なくない。たとえば、相続財産の評価と贈与財産の評価とは、同一の評価基準によって行われる。

Ⅱ 相続税の課税根拠

　相続税の課税根拠として、富の再分配による富の集中の排除、被相続人の生前中の所得税の補完的清算、不労所得に対する重課（以上昭和32年の「相続税制改正に関する税制特別調査会答申」）、相続人の無償取得財産による担税力の増大に着目した所得税の補完、財産が受ける公共サービスからの便益に対する負担、等があげられる。

　平成12年7月の政府税制調査会答申「わが国税制の現状と課題」では、相続税の位置付けを次のように説明されている。

　「相続を契機とした財産移転に対する相続課税の課税根拠については、遺産課税方式を採るか遺産取得課税方式を採るかにより位置付けは若干異なる面はありますが、基本的には、遺産の取得（無償の財産取得）に担税力を見出して課税するもので、所得の稼得に対して課される個人所得課税を補完するものと考えられます。その際、累進税率を採用することにより、富の再分配を図るという役割を果たしています。また、相続課税を被相続人の生前所得について清算課税を行うものと位置付ける考え方もあります。これは、相続課税が、経済社会上の各種の要請に基づく税制上の特典や租税回避などによって結果として軽減された被相続人の個人所得課税負担を清算する役割を果たしている面があるというものです。」

　この見解は、相続税の富の再分配機能以外に所得税の補完税としての役割があることを指摘している。

　すなわち、一人の人間が経済活動により稼得した所得については、暦年において所得税が課される。そして、その所得のうち所得税課税後の可処分所得のうち消費に回った部分については消費税が課される。もちろん、所得の捕捉漏れの部分についても、消費支出した部分については消費税が課される。しかし、貯蓄など個人に留保された所得は、長い年月を経て蓄積され、その者の財産を構成することになる。相続税は、課税のタイミングを逃れた、もしくは租税回避に成功した所得等が蓄積して形成された財産に対し

て、その者の人生の終焉の時点で清算的に課税するところに課税の根拠を見出すことも可能である。

　一方で、相続税の課税根拠は必ずしも明確ではなく、相続税はなぜ必要かという問題について多くの議論が存在する。たとえば、富の再分配機能について、「このような考え方が従来肯認されてきたのは、理念的には、国家目標として、国家の手による富の再分配を"是"とする価値観、換言すれば、社会民主主義的価値観がとられ、これが国民により支持されていたからであろう。なぜなら、もし純粋に資本主義自由経済体制を前提にするのであれば、相続税により富の再分配を図ることは必然的なものではなく、むしろ租税の中立性の観点からは疑義が提起される虞れすらあるはずだからである。」（岩﨑政明「相続税を巡る諸問題」木下＝金子監修、水野編、前掲書167頁）として、富の再分配を国家が租税を課すことにより強制的に行うことに対する疑問が投げかけられている。富の格差が存在し、その格差がもたらす弊害が看過できない程度にあり、人々の幸福の実現のために富の平準化が正義として広く受け入れられている時代には、相続税の富の再分配機能は支持を受けるといえよう。

　しかし、職業選択の自由が保障され、また教育を受ける権利も保障されている状況の下において、勤勉に努力を継続させ、才能を発揮した者がその結果として富を集積した場合に、その富を親族に承継したいと思うのは当然の人間の心理かもしれない。そこに国家が介入し、租税という強制的な手段を用いて富を収奪し、再分配していくことが果たして正義に合致するのかどうかは、しっかりと検証されねばならない課題といえよう。相続税の根拠に関しては特に社会の状況を分析し、富の再分配が正義として支持されるかどうかが常に見極められねばならない。この問題は、相続税ばかりか所得税を含め、富の再分配機能を有する租税全体にいえることであろう。

Ⅲ 相続税の類型

相続税には、人が死亡した場合にその遺産を対象として課税する遺産税と、人が相続によって取得した財産を課税対象とする遺産取得税の二類型が存在する。

1 遺産税

遺産税方式は、人が死亡した場合、その遺産を課税対象とする課税方式である。英米系の諸国で採用されており、人は生存中に蓄積した富の一部を死亡にあたって社会に還元すべきである、という考え方に基づいている。この類型の相続税が、本来の意味における財産税であるといえる（金子『租税法』672頁）。

遺産税は、被相続人の一生を通じて蓄積した資産というストックに対して清算課税が可能であり、累進税率の効果を緩和することを目的とした遺産分割の仮装による租税回避行為の余地を排除でき、さらには遺産分割が困難な財産の承継を容易にすることができる。しかし、相続人の取得財産に応じた課税ができないために、相続税の主たる機能である富の再配分による富の集中を抑制する効果が期待できないという、デメリットも指摘される。

2 遺産取得税

相続人が相続によって取得した財産を課税対象とする課税制度である。この制度は、ヨーロッパ大陸諸国において採用されており、偶然の理由による富の増加を抑制することを目的としている。この類型の相続税は、実質的には所得税の補完税である（金子『租税法』672頁）。

遺産取得税は、遺産税とは逆に相続人の取得した取得財産額に応じて租税負担を課すことができるところから、担税力に応じた課税を実現でき、結果として富の集中排除という効果も期待できる。一方で、累進税率の適用効果を緩和させるための相続財産の仮装分割による租税回避行為が行われやす

く、さらに執行上の問題として相続財産が相続人にいくら移転したかを捕捉することが難しいという、執行上の困難性を伴う主として2つのマイナス面がある。遺産税と遺産取得税の両者の長短は逆になる関係にある。

Ⅳ 相続税法の基本的な仕組み

1 相続税の沿革

我が国において相続税は、日露戦争中の明治38年に設けられた。戦費調達の一環として相続税は創設されたが、非常時特別税法の中ではなく、単行法である永久税として、遺産税体系を採用して制度化された。

その後、昭和22年に民法の改正が行われ、家督相続制度の廃止に伴い新相続税法が制定された。遺産税方式を存続させつつ、贈与税が創設され、申告納税制度が導入された。昭和25年になり、シャウプ勧告に基づく相続税法の全文改正が行われ、遺産税方式から遺産取得税方式に制度改正がなされるとともに、贈与税を相続税に吸収し、相続、遺贈又は贈与により財産を取得した者に対し、その一生を通じて取得した財産の価額を累積して課税する一生累積課税方式が導入された。

しかし、この一生累積課税方式は、まもなく税務執行上の困難性ゆえに昭和28年の税制改正により廃止され、相続又は遺贈により取得した財産には相続税、贈与により取得した財産には贈与税を課税するというように制度改革がなされた。

この遺産取得税方式への制度改革は、財産取得者の担税力に応じた公平な課税を実現するとともに、この方式によれば相続税の主たる課税根拠である富の再分配の実効性を確保でき、更に富の集中が抑制できるというメリットが指摘できる。

さらに、昭和33年に、現行相続税の原型ともいえる遺産税体系的要素を加味した法定相続分課税方式を導入した遺産取得税体系へ制度改変がなされた。この改正の目的は、財産の仮装分割による相続税の不当な軽減行為を防

IV 相続税法の基本的な仕組み 185

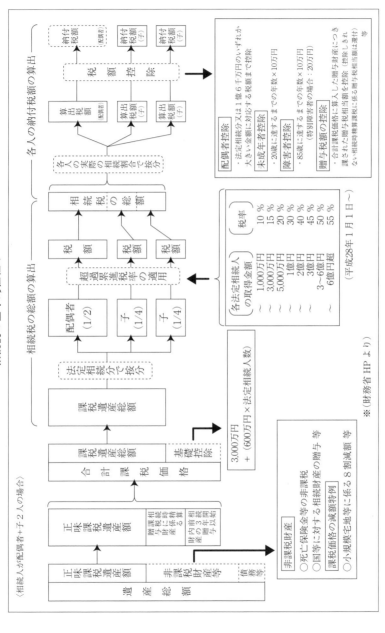

止することに求められる。法定相続分課税方式は、民法に規定する法定相続分に応じて遺産を取得したものとみなして、まず遺産にかかる相続税の総額を算出し、その後に、各相続人および受遺者の実際の取得額に応じて負担すべき相続税を按分計算して算出する方法である。

平成15年には、相続時精算課税制度が導入された。資産の次世代への移転を円滑にし、資産の有効活用を図るとともに、資産の移転の時期について贈与と相続との中立性を図る目的のために創設され現在に至っている。

2 相続税法の基本的な構造

現行の我が国の相続税法は遺産取得税方式を採用しているが、本来の遺産取得税方式に昭和33年の法改正により重要な修正を加えられたものが現行の方式である。

遺産取得税方式では、相続税の税額は、各相続人または受遺者ごとに、その者が相続または遺贈によって取得した財産の価額に相続税率を適用して算出される。しかし我が国の方式は当初の遺産取得税方式に昭和33年の法改正により、重要な修正が加えられた。その修正とは、法定相続分課税方式とも呼ぶべきものである。

すなわち、相続税の課税価格に相当する金額の合計額からその遺産に係る基礎控除額を控除した金額を、相続人の数に応じて相続人が民法900条（法定相続分）及び同901条（代襲相続分）の規定による相続分に応じて取得したものと仮定した場合におけるその各取得金額（当該相続人が、一人である場合又はない場合には、当該控除した金額）に相続税率を適用して、まず相続税総額を計算することを命じている（相税16条）。そのうえで、その相続税総額を各相続人および受遺者に、その者が相続または遺贈によって得た財産の価額に応じて按分し負担すべき相続税を計算するというものである（相税11条以下）。

ここで重要な点は、その相続関係者間で負担する相続税の総額は、遺産がどのように分割されてもほぼ等しいことになる点である。

この制度導入の立法目的は次の2点にある。

その第1の目的は、遺産分割の仮装による租税回避行為の防止にある。すなわち、相続税の負担を減少させるために実際の遺産の分割を隠ぺいして均等相続を行ったように仮装し、累進税率の累進性を緩和させ租税負担を軽減させる行為を阻止することは税務執行上困難であるため、仮装・隠ぺいの必要を最初からなくすことにある。

第2の目的は、農村などで、1人の子供が遺産の大部分を相続する場合に租税負担が過重になりすぎるのを防ぐことにある。

現行相続税法は相続税を以下の5つのステップを踏んで算出するよう定めている。その仕組みは複雑であるので、チャートの相続税の基本的仕組みと合わせて理解されることが望ましい。

(1) **相続税の課税価格計算**（相税11条の2）

相続税額算出の第一歩は、各相続人または受遺者の「課税価格」を計算することである（相税11条の2）。それは、各相続人または受遺者が相続または遺贈によって得た財産の価額の合計額である。この課税価格計算において相続税法12条が定める非課税財産についても注意が必要である。

(2) **債務控除**（相税13条・14条）

相続人および包括受遺者の場合は、その合計額から、その者の負担に属する被相続人の債務の金額および葬式費用の金額を控除した金額が課税価格となる（相税13条1項）。控除すべき債務は、確実と認められるものに限られ（相税14条1項）、各種の公租公課もこれに含まれる（相税13条1項1号・相税14条2項）。

(3) **基礎控除**（相税15条）

次いで、各相続人および受遺者の課税価格を合計して、その合計額から遺産にかかる基礎控除の金額（3000万円と、600万円に当該被相続人の法定相続人の数を乗じて算出された金額との合計額）を控除する（相税15条）。

(4) **法定相続分にかかる相続税の総額**（相税16条）

その残額を、民法所定の相続人が法定相続分に応じて取得したと仮定した場合の各金額に税率表（10%から55%までの8段階の超過累進税率で、6億円超の金

額に最高税率が適用される）を適用して算出された金額の合計額が、相続税の総額となる（相税16条）。

(5) **各相続人等の相続税額**（相税17条）

この総額を、各相続人および受遺者に、その課税価格に応じて按分した金額が、各相続人および受遺者の相続税額である（相税17条）。

ただし、相続人または受遺者が、当該相続または遺贈にかかる被相続人の一親等の血族（代襲相続人となった直系卑属を含む）および配偶者以外の者である場合は、相続税額は加算される（相税18条。加算額は20%である。平成15年度改正で、養子となった孫も入る。相税18条2項）。相続人または受遺者が、当該相続の開始前3年以内に被相続人から贈与によって財産を取得したことがある場合は、その贈与によって取得した財産の価額を加算した金額をその者の課税価格として、相続税額を算出する（相税19条1項）。ただし、婚姻期間が20年以上である配偶者から贈与を受けた居住用不動産またはその取得に充てるための金銭のうち、2000万円以下の部分（これを「特定贈与財産」という）は、相続開始の年に贈与を受けたものを含め、この加算の対象から除外される（相税19条1項・2項・相税21条の6参照）。

配偶者の相続税負担については、特別の軽減措置が講じられており（相税19条の2）、また、被相続人の法定相続人にあたる未成年者および障害者については、特別の控除が認められている（相税19条の3・相税19条の4）。相続によって財産を取得した場合に、当該相続にかかる被相続人が、その相続の開始前10年以内に相続によって財産を取得したことがあるときは、相続税の負担が過重になりすぎるのを防止するため、各相続人の相続税額から相次相続控除と呼ばれる一定の控除が認められる（相税20条）。なお、日本国外にある財産について、外国政府によって課された相続税額は、わが国の相続税額から控除される（相税20条の2）（金子『租税法』692頁以下参照）。

V 相続税の納税義務者

1 無制限納税義務者

相続若しくは遺贈（贈与をした者の死亡により効力を生ずる贈与を含む。以下同じ。）又は贈与により財産を取得した個人で、その財産を取得した時において日本国内に住所を有するもの（相税1条の3一号、相税1条の4一号）。

相続若しくは遺贈又は贈与により財産を取得した日本国籍を有する個人でその財産を取得した時において日本国内に住所を有しないもの（その個人又はその相続若しくは遺贈に係る被相続人（遺贈をした者を含む。以下同じ。）又はその贈与をした者が、その相続若しくは遺贈に係る相続の開始又はその贈与の前10年以内に日本に住所を有していたことがある場合に限る。）（相税1条の3二号イ・ロ、相税1条の4二号イ・ロ）。

2 制限納税義務者

相続若しくは遺贈又は贈与により日本国内にある財産を取得した個人でその財産を取得したときにおいて日本国内に住所を有しないもの（上記無制限納税義務者に該当する場合を除く。）（相税1条の3三号、相税1条の4三号）。

3 特定納税義務者

贈与（贈与をした者の死亡により効力を生ずる贈与を除く。）により相続時精算課税制度の適用をうける財産を取得した個人（相税1条の3四号）。

4 連帯納付義務者

同一の被相続人から相続又は遺贈により財産を取得したすべての者は、その相続又は遺贈による取得した財産に係る相続税について、その相続又は遺贈により受けた利益の価額に相当する金額を限度として、互いに連帯納付の責めに任ずる（相税34条1項）。

同一の被相続人から相続又は遺贈により財産を取得したすべての者は、そ

の被相続人に係る相続税又は贈与税について、相続又は遺贈により受けた利益の価額に相当する金額を限度として、互いに連帯納付の責めに任ずる（相税34条2項）。

相続税又は贈与税の対象となった財産を贈与又は遺贈によって取得した者は、その相続税又は贈与税の金額のうち、贈与又は遺贈を受けた財産に対応する一定の金額について、その受けた利益の価額に相当する金額を限度として、連帯納付の責めに任ずる（相税34条3項）。

財産の贈与をした者は、その受贈者のその年分の贈与税額のうち、その贈与した財産に対応する一定の金額について、その贈与した財産の価額に相当する金額を限度として、連帯納付の責めに任ずる（相税34条4項）。

VI 相続財産の範囲

1 相続税の課税物件―原則

相続税の課税物件は、相続または遺贈によって取得した財産であり、これを相続財産という。相続財産の範囲には、財産権の対象となる一切の物および権利が含まれる。これらの相続財産が、相続税の課税対象となるのである。したがって、動産・不動産はもとより、特許権・著作権等の無体財産権、鉱業権・漁業権等の営業上の権利、私法上・公法上の各種の債権等、経済的価値に対する支配権が広く相続税の課税の対象となる。

2 非課税財産

ただし、公益を目的とする事業を行う者が取得した財産で当該公益を目的とする事業の用に供することが確実なもの、その他一定の財産は、なんらかの公益的ないしは社会政策的理由から、非課税財産として、相続税の課税の対象から除外されている。

たとえば、相続税法12条は皇室経済法（昭和二十二年法律第四号）第7条（皇位に伴う由緒ある物）の規定により皇位とともに皇嗣が受けた物、墓所、霊び

よう及び祭具並びにこれらに準ずるもの、宗教、慈善、学術その他公益を目的とする事業を行う者で政令で定めるものが相続又は遺贈により取得した財産で当該公益を目的とする事業の用に供することが確実なもの、などを限定列挙している。

また、寄付を奨励するための特別措置として、相続または遺贈によって取得した財産を、相続税の申告書の提出期限までに、国、地方団体、または民法34条の規定により設立された法人その他公益を目的とする事業を営む法人もしくは特定公益信託のうち、教育・科学の振興、文化の向上、社会福祉への貢献、その他公益の増進に著しく寄与するものに贈与し、または信託財産として支出した場合には、その贈与した財産の価額は、相続税の課税の対象から除外される（租特70条1項、租特令40条の3・40条の4）。

3 みなし相続財産

法律的には相続または遺贈によって取得した財産とはいえないが、被相続人または遺贈者の死亡を基因として生ずるものであるため、相続財産と実質的には同質の財産ないし権利（経済的利益を含む）が少なくない。例えば、生命保険金等は被相続人の死亡に基因して相続人が取得する金銭であり、他の相続財産と同様に相続人が取得することにより担税力を増加させるものである。

租税負担の公平の見地からは、これらの財産および権利も、相続人の担税力を増大するものであるから相続税の課税対象とするのが妥当である。そこで、相続税法は、3条以下において、「相続又は遺贈により取得したものとみなす場合」として条件を定め、これらの財産および権利を相続または遺贈によって取得したものとみなして相続税の対象に加えている。これを「みなし相続財産」という。みなし相続財産とされているのは、次の財産ないし権利である。

(1) **保険金**（相税3条1項1号）

被相続人（遺贈者を含む。以下同じ。）の死亡によって、相続人その他の者が

取得した生命保険契約の保険金または損害保険契約の保険金のうち、被相続人の負担した保険料に対応する部分は、相続または遺贈によって取得したものとみなされる。

(2) **退職手当金等**（相税3条1項2号）

被相続人の死亡によって、相続人その他の者が、被相続人に支給されるべきであった退職手当金・功労金その他これに準ずる給与で、被相続人の死亡後3年以内に支給が確定したものの支給を受けた場合は、当該給与は、相続または遺贈によって取得したものとみなされる。

(3) **生命保険契約に関する権利**（相税3条1項3号）

相続開始のときに、まだ保険事故の発生していない生命保険契約で、被相続人が保険料の全部または一部を負担し、かつ、被相続人以外の者がその契約者である場合には、その保険契約に関する権利のうち、被相続人が負担した保険料に対応する部分は、その保険契約の契約者が相続または遺贈によって取得したものとみなされる。

(4) **定期金に関する権利**（相税3条1項4号）

相続開始のときに、まだ給付事由の発生していない定期金給付契約で、被相続人が掛金の全部または一部を負担し、かつ、被相続人以外の者がその契約者である場合には、その定期金給付契約に関する権利のうち、被相続人が負担した掛金に対応する部分は、その定期金給付契約の契約者が相続または遺贈によって取得したものとみなされる。

(5) **保証期間付定期金に関する権利**（相税3条1項5号）

定期金給付契約で、定期金受取人の生存中または一定期間にわたり定期金を支給し、かつ、その者が死亡したときは、その死亡後、遺族その他の者に対して定期金または一時金を給付する契約に基づいて、定期金受取人たる被相続人の死亡後、相続人その他の者が定期金受取人または一時受取人となった場合には、この定期金給付契約に関する権利のうち、被相続人が負担した掛金に対応する部分は、この継続受取人または一時受取人が相続または遺贈によって取得したものとみなされる。

Ⅵ 相続財産の範囲 *193*

(6) 契約に基づかない定期金に関する権利（相税3条1項6号）

被相続人の死亡により、相続人その他の者が、定期金に関する権利で契約に基づくもの以外のものを取得した場合には、その定期金の給付を受ける権利は、その権利を取得した者が相続または遺贈によって取得したものとみなされる。

(7) 特別縁故者に対する相続財産の分与（相税4条）

特別縁故者への相続財産の分与の規定により相続財産の全部または一部を与えられた場合においては、その与えられた者が、その与えられた時におけるその財産の時価に相当する金額をその財産に係る被相続人から遺贈により取得したものとみなされる。

(8) 低額譲受による利益（相税7条）

著しく低い価額の対価で財産の譲渡を受けた場合においては、その財産の譲渡があった時において、その財産の譲渡を受けた者が、その対価とその譲渡があった時におけるその財産の時価との差額に相当する金額を贈与又は遺贈により取得したものとみなす。ただし、その譲渡が、その譲受人が資力を喪失して債務を弁済することが困難である場合において、その者の扶養義務者からその債務の弁済に充てるためになされたものであるときは、この限りでない。なお、この規定をめぐる詳細な研究は、第Ⅱ部第19章の事例研究において取り上げる。

> ＊「著しく低い価額」について＊
> 　この規定は、取引価格の恣意的操作による租税回避行為の防止を立法目的とするものである。この条文における「著しく低い価額」とは、どの程度低い金額を指すのかが問題となる。「著しく低い価額」が不確定概念であり租税法律主義の課税要件明確主義に抵触するといった紛争や批判も多い。とりわけ所得税法のみなし譲渡規定（所税59条）のように明文の規定（所税令169条）（時価の二分の一）による判断基準が存在しないので、事例に則して社会通念基準で判断せざるを得ない。裁判例の動向によれば所得税法59条の場合と異なり時価の二分の一を超える譲渡価額でも「著しく低い価額」に該当する余地があると解されている。

(9) 債務免除等による利益（相税8条）

対価を支払わないで、又は著しく低い価額の対価で債務の免除、引き受け又は第三者のためにする債務の弁済による利益を受けた場合には、その利益を受けた者が、その債務の金額を、債務の免除等をした者から贈与又は遺贈により取得したものとみなされる。ただし、債務者が資力を喪失して債務を弁済することが困難である場合は、この限りでない。

(10) その他の利益（相税9条）

相続税法5条から8条までに規定する場合以外で、対価を支払わずに、又は著しく低い価額の対価で利益を受けた場合においては、その時に、その利益を受けた者が、その権利を受けた時の価額に相当する金額を利益を与えた者から贈与されたとみなされる。ただし、その利益を受けた者が資力を喪失して債務を弁済することが困難である場合は、この限りでない。

Ⅶ 相続財産の評価と問題点——財産の評価基準としての「時価」の概念

1 相続財産の評価方法

資産を担税力として課税する資産税の問題は、その資産をいかに適正に評価するかという点である。

相続税の問題も財産の適正な評価をいかに確保するかに尽きる。相続税の課税価格は、相続財産の価額を基礎として計算されるので、相続財産の評価は、相続税の税額算定の出発点として重要な意味を持つが、適正な評価を確保することは困難な問題でもある。

相続税法22条は、評価の原則として、「相続、遺贈又は贈与により取得した財産の価額は、当該財産の取得の時における時価により、当該財産の価額から控除すべき債務の金額は、その時の現況による。」と規定して、相続財産の価額は、その「取得の時における時価」によることを評価の原則としている。

ここでいう時価は客観的交換価値、すなわち、それぞれの財産の現況に応じ不特定多数の独立当事者間の自由な取引において通常成立すると認められる価額を意味すると一般に解されている。評価の困難性は、保有中の財産について独立当事者間で自由な取引を想定して、適正な取引価格を見つけなければならないという点である。

相続税法は、時価の算定に関して、地上権・永小作権、定期金に関する権利については一定の方式を定めているが（法定評価。相税23条・相税24条）、これら以外の財産については同法22条の時価の解釈・適用に委ねている。そこで、租税行政庁は、評価の統一性と公平性を維持するために、財産評価基本通達その他の通達による財産評価を執行上用いており、さらに納税者も時価評価に払うエネルギーを考慮すると、この租税行政庁の通達に従う方が効率的であり、将来における租税行政庁との評価の相違に伴うリスクを回避することを踏まえると、当初から通達による評価に依存する結果を招くのが実情であろう。

財産評価基本通達は、財産評価の一般原則と財産の種類ごとに種々の評価方法（土地に関する路線価方式、倍率方式、株式に関する取引価格法、類似業種比準方式、純資産価額方式、配当還元方式など）を定めている。もちろん、通達は法規ではないので、法理論的には通達によらない評価も認められるし、財産評価基本通達もこれを予定しており（同通達6）、租税公平主義、信義則あるいは行政先例法の考え方に依拠して、通達に一定の法的拘束力を認めようとする見解もある。しかし、評価通達は租税法の法源に含めることはできない。そうすると、このような現状をみると租税法律主義に抵触するとの批判は免れない。

2 相続税法22条の定める時価の概念

相続税法は財産評価の基準を「時価」とすることしか規定していない（相税22条）ことは前述のとおりである。この時価自体の概念については法解釈が次のように定まっている。すなわち、「『時価』とは、課税時期における当

該財産の客観的交換価値をいい、右交換価値とは、それぞれの財産の現況に応じ、不特定多数の当事者間において自由な取引が行われる場合に通常成立すると認められる価額であって、いわゆる市場価格と同義であると解するのが相当である。」（東京高判平成12年９月26日税資248号829頁）と解されている。ただ問題は、客観的交換価値をいかに具体的に決定すべきか、という点である。

資産税である相続税の課税においては、資産の評価が課税要件の中核に位置する。

資産の評価を具体的になす場合には、租税行政庁はもちろん、税理士も納税者も、通達に基づいているのが現状である。課税要件法定主義に明らかに抵触しているにもかかわらず、その現状が定着してから久しい。

この時価評価の通達適用について、判例は、「財産の客観的交換価値といっても、必ずしも一義的に確定されるものではないことから、課税実務においては、財産評価の一般的基準が評価基本通達によって定められ、これに定められた画一的な評価方式によって財産の時価、すなわち客観的交換価値を評価するものとしている。これは、財産の客観的な交換価値を個別に評価する方法をとると、その評価方式、基礎資料の選択の仕方等により異なった評価額が生じることを避け難く、また、課税庁の事務負担が重くなり、回帰的かつ大量に発生する課税事務の迅速な処理が困難となるおそれがあることなどからして、あらかじめ定められた評価方式によりこれを画一的に評価する方が、納税者間の公平、納税者の便宜、徴税費用の節減という見地からみて合理的であるという理由に基づくものであり、したがって、評価基本通達に規定された評価方法が合理的なものである限り、財産の価額は、原則として、右評価方法によって画一的に評価するのが相当である。」（東京高判平成５年３月15日行集44巻３号213頁）との見解が通説といえよう。判例の骨子は、租税行政庁の時価評価の行政執行上の効率性と徴税コストの縮減の観点と、画一的に時価評価できるところから、納税者間の公平を担保できる、との２点を根拠にしているようである。

学説も、「この通達は、財産評価の基本的な方針を定めたのち、納税者間の公平の維持、納税者および租税行政庁双方の便宜、徴税費の節減等の観点から各種財産について画一的かつ詳細な評価方法を定めている。

　もちろん、通達は法令ではなく、また個別の財産の評価は、その価額に影響を与える諸般の事情を考慮して行われるべきであるから、基本通達による評価が原則としては適法であるとしても、それが著しく合理性を欠き、基本通達によっては適切な評価をすることができないと認められる特別の事情がある場合には、他の合理的な方法によって通達の基準より高く、または低く評価することができると解すべきであり、また基本通達による評価が合理的ないし適切といえない特段の事情がある場合には、評価は違法になると解すべきである。」（金子『租税法』715頁）として、基本的には評価通達による時価評価を肯定したうえで、通達による時価評価の結果が不合理であるとされる場合は、通達以外の評価方法によることが可能であることを明確にしている。これは通達が法律ではないことからすれば当然のことといえよう。

　さらに、「評価に関する通達の内容が、不特定多数の納税者に対する反覆・継続的な適用によって行政先例法となっている場合には、特段の事情がない限り、通達と異なる評価を行うことは違法になると解すべきである。」（金子『租税法』716頁）として、評価通達が行政先例法の地位にまで至っている場合には通達以外の方法は違法とされる。

　相続税法にとって「一番重要な財産評価を法律が具体化せず、課税庁の通達に委ねているのは、ドイツのように評価法という法律で財産評価を定めている制度と比較すると疑問がないわけではないが、判例は一貫して租税法律主義違反を否定し、通達により評価することを基本的に合理的であると解している。」（三木義一『相続・贈与と税の判例総合解説』147頁（信山社、2005年））との指摘は、ドイツのように評価通達という通達ではなく、評価基本法といった法律を制定することを示唆しているように思われる。仮に土地の評価が評価通達によって反復・継続的に行われ、行政先例法に至るほど定着しているのであれば、評価法として通達を格上げすべきであろう。

3　租税行政庁の評価基本通達の使い分けによる評価と納税者の予測可能性

　財産評価基本通達自体が、当該通達に従って評価することが著しく不適当と認められる財産の価額は、国税庁長官の指示を受けて評価する、と定める（財産評価基本通達6）。この定めは、納税者が通達に従って財産を評価したところ、評価額が過少と租税行政庁に判断された場合には、「著しく不適当」とされ、通達によらない評価方法を国税庁長官の名の下に用いて再評価ができるとしているのである。

　しかし、評価額の多寡により、ある時は通達、ある時は通達によらない方法というように使い分けの余地を租税行政庁に与えかねない点について、次のような批判がある。

　すなわち、田中治教授は、「何をもって著しく不適当というかは必ずしも明らかではないが、これは、あらかじめ予測し得なかった経済要因等によって時価が急激に変動した場合など、通達が採用する評価基準、評価方法では適切に対応し得ない程の財産価値の急激な変動を意味するものと思われる。それは決して、納税者が何らかの節税行為をしたとか、租税の回避・軽減行為を放置することが課税の公平を損なうという認識を課税庁がもつに至った、などの状況を意味するものではない。

　近似の裁判例のなかには、『経済的合理性を無視した異常ともいうべき取引によって』課税価格が圧縮されるようになること、『専ら贈与税の負担を回避するために』一定の取引がなされていること、などをもって、特別の事情とするものがある。

　このような一部の裁判例の考え方は、課税の公平の観点や租税の回避・軽減行為に対する抑制ないし制裁の要素を過剰に強調するものと思われる。その結果、評価の客観的な適正性を担保しようという視点は失われてしまうことになる。事案に即して、評価の基準や方法に関する内在的な検討をすることなく、必要以上に課税の公平論に傾斜することは、租税法律主義の観点からみて許されない。」（田中治「相続税制の再検討―相続財産の評価をめぐる法的諸問

題」日本租税理論学会編『相続税制の再検討』50頁以下（法律文化社、2003年））と租税法律主義の視点から問題点を鋭く指摘されている。

　この問題について、筆者は、拙著『租税憲法学第3版』第6章「通達課税の現状と租税法律主義」（成文堂、2006年）において痛烈な批判を加えた。

　通達課税の弊害は、通達は納税者の論拠にはなり得ず、租税行政庁の恣意的課税の温床になりかねない危険があることにある。我々は相続税法における財産評価の問題を素材に通達課税がもたらす弊害を認識しておく必要がある。

第 *13* 章

消費税の意義と消費税法の構造

I　消費税の意義

　消費税とは、物品やサービスの消費に担税力を認めて課される租税である。我が国における消費税の重要性は高まっており、平成30年度予算額に占める消費税の割合は27.9％（消費課税の割合は38.6％）であり、消費税は所得税や法人税等による税収を超える重要な税目として位置づけられている。

　消費に対する課税には直接消費税と間接消費税がある。直接消費税とは、ゴルフ場利用税（地税75条以下）、入湯税（地税701条以下）のように、最終的な消費行為を対象として課される租税である。間接消費税とは、最終的な消費行為よりも前段階である物品やサービスを対象として課される租税である。消費税や酒税、たばこ税のように、物品やサービスの対価に含められる租税負担は、最終的に消費者に転嫁されることになる。

　間接消費税には、法令の定めによって課税対象とされた物品やサービスに対してのみ課される個別消費税と、原則としてすべての物品およびサービスの消費に対して課される一般消費税の2つがある。後者が我が国で一般に「消費税」と呼ばれているものである。

　担税力を測定する基準として支持されてきた所得、資産、消費のうち、消費には逆進性の問題があることから、担税力の測定基準として最も劣っているとされてきた。一方で、消費税は、消費者が納税者として最終的な租税負担をし、事業者が納税義務者として消費税額の計算をし、申告納税をする制度であることから、租税行政庁の徴税コストを抑えられ、租税制度の簡素性の観点から優れているとされている。

　少子高齢化が加速する我が国においては、勤労者層と高齢者層との租税負

担の分配が課題となっており、所得税を中心とする租税制度を維持していくことは難しい。また、年金や医療費、介護費等の社会保障費の急速な増大に対応する安定した財源の確保は避けて通ることができない問題である。その財源としての消費税の重要性が注目されている。

Ⅱ 我が国における消費税の導入の経緯と沿革

我が国における消費税の導入の経緯と沿革を整理しておきたい（金子『租税法』784頁以下参照）。

1 我が国の消費税導入の経緯

我が国では従来、生活必需品や準生活必需品は課税対象から除かれるべきであるとともに、奢侈性の高い物品（ぜいたく品）ほど重く課税されるべきであるという考え方（伝統的な公平負担の考え方）にしたがって租税制度が構築されてきた。

消費課税では個別消費税が採用され、課税対象となる物品をリストアップし、その種類に応じて異なる税率を適用し課税してきた。消費税導入により廃止された物品税は、宝石、毛皮、ゴルフクラブ、洋酒等のぜいたく品を課税対象とする税目であった。一方で、物品税は何が課税対象となるかが不明確であり、その種類ごとに税率を規定しており、複雑な構造となっているとの批判もあった。

昭和40年代の後半には、我が国にも一般消費税を導入すべきであるとの有力な主張が見られるようになった。主な理由には、①個別消費税と比べて、すべての消費を課税対象とする一般消費税は大きな税収をあげられること、②個別消費税に対する不明確で複雑な税制であるとの批判に対して、一般消費税は消費に中立で、簡素な制度であることから、税制の中立性と簡素性の要請に適うものであること、③給与所得者から求められている所得税を減税する場合には代替財源が必要であるが、これに耐えうる代替可能なものは一般消費税のほか見つけられないこと、があげられた。もっとも、一般消費税

に対する反対論は根強く、その導入には時間がかかった。

「昭和54年度の税制改正に関する答申」において、我が国も一般消費税を採用すべきであるとの答申を受けて、内閣は一般消費税の採用方針を決定したが、反対が強かったことから法案化さえされないままであった。また、昭和62年に抜本的税制改正の一環としてEU型の附加価値税をモデルとする売上税法案が国会に提出されたが、審議されないままに廃案となった。その後、翌年の昭和63年12月に消費税法が制定され、平成元年4月1日から税率3％の消費税が施行された。

消費税の創設の趣旨について、税制改革法10条1項は、「現行の個別間接税制度が直面している諸問題を根本的に解決し、税体系全体を通ずる税負担の公平を図るとともに、国民福祉の充実等に必要な歳入構造の安定化に資するため、消費に広くうすく負担を求める消費税を創設する。」と規定して、租税体系全体をふまえた租税負担の公平と、歳入構造の安定化を創設の趣旨として掲げている。

消費税の導入に対する批判に対応し、その定着を図るために、当初の消費税法には中小企業に有利な措置が置かれていたが、平成3年に、これらの措置の見直しが行われた。その後、平成6年に「所得税法及び消費税法の一部を改正する法律」により、税率が1％引き上げられるとともに、地方消費税が創設された。税率は5％（消費税4％と地方消費税1％）となり、平成9年4月1日から施行された。

2　税率の推移と軽減税率

平成24年度に「社会保障と税の一体改革のための抜本的改革法」が成立し、平成26年4月1日から税率が8％（消費税6.3％と地方消費税1.7％）に引き上げられた。あわせて平成27年10月1日から税率10％（消費税7.8％と地方消費税2.2％）に引き上げられる予定であったが、景気動向等を踏まえて平成29年4月1日に先送りされ、さらに令和元年10月1日まで延期された。

なお、税率を10％に引き上げることにより逆進性が増幅することから、そ

の緩和措置として軽減税率8％（消費税6.24％と地方消費税1.76％）の導入が予定されている。「広く薄く」消費税を課すために、すべての消費に対して単一税率により課税することで、租税制度の中立性と簡素の要請に対応してきたが、予定される10％への税率の引上げと軽減税率（食糧品等の軽減対象課税資産・貨物に対する軽減税率適用）導入により、我が国の消費税制度は税率が2桁台に突入するとともに、複数税率制を採用することになり、これまでの制度と一線を画す段階に入ったといえよう。

しかし、軽減税率に対しては、①租税負担軽減の効果が高額所得者にも及んでしまうこと、②逆進性の緩和ないし排除の方策としては他に適当な方法がありうること、③適用対象品物の客観的選定が困難であること、④その範囲が拡大していくおそれがあること、⑤事業者の事務負担が増大すること、等の理由からの軽減税率導入に対する反対論も強い。

また平成28年度税制改正では、軽減税率の導入に伴い、仕入税額控除について、EU型附加価値税におけると同様の「適格請求書等保存方式」（インボイス方式）が導入され、施行時期は令和3年4月1日とされた。

しかし、以上の軽減税率およびインボイス方式の導入については、税率の10％への引上げが2年半延期されたことに伴い、軽減税率制度の施行時期も令和元年10月1日に延期され、またインボイス方式の導入時期も令和5年10月1日に延期され、あわせて税額計算の特例措置も令和元年10月から同5年9月末とされた。

Ⅲ 附加価値税としての我が国の消費税の特徴

消費税の導入に伴い、個別消費税の多くは廃止されたが、酒類、たばこ、石油の物品に対する個別消費税のみは存続した。我が国の消費課税制度は一般消費税を中心に、3種の物品に対する個別消費税を加えたものにより構成されている。

一般消費税には単段階一般消費税と多段階一般消費税の類型がある。

単段階一般消費税は1つの段階のみで課税するものであり、課税の段階によって製造者売上税、卸売売上税、小売売上税がある。アメリカの各州が採用している小売売上税は、小売業者の行う物品の小売に係る売上金額を課税標準として課される租税である。小売売上税には、業務用の小売品を区別することができない場合には、租税負担の累積が生じるという問題がある。

　多段階一般消費税は複数の段階で課税するものであり、各段階の売上金額を課税標準として課税する取引高税と、EU加盟国が採用している各段階の附加価値を課税標準として課税する附加価値税がある。

　附加価値税とは、各取引段階の附加価値を課税標準として課される租税である。附加価値は、原材料の製造から製品の小売までの各段階において、事業により国民経済に新たに附加した価値である。EU加盟国では「仕入税額控除法」または「前段階税額控除法」と呼ばれる方法により、課税期間内の売上金額に税率を適用して得られた金額から、同一課税期間の仕入れに含まれていた前段階の税額（仕入税額）を控除することによって税額を算出している。

　仕入税額控除の方式には、インボイス方式と帳簿方式がある。EU加盟各国ではインボイス方式の附加価値税が採用されているが、我が国では消費税導入に伴う事業者の負担や費用を避けるために、帳簿方式の附加価値税が採用されている。

　わが国の消費税は、先にも述べたように昭和63年の12月に、抜本的税制改革の一環としてEU型の附加価値税としての消費税を採用し、平成元年4月から実施されたわけであるが、消費税の種類としては、附加価値税の性質をもつ多段階一般消費税である。すなわち、消費税は、原則としてすべての物品とサービスの消費に「広くうすく」課税することを目的とするもので、①国内において事業者が行う資産の譲渡（国内取引）、および、②保税地域から引き取られる外国貨物（輸入取引）に対して課税されるが、EU型附加価値税の場合と同様に、税額算定の仕組みとしては、**仕入税額控除法**が採用されている。

消費税の類型

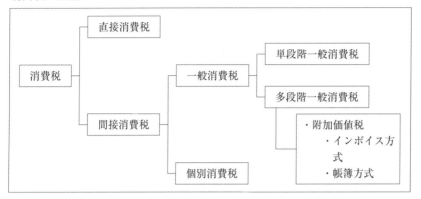

　ただし、**仕入税額控除の方法は、インボイス方式を採用せず、帳簿方式が採用されている**。これは、消費税の導入に伴って事業者に余計な負担や費用をかけるのは好ましくない、という考慮によるものである。しかし、そのため、租税負担の転嫁の関係が不透明になるのみでなく、消費税の正確な執行がそれだけ困難になり、また、インボイス方式のもとで期待される法人および個人事業の所得の把握水準の向上の可能性が減少することも否定できない。

　さらに、インボイス方式ではなく帳簿方式を採用しているために、仕入税額控除の証明の透明性が充分には確保されていないとともに、後述する仕入税額控除要件である、消費税法30条7項の帳簿の「保存」の文言の解釈をめぐる紛争が頻発してきた。

＊論点―インボイス方式と帳簿方式
　仕入税額控除の方式には、インボイス方式と帳簿方式の2つの方式がある。
　インボイス方式は、仕入税額控除の適用を受けるにあたって、インボイス（仕送状）や請求書に税額が記載されていることを条件として控除を認める方式である。帳簿方式は、帳簿等の記載内容に基づき、課税期間内の課税仕入

れの総額に税率を適用して得られた金額を仕入税額として控除を認める方式である。

　我が国では消費税の導入以来、帳簿方式を採用してきた。しかし、①税額の転嫁の関係が不透明になること、②消費税の正確な執行が困難であること、③インボイス方式で期待される法人および個人事業者の所得の把握水準の向上の可能性が減少すること等から、インボイス方式への変更が課題とされてきた。

　平成28年度税制改正において、軽減税率の導入に伴い、仕入税額控除については、EU型附加価値税におけると同様の「適格請求書等保存方式」（インボイス制度）が導入されることとなった。施行時期は令和元年4月1日とされていたが、税率10％への引上げが延期されたことに伴い、令和5年10月1日まで延期されている。

Ⅳ　附加価値税としての消費税の構造 [1]

1　附加価値税の特徴

　我が国の消費税の構造を理解するにはEU型附加価値税の構造を正確に理解することが有益である。そこで、EU型附加価値税について簡潔に整理しておこう。

　附加価値税とは各取引段階の附加価値を課税標準として課される一般消費税である。この附加価値税の特徴をまとめると以下の通りである。

① 財（goods）やサービスが企業間もしくは個人間で売買などを通じて移転した時点でその価格に課される売上税（sales tax）である。
② すべての財及びサービスを課税対象とする一般税（general tax）である。
③ 税率は単純な比例税率（proportional rate）を採用する。
④ 小売段階を含め、卸売、そして生産のすべての段階で課される。
⑤ 産業の組織や形態の相違を考慮せず、無差別に課される。

⑥ 最終の売上段階に至るまでの取引数によって税額が左右されないという点で、小売売上税（retail sales tax）と同様の租税負担額を課す。
⑦ 自国の生産財と輸入財とを差別せず公平に課される。
⑧ 輸出財については免税される。

この附加価値税は、フランスにおいてはじめて導入された租税制度であるが、その後、ヨーロッパ経済共同体（EEC→EC→EU）の共通税として加盟各国において採用され、さらに他のヨーロッパ諸国をはじめとして多くの国々で採用されるにいたっている。

実際の附加価値の計算方法には、賃金や利潤といった附加価値を順次加算していく加算法と、売上高から仕入高を控除して附加価値を求める控除法がある。

フランスをはじめとするEU加盟各国において附加価値税額の算定方法として採用しているのは、「仕入税額控除法」または「前段階税額控除法」と呼ばれる方法である。この方法は、課税期間内の総売上金額に税率を乗じて求めた金額から、当該課税期間内の総仕入金額に含まれている附加価値税額を控除することによって税額を求める方法である。ほとんどの附加価値税導入諸国がこの仕入税額控除法を採用している。

仕入税額控除法では、仕入税額を適正に算定することが重要となる。その仕入税額の控除の具体的方式としては、インボイス方式と帳簿方式の二つの方法が存在する。インボイス方式はフランスをはじめとするEU加盟国などが採用している方式で、インボイス（仕送状）や請求書に仕入額に賦課された附加価値税額が明確に記載されていることを要件に、その仕入税額控除を認める方式である。一方、帳簿方式は我が国が採用している方式で、インボイス等への仕入税額の記載を要件とすることなく、帳簿等に記載された課税期間内の仕入金額に単に附加価値税率を乗じた金額を仕入税額であるとみなして、仕入税額の控除を認める方式である。この帳簿方式は実際仕入に際して附加価値税額が課税されたものかどうかを証拠により検証することができないという点に批判が多い。そのためにフランスをはじめとするEU加盟各

国は、インボイス方式を採用しており、他の国々も一般にそれにならっている。

2 附加価値税の計算構造

イギリスの附加価値税も仕入税額控除方式によっており、仕入税額の控除にはインボイス方式を採用している。イギリスの附加価値税の仕組みを簡潔に示すと以下の表の通りである。税率は10%とする。

EU型附加価値税の構造

取引段階	税抜き販売価格	納付税額	税込み販売価格
①タイヤ原材料生産業者 ↓	10000	1000	11000
②タイヤ製造業者 ↓	40000	3000	44000
③タイヤ卸売業者 ↓	60000	2000	66000
④タイヤ小売業者 ↓	100000	4000	110000
タイヤ消費者	100000	10000	110000

各段階での附加価値税額は次の通り計算される。

① $10000 \times 10\% = 1000$

② $40000 \times 10\% - 1000$（仕入税額控除）$= 3000$

③ $60000 \times 10\% - 4000$（仕入税額控除）$= 2000$

④ $100000 \times 10\% - 6000$（仕入税額控除）$= 4000$

たとえば、②のタイヤ製造業者の附加価値（Value Added）と附加価値税（Value Added Tax）は次の通りである。

40000(Outputs) $- 10000$(Inputs) $= 30000$(Value Added)

30000(Value Added) $\times 10\%$(tax rate) $= 3000$(Value Added Tax)

（課税売上額 $\times$ t(tax)）$-$（課税仕入額 $\times$ t(tax)）$=$ 消費税額

（課税売上額 $-$ 課税仕入額）$\times$ t(tax) $=$ 消費税額

＊ 課税売上額 $-$ 課税仕入額 $=$ 附加価値

我が国の消費税も構造的には、上記の表と計算式と同様に、附加価値に担税力を見出して課税する附加価値税である。仕入税額控除額をインボイスによるか、帳簿によるかが異なるところである。

V 消費税法の課税対象と納税義務者

1 消費税の課税対象

消費税の課税対象は国内取引と輸入取引に分けて以下のとおり整理できる。

(1) 国内取引

国内取引とは、「国内において事業者が行った資産の譲渡等及び特定仕入れ」であり（消税4条1項）、①国内で行うものであること、②事業者が「事業として」行うものであること、③「対価を得て」行うものであること、④「資産の譲渡等」であること、という4要件を充足する取引である。

①「国内」で行われる取引に消費税が課されることから、取引が国内で行われたかどうかを判定する必要がある。消費税法4条3項は取引に係る内外判定の基準を規定している。

②消費税の課税対象となる国内取引は、「事業として」行われる取引に限られる。「事業」とは、同種の行為を独立の立場で反復・継続して行うことであり、所得税法における「事業」よりも広い（名古屋高金沢支判平成15年11月26日税資253号順号9473）。事業外の消費税の対象とならない取引は、一般に「不課税取引」と呼ばれている。

③課税対象は、「対価を得て」行われる取引に限られている。消費税は消費そのものではなく、消費支出に担税力を認めて課されるものであることから、最終消費者との間で行われた対価を伴わない取引に対して課されることはない。もっとも、消費税法には「みなし譲渡」が規定されており、個人事業者が棚卸資産または事業用資産を家事のために消費または使用した場合（消税4条5項1号）と、法人が資産をその役員に贈与した場合（消税4条4項5

号）には、対価を得て資産の譲渡が行われたものとみなして、課税される。

④「資産の譲渡等」とは、「事業として対価を得て行われる資産の譲渡（特定資産の譲渡等に該当するものを控除）及び貸付並びに役務の提供」のことである（消税2条1項8号）。「資産」とは、棚卸資産・固定資産等の有形資産から商標権・特許権等の無形資産まで、取引対象となるすべての資産を含む広い概念であり、「資産の譲渡」とは、資産の同一性を保持しつつ、それを他人に移転することである（金子『租税法』792頁以下）。

ところで、平成27年度税制改正において、「特定仕入れ」が消費税の課税対象に新たに加えられた。これは、国外事業者からの事業者向け電気通信利用役務に対して消費税を課すためには、課税方式としてリバースチャージ方式を用いる必要があったという理由がある。「特定仕入れ」とは、事業として他の者から受けた特定資産の譲渡等であり、「特定資産の譲渡等」とは、「事業者向け電気通信利用役務の提供」（消税2条1項8号の4）と「特定役務の提供」（消税2条2項8号の5）である。個人向けの電気通信利用の役務の提供等は課税対象から除かれている。

(2) 輸入取引

輸入取引の課税対象は、「保税地域から引き取られる外国貨物」である（消税4条2項）。外国貨物とは、輸出の許可を受けた貨物及び外国から本邦に到着した貨物で輸入が許可される前のものである（消税2条1項10号、関税2条1項3号）。

外国貨物に対して消費税が課されるのは、輸入された貨物は我が国の国内で消費されるものであり、国内で製造・販売される物品との間の競争条件を等しくするためである。外国貨物の引取は、「事業として」行われるかどうか、また、「対価を得て」行われるかどうかを問わず、消費税が課される。

保税地域において、外国貨物が消費されまたは使用された場合には、その消費または使用した者が、その消費または使用のときにそれを引き取ったものと見なして（みなし引取）、その者に課税される（消税4条5項）。

(3) 非課税取引

　消費税は、原則としてすべての物品とサービスの消費に課税するが、このうち、課税対象とすることになじまないものや、社会政策的な配慮から課税することが適当でないものが含まれている。そこで、一定の物品やサービスは、非課税取引として課税対象から除かれている（消税6条1項・別表第一）。非課税の場合には、売上が課税対象から除外され、仕入税額控除は認められない。

　以下の取引が非課税取引に該当する。

i 消費税の性格上、課税対象とすることがなじまないもの

① 土地の譲渡及び貸付け

② 有価証券及び支払手段等の譲渡

③ 金融取引及び保険取引等

④ 郵便切手・印紙・証紙等の譲渡

⑤ 物品切手等（商品券等）の譲渡

⑥ 国、地方公共団体等が法令に基づき手数料等を徴収して行う登記、検査、公文書の交付、裁判等の事務に係る役務の提供

⑦ 外国為替業務等に係る役務の提供

ii 社会政策等の特別な政策的配慮によるもの

① 各種の公的な医療保障制度に基づく療養若しくは医療等

② 介護サービス費の支給に係る居宅サービス、社会福祉事業、更生保護事業等

③ 助産

④ 埋葬料及び火葬料

⑤ 身体障害者用物品の譲渡等

⑥ 一定の教育に関する授業料、入学金、施設設備費等に係る役務の提供（その他の政令で定める料金を対価として行われる部分に限る。）

⑦ 教科用図書の譲渡

⑧ 住宅の貸付け

なお、保税地域から引き取られる外国貨物についても、国内における非課税取引とのバランスを図るため非課税とされている（消税6条2項・別表第2）。

(4) 輸出免税

物品の譲渡やサービスの提供が国内取引に該当する場合であっても、物品が輸出され、あるいはサービスの提供が国外で行われる場合には、それらに対する消費税は免除される（輸出免税、消税7条・消税45条1項5号・7号・消税46条等）。

「免税」とは、物品・サービスを課税対象から除外して非課税とするのみでなく、当該仕入に含まれていた税額を控除・還付して、それに対する租税負担をゼロとすることである（ゼロ税率）。非課税の場合と異なり、仕入税額控除が認められる。

輸出される物品や国外で提供されるサービスに対する消費税の課税主体には、政策論として2つの考え方がある。1つは源泉地主義であり、源泉地国に課税権があるとする考え方である。もう1つは仕向地主義であり、仕向地国に課税権があるとする考え方である。

各国の消費税制度が不統一で、しかも物やサービスの流れが相互的でない場合には、源泉地主義の下では、輸入超過国の国庫の犠牲において輸出超過国の税収が増大するのみでなく、租税負担水準の低い国の製品が国際競争上有利な立場に立つ。

これに対して、仕向地主義の下では、輸出品は、源泉地国の消費税を免除され、仕向地国の消費税を課されるから、消費税の負担に関する限り、仕向地国および他の国々の製品と全く同じ条件で競争し得ることとなり、租税制度の国際的中立性が確保される。また、各国は、自国品・輸入品の別なくその領土内で消費される物品からから税収を確保することができる。

我が国では、輸入品（外国貨物）に対して国内で製造・販売される物品と同様に消費税を課し、輸出される物品に対して消費税を免除している（金子『租税法』799頁以下参照）。

2 消費税の納税義務者

　国内取引に係る消費税の納税義務者は、課税仕入れの譲渡等および特定課税仕入れを行った事業者である（消税5条1項）。消費税法における「事業」の範囲は、所得税法の「事業」の範囲よりも広いことから、「事業者」の範囲も同様に、所得税法にいう事業所得者よりも広範な者を意味している。

　輸入取引に係る消費税の納税義務者は、「外国貨物を引き取る者」である（消税5条2項）。輸入取引の場合には、免税事業者も課税貨物を保税地域から引き取る限り納税義務者となる。個人輸入の場合には、当該個人が納税義務者となる。

　中小零細事業者の事務負担を軽減するために、消費税導入時には基準期間における課税売上高が3000万円（免税点）以下の事業者は免税事業者として、国内取引に係る納税義務が免除されてきた（消税9条1項）。平成15年度税制改正において、平成16年4月1日以後に開始する課税期間から、免税点が1000万以下に引き下げられた。

　基準期間とは、個人事業者についてはその課税年度（課税期間）の前々年をいい、法人についてはその事業年度（課税期間）の前々事業年度をいう（消税2条1項14号）。新規の事業者は、事業開始後2年間は基準期間がないため免税事業者となり、消費税の納税義務がない。免税事業者制度は租税回避に利用されることが少なくないことから、改正によりいくつかの規定が整備されている。

　基準期間における課税売上高とは、同期間において国内で行った課税資産の譲渡等の対価の合計額から対価の返還等の金額を控除した金額および特定課税仕入れに係る対価の合計額から対価の返還等の金額を控除した金額である（消税9条2項1号）。課税売上高の算定をめぐっては、消費税抜きの金額で計算するか、あるいは消費税込みの金額で計算するかが問題となる。裁判所は、免税事業者には消費税が課されていないことから、免税事業者に当たるか否かの課税売上高の算定は、課税資産の譲渡等の総額（税込計算）により判定するとしている（最判平成17年2月1日民集59巻2号245頁）。

VI 消費税額の計算構造

1 課税標準と課税期間

　消費税の課税標準は、課税期間中に行った課税資産の譲渡等の対価の額(消税28条1項)である。対価の額とは、課税資産の譲渡等にあたって「対価として収受し、又は収受すべき一切の金銭又は金銭以外の物もしくは権利その他経済的な利益の額」(消税28条1項括弧書内)であるが、消費税相当額及び地方消費税相当額を含まない。

　対価の額は、時価ではなく、当事者間で実際に取り決めた取引価格である。一方で、法人が資産をその役員に譲渡した場合の対価の額がその資産の譲渡のときの価格に比して著しく低いときは、その価格相当額をその対価とみなすこととされている(消税28条1項ただし書き)。ここにいう「著しく低い」対価とは、時価の2分の1にみたない対価をいう(金子『租税法』808頁)。

　また、特定課税仕入れにかかる消費税の課税標準(消税28条2項)と、保税地域から引き取られた貨物にかかる消費税の課税標準(消税28条3項)が規定されている。

　国内取引に係る消費税は期間税であり、各課税期間の間に行われた課税資産の譲渡等にかかる課税標準の額の合計額に対して課される(消税45条1項1号・2号)。輸入取引に係る消費税は随時税である。

　個人事業者の課税期間は原則として暦年であり(消税19条1項1号)、法人の課税期間は原則として法人税法に規定する事業年度である(消税19条1項2号)。事業者は、課税資産の譲渡等をするごとに、相手方から消費税相当額を受領しており、課税期間をあまりに長くする場合には、事業者に運用益を与え、益税が生じることになる。一方で、短くしすぎる場合には、事業者と租税行政庁の双方の事務負担が重くなってしまう。平成15年度税制改正において、課税期間の選択と、中間申告と中間納付が規定されている。

2　売上税額の計算

売上税額は、課税期間中に行った①課税資産の譲渡等の対価の額、②特定課税仕入れの支払い対価の額、③保税地域から引き取られた貨物に対する消費税の課税標準に、税率を乗じて計算する。

課税資産の譲渡等について税込みで代金を領収している場合（税込経理）には、その合計額に108分の100を乗じた金額が課税標準額である（1000円未満の端数は切り捨てる）。この課税標準額に6.3％の税率を乗じて、その課税期間の売上税額が算出する。

課税資産の譲渡等の対価の額と消費税相当額を区分して代金を領収している場合（税抜経理）には、対価の額の合計額が課税標準額であり、消費税相当額の合計額が課税期間の売上税額である。

消費税相当額の合計額の計算において、単品ごとに積み上げて計算するか、もしくは総額を計算するかが考えられるが、単品ごと積み上げ方式の方が、単品ごとの税額の円未満が切り捨てられる場合には納税額が安くなる。

消費税の計算構造

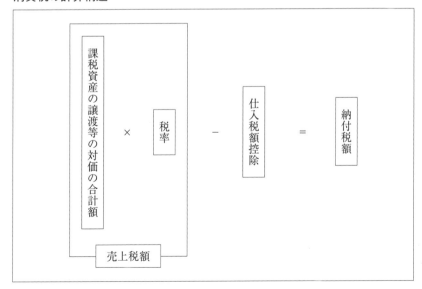

例えば、課税期間中に本体価格120円の商品を、2万個販売したとする。単品ごと積み上げ方式の場合には、120円×8％＝9.6円（0.6は切捨て）であり、9円×2万個＝18万円となる。これに対して、総額計算方式の場合には、120円×2万個×8％＝19万2千円となる。

裁判所は、確定申告書においては、課税期間内における課税資産の譲渡等に係る対価の額の合計額を課税標準として記載し、これに消費税の税率を乗ずることにより、課税標準額に対する消費税額を算定しているのであるから、総額計算方式を採用していると判示している（東京高判平成12年3月30日時報1715号3頁）。

3　仕入税額控除と税額転嫁

仕入税額控除とは、課税仕入れ（消税2条1項12号）もしくは特定課税仕入れ又は課税貨物の保税地域からの引き取りに含まれていた税額（仕入税額）を、売上税額から控除することである（消税30条1項）。仕入税額控除により租税負担の累積が防止されるのであり、附加価値税の性質をもつ我が国の消費税における重要な要素の一つである。

仕入税額控除が行われることにより、納税義務者である事業者は消費税額を負担せず、納税者である最終消費者に税額転嫁をすることができる。消費税は「税額転嫁」と「仕入税額控除」が連鎖する仕組みであり、仕入税額控除は、各取引段階で税額が累積することを防止している。また、仕入税額控除により、取引段階の多寡にかかわらず、最終消費者が負担する税額は同一となる。

消費税では、所得税や法人税における費用収益対応の考え方はなく、課税期間に仕入れた物品やサービスに含まれている税額は、その物品やサービスが課税期間の売上げに対応するかどうかに関係なく、原則としてその課税期間において控除される。仕入税額の控除方法には、実額による控除と、概算による控除（簡易課税制度）がある。

＊論点―簡易課税制度と公平性の問題

　仕入税額控除を受けるためには、事業者は帳簿及び請求書等を保存しなければならず、事業として行った仕入れに係る消費税のみを控除することができる。仕入税額に関する複雑な会計処理や計算は、とくに中小零細事業者には負担である。そこで、会計処理や計算の必要なしに課税売上げ税額のみから税額を算出することを認めて、税額の計算を簡素化する簡易課税制度がある（消税37条1項）。

　基準期間における課税売上高が5000万円以下で、かつ、この制度を選択する旨の届出書を税務署に提出した場合には、簡易課税制度を選択することができる。具体的には、課税期間における課税標準額に対する消費税額に「みなし仕入率」を乗じて計算した金額が、控除する課税仕入れ等に係る消費税額とみなされる。

　簡易課税制度を利用した場合の仕入税額の計算は以下のとおりである。

簡易課税制度の計算構造

```
控除対象の仕入税額 =
    課税期間の課税標準額に対する消費税額 × みなし仕入率
```

　事業者にとっては、簡易課税制度の選択は、控除対象の仕入税額計算が簡便になるというメリットがある。一方で、みなし仕入率を用いる場合には、正確な仕入税額が計算されておらず、附加価値税の根幹である仕入税額控除が適正に反映されていないというデメリットがある。また、仕入税額控除の適用を受けるためには、事業者は帳簿及び請求書等を一定のルールに基づいて保存しておくことが求められるが、簡易課税制度を選択する事業者にはこれが要求されてないことから、両者の手続的な側面における不公平も問題である。

Ⅶ 附加価値税としての我が国の消費税法の最重要論点検証——仕入税額控除の問題点[2]

1 消費税法30条7項の「保存」の意義と仕入税額控除

　消費税法の中核となる仕入税額控除の要件規定の一つともいえる、同法30条7項の「第一項の規定は、事業者が当該課税期間の課税仕入れ等の税額の控除に係る帳簿及び請求書等を保存しない場合には、当該保存がない課税仕入れ又は課税貨物に係る課税仕入れ等の税額については、適用しない。」との規定の「保存」の解釈を中心的争点とした訴訟事案において、最高裁が相次いで下した判断が大きな波紋を投げかけていた[3]。この消費税の仕入税額控除の要件である「帳簿の保存」の解釈を争点とする紛争が頻発し、それに伴い裁判例と学説が集積されてきた[4]。

　この問題を争点として下級審で争われた事案に対して最高裁判決が相次いで下された。代表的事例として、最高裁平成16年12月16日判決[5]、同平成16年12月20日判決[6]、そして、同平成17年3月10日判決[7]などを指摘することができよう。

　いずれも、事業者が当該課税期間の課税仕入れ等の税額の控除に係る帳簿及び請求書等を税務調査の時点で提示することに非協力であったことを重視して、消費税法30条7項の帳簿等の保存の要件を充足しないとして、仕入税額控除が否認された事案であり、仕入税額否認を不服として提訴されたという点で争点が共通する事案である。

　最高裁平成16年12月16日判決の事案は次の通りである。消費税の税務調査の際に税務職員が大工工事業を営む事業者に対して帳簿書類を全部提示して調査に協力するよう求めたのに対して、事業者である原告は税務調査段階で手元に帳簿、請求書等を所持していたようであるが、一部の費目に関する領収書を提示したのみで、その余の帳簿書類を提示せず、それ以上調査に協力しなかった。そこで租税行政庁は、消費税法30条7項が規定する仕入税額控除に係る「帳簿又は請求書などを保存しない場合」に該当するとして、課税

仕入れにかわる消費税額の控除を行わず、消費税額を算出し、消費税の決定処分をしたが、その取消しを求めて出訴したのがこの事案である。

最高裁は、「以上によれば、事業者が、消費税法施行令50条1項の定めるとおり、法30条7項に規定する帳簿又は請求書等を整理し、これらを所定の期間及び場所において、法62条に基づく税務職員による検査に当たって適時にこれを提示することが可能なように態勢を整えて保存していなかった場合は、法30条7項にいう『事業者が当該課税期間の課税仕入れ等の税額の控除に係る帳簿又は請求書等を保存しない場合』に当たり、事業者が災害その他やむを得ない事情により当該保存をすることができなかったことを証明しない限り（同項ただし書）、同条1項の規定は、当該保存がない課税仕入れに係る課税仕入れ等の税額については、適用されないものというべきである。」と判示して、申告納税制度の趣旨及び仕組みと租税調査の関係をも踏まえた上で、「保存」の文言の意味に「適時に提示できる」という条件を付加して原告の訴えを棄却した。この判断は従来の下級審裁判例の考え方を支持したものと位置づけられる。この「保存」の意義をめぐる見解は大きく分類すると3種に分類することが可能であるが、ここでは詳細な言及はしない。[8]

この判断に引き続いて最高裁平成16年12月20日判決も、適法な税務調査の際に帳簿等の提示を税務職員が求めたのに対して、「これに応じがたいとする理由も格別なかったにもかかわらず」その提示を拒み続けたことが、同30条7項の仕入税額控除を受けられない場合に該当するとして仕入税額控除を否認した課税処分の適否を争点とした事案であった。最高裁は、先の税務調査に際して「適時に提示」できるよう保存しておくことを要求しているとした、最高裁平成16年12月16日判決を引用して原告の訴えを棄却した。

2　滝井繁男裁判官の反対意見の意義と評価

この判決では滝井繁男裁判官が次のような説得力のある反対意見を付され、その内容が注目された。

滝井繁男裁判官の反対意見は、消費税における「仕入税額控除は、消費税

の制度の骨格をなすものであって、消費税額を算定する上での実体上の課税要件にも匹敵する本質的な要素とみるべきものである。ただ、法は、この仕入税額控除要件の証明は一定の要件を備えた帳簿等によることとし、その保存がないときは控除をしないものとしているのである（同条7項）。しかしながら、法が仕入税額の控除にこのような限定を設けたのは、あくまで消費税を円滑かつ適正に転嫁するために（税制改革法2条1項）、一定の要件を備えた帳簿等という確実な証拠を確保する必要があると判断したためであって、法30条7項の規定も、課税資産の譲渡等の対価に着実に課税が行われると同時に、課税仕入れに係る税額もまた確実に控除されるという制度の理念に即して解釈されなければならないのである。」として、制度の本質的要素である仕入税額控除を、「保存」の要件を「税務調査の時点で適時に提示すること」という意味に拡大して解釈して否認できるとする多数意見に反対するとの見解をまず提示している。すなわち、「消費税額算定の重要な要素である仕入税額控除の規定を、適用しないという解釈は、申告納税制度の趣旨及び仕組み、並びに法30条7項の趣旨をどのように強調しても採り得ないものと考える。」とされている。この見解に筆者も基本的に賛成である。[9]

　以下の同裁判官の見解はきわめて重要な意義を有すると思われる。

　すなわち、「(3)①事業者が法の要求している帳簿等を保存しているにもかかわらず、正当な理由なくその提示を拒否するということは通常あり得ることではなく、その意味で正当な理由のない帳簿等の提示の拒否は、帳簿等を保存していないことを推認させる有力な事情である。しかし、それはあくまで提示の拒否という事実からの推認にとどまるのであって、保存がないことを理由に仕入税額控除を認めないでなされた課税処分に対し、所定の帳簿等を保存していたことを主張・立証することを許さないとする法文上の根拠はない（消費税法施行令66条は還付等一定の場合にのみ帳簿等の提示を求めているにすぎない。）。…中略　法30条7項における『保存』の規定に、現状維持のまま保管するという通常その言葉の持っている意味を超えて、税務調査における提示の求めに応ずることまで含ませなければならない根拠を見出すことはでき

ない。(筆者傍線および番号) そのように解することは、法解釈の限界を超えるばかりか、課税売上げへの課税の必要性を強調するあまり本来確実に控除されなければならないものまで控除しないという結果をもたらすことになる点において、制度の趣旨にも反するものといわなければならない。…中略

(5) ②事業者が帳簿等を保存すべきものと定められ、これに対する検査権限が法定されているにもかかわらず、正当な理由なくこれに応じないという調査への非協力は、申告内容の確認の妨げになり、適正な税収確保の障害にもなることは容易に想像し得るところであるが、法は、提示を拒否する行為については罰則を用意しているのであって(法68条)、制度の趣旨を強調し、調査への協力が円滑適正な徴税確保のために必要であることから、税額の計算に係る実体的な規定をその本来の意味を超えて広げて解することは、租税法律主義の見地から慎重でなければならないものである。」(筆者傍線および番号) として、詳細な理由を展開して本件の多数意見には賛成できないとしている。

　上記滝井裁判官の傍線①の見解は、増井良啓教授の次の記述によりさらに説得力のある論理として力を持つことになる。同教授は、「先に述べたように、『保存』と『提示』は別の概念である。保存なくしては、提示することができない。だが、提示しなかったからといって、必ずしも直ちに保存がなかったことにはならない。提示がないことは、あくまでも、提示できる状態で保存していなかったことを強く推認させる事情にすぎない。…中略　この枠組みのもとでは、帳簿等を提示しなかった納税者は、仕入税額控除を行うために、『調査時には提示を拒否したが実際には帳簿等を提示できる状態で保存していた』旨を、反証として主張・立証することになる。現実にどのような例がこれにあたるか、直ちには想像しかねる。だが、帳簿等の不提示には、さまざまの態様のものがありうる。あってはならないことであるが、税務調査が違法に行われ、そのため提示拒否に正当な理由が存する場合も、想定しうる。このような場合までを考慮すると、納税者に対して反証の余地を認め、最終的な結論を裁判官の心証に委ねておくのは、ひとつの無難な構成

というべきであろう。[10]」との見解を示されているが、要件事実論を踏まえ、納税者の反証の機会の存否をも射程に入れたきわめて重要な指摘と評価できる。

　実際に帳簿の保存がなされていない場合には、もちろん「保存」の要件を充足していないのであるから、仕入税額控除は認められない。問題は、調査時点で帳簿の提示がないからといって、「保存」がないと断定することの危険性である。上記傍線①の「事業者が法の要求している帳簿等を保存しているにもかかわらず、正当な理由なくその提示を拒否するということは通常あり得ることではな」いと述べられているが、調査時点で帳簿が存在しているにもかかわらず、その帳簿を提示しない場合の背後には、提示拒否をせざるを得ないような、「違法な税務調査」の存在や、そこまでに至らなくても何らかの事情が存在すると見ることが合理的といえる。少なくとも事業者には、帳簿不提示について何らかの言い分が存在するはずである。

　たとえば、事前通知のない調査を不服とした納税者が、調査に非協力的な対応の一環として帳簿は存在したが提示しなかった場合や、税理士に税務代理を一任していたにもかかわらず、税理士に何の連絡もなく税務職員が調査に着手したところ、税理士がその調査を不服として調査に協力しないように納税者に要請した場合など、税務調査自体を不服とする納税者の帳簿不提示、もしくは調査非協力は現行の税務調査をめぐる状況下においては多々想定されるはずである。この場合、「調査時点における帳簿の不提示」は「保存」しない場合に該当するとする最高裁の多数意見によれば、「保存」の事実を調査時点以降に納税者が反証する機会を失わせるという結果を招く。

3　消費税法30条7項による仕入税額控除否認の意味

　一連の最高裁の判断を採用すると、納税者が何らかの事情で調査に非協力であった場合の制裁措置として仕入税額控除否認が代用されかねないという危険が顕在化する。

　実は、その後、同種の危惧が顕在化する事案が登場した。すなわち、先に

指摘した最高裁平成17年3月10日判決では、納税者にも関与税理士にも事前通知なしに着手された調査において、調査官が「税理士は関係ない」といった言動に抗議した税理士が、租税行政庁の釈明があるまでは調査に協力できないとし、さらに、何度かのやり取りのあとに調査が行われ、調査時点で帳簿は存在していたが、ビデオ撮影などを税理士がおこなったところで、調査が打ち切りとなり、仕入税額控除が否認されたことを不服として提訴した原告の請求を、「事業者が消費税法30条1項の適用を受けるには、…中略　同法30条7項に規定する帳簿等を整理し、これらを所定の期間及び場所において、同法62条に基づく国税庁、国税局又は税務署の職員（以下「税務職員」という。）による検査に当たって適時に提示することが可能なように態勢を整えて保存することを要し、事業者がこれを行っていなかった場合には、同法30条7項により、事業者が災害その他やむを得ない事情によりこれをすることができなかったことを証明しない限り（同項ただし書）、同条1項の規定は適用されないものというべきである（最高裁平成13年（行ヒ）第116号同16年12月16日第一小法廷判決・民集58巻9号登載予定、最高裁平成16年（行ヒ）第37号同年12月20日第二小法廷判決・裁判集民事215号登載予定参照）。」として、一連の最高裁の判断を引用のうえで、「前記事実関係によれば、上告人は、被上告人の職員から上告人に対する税務調査において適法に帳簿等の提示を求められ、これに応じ難いとする理由も格別なかったにもかかわらず、帳簿等の提示を拒み続けたということができる。そうすると、上告人が、上記調査が行われた時点で帳簿等を保管していたとしても、同法62条に基づく税務職員による帳簿等の検査に当たって適時にこれを提示することが可能なように態勢を整えて帳簿等を保存していたということはできず、本件は同法30条7項にいう帳簿等を保存しない場合に当たる」として、その請求を棄却している。

　この事例では、原告は、消費税の仕入税額控除が否認されたことにより、総額5000万円余の消費税を転嫁することができず、実質的に負担することになった。過少申告加算税を加えると相当の負担である。税理士を裁判の途中で解任したようであるが、調査手続に異を唱えたことに対する代償としては

あまりにも大きい代償といわざるを得ない。

　これは、見方を変えるとまさに、租税調査に対する協力が得られなければ、消費税の転嫁を認めないという形での制裁を加えるという構図が顕在化したものと捉えることができまいか。

　滝井裁判官の反対意見の傍線②部分で、「正当な理由なくこれに応じないという調査への非協力は、申告内容の確認の妨げになり、適正な税収確保の障害にもなることは容易に想像し得るところであるが、法は、提示を拒否する行為については罰則を用意しているのであ」るから、仕入税額控除を、「保存」の意義を拡大解釈することにより、罰則に代用する結果をもたらすようなことは消費税法の仕組みや法の趣旨からして問題であろう。

　質問検査権規定を厳格に解する納税者や税理士が、事前通知や調査理由の開示、さらには、客観的調査の必要性について調査担当職員に問いただしたことが調査に非協力であるとみなされた場合には、調査時に適時に帳簿を提示しない場合に該当するとして、仕入税額控除が否認されかねない。

　最高裁判決の前提は、「税務調査において適法に帳簿などの提示が求められ」るとしているが、ここに問題の本質はあるといえる。

　租税職員にとって適法と思われる調査が、権利意識に目覚めた納税者にとってはプライバシーの侵害や個人情報の保護の視点から適法か否かの疑義を持つといったミスマッチは多々生じると思われる。

　消費税法30条7項の「保存」の文言を最高裁判決が示した保存提示包含説とでも言える解釈は、仕入税額控除の否認を容易にさせる結果を招く。納税者が不適性と思われる税務調査が行われ、その際に帳簿の提示要求がなされた際に、異議を唱えると、提示がないとして仕入税額控除が認められないということが多々起こりうる。

　消費税の本質は、前段階の仕入税額を控除することにより消費税の転嫁が可能であるという点にある。調査段階で提示がないからといって税務職員の判断によって仕入税額控除が否認されるとすると、附加価値税の本質が税務職員の恣意的な判断により変化させられる危険が生じる。

仕入税額控除の否認は、税務調査非協力者に対する制裁として大きな力を発揮する[11]ことを指摘しておきたい。

注
1) Henry J. Aaron. ed, The Value Added Tax – Lessons From Europe (1981), p. 21.
2) この節の記述は、同じ問題意識に基づいてまとめた拙稿「申告納税制度における税務調査の課題と現状」『税法学』555号135頁以下（2006年）の内容に負っている。
3) 平成17年10月2日に神戸大学で開催された租税法学会研究総会において早稲田大学法科大学院教授の首藤重幸教授が問題提起され、会員の間で多くの議論が展開されたことは記憶に新しい。その内容については、『租税法研究』34号（2006年）に報告と討論についての詳細が掲載されている。要参照。
4) なお、この税務調査に非協力であった納税者に対して、消費税法の仕入れ税額控除を認めないとする課税処分をめぐっては多くの紛争が提起され、裁判所の判断に対して研究者が検討を行っており、学説も集積されている。
　この問題に対する判例と学説を網羅的かつ詳細に紹介・整理されたものとして、黒川功「消費税仕入税額控除否認の法的限界」北野弘久先生古稀記念論文集『納税者権利論の展開』399頁以下（勁草書房、2001年）を取り上げることができる。要参照。
5) 最判平成16年12月16日民集58巻9号2458頁、時報1884号30頁。
6) 最判平成16年12月20日時報1889号42頁。
7) 最判平成17年3月10日判タ1179号171頁。
8) この論点についての学説と裁判例の動向詳細については、黒川功、前掲注4）、399頁以下を参照されたい。
9) 三木義一教授も、この滝井繁男裁判官の反対意見について「法律解釈としては最も論理的だと思われる」（三木義一「消費税仕入税額控除における帳簿等の保存の意義」税理48巻7号18頁以下（2005年））と評価されている。
10) 増井良啓「帳簿不提示と消費税の仕入税額控除」判時1676号168頁以下（1999年）。同論文は、ここで取り上げた最高裁判決以前に公表されたもので、滝井裁判官の反対意見の構成に影響を与えたものと思われるほど説得的である。この帳簿の保存の有無の問題は、要件事実論の視点から検討することにより、さらにその問題の重大性が浮き彫りにされるからである。すなわち、「以上を要するに、私は、判決③④の一般論に賛成する。消費税法三〇条七項にいう『保存がない場合』とは、『適法な提示要請があれば直ちに提示できる状態での保存がない場合』を意味するものと解すべきであり、これに該当することは課税庁が主張・立証すべきである。納税者による帳簿等の不提示は、『保存がない場合』を推認せしめる事情と位置づけられる。…中略　帳簿等の保存に関する紛争の遠因がこのような法制上の足腰の弱さにあることはまぎれもない事実である。その意味で、本稿の問題は、関連規定整備の必要を物語っている」（増井、同論文、同頁）として、この問題の本質に言及されている。
11) この問題の詳細は、拙稿、前掲注2）、135頁以下において詳述しているので参照されたい。

第Ⅱ部　事例研究編（実践編）

第1章

租税公平主義と大島訴訟（サラリーマン税金訴訟）

最高裁大法廷昭和60年3月27日判決（上告棄却、確定、納税者敗訴）
(昭和55年(行ツ)第15号所得税決定処分取消請求上告事件)
民集39巻2号247頁
控訴審　大阪高裁昭和54年11月7日判決（控訴棄却、控訴人上告、納税者敗訴）
(昭和49年(行コ)第36号所得税決定処分取消請求控訴事件)
民集39巻2号310頁
第一審　京都地裁昭和49年5月30日判決（棄却、原告控訴、納税者敗訴）
(昭和41年(行ウ)第10号所得税決定処分取消請求事件)
民集39巻2号272頁

☞　**研究のポイント**

　租税公平主義は租税法の立法原理として最も尊重されるべき基本原則である。基礎理論編で述べたように、租税正義の内容を構成する租税法の立法原理といえる。例えば所得税法が所得区分や所得控除制度を定め、さらには税率として超過累進税率構造を採用しているが、その理論的な根拠は「担税力に即した課税」の実現を求める租税公平主義にある。

　ここでは、所得税法の規定が租税公平主義の原則に違反しているか否かが問われた注目裁判例を簡潔に紹介することにより、所得税法や法人税法といった個別税法の根底にある考え方が租税公平主義（租税正義）の実現にあることを確認しよう。

☞　**研究の注意点**

　違憲判断の基準についてはかなり高度な内容を伴うので、とりわけ興味を感じた読者は引用された文献を紐解くなどしてその理解に努めよう。

I 大島訴訟（サラリーマン税金訴訟）

　この事案は、租税法学上も極めて重要な意義を有するものであり、租税公平主義と租税法の関係を理解する上で最も有益な事例といえよう。給与所得者に対する所得税法の所得課税の構造が租税公平主義に抵触するか否かを正面から争点にして議論された事案である。国民の租税に関する関心を呼び覚ましたという、歴史的意義のある事例でもある。

1 事案

　X（原告・控訴人・上告人）は私立大学の教授で、その昭和39年の収入金額は、給与収入金額170万円余、他に雑収入金額が5万円余あったために、給与収入金額が一定の金額以上である場合には確定申告、をしなければならない旨の規定（昭和40年改正前の所得税法（以下「旧所得税法」とする。）228条1項）により、Xには、確定申告の義務があったが、Xがその確定申告義務を履行しなかった。そこで、所轄税務署長Y（被告・被控訴人・被上告人）は、Xに対して、総所得金額160万円余、課税総所得金額114万円余、税額20万円余、納付すべき税額（税額から源泉所得税を差し引いた金額）5万円余という内容の決定処分と無申告加算税5700円の賦課決定処分をなした。

　Xが、これらの処分（以下「本件処分」とする。）の取消しを求めて出訴したのが本件である。Xは、給与所得に対する課税を定めた旧所得税法の関連規定は、憲法14条の「法の下の平等」規定に違反して無効であり、違憲である所得税法の定めに従ってなした課税処分は違法であると主張したものである。

2 争点

　Xの主張は、給与所得者は、事業所得者などの他の所得者と比較して所得税法上差別的な取扱いを受けており、差別的取扱いに合理的な理由が存在しないのであるから、憲法14条1項の「法の下の平等」規定に反するものであ

ると主張して、具体的には次の3点の主張を展開した。すなわち、所得税法の給与所得者課税が租税公平主義に違反していると主張して以下の3点を争点として提起したものである。

(1) 事業所得等の金額の計算について、事業所得者等がその年中の収入金額を得るために実際に要した金額による必要経費の実額控除を認めているにもかかわらず、給与所得の金額の計算については、給与所得者がその年中の収入金額を得るために実際に要した金額による必要経費の実額控除を認めず、金額を著しく下回る額の給与所得控除を認めるにとどまるものである。このように給与所得者は必要経費を実額控除できず、事業所得者等は実額控除できることを定める所得税法の規定は不合理な差別をもたらすものであるとして、憲法14条1項の「平等」規定に違反し違憲か。

(2) 源泉徴収される給与所得者と申告納税を採る事業所得者等との間に見られる所得の捕捉率の格差は、納税制度の不合理な差別に基因するか。クロヨン（9・6・4）問題は、給与所得者の大半に源泉徴収制度が適用され、事業所得者には確定申告させるといった差別的取扱いを定めた所得税法にその原因があるか。

(3) 給与所得者には認められていない合理的な根拠が見当たらない租税特別措置は給与所得者を著しく不利に扱うものであるか。

Xは以上の3点を争点として提示して、所得税法の給与所得者課税規定が租税公平主義に違反するとの主張を展開した。

本件は、端的にいうと、サラリーマンである給与所得者と自営業者である事業所得者を所得税法は区別して取扱うことを規定しているが、この区別が職業により所得課税の方法を区別するものであり、不合理な差別に該当し、憲法14条1項の「法の下の平等」規定に違反するとのXの主張の是非が争点とされた事例である。

3 判旨

(1) 争点 1 の旧所得税法の給与所得以外は実額で経費を控除し、給与所得は給与所得控除により概算控除するという区別の存在の確認

「旧所得税法は、所得税の課税対象である所得をその性質に応じて10種類に分類した上、不動産所得、事業所得、山林所得及び雑所得の金額の計算については、それぞれの年中の総収入金額から必要経費を控除すること、右の必要経費は当該総収入金額を得るために必要であり、家事上の経費、これに関連する経費（当該経費の主たる部分が右の総収入金額を得るために必要であり、かつ、その必要である部分が明瞭に区分できる場合に当該部分に相当する経費等を除く。以下同じ。）等は必要経費に算入しないことを定めている。また、旧所得税法は、配当所得、譲渡所得及び一時所得の金額の計算についても、『その元本を取得するために要した負債の利子』、『その資産の取得価額、設備費、改良費及び譲渡に関する経費』又は『その収入を得るために支出した金額』を控除することを定めている。一方、旧所得税法は、給与所得の金額はその年中の収入金額から同法所定の金額…中略　を控除した金額とすることを定めている（この控除を以下『給与所得控除』という。）。ところで、給与所得についても収入金額を得るための必要経費の存在を観念し得るところ、当時の税制調査会の答申及び立法の経過に照らせば、右の給与所得控除には、給与所得者の勤務に伴う必要経費を概算的に控除するとの趣旨が含まれていることが明らかであるから、旧所得税法は、事業所得等に係る必要経費については、事業所得者等が実際に要した金額による実額控除を認めているのに対し、給与所得については、必要経費の実額控除を認めず、代わりに同法所定額による概算控除を認めるものであり、必要経費の控除について事業所得者等と給与所得者とを区別するものであるということができる。」

(2) その区別は憲法14条 1 項の法の下の平等に違反するか

　ⅰ 「法の下の平等」規定の平等概念

「憲法14条 1 項は、すべて国民は法の下に平等であって、人種、信条、性

別、社会的身分又は門地により、政治的、経済的又は社会的関係において差別されない旨を明記している。この平等の保障は、憲法の最も基本的な原理の1つであって、課税権の行使を含む国のすべての統治行動に及ぶものである。しかしながら、国民各自には具体的に多くの事実上の差異が存するのであって、これらの差異を無視して均一の取扱いをすることは、かえって国民の間に不均衡をもたらすものであり、もとより憲法14条1項の規定の趣旨とするところではない。すなわち、憲法の右規定は、国民に対し絶対的な平等を保障したものではなく、合理的理由なくして差別することを禁止する趣旨であって、国民各自の事実上の差異に相応して法的取扱いを区別することは、その区別が合理性を有する限り、何ら右規定に違反するものではないのである（最高裁昭和25年(あ)第292号同年10月11日大法廷判決・刑集4巻10号2037頁、同昭和37年(オ)第1472号同39年5月27日大法廷判決・民集18巻4号676頁等参照）。」

ii 租税と租税法律主義の意義

「ところで、租税は、国家が、その課税権に基づき、特別の給付に対する反対給付としてでなく、その経費に充てるための資金を調達する目的をもって、一定の要件に該当するすべての者に課する金銭給付であるが、おおよそ民主主義国家にあっては、国家の維持及び活動に必要な経費は、主権者たる国民が共同の費用として代表者を通じて定めるところにより自ら負担すべきものであり、我が国の憲法も、かかる見地の下に、国民がその総意を反映する租税立法に基づいて納税の義務を負うことを定め（30条）、新たに租税を課し又は現行の租税を変更するには、法律又は法律の定める条件によることを必要としている（84条）。それゆえ、課税要件及び租税の賦課徴収の手続は、法律で明確に定めることが必要であるが、憲法自体は、その内容について特に定めることをせず、これを法律の定めるところにゆだねているのである。」

234 第1章 租税公平主義と大島訴訟

iii 租税法規の違憲性の判断の基準の明示
―立法裁量論と合理性の基準の明示

「思うに、租税は、今日では、国家の財政需要を充足するという本来の機能に加え、所得の再分配、資源の適正配分、景気の調整等の諸機能をも有しており、国民の租税負担を定めるについて、財政・経済・社会政策等の国政全般からの総合的な政策判断を必要とするばかりでなく、課税要件等を定めるについて極めて専門技術的な判断を必要とすることも明らかである。したがって、租税法の定立については、国家財政、社会経済、国民所得、国民生活等の実態についての正確な資料を基礎とする立法府の政策的、技術的な判断にゆだねるほかはなく、裁判所は、基本的にはその裁量的判断を尊重せざるを得ないものというべきである。そうであるとすれば、租税法の分野における所得の性質の違い等を理由とする取扱いの区別は、その立法目的が正当なものであり、かつ、当該立法において具体的に採用された区別の態様が右目的との関連で著しく不合理であることが明らかでない限り、その合理性を否定することができず、これを憲法14条1項の規定に違反するものということはできないものと解するのが相当である。」

iv 給与所得者に概算経費控除制度をとらない場合の弊害と同制度の目的

「給与所得者は、事業所得者等と異なり、自己の計算と危険において業務を遂行するものではなく、使用者の定めるところに従って役務を提供し、提供した役務の対価として使用者から受ける給付をもってその収入とするものであるところ、右の給付の額はあらかじめ定めるところによりおおむね一定額に確定しており、職場における勤務上必要な施設、器具、備品等に係る費用のたぐいは使用者において負担するのが通例であり、給与所得者が勤務に関連して費用の支出をする場合であっても、各自の性格その他の主観的事情を反映して支出形態、金額を異にし、収入金額との関連性が間接的かつ不明確とならざるを得ず、必要経費と家事上の経費又はこれに関連する経費との明瞭な区分が困難であるのが一般である。その上、給与所得者はその数が膨

大であるため、各自の申告に基づき必要経費の額を個別的に認定して実額控除を行うこと、あるいは概算控除と選択的に右の実額控除を行うことは、技術的及び量的に相当の困難を招来し、ひいて租税徴収費用の増加を免れず、税務執行上少なからざる混乱を生ずることが懸念される。また、各自の主観的事情や立証技術の巧拙によってかえって租税負担の不公平をもたらすおそれもなしとしない。旧所得税法が給与所得に係る必要経費につき実額控除を排し、代わりに概算控除の制度を設けた目的は、給与所得者と事業所得者等との租税負担の均衡に配意しつつ、右のような弊害を防止することにあることが明らかであるところ、租税負担を国民の間に公平に配分するとともに、租税の徴収を確実・的確かつ効率的に実現することは、租税法の基本原則であるから、右の目的は正当性を有するものというべきである。」

Ⅴ 給与所得控除制度の目的とその合理性

「そして、右目的との関連において、旧所得税法が具体的に採用する前記の給与所得控除の制度が合理性を有するかどうかは、結局のところ、給与所得控除の額が給与所得に係る必要経費の額との対比において相当性を有するかどうかにかかるものということができる。もっとも、前記の税制調査会の答申及び立法の経過によると、右の給与所得控除は、前記のとおり給与所得に係る必要経費を概算的に控除しようとするものではあるが、なおその外に、⑴給与所得は本人の死亡等によってその発生が途絶えるため資産所得や事業所得に比べて担保力に乏しいことを調整する、⑵給与所得は源泉徴収の方法で所得税が徴収されるため他の所得に比べて相対的により正確に捕捉されやすいことを調整する、⑶給与所得においては申告納税の場合に比べ平均して約５か月早期に所得税を納付することになるからその間の金利を調整する、との趣旨を含むものであるというのである。しかし、このような調整は、前記の税制調査会の答申及び立法の経過によっても、それがどの程度のものであるか明らかでないばかりでなく、所詮、立法政策の問題であって、所得税の性格又は憲法14条１項の規定から何らかの調整を行うことが当然に

要求されるものではない。したがって、憲法14条1項の規定の適用上、事業所得等に係る必要経費につき実額控除が認められていることとの対比において、給与所得に係る必要経費の控除のあり方が均衡のとれたものであるか否かを判断するについては、給与所得控除を専ら給与所得に係る必要経費の控除ととらえて事を論ずるのが相当である。しかるところ、給与所得者の職務上必要な諸設備、備品等に係る経費は使用者が負担するのが通例であり、また、職務に関し必要な旅行や通勤の費用に充てるための金銭給付、職務の性質上欠くことのできない現物給付などがおおむね非課税所得として扱われていることを考慮すれば、本件訴訟における全資料に徴しても、給与所得者において自ら負担する必要経費の額が一般に旧所得税法所定の前記給与所得控除の額を明らかに上回るものと認めることは困難であって、右給与所得控除の額との対比において相当性を欠くことが明らかであるということはできないものとせざるを得ない。

　㈤　以上のとおりであるから、旧所得税法が必要経費の控除について事業所得者等と給与所得者との間に設けた前記の区別は、合理的なものであり、憲法14条1項の規定に違反するものではないというべきである。」

(3)　争点2の捕捉率格差の問題——捕捉率の格差は税務行政の適正な執行により解決されるべき問題

　「事業所得等の捕捉率が相当長期間にわたり給与所得の捕捉率を下回っていることは、本件記録上の資料から認められないではなく、租税公平主義の見地からその是正のための努力が必要であるといわなければならない。しかしながら、このような所得の捕捉の不均衡の問題は、原則的には、税務行政の適正な執行により是正されるべき性質のものであって、捕捉率の較差が正義衡平の観念に反する程に著しく、かつ、それが長年にわたり恒常的に存在して租税法制自体に基因していると認められるような場合であれば格別（本件記録上の資料からかかる事情の存在を認めることはできない。）、そうでない限り、租税法制そのものを違憲ならしめるものとはいえないから、捕捉率の較差の

存在をもって本件課税規定が憲法14条1項の規定に違反するということはできない。」

(4) 争点3の租税優遇措置の違憲性に対する判断
「所論は合理的理由のない租税優遇措置の存在をいうが、仮に所論の租税優遇措置が合理性を欠くものであるとしても、そのことは、当該措置自体の有効性に影響を与えるものにすぎず、本件課税規定を違憲無効ならしめるものということはできない。」

Ⅱ 大島訴訟最高裁判決から学ぶ

1 その1―租税公平主義の意義を確認―平等概念とは？

最高裁は、平等概念を次のように確認している。すなわち、「国民各自には具体的に多くの事実上の差異が存するのであって、これらの差異を無視して均一の取扱いをすることは、かえって国民の間に不均衡をもたらすものであり、もとより憲法14条1項の規定の趣旨とするところではない。すなわち、憲法の右規定は、国民に対し絶対的な平等を保障したものではなく、合理的理由なくして差別することを禁止する趣旨であって、国民各自の事実上の差異に相応して法的取扱いを区別することは、その区別が合理性を有する限り、何ら右規定に違反するものではない」と判示して、平等の意義を確認している。

そもそも憲法の定める平等の意義は、国民に事実上の差異の存在を認め、その差異がある国民を形式的に等しく扱うことはかえって結果の平等を確保できないことになるから、形式的平等もしくは絶対的平等を意味するものではないことを明らかにしている。そのうえで、不合理な差別を禁じ、合理的差別は許容するという相対的平等を意味するとしている。

したがって、租税法上の差別的取扱いは、その差別に合理性がある場合には許容されるとしているのである。所得税法に見られる、所得の発生源泉に

基づく所得区分規定や、所得控除規定、必要経費の算入規定、さらには累進税率など、多くの差別的取扱いを定める規定を所得税法に設けているが、それらの規定が平等規定に反するか否かは、その区別もしくは差別的取扱いに合理性の存否によって判断されるべきである。租税法上の差別的取扱いを定めた規定が租税公平主義に抵触するか否かは、その合理性の存否によって判断される。

2　その2―租税法の違憲性判断の基準を学ぶ

　最高裁は、租税の機能と特質を確認のうえ、以下のように租税法の合憲性を判断する基準を明確に判示した。

　すなわち、「思うに、租税は、今日では、国家の財政需要を充足するという本来の機能に加え、所得の再分配、資源の適正配分、景気の調整等の諸機能をも有しており、①国民の租税負担を定めるについて、財政・経済・社会政策等の国政全般からの総合的な政策判断を必要とするばかりでなく、課税要件等を定めるについて、極めて専門技術的な判断を必要とすることも明らかである。」(筆者傍線)として、租税の特性は高度な専門技術性にあり、租税法規の定立には財政・経済・社会政策といった国政全般に及ぶ政策判断が不可欠であるとする。

　したがって、「②租税法の定立については、国家財政、社会経済、国民所得、国民生活等の実態についての正確な資料を基礎とする立法府の政策的、技術的な判断にゆだねるほかはなく、裁判所は、基本的にはその裁量的判断を尊重せざるを得ないものというべきである(筆者傍線)。そうであるとすれば、租税法の分野における所得の性質の違い等を理由とする取扱いの区別は、③その立法目的が正当なものであり、かつ、当該立法において具体的に採用された区別の態様が右目的との関連で著しく不合理であることが明らかでない限り、その合理性を否定することができず(筆者傍線)、これを憲法14条1項の規定に違反するものということはできないものと解するのが相当である。」として、租税法規の定立には政策的かつ技術的な判断が不可欠であ

り、それらに関する基本的な情報を所有する立法府の政策的な判断に委ねる以外にないから、司法府である裁判所は立法府の役割を尊重すべき立場にあることを宣言し、争点となる租税法規に差別的取扱いがあるとしても、立法目的とその具体的な法律上の差別的取扱いとの間に著しい不合理が存在することが明らかでない限り、憲法14条1項違反とはいえないとの判断を下したのである。

　この論旨を整理すると、上記の傍線部分①において、裁判所は租税法規の定立には専門技術的な判断が不可欠であることを確認し、傍線部分②で「立法裁量論」を展開し、傍線部分③の「著しく不合理であることが明らか」である場合にのみ、その違憲判断が下しうるという、いわゆる「合理性の基準」あるいは「明白性の基準」を憲法判断の具体的な審査基準として用いることを明らかにしている。

3　大島訴訟に提示された審査基準の意義と憲法訴訟上の位置づけ

　大島訴訟において提示された審査基準は、憲法訴訟上では次のように位置づけられる。

　違憲審査にはいわゆる「二重の基準」が適用されると考えられてきた。この「二重の基準」とは、アメリカの司法審査制の形成過程で展開されてきた思考である。その内容を簡単に述べると、「二重の基準」とは、経済的自由権を制約するような法規定には合憲性の推定が働いて「緩やかな審査基準」としての「合理性の基準」が具体的審査基準として適用され、これに対して、精神的自由権を制約する法規定には合憲性の推定が排除されて「厳格な審査基準」によって審査されるべきであるという違憲審査理論をいう。

　合理性の基準（the Rational Relationship Test）とは、法律は人々をその法律が適用される者とされない者とに分類（classification）するが、その分類がその法律の立法目的との関係で合理的であるか否かを審査するという基準である。もちろん、その立法目的が憲法により禁じられていない合理的な目的であることが前提とされる。

大島訴訟において最高裁が示した審査基準を「二重の基準」の理論により位置づけるとすると、経済的自由の制約規定を審査する緩やかな審査基準であるとされる「合理性の基準」が適用されたものであるということが確認できる。

同訴訟は、給与所得者と自営業者という職業の違いから納税者を分類し、その分類に基づいて異なる課税上の法的取扱いを行うことを規定している所得税法が、平等原則に反するかどうかが問われた訴訟であったということができる。課税上の取扱いは国民の財産権の制約に直接的に影響を及ぼすものであり、その意味では、最高裁が審査基準として「合理性の基準」を採用したことは従来の裁判所のスタンスを踏襲したものであったといえよう。

合理性の基準は、租税法領域に限らず、他の法領域においても、従来から憲法14条1項の平等原則に立法が抵触するか否かが問われた憲法訴訟で、裁判所が合憲判断を下す際の審査基準として繰り返し用いられてきた基準である。同判決に用いられた論理と審査基準は従来の主要な憲法訴訟の判断形態を踏襲したものであるといえる。大島訴訟において、最高裁が立法裁量論と合理性の基準を結びつけ、より明確な形で合憲性判断の審査基準を提示したという点では、その後の憲法訴訟に大きな影響を及ぼすものとして意義深い判決であった、と評価できる[4]。

同判決で示された裁判所の合憲判断の法理は、その後の租税立法の平等原則違反を問う憲法訴訟において裁判所に大きな影響を及ぼし、合憲判断を下す際の基準として定着したようである[5]。

ところで、同判決に用いられた憲法判断の具体的審査基準としての「明白性の基準」あるいは「合理性の基準」は、立法府の裁量権に最大の敬意を払うべきであるとする「立法裁量論」と結びついて、多くの憲法訴訟において合憲判断を導出するための法理として用いられてきたものである。

すなわち、「この基準によれば、立法者の行為に対して強い合憲性の推定が与えられ、立証責任は違憲を主張する側にある。これはまた、立法者に広汎な裁量権を認めることでもある。こうして裁判所は、立法目的や目的と手

段との関係などについて立ち入った実質的審査を行わず、最小限の審査（minimum scrutiny）しか行わないので、各法律とも通常最低限度の合理性は含んでいるものであるから、この基準がとられた場合には、ほとんど合憲という結果になっている[6]。」と指摘されるように、この基準を憲法判断の具体的基準として採用した場合には違憲判断の余地はほとんどなくなるといっても過言ではない。

大島訴訟判決の判断基準を踏襲して判断を示した事例[7]として、たとえば、大島訴訟と同様の問題を争点とした総評サラリーマン訴訟最高裁判決[8]や、法人の交際費等の損金不算入について大法人と中小法人との間に取扱いを区別することを規定した租税特別措置法62条の合憲性を争点とした事例など多数見られる[9]。

総評サラリーマン訴訟では、給与所得の金額を計算する際、収入金額から給与所得者の生活費を必要経費として控除すべきであり、これを控除しないものとすることは憲法14条1項に違反する旨の原告の主張に対し、最高裁は、「所得税法（昭和47年法律第31号による改正前のもの）28条等に定める給与所得控除額が低額にすぎ、同法が事業所得者等に比して給与所得者を不当に差別しているというにあるところ、同法が必要経費の控除について事業所得者等と給与所得者との間に設けた区別は、合理的なものであり、憲法14条1項の規定に違反するものではないことは、当裁判所昭和55年（行ツ）第15号同60年3月27日大法廷判決（民集39巻2号247頁）に照らして明らかである」として、大島訴訟の判断を具体的に提示して原告の違憲の主張を排斥している。

また、後者の事例において裁判所は、「憲法14条1項が規定する平等の保障は、課税権の行使にも及ぶものであるが、右規定は、国民に対し絶対的な平等を保障するものではなく、合理的な理由なくして差別することを禁止する趣旨であるから、国民各自の事実上の差異に着目して法的取扱を区別することは、その区別に合理性がある限り、何ら右規定に違反するものではない。」として、憲法上の平等概念が相対的平等を意味し、その適用範囲が租税法にも及ぶとした。そのうえで、「租税法の定立については、その規定対

象の性質上、国家財政、社会経済、国民所得、国民生活等の実態についての正確な資料を基礎とする立法府の政策的、技術的な判断にゆだねるほかはなく、裁判所は、基本的にはその裁量的判断を尊重せざるをえない」として立法裁量論を展開し、「租税法の分野における取扱の区別は、その立法目的が正当なものであり、かつ、当該立法において具体的に採用された区別の態様が右目的との関連で著しく不合理であることが明かでない限り、その合理性を否定することができず、これを憲法14条1項の規定に違反するものということはできないものと解するのが相当である。」として、合憲判断導出のための基準ともいえる「合理性の基準」を採用して合憲判断を下している。この判決は、まさに大島訴訟判決の論理と審査基準を用いて、当該租税法規の合憲性に審査を加え、判断を下したものであるということができる。

以上の通り、租税法規の平等原則違反の主張は、立法裁量論と合理性の基準を組み合わせることにより、強い合憲性の推定が働き、違憲判断の余地は限りなくせばめられることになるといえる。

注
1) J. E. Nowak & R. D. Rotunda, Constitutional Law 632-661 (6th ed. 2000).
2) 阪本昌成『憲法理論』158頁（成文堂、1993年）参照。
3) Nowak & Rotunda, supra note 1) at 639.
4) 区別的な立法を行う規制者側の裁量的判断を広く尊重することにより、当該差別の合理性をとくという論理により合憲判断を示した従来の代表的判例として、堀木訴訟（最(大)判昭和57年7月7日民集36巻7号1235頁）をあげることができる。同判決は、まず、児童扶養手当法の併給禁止規定の合憲性を憲法25条の生存権保障の関係で審査したうえで、「憲法25条の規定の趣旨にこたえて具体的にどのような立法措置を講ずるかの選択決定は、立法府の広い裁量にゆだねられており、それが著しく合理性を欠き明らかに裁量の逸脱・濫用と見ざるをえないような場合を除き」裁判所の司法審査になじまないとし、広い立法裁量論を背景として、平等原則違反の主張に対しては、差別が合理的であるとの判断を下している。最大判昭和33年3月12日刑集12巻3号501頁をも参照。
5) 租税立法の合憲性ばかりでなく他の法領域においても同判決は影響を及ぼしている。たとえば、法廷における記者のメモ行為の合憲性を争点とした、いわゆるレペタ訴訟判決（最(大)判平成元年3月8日民集43巻2号89頁）ではこの大島訴訟判決を引用して原告の主張を退け、合憲判断を下している。
6) 横田耕一「合理性の基準」芦部信喜編『憲法訴訟第2巻』162頁（有斐閣、1987年）。
7) 租税法規が憲法14条1項の平等規定に反するか否かを争点とした事例では、「特

に、大島訴訟判決以降は同判決の判断のスタイルが踏襲されてきており、既に定着している。また、租税法領域以外にでも同判決の平等原則の判断基準が援用されている。たとえば、いわゆるレペタ訴訟判決で最高裁は、憲法14条1項の規定は、各人に対し絶対的な平等を保障したものではなく、合理的理由なくして差別することを禁止する趣旨であって、それぞれの事実上の差異に相応して法的取扱いを区別することは、その区別が合理性を有する限り、何ら右規定に違反するものではないと解すべきである。」として絶対的平等ではなく相対的な平等概念であるとの前提から、判断が下されている。メモをとる行為に対する取扱いと租税法領域への取扱いについて、平等原則の適用を同位にして良いものか強い疑問を投げかけるものとして、戸松秀典『平等原則と司法審査』321頁（有斐閣、1990年）を参照されたい。

8) 最判平成元年2月7日訟月35巻6号1029頁。同判決の評釈として、吉村典久「判批」ジュリ983号129頁（1991年）、吉良実「判批」民商法雑誌101巻2号282頁（1989年）を参照されたい。

9) 詳細については、金子『租税法』95頁以下参照。

第2章

租税法律主義と旭川市国民健康保険料事件

最高裁大法廷平成18年3月1日判決（棄却、確定、納税者敗訴）
（平成12年（行ツ）第62号・平成12年（行ヒ）第66号国民健康保険料賦課処分取消等請求事件）
民集60巻2号587頁
控訴審　札幌高裁平成11年12月21日判決（原判決一部取消、一部却下、一部棄却、上告、納税者敗訴）
（平成10年（行コ）第8号・平成10年（行コ）第12号国民健康保険料賦課処分取消等請求控訴、同附帯控訴事件）
民集60巻2号713頁
第一審　旭川地裁平成10年4月21日判決（一部認容、一部却下、控訴、納税者勝訴）
（平成7年（行ウ）第1号・平成7年（行ウ）第2号・平成8年（行ウ）第5号国民健康保険料賦課処分取消等請求事件）
民集60巻2号672頁

☞　**研究のポイント**[1]

　本件大法廷判決の第一審である旭川地裁平成10年4月21日（時報1641号9頁）判決は、国民健康保険料条例に基づく国民健康保険料についても、民主的コントロールの必要性が高い点で租税と同一視できることを理由として、租税法律（条例）主義の適用があることを認めた。これに対し、控訴審である札幌高裁平成11年12月21日（訟月47巻6号1479頁）判決は、国民健康保険料は、強制的に賦課徴収される点で租税と共通性を有するから、保険料の賦課徴収についても租税法律（条例）主義の趣旨を踏まえる必要はあるが、しかしそれは保険の対価であるから租税とは性質を異にするとして、保険料の賦課徴収に関する事項をすべて条例に具体的に規定しなければならないわけではなく、条例において保険料算定の基準・方法を具体的且つ明白に規定し、具体的保険料率の決定を下位の規範（市長の定める規則・告示等）に委任するこ

とは許される旨を判示した。

本件は、租税法律（条例）主義と国民健康保険の関係性、租税法律主義の射程を争点とした注目事例であり、第一審と第二審で判断が分かれ、さらに原告本人が自ら独学で訴訟を提起したという点でも注目を集めた訴訟の最高裁判決である。納税者の裁判を受ける権利の開拓に納税者自らが挑戦した事例ともいえる点で意義深い事例である。

本件が租税法律主義の趣旨と射程を正面から争点としているところから、租税法律主義の法的統制を考察する上で極めて有用な事例であるといえる。さらに、租税の意義と租税該当性の判断基準を検討することも研究の課題とすることができる。この事件を素材に国税とともに地方税と租税法律主義の関係について分析することは不可欠であろう。本件によりこれらの租税法学上の重要な論点について研究することが期待される。

I 事案の概要

1 基礎事実

本件は、平成6年4月12日に被上告人旭川市（以下「Y1」という。）を保険者とする国民健康保険の一般被保険者（全被保険者から退職被保険者及びその被扶養者を除いた被保険者）の資格を取得した世帯主である上告人（以下「X」という。）が、平成6年度から同8年度までの各年度分の国民健康保険の保険料について、Y1から賦課処分を受け、また、被上告人旭川市長（以下「Y2」という。）から所定の減免事由に該当しないとして減免しない旨の通知（以下「減免非該当処分」という。）を受けたことから、Y1に対し上記各賦課処分の取消し及び無効確認を、Y2に対し上記各減免非該当処分の取消し及び無効確認をそれぞれ求めた事案である。

2 本件の争点とされた国民健康保険に係る法令の定め等

以下に摘示する国民健康保険法（以下「法」という。）、地方税法及び旭川市

国民健康保険料条例（昭和34年旭川市条例第5号。以下「本件条例」という。）の各条項は、それぞれ以下のものをいう。

(1) 法は、国民健康保険事業の健全な運営を確保し、もって社会保障及び国民保健の向上に寄与することを目的とする（1条）ものであり、市町村及び特別区（以下単に「市町村」という。）を保険者とし（3条1項）、市町村の区域内に住所を有する者を被保険者として当該市町村が行う国民健康保険に強制的に加入させた上（5条）、被保険者の疾病、負傷、出産又は死亡に関して必要な保険給付を行い（2条）、被保険者の属する世帯の世帯主が納付する保険料又は国民健康保険税（76条）のほか、国の負担金（69条、70条）、調整交付金（72条）及び補助金（74条）、都道府県及び市町村の補助金及び貸付金（75条）、市町村の一般会計からの繰入金（72条の2第1項、72条の3第1項）等をその費用に充てるものとしている。

(2) 市町村は、国民健康保険事業に要する費用に充てるために、世帯主から保険料を徴収するか（法76条本文）、目的税である国民健康保険税を課することになる（地方税法703条の4第1項）ところ、Y1は、保険料を徴収する方式を採用している。市町村が徴収する保険料については、督促を受けた者が指定された期限までに納付すべき金額を納付しないときは、地方税の滞納処分の例により処分することができるものとされている（法79条の2、地方自治法231条の3第3項）。

(3) 法81条は、法第5章に規定するもののほか、賦課額、料率、賦課期日、納期、減額賦課その他保険料の賦課及び徴収等に関する事項は、政令で定める基準に従って条例で定める旨を規定しており、これを受けて、Y1は、国民健康保険法施行令で定める基準に従って本件条例を制定している。

(4) 市町村が行う国民健康保険に関する収入及び支出については、市町村の一般会計から分離し、特別会計を設けなければならないとされているところ（法10条）、Y1の平成6年度から同8年度までの国民健康保険事業特別会計においては、保険料収入は全収入の約3分の1であり、国民

健康保険事業に要する経費の約3分の2は国庫の負担金、Y1の一般会計からの繰入金等の公的資金により賄われていた。

(5) 本件条例12条1項は、一般被保険者に係る保険料率について、次のとおり定めている。

ア 一般被保険者に係る保険料の賦課額（本件条例17条により保険料の額を減額するものとした場合にあっては、減額することとなる額を含む。）の総額（賦課総額）を、本件条例所定の比率によって所得割総額、資産割総額、被保険者均等割総額及び世帯別平等割総額に4分する。

イ 保険料率は、次の所得割、資産割、被保険者均等割及び世帯別平等割のとおりとする。

(ア) 所得割 所得割総額を一般被保険者に係る賦課期日の属する年の前年の所得に係る基礎控除後の総所得金額等の総額で除して得た率

(イ) 資産割 資産割総額を一般被保険者に係る当該年度分の土地及び家屋に係る固定資産税の総額で除して得た率

(ウ) 被保険者均等割 被保険者均等割総額を当該年度の初日における一般被保険者の数で除して得た額

(エ) 世帯別平等割 世帯別平等割総額を当該年度の初日における一般被保険者の属する世帯の数で除して得た額

(6) 本件条例8条は、上記(5)アの賦課総額を、同条1号に掲げる額の見込額から同条2号に掲げる見込額を控除した額を基準として算定した額とする旨を規定し、同条1号に掲げる額を別紙目録1のとおり、同条2号に掲げる額を同目録2のとおりそれぞれ定めている。

(7) 本件条例9条は、一般被保険者に係る保険料の賦課額を、当該世帯に属する一般被保険者につき算定した所得割額（当該一般被保険者に係る賦課期日の属する年の前年の所得に係る基礎控除後の総所得金額等に所得割を乗じて算定した額。本件条例10条）、資産割額（当該一般被保険者に係る当該年度分の土地及び家屋に係る固定資産税額に資産割を乗じて算定した額。本件条例11条）及び被保険者均等割額の合算額の総額並びに当該世帯につき算定した世帯別平

等割額の合計額と定めている。

(8) 本件条例12条3項は、Y2が一般被保険者に係る保険料率を決定したときは、速やかに告示しなければならないと規定している。これを受けて、Y2は、平成6年度分、同7年度分及び同8年度分の一般被保険者に係る保険料率を、それぞれ賦課期日である4月1日（本件条例13条）の後の平成6年7月4日、同7年5月29日及び同8年5月30日に告示した（それぞれ平成6年旭川市告示第137号、平成7年旭川市告示第120号及び平成8年旭川市告示第122号）。

以上の法令の定めを簡潔に整理すると次の通りY1は国民健康保険料を賦課していたということができる。

すなわち、市町村が行う国民健康保険は、世帯主から保険料（国民健康保険法（平成9年法律第124号）76条本文）又は国民健康保険税（地方税法（平成6年度分及び同7年度分については平成6年法律第49号による改正前のもの、平成8年度分については平成9年法律第124号による改正前のもの）703条の4第1項）のいずれかを賦課徴収するものとされている。Y1は、保険料を徴収する方式を採り、本件条例によって、各被保険者が納付すべき保険料を、まず、事業に要する費用の見込み額から国庫負担金等による収入の見込み額を控除した額を賦課総額とし（本件条例8条）、その賦課総額を基準として一定の計算方式から保険料率を市長が決定し告示する（本件条例12条）。保険料率の算定の基礎とされる「保険料の賦課総額」の算出の基準を定めているが、具体的な保険料率はY2が定める告示で、賦課期日後に明らかにされていた。保険料率は定率や定額では定めておらず、毎年度の賦課総額からそのつど逆算するという方法がとられていた。

3 争点

本件の第一審当初の争点は、①Y1とY2の両者を被告とするのか否かの当事者適格の問題、②処分取消の訴えの前提条件として国民健康保険審査会にXは審査請求をしていないが、審査請求を経ていないことに正当な理由が

存するか否か、そして、③本件条例の憲法適合性、の3点とされた。原審においてもこの3点が争点とされたが、本件最高裁においては次の2点に争点は集約された。

その第1の争点は、市町村の行う国民健康保険の保険料が租税に該当し、憲法第84条の租税法律主義の適用対象となるのか否か、という点である。第2の争点は、本件条例に保険料率を明確に定めずに市長の定める告示に委任すること、賦課期日後に保険料率を告示することが租税法律主義に抵触するか否か、という点である。

この点について本件最高裁は以下の通り判断を下した。

II 判旨

1 国民健康保険料の租税該当性と租税法律主義

「国又は地方公共団体が、課税権に基づき、その経費に充てるための資金を調達する目的をもって、特別の給付に対する反対給付としてでなく、一定の要件に該当するすべての者に対して課する金銭給付は、その形式のいかんにかかわらず、憲法84条に規定する租税に当たるというべきである。

市町村が行う国民健康保険の保険料は、これと異なり、被保険者において保険給付を受け得ることに対する反対給付として徴収されるものである。前記のとおり、Y2における国民健康保険事業に要する経費の約3分の2は公的資金によって賄われているが、これによって、保険料と保険給付を受け得る地位とのけん連性が断ち切られるものではない。また、国民健康保険が強制加入とされ、保険料が強制徴収されるのは、保険給付を受ける被保険者をなるべく保険事故を生ずべき者の全部とし、保険事故により生ずる個人の経済的損害を加入者相互において分担すべきであるとする社会保険としての国民健康保険の目的及び性質に由来するものというべきである。

したがって、上記保険料に憲法84条の規定が直接に適用されることはないというべきである（国民健康保険税は、前記のとおり目的税であって、上記の反対給

付として徴収されるものであるが、形式が税である以上は、憲法84条の規定が適用されることとなる。)」

2　租税法律主義の射程とその判断基準

「もっとも、憲法84条は、課税要件及び租税の賦課徴収の手続が法律で明確に定められるべきことを規定するものであり、直接的には、租税について法律による規律の在り方を定めるものであるが、同条は、国民に対して義務を課し又は権利を制限するには法律の根拠を要するという法原則を租税について厳格化した形で明文化したものというべきである。したがって、国、地方公共団体等が賦課徴収する租税以外の公課であっても、その性質に応じて、法律又は法律の範囲内で制定された条例によって適正な規律がされるべきものと解すべきであり、憲法84条に規定する租税ではないという理由だけから、そのすべてが当然に同条に現れた上記のような法原則のらち外にあると判断することは相当ではない。そして、租税以外の公課であっても、賦課徴収の強制の度合い等の点において租税に類似する性質を有するものについては、憲法84条の趣旨が及ぶと解すべきであるが、その場合であっても、租税以外の公課は、租税とその性質が共通する点や異なる点があり、また、賦課徴収の目的に応じて多種多様であるから、賦課要件が法律又は条例にどの程度明確に定められるべきかなどその規律の在り方については、当該公課の性質、賦課徴収の目的、その強制の度合い等を総合考慮して判断すべきものである。

市町村が行う国民健康保険は、保険料を徴収する方式のものであっても、強制加入とされ、保険料が強制徴収され、賦課徴収の強制の度合いにおいては租税に類似する性質を有するものであるから、これについても憲法84条の趣旨が及ぶと解すべきであるが、他方において、保険料の使途は、国民健康保険事業に要する費用に限定されているのであって、法81条の委任に基づき条例において賦課要件がどの程度明確に定められるべきかは、賦課徴収の強制の度合いのほか、社会保険としての国民健康保険の目的、特質等をも総合

考慮して判断する必要がある。」

3 Y2による保険料率告示と租税法律主義

「本件条例は、保険料率算定の基礎となる賦課総額の算定基準を明確に規定した上で、その算定に必要な上記の費用及び収入の各見込額並びに予定収納率の推計に関する専門的及び技術的な細目にかかわる事項を、Y2の合理的な選択にゆだねたものであり、また、上記見込額等の推計については、国民健康保険事業特別会計の予算及び決算の審議を通じて議会による民主的統制が及ぶものということができる。

そうすると、本件条例が、8条において保険料率算定の基礎となる賦課総額の算定基準を定めた上で、12条3項において、Y2に対し、同基準に基づいて保険料率を決定し、決定した保険料率を告示の方式により公示することを委任したことをもって、法81条に違反するということはできず、また、これが憲法84条の趣旨に反するということもできない。

(2)また、賦課総額の算定基準及び賦課総額に基づく保険料率の算定方法は、本件条例によって賦課期日までに明らかにされているのであって、この算定基準にのっとって収支均衡を図る観点から決定される賦課総額に基づいて算定される保険料率についてはし意的な判断が加わる余地はなく、これが賦課期日後に決定されたとしても法的安定が害されるものではない。したがって、Y2が本件条例12条3項の規定に基づき平成6年度から同8年度までの各年度の保険料率をそれぞれ各年度の賦課期日後に告示したことは、憲法84条の趣旨に反するものとはいえない。」

4 恒常的な生活困窮者を保険料減免の対象外とする本件条例19条1項の憲法適合性

「法6条6号は、恒常的に生活が困窮している状態にある者については生活保護法による医療扶助等の保護を予定して、これを市町村が行う国民健康保険の被保険者としないものとしていること、法81条を受けて定められた本

件条例17条は、低額所得被保険者の保険料負担の軽減を図るために、応益負担による保険料である被保険者均等割額及び世帯別平等割額についての減額賦課を定めていること、他方、本件条例10条は、応能負担による保険料である所得割額を、当該一般被保険者に係る賦課期日の属する年の前年の所得を基準に算定するものとしていることからすると、本件条例19条1項が、当該年において生じた事情の変更に伴い一時的に保険料負担能力の全部又は一部を喪失した者に対して保険料を減免するにとどめ、恒常的に生活が困窮している状態にある者を保険料の減免の対象としないことが、法77条の委任の範囲を超えるものということはできない。そして、上記の本件条例19条1項の定めは、著しく合理性を欠くということはできないし、経済的弱者について合理的な理由のない差別をしたものということもできない。したがって、本件条例19条1項の定めは、憲法25条、14条に違反しないし、また、Xについて保険料の減免を認めなかったことは、憲法25条に違反するものではない。」

III 研究 判旨に反対

1 本判決の位置付けと意義
——秋田市国民健康保険税条例事件との比較検証

本件に類似した著名な先例として、秋田市国民健康保険税条例事件[2]が存在する。

秋田市は、市町村の運営する国民健康保険の財源として、国庫負担金等に加えて、被保険者から徴収する保険料を地方税法703条の4に基づく国民健康保険税を被保険者から徴収することによってまかなっていた。具体的には、秋田市は国民健康保険税条例を制定して保険税を徴収することにしていた。同条例は、国民健康保険の被保険者に課すべき国民健康保険税の総額を「当該年度の初日における療養の給付及び療養費の支給に要する費用の総額の見込額から、療養の給付についての一部負担金の総額の見込額を控除した残額の100分の65に相当する額以内とする」と定め、この課税総額を所得割

総額、資産割総額、被保険者均等割総額、世帯別平等割総額に一定の割合で四分し、この各割ごとに適用すべき税率を一定の方式で算出することとしていた。

原告らは、同条例に基づいて秋田市から世帯主として国民健康保険税を賦課されたところ、同条例が所得割と資産割については保険料率の算定方法を定めるのみで、保険料率を明示せず、また被保険者均等割と世帯別平等割についても定額を明示しないことが憲84条に定める租税法律主義に反すると主張し、保険税賦課決定処分の取消しを求めて出訴したのがこの事件である。

第一審判決[3]は、「国民健康保険税は、市町村が当該年度において必要とする右療養給付費等の国民健康保険事業の経費に充てるために被保険者から徴収する目的税であり、…中略　保険税もまた、地方公共団体がその課税権に基づき、その住民たる被保険者に対し強制的に賦課し徴収する金銭給付として、租税たる性質を有することについては普通税と異なるところはなく、税率につき本件条例のような規定の形式をとり、税率算定の根拠となる課税総額の額の決定を課税庁の認定に任せるときは、定率、定額で税率を規定した場合と対比し、税率の決定をその裁量に委ねたに等しく、租税法律主義の原則の適用につき例外を認める結果となり、その許されないことはいうまでもない。」として、国民健康保険税が租税の性質を持つことは明らかで、他の普通税と同様のものであるところから、租税法律主義の適用対象となるものであると判示した。

そのうえで、「国民健康保険税の課税要件を定めた本件条例二条および六条の規定は一義的明確を欠き、課税総額の認定、税率の確定について課税庁である被告の裁量を許容するものというべく、納税義務者たる被保険者らにおいて、賦課処分前に右課税総額および税率を確知し得ないため、自己に賦課される課税額を予測することは全く不可能であるうえ、賦課処分後においても、課税総額自体が不明であるため、通知された税率の当否、ひいては不当または違法な課税処分に対し行政上の不服申立、訴の提起をなすべきか否かについて客観的、合理的な判断を加えることを事実上著しく困難ならしめ

る結果を招来しており、右条例の規定が、行政庁の恣意的な裁量を排し、国民の財産権が不当に侵害されることを防止し、国民の経済生活に法的安定性と予測可能性を付与することを目的とする租税法律主義の原則に反することは明らかである。そして租税法律主義の原則を規定する憲法八四条は、地方公共団体が、その有する課税権に基づいて地方税を賦課徴収するため条例を制定し、住民から地方税を賦課徴収するについて、その適用があると解すべきことはさきに判示したとおりであるから、本件条例二条および六条の規定は憲法八四条に違反し無効であって、右条例の規定に基づいてなされた本件賦課処分は違法であることを免れない。」と判示して、この課税総額に関する規定は一義的明確性を欠き租税法律主義に反するとして、同条例が租税法律主義に違反して違憲無効であるとした。

　第二審の高裁判決も、秋田市の国民健康保険税が目的税ではあるがその性質は普通税と異なるものではないところから、租税法律主義の適用対象となることを前提として、「本件条例のもとでの控訴人による課税総額の確定について、本件条例にはその際によるべき基準は何ら規定されてはいないから、控訴人は自由な裁量によって種々の政策的判断の積み重ねによってこれを行いうるものと解するのほかはなく、保険税が目的税であることや、国保会計の収支均衡を無視して課税総額を確定できないということも、右裁量の幅を狭いものとするとはいえず、また条例二条の上限額の定め自体が右裁量の余地を大きく減殺する機能を果すともいえない。したがつて、重要な課税要件たる課税総額の確定をこのように広汎な裁量の余地のあるままに控訴人に委ねた条例二条の課税総額規定はやはり課税要件条例主義に反するといわざるをえない。」として、この規定によれば秋田市の恣意的な課税を抑止できないところから租税法律（条例）主義に抵触するとしたうえで、さらに「条例二条の『課税総額』は前記のとおり積極的に定義づけることは困難な概念であり、その金額については、同条において上限が規定されているだけで、その範囲内での確定は控訴人に委ねられているというのであるから、同条の規定が一義的に明確でないことも明らかであり、同条の解釈によつて

も、それを明確にできるものでもないから、同条の課税総額規定は課税要件明確主義にも違反するというべきである。」と判示して、同条の「課税総額」規定が一義的に明確でないところから租税法律主義の内容の一つである課税要件明確主義に反すると断じている。

この秋田市国民健康保険税条例事件の第一審・第二審の論旨は、次の２点に要約できよう。すなわち①国民健康保険税は目的税であるが地方税としてまさに租税の性質を持つものであるから、租税法律主義が適用され、②同市の国民健康保険税条例が定める課税要件規定は、一義的明確性を欠くために、課税総額の認定や税率の確定について租税行政庁である秋田市の裁量を許容するものであり、恣意的課税の阻止を目的とする租税法律主義に抵触する、と判断している。とりわけ、第一審判決が、課税要件明確主義に力点をおいたということができるのに対して、第二審の高裁判決はどちらかというと課税要件法定（条例）主義に力点を置く論理構成をとって判断を下したということができよう。[5]

本件と上記秋田市国民健康保険税条例事件との主要な相違点は次の２点にあるといえる。

その第１は、当時の秋田市の国民健康保険は「保険税」方式を採用していたのに対し、旭川市の国民健康保険は「保険料」方式を採用している点であり、第２は当時の秋田市の国民健康保険税条例には保険税率を告示するという規定が存在していなかったが、旭川市の条例は市長が保険料を告示することを定めている点、の２点が挙げられる。

本件の第一審は、この国民健康「保険税」と国民健康「保険料」を実質的には同種のものと解することにより、秋田市国保訴訟の国民健康保険制度に対する判断方法を踏襲し、租税法律主義に違反するとの違憲判断を導出した。すなわち、①「国民健康保険料」は「租税」であり、②市長による保険料率の「告示」は法的規範ではないが故に委任立法は行われえず、保険料率の算定の仕方および重要な課税要件である「賦課総額」の算定の仕方に賦課権者による広範な裁量の余地が認められるから、「租税法律主義」の「課税

要件法定主義」及び「課税要件明確主義」に反している、との判断を示した[6])。

一方、本件の上級審である高裁及び最高裁判決では、保険料は租税ではないから租税法律主義の適用対象とはならず、本件条例は租税法律主義に抵触することはないとして第一審の違憲判断を破棄した。

本件最高裁判決の意義は、まさに租税の概念と租税法律主義の適用範囲を正面から争点とした事案である、というところに求められよう。詳細な意義と評価については以下に譲る。

2　租税の意義と租税該当性の判断基準

本件の判旨を検討するうえで最も基本となる前提は、果たして国民健康保険料が租税といえるかという点である。前述したように秋田市国民健康保険税条例事件では、国民健康保険税は租税であるのか否かが争われ、裁判所はいずれも租税であるとの前提の下にその後の法理論が展開された。そこで、まずはじめに租税の意義及び概念について法的に確認しておくことにする。

租税とは、「国家が、特別の給付に対する反対給付としてではなく、公共サービスを提供するための資金を調達する目的で、法律の定めに基づいて私人に課する金銭給付である[7]。」と意義付けして問題ないであろう。

この租税の特質もしくは性質を金子宏教授の整理にしたがって確認すると、次の5点にわたる性質を有するということができる[8]。

① 租税の公益性（租税は公共サービスの提供に必要な資金調達を目的としている）。

② 租税の権力性（租税は、一方的・権力的課徴金の性質を持つ。国民の富を強制的に国家の手に移す手段であるから、国民の財産権への侵害の性質をもたざるをえない）。

③ 租税の非対価性（租税は、特別の給付に対する反対給付の性質をもたない）。

④ 租税の応能負担性（国民（住民）にその能力に応じて一般的に課される点に特色をもつ）。

⑤ 租税の金銭給付原則（租税は、金銭給付であることを原則とする）。

租税は、以上の5点の性質を有すると理解することができる。したがって、ある国民に対する負担金が租税といえるかどうかは、租税の定義に該当するかどうかにより判定されることになる。具体的には上記の5点の租税の性質を具備するかどうかを基準に判断することができる。

3 国民健康保険料の租税該当性の検証—対価性の基準の視点

原審および本件最高裁判決は、本件国民健康保険料が租税に該当しないと判示し、第一審は実質的に租税と同一視できるとする判断を下した。それぞれの判断の論旨は次のとおりである。

本件判旨（最高裁判決）は「国又は地方公共団体が、課税権に基づき、その経費に充てるための資金を調達する目的をもって、特別の給付に対する反対給付としてでなく、一定の要件に該当するすべての者に対して課する金銭給付は、その形式のいかんにかかわらず、憲法84条に規定する租税に当たるというべきである。」と判示しており、金子宏教授の上記基準の公益性、非対価性、そして、金銭給付原則の基準を充足するものが租税に該当するとの見解を明らかにしている。

そのうえで、本件の争点とされる国民健康保険料が租税に該当するか否かについて、「市町村が行う国民健康保険の保険料は、これと異なり、被保険者において保険給付を受け得ることに対する反対給付として徴収されるものである。」から、保険給付という対価を受けることを前提としているので、租税の性質である非対価性の基準を充足するものではないとして、本件国民健康保険料が租税に該当しないと判断している。したがって、「上記保険料に憲法84条の規定が直接に適用されることはないというべきである」と判示して、租税法律主義の適用を否定した。

原審の札幌高裁も、「控訴人市の国民健康保険事業に要する経費が前記の程度の公的資金によってまかなわれているからといって、その社会保険としての性格や保険料の対価性が失われるものとは認められないものというべきところ、前記のとおり、租税法律（条例）主義は、本来、特別の給付に対す

る反対給付としての性質を有しない租税について、行政権による恣意的な課税から国民を保護するための原則であるからである。したがって、保険料について、租税法律（条例）主義が直接に適用されることはないというべきである。」として、保険料には対価性があり、非対価性をその性質とする租税とは同一視することはできないから、租税法律（条例）主義の適用はないと判示している。

原審も最高裁も、保険料には対価性が存在することを強調して、非対価性を本質とする租税と保険料は同一視できないとしたうえで、租税法律主義の適用を否定している。

一方、第一審旭川地裁判決は、[10]「このように、国民健康保険は、①強制加入制であること、②その保険料又は保険税は選択的とされ、いずれも強制的に徴収されるものであること（特に被告市においては賦課徴収方法について市税条例が準用されていること）、③その収入の約3分の2を公的資金でまかない、保険料収入は3分の1にすぎないのであるから、国民健康保険は保険というよりも社会保障政策の一環である公的サービスとしての性格が強く、その対価性は希薄であること等の事実に照らせば、このような性質を有する徴収金（保険料）は、保険税という形式を採っていなくても、民主的なコントロールの必要性が高い点で租税と同一視でき、一種の地方税として租税法律（条例）主義の適用があると解するべきである。」として、保険料は形式的には租税とはいえないが、その実質は、対価性が希薄であり保険というよりも公的サービスの性質を有し（公益性、非対価性の基準を充足）、強制的に徴収されるところから（権力性の基準）、租税と同一視することができるものであり、したがって、租税法律主義の適用対象となるという結論を導出している。

本件国民健康保険料の租税該当性について、形式的には租税の名称も付されていないところから租税に該当するとはいえないという点では各裁判所の見解は一致している。しかし、原審および最高裁は、被保険者が保険料支払いに対応する保険給付を受けるのであるから反対給付があり、対価性が存在するのであるから、非対価性をその基準とする租税には該当しないとしてい

る。

　しかしながら、保険料支払とその反対給付としての保険給付は個別的・直接的対応関係は維持されていない。保険給付を受けない多くの支払者がいることは事実である。さらに、国民健康保険制度は保険料支払いに公的な補助金の支給を受けて初めて成り立つものであり、その補助金は税金でまかなわれている。まさに、制度維持の大部分が租税により維持されており、その一部を被保険者が負担するという構成によって成り立っているのである。そもそも、租税の非対価性は直接的な対応関係がないという意味で用いられている。租税による社会資本の構築や警察や消防制度の維持は、租税負担者とは直接的な対応関係はないが、間接的対価性の存在を否定することはできない。保険料と保険給付の関係と、租税負担と警察や消防の維持経費との関係は、直接的な対応関係ではなく間接的対応関係という意味で同種と見てよい。

　そうすると、保険料と保険給付という反対給付の関係のみを根拠に、保険料が実質的な租税といったレベルにおいても租税に該当しないとの見解（原審および最高裁の判断）には賛成することはできない。

　ところで、北野弘久教授は以下のように根拠を提示して社会保険料が租税の一種であるとされている。

　すなわち、「社会保険料も一種の租税である。日本国憲法のもとでは、人々は憲法の意図する『福祉目的』のために『納税の義務』を負っている。本来的には固有の意味での租税によって、右の『福祉目的』がカバーされねばならない。それゆえ、憲法理論的には人々は『社会保険料』という名称の租税を負担しているといってよい。社会保険料は現行実定法上すでに『国民健康保険税』の制度（地方税法703条の四、703条の五参照）の存在によっても知られるように、これを容易に法的租税概念に取り込むことが可能である。この点に関して固有の意味での租税との類似性をいくつか指摘することができる。⑴社会保険料についても固有の意味での租税と同様に強制徴収が行われる（健康保険法11条の二等参照）。⑵今日では社会保険料の負担者の多くは、固

有の意味の租税の場合と同じように必ずしも具体的・個別的な反対給付を受けているとは限らない。つまり人々は病気をしなくても強制的に多額の社会保険料を負担させられているわけである。(3)いくつかの社会保険料の収入が実質的にいえば、『第二の予算』とも呼ばれる財政投融資に充てられている。…中略　社会保険料の一部も『第二の予算』における公的支出に充てられているわけである。そのような『第二の予算』に組み込まれないものであっても、国民の健康を支えるために社会保険料収入が充てられていること自体が、前述の福祉憲法である日本国憲法のもとでは憲法理論的には固有の意味での租税の支出の機能と異なるところはないことを意味しよう。

　以上の検討によって知られるように、社会保険料も憲法上はその法的租税概念に組み込まれるべきである。筆者は、憲法八四条（租税法律主義）にいう『租税』のなかに社会保険料も含まれると解している。[11]」

　この同教授の論旨は、先に確認した租税の性質のうちの、①公益性、②権力性、③非対価性の３つの性質を基準として社会保険料にあてはめ、社会保険料は①ないし③の基準のいずれも充足するところから「社会保険料も租税の一種である」と結論付けておられる。この論旨は本件保険料の租税該当性を検討するうえで有益であり、参考にすべきであろう。

　さらに、本件第一審判断を明確に支持した林仲宣教授は、最高裁判決が、[12]「確かに租税は、反対給付を持たない無償の金銭給付という原則にたてば、反対給付のある保険料は租税ではない。」としながら、保険税については、「目的税であって、上記の反対給付として徴収されるものであるが、形式が税である以上は、憲法八四条の規定が適用されることとなる」と判示している点を指摘したうえで、「ここでいう上記の反対給付とは、保険給付のことである。すなわち保険税も保険給付という反対給付を根幹とする国民健康保険制度の目的・性質に合致した被保険者が負担する費用という点では、保険料と同一の概念である。つまり、保険税は、租税でありながら反対給付を有することになる。」との論理的な矛盾について、「目的税としての保険税を強調する」のみで、合理的な説明をなしていない点を鋭く指摘されている。[13]こ

の指摘はまさに本件最高裁判決の問題の核心を突いたものといえよう。

4 租税法律主義の射程と国民健康保険料

本件の最大の論点は、国民健康保険料にも租税法律主義が適用されるか否かにある。前述のとおり、筆者は本件保険料が形式的には租税には該当しないが、租税の性質といった基準を用いた実質的な租税には該当するとの第一審の判旨を支持するものであるが、ここでは一方の視点である租税法律主義の適用範囲（射程）について更なる検討を加えたい。

租税法律主義が憲法原理であるところから、憲法84条の解釈を踏まえた憲法学の通説的な見解を確認しておこう。

まず、『注釈日本国憲法』[14]は、「本条（84条）は、直接には『租税』について法律主義を定めるものであるが、その趣旨は、国民に対し一方的・強制的に金銭給付義務を賦課するには必ず国会の定める法律によるべきものとするところにあると解される。したがって、形式的には租税でないとしても、一方的・強制的に賦課・徴収する金銭は、実質的に租税と同視しうるものであり、本条の適用があるものと解される。前述のように、本条には明治憲法62条2項にあたる規定が存在しないことは、形式的租税以外のものについて、租税と同視しうる実質をもつものは法律による必要がある、との趣旨を含むものとみることができるであろう。」として、一方的・強制的に国民に賦課・徴収する金銭は形式的には租税といえなくとも実質的に租税と同視して、租税法律主義の適用範囲に含まれると述べている。具体的には地方団体が行う公益事業の経費に充てるための負担金などが該当する。これらの負担金は、「特定の事業に特別の関係あるものがその事業の経費を分担するものであるという点では租税と異なる面があるが、しかし、公共の経費に当てるため強制的に国民から徴収するものである点で、租税と実質を同じくする。したがって、このような負担金の賦課・徴収は、当然に法律によることが必要である。」と述べている。

さらに明確に、佐藤功『日本国憲法概説』[15]は、租税法律主義の適用範囲に

ついて次のように述べている。すなわち、「ここに租税とは、定義的にいえば、国（または地方公共団体）が、特別の役務に対する反対給付としてではなく、その経費に充てるための財力取得の目的で、その課税権に基づいて、一般国民に対して一方的・強制的に賦課し、徴収する金銭給付をいう。これが固有の意味の租税である。」と「租税」について定義した上で、「租税法律主義の原則は、右の固有の意味の『租税』（形式上の租税）のほか、広くあらゆる種類の経済的公課にも適用される。財政法第3条はこの趣旨に立って、租税のほか『国が国権に基いて収納する課徴金』すなわち負担金・分担金・手数料・納付金・使用料など、および『法律上又は事実上国の独占に属する事業』における『専売価格』、もしくは『事業料金』についても、すべて『法律または国会の議決に基づいて定めなければならない』と定めている。ここに挙げられている経済的公課は、形式的には租税とは異なるが、国民の自由意思に基づいて定められるものではなく、また強制的に徴収されるものである点では、実質的には租税と異ならないものであるから、同様に、法律または国会の議決に基づいて定めるべきものとしたのである。」と述べられて、租税法律主義は、形式上の租税にとどまらず、実質的に国民に賦課徴収される、あらゆる経済的効果に対して広く適用されるものであるとしている。

伊藤正己『憲法』[16]も、憲法「84条では、そこにいう『租税』の範囲が問題になる。これは直接にはいわゆる租税、すなわち国または地方公共団体がその経費にあてるために収入の目的をもって国民に賦課する金銭的負担について法律主義を要求しているが、国の財政に対する国会のコントロールという基本原則が財政収入の面であらわれたのが租税法律主義であり、さらに明治憲法のように手数料などについて除外する明文の規定もないところからみて、狭い意味の租税のみでなく、これと実質を同じくするものにも及ぶと解される。」として、明治憲法のように手数料などを租税法律主義の適用範囲から除外する明文の規定がないところから、形式上の租税ばかりでなく実質的に租税と同じ性質を有するものにも適用されるとの見解が示されている。

上記のとおり、憲法学における租税法律主義の適用範囲に関する見解は、

『注釈日本国憲法』の「一方的・強制的に賦課・徴収する金銭は、実質的に租税と同視しうるものである」との見解に代表されよう。そもそも租税法律主義の本質は、国家による恣意的な課税を阻止することにより国民の自由と財産権を保障することにある。国家権力による財産権の侵害は、租税という名称によらない経済的負担によっても起こりうることは歴史的にも経験されてきている。租税という名称によらずに国民に強制的に経済的負担を強いる行為をも、国会の議決を経た法律により法的コントロールの下におくことは、租税法律主義の趣旨を形骸化させないためにも当然の趣旨解釈として受け入れられるべきものである。

憲法学を代表する文献の見解が一様に、租税法律主義の適用範囲を形式上の租税ばかりでなく実質的に租税と同一視できる、国民に対して一方的かつ強制的に強いる経済負担には広く適用される、とする見解を採用するのは、租税法律主義の本質を踏まえれば当然のことといえよう。

そうすると、間接的対価関係のみを取り上げて、保険料が租税ではないから租税法律主義の適用はないとする本件判旨には疑問を呈せざるを得ない。

憲法学の通説的理解に立脚するならば、少なくとも、保険料は「一方的・強制的に賦課・徴収する金銭」には該当するはずであるから、租税法律主義は適用されるべきである。

この租税法律主義の適用範囲（射程）をいかに考えるかという視点からも、本件判旨は受け入れ難いものといえよう。

5　市長による「告示」の委任立法としての適法性

第一審の判旨は、「賦課総額は、賦課要件たる料率算定の基礎となる、それ自体重要な賦課要件であるから、賦課権者が自由な裁量によってその確定を内部的に決定することを委任しているとすれば、租税条例主義（特に賦課要件条例主義）の見地からは多大な疑問があるといわなければならない。」としているが、それは保険料が租税と同一視できるとの見解にたてば、租税法律主義の適用対象となり、租税法律主義の統制下におかれると委任立法も厳

格な法的制約下におかれることになる。故にこの第一審の判示は合理的といえよう。

したがって、この市長による「告示」の適法性の問題は、保険料が租税と同一視できるか否かに左右される問題である。

保険料が実質的に租税に該当するという見解にたてば、保険料制度は租税法律主義の統制下に置かれ、市長による告示が具体的な法規定による授権に基づいていないか、もしくは抽象的・白紙的委任による委任立法に基づくものと判定されれば、租税法律主義の課税要件法定（条例）主義に抵触することになるのである。

第一審は保険料が租税と同一視できるとしているのであるから、市長の告示が委任立法に基づくものであるところからその委任の適否が検討され、租税法律主義に抵触するか否かが厳格に判断されるのである。

原審および最高裁では、保険料は実質的な租税にも該当しないとしているのであるから、租税法律主義の統制外におかれ、委任立法の適否の吟味の対象外とされるということになる。

6　結論

本件の争点に対する判断の出発点は、保険料を租税と同一視できるか否かという点にあった。類似の先例としての秋田市国民健康保険税は、「保険税」としてその名称も税であるところから形式的な租税にも該当し租税法律主義の統制下におかれるとして、租税法律主義適合性が吟味され、その結論として原告納税者の秋田市国民健康保険税条例は違憲無効であるとの主張が認容された。

一方、本件保険料は名称が保険税ではなく保険料であるところから、実質的に租税といえるかどうかをめぐって多くの議論が展開され、第一審と原審・最高裁での判断も分かれた。

第一審の判断は、保険料は保険税との名称を使用していないところから形式的な租税には該当しないが、本件保険料は実質的には租税と同一視できる

としており、その後の判旨の論理は秋田市国民健康保険税条例事件の判断を踏襲したものである。保険料が租税に該当するといえるのであれば租税法律主義の統制下におかれるのは当然の帰結といえよう。国家による恣意的課税を阻止するという租税法律主義の起源と本質を考慮すれば、この判断は妥当なものと評価できよう。[17]

本件最高裁の判示は、保険料も保険税もともに国民健康保険制度を構成するものでその実質は同種のものであることを認めつつも、法形式のみが異なる点をことさらに強調して、保険料は実質的に租税と同一視できないと結論付けたものといえよう。この論旨に筆者は与することは到底できない。これは本文中に確認した憲法学のアプローチからの憲法84条の趣旨から導出された租税法律主義の適用範囲の視点からも受け入れがたい。

本件は、本人訴訟として社会的に大きな注目を集めた事件であった。国民の裁判を受ける権利を行使し、一納税者の働きかけに対して司法裁判所が正面から真摯に耳を傾けた事例として画期的な意義を有するものと評価できる。

なお、本稿では第4の判示事項である「恒常的な生活困窮者を保険料減免の対象外とする本件条例19条1項の憲法適合性」については検討の対象から除外した。

注
1) 本件判例研究として、増田英敏「国民健康保険料に対する租税法律主義の射程」TKC税研情報15巻5号93頁以下（2006年）参照。
2) 秋田地判昭和54年4月27日行集30巻4号891頁、仙台高秋田支判昭和57年7月23日行集33巻7号1616頁。この秋田市事件と旭川市事件の両者を包括的に捉え比較紹介した文献として、沼田敏明「秋田市国民健康保険税条例違憲訴訟」北野弘久先生古稀記念論集『納税者権利論の展開』797頁以下（勁草書房、2001年）がある。
3) 秋田地判昭和54年4月27日行集30巻4号891頁。
4) 仙台高判昭和57年7月23日行集33巻7号1616頁。同判決に対する判例評釈として、安念潤司「判批」ジュリ730号125頁以下（1980年）、碓井光明「判批」判評255号19頁以下（時報957号157頁）（1980年）、田中治「判批」租税判例百選＜第2版＞（別ジュリ79）16頁（1983年）、倉田聡「判批」租税判例百選＜第4版＞（別ジュリ178）13頁（2005年）を参照。
5) 田中治「判批」租税判例百選＜第3版＞（別ジュリ120）11頁（1992年）。

6) 新村とわ「判批」法学65巻4号600頁（2001年）。
7) 金子『租税法』9頁以下。通説として広く受け入れられる金子宏教授による定義をここでは採用する。木村弘之亮教授も、「税とは、特別の給付に対する反対給付ではなく、かつ（法律が給付義務を定めている法律要件を満たすところの）すべての者に対して収入の獲得のために公法上の団体が課するそうした金銭給付である」（木村弘之亮『租税法総則』46頁（成文堂、1998年）と定義しておられる。
8) 金子、同上書、9頁以下。
9) 札幌高判平成11年12月21日民集60巻2号713頁。
10) 旭川地判平成10年4月21日民集60巻2号672頁。
11) 北野弘久『税法学原論第5版』30頁（青林書院、2003年）。
12) 林仲宣教授は、第1審判決の直後、林仲宣「判批」ひろば51巻9号79頁以下（1998年）において1審判決に賛成する意見を展開された。
13) 林仲宣「租税と租税法律主義」税61巻4号29頁以下（2006年）。
14) 樋口陽一ほか『注釈日本国憲法下巻』1315頁（青林書院、1988年）。
15) 佐藤功『日本国憲法概説　全訂第3版』436頁（学陽書房、1988年）。
16) 伊藤正己『憲法〔第3版〕』477頁（弘文堂、1995年）。なお、伊藤正己教授は次のような租税法律主義の適用範囲について慎重な意見も述べられており注意を要する。すなわち、「財政民主主義に基づき広く国の財政について国会のコントロールを認める趣旨からいって、負担金（たとえば道路占用料）、特権料（たとえば特許料）、公法上の手数料（たとえば営業許可手数料、試験手数料）、国の事業の料金（たとえば郵便料金）などすべてを『租税』に含めて、国会の意思のもとにおくことが望ましいといえるが、それがそのまま憲法の要求とみることには疑問がある。これらのうち租税に準じて考えられ、報償の性質をもっていても、租税的性質を含み、単なる報償以上の意味をもつもの（かつて国の専売であった当時のたばこの専売価格などはこれに含まれよう）に及ぶと解してよいが、それ以外のものは憲法の要求ではなく、財政法3条は憲法の趣旨をふまえつつ憲法の要求以上の財政国会中心主義を法律で定めたものと考えられる。そう考えると、『財政法三条の特例に関する法律』（昭和23法27号）が3条の適用について例外を定めたり、公法上の手数料につき金額などが命令に委任されたりすることは違憲とはいえないであろう。」（同書478頁）とされている。
17) 金子宏教授によれば、租税法律主義の起源と沿革は次のように理解されている。すなわち、「租税の賦課・徴収は、もちろん公権力の行使であるから、租税法律主義は、上の意味における法治主義の一環としての意味をもつが、歴史的に見ると、租税法律主義は、近代法治主義の確立のうえで、先導的、中核的役割を果してきた。すなわち、近代以前の国家においては、封建領主や絶対君主が戦費の調達や個人的欲望の満足のために恣意的な課税を行うことが多かったため、勃興しつつあった市民階級のそれに対する抵抗が徐々に実を結び、『代表なければ課税なし』（No taxation without representation）という思想のもとに、課税権は国民の同意、すなわち国民代表議会の制定する法律の根拠に基づくことなしには行使できない、という憲法原理が成立することになったのであるが、この意味における租税法律主義が法治主義一般の確立に大きな影響を与えたのである。

上の意味における租税法律主義が、最初に確立したのは、イギリスにおいてであった。1215年のマグナ・カルタにおける、『一切の楯金、もしくは援助金は朕の王国の一般評議会によるのでなければ朕の王国においてはこれを課さない』という規定は、各種の負担は、それを課される者の同意を要する、という原則の表現であって、租税法律主義の萌芽と見ることができる。』（金子、前掲注7）、79頁）と述べられている。

租税法律主義の起源を踏まえれば、国民の各種負担が税という名称によるか否かによるのではなく、その実質が国民の財産権の侵害になるような、強制的かつ一方的負担といえるのであれば、同原則が適用されるという憲法学の通説の理解は当然ともいえよう。

第3章

租税法律主義の射程
―損益通算廃止立法の遡及適用の憲法適合性

最高裁平成23年9月22日判決（棄却、確定、納税者敗訴）
（平成21年（行ツ）第73号通知処分取消請求事件）
民集65巻6号2756頁
控訴審　東京高裁平成20年12月4日判決（棄却、上告、納税者敗訴）
（平成20年（行コ）第236号通知処分取消請求控訴事件）
民集65巻6号2891頁
第一審　千葉地裁平成20年5月16日判決（棄却、控訴、納税者敗訴）
（平成19年（行ウ）第15号通知処分取消請求事件）
民集65巻6号2869頁

☞　研究のポイント

　本件は社会的にも大きな注目を集めた事案である。平成16年4月1日に施行された譲渡損失の損益通算制度を廃止することを定めた改正措置法を同年1月1日以後同年3月31日までの間に行われた土地等又は建物等の譲渡についても遡及して適用するものとする本件改正附則27条1項の規定が、憲法84条、同法30条から導かれる租税法律主義に違反するか否かが争点とされたものである。

　租税法律主義の最も重要な機能は租税法による予測可能性の確保にあるが、遡及立法はこの予測可能性の機能を侵害する。国側の主張は、税制改正大綱に改正の詳細が明示されており、新聞などのマスコミによっても報道がなされていたので、十分に予測可能性が担保されていたとする。さらに、租税法理論上も所得税は、期間税であるところから、そもそも遡及立法にも該当しないとした。この国側の主張を認容した最高裁判決には多くの批判が加えられている。

　納税者にとって損益通算廃止という不利益な改正がおこなわれるかもしれ

ないとして、駆け込みで時価下落などにより塩漬けとなった土地を譲渡した納税者が、相次いで同改正は遡及立法禁止原則に反し違憲であるとの訴訟を提起することとなった。一連の違憲訴訟で上告審まで争われた事案の最高裁判決が本事例である。

本事例を素材に、租税法律主義の内容を構成する遡及立法禁止原則の意義と射程を確認することが本件の研究の要諦である。

さらに、期間税の論理や、租税法律主義が担保する予測可能性の意味するところを考察することも重要である。租税法律主義の求める予測可能性の確保は法律によることが大前提とされているはずであるが、新聞報道により税制改正の方向性が示されておれば、国民の予測可能性は確保されているとしてよいのかどうか、本判決を批判的に検討することを勧奨したい。

I 事案の概要

1 事実

平成12年以降、政府税制調査会や国土交通省の「今後の土地税制のあり方に関する研究会」等において、操作性の高い投資活動等から生じた損失と事業活動等から生じた所得との損益通算の制限、地価下落等の土地をめぐる環境の変化を踏まえた税制及び他の資産との均衡を失しない市場中立的な税体系の構築等について検討の必要性が指摘されていたところ、平成15年12月17日に取りまとめられた与党の平成16年度税制改正大綱では、平成16年分以降の所得税につき長期譲渡所得に係る損益通算を廃止する旨の方針が決定され、翌日の新聞で上記方針を含む上記大綱の内容が報道された。そして、平成16年1月16日には上記大綱の方針に沿った政府の平成16年度税制改正の要綱が閣議決定され、これに基づいて本件損益通算廃止を改正事項に含む法案として立案された所得税法等の一部を改正する法律案が、同年2月3日に国会に提出された後、同年3月26日に成立して同月31日に改正法として公布され、同年4月1日から施行された。

なお、平成16年分以降の所得税につき長期譲渡所得に係る損益通算を廃止する旨の方針を含む上記大綱の内容について上記の新聞報道がされた直後から、資産運用コンサルタント、不動産会社、税理士事務所等が開設するホームページ上に次々と、値下がり不動産の平成15年中の売却を勧める記事が掲載されるなどした。

上告人（以下「X」という。）は、平成5年4月以来所有する土地を譲渡する旨の売買契約を同16年1月30日に締結し、これを同年3月1日に買主に引き渡した。Xは、平成17年9月、平成16年分の所得税の確定申告書を所轄税務署長に提出したが、その後、上記譲渡によって長期譲渡所得の金額の計算上生じた損失の金額については他の各種所得との損益通算が認められるべきであり、これに基づいて税額の計算をすると還付がされることになるとして、更正の請求をした。これに対し、所轄税務署長（以下「Y」という。）は、平成18年2月、更正をすべき理由がない旨の通知処分をし、Xからの異議申立て及び審査請求はいずれも棄却された。

2 争点

本件の争点は、平成16年3月31日に公布され同年4月1日に施行された改正措置法31条1項後段の規定を同年1月1日以後同年3月31日までの間に行われた土地等又は建物等の譲渡について適用するものとする本件改正附則27条1項の規定が、憲法84条、30条から導かれる租税法律主義に違反するか否かにある。

3 当事者の主張（本件の争点に関する理解のため当事者の主張については本件1審の当事者の主張をここでは引用する）

X（原告・上告人）の主張

憲法84条が定める租税法律主義は、納税者の法的安定を図り、将来の予測可能性を与えることを目的にしているから、本件のような期間税である所得税についても、年度途中で年度の初めに遡って適用される租税改正立法につ

いては、年度開始前に納税者が一般的にしかも十分予測できる場合に限って許され、そうでない限り、納税者の信頼を裏切る遡及立法として、憲法84条に違反する。

しかるに、本件改正附則は、年度途中に施行された改正措置法を年度開始時に遡って適用することを定めるものでありながら、年度開始前にほとんど一般に周知されておらず、仮に納税者が年度開始前に知り得たとしても、その期間は7日程度の短期間に止まるのであるから、納税者に予測可能性があったとはいえない。その上、改正措置法が定める遡及適用を含む損益通算禁止は、正確な資料に基づかず、しかも財政上の必要性のないものであるから、本件改正附則は憲法84条に違反する。

Y（被告・被上告人）の主張

本件改正附則が、未だ平成16年分の所得税の納税義務が成立していない同年の途中で施行された損益通算廃止等を内容とする改正措置法を年度開始時点から適用することを定めているのは、所得税の期間税としての性質上むしろ当然のことであり、遡及立法禁止の原則に違反しない。

また、本件改正附則を含む改正措置法の立法目的は、現行の土地譲渡益課税制度を見直し、他の資産と均衡の取れた市場中立的な税体系を構築することにあり、そのため、土地建物等の譲渡所得に係る損益通算の廃止は税率引下げ等と一つのパッケージとされ、土地市場の活性化を図るために早急な実施が必要であった。

さらに、土地建物等の譲渡所得に係る損益通算の廃止及びそれが平成16年分以後の所得税について適用されることは、平成16年分所得税の課税期間が開始される以前からある程度国民に対して周知されていた。

これらの事情等に照らせば、本件改正附則の立法目的は正当であり、その内容はその立法目的との関連で不合理であることが明らかであるとは到底いえないから、本件改正附則は憲法84条に違反しない。

II 判旨

1 暦年途中の改正法施行が納税者の課税関係に影響するか

「(1) 所得税の納税義務は暦年の終了時に成立するものであり（国税通則法15条2項1号）、措置法31条の改正等を内容とする改正法が施行された平成16年4月1日の時点においては同年分の所得税の納税義務はいまだ成立していないから、本件損益通算廃止に係る上記改正後の同条の規定を同年1月1日から同年3月31日までの間にされた長期譲渡に適用しても、所得税の納税義務自体が事後的に変更されることにはならない。しかしながら、長期譲渡は既存の租税法規の内容を前提としてされるのが通常と考えられ、また、所得税が1暦年に累積する個々の所得を基礎として課税されるものであることに鑑みると、改正法施行前にされた上記長期譲渡について暦年途中の改正法施行により変更された上記規定を適用することは、これにより、所得税の課税関係における納税者の租税法規上の地位が変更され、課税関係における法的安定に影響が及び得るものというべきである。」

2 憲法84条の「租税法律主義」適合性判断の基準

「(2) 憲法84条は、課税要件及び租税の賦課徴収の手続が法律で明確に定められるべきことを規定するものであるが、これにより課税関係における法的安定が保たれるべき趣旨を含むものと解するのが相当である〔最高裁平成12年（行ツ）第62号、同年（行ヒ）第66号同18年3月1日大法廷判決・民集60巻2号587頁参照〕。そして、法律で一旦定められた財産権の内容が事後の法律により変更されることによって法的安定に影響が及び得る場合における当該変更の憲法適合性については、当該財産権の性質、その内容を変更する程度及びこれを変更することによって保護される公益の性質などの諸事情を総合的に勘案し、その変更が当該財産権に対する合理的な制約として容認されるべきものであるかどうかによって判断すべきものであるところ〔最高裁昭和48年（行ツ）第24号同53年7月12日大法廷判決・民集32巻5号946頁参照〕、

上記(1)のような暦年途中の租税法規の変更及びその暦年当初からの適用によって納税者の租税法規上の地位が変更され、課税関係における法的安定に影響が及び得る場合においても、これと同様に解すべきものである。なぜなら、このような暦年途中の租税法規の変更にあっても、その暦年当初からの適用がこれを通じて経済活動等に与える影響は、当該変更の具体的な対象、内容、程度等によって様々に異なり得るものであるところ、上記のような租税法規の変更及び適用も、最終的には国民の財産上の利害に帰着するものであって、その合理性は上記の諸事情を総合的に勘案して判断されるべきものであるという点において、財産権の内容の事後の法律による変更の場合と同様というべきだからである。

したがって、暦年途中で施行された改正法による本件損益通算廃止に係る改正後措置法の規定の暦年当初からの適用を定めた本件改正附則が憲法84条の趣旨に反するか否かについては、上記の諸事情を総合的に勘案した上で、このような暦年途中の租税法規の変更及びその暦年当初からの適用による課税関係における法的安定への影響が納税者の租税法規上の地位に対する合理的な制約として容認されるべきものであるかどうかという観点から判断するのが相当と解すべきである。」

3 あてはめ
(1) 遡及立法の立法目的の合理性

「(3) そこで、以下、本件における上記諸事情についてみることとする。まず、改正法による本件に係る措置法の改正内容は前記2のとおりであるところ、上記改正は、長期譲渡所得の金額の計算において所得が生じた場合には分離課税がされる一方で、損失が生じた場合には損益通算がされることによる不均衡を解消し、適正な租税負担の要請に応え得るようにするとともに、長期譲渡所得に係る所得税の税率の引下げ等とあいまって、使用収益に応じた適切な価格による土地取引を促進し、土地市場を活性化させて、我が国の経済に深刻な影響を及ぼしていた長期間にわたる不動産価格の下落（資

産デフレ）の進行に歯止めをかけることを立法目的として立案され、これらを一体として早急に実施することが予定されたものであったと解される。また、本件改正附則において本件損益通算廃止に係る改正後措置法の規定を平成16年の暦年当初から適用することとされたのは、その適用の始期を遅らせた場合、損益通算による租税負担の軽減を目的として土地等又は建物等を安価で売却する駆け込み売却が多数行われ、上記立法目的を阻害するおそれがあったため、これを防止する目的によるものであったと解されるところ、平成16年分以降の所得税に係る本件損益通算廃止の方針を決定した与党の平成16年度税制改正大綱の内容が新聞で報道された直後から、資産運用コンサルタント、不動産会社、税理士事務所等によって平成15年中の不動産の売却の勧奨が行われるなどしていたことをも考慮すると、上記のおそれは具体的なものであったというべきである。そうすると、長期間にわたる不動産価格の下落により既に我が国の経済に深刻な影響が生じていた状況の下において、本件改正附則が本件損益通算廃止に係る改正後措置法の規定を暦年当初から適用することとしたことは、具体的な公益上の要請に基づくものであったということができる。そして、このような要請に基づく法改正により事後的に変更されるのは、上記(1)によると、納税者の納税義務それ自体ではなく、特定の譲渡に係る損失により暦年終了時に損益通算をして租税負担の軽減を図ることを納税者が期待し得る地位にとどまるものである。納税者にこの地位に基づく上記期待に沿った結果が実際に生ずるか否かは、当該譲渡後の暦年終了時までの所得等のいかんによるものであって、当該譲渡が暦年当初に近い時期のものであるほどその地位は不確定な性格を帯びるものといわざるを得ない。」

(2) 立法裁量論に立脚した合憲判断

「また、租税法規は、財政・経済・社会政策等の国政全般からの総合的な政策判断及び極めて専門技術的な判断を踏まえた立法府の裁量的判断に基づき定立されるものであり、納税者の上記地位もこのような政策的、技術的な判断を踏まえた裁量的判断に基づき設けられた性格を有するところ、本件損

益通算廃止を内容とする改正法の法案が立案された当時には、長期譲渡所得の金額の計算において損失が生じた場合にのみ損益通算を認めることは不均衡であり、これを解消することが適正な租税負担の要請に応えることになるとされるなど、上記地位について政策的見地からの否定的評価がされるに至っていたものといえる。

　以上のとおり、本件損益通算廃止に係る改正後措置法の規定の暦年当初からの適用が具体的な公益上の要請に基づくものである一方で、これによる変更の対象となるのは上記のような性格等を有する地位にとどまるところ、本件改正附則は、平成16年４月１日に施行された改正法による本件損益通算廃止に係る改正後措置法の規定を同年１月１日から同年３月31日までの間に行われた長期譲渡について適用するというものであって、暦年の初日から改正法の施行日の前日までの期間をその適用対象に含めることにより暦年の全体を通じた公平が図られる面があり、また、その期間も暦年当初の３か月間に限られている。納税者においては、これによって損益通算による租税負担の軽減に係る期待に沿った結果を得ることができなくなるものの、それ以上に一旦成立した納税義務を加重されるなどの不利益を受けるものではない。

　(4)　これらの諸事情を総合的に勘案すると、本件改正附則が、本件損益通算廃止に係る改正後措置法の規定を平成16年１月１日以後にされた長期譲渡に適用するものとしたことは、上記のような納税者の租税法規上の地位に対する合理的な制約として容認されるべきものと解するのが相当である。したがって、本件改正附則が、憲法84条の趣旨に反するものということはできない。また、以上に述べたところは、法律の定めるところによる納税の義務を定めた憲法30条との関係についても等しくいえることであって、本件改正附則が、同条の趣旨に反するものということもできない。以上のことは、前掲各大法廷判決の趣旨に徴して明らかというべきである。所論の点に関する原審の判断は、以上の趣旨をいうものとして、是認することができる。論旨は採用することができない。

　なお、論旨は、Ｘがした長期譲渡につき、本件改正附則によって本件損益

通算廃止に係る改正後措置法の規定を適用することの違憲をもいうが、その実質は本件改正附則自体の法令としての違憲をいうものにほかならず、それとは別に違憲をいう前提を欠くものであって、民訴法312条1項及び2項に規定する事由のいずれにも該当しない。」

Ⅲ 研究 判旨に反対

1 はじめに[1)]

本件と同様の平成16年改正の遡及適用の合憲性を争点とした福岡地裁平成20年1月29日判決は違憲判決（適用違憲）を下したが、同判決の判例解説を筆者は拙稿「TKC税研情報」17巻5号1頁以下（2008年）に発表した。同判例解説で、筆者は同福岡地裁判決を租税法律主義の予測可能性の確保を重視した妥当な判決であると評価した。

その後、同改正をめぐる遡及適用の合憲性を争点とした一連の訴訟で相次いで合憲判断が示された。下級審では上記福岡地裁判決を除きすべて合憲判断が示されていたが、上告審である最高裁が本判決の通り、合憲の判断を示した。[2)]

本章では、本件の第一審、控訴審の判断を踏まえたうえで、本判決である最高裁の判断の構造を整理し批判的検討を加えることにする。

2 改正の経緯

本件の争点とされた平成16年の住宅・土地税制の改正[3)]は、土地、建物の譲渡所得の課税の特例について、特別控除後の譲渡益の20パーセントから税率を15パーセントに引き下げるという税率軽減措置とともに、土地、建物等の長期譲渡所得の金額の計算上生じた損失の金額については、原則として土地、建物等の譲渡による所得以外の所得との損益通算及び翌年以降の繰越控除を認めないことにした損益通算等を廃止する一方で、住宅ローン残高があるなどの一定の要件を充足した場合の損益通算および繰越控除を認める特例

を新設するといった内容を骨子とするものであった。この改正の内容自体には合理性が担保されていると評価できる。

しかし、問題は、同改正措置法は、平成16年4月1日から施行するが、新措置法31条の規定（損益通算の廃止等）等は、個人が平成16年1月1日以後に行う同条1項に規定する土地、建物等の譲渡について適用すると、新措置法附則1条柱書が規定されており、損益通算措置の廃止は1月1日にさかのぼって適用することが規定されていたところにある。

さらに、この法改正に至る経緯も唐突との表現がまさに当てはまるものであったといえよう。

本件改正は、その内容が、平成15年12月15日の政府税制調査会の総会までは全く触れられず、同月17日の「与党税制改正大綱の骨子」に唐突ともいえる状況の下で提示されたものである。したがって、非居住用土地・建物等の譲渡損失の損益通算・繰越控除を廃止することが盛り込まれていることをこの時点で知りえた国民は、一部の専門家を除けば皆無に等しい状況にあったといえる。

さらに、本件改正法は、平成16年2月3日に国会に法案が提出され、同年3月26日に成立し、同月31日に公布されるとともに同年4月1日に施行されたが、一方で同改正法は同年1月1日以降の土地建物の譲渡取引に遡及して適用されることが附則において定められたのである。

この改正に至る経緯を確認すると、まさに租税法規の遡及適用であることに異論をはさむ余地はない。

そこで問題となったのは、譲渡損失という担税力減殺要因を他の所得と通算することにより担税力に応じた課税の実現を図るといった、所得税法の中核的所得測定要素である損益通算の廃止は、納税者にとっては不利益な取り扱いであるところから、同改正法が憲法原理である不利益取扱の遡及立法禁止原則に抵触し、憲法違反といえるのではないかという点である。

本件は、まさに同改正が唐突にしかも遡及適用されたことを不合理であると考えた納税者が原告となって提訴した事案である。

3　本判決の意義

本件で問題にされた税制改正は、納税者の税負担を損益通算により軽減することを遮断するという納税者に不利益な取り扱いを遡及適用することを内容としたものである。まさに本件改正が不利益遡及立法の禁止原則に抵触するか否かが問題とされた事案である。

遡及適用され損益通算を拒否された納税者が、この遡及適用が憲法84条違反であるとして、福岡、千葉、東京の裁判所に相次いで取消訴訟を提起した。地裁レベルでは福岡地裁平成20年1月29日判決のみが違憲判断を下し、他の裁判所は合憲判断を下していた。各事件の判決の結果をみると合憲判決が大勢を占めているわけであるが、控訴審の判断を不服とした納税者が上告しており、最高裁の判断が待たれ、注目されてきたが、本判決がはじめて最高裁として判断を示したものである。結果は合憲判断が示されたが、租税法規の憲法適合性が正面から争点とされた事案の最高裁判断であるところに本判決の意義を見いだせる。

唐突な税制改正を行うだけではなく、その改正を遡及して適用するといった遡及立法の合憲性を最高裁がいかに判断するかについては、国民の注目するところであった。本判決の直後の平成23年9月30日に同じく最高裁で本判決と同様に合憲判断が示された[4]。

一連の下級審の判断と本判決により、遡及立法禁止原則の射程の明確化がなされ、さらに遡及立法禁止原則と租税法律主義の関係も明確にされたという点は本判決の意義として最も重要といえよう。

4　本件の一審、控訴審の判断の論理と本判決（最高裁）の論理

平成16年税法改正の遡及適用の合憲性を争点とした同種の訴訟は、福岡、千葉、東京のそれぞれの地方裁判所に提起された。福岡及び千葉の事案は本人が訴訟を提起したものである。それぞれの訴訟の結論は、福岡地裁平成20年1月29日判決は違憲判決（適用違憲）が言い渡されたが、それ以外はすべて合憲判決が言い渡された[5]。

(1) 一審（千葉地裁平成20年5月16日）判決[6]

　本件の第一審判決である千葉地裁平成20年5月16日判決は、まず、遡及立法の禁止の原則が「租税法規については、刑罰法規の場合と異なり、遡及立法の禁止を明文する憲法の規定は存在しないものの、租税法規について安易に遡及立法を認めることは、租税に関する一般国民の予測可能性を奪い、法的安定性をも害することになることから特段の合理性が認められない限り、原則として許されるべきではなく、このことを憲法84条は保障しているものと解される。」として、遡及立法禁止が憲法上明文で規定されているものではないが、安易に遡及立法を認めると、予測可能性と法的安定性を阻害することになるから租税法律主義の内容を構成する原則であると位置づけ、合理性のある遡及立法は認容されるとの立場を採用した。

　そのうえで、所得税が期間税であることを強調し、「期間税の場合であっても、納税者は、通常、その当時存在する租税法規に従って課税が行われることを信頼して各種の取引行為を行うものであるといえるから、その取引によって直ちに納税義務が発生するものではないとしても、そのような納税者の信頼を保護し、租税法律主義の趣旨である国民生活の法的安定性や予見可能性の維持を図る必要はあるところ、期間税について、年度の途中において納税者に不利益な変更がされ、年度の始めに遡って適用される場合とはいっても、立法過程に多少の時間差があるにすぎない場合や、納税者の不利益が比較的軽微な場合であるとか、年度の始めに遡って適用しなければならない必要性が立法目的に照らし特に高いといえるような場合等種々の場合が考えられるのであるから、このような場合を捨象して一律に租税法規の遡及適用であるとして、原則として許されず、特段の事情がある場合にのみ許容されると解するのは相当ではない。」と判示した。この裁判所の論旨は、期間税であっても予測可能性と法的安定性の確保がないがしろにされてよいとは言えないが、「立法過程に多少の時間差があるにすぎない場合」や、「納税者の不利益が比較的軽微な場合」、そして、「立法目的に照らして合理性が存在する場合」等にも、一律に遡及立法が禁止されると解すべきではないと判示し

て、遡及立法禁止原則が絶対的な原則であると解すことはできないとした。

そして、大島訴訟の最高裁判決で示された租税法規の違憲判断の基準である立法裁量論に立脚した違憲判断の基準を次のように展開した。すなわち、「租税法規において、国民の課税負担を定めるについては、財政・経済・社会政策等の国政全般からの総合的な政策判断を必要とするばかりでなく、極めて専門技術的な判断を必要とすることも明らかであるから、納税義務者に不利益に租税法規を変更する場合は、その立法目的が正当なものであり、かつ、当該立法において具体的に採用された措置が同目的との関連で著しく不合理であることが明らかでない限り、憲法違反となることはないと解するのが相当であり、そして、当該立法措置が著しく不合理かどうかを検討するに際しては、それが厳密には納税義務者に不利益な遡及立法とはいえないとしても、不利益に変更される納税者の既得利益の性質、の内容を不利益に変更する程度、及びこれを変更することによって保護されるべき公益の性質、納税者の不利益を回避するためにあらかじめ取られた周知等の措置等を総合的に勘案すべきである。」と判示して、本件の争点に対する判断の基準を明示している。

この基準は、合憲判断の典型的論理構成を採用した。すなわち、立法裁量論に基づき、合理性の基準と明白性の基準を組み合わせた判断基準を用いて判断することを明示した。

(2) **控訴審**（東京高裁平成20年12月4日）**判決**[7]

控訴審の東京高裁平成20年12月4日判決は、遡及立法禁止原則が租税法律主義の趣旨から派生した原則であることを確認しつつ、「所得税は、いわゆる期間税であり、暦年の終了の時に納税義務が成立するものと規定されている（国税通則法15条2項1号）。したがって、暦年の途中においては、納税義務は未だ成立していないのであり、そうとすれば、その暦年の途中において納税者に不利益な内容の租税法規の改正がなされ、その改正規定が暦年の開始時（1月1日）にさかのぼって適用されることとされたとしても（以下これを「暦年当初への遡及適用」という。）、このような改正（立法）は、厳密な意味で

は、遡及立法ではない。」と判示して、本件改正が所得税が期間税であり、納税義務が暦年途中では成立していないのであるから、そもそも例年当初に遡及したとしても納税義務が成立していない以上、厳密な意味での遡及立法には該当しないとしている。

一方で、「しかし、厳密な意味では遡及立法とはいえないとしても、本件のように暦年当初への遡及適用（改正措置法31条1項の暦年当初への遡及適用）によって納税者に不利益を与える場合には、憲法84条の趣旨からして、その暦年当初への遡及適用について合理的な理由のあることが必要であると解するのが相当である。

ただ、暦年当初への遡及適用に合理的な理由があるか否かについては、「租税は、今日では、国家の財政需要を充足するという本来の機能に加え、所得の再配分、資源の適正配分、景気の調整等の諸機能をも有しており、国民の租税負担を定めるについて、財政・経済・社会政策等の国政全般からの総合的な政策判断を必要とするばかりでなく、課税要件等を定めるについて、極めて専門技術的な判断を必要とすることも明らかである。したがって、租税法の定立については、国家財政、社会経済、国民所得、国民生活等の実態についての正確な資料を基礎とする立法府の政策的、技術的な判断にゆだねるほかはなく、裁判所は、基本的にはその裁量的判断を尊重せざるを得ないものというべきである。」（最高裁昭和60年3月27日大法廷判決・民集39巻2号247頁参照）と解される。すなわち、本件においても、立法府の判断がその合理的裁量の範囲を超えると認められる場合に初めて暦年当初への遡及適用が憲法84条の趣旨に反するものということができるものというべきである。」と判示して、納税者に対する不利益な遡及立法は合理的理由がある場合にのみ許容されるとし、その合理性の判断は大島訴訟最高裁判決が示した合憲性判断の論理である立法裁量論に立脚した判断によるべきであるとした。

(3) **本（最高裁平成23年9月22日）判決**

ところで、最高裁判決である本判決は、課税関係における法的安定性をことのほか重視し、まず、判断の基準を「憲法84条は、課税要件及び租税の賦

課徴収の手続が法律で明確に定められるべきことを規定するものであるが、これにより課税関係における法的安定が保たれるべき趣旨を含むものと解するのが相当である〔最高裁平成12年（行ツ）第62号、同年（行ヒ）第66号同18年3月1日大法廷判決・民集60巻2号587頁参照〕。そして、法律で一旦定められた財産権の内容が事後の法律により変更されることによって法的安定に影響が及び得る場合における当該変更の憲法適合性については、当該財産権の性質、その内容を変更する程度及びこれを変更することによって保護される公益の性質などの諸事情を総合的に勘案し、その変更が当該財産権に対する合理的な制約として容認されるべきものであるかどうかによって判断すべきものであるところ〔最高裁昭和48年（行ツ）第24号同53年7月12日大法廷判決・民集32巻5号946頁参照〕、上記(1)のような暦年途中の租税法規の変更及びその暦年当初からの適用によって納税者の租税法規上の地位が変更され、課税関係における法的安定に影響が及び得る場合においても、これと同様に解すべきものである。」として、その判断の基準を明示している。

　本判決で注目すべきは、憲法84条の租税法律主義の趣旨を「法的安定性の確保」に集約している点である。租税法律主義の趣旨は、国民の課税関係における予測可能性と法的安定性の確保という2つの機能を確保するところにあると通説的には理解されているが、最高裁は法的安定性の確保をその趣旨として終始判断の論理の中心に据えていることが本判決の特徴といえよう。

　本判決は、法的安定性に影響を与える租税法規の変更の合憲性は、「財産権の性質」、「変更の内容の程度」を勘案し、「その変更が財産権に対する合理的制約」として許容されるかといった総合的判断によるべきであるとしている。

　さらに、「このような暦年途中の租税法規の変更にあっても、その暦年当初からの適用がこれを通じて経済活動等に与える影響は、当該変更の具体的な対象、内容、程度等によって様々に異なり得るものであるところ、上記のような租税法規の変更及び適用も、最終的には国民の財産上の利害に帰着するものであって、<u>その合理性は上記の諸事情を総合的に勘案して判断される</u>

べきものである（筆者傍線）という点において、財産権の内容の事後の法律による変更の場合と同様というべきだからである。」と判示して、暦年途中の租税法規の変更も、その合理性は、「変更の対象、内容、程度」を総合して判断すべきものであるとしている。

ところで、本判決でも、租税法規の合憲性判断の基準とされてきた大島訴訟における立法裁量論を、同訴訟大法廷判決部分を引用こそしていないが、「租税法規は、財政・経済・社会政策等の国政全般からの総合的な政策判断及び極めて専門技術的な判断を踏まえた立法府の裁量的判断に基づき定立されるものであり、納税者の上記地位もこのような政策的、技術的な判断を踏まえた裁量的判断に基づき設けられた性格を有する上記の合理性の判断は、立法裁量論に立脚してなされるべきこと」と判示して、立法裁量論の考え方を踏まえて租税法規の変更の合理性についても判断すべきことを明示している。

本件では、一審から最高裁まで合憲判断を下しているが、その論理には差異がみられる。各裁判所で共通しているのは、租税法規の違憲立法審査権の行使に対しては、大島訴訟大法廷判決を踏襲し、立法裁量論に立脚した違憲判断の基準によることを明示している点である。

さらに、控訴審である東京高裁は、本件改正が、所得税が期間税であるから、納税義務は暦年終了時に成立するもので、そうすると、本件改正が遡及立法には該当しないとしている。

5　本判決と違憲判断を下した福岡地裁平成20年1月29日判決[8]の判断の構造との比較

福岡地裁平成20年1月29日判決は、同改正の憲法適合性を否定して以下の通り判断した。

まず、原告は譲渡当時の租税法規定を前提に損益通算が可能であると信じて本件譲渡資産の売却を行ったが、この改正法の遡及適用により損益通算ができなくなり著しい不利益を被ったと主張している。とりわけ、「本件改正

の内容は、平成15年12月15日の政府税制調査会の総会までは全く触れられず、同月17日の「与党税制改正大綱の骨子」に唐突に登場しており、本件改正が予見可能性のないものであったことは明らかで、しかも、その内容について十分な審議も行われていない。さらに、本件改正法が成立したのは平成16年3月26日であり、その後十分な周知期間を置くこともなく公布・施行されており、その適用は、長期間の資産計画の下に資産譲渡を行った原告の権利を奪うものである。」として、予測可能性の確保が全くなされずに遡及して適用されたことは租税法規不遡及の原則に違反しており、違憲であると主張している。

一方、被告は、税制改正の早急な必要性などを主張のうえ、とりわけ所得税が期間税であるところを強調して次のように主張する。すなわち、「所得税は期間税であり、譲渡所得の金額の計算は1暦年を単位としてその期間ごとにされるものであるから、暦年の途中で損益通算に関する規定の改正が行われた場合に、その適用を当該暦年の初日からとすることは当然であって、本件改正は適正なものである。」と主張した。

両者の主張の詳細は前述のとおりであるが、この両者の主張に対して、裁判所は、本件改正が遡及適用であり本件原告との関係で違憲であると判示した。その判旨は、全文を前述したがその骨子を簡潔に整理すると、以下のとおりである。

(1) **租税法規不遡及の原則と租税法律主義**

「憲法上明文の規定はないものの、憲法84条が規定している租税法律主義は、国民に不利益を及ぼす租税法規の遡及適用を禁じていると解すべきである。なぜならば、租税法律主義は、国民の経済生活に法的安定性、予見可能性を保障することをその重要な機能とするものであるところ、国民に不利益を及ぼす遡及立法が許されるとするとこの機能が害されるからである。」

(2) **租税法規不遡及の原則の例外の許容範囲**
　　　―租税法律主義の機能を害しないことが許容要件

「租税法規不遡及の原則は絶対的なものではなく、租税の性質、遡及適用

の必要性や合理性、国民に与える不利益の程度やこれに対する救済措置の内容、当該法改正についての国民への周知状況等を総合勘案し、遡及立法をしても国民の経済生活の法的安定性又は予見可能性を害しない場合には、例外的に、租税法規不遡及の原則に違反せず、個々の国民に不利益を及ぼす遡及適用を行うことも、憲法上許容されると解するのが相当である。」

(3) **本件改正は不利益取扱いの遡及適用に該当する**

「租税法規の遡及適用の禁止は、国民の経済生活に法的安定性、予見可能性を保障する機能を有することにかんがみると、遡及適用とは、新たに制定された法規を施行前の時点に遡って過去の行為に適用することをいうと解すべきである。本件改正は、平成16年3月26日に成立し、同月31日に公布され、同年4月1日から施行されたものであるところ、その施行前である同年1月1日から同年3月31日までの建物等の譲渡について適用するものであるから、遡及適用に該当するというべきである。」

(4) **不遡及原則は所得税が期間税か否かによって左右されない**

「確かに、期間税の場合、納税者の納税義務の内容が確定するのは1暦年の終了時であるが、遡及適用に当たるかどうかは、新たに制定された法規が既に成立した納税義務の内容を変更するものかどうかではなく、新たに制定された法律が施行前の行為に適用されるものであるかどうかで決せられるべきである。なぜならば、期間税の場合であっても、納税者は、その当時存在する租税法規に従って課税が行われることを信頼して、各種の取引行為等を行うのであって、そのような納税者の信頼を保護し、国民生活の法的安定性や予見可能性の維持を図る要請は、期間税であるかどうかで変わりがないからである。」

(5) **例外的に遡及適用が許される場合に該当するか**
　　──結論──該当せず違憲

「本件改正で遡及適用を行う必要性・合理性（とりわけ、損益通算目的の駆け込み的不動産売却を防止する必要性など）は一定程度認められはするものの、損益通算を廃止するかどうかという問題は、その性質上、その暦年途中に生

じ、あるいは決定せざるを得ない事由に係っているものではないこと、本件改正は生活の基本である住宅の取得に関わるものであり、これにより不利益を被る国民の経済的損失は多額に上る場合も少なくないこと、平成15年12月31日時点において、国民に対し本件改正が周知されているといえる状況ではなかったことなどを総合すると、本件改正の遡及適用が、国民に対してその経済生活の法的安定性又は予見可能性を害しないものであるということはできない。損益通算目的の駆け込み的不動産売却を防止する必要性も、駆け込み期間を可及的に短くする限度で許容されるのであって、それを超えて国民に予見可能性を与えないような形で行うことまでも許容するものではないというべきである。

そうすると、本件改正は、上記特例措置の適用もなく、損益通算の適用を受けられなくなった原告に適用される限りにおいて、租税法規不遡及の原則（憲法84条）に違反し、違憲無効というべきである。」

この福岡地裁の判決の論理を整理すると、まず、当該改正が遡及適用か否かについて遡及適用であると結論付けた上で、その遡及適用が租税法律主義に抵触するかを検討するという論理の組み立て方を採用している。

遡及適用に該当するとの前提に立脚したうえで、租税法律主義の派生原則である租税法規不遡及の原則は絶対的原則ではなく、例外的に遡及適用を許容する原則であるから、同改正が例外的に許容される遡及適用かどうかを総合的に検討し、本件は許容される場合に該当しないとして、違憲の判断を導き出すという論理構造を本判決はとっている。

すなわち、まず、争点とされる租税法規不遡及の原則は租税法律主義の予測可能性の確保の要請から導出される憲法原理であり、不遡及の原則に抵触することは租税法律主義に違背し憲法違反となることを確認したうえで（判旨1）、同原則が絶対的なものではなく例外的に遡及適用が許容される場合があり、その例外的に許容される場合とは、①遡及適用に必要性と合理性が存在し、そして、②租税法律主義の機能である国民生活に法的安定性と予測可能性が遡及適用により害されない場合に限り遡及適用が許容される（判旨

2）と判示している。

　さらに認定された事実に基づけば本件改正は租税法規の遡及適用に該当するものであると結論付けている（判旨3）。そして、本件遡及適用が例外的に許容される上記①および②の場合に該当するか否かを詳細に検討している。

　なお、租税法規不遡及の原則は国民生活の法的安定性と予測可能性の確保を要請しているのであるから、所得税が期間税であるとしても、その遡及適用により国民の予測可能性が侵害されれば同原則に抵触するとしてYの主張を排斥した。

　本件改正が例外的に遡及適用が許容される2つの場合（要件）に該当するかを、認定された事実を総合的に検証し、許容される場合に該当しないので違憲であるとの結論を導出したものである（判旨3(2)）。

　一方、合憲判断を下した一連の事例の本最高裁判決も含め、その論理は、

　①　租税法規の不遡及原則には例外の存在が許容され、その例外として許容されるか否かは、総合的判断で合理性・必要性があれば遡及適用は許容されるとまず判断基準を明示する。

　②　所得税は期間税であるところから遡及適用に該当しない。

　所得税の納税義務が成立するのはその暦年の終了の時であって、その時点では当該改正法が既に施行されているのであるから、納税義務の成立及びその内容という観点からみれば、当該改正法が遡及して適用されその変更をもたらすものであるということはできない。

　③　予測可能性が確保されたか—予測可能性がなかったとまではいえない

　自由民主党の決定した平成16年度税制改正大綱が日本経済新聞に掲載された平成15年12月18日には、その周知の程度は完全ではないにしても、平成16年分所得税から土地等又は建物等の長期譲渡所得について損益通算制度が適用されなくなることを納税者において予測することができる状態になったということができる。

　④　結論—遡及適用の合理的必要性があり予測可能性もないとはいえないから合憲である。

その個々の譲渡についてみれば納税者が一定の不利益を受け得ることは否定できないが、納税者の平成16年分所得税の納税義務の内容自体を不利益に変更するものではなく、遡及適用をすることに合理的な必要性が認められ、かつ、納税者においても、既に平成15年12月の時点においてその適用を予測できる可能性がなかったとまではいえないのであるから、これらの事情を総合的に勘案すると、当該変更は合理的なものとして容認されるから、本件改正附則27条1項が租税法律主義に反するということはできない。

不遡及原則の例外は遡及適用の合理性が確認できれば認められるべきであるとしながら（上記①）、一方で、本件改正は所得税が期間税であることを根拠に遡及適用に該当しないと判示している（上記②）。そのうえで、本件改正に予測可能性がなかったとはいえないとし（上記③）、最後に遡及適用の合理的必要性を検証し、遡及適用の必要性に合理性があるから租税法律主義に抵触しないとの結論を導出している（上記④）。所得税の期間税であるとの性質を考慮すると遡及適用に該当しないと判示しているのであるが、そうであれば予測可能性の有無や合理性の検証をするまでもなく、そもそも憲法適合性を判断するまでもないといえよう。

6 租税法律主義と租税法規不遡及の原則
(1) 申告納税制度と租税法律主義

申告納税制度は、国民自らが租税法を解釈・適用して自己の納税義務の範囲を確定し、履行していくものであるから、租税法は、まさに納税者のためにあるということができる。戦後の民主主義憲法の制定に伴い、主権者である国民が納税する形態として民主主義に最もふさわしい納税制度として導入されたのが申告納税制度であるということができる。

租税法律主義は、この申告納税制度を円滑に遂行させるうえでのインフラを構築する基本原理である。憲法第84条は「あらたに租税を課し、又は現行の租税を変更するには、法律又は法律の定める条件によることを必要とする。」と定めて、租税法律主義を憲法原理として明確に定めている。

租税法律主義の内容は、課税要件明確主義、合法性の原則、手続保障の原則、そして、本件の争点とされている租税法規不遡及の原則などによって構成されているとされる。[9] 課税要件が法定され、かつ明確であり、その課税要件法の通りに租税行政が遂行されることが保障されることにより、納税者自らが自己の納税義務の範囲を確定させることが可能となる。このような納税環境を確保することができるよう租税法律主義は要請しているのである。

　租税は時の権力者により恣意的に課されるものであることは歴史的事実である。その恣意的課税の危険を阻止するために、租税の賦課・徴収の条件として、国民の同意が必要であるという仕組みを国家の最高法規に定め、そして、国家運営の基本原理としての憲法原理として尊重すべきであることを憲法84条に明確に定めたところに租税法律主義の本質があろう。[10]

　租税法律主義は、租税法の定めの存在しないところに国民の納税義務が生じないことを明確に保障する原則であるから、租税の賦課・徴収が恣意的に行われることを阻止し、国民の自由と財産を保護することにある。

　主権者である国民の権利が租税により侵害されることを防止するところに租税法律主義の最も重要な機能がある。

　租税法が課税要件及び賦課・徴収手続を定めることにより、納税義務の成立・消滅・履行に関して、納税者が予測することが可能となると同時に、租税法律関係における法的安定性の確保が保障される。

　租税法律主義の現代的機能は、予測可能性と法的安定性の確保にある。

　国民の経済活動の高度化・複雑化のもとで国民は自らの納税申告を行うのであるから租税法律関係における予測可能性確保の機能がとりわけ重視されることになる。この租税法律主義の機能は、申告納税制度の存立を実質的に担保していくものであることは先に確認したとおりであるが、租税法規不遡及の原則は納税者の予測可能性の確保のために不可欠の原則ということができる。

(2) 租税法規不遡及の原則の通説的理解

　租税法は他の法分野と同様に、その制定・施行以後に発生した事実に適用

されるのが原則とされる。租税法が過去の事実に遡って適用されてしまうと、国民生活における予測可能性と既存の法律関係の安定（法的安定性）を害し、その結果として国民に予期しない不利益を与える結果を招く。

そこで、この不利益を回避するために租税法規不遡及の原則が租税法律主義の内容を構成する基本原則の一つと位置付けられてきた。この租税法規不遡及の原則の学説・判例の理解をここで整理しておこう。

学説上の遡及立法に対する通説的理解は次の見解に代表される。すなわち、「過去の事実や取引から生ずる納税義務の内容を、納税者の利益に変更する遡及立法は許される、と解してよい。しかし、それを納税義務者の不利益に変更する遡及立法は、原則として許されないと解すべきであろう。人々は、現在妥当している租税法規に依拠しつつすなわち、現在の法規に従って課税が行われることを信頼しつつ各種の取引を行うのであるから、後になってその信頼を裏切ることは、租税法律主義の狙いである予測可能性や法的安定性を害することになる。憲法は、この点について明文の定めをおいていないが、憲法八四条は納税者の信頼を裏切るような遡及立法を禁止する趣旨を含んでいる、と解すべきである」[11]との理解が通説として受け入れられよう[12]。

一方、判例上も、租税法規不遡及の原則は、「過去の事実や取引を課税要件とする新たな租税を創設し、あるいは過去の事実や取引から生ずる納税義務の内容を納税者の不利益に変更するいわゆる遡及立法は、現在の法規に従って課税が行われるとの一般国民の信頼を裏切り、その経済生活における予測可能性や法的安定性を損なうことになるのであって、その合理性を基礎づける特段の根拠がない限り、租税法律主義を定める憲法八四条の趣旨に反し、許されない」[13]と理解されていることが確認できる。

法の公布の日より前に遡って過去の事実にその法を適用する遡及立法は納税者の予測可能性と法的安定性の確保を阻害する。納税者の経済行為は、その行為の時点においていかなる課税関係が生じるかを前提に行われるので、行為時点において存在しない課税要件が後日立法されるか変更され、しかもその課税要件規定が過去の行為時点に遡って適用されることになると、納税

者の租税法律関係における予測可能性は確保されない。そうすると、課税要件をいかに明確に定め、合法性が確保されたとしても租税法律主義の機能は担保されないことは自明である。したがって、租税法の領域における遡及立法の禁止は、租税法律主義の機能を実質的に維持する上で不可欠な原則といえよう。

7　所得税の期間税としての性質を根拠とする主張の誤りについて

　遡及適用の本件改正の憲法適合性を争点とした一連の訴訟において、国側の主張は所得税が期間税であることを根拠に本件改正の附則の規定はそもそも遡及立法に当たらないことを次のように主張している。すなわち、「所得税は1暦年（1月1日から12月31日まで）の所得ごとに課税され、暦年の終了時に納税義務が成立する期間税であるところ、譲渡所得の金額の計算は、1暦年を単位としてその期間ごとになされるものであって、個々の譲渡行為が行われるごとにされるものではない。…中略　そうすると、1暦年の途中においては未だ当該年分の納税義務は成立していないのであるから、暦年途中の法改正において、その暦年開始時からの譲渡につき損益通算を認めないことにしたとしても、既に成立した所得税の納税義務の内容を変更することにはならない。」として、所得税の期間税としての性格を強調することにより、所得税の場合には暦年途中では納税義務は成立していないのであるから、本件改正を1月1日に遡及したとしても、租税法規の遡及適用には当たらないとの主張を展開した。

　しかし所得税が期間税であることを根拠に遡及適用に当たらないとするその主張は、次の2つの理由により問題とされるべきである。

　そもそも、本件の争点は、改正法規の遡及適用が、納税者の予測可能性を侵害し、憲法84条が命じる租税法律主義に反するものか否かにある。したがって、本件の納税者の資産譲渡時点において損益通算の廃止が予見できたか否か、納税者の予測可能性は確保されていたのかどうかという最も本質的な前提が検討されなければならないのである。

所得税の性質が期間税であるから予測可能性が確保されたという主張は予測可能性の意味を誤って理解したものと思われる。予測可能性は取引時点において課税関係の帰結が租税法規により確保されること意味している。租税法律主義は法の存在により予測可能性が確保されることを要請しているのである。期間税の性格を強調することにより予測可能性を侵害してもよいことにはならないのである。遡及立法の禁止の趣旨は、遡及立法により予測可能性が侵害されることを避けることにある。遡及立法に該当しないという主張の成否は、唯一納税者の予測可能性が確保されるか否かにあるといえよう。

　したがって、上記福岡地裁判決が「期間税の場合であっても、納税者は、その当時存在する租税法規に従って課税が行われることを信頼して、各種の取引行為等を行うのであって、そのような納税者の信頼を保護し、国民生活の法的安定性や予見可能性の維持を図る要請は、期間税であるかどうかで変わりがないからである。」と判示したことは、まさに不遡及原則の本質を踏まえた判断として評価されるべきであろう。

　第2は、所得税の期間税の性質という租税法理論上の形式面から単純に遡及立法ではないと解することはできないという点である。所得税は所得の発生源泉の相違による担税力の強弱に着目し、所得区分を設けている。所得の発生源泉による異なる所得形態が混在している。収入の集積による事業所得と一回生の性質の強い譲渡所得とを一緒にして議論するのは危険である。

　具体的に論じると、たとえば、個人が5000万円で取得した土地を10000万円で譲渡した場合には5000万円の所得が発生し、課税要件法である所得税法33条の要件を充足したとする。その譲渡所得に対する納税義務の成立時点は暦年終了時点ではなく譲渡時点である。売買契約が成立し、取引が履行されたその時点が納税義務の成立時点である。この譲渡所得税はこの売買契約時点で具体的に予見できることを前提として制度設計がなされているはずである。ところが、本件のように1月に譲渡してその損失を損益通算できることを見込んでいた納税者にとって、4月1日公布の損益通算廃止を定めた改正が1月1日にさかのぼって適用になるとしても期間税であれば遡及立法にな

らないとの主張は受け入れ難い。

そうすると、納税義務の成立が暦年終了時点であるとの論理により、遡及立法該当性を回避することは理論上困難といえよう。

期間税であっても、譲渡所得をみると一回性の譲渡行為の時点を基準に納税義務が成立するのであるから、その譲渡事実に改正税法を遡及して適用するのであるから、まさに遡及適用といえる。

さらに、国側の主張を受け入れると、暦年終了間際の12月に法改正が行われ、1月に遡及して適用したとしても遡及適用にはならないことになる[15]。この論理は社会通念上到底認められない。

福岡地裁判決が明確に判示したように、遡及適用か否かは「新たに制定された法律が施行前の行為に適用されるものであるかどうかで決せられるべきである。」とする見解は妥当な見解といえよう[16]。

8 むすび――本判決の評価

本判決は、憲法84条が定める租税法律主義の趣旨を課税関係における法的安定性にあるとして論理を展開している。しかし、ますます複雑化する経済取引の中での租税法律主義の役割は法的安定性はもちろんであるが、予測可能性を国民は求めているのである。いかなる経済取引により租税法律関係がいかに構成されるのかを取引時点において正確に予測できることの重要性はますます増している。

ところが、本判決は本件改正により法的安定性が侵害されているかについて、その侵害の程度とその改正の合理性とを考量し、立法裁量論に立脚し緩やかな違憲審査基準により判断するとの立場を明確にしている。

訴訟当事者である納税者が理不尽であると訴えているのは、取引時点における予測可能性を侵害するような納税者にとって不利益な遡及適用は租税法律主義に抵触し違憲であると主張しているのである。

上告理由書からも確認できるように、取引時点で現行の所得税法の規定を前提に租税法律関係の確定を予測して取引を行ったのであり、その予測を裏

切る遡及適用は、予測可能性の確保を法によって達成することを要請する租税法律主義に反すると主張しているのである。

にもかかわらず、租税法律主義の一方の機能である法的安定性が確保されていたか否かのみを検討の視点に据えて、法的安定性は一定程度確保されていたとする本判決は、問題の本質に裁判所が正面から回答していないとの批判を免れない。

少なくとも「近年の租税法改正においては、前述のような不意打ち課税が多く、しかも、大事な改正項目が納税者には目立たないように行われるケースが目立っていた。不意打ち課税に加えて、本件のような遡及的課税まで憲法上許されていると解すべきではない」[17]し、そのような不意打ち課税をもたらす立法の在り方に対して歯止めとなるような判断を示すべき役割を裁判所は担っているはずである。

とりわけ、立法府はこれらの基本原則をいかに尊重すべきかが常に問われる存在である。少なくとも租税法規不遡及の原則といった納税者の予見可能性の確保に不可欠の要件を堅持することは申告納税制度の健全な育成に不可欠である。

租税法律主義の現代的機能として予測可能性の確保がますます重要性を増しているにもかかわらず、この予測可能性の視点からの検討を回避した最高裁の本判決には疑問を呈さざるを得ない。

注
1) 筆者は、違憲判断を下した福岡地裁平成20年1月29日判決と東京地裁平成20年2月14日判決との両判決の論理を比較検討したうえで、租税法律主義の内容とされる同原則の射程を詳細に以下の論文により検討した。増田英敏「不利益な税法改正の遡及適用租税法律不遡及の原則」税弘56巻7号79頁以下(2008年)を本稿とともに参照されたい。また、TKC税研情報17巻5号1頁以下(2008年)には「譲渡損失の損益通算を付加とする税制改正の遡及適用の憲法適合性」と題して、福岡地裁平成20年1月29日判決の判例評釈を筆者は寄稿している。本書と合わせて参照されたい。
他に、この問題を取り上げた主な文献として、山田二郎「税法の不利益遡及立法と租税法律主義」税法学559号55頁以下(2008年)、同「不利益遡及立法と裁判所の違憲立法審査権」自由と正義10頁以下(2010年)、品川芳宣「土地建物等の譲渡損失に係る損益通算禁止規定の合憲性(遡及立法の禁止)」TAマスター239号23頁

(2009年)。田中治「土地の譲渡と租税特別措置法の適用をめぐる問題」税務事例研究107号23頁(2009年)、三木義一「租税法規の遡及適用をめぐる問題」税理2008年5月号71頁等を参照されたい。
2) 所得税の納税義務が成立するのはその暦年の終了の時であって、その時点では当該改正法が既に施行されているのであるから、納税義務の成立及びその内容という観点からみれば、当該改正法が遡及して適用されその変更をもたらすものであるということはできない。
3) 平成16年法律第14号「所得税法等の一部を改正する法律」は、次のような改正を含むものであった。
　ア　土地、建物等の長期譲渡所得の課税の特例について、次のように所得税の税率を引き下げた（税率軽減）。
　　…中略
　エ　居住用財産の買換等の場合の譲渡損失の繰越控除制度について、譲渡資産に住宅借入金残高がない場合を適用対象に加えるなどの改正をしたほか、買換えをした年の12月31日に買換資産に係る住宅借入金があるなど一定の要件がある場合には、譲渡資産に係る譲渡損失の金額について、他の所得との通算を認めることにした（損益通算等を認める特例措置。新措置法41条の5）。
　オ　特定居住用財産の譲渡損失の金額がある場合に、譲渡資産の譲渡の前日に譲渡資産に係る住宅借入金があるなど一定の要件があれば、当該損失の金額について、他の所得との通算を認めることとした（損益通算等を認める特例措置。新措置法41条の5の2）。
　カ　新措置法は、平成16年4月1日から施行するが、新措置法31条の規定等は、個人が平成16年1月1日以後に行う同条1項に規定する土地、建物等の譲渡について適用することとした（適用時期。新措置法附則1条柱書、27条1項、32条）。
4) 最判平成23年9月30日裁判所時報1540号5頁。
5) 本件（上告審）の原告側代理人を務められた山田二郎弁護士は『税法学』563号401頁以下（2010年）に「『不利益遡及立法と租税法律主義』再論」と題して、この問題を検討されており、同論考の冒頭部分で判例の動向について次のように整理されている。すなわち、「①福岡地判平成20・1・29・Z888-1312、判時2003号43頁、（違憲判決、控訴。Z番号は、㈲日税連情報サービス発行の『タインズ』のデータベース番号）②東京地判平成20・2・14・Z888-1313（合憲判決、控訴）、③千葉地判平成20・5・16・Z888-1331、（合憲判決、控訴）④福岡高判平成20・10・21・Z888-1369、判時2035・20（逆転合憲判決、①の控訴審判決（確定））⑤東京高判平成20・12・4（民8）・Z888-1387（合憲判決、③の控訴審判決（上告、最高裁第一小法廷に係属中））⑥東京高判平成21・3・11（民1）・Z888-1413（合憲判決、②の控訴審判決（上告、最高裁第二小法廷に係属中））」と整理され、判決の結果は、全事件が合憲判決となっていて、全事案の結果が納税者敗訴となったことを確認されている。
6) 千葉地判平成20年5月16日民集65巻6号2869頁。
7) 東京高判平成20年12月4日民集65巻6号2891頁。
8) 福岡地判平成20年1月29日判時2003号43頁。
9) 金子『租税法』76頁以下参照。
10) 本書27頁。
11) 金子宏、前掲注9)、114頁。
12) なお、租税法規不遡及に関する学説の状況についての詳細は、高野幸大「不動産譲渡損益通算廃止の立法過程にみる税制の不利益遡及の原則」税弘52巻7号156頁以下参照（2004年）。

13）東京高判平成11年11月11日税資245号261頁。
14）谷口勢津夫「納税義務の確定の法理」芝池義一ほか編『租税行政と権利保護』64頁（ミネルヴァ書房、1995年）。課税要件法の観点からすれば課税要件が充足されたときに納税義務が成立すると考える。
15）所得税の期間税の法理と遡及立法の原則の詳細な研究は次の文献を参照されたい。三木義一「租税法における不遡及原則と期間税の法理」石島ほか編山田二郎先生喜寿記念『納税者保護と法の支配』273頁以下（信山社、2007年）参照。
16）北野弘久名誉教授は期間税に限っては遡及効が認められるとしながらも、本件改正については、「この損益通算禁止規定は2004年1月1日からの不動産取引から適用することと法律で規定された。個人の不動産取引は一年間においてそんなにしばしば行われるものではない。人々は、同法律が公布．施行されるまでは損益通算禁止規定の存在を知る由がない。2004年1月1日からの不動産取引から適用することとしたことは人々の法的安定性を害し違憲と言わねばならない。少なくとも二〇〇四年四月一日以降の不動産取引から損益通算禁止の不利益規定を適用することとすべきであった」北野弘久『税法学原論第6版』104頁（青林書院、2007年）との見解を示しておられる。
17）三木、前掲注15)、285頁参照。

第4章

租税法の解釈・適用
―租税回避行為の否認とその可否（岩瀬事件）

東京高裁平成11年6月21日判決（一部取消認容、一部棄却、上告受理申立、納税者勝訴）
(平成10年(行コ)第108号所得税更正処分等取消請求控訴事件)
高等裁判所民事判例集52巻1号26頁
第一審　東京地裁平成10年5月13日判決（一部認容、一部棄却、控訴、納税者敗訴）
(平成7年(行ウ)第213号所得税更正処分等取消請求事件)
時報1656号72頁
上告審　最高裁平成15年6月13日決定（不受理、確定、納税者勝訴）
(平成11年(行ヒ)第187号所得税更正処分等取消請求上告受理申立事件)
税資253号順号9367

☞　**研究のポイント**

　本章は、租税裁判例の古典とも位置付けられる岩瀬事件を素材に、租税回避行為の否認をめぐる租税公平主義と租税法律主義の相克（調整）の問題を研究のポイントとする。

　両者は租税法の基本原則として極めて重要な原則である。租税法の解釈・適用過程において、両基本原則の実質的機能とその展開がいかになされているのかを、具体的事例に即して検証することに研究の主眼を置くことが求められる。

　個別否認規定によらず租税公平主義を根拠に、私法上有効に成立している納税者の選択した法形式を他の法形式に租税行政庁が引き直して課税する、いわゆる租税回避行為の否認が、租税法上は許容されるのか否かを検討してみよう。その際に法律に基づいた課税を求める租税法律主義と、租税回避行為の否認の根拠とされる租税公平主義の両者の関係性、両者間の調整または優先劣後があるのか、といった問題をも研究の対象としよう。

☞ **研究の注意点**

本事例は、租税正義の本質を問う問題ともいえるテーマである。したがって、両基本原則の相克と調整が、租税正義の実現に不可欠であるとの視点から研究することに注意を払うことが必要である。

I 租税回避行為の否認をめぐる租税公平主義と租税法律主義の相克

租税回避行為とは、通常用いられない法形式（異常と言える法形式）を利用して税負担の減少を図る行為をいう。この行為を阻止するために所得税法も法人税法も、そして、相続税法も個別に否認規定を用意してきた。これは租税法の立法原理としての租税公平主義の要請に基づく。担税力を適正に測定することは、租税負担の公平を図る上での大前提となるから、個別租税法は租税回避行為には立法をもって対処してきたといえる。なぜならば、公平な課税は租税正義の要件であるからである。しかし、個別否認規定という法的根拠がなくても租税回避行為が否認できるのであろうか。

租税行政庁は、従来から租税回避行為の否認を個別的否認規定が存在しなくても、租税法の基本原則である租税公平主義を根拠に否認権を行使しうるとの立場をとってきた。租税回避行為を選択して租税負担を軽減する納税者とそれを選択しない納税者との間で公平性を欠く結果を招くから、そのような租税回避行為は否認して結果的に租税負担の公平を図るべきだとの主張である。

一方、これに対立する主張は、個別否認規定によらず法の一般条項あるいは、租税公平主義もしくは実質主義を根拠に、私人間において合法的に選択された法形式を他の法形式に引き直し、課税をなし得る裁量権を租税行政庁に委ねてしまうことは、明確な法律に基づく課税を要請する租税法律主義に反するというものである。租税回避行為の阻止は、個別的な否認規定によってなされるべきであり、この立場は、租税法律主義が支配する租税法領域に

おいてはとりわけ尊重されるべきであると主張するのである。

両者の主張は、まさしく租税法律主義と租税公平主義という租税法の基本原則を根拠として対峙する。この両説の関係の本質は、租税法の基本原則間の相克関係にあるということができる[1]。

Ⅱ 両基本原則の衝突と合理的調整
―注目事例としての岩瀬事件―租税正義の検証

以下で紹介する裁判例は、いわゆる岩瀬事件として学界および租税法実務界において大きな注目を集めた事例である。納税者が選択した法形式である売買契約を租税行政庁が交換契約に引き直し、課税権を行使した事案である。第一審[2]は租税公平主義を重視する立場から、納税者が選択した法形式を租税行政庁が否認できる旨の判断を下し、一方、控訴審は、租税法律主義を重視する立場から否認できないとする一審とは逆の判断を下した。なお、被告国側は、上告したが、最高裁は上告を不受理とし、控訴審の判断が確定した事案である。

本件は、同一事案において裁判所がまったく相反する判断を下したという以上に、租税法律主義と租税公平主義の相克関係が如実に顕在化した事案であるという点で注目される。

1 事実

(参照条文、民法586条、所得税法12条・33条Ⅰ・Ⅲ・36条Ⅰ、租税特別措置法（平8法17号による改正前のもの）69条の4）

X（原告）は、甲及び乙の土地を所有し、訴外A（Xの亡母。以下XとAを併せて「Xら」という。）は、右各土地を賃借のうえ隣接地丙を所有し、それらの各土地上に建物を所有していた（以下では、甲、乙、丙土地を「本件譲渡土地」と、甲、乙土地の賃借権を「本件譲渡借地権」という。）。

訴外B株式会社（以下「B社」という。）は周辺土地の地上げの一環として、

本件譲渡土地及び建物売却をＸらに持ちかけた。Ｘらは、本件譲渡土地とほぼ等価の土地上に建物を新築し、諸経費、損害を賄うことができることを条件に次のとおり取引に応じた。平成元年３月23日、Ｘらは、Ｂ社に対して、本件譲渡土地、本件譲渡借地権及び建物（以下「本件譲渡資産」という。）を総額７億円余（内訳は、甲土地及び乙土地の所有権（底地価格）が１億2443万円余、本件譲渡借地権及び丙土地が合計６億869万円余。なお、建物は無価値と評価した。）で売買する旨の本件譲渡資産の売買契約を締結した。

　同日、Ｂ社は、Ａらに対して、①既に第三者から６億3750万円で取得した土地（以下「本件取得土地」という）を、Ａ持分４分の３、Ｘ持分４分の１の割合で、代金を３億5700万円にて、②Ａに対して、Ｍの土地（以下「Ｍ土地」という。）に対する賃借権（以下「本件取得借地権」という。）及びＮの建物（以下「Ｎ建物」という。）を、代金7700万円にて、それぞれ売買する旨の売買契約を締結した（以下においては、本件取得土地、本件取得借地権及びＮ建物を「本件取得資産」といい、このうちＡの取得した部分を「Ａ取得資産」という）。

　Ａら及びＢ社は、同日、右各売買契約の履行を行い、右各契約代金の相殺差金として、Ｂ社から３億円余の小切手がＡらに交付された（以下においては、この小切手に係る金銭を「本件差金」といい、本件譲渡資産及び本件取得資産の各売買契約及び本件差金の授受からなる行為を「本件取引」と総称する。）。

　ＸおよびＡは、平成２年３月14日、平成元年分の所得税として、本件譲渡資産の譲渡収入金額を右売買契約金額７億円余として確定申告した。これに対して、被告Ｙ税務署長（以下「Ｙ」という。）は、ＸらとＢ社間の各売買契約は不可分一体の取引であり、本件譲渡資産と本件取得資産の差金付交換取引であると認定したうえで、本件譲渡収入金額を本件取得資産および本件差金の合計金額10億7733万円であるとして、Ｘらに対して、更正および過少申告加算税の賦課決定処分をした。この処分を不服として出訴したのが本件である。

　Ｘは、本件各契約は対価的にバランスの取れたものであるが、その形式においても関係当事者の認識においても、それぞれ別個に締結された独立の契

約であると主張する。したがって、本件譲渡資産の対価は、売買契約金額そのものの金額である7億3313万円であると主張する。

当該主張に対して、Yは、取引経過の諸事情を考慮すると、本件譲渡資産の譲渡と本件取得資産の取得に関する取引は、対価的にバランスが取れており、不可分一体の取引としての補足金付交換契約というべきであると主張する。したがって、本件譲渡資産の対価は、本件取得資産の対価（本件取得土地6億3750万円と本件取得借地権1億4070万円とを加算した金額）と本件差金の交付額（2億9913万円）を合算した10億7733万円であると主張する。

以上が本件の事実と両者の主張である。なお、本件は、この他にXの母であるAが死亡したことにより、相続税の課税価格となる本件取得資産の取得の対価の額についても争われたが、ここでは相続税の課税関係の部分については省略する。

2 第一審判旨

1、「契約の内容は契約当事者の自由に決し得るところであるが、契約の真実の内容は、当該契約における当事者の合理的意思、経過、前提事情等を総合して解釈すべきものである。

ところで、認定した本件取引の経過に照らせば、Xらにとって、本件譲渡資産を合計7億3313万円で譲渡する売買契約はそれ自体でXらの経済目的を達成させるものではなく、代替土地の取得と建物の建築費用等を賄える経済的利益を得て初めて契約の目的を達成するものであったこと、他方、B会社にとっても、本件取得資産の売買契約はそれ自体で意味があるものではなく、右売買契約によってXらに代替土地を提供し、本件譲渡資産を取得することにこそ経済目的があったのであり、本件取得資産の代価は本件譲渡資産の譲渡代金額からXらが希望した経済的利益を考慮して逆算されたものであることからすれば、本件取引は、本件取得資産及び本件差金と本件譲渡資産とを相互の対価とする不可分の権利移転合意、すなわち、B会社において本件取得資産及び本件差金を、Xらにおいて本件譲渡資産を相互に相手方に移

転することを内容とする交換であったというべきである。」
２、「本件取引は、地上げの目的達成のため本件譲渡資産の取得が必須であるという事情下にあるＢ会社と本件譲渡資産の譲渡を希望する事情が存しないというＸらとの間で、換言すれば、地上げの目的達成による経済的利益との関係で市場価値を超えた価額で本件譲渡資産を取得することに経済的合理性を有するＢ会社側と、単なる等価交換では本件取引に係る有形・無形のさまざまな負担の見合いがとれないとし、これらの諸負担に相当する対価を取得して初めて譲渡の意味が生ずるＢらとの間で、市場価値としてほぼ等価と解される本件譲渡資産と本件取得資産の相互的な権利移転に加えて本件差金の授受が行われたものである。」

3　第一審判決の検討

本件の争点は、契約自由の原則が支配する私法関係において、納税者が選択した私法上の法形式を租税行政庁が否認し、別の法形式に引き直して課税することが可能か否かという点にある。

ここでまず検討しなければならない点は、租税行政庁が、本件事案について、当事者の選択した私法上の法形式を否認して、別の法形式に引き直して課税するに至る根拠を何に求めたかという点である。契約自由の原則を覆して当事者が選択した法形式を引き直すにあたっては明確な法的根拠を必要とする。

本件において納税者の行為に仮装行為や通謀虚偽表示、事実の隠蔽行為が存在すれば、事実を偽り虚構したことに着目し、その違法性を根拠に否認しうることは論を待たない。

本件取引の経過を検討するに、そこには仮装行為や通謀虚偽表示に該当する行為を見出すことはできない。

そうすると、本件が租税回避行為に該当する故に否認規定もしくは課税の公平の観点から否認したもの構成せざるを得ない。そこで以下では、本件事案が租税回避行為に該当するか否かについて検討する。

租税回避行為とは、私法上の法形式の選択可能性を利用し、私的経済取引の見地からは合理的理由がないのに、通常用いられない法形式を選択することによって意図した経済目的ないし経済成果を最終的には達成しつつ、他方で通常用いられる法形式に対応する課税要件の充足を回避し、これにより租税負担を減少させる行為を言うことは先に述べた通りである。この定義によれば、①私法上の法形式の選択可能性を利用することにより通常用いられない法形式（異常な法形式）を選択し、②通常用いられる法形式を選択したと同様の経済目的・経済成果を達成し、③結果として租税負担を軽減ないし排除する、という３つの要件を充足する行為ということができる。この要件を本件事案に当てはめると以下の通りである。

　まず第１に、民法上の売買を法形式として選択する。第２に、Ｘらは本件取得資産（土地と借地権と建物）を、Ｂ社は本件譲渡資産（土地と借地権と建物）を入手することを目的としているのであるから、通常用いられる法形式は、売買ではなく交換という法形式を用いる方が合理的である。第３に、独立した別個の売買という法形式を選択することにより、交換の法形式を選択するよりも譲渡収入金額を３億円余圧縮することが可能となる。

　このように本件は、３つの租税回避行為の該当要件を充足している。

　租税回避行為であるとするためには、当事者が用いた法形式が異常であること、租税回避以外にそのような異常な法形成を用いた理由が見出せないということが必要であるという見解からしても、本件事案は、租税負担の軽減を主たる目的として法形式の選択可能性を利用し、通常用いられない法形式を選択したものであるということができる故に、租税回避行為であるといえよう。

　なお、異常な行為形式が選ばれたことにつき正当な理由があるときには異常性は排除され租税回避は成立しない。租税負担の軽減以外に売買形式を選択する合理的理由を見出せないという点からしても、本件事案は、租税回避行為事案であるということができよう。

　売買形式を選択することが異常な法形式を利用しているといえるかどうか

については疑義が残るともいえなくもない。しかしながら、売買という法形式を選択することに異常性を見出せなければ、そもそも売買を選択した当事者の行為を租税行政庁が否認することはあり得ないといえる。単なる租税負担の軽減行為であると認定できるのであれば、それは節税の範疇を出ず否認し得ないとの判断が働くはずである。

ところで、納税者の行為が租税回避行為であると認定された場合には、当事者が用いた法形式を租税法上は無視し、通常用いられる法形式に引き直してその法形式に対応する課税要件が充足されたものとして課税することを租税回避行為の否認という[6]。

この租税回避行為の否認には、「個別否認規定による否認」と「租税公平主義の原則もしくは実質主義による否認」の二類型が存在する[7]。前者の個別否認規定に基づいて、その規定が定める要件により租税回避行為を否認することには問題がないのであるが、後者の個別否認規定によらずに、租税公平主義や実質主義などによって否認することが認められるか否かについて議論が存する。学説上は、租税法律主義のもとでは個別否認規定によらない否認は認められないとする見解が通説である[8]。

しかしながら、判例上は、下級審の裁判例においては見解が分かれている。本件裁判所は、「契約の内容は契約当事者の自由に決し得るところであるが、契約の真実の内容は、当該契約における当事者の合理的意思、経過、前提事情等を総合して解釈すべきものである」から、総合的に判断すると本件契約の真実の内容は独立した売買契約ではなく交換（民法586条）契約であったと判示しており、契約自由の原則の支配下にある私法関係においても、租税法上は、「契約の真実の内容」に着目することを確認した上で、当事者が選択した法形式を租税行政庁が否認して別の法形式に引き直して課税できるとの立場を採用している。

そうすると、本件裁判所の判旨は、個別否認規定によらずに実質主義に基づいて租税回避行為を否認できるとするYの主張を支持したものといえる。

形式的側面のみに着目すると法形式の背後で租税負担を免れようとする納

税者に適正に課税する機会を逸し、租税公平主義を担保できない状況が生ずる故に、納税者の行為の実質に着目していくことを実質主義という。すなわち、実質主義とは、税法の解釈及び課税要件事実の認定にあたり、法形式や名義・外観等が、その真実・実態・経済的実質等と相違している場合に、その形式よりも実質に着目して課税することを原則とする考え方である。

したがって、実質主義は、租税公平主義の派生原則とみることもできる。[9]

かかる実質主義の立場から、裁判所が本件取引を「交換」と認定判断した要因は、①本件土地譲渡契約は、それ自体では譲渡人の経済的目的を達成できない、②代替地と建物の取得が必要、③Ｂ社の本件取得土地の取得は、亡Ａに代替地として提供することのみの目的でなされたという３点にあったと思われる。

ところで、課税要件事実の認定にあたって、法律行為の実質及び経済的効果を参酌考量して租税負担の公平が図られねばならないことはいうまでもないところであり、当該裁判所の立場は、租税公平主義を重視し、課税の公平を確保するとの論理により個別否認規定によらずに租税回避行為の否認を容認したものと位置付けることができる。

4　控訴審判決[10]

控訴審判決は、租税法律主義の観点から租税回避行為の否認は個別否認規定によるべきであるとして、被告国側の主張を退ける判決を以下の通り下した。

「二　本件取引の法的性質
１、本件取引に関しては、本件譲渡資産の譲渡及び本件取得資産の取得について各別に売買契約書が作成されており、当事者間で取り交わされた契約書の上では交換ではなく売買の法形式が採用されていることは、前記のとおりである。
２、もっとも、右の事実関係からすれば、亡Ａらにとってもｂ社にとっても、本件取引においては、本件譲渡資産の譲渡あるいは本件取得資産の取得

のための各売買契約は、それぞれの契約が個別に締結され履行されただけでは、両者が本件取引によって実現しようとした経済的目的を実現、達成できるものではなく、実質的には、本件譲渡資産と本件取得資産とが亡Aらの側とB社の側で交換されるとともに、亡Aらの側で代替建物を建築する費用、税金の支払に当てる費用等として本件差金がB社側から亡Aらの側に支払われることによって、すなわち右の各売買契約と本件差金の支払とが時を同じくしていわば不可分一体的に履行されることによって初めて、両者の本件取引による経済的目的が実現されるという関係にあり、その意味では、本件譲渡資産の譲渡と本件取得資産及び本件差金の取得との間には、一方の合意が履行されることが他方の合意の履行の条件となるという関係が存在していたものと考えられるところである。

さらに、本件取引における本件譲渡資産の譲渡価額あるいは本件取得資産の取得価額も、その資産としての時価等を基にして両者の間の折衝によって決定されたというよりも、むしろ、国土法の制約の下で許容される本件譲渡資産の譲渡額の上限額を前提として、本件取引により亡Aら側で代替物件を取得した上に税金を支払ってもなお利益のある額となるように亡Aら側で計算して本件譲渡資産を構成する各資産ごとに割り振るなどして算定した金額を、B社側でも受け入れて、前記のとおりの額と決定したものであることが認められる。

これらの事実関係からすれば、亡Aら側とB社との間で本件取引の法形式を選択するに当たって、より本件取引の実質に適合した法形式であるものと考えられる本件譲渡資産と本件取得資産との補足金付交換契約の法形式によることなく、本件譲渡資産及び本件取得資産の各別の売買契約とその各売買代金の相殺という法形式を採用することとしたのは、本件取引の結果亡Aら側に発生することとなる本件譲渡資産の譲渡による譲渡所得に対する税負担の軽減を図るためであったことが、優に推認できるものというべきである。

3、しかしながら、本件取引に際して、亡AらとB社の間でどのような法形式、どのような契約類型を採用するかは、両当事者間の自由な選択に任され

ていることはいうまでもないところである。確かに、本件取引の経済的な実体からすれば、本件譲渡資産と本件取得資産との補足金付交換契約という契約類型を採用した方が、その実体により適合しており直截であるという感は否めない面があるが、だからといって、譲渡所得に対する税負担の軽減を図るという考慮から、より迂遠な面のある方式である本件譲渡資産及び本件取得資産の各別の売買契約とその各売買代金の相殺という法形式を採用することが許されないとすべき根拠はないものといわざるを得ない。

　もっとも、本件取引における当事者間の真の合意が本件譲渡資産と本件取得資産との補足金付交換契約の合意であるのに、これを隠ぺいして、契約書の上では本件譲渡資産及び本件取得資産の各別の売買契約とその各売買代金の相殺の合意があったものと仮装したという場合であれば、本件取引で亡Ａらに発生した譲渡所得に対する課税を行うに当たっては、右の隠ぺいされた真の合意において採用されている契約類型を前提とした課税が行われるべきことはいうまでもないところである。しかし、本件取引にあっては亡Ａらの側においてもまたＢ社の側においても、真実の合意としては本件譲渡資産と本件取得資産との補足金付交換契約の法形式を採用することとするのでなければ何らかの不都合が生じるといった事情は認められず、むしろ税負担の軽減を図るという観点からして、本件譲渡資産及び本件取得資産の各別の売買契約とその各売買代金の相殺という法形式を採用することの方が望ましいと考えられたことが認められるのであるから、両者において、本件取引に際して、真実の合意としては右の補足金付交換契約の法形式を採用した上で、契約書の書面上はこの真の法形式を隠ぺいするという行動を取るべき動機に乏しく、したがって、本件取引において採用された右売買契約の法形式が仮装のものであるとすることは困難なものというべきである。

　また、本件取引のような取引においては、むしろ補足金付交換契約の法形式が用いられるのが通常であるものとも考えられるところであり、現に、本件取引においても、当初の交渉の過程においては、交換契約の形式を取ることが予定されていたことが認められるところである（乙第八号証）。<u>しかしな</u>

がら、最終的には本件取引の法形式として売買契約の法形式が採用されるに至ったことは前記のとおりであり、そうすると、いわゆる租税法律主義の下においては、法律の根拠なしに、当事者の選択した法形式を通常用いられる法形式に引き直し、それに対応する課税要件が充足されたものとして取り扱う権限が課税庁に認められているものではないから、本件譲渡資産及び本件取得資産の各別の売買契約とその各売買代金の相殺という法形式を採用して行われた本件取引を、本件譲渡資産と本件取得資産との補足金付交換契約という法形式に引き直して、この法形式に対応した課税処分を行うことが許されないことは明かである。」(筆者傍線)。

5 控訴審判決の意義と検討

　控訴審においても、裁判所は、当事者間の双方の売買契約は単独では意味をなさないとしたうえで、その意味では売買(民法555条)の法形式を採用するよりも交換(民法586条)の法形式を採用する方が合理的であるとする。にもかかわらず、あえて売買の法形式を選択する理由は、租税負担の軽減以外に認められないと断じている。さらに当事者の行為に仮装隠蔽行為は存在しないが、租税回避行為には該当する行為であると指摘している。

　そのうえで、当該裁判所は、租税回避行為の否認は、租税法律主義の支配する租税法領域においては個別的否認規定によることが要請されるとの立場から、本件取引を租税回避行為として否認するための個別否認規定がないのだから否認し得ないとの判断を下しているのである。

　すなわち、「租税法律主義の下においては、法律の根拠なしに、当事者の選択した法形式を通常用いられる法形式に引き直し、それに対応する課税要件が充足されたものとして取り扱う権限が課税庁に認められているものではない」と明確に判示しているのである。

　この租税法律主義の下においては、納税者が選択した私法上の法形式を租税行政庁が否認するためには明確な法的根拠が必要となることを明確に判示したところに、控訴審の判断の意義を見出すことができる。

すなわち、租税法律主義の下においては、租税回避行為であるとしても個別否認規定に基づくことなしに、納税者の選択した法形式を否認し得ないことを明確に判示したものであり高く評価できるものといえよう。

Ⅲ 研究 租税正義の検証

　租税法の基本原則である租税法律主義は、沿革的には国王による恣意的課税の排除を目的としたものであり、その機能は、国民の経済生活に法的安定性と予測可能性を付与することにある。[11]

　租税法律主義が形骸化されることなく機能して初めて納税者の権利は保護されるとの視点から、租税回避行為の否認の根拠とその意義を検討することにあった。

　租税回避行為を租税行政庁が否認する法的根拠は、租税法の一方の基本原則である租税公平主義の要請である。この租税法律主義と租税公平主義は、租税法の解釈・適用の多くの場面で相克関係にある。租税公平主義を尊重する立場からは個別否認規定の存在がなくとも、租税回避行為であると認定できれば否認できるとする。

　また、木村弘之亮教授は、権利濫用の禁止原則によっても租税回避行為は阻止できるとされる。法の一般条項を用いても充分に阻止しうるとされるのである。私法上の法形式の選択を認める契約自由の原則を納税者が濫用したものとして、租税回避行為を否認できるとされる。そうすると、権利の濫用にあたるか否かの判断は、第1のステップとしては事実認定をする租税行政庁が下すことになる。

　一方、租税公平主義もしくは実質主義を法的根拠に否認できるとした場合には、法形式の実質の判断がたとえば売買ではなく交換であるとする認定判断は、やはり租税行政庁が下すことになる。

　これらの主張の論旨を一概に否定することはできないが、いずれの法的根拠を採用するにしても租税行政庁の裁量権をいかに法的に統制していくかに

ついて明確な担保が提供されない限り、筆者はこれらの主張に同意しかねる。

すなわち、租税歳入確保を使命とする租税行政庁と納税額最小を求める納税者は租税をめぐり利害が対立する。その緊張関係の中で、納税者の選択した法形式の実質がいずれにあるかを認定し、その認定に基づいてその法形式を引き直すということは極めて困難である。

また、同様に法形式の選択権の濫用であると判断し、立証する租税行政庁の負担は過重とならざるを得ない。

何よりも、沿革的には国王による恣意的課税を排除することを趣旨とする租税法律主義は、まさに租税行政庁の裁量権の行使を最小限度にすることを目的としている。租税回避行為を否認する場合にも個別的否認規定を用いて否認することが、租税行政庁の裁量権の行使を最小に留めおくことになる。

民主主義と租税法律主義はその理念を共通にする。価値規範が複雑化し多様化する21世紀の社会においても民主主義の理念は、普遍的価値を有しつづけるであろう。そうすると、租税法律主義もその価値は色あせるものではない。

租税回避行為の否認に限定すれば、一般的否認規定による否認を受け入れると、租税法律主義を形骸化させる恐れを内包する。それに対して租税法律主義を根拠とする個別的否認規定による否認は、租税公平主義を著しく犠牲にするものではない。なぜならば、新たな租税回避行為が顕在化すればそれに対応すべく法的整備を速やかに図ることで解決しうる。

*補注
　本判決は、平成15年6月13日の最高裁決定で被告税務署長の上告を不受理とされ確定した。この事件がきっかけとなったとも思えるが、租税回避行為の否認の手法をめぐる議論が学界においても活発に展開された。従来から租税回避行為の否認については租税公平主義と租税法律主義の視点から議論されてきたが、その議論が新たな要素を加味して再燃したものといってよいであろう。
　たとえば、今村隆教授が『税理』誌上に発表された「租税回避行為の否認と契約解釈」（(1)税理42巻14号206頁（1999年）、(2)税理42巻15号262頁（1999年）、(3)税理43巻1号242頁（2000年）、(4)税理43巻3号205頁（2000年））と題する論考において、新た

な租税回避行為の否認論として「私法上の法律構成による否認」論を展開された。この論文を引き金として、中里実教授、占部裕典教授、そして、岡村忠生教授らが以下の通り極めて興味深い論考をそれぞれの立場から発表され、学界においても多くの白熱した議論が展開された。

たとえば、中里実教授は、中里実『タックスシェルター』(有斐閣、2004年)に所収された論文を中心に今村論文を高く評価するという立場から、私法上の法律構成による否認論につき一定の理解を示す見解を示された。

占部裕典教授は、占部裕典「租税回避に対する新たなアプローチの分析」税法546号27頁(2001年)、占部裕典「租税回避行為論再考」税法学548号21頁(2002年)、占部裕典「最近の裁判例にみる『租税回避行為の否認』の課題—実体法的・証拠法的視点から」税法学553号275頁(2005年)、の論考を相次いで発表され、私法上の法律構成による否認論(今村論)に対して疑問を提起された。

岡村忠生教授は、岡村忠生「税負担回避の意図と二分肢テスト」税法学543号3頁(2000年)を発表され、この悩ましい問題の解決法をアメリカの二分肢テストを紹介しつつ提示されている。

注
1) 松沢『実体法』29頁参照。
2) 東京地判平成10年5月13日時報1656号72頁。
3) 金子『租税法』133頁以下。なお、金子、同書、同頁以下では租税回避行為を2類型に分類している。
4) 木村弘之亮『租税法学』130頁(税務経理協会、1999年)。
5) 佐藤義行「租税回避行為と租税逋脱行為」北野弘久編『判例研究 日本税法体系1』113頁(学陽書房、1982年)。
6) 金子、前掲注3)、128頁。
7) なお、今村隆氏は、今村隆「租税回避行為の否認と契約解釈」税理42巻14号207頁以下(1999年)において、租税回避行為の否認の類型を①租税法上の実質主義による否認、②私法上の法律構成による否認、③個別否認規定による否認、として三つの類型に分類されておられるが、②の私法上の法律構成による否認は、租税回避行為ではなく仮装行為や虚偽表示に対する否認であり、租税回避行為の否認の問題と同列に扱うことは無用の混乱を招く。すなわち、仮装行為もしくは虚偽表示であると認定できれば無効なのであり否認するまでもないのである。
8) たとえば、金子宏教授は「租税法律主義のもとで、法律の根拠なしに、当事者の選択した法形式を通常用いられる法形式に引きなおし、それに対応する課税要件が充足したものとして取り扱う権限を租税行政庁に認めることは、困難である」(金子、前掲注3)、130頁)とされる。
9) 田中二郎博士は、租税公平主義と実質主義の関係を「租税法は、全体として、人民の公平な負担を建前としつつ、一定の租税収入を確保することを企図しているのであるから、租税法の具体的執行に当たっても、公平負担の見地から、租税回避行為を禁止し、特定の者が不当に租税負担を免れることのないよう防止する必要がある。租税法上、いわゆる実質課税の原則をうたい、同族会社の行為計算の否認その他租税回避行為の禁止に関する規定を設けて、この趣旨を明示しているものがあるが、これらの規定も、租税の公平負担を建前とする租税法の解釈上、規定の有無にかかわらず、当然に認められるべき原則を明らかにした一種の宣言的な規定とみるべきであろう。すなわち、租税の公平負担という見地からすれば、課税の対象となる課税物件の実現及び帰属に関し、その形式又は名義に囚われることなく、その経済的実質に着目し、現実に担税力を有するものと認められる者に対して課税するの

が当然の原則でなければならない」（田中二郎『租税法〔第3版〕』89頁（有斐閣、1990年））と述べられて、租税公平主義を担保するには租税回避行為を防御する必要があり、租税回避行為を禁止していくための基礎原則として実質主義が存在すると捉えられている。
10）東京高判平成11年6月21日判時1685号33頁。なお、最決平成15年6月13日税資253号順号9367参照。
11）租税法律主義の沿革についての詳細は、齊藤稔『租税法律主義入門』第1章以下（中央経済社、1992年）を参照されたい。

第5章

借用概念の解釈と租税法律主義
—海外財産の贈与と借用概念としての住所の認定（武富士事件）

最高裁平成23年2月18日判決（破棄自判、確定、納税者勝訴）
（平成20年（行ヒ）第139号贈与税決定処分取消等請求事件）
時報2111号3頁
控訴審　東京高裁平成20年1月23日判決（取消、棄却、上告及び上告受理申立、納税者敗訴）
（平成19年（行コ）第215号贈与税決定処分取消等請求控訴事件）
判タ1283号119頁
第一審　東京地裁平成19年5月23日判決（認容、控訴、納税者勝訴）
（平成17年（行ウ）第396号贈与税決定処分取消等請求事件）
訟月55巻2号267頁

☞　研究のポイント

　武富士事件として社会的に注目された本件では、贈与税の納税義務者の判定要件である「住所」の認定の問題が争点とされている。租税法上の住所の概念は、個別租税法が定義規定を置いていないために、民法21条（現行民法22条）の住所概念を借用したものとされている。いわゆる私法からの借用概念と位置付けられているのである。借用概念であるにもかかわらず、その住所の認定をめぐり、私法とは別の租税法独自の意義を付与すべきであるとする独立説と、私法と同一の意義に解すべきであるとする統一説、さらには租税法の目的に即して意義を考えるべきであるとする目的適合説が対立してきた。

　本件では、住所認定の要件に租税回避の意図や居住意思を加えるべきであるとする被告国側と、借用概念であるとすれば私法と同一の概念を用いるべきであるとする原告が鋭く対立している。

　本件をとおして、租税法上の借用概念の解釈のあり方と租税法と私法の問題について、研究することが本章の研究のポイントである。

Ⅰ 事案の概要

1　本件は、上告人（以下「X」という。）が、その両親から外国法人に係る出資持分の贈与を受けたことにつき、所轄税務署長から相続税法（平成15年法律第8号による改正前のもの。以下「法」という。）1条の2第1号及び2条の2第1項に基づき贈与税の決定処分及び無申告加算税の賦課決定処分（以下これらを併せて「本件各処分」という。）を受けたため、Xは上記贈与を受けた時において国内に住所を有しておらず上記贈与に係る贈与税の納税義務を負わない旨主張して、本件各処分の取消しを求めている事案である。

2　原審の適法に確定した事実関係等の概要は、次のとおりである。

(1)　Xは、上記贈与の贈与者であるA及びBの長男であるところ、Aが代表取締役を務めていた消費者金融業を営む会社である株式会社C（以下「本件会社」という。）に平成7年1月に入社し、同8年6月に取締役営業統轄本部長に就任した。AはXを本件会社における自己の後継者として認め、Xもこれを了解し、社内でもいずれはXがAの後継者になるものと目されていた。

(2)　平成12年法律第13号により租税特別措置法（平成15年法律第8号による改正前のもの）69条2項の規定が設けられる前においては、贈与税の課税は贈与時に受贈者の住所又は受贈財産の所在のいずれかが国内にあることが要件とされていたため（法1条の2、2条の2）、贈与者が所有する財産を国外へ移転し、更に受贈者の住所を国外に移転させた後に贈与を実行することによって、我が国の贈与税の負担を回避するという方法が、平成9年当時において既に一般に紹介されており、Aは、同年2月ころ、このような贈与税回避の方法について、弁護士から概括的な説明を受けた。

(3)　本件会社の取締役会は、平成9年5月、Aの提案に基づき、海外での事業展開を図るため香港に子会社を設立することを決議した。Xは、同

年6月29日に香港に出国していたところ、上記取締役会は、同年7月、Aの提案に基づき、情報収集、調査等のための香港駐在役員としてXを選任した。また、本件会社は、同年9月及び平成10年12月、子会社の設立に代えて、それぞれ香港の現地法人（以下「本件各現地法人」という。）を買収し、その都度、Xが本件各現地法人の取締役に就任した。

(4)　Xは、平成9年6月29日に香港に出国してから同12年12月17日に業務を放棄して失踪するまでの期間（以下「本件期間」という。）中、合計168日、香港において、本件会社又は本件各現地法人の業務として、香港又はその周辺地域に在住する関係者との面談等の業務に従事した。他方で、Xは、本件期間中、月に一度は帰国しており、国内において、月1回の割合で開催される本件会社の取締役会の多くに出席したほか、少なくとも19回の営業幹部会及び3回の全国支店長会議にも出席し、さらに、新入社員研修会、格付会社との面談、アナリストやファンドマネージャー向けの説明会等にも出席した。また、Xは、本件期間中の平成10年6月に本件会社の常務取締役に、同12年6月に専務取締役にそれぞれ昇進した。

　本件期間中に占めるXの香港滞在日数の割合は約65.8％、国内滞在日数の割合は約26.2％である。

(5)　Xは独身であり、本件期間中、香港においては、家財が備え付けられ、部屋の清掃やシーツの交換などのサービスが受けられるアパートメント（以下「本件香港居宅」という。）に単身で滞在した。そのため、Xが出国の際に香港へ携行したのは衣類程度であった。本件香港居宅の賃貸借契約は、当初が平成9年7月1日から期間2年間であり、同11年7月、期間2年間の約定で更改された。他方で、Xは、帰国時には、香港への出国前と同様、Aが賃借していた東京都杉並区所在の居宅（以下「本件杉並居宅」という。）で両親及び弟とともに起居していた。

(6)　Xの香港における資産としては、本件期間中に受け取った報酬等を貯蓄した5000万円程度の預金があった。他方で、Xは、国内において、平

成10年12月末日の時点で、評価額にして1000億円を超える本件会社の株式、23億円を超える預金、182億円を超える借入金等を有していた。

(7) Xは、香港に出国するに当たり、住民登録につき香港への転出の届出をした上、香港において、在香港日本総領事あて在留証明願、香港移民局あて申請書類一式、納税申告書等を提出し、これらの書類に本件香港居宅の所在地をXの住所地として記載するなどした。他方で、Xは、香港への出国の時点で借入れのあった複数の銀行及びノンバンクのうち、銀行3行については住所が香港に異動した旨の届出をしたが、銀行7行及びノンバンク1社についてはその旨の届出をしなかった。なお、本件会社の関係では、本件期間中、常務取締役就任承諾書及び役員宣誓書には、Xは自己の住所として本件杉並居宅の所在地を記載し、有価証券報告書の大株主欄には、本件香港居宅の所在地がXの住所として記載された。

(8) A及びBは、オランダ王国における非公開有限責任会社であるD社（総出資口数800口）の出資をそれぞれ560口及び240口所有していたところ、平成10年3月23日付けで、同社に対し本件会社の株式合計1569万8800株を譲渡した上、同11年12月27日付けで、Xに対し、Aの上記出資560口及びBの上記出資のうち160口の合計720口の贈与（以下「本件贈与」という。）をした。

(9) A及びXは、本件贈与に先立つ平成11年10月ころ、公認会計士から本件贈与の実行に関する具体的な提案を受けていた。また、Xは、本件贈与後、3か月に1回程度、国別滞在日数を集計した一覧表を本件会社の従業員に作成してもらったり、平成12年11月ころ国内に長く滞在していたところ、上記公認会計士から早く香港に戻るよう指導されたりしていた。

(10) 本件杉並居宅の所在地を所轄する杉並税務署長は、本件贈与について、平成17年3月2日付けで、Xに対し、贈与税の課税価格を1653億0603万1200円、納付すべき贈与税額を1157億290万1700円とする平成11

年分贈与税の決定処分及び納付すべき加算税の額を173億5543万5000円とする無申告加算税の賦課決定処分（本件各処分）をした。

3　争点─借用概念の解釈の在り方─借用概念に租税法独自の租税回避の意図の基準を加えることができるか？

　本件の実質的な争点は、贈与時点でXの住所が香港に所在していたか、という住所の認定にあった。住所の認定に際しては、そもそも「住所」とは何か、といった住所概念が明らかにされなければならない。住所について租税法は特に定義規定を用意していないところから、民法22条が定める『生活の本拠』概念を借用したものと理解されているが、この借用概念に租税回避の意図といった租税法独自の概念要素を加えることができるか否かが争点とされたといってよい。

4　当事者の主張

(1)　被告国側（以下「Y」という。）の主張

i　贈与税の納税義務に関する住所の認定基準

　受贈者の住所がどこにあるのかは、単に住民票の記載事項により判断するのではなく、いずれが受贈者の「生活の本拠」に該当するかを、住居、職業、国内において生計を一にする配偶者その他の親族を有するか否か、資産の所在等の客観的事実に加え、本人の居住意思・目的も考慮して、総合的に判断することとなるが、定住の意思は必ずしも常に存在するものではなく、外部から認識し難い場合が多いため、本人の主観的な意思はあくまでもその判断のための一資料として考慮するにとどまるべきである。基本通達において、相続税法に規定する「住所」とは、各人の生活の本拠であり、生活の本拠であるか否かは客観的事実によって判定する旨規定されているが、これは、民法上の生活の本拠についての客観説を採ることを明らかにしたにすぎず、居住者の主観面を考慮することを排除するものではない。

　そして、各法域においてその目的に応じた固有の住所が存在すると解され

るのであるから、贈与税に関する住所の認定に当たっても、贈与税が、贈与によって財産が移転する機会に、その財産に対して課税される租税であって、相続税の補完税としての性質を持ち、相続税のみが課税されるとした場合には、生前に財産を贈与することによって、相続税の負担を容易に回避することができることになるため、このような税負担の回避を封ずることを目的としていることが考慮されてしかるべきである。

この点について、相続税が、相続による財産の取得というかなり長期の間の偶然の一時的における事象をとらえて課税されるものであることを考えると、たまたま一時的な居住地によって課税対象財産の範囲を異にすることには問題があり、一定期間外国における勤務や外国における事業活動のため永住許可を得て外国に居住するなどの事実があっても、外国における勤務等が終わった後は日本に帰る予定である者、又は外国における勤務中も日本において家庭を持ち、社会的に定住していると認められるような者の住所は、日本にあるものとして扱われるべきであろうとされていることが参考になる。

Yが、本件で問題とされている平成9年6月29日（以下「日本出国日」という。）から平成12年12月17日（以下「香港出国日」という。）までの期間（以下「本件滞在期間」という。）について、Xに対し、所得税の課税処分を行わなかったことは、YがXの所得税法上の住所が国外にあったと認定したことを意味するものではない。のみならず、所得税は、年・月などをもって定期に課される期間税であるのに対し、贈与税は、課税物件が随時に生じる随時税であること、所得税は一般に暦年の終了の時に納税義務が成立するのに対し、贈与税は贈与による財産の取得の時に納税義務が成立することなど、租税としての性質や課税体系を異にするから、所得税における住所と贈与税における住所は必ずしも同一ではない。

　　ⅱ　Xが贈与税を回避する目的で香港に渡航したこと

Xは、亡AとB（以下「贈与者ら」という。）の長男であり、亡Aは、平成11年ころ、Bの将来をXに委ねたいと考え、贈与者らのD社に対する出資持分をXに贈与することとした。本件贈与の実行に至るまでには、亡A及びその

関係者らの間で、事前に贈与税の課税を回避するための綿密な協議が行われ、Xは、贈与税回避のためのスキームに従って、香港に渡航したのである。

　もともと贈与者らが所有していた国内財産であるD株式は、フランス及びオランダにおいて、極めて短期間に法人の設立や買収・増資、さらには金融機関から1000億円もの多額の借入を行うなどの様々な手法を駆使することにより、外形上、Aの出資持分という国外財産に転換された。受贈者の国外住所化については、受贈者の滞在先として贈与税の負担のない香港を選択し、Bが2つの香港の会社を実質的に買収しXを代表者に就任させ、同人に香港居住の必要があるかのような外観を作出したほか、贈与後はXが日本に帰国することを控えるなど、贈与者ら及びXは、諸外国の税制を十分に研究して贈与者ら及びXの税負担が最少になるようにした上で、課税庁による調査が行われる可能性も念頭に置きつつ、周到な準備を行い計画的に本件贈与を実行したものである。

　Xが、このように贈与税を回避する目的で、香港に住所を移転したとの外形を作出するために香港に渡航したことは、もともと相続税回避を目的とする贈与税における「住所」の認定において、十分考慮されなければならない。

(2)　Xの主張
ⅰ　最高裁判所大法廷昭和29年10月20日判決・民集8巻10号1907頁（以下「最高裁昭和29年10月20日判決」という。）は、公職選挙法上の「住所」が争われた事例において、「およそ法令において、人の住所につき、法律上の効果を規定している場合、反対の解釈をなすべき特段の事由のない限り、その住所とは、各人の生活の本拠を指すものと解するのを相当とする」と明言し、各人の生活に関する8つの客観的事実を認定した上で、各人の生活の本拠は、学生寮であったとし、同寮の所在地を各人の「住所」であると認定した。同判決により、以下が導かれる。

ア 相続税法1条の2第1項の住所は、民法21条の定める住所の意義と同様、各人の生活の本拠を指すと解される。

イ 納税者個人の「生活の本拠」とは、あくまで、納税者個人の「職業の」本拠ではなく、納税者個人の「生活の」本拠であり、個人が日々生きている生活圏内の中心を意味する。就業しているか否かを問わず、すべての納税者につき住所の認定のために一律に用いられる「生活の本拠」の意義は、納税者の仕事の内容、勤務の実態に関する諸要素により左右されるべきものではあり得ない。すなわち、納税者の生活の本拠とは、通常は、納税者が、人間として、毎日、生活を営んでいる中心たる場所（通常は自宅）である。民法起草者も同旨の答弁をしている。

ウ 個人の生活の本拠は、主観的要素を排して、客観的事実によって認定される。最高裁判所第二小法廷昭和63年7月15日判決も、原審である大阪高等裁判所昭和61年9月25日判決が5つの客観的事実を挙示して生活の本拠を認定したことを、正当として是認することができると判示した。

ii 基本通達1・1の2共―5は、「『住所』とは、各人の生活の本拠をいうのであるが、その生活の本拠であるかどうかは、客観的事実によって判定するものとする。」と明定している。

さらに、基本通達1・1の2共―6は、国外において勤務その他の人的役務の提供をする者で国外における当該人的役務の提供が短期間（おおむね1年以内である場合をいうものとする。）であると見込まれる者の住所は、法施行地にあるものとして取り扱うと定めるのであるから、1年を超える期間、日本国外で、勤務その他の人的役務を提供した日本国籍を有する者の住所地は、日本にないものとして取り扱われると、合理的に解釈される。上記定めは、所得税法基本通達3―3と整合性を有する。

iii Yの主張に対する反論

ア Xが贈与税回避の目的で香港に渡航したとの主張について

住所、すなわち生活の本拠は、客観的事実により判定されるべきであって、Xが租税回避の目的を有していたか否かという主観的事実は、そもそも論点ですらない。仮に、Xに贈与税の課税負担を減少させたい意思があったとしても、本件贈与のスキームによる当該意思は、単に一般に紹介され多くの資産家によって利用されていた節税行為、すなわち適法行為の意思にすぎないのであるから、租税法上非難されるべきいわれは皆無であるし、当該動機は、本件贈与日当時、Xが本件香港自宅を生活の本拠たる住所にするという居住意思があったことを裏付けるにすぎない。

以上のとおり、当事者の主張の最大の論点は、贈与税回避の意図を住所概念に組み込み、住所認定の基準に加えることができるか否かに集約される。詳細は第一審における当事者の主張を参照されたい。

II 判旨

1 原審の判断の否定

「原審は、上記事実関係等の下において、次のとおり判断して、Xの請求を棄却すべきものとした。

Xは、贈与税回避を可能にする状況を整えるために香港に出国するものであることを認識し、本件期間を通じて国内での滞在日数が多くなりすぎないよう滞在日数を調整していたと認められるから、Xの香港での滞在日数を重視し、これを国内での滞在日数と形式的に比較してその多寡を主要な考慮要素として本件香港居宅と本件杉並居宅のいずれが住所であるかを判断するのは相当ではない。Xは、本件期間を通じて4日に1日以上の割合で国内に滞在し、国内滞在中は香港への出国前と変わらず本件杉並居宅で起居していたこと、香港への出国前から、本件会社の役員という重要な地位にあり、本件期間中もその役員としての業務に従事して昇進もしていたこと、Aの跡を継いで本件会社の経営者になることが予定されていた重要人物であり、本件会

社の所在する我が国が職業活動上最も重要な拠点であったこと、香港に家財等を移動したことはなく、香港に携行したのは衣類程度にすぎず、本件香港居宅は、ホテルと同様のサービスが受けられるアパートメントであって、長期の滞在を前提とする施設であるとはいえないものであったこと、香港において有していた資産は総資産評価額の0.1％にも満たないものであったこと、香港への出国時に借入れのあった銀行やノンバンクの多くに住所が香港に異動した旨の届出をしていないなど香港を生活の本拠としようとする意思は強いものであったとはいえないことなどからすれば、Xが本件期間の約3分の2の日数、香港に滞在し、現地において関係者との面談等の業務に従事していたことを考慮しても、本件贈与を受けた時においてXの生活の本拠である住所は国内にあったものと認めるのが相当であり、Xは法1条の2第1号及び2条の2第1項に基づく贈与税の納税義務を負うものである。」とする原審の判断を、本判決は「しかしながら、原審の上記判断は是認することができない。」と判示して、その理由は、次のとおりとしている。

2 住所の概念と認定基準

「法1条の2によれば、贈与により取得した財産が国外にあるものである場合には、受贈者が当該贈与を受けた時において国内に住所を有することが、当該贈与についての贈与税の課税要件とされている（同条1号）ところ、ここにいう住所とは、反対の解釈をすべき特段の事由はない以上、生活の本拠、すなわち、その者の生活に最も関係の深い一般的生活、全生活の中心を指すものであり、一定の場所がある者の住所であるか否かは、客観的に生活の本拠たる実体を具備しているか否かにより決すべきものと解するのが相当である〔最高裁昭和29年(オ)第412号同年10月20日大法廷判決・民集8巻10号1907頁、最高裁昭和32年(オ)第552号同年9月13日第二小法廷判決・裁判集民事27号801頁、最高裁昭和35年(オ)第84号同年3月22日第三小法廷判決・民集14巻4号551頁参照〕。」

3 住所の概念と認定基準の本件事実への当てはめと結論

「これを本件についてみるに、前記事実関係等によれば、Xは、本件贈与を受けた当時、本件会社の香港駐在役員及び本件各現地法人の役員として香港に赴任しつつ国内にも相応の日数滞在していたところ、本件贈与を受けたのは上記赴任の開始から約2年半後のことであり、香港に出国するに当たり住民登録につき香港への転出の届出をするなどした上、通算約3年半にわたる赴任期間である本件期間中、その約3分の2の日数を2年単位（合計4年）で賃借した本件香港居宅に滞在して過ごし、その間に現地において本件会社又は本件各現地法人の業務として関係者との面談等の業務に従事しており、これが贈与税回避の目的で仮装された実体のないものとはうかがわれないのに対して、国内においては、本件期間中の約4分の1の日数を本件杉並居宅に滞在して過ごし、その間に本件会社の業務に従事していたにとどまるというのであるから、本件贈与を受けた時において、本件香港居宅は生活の本拠たる実体を有していたものというべきであり、本件杉並居宅が生活の本拠たる実体を有していたということはできない。

原審は、Xが贈与税回避を可能にする状況を整えるために香港に出国するものであることを認識し、本件期間を通じて国内での滞在日数が多くなりすぎないよう滞在日数を調整していたことをもって、住所の判断に当たって香港と国内における各滞在日数の多寡を主要な要素として考慮することを否定する理由として説示するが、前記のとおり、<u>一定の場所が住所に当たるか否かは、客観的に生活の本拠たる実体を具備しているか否かによって決すべきものであり、主観的に贈与税回避の目的があったとしても、客観的な生活の実体が消滅するものではないから、上記の目的の下に各滞在日数を調整していたことをもって、現に香港での滞在日数が本件期間中の約3分の2（国内での滞在日数の約2.5倍）に及んでいるXについて前記事実関係等の下で本件香港居宅に生活の本拠たる実体があることを否定する理由とすることはできない。このことは、法が民法上の概念である『住所』を用いて課税要件を定めているため、本件の争点が上記『住所』概念の解釈適用の問題となることか</u>

ら導かれる帰結であるといわざるを得ず、他方、贈与税回避を可能にする状況を整えるためにあえて国外に長期の滞在をするという行為が課税実務上想定されていなかった事態であり、このような方法による贈与税回避を容認することが適当でないというのであれば、法の解釈では限界があるので、そのような事態に対応できるような立法によって対処すべきものである。そして、この点については、現に平成12年法律第13号によって所要の立法的措置が講じられているところである。(筆者傍線)

　原審が指摘するその余の事情に関しても、本件期間中、国内では家族の居住する本件杉並居宅で起居していたことは、帰国時の滞在先として自然な選択であるし、Xの本件会社内における地位ないし立場の重要性は、約2.5倍存する香港と国内との滞在日数の格差を覆して生活の本拠たる実体が国内にあることを認めるに足りる根拠となるとはいえず、香港に家財等を移動していない点は、費用や手続の煩雑さに照らせば別段不合理なことではなく、香港では部屋の清掃やシーツの交換などのサービスが受けられるアパートメントに滞在していた点も、昨今の単身で海外赴任する際の通例やXの地位、報酬、財産等に照らせば当然の自然な選択であって、およそ長期の滞在を予定していなかったなどとはいえないものである。また、香港に銀行預金等の資産を移動していないとしても、そのことは、海外赴任者に通常みられる行動と何らそごするものではなく、各種の届出等からうかがわれるXの居住意思についても、上記のとおりXは赴任時の出国の際に住民登録につき香港への転出の届出をするなどしており、一部の手続について住所変更の届出等が必須ではないとの認識の下に手間を惜しんでその届出等をしていないとしても別段不自然ではない。そうすると、これらの事情は、本件においてXについて前記事実関係等の下で本件香港居宅に生活の本拠たる実体があることを否定する要素とはならないというべきである。

　以上によれば、Xは、本件贈与を受けた時において、法１条の２第１号所定の贈与税の課税要件である国内（同法の施行地）における住所を有していたということはできないというべきである。

したがって、Xは、本件贈与につき、法1条の2第1号及び2条の2第1項に基づく贈与税の納税義務を負うものではなく、本件各処分は違法である。」

「以上と異なる原審の前記判断には、判決に影響を及ぼすことが明らかな法令の違反がある。論旨は理由があり、原判決は破棄を免れない。そして、以上説示したところによれば、Xの請求は理由があり、これを認容した第1審判決は正当であるから、Yの控訴を棄却すべきである。」

4 須藤正彦裁判官の補足意見

「私は法廷意見に賛成するものであるが、原審が指摘している贈与税回避の観点を踏まえつつ、Xの住所の所在について、以下のとおり補足しておきたい。

…中略 以上の事実からすれば、その実質は、要するに、オランダ法人を介在させて、国内財産たる本件会社株式の支配を、Aらが、その子である上告人に無償で移転したという至って単純な図式のものである。(筆者注：この図式を「贈与税回避スキーム」と同裁判官は呼称している。)」

「ところで、相続税法において、自然人の『住所』については、その概念について一般的な定義付けがなされているわけでもないし、所得税法3条、所得税法施行令14条、15条などのような何らかの特則も置かれていない。国税通則法にも規定がない。そうすると、相続税法上の『住所』は、同法固有の『住所』概念として構成されるべきではなく、民法の借用概念としての意味とならざるを得ない。結局、民法（平成16年法律第147号による改正前のもの）21条（現行22条）によるべきことになり、したがって、住所とは、反対の解釈をすべき特段の事由がない以上、客観的に生活の本拠たる実体を具備している一定の場所ということになる。租税回避の目的があるからといって、客観的な生活の実体は消滅するものではないから、それによって住所が別異に決定付けられるものではない。本件では、住所を客観的な生活の本拠とは別異に解釈すべき特段の事由は認められないところ、本件贈与当時、Xの生活

の本拠が香港にあったことは否定し得ないから、当然、Xの住所が香港であったということも正しいわけである。

　もっとも、更にいえば、民法上の住所概念を前提にしても、疑問が残らないわけではない。通信手段、交通手段が著しく発達した今日においては、国内と国外とのそれぞれに客観的な生活の本拠が認められる場合もあり得ると思われる。本件の場合も、Xの上記に述べた国内での生活ぶりからすれば、Xの客観的な生活の本拠は、香港のほかに、いまだ国内にもあったように見えなくもないからである。とはいうものの、これまでの判例上、民法上の住所は単一であるとされている。しかも、住所が複数あり得るとの考え方は一般的に熟しているとまではいえないから、住所を東京と香港とに一つずつ有するとの解釈は採り得ない。結局、香港か東京かのいずれか一つに住所を決定せざるを得ないのである。そうすると、本件では、上記の生活ぶりであるとはいえ、香港での滞在日数が国内でのそれの約2.5倍に及んでいること、現地において本件会社又は本件各現地法人の業務として、香港又はその周辺地域の関係者と面談等の業務にそれなりに従事したことなど、法廷意見の挙示する諸要素が最重視されるべきであって、その点からすると、Xの香港での生活は、本件贈与税回避スキームが成るまでの寓居であるといえるにしても、仮装のものとまではいえないし、東京よりも香港の方が客観的な生活の本拠たる実体をより一層備えていたといわざるを得ないのである。してみると、Xの住所は香港であった（つまり、国内にはなかった）とすることはやむを得ないというべきである。」

　「既に述べたように、本件贈与の実質は、日本国籍かつ国内住所を有するAらが、内国法人たる本件会社の株式の支配を、日本国籍を有し、かつ国内に住所を有していたが暫定的に国外に滞在したXに、無償で移転したという図式のものである。一般的な法形式で直截に本件会社株式を贈与すれば課税されるのに、本件贈与税回避スキームを用い、オランダ法人を器とし、同スキームが成るまでに暫定的に住所を香港に移しておくという人為的な組合せを実施すれば課税されないというのは、親子間での財産支配の無償の移転と

いう意味において両者で経済的実質に有意な差異がないと思われることに照らすと、著しい不公平感を免れない。国外に暫定的に滞在しただけといってよい日本国籍のXは、無償で1653億円もの莫大な経済的価値を親から承継し、しかもその経済的価値は実質的に本件会社の国内での無数の消費者を相手方とする金銭消費貸借契約上の利息収入によって稼得した巨額の富の化体したものともいえるから、最適な担税力が備わっているということもでき、我が国における富の再分配などの要請の観点からしても、なおさらその感を深くする。一般的な法感情の観点から結論だけをみる限りでは、違和感も生じないではない。しかし、そうであるからといって、個別否認規定がないにもかかわらず、この租税回避スキームを否認することには、やはり大きな困難を覚えざるを得ない。けだし、憲法30条は、国民は法律の定めるところによってのみ納税の義務を負うと規定し、同法84条は、課税の要件は法律に定められなければならないことを規定する。納税は国民に義務を課するものであるところからして、この租税法律主義の下で課税要件は明確なものでなければならず、これを規定する条文は厳格な解釈が要求されるのである。明確な根拠が認められないのに、安易に拡張解釈、類推解釈、権利濫用法理の適用などの特別の法解釈や特別の事実認定を行って、租税回避の否認をして課税することは許されないというべきである。そして、厳格な法条の解釈が求められる以上、解釈論にはおのずから限界があり、法解釈によっては不当な結論が不可避であるならば、立法によって解決を図るのが筋であって（現に、その後、平成12年の租税特別措置法の改正によって立法で決着が付けられた。）、裁判所としては、立法の領域にまで踏み込むことはできない。後年の新たな立法を遡及して適用して不利な義務を課すことも許されない。結局、租税法律主義という憲法上の要請の下、法廷意見の結論は、一般的な法感情の観点からは少なからざる違和感も生じないではないけれども、やむを得ないところである。」（筆者傍線）

Ⅲ 研究—判旨に賛成

1 本件の意義と位置づけ

(1) 本件の意義

本件は、消費者金融最大手の創業者からその長男（原告・X）に国外株式を贈与した際の、受贈者であるXの住所地の認定が国内とされるか国外とされるかが争点とされた事案である。Xの住所が国内と認定されれば贈与税の納税義務が生じることになる。

平成11年当時の相続税法の下では、贈与時点の受贈者の住所が国内に存在すれば、贈与税の納税義務をその受贈者は負うことになっていた。Xは、香港に生活の拠点を置き、ベンチャーキャピタル会社の経営に従事していたから、住所は日本国内になく、国外の香港に所在するとして、贈与税の納税義務は生じないと主張した。一方、被告（国側・Y）は、そもそもX等は、巨額の贈与税の回避を企図して、国外財産（本件贈与株式）を国外に居住するXに贈与するという租税回避のスキームを計画的に作出したものであるから、滞在日数等の客観的な証拠があるとしても住所は国内にあったものと認定するのが妥当であり、当該納税義務はXに存すると主張したものである。

本件は贈与税額が巨額に上ることや、消費者金融により巨額の富を蓄財した親がその子に対して、蓄財した財産に贈与税を課されること無しに、贈与税を回避して首尾よく移転させることに成功するか否かといった点も含めて、社会的にも大いに注目された事案である。

さらに、第一審の東京地裁ではXの主張が認容されたが、控訴審である東京高裁では租税回避の意図の存在を重視した判断が示され、逆転でXが敗訴した。高裁判断を不服としてXが上告したものであり、最高裁の判断の行方はとりわけ注目されたところである。本判決のとおり、上告審ではXの主張が認容され、Xが勝訴判決を勝ち取ったものである。

すなわち、Xが贈与税の回避を目的として香港に生活の居所を移転したことが認定されており、Xが香港に在住する合理的根拠は贈与税の回避以外に

見当たらないから、本人の居住意思や租税回避の意思も住所の所在の主たる認定要素として加味すべきであるとする見解に立つYと、最高裁の住所の判断基準として示された基準に適合すると思われる具体的な証拠を列挙して住所が国外の香港にあることを主張するXは事実認定をめぐり鋭く対立している。

(2) **本件の判例上の位置づけ**

贈与税の納税義務の存否をめぐり受贈者の住所の認定を争点とした事例としてはさしあたり、東京地判平成17年1月28日[1]を取り上げることができる。この事例では、原告の義父らがシンガポール法人の株式を原告に贈与したが、贈与時には、原告は日本国内に住所を有しない非居住者であるとの主張の可否が争点とされた。

裁判所は「租税法において人の住所につき法律上の効果を規定している場合に、生活の本拠がいずれの土地にあると認めるべきかについては、租税法が多数人を相手方として課税を行う関係上、便宜、客観的な表象に着目して画一的に規律せざるを得ないところからして、居住、職業、国内において生計を一にする配偶者その他の親族を有するか否か、資産の所在等の客観的事実に基づき、総合的に判定するのが相当である。」として住所認定の判断基準を本件と同様に客観的事実に求めるとしたうえで、「原告が平成9年12月9日に香港に到着した後の就労、滞在状況等を総合勘案すると、原告は、本件決定（平成9年12月から4ヶ月間、語学力の向上を重点に香港で勤務すること）によって提供された勤務地である香港に赴任すれば、原告の住所が国外にあり、原告が相続税法1条の2第2号にいう非居住者に該当するという外形を作出することができるものとして企図して、平成9年12月9日に日本を出国して香港に入国したにすぎず、同月18日当時、生活の本拠が移転しているとまではいえず、生活の本拠は、依然として日本国内の本件マンションに存在していたものと認めるのが相当である。」と判示して、原告の住所は、贈与時点において国内にあったと認定し、原告の訴えを退けている。

当該事案では、原告の居住の意思や租税回避の意思といった主観的要素を

排除し、「客観的表象に着目し」、客観的事実に基づいて総合的に判断するとして、香港滞在の日数や就労状況、そして、マンションの所在といった客観的な証拠を総合的に勘案して香港に住所があったということはできないと認定し、判示したものである。

また、所得税法2条1項3号の定める住所の認定を争点とした最判昭和63年7月15日[2]は、住所の認定の判断基準について、「所得税法の解釈適用上当該個人の生活の本拠がいずれの土地にあると認めるべきかは、租税法は多数人を相手方として課税を行う関係上、便宜、客観的な表象に着目して画一的に規律せざるを得ないところからして、客観的な事実、即ち住居、職業、国内において生計を一にする配偶者その他の親族を有するか否か、資産の所在等に基づき判定するのが相当である。」と判示している。

いずれの事例も、租税回避の意思などの主観的要素を住所の認定基準から排除し、客観的な事実を証拠として事実認定を行ったものといえよう。本件の判旨もこの判断を踏襲したものと位置づけることができよう。

(3) **第一審（東京地判）の判断**

武富士事件の第一審である東京地裁平成19年5月23日（訟月55巻2号267頁）判決は、住所の認定基準について、「法令において人の住所につき法律上の効果を規定している場合、反対の解釈をすべき特段の事由のない限り、住所とは、各人の生活の本拠を指すものと解するのが相当であり（最高裁昭和29年10月20日判決参照）、生活の本拠とは、その者の生活に最も関係の深い一般的生活、全生活の中心を指すものである（最高裁判所第三小法廷昭和35年3月22日・民集14巻4号551頁参照）。そして、一定の場所がある者の住所であるか否かは、租税法が多数人を相手方として課税を行う関係上、客観的な表象に着目して画一的に規律せざるを得ないところからして、<u>一般的には、住居、職業、国内において生計を一にする配偶者その他の親族を有するか否か、資産の所在等の客観的事実に基づき、総合的に判定するのが相当である。</u>（筆者傍線）」と判示し、行為者の主観的な意図を考慮すべきか否かについては、「これに対し、主観的な居住意思は、通常、客観的な居住の事実に具体化されて

いるであろうから、住所の判定に無関係であるとはいえないが、かかる居住意思は必ずしも常に存在するものではなく、外部から認識し難い場合が多いため、補充的な考慮要素にとどまるものと解される。」として、住所の認定判断には行為者の主観的意思は補充的な考慮要素にとどまるとして主たる住所認定の基準として採用すべきではないと判示した。

(4) 控訴審（東京高裁）の判断

ところが、同控訴審（東京高判平成20年1月23日判夕1283号119頁）では住所の意義については第一審と同様に最高裁の判決を引用しているが、後半部分で下線部分の通り、東京地裁が補充的考慮要素とした「居住の意思」を主要な判断要素の一つとすると判示した。すなわち、「法令において人の住所につき法律上の効果を規定している場合、反対の解釈をすべき特段の事由のない限り、その住所とは、各人の生活の本拠を指すものと解するのが相当であり（最高裁判所昭和29年10月20日大法廷判決・民集8巻10号1907頁参照）、生活の本拠とは、その者の生活に最も関係の深い一般的生活、全生活の中心を指すものである（最高裁判所昭和35年3月22日第三小法廷判決・民集14巻4号551頁参照）。そして、一定の場所が生活の本拠に当たるか否かは、住居、職業、生計を一にする配偶者その他の親族の存否、資産の所在等の客観的事実に、①居住者の言動等により外部から客観的に認識することができる居住者の居住意思を総合して判断するのが相当である。②なお、特定の場所を特定人の住所と判断するについては、その者が間断なくその場所に居住することを要するものではなく、単に滞在日数が多いかどうかによってのみ判断すべきものでもない（最高裁判所昭和27年4月15日第三小法廷判決・民集6巻4号413頁参照）。（筆者傍線および番号）」と判示して、下線部①のとおりXの居住意思を重視し、さらに、下線部②のとおり居住日数という客観的な数値の多寡により判断するものでもないとして、第一審の判断を取消し、Yの主張を認容した。

同控訴審判決は、上記のとおり住所の認定基準として居住の意思をほかの判断基準と同格に位置づけ総合的に判断するとしている。職業や財産の所在といった客観的証拠により認定される基準と、個人の居住の意思という主観

的要素を同列に扱い総合的に判断すると判示しているのである。意思を主たる判断要素に加えると、客観的な滞在日数などの証拠は、その意思が色濃く反映され法的評価が変容してくるのは必然ともいえる。

たとえば、「Xは、…中略　香港に居住すれば将来贈与を受けた際に贈与税の負担を回避できること及び上記の方法による贈与税回避を可能にする状況を整えるために香港に出国するものであることを認識し、出国後は、本件滞在期間を通じて、本件贈与の日以後の国内滞在日数が多すぎないように注意を払い、滞在日数を調整していた」として、租税回避の目的等、Xの香港滞在の意思を重視し、その目的が租税回避目的であることを詳細な事実認定により論証しており、租税回避の意思の下に居所、職業、財産、滞在日数といった客観的証拠を再評価しており、租税回避の意図の存在が住所認定の中心的な認定基準とされている。

(5)　整理——両判決の相違点

東京地裁判決は、居住意思その他のXの主観的事情について、Xが「日本出国日時点においても、香港に居住すれば将来贈与をうけた際に贈与税の負担を回避できることを認識していた可能性もあり得るものと考えられる」と認定しつつも、「Yの主張は、Xの租税回避意思を過度に強調したものであって、客観的な事実に合致するものであるとはいい難い」として、Yの主張を批判し、客観的証拠に基づいた事実認定がなされるべきことを確認した。一方、東京高裁の判断は、まさに「その前提としての判断基準と考慮要素の比重を生活の本拠地の判断において変更しており、その結果東京地裁判決と大きな相違をもたらしている。同判決は、租税回避目的（さらにはその認識）を過度に評価し、租税回避目的と多くの認定事実の評価を関連付けることによって原判決取消しとの結論を導いている[3]」と整理することができよう。

なお、ここでは議論の便宜上から以下では、上記東京地裁判決が採用した客観的事実により住所を認定し、居住の意思などの主観的意思は補充的考慮要素とする住所認定の基準を「**客観的事実説**（事実主義）」と呼称し、居住の意思を重視した東京高裁判決の採用した認定基準を「**主観的意思説**（意思主

義）」と呼称することにしたい。

2 最高裁判決の構造
(1) 住所概念とその判断の基準―租税法律主義重視の姿勢鮮明

最高裁は、まず、住所概念を以下のように民法から借用概念であることをふまえて、「法１条の２によれば、贈与により取得した財産が国外にあるものである場合には、受贈者が当該贈与を受けた時において国内に住所を有することが、当該贈与についての贈与税の課税要件とされている（同条１号）ところ、ここにいう住所とは、反対の解釈をすべき特段の事由はない以上、生活の本拠、すなわち、その者の生活に最も関係の深い一般的生活、全生活の中心を指すものであり、一定の場所がある者の住所であるか否かは、客観的に生活の本拠たる実体を具備しているか否かにより決すべきものと解するのが相当である〔最高裁昭和29年（オ）第412号同年10月20日大法廷判決・民集８巻10号1907頁、最高裁昭和32年（オ）第552号同年９月13日第二小法廷判決・裁判集民事27号801頁、最高裁昭和35年（オ）第84号同年３月22日第三小法廷判決・民集14巻４号551頁参照〕。」と判示して、住所が民法からの借用概念であるから借用元の住所概念に居住意思や租税回避の意図をとりこむことを否定して、「**客観的事実説（事実主義）**」の立場を採用することを明らかにしている。

(2) 借用概念の租税法上の解釈の在り方―租税回避意図の存在を重視した高裁の判断の否定

最高裁はＸが香港の現地法人に勤務実体が存在した点、香港居宅に駐在期間の３分の２滞在した点、そして、現地法人に勤務実体があった点を指摘して、「これが贈与税回避の目的で仮装された実体のないものとはうかがわれないのに対して、国内においては、本件期間中の約４分の１の日数を本件杉並居宅に滞在して過ごし、その間に本件会社の業務に従事していたにとどまるというのであるから、本件贈与を受けた時において、本件香港居宅は生活の本拠たる実体を有していたものというべきであり、本件杉並居宅が生活の

本拠たる実体を有していたということはできない。」と判示した。

そのうえで、「原審は、Xが贈与税回避を可能にする状況を整えるために香港に出国するものであることを認識し、本件期間を通じて国内での滞在日数が多くなりすぎないよう滞在日数を調整していたことをもって、住所の判断に当たって香港と国内における各滞在日数の多寡を主要な要素として考慮することを否定する理由として説示するが、前記のとおり、一定の場所が住所に当たるか否かは、客観的に生活の本拠たる実体を具備しているか否かによって決すべきものであり、主観的に贈与税回避の目的があったとしても、客観的な生活の実体が消滅するものではない」と判示して、租税回避目的という主観的な意図が存在していたとしても、仮装でない限り客観的実体を否定することはできないとして、原審の判断を斥けている。

(3) まとめ—節税・租税回避・脱税の合法性のチェックと本判決の意義

巨額の租税回避を図ったXの主張を最高裁がいかなる論理により認容したのかを理解しておくことは、今後の大増税時代を迎える我が国の納税者にとって極めて重要なことである。

それはなぜか。それは増税政策が強まれば、国民の節税願望も比例して強まる。そうすると、税負担減少行為を類型化し、いかなる行為が合法であり、いかなる行為が違法であるのかを明確に理解しておかねばならない。従来から、国民が節税行為と理解し行った税負担減少行為が、実は課税当局により租税回避であるとして否認される例は多数に上る。納税者側は、租税行政庁には当然否認権があるものと思い込み、追徴課税を受け入れる場合が通常である。

しかし、本判決の最大の意義は、租税回避と認定されると根拠規定がなくとも否認できるとしてきた、従来からの課税当局の租税行政の姿勢に最高裁判所がNoを突き付けたという点にある。租税法律主義の下では租税回避であっても個別否認規定が存在してはじめて否認できるとする通説的理解を否定すべきではない。巨額の贈与税回避を図った行為は許せない、といった論調に同調し租税法律主義を軽視することは、今後の課税当局の恣意的課税を

助長することになりかねない。租税回避の意図があると租税行政庁に認定されると、その行為は否認され、追徴課税されることになれば、国民の租税負担の予測可能性や法的安定性が保障されなくなる。そもそも、租税回避行為とは何か、合法性を有するのか否かといった点を、納税者もよく理解しておく必要がある。

そこで、納税者の税負担減少行為は、節税、租税回避、そして、脱税の3種に租税法上区分して用いられていることをここで確認しておこう。

まず、節税行為は「もともと法が予定した税負担の減少行為」と定義されており、法が予定した行為であるから合法行為である。一方、脱税行為は「偽りその他不正な行為を用いて所得の一部もしくは全部を秘匿する行為」であると定義されており、脱税行為は違法である。租税回避は「異常な法形式を用いて通常の法形式を用いた場合と同様の経済的成果を獲得しつつ、税負担を減少させる行為」と定義されている。この租税回避行為は違法ではなく、否認規定が存在する場合にのみ否認される行為であり、合法行為である。

しかし、従来から租税行政庁は、実質課税の原則や課税の公平の確保を理由に否認規定が存在しなくても、租税回避行為は否認できるとの立場をとってきた。

しかし、租税行政は租税法律主義の下で法律による行政の原理とともに厳格な法の支配の下に置かれているはずであるから、個別の否認規定がないにもかかわらず否認できるとする課税当局の主張は租税法律主義に反するものであるとの批判が、学界はもとより実務界からなされてきた。許容できない租税回避行為に対しては、課税当局の行政裁量によるのではなく立法により対処していくべきであるとする主張に、最近の司法裁判所が耳を傾けるようになりつつあった。このような裁判所の租税法律主義重視の姿勢が色濃く反映された判決が、今回の最高裁判決であったということができる。

昨年の長崎年金二重課税事件最高裁判決とともに最近の最高裁判決は課税当局の行政運営に租税法律主義という憲法原理を楔として打ち込む意味合い

が強い。節税は国民の義務を負う、その国民の権利であることを忘れてはなるまい。許容されない租税回避は立法により対処すべきである。

3　借用概念の解釈と租税法律主義—住所の意義と判定の基準

ところで、贈与税の納税義務者は贈与により財産を取得した者である。相続税法1条の4は贈与税の納税義務者について、「次の各号のいずれかに掲げる者は、この法律により、贈与税を納める義務がある。」としたうえで、同1号で、「贈与により財産を取得した個人で当該財産を取得した時においてこの法律の施行地に住所を有するもの」と定めている。

財産の取得時において日本国内に住所を有する個人は、無制限納税義務者として贈与によって取得した財産のすべてについて贈与税の納税義務を負う。

本件では、贈与財産を取得した時点のXの住所が国内に存在していたか否かが争点とされている。

租税法は納税義務者の要件として住所の所在を用いる場合が多い。贈与税や相続税はもちろん所得税の納税義務も、その個人の住所が国内にあるか否かにより判別される。

たとえば、所得税法は、第5条において居住者は所得税の納税義務を負うと定め、第2条1項3号で、居住者とは、「国内に住所を有し、又は現在まで引き続いて一年以上居所を有する個人をいう。」と定義し、居住者は「国内に住所を有する個人」をいうと定めている。したがって、住所は納税義務の存否を判断する要件としてきわめて重要である。にもかかわらず、所得税法を始め個別税法は住所について積極的に定義規定をおいていない。そこで、住所の概念については民法の定める住所概念を借用することになる。

そもそも、租税法が規定に用いる概念については、固有概念と借用概念の概念が想定されている。前者の固有概念は、他の法分野では用いられておらず租税法独自に用いられる概念である。固有概念については個別租税法の冒頭で一括してその概念について定義規定をおく場合が通常である。一方、後

者の借用概念は他の法分野で用いられ、すでに明確な意味内容が付与されている概念である。

「住所」についても租税法上、特に定義規定を置いていないところから租税法固有の概念ではなく、民法で用いられている住所概念を借用して使用するという意味で借用概念と位置づけられる概念である。

この借用概念については、その概念を他の法分野で用いられている意義と同意義に解して用いるべきか、借用概念であるとしても租税法独自の意義を付加して解すべきかが問題となる。この点について、従来から統一説、独立説、そして目的適合説の三つの見解が存在するとされるが[5]、通説的には借用概念は他の法分野において認知された意義と同意義に解すべきであるとする統一説が通説とされる[6]。なぜならば、他の法分野で用いられる意義と同意義に解することは、租税法律主義の機能である法的安定性に寄与するからである。

借用概念に租税法独自の意義を租税の徴収確保や租税負担の公平の見地から付加することは、借用概念とされながら固有概念の性質をも混合させることになり、法的安定性ばかりか予測可能性の確保をも阻害する結果を招く。

ところで、所得税法上の「住所」の解釈をめぐり、最判昭和63年7月15日[7]は、「所得税法2条1項3号は、『居住者』とは、国内に住所を有し、又は現在まで引き続いて1年以上居所を有する個人をいうと規定している。ところで、同法が、民法におけるのと同一の用語を使用している場合に、所得税法が特に明文をもってその趣旨から民法と異なる意義をもって使用していると解すべき特段の事由がある場合を除き、民法上使用されているのと同一の意義を有する概念として使用するものと解するのが相当である。したがって、右の所得税法の規定における『住所』の意義についても、右と同様であって、所得税法の明文またはその解釈上、民法21条の定める住所の意義、即ち各人の生活の本拠と異る意義に解すべき根拠をみいだし難いから、所得税法の解釈においても、住所とは各人の生活の本拠をいうものといわなければなら」ないとして、租税法上の借用概念の解釈について一つの指針を提示して

いる。

　この最高裁の見解は、民法上の用語と同一の用語を租税法がいわゆる借用概念として用いている場合には、その用語の解釈に民法とは異なる独自の意義を付加するためには、租税法自体にとりわけ明文を持って異なる意義に使用することが明らかにされていることが必要であることを判示したものであり、その異なる意義を有することを法によって明示されていない場合には民法で用いられているのと同意義にその用語を解すべきであることを確認している。

　したがって、本件の争点とされる贈与税の「住所」についても、根拠法である相続税法に民法とは異なる独自の意義を付加することが明示されていない以上、民法22条の意義と同一に解して、住所の認定についても同一の基準を用いて認定すべきである。

　すなわち、民法22条は住所につき「各人の生活の本拠をその者の住所とする」と定めており、選挙権の要件としての住所の所在が争点とされた事件における一連の最高裁が判示した住所の判断基準は、租税法、とりわけ本件の贈与税の納税義務の要件とされる住所の所在を判断する上で準用されるべきであろう。

　最高裁は、「法令において人の住所につき法律上の効果を規定している場合、反対の解釈をなすべき特段の事由のない限り、その住所とは各人の生活の本拠を指す」ものと解すのが相当であり、さらに「住所は、その人の生活に最も関係の深い一般的生活、全生活の中心をもってその者の住所と解すべきである[8]」[9]が、しかし、住所は生活の本拠をさすものであり、「一定の場所が、ある者の住所であるか否かは、客観的に生活の本拠たる実体を備えているか否かにより決すべきものであるから、次点者を繰上当選させるために住所を移転させる強固な意思をもって転出届をしただけでは、住所の移転があったものとはいえない。[10]」としている。生活の本拠たる実体の存在が重要で、本人の意思によって住所が変動するものではないことも明示している。

　整理すると、租税法上の「住所」の概念は、個別租税法が定義規定を特に

おいていないのであるから、私法上の法律関係に即して租税法律関係を確定する租税法上は、とりわけ民法22条が定める住所概念を借用することが前提とされている借用概念である。この借用概念の解釈については租税法の基本原則である公平負担や租税歳入確保の見地から特別な意味を付加する目的論的解釈もありうるが、租税法独自の意味を付加することなく、民法と同意義に解するのが租税法律主義の機能である法的安定性の観点から支持されている。我が国の学説・判例は私法と同意義に解するとされる説である統一説を採用することが通説として固まっている。

一方、租税行政庁の租税法規の解釈指針である通達もこの統一説を踏襲することが裏づけるように、民法上の住所の意義と同意義に相続税法上用いられている住所は解すべきことを確認している。すなわち、この住所の意義とその認定の基準について、法令解釈通達である相続税基本通達の1の3・1の4共―5は「法に規定する『住所』とは、各人の生活の本拠をいうのであるが、その生活の本拠であるかどうかは、客観的事実によって判定するものとする。」と明確に定めている。ここで注目しておくべきは、居住の意思などの主観的要素を排して客観的事実により住所の所在は判断すべきであることを確認している点である。

したがって、「住所」の解釈に際しては民法上の「住所」と同意義に解すべきである。そして、住所の認定の基準も住所概念が民法と同意義である以上、住所認定の基準に租税法独自の判定基準として主観的要件等を持ち込むべきではないということを、ここでまず確認しておく。

4 事実認定における租税回避目的重視説と租税法律主義

最高裁判決の評価にも同じ視点から論じておくべきであると考える。

本件の最も重要な問題は、納税者に租税回避の意図が確認された場合に、事実認定にその租税回避目的を色濃く反映させ、他の法分野とは異なる租税法特有の事実認定が許容されるか否かという点にある。

まず、租税法の解釈・適用過程は、①事実認定に始まり、②その事実認定

から私法上の法律構成（契約解釈）、③対応する租税法の発見、④その具体的租税法規定の解釈、そして、⑤要件事実への当てはめ（適用）、のプロセスを経て完結する。他の法と異なる点は、②の私法上の法律構成を前提に租税法を解釈・適用していくという点にある。このことを「私法上の法律構成準拠主義」と呼ぶことにする。[11]

「私法上の法律構成準拠主義」は、租税法が「種々の経済活動ないし経済現象を課税の対象としているために、それらの活動ないし現象は、第一次的には私法によって規律されている。租税法律主義の目的である法的安定性を確保するためには、課税は、原則として私法上の法律関係に即して行われるべきである。[12]」として、広く通説として受け入れられている。

私法上の法律構成準拠主義を前提とする場合には、借用概念に対する対応と事実認定の在り方という二つの問題について解決しておかねばならない。

すなわち、前者の問題は、私法領域からの借用概念を私法と同意義に解して用いるべきか、租税負担の公平や租税歳入確保の視点から租税法独自の意義を付加して用いるべきか、という問題である。この問題については、通説として統一説が受け入れられていることを先に確認した。租税法律主義の法的安定性の要請から私法、例えば民法上の住所を租税法が借用概念として用いる場合には、民法上と同意義に租税法も解すべきであることが確認された。

後者は、租税法上の事実認定の在り方の問題である。これが本件の争点の本質的な問題である。住所の概念については、民法と同意義に解すべきであるが、同意義に解したとしても実際の住所の事実認定判断のレベルで、租税法独自の、もしくは特有の事実認定の在り方を許容できるかという問題である。

租税法独自の事実認定の存在を谷口勢津夫教授の用語を借りるならば、租税法の事実認定において「租税回避目的混入論」を採用することができるか否かという点に問題は集約されよう。すなわち、納税者の租税回避の目的、意図が認定できれば客観的事実はその租税回避目的に劣後して事実認定が行[13]

われるという、租税法独自の事実認定手法が認められるか否かという問題である。まさに本件の争点は、この租税法における事実認定の在り方が問われているのである。

Yは、Xの住所の認定の基準に居住の意思と贈与税の回避の意思の存在を加味して事実認定が行われるべきであると主張する。その主張はまさしく、租税法上の事実認定は特有のものであり、民法上で形成された住所の認定基準である客観的事実による認定とは異なる事実認定手法を用いるべきであるとの主張といえよう。

このYの主張は、実は次のような危険をはらむものであり、租税法律主義の批判にさらされるものといえよう。

すなわち、「しかしながら、租税法上の事実認定において租税回避目的混入論を採用することは許されないと考えられる。すなわち、租税回避目的混入論によれば、裁判官が当該事案については租税回避の否認が妥当であるとの結論を先に出しておいて、租税回避目的を『重要な間接事実』として、当該契約が真実の法律関係でないことを強く推認し、別に想定される真実の法律関係に基づく課税を容認することになるおそれがあると思われるが、しかし、それでは『本来厳密にいえば法律論で対処すべきところを、事実認定の問題として処理した』ことになろう。租税法律主義の下では租税回避は明文の否認規定がある場合にのみ否認できると考えるべきであるから、租税回避の否認は専ら否認規定の解釈適用という法律論で対処すべき問題であるにもかかわらず、裁判官がたとえ『事件の筋に反する結論』を避けるためとはいえ、租税回避は不合理・不自然な行為であり否認規定がなくとも租税負担公平の見地から否認すべきであるというような『誤っているかもしれない法律的見解に基づいて妥当と考える結論を先に出しておいて、本来事実の認定の問題としてはできない場合であるのに、この結論に沿うような事実認定をすること…中略　は許されない』と考えられるのである。」との批判はまさに的を射たものといえよう。[14][15]

Yが主張する、いわゆる租税回避目的混入論を採用すると、租税回避目的

は「重要な間接事実」と位置づけられ、裁判官の事実認定過程は租税回避が許容されるべきか否かとい悩ましい問題に影響を受けざるを得ない。

租税回避行為は正義に反すると認識した裁判官は、事実認定に価値判断を混入させ、事実の認定と法的評価の区別が混同される結果を招く。本件に当てはめると、仮にXが香港に65パーセントではなく90パーセントの日数、滞在していたとしても、裁判官がXの贈与税の租税回避意図を重視し、租税回避行為を阻止するための判断を下すために事実認定を行うとすれば、滞在日数という客観的事実は主要事実であるにもかかわらず90パーセントという重い事実が軽視されかねない。すなわち、租税回避の意図という主観的要素を事実認定に持ち込むことにより、裁判官の事実認定には恣意性が入り込む恐れがある。

事実認定の過程で、租税回避目的が確認されると、これまでの主要事実が隅に押しやられ租税回避の意図という本来「間接事実」として位置づけられる要素が認定判断の主たる地位を占め、認定された客観的事実と主要事実とが評価されないという結果を招く。そうすると、事実と法的評価が混同される結果を招く[16]。

租税回避行為は租税公平主義の要請を阻むものであり、正義に反する。ゆえに看過できない租税回避行為に対しては立法措置によって対処するというのが我が国の租税法体系の基本である。この点につき、岡村忠生教授は、「租税回避は立法の不完全さを示すものであるから、租税回避が認識された場合には、課税要件規定の修正整備、すなわちルールによって対処をすべきことになる[17]。」として、租税回避行為に対しては個別に否認規定を整備して対処すべきことを明らかにされている。租税法律主義の趣旨を正しく理解していればこのように理解できよう。

実際に看過できない租税回避行為の横行に対しては、例えば所得税法59条のみなし譲渡規定や相続税法7条のみなし贈与規定のように個別否認規定が具体的に個別租税法に用意されているのである[18]。

したがって個別否認規定によらず、租税行政庁もしくは裁判官が事実認定

を用いて租税回避行為を遮断しようと試みるにことは租税法律主義に抵触するといえる。

そもそも事実認定の作業とは、「最終的には訴訟物である実体法上の権利の発生に結び付く要件事実（それは、過去のある時点において発生した事実である）が存在したといえるかを確定する作業であるから、その作業の性質は、基本的にはそうした過去の事実の認識をするためのものという性質を有することは間違いがない。[19]」といえよう。

事実認定とは要件事実の存否を確定する作業であるから、「住所」の認定は、過去（贈与時点）における①「住居」の所在、②「職業」の状況、③「生計を一にする配偶者その他の親族」の有無、④「資産」の所在、といった客観的な事実を総合的に判断して行われるのであり、租税回避目的の存否は要件事実からは除外されているのである。

さらに重要な点は、私法上の借用概念は租税法上も同意義に解すべきことが通説とされているにもかかわらず、事実認定は私法上の事実認定と異なる租税法独自の事実認定が許容されるとしたら、借用概念を租税法上も同意義に解することによる法的安定性と予測可能性の確保は結果として図れないし、その論理的整合性が保てないことになる。

租税回避目的重視説は結局のところは個別否認規定という法律による租税回避行為の遮断に成功しない場合に、法律そのものではなく事実認定という手法により、個別否認規定による租税回避行為の否認と同一の効果を得る方途を開くものであり、租税行政庁による法創造を肯定する結果を招く。

5 結論—本判決の評価

最高裁はXが香港の現地法人に勤務実体が存在した点、香港居宅に駐在期間の3分の2滞在した点、そして、現地法人に勤務実体があった点を指摘し、そのうえで、「一定の場所が住所に当たるか否かは、客観的に生活の本拠たる実体を具備しているか否かによって決すべきものであり、主観的に贈与税回避の目的があったとしても、客観的な生活の実体が消滅するものでは

ない」と判示して、租税回避目的という主観的な意図が存在していたとしても、仮装でない限り客観的実体を否定することはできないとして、原審の判断を斥けている。

次いで、租税回避行為の否認は、法を趣旨解釈の名の下に拡張解釈するという対応をとるのではなく立法措置によるべきであることを次のように判示している。すなわち、「法が民法上の概念である『住所』を用いて課税要件を定めているため、本件の争点が上記『住所』概念の解釈適用の問題となることから導かれる帰結であるといわざるを得ず、他方、贈与税回避を可能にする状況を整えるためにあえて国外に長期の滞在をするという行為が課税実務上想定されていなかった事態であり、このような方法による贈与税回避を容認することが適当でないというのであれば、法の解釈では限界があるので、そのような事態に対応できるような立法によって対処すべきものである。そして、この点については、現に平成12年法律第13号によって所要の立法的措置が講じられているところである。」としている。

最高裁は、租税回避行為を阻止する手段として、租税法を趣旨解釈の名の下に拡張解釈することは適当でないと断じており、許容すべきでない租税回避行為は立法措置により阻止すべきであることを明確にしている。ここに本判決の重要な意義を見出すことができる。

注
1) 東京地判平成17年1月28日判夕1204号171頁。
2) 最判昭和63年7月15日税資165号324頁。
3) 占部裕典「贈与税の租税回避行為と『住所』の認定」税理51巻5号93頁（2008年）。
4) 最判平成22年7月6日民集64巻5号1277頁。
5) この学説の分類は、金子宏教授が整理されておられる。独立説は「租税法が借用概念を用いている場合も、それは原則として独自の意義を与えられるべきであるとする見解」、統一説は「法秩序の一体性と法的安定性を基礎として、借用概念は原則として私法におけると同義に解すべきである、とする考え方」、目的適合説は「租税法においても目的論的解釈が妥当すべきであって、借用概念の意義は、それを規定している法規の目的との関連において探求すべきである、とする考え方」であると整理されている。金子宏「租税法と私法—借用概念および租税回避について—」租税法研究6号1頁以下（1978年）要参照。

6) 金子『租税法』127頁。我が国のでは借用概念の解釈は統一説によることが学説・判例の通説として定着しているが、ドイツの状況も統一説で固まっていたようであるが近年は通説そして判例の立場が目的適合説に移行してきているとされる。詳細は、谷口勢津夫「借用概念と目的論的解釈」税法学539号105頁以下（1998年）を参照されたい。
7) 最判昭和63年7月15日税資165号324頁。
8) 最(大)判昭和29年10月20日民集8巻10号1907頁。
9) 最判昭和35年3月22日民集14巻4号551頁。
10) 最判平成9年8月25日判時1616号52頁。
11) この点を谷口勢津夫教授は、経済的成果を課税の対象とする場合、租税法は経済的成果を、その基礎にある私法上の法律関係によって把握するという根本決定を「私法関係準拠主義」と呼称される。谷口勢津夫「司法過程における租税回避否認の判断構造」租税法研究32号61頁（2004年）参照。
12) 金子、前掲注5)、122頁。
13) 事実認定に租税回避目的を混入させ、事実認定による租税回避行為の否認の手法を認めることを谷口勢津夫教授はあえて、「租税回避目的混入論」と称している。谷口、前掲注11)、65頁。
14) 谷口、前掲注11)、65頁。
15) 事実認定に租税回避目的を考慮することの是非を論じた文献として次の論考は有益である。酒井克彦「二層的構造認識論と事実認定―課税の基礎となる『真実の法律関係』の模索―」山田二郎先生喜寿記念（石島弘ほか編）『納税者保護と法の支配』266頁（信山社、2007年）参照。
16) 事実と法的評価の問題の困難性も含め両者の関係については、伊藤滋夫『事実認定の基礎』11頁以下（有斐閣、2003年）参照。
17) 岡村忠生「租税回避行為の規制について」税法学553号187頁（2005年）。
18) 岡村忠生教授は、租税回避行為は租税法の立法の不備により生じるとして、次のような見解を述べておられる。すなわち、「また、租税回避を認識するのは、立法のために必要であるからということになる。問題とされた行為が、もし課税要件規定の不備を示すものでなければ、それは租税回避ではない。問題とされた行為の後も立法による対処がなければ、それは立法府がその行為による税負担軽減を承認したことに他ならない。租税回避を認識することは立法の不完全を認めることであるから、租税回避を法の根拠なしに否認できる（納税者の行った実際の行為とは異なる擬制された行為を基礎として税負担を課すことができる）とすることは、不合理である。原因である不完全な法律を作った者、つまり国が、その責任を負うべきだと考えられるからである。もちろん、租税法律主義や法の支配といった理念も論拠となろう」（岡村、同上書、187頁）と述べておられるが、まさに傾聴に値する見解である。
19) 伊藤、前掲注16)、246頁。

第6章

所得税裁判事例研究 I
―二重課税の排除と非課税所得の範囲
（長崎年金二重課税事件）

最高裁平成22年7月6日判決（原判決棄却、控訴棄却、確定、納税者勝訴）
(平成20年(行ヒ)第16号所得税更正処分取消請求事件)
民集64巻5号1277頁
控訴審　福岡高裁平成19年10月25日判決（原判決取消、請求棄却、納税者敗訴）
(平成18年(行コ)第38号所得税更正処分取消請求控訴事件)
民集64巻5号1316頁
第一審　長崎地裁平成18年11月7日判決（認容、控訴、納税者勝訴）
(平成17年(行ウ)第6号所得税更正処分取消請求事件)
民集64巻5号1304頁

☞　**研究のポイント**

　本件は、一時払いで受給した生命保険金は所得税法の非課税所得に該当するが、年金形態で受給する生命保険金は該当しないとする課税処分を不服とした原告が、税理士を補佐人として本人訴訟を提起した事案である。争点は、①本件年金が相続税法3条1項1号のみなし相続財産に該当するか否か、②本件年金が所得税法上の所得に該当するか否か、そして、③本件年金が所得税法9条1項15号（現16号）の非課税所得に該当するか否か、の3点であったが、中心的争点は③の本件年金が非課税所得に該当するか否かである。

　第一審の長崎地裁は原告の主張を認容し、全部取消を命じたが、控訴審は逆転で原告敗訴とし、上告審では、控訴審判決を破棄し、原告勝訴の判断が示された。年金受給権に相続税を課税し、年金に所得税を課税することが違法な二重課税であるかが争われていた、いわゆる長崎年金二重課税事件である。

最高裁は、福岡高裁の判決を破棄、納税者側の主張を認める判決を言い渡したが、社会的にも注目され、判決言い渡しの直後に財務大臣が判決に対応した救済を図る旨の見解を公表するなど大きなインパクトを与えた事案である。

生命保険年金受給権としてみなし相続財産に該当するものとして相続税を課税され、さらに、年金受給権の行使として受け取った年金が雑所得として課税されるという実質的二重課税の取扱いがなされてきたが、誰もが疑問を感じつつも正面から租税行政庁の運用に所得税法9条を根拠に違法と主張することはなかった。

本章の研究のポイントは、当該規定の文言、すなわち「相続、遺贈又は個人からの贈与により取得するもの」とは、何かを文理解釈に基づいて文言の意義を忠実に解釈することの重要性を再確認することにある。

最高裁は、以下の通り「相続等により取得し又は取得したものとみなされる財産そのものを指すのではなく、当該財産の取得によりその者に帰属する所得を指すものと解される。そして、当該財産の取得によりその者に帰属する所得とは、当該財産の取得の時における価額に相当する経済的価値にほかならず、これは相続税又は贈与税の課税対象となるものであるから、同号の趣旨は、相続税又は贈与税の課税対象となる経済的価値に対しては所得税を課さないこととして、同一の経済的価値に対する相続税又は贈与税と所得税との二重課税を排除したものであると解される。」と判示しているが、法文の文理を踏まえ、その趣旨を的確に把握することの重要性を、本事例を素材に再確認することが求められる。

また、二重課税の意味を本件を通して検討することも研究のポイントとしたい。

I 事案の概要

1 本件は、年金払特約付きの生命保険契約の被保険者でありその保険料を

負担していた夫が死亡したことにより、同契約に基づく第１回目の年金として夫の死亡日を支給日とする年金の支払を受けた上告人（以下「Ｘ」という。）が、当該年金の額を収入金額に算入せずに所得税の申告をしたところ、長崎税務署長（以下「Ｙ」という。）から当該年金の額から必要経費を控除した額をＸの雑所得の金額として総所得金額に加算することなどを内容とする更正を受けたため、Ｘにおいて、当該年金は、相続税法３条１項１号所定の保険金に該当し、いわゆるみなし相続財産に当たるから、所得税法９条１項15号により所得税を課することができず、上記加算は許されない旨を主張して、上記更正の一部取消しを求めている事案である。

2　原審の適法に確定した事実関係の概要は、次のとおりである。

(1)　Ｘの夫であるＡは、Ｂ生命保険相互会社（以下「Ｂ生命」という。）との間で、Ａを被保険者、Ｘを保険金受取人とする年金払特約付きの生命保険契約（以下「本件保険契約」という。）を締結し、その保険料を負担していたが、平成14年10月28日に死亡した。Ｘは、これにより、本件保険契約に基づく特約年金として、同年から同23年までの毎年10月28日に230万円ずつを受け取る権利（以下「本件年金受給権」という。）を取得した。

　　Ｘは、平成14年11月８日、Ｂ生命から、同年10月28日を支給日とする第１回目の特約年金（以下「本件年金」という。）として、230万円から所得税法208条所定の源泉徴収税額22万800円を控除した金額の支払を受けた。

(2)　Ｘは、平成14年分の所得税について、平成15年２月21日、総所得金額22万7707円、課税総所得金額０円、源泉徴収税額及び還付金の額2664円とする確定申告をし、次いで、同年８月27日、総所得金額37万7707円、課税総所得金額０円、源泉徴収税額及び還付金の額22万3464円（本件年金に係る源泉徴収税額22万800円を加算した金額）とする更正の請求をしたが、これらの確定申告及び更正の請求を通じて、本件年金の額を各種所得の金額の計算上収入金額に算入していなかった。

　　他方、Ｘは、Ａを被相続人とする相続税の確定申告においては、相続

税法24条1項1号の規定により計算した本件年金受給権の価額1380万円を相続税の課税価格に算入していた。

(3) Yは、本件年金の額から払込保険料を基に計算した必要経費9万2000円を控除した220万8000円をXの平成14年分の雑所得の金額と認定し、平成15年9月16日、総所得金額258万5707円、課税総所得金額219万円、源泉徴収税額22万3464円、還付金の額4万8264円とする更正をし、次いで、同16年6月23日、所得控除の額を加算して課税総所得金額を32万円に減額し、これに伴い還付金の額を19万7864円に増額する再更正をした（以下この再更正後の上記更正を「本件処分」という。）。

Ⅱ 本件の争点と当事者の主張

（所得税法9条1項15号は現行所得税法では16号に該当するが混乱を避けるうえで、以下では15号として用いる。）

1 争点

本件の争点は、①本件年金が相続税法3条1項1号のみなし相続財産に該当するか否か、②本件年金が所得税法上の所得に該当するか否か、そして、③本件年金が所得税法9条1項15号（現16号）の非課税所得に該当するか否か、の3点であるが、中心的争点は③の本件年金が非課税所得に該当するか否かである。

2 当事者の主張

ⅰ （Xの主張）

Xは、基本的に本件年金が、相続税法3条1項1号の「保険金」に該当し、みなし相続財産として相続税を課税されているので、所得税法9条1項15号により非課税所得となり、所得税法35条1項の雑所得には該当しないというべきである、と主張している。

その理由は主として以下の通りであるとする（地裁では①ないし③の理由を挙げ、控訴審ではYの控訴理由に対応する形でさらに④ないし⑥の主張を追加している）。

① 生命保険金が年金で支払われる場合、同条項の「保険金」は、年金受給権（基本権と支分権）と支分権に基づいて支払われる年金のすべてを包含したものと解すべきであり、基本権である年金受給権のみを指すものではない。

② 相続税法3条1項1号の「保険金」を「受給権」と解釈した場合、その財産的価値は、受給権という債権が将来現金化することにほかならず、債権が現金化することは権利の性質が変わるだけのことであるから、所得税法9条1項15号を適用するまでもなく、本件年金は、所得の発生に当たらない。また、年金受給権について相続税を課し、更に、当該受給権の支分権に基づいて支払われる年金に所得税を課することは二重課税に当たる。Yの解釈は、憲法29条の財産権の保障にも違反するものである。

③ 本件年金が雑所得に当たるとして課税するのであれば、一時払の保険金であっても、相続開始時に受給権が発生し、その後、保険金を取得するのであるから、その取得時において一時所得又は雑所得として課税すべきことになるが、そのような取扱いになっていない。また、売掛金債権を相続し、将来それを回収して現金化した場合、その現金に対して課税はされないが、本件年金受給権について、みなし相続財産として相続税が課税された場合、将来年金を受け取った際、年金に対して所得税を課税すべきでないことは、上記売掛金債権の相続の場合と同様である。

以上が地裁でのX主張の根拠付けであるが、さらに、控訴審では、X側は次の理由付けを追加している。

④ 所得税法60条の規定は、山林又は譲渡所得の基因となる資産は、相続された後相続人が譲渡することなく使用収益し、次の世代への相続財産となる可能性が大きいことを考慮し、譲渡があった場合は政策的に敢えて二重課税の可能性を法定しているものと推定される。しかし、本件年

金は、同条に規定する資産ではないから、同条との比較で論じることは筋違いである。

⑤ 所得税法207条については、源泉徴収制度は徴税技術の面から定められた規定であり、その対象となる経済的事実が所得税の課税対象であるか否かは別の条文で規定されている。本件年金については、同法35条の雑所得に該当するか否かが問題であって、同法207条はその根拠となるものではない。

⑥ 次に、同法9条1項3号ロの規定は、確認的規定と思われるが、このような確認的規定を用いて反対解釈をすることは、法の趣旨を曲解する反対解釈であり、不当である。仮に上記規定が創設的規定であったとしても、その反対解釈により、同項15号の厳密な文理解釈に影響を及ぼすのは不当である。

ⅱ （Yの主張）

Yは、原審では、①の本件年金受給権の性質と②本件年金について次のように論じ、控訴審では理由を付加して主張を展開した。

① 本件年金受給権について

「相続税法3条1項1号は、被相続人の死亡により相続人その他の者が生命保険契約の保険金又は損害保険契約の保険金を取得した場合においては、当該保険金受取人について、当該保険金のうち被相続人が負担した保険料の金額の当該契約に係る保険料で被相続人の死亡の時までに払い込まれたものの全額に対する割合に相当する部分を相続により取得したものとみなす旨規定しているが、この『保険金』とは、正確には保険契約等に基づく死亡保険金等の受給権を意味するものであり、現実に受領する金銭を意味するものではない。したがって、本件のように、保険契約に基づいて定期金に関する権利（年金受給権）を取得した場合も、その年金受給権は相続税法3条1項1号の『保険金』に該当し、被相続人の死亡を原因として取得した相続財産とみなされる財産である。そして、現実に受領する保険金額やその受領の態様は、当該保険金等の受給権を評価する基準としての意味を持つにすぎないも

のである。
　イ　本件年金受給権は、残存期間10年の定期金債権であるところ、相続税法上、その権利の価額は、相続税法24条１項１号により、その残存期間に受けるべき給付金額の総額（230万円×10回＝2300万円）に、100分の60を乗じて計算した金額の1380万円となる。」
　②　本件年金については次のように主張した。
「ア　本件年金は、現実に支給された230万円という現金であり、それ自体定期金に関する権利ではないから、相続税法３条１項１号にいう『保険金』には該当しない。また、基本債権たる本件年金受給権に基づく権利ではあるが、一定期日（年金の支払事由が生じた日）の到来によって生み出された支分権、すなわち基本債権とは異なる権利に基づいて取得した現金であり、また、２回目以降の各年金も、本件年金受給権に基づき、一定期日（年金の支払日の単位の応答日）の到来によって生み出されてゆく支分権に基づくものであって、雑所得として所得税が課税される。
　イ　本件年金のように支分権に基づいて取得した現金が雑所得に該当することは、所得税法施行令183条１項が、生命保険契約等に基づく年金の計算に関する規定を、また、同法第４編第４章第２節に生命保険契約等に基づく年金に係る源泉徴収に関する規定をもうけていることからも明らかである。
　ウ　なお、所得税法９条１項15号は、相続（被相続人の死亡）という同一原因によって相続税と所得税とを負担させるのは、同一原因により二重に課税することになるので、これを回避し、相続税のみを負担させるという趣旨であり、本件年金のように被相続人の死亡後に実現する所得に対する課税を許（ママ）ないという趣旨ではない。
　また、現実にも、相続税法24条１項１号に基づく本件年金受給権の価額（1380万円）は、本件年金受給権のみなし相続財産としての価額を算出するため、相続税法上定められた評価方法に基づいて算定されたものであり、他方、本件の特約年金の現価の一時支払の請求が行われた場合、その『現価』は、特約基本年金額に算定率たる8.956を乗じて算出されるから、本件にお

いては2059万8800円（230万円×8.956）となる。したがって、本件年金受給権と本件年金とは経済的価値が同一のものとはいえない。」

原審で敗訴したYは、控訴審では次のような理由を付加して主張を補強した。

③　本件年金に係る所得に対する所得税の課税について

「相続税法3条1項1号の立法趣旨は、実質的に相続又は遺贈による財産の取得と同視すべきものを相続税の課税対象とするものであるところ、同号にいう『保険金』は、金銭そのものではなく、相続開始時において存在する保険金請求権（債権）を意味するものである。そして、被相続人の死亡により、生命保険契約に基づき、相続人その他の者が定期金に関する権利（年金受給権等）を取得した場合においては、その相続開始時に存在するのは、基本権としての当該定期金に関する権利（年金受給権等）のみであって、基本権に基づいて発生する支分権としての受給権は未だ発生していない。そうすると、その後に発生する支分権及びその行使として給付される個々の定期金（年金等）それ自体は同号にいう『保険金』に該当しない。

したがって、本件年金は、本件年金受給権とは法的に異なるものであるから、上記各規定の文理解釈によれば、所得税法9条1項15号所定の非課税所得に該当しないことは明白である。そして、租税法は、侵害規範であり、法的安定性の要請が強く働くから、その解釈は原則として文理解釈によるべきであり、みだりに拡張解釈や類推解釈を行うことは許されないというべきである。原判決が、本件年金は、法的には本件年金受給権とは異なるが、実質的・経済的にみれば同一のものと評価される財産であるから所得税を課税することは許されないと判示していることは、同号の規定の適用範囲をその文理を明らかに逸脱ないし拡大して解釈するものというほかはない。

(イ)　所得税法9条1項15号の趣旨は、相続税法の規定により相続税又は贈与税の課税対象となる財産の取得に対し、相続税又は贈与税と所得税の二重課税が生じることを排除するため、当該財産の取得に係る所得には所得税を課さないようにする点にあるものと解される。同号の規定は、その明文で規

定する範囲を超えて、『実質的・経済的』な二重課税なるものを排除することを目的として、相続税又は贈与税の課税対象となる財産とは法的に異なる財産の取得に対しても所得税を課することを禁止する趣旨の規定ではない。

(ウ) 二重課税とは、あくまでも『同一の課税物件』に対する課税が重複することを意味するのであり、異なる課税物件に対しそれぞれ別個に課税が行われるような場合を二重課税ということはできない。相続税又は贈与税が、人の死亡又は贈与によって財産が移転する機会にその財産に対して課される租税であるのに対し、所得税は、個人の所得に対する租税であり、両者は別個の体系に属する税目である。このような税目間において、具体的に何をもって二重課税に当たるとするかについては、そのこと自体が理論上争われている例もあるのであって、必ずしも容易に判断できる問題ではない。

(エ) 居住者が財産を相続した直後に譲渡した場合、当該財産は相続税の課税対象となり、その価額が当該相続人の相続財産の課税価格に算入される一方(相続税法2条、2条の2、11条以下)、被相続人による取得時以降の保有期間中の増加益については、当該相続人に対し、譲渡所得として所得税が課税されることになる(所得税法33条、60条)。この場合、当該譲渡益は当該財産の価額に含まれているから、その限りにおいて、『実質的・経済的』には同一の財産(増加益部分)に相続税と所得税を二重に課税していることになるが、所得税法60条の規定は、所得税法が原判決のような考え方を採っていないことを示すものである。…中略

当事者の上記の主張に対して、控訴審の福岡高裁はYの主張を認容して原告側を逆転敗訴させた。」

III 判旨

1 原審・福岡高裁の判断の破棄

原審である福岡高裁の判断を次のように整理したうえで、その判断は是認できないとした。

すなわち「原審は、上記事実関係の下において、次のとおり判示し、本件処分は適法であると判断して、Xの請求を棄却すべきものとした。

所得税法9条1項15号は、相続、遺贈又は個人からの贈与により取得し又は取得したものとみなされる財産について、相続税又は贈与税と所得税との二重課税を排除する趣旨の規定である。相続税法3条1項1号により相続等により取得したものとみなされる『保険金』とは保険金請求権を意味し、本件年金受給権はこれに当たるが、本件年金は、本件年金受給権に基づいて発生する支分権に基づいてXが受け取った現金であり、本件年金受給権とは法的に異なるものであるから、上記の『保険金』に当たらず、所得税法9条1項15号所定の非課税所得に当たらない。」との判断を下したが、最高裁はこの判断を破棄し、以下の通り判示した。

2　非課税所得に該当するか否かについて

本件最高裁は原審の上記判断を、次のような理由を示して是認することができないとした。

(1)　所得税法9条1項は、その柱書きにおいて「次に掲げる所得については、所得税を課さない。」と規定し、その15号において「相続、遺贈又は個人からの贈与により取得するもの（相続税法の規定により相続、遺贈又は個人からの贈与により取得したものとみなされるものを含む。）」を掲げている。同項柱書きの規定によれば、同号にいう「相続、遺贈又は個人からの贈与により取得するもの」とは、相続等により取得し又は取得したものとみなされる財産そのものを指すのではなく、当該財産の取得によりその者に帰属する所得を指すものと解される。そして、当該財産の取得によりその者に帰属する所得とは、当該財産の取得の時における価額に相当する経済的価値にほかならず、これは相続税又は贈与税の課税対象となるものであるから、同号の趣旨は、相続税又は贈与税の課税対象となる経済的価値に対しては所得税を課さないこととして、同一の経済的価値に対する相続税又は贈与税と所得税との二重課税を排除したものであると解される。

(2) 相続税法3条1項1号は、被相続人の死亡により相続人が生命保険契約の保険金を取得した場合には、当該相続人が、当該保険金のうち被相続人が負担した保険料の金額の当該契約に係る保険料で被相続人の死亡の時までに払い込まれたものの全額に対する割合に相当する部分を、相続により取得したものとみなす旨を定めている。上記保険金には、年金の方法により支払を受けるものも含まれると解されるところ、年金の方法により支払を受ける場合の上記保険金とは、基本債権としての年金受給権を指し、これは同法24条1項所定の定期金給付契約に関する権利に当たるものと解される。

そうすると、年金の方法により支払を受ける上記保険金（年金受給権）のうち有期定期金債権に当たるものについては、同項1号の規定により、その残存期間に応じ、その残存期間に受けるべき年金の総額に同号所定の割合を乗じて計算した金額が当該年金受給権の価額として相続税の課税対象となるが、この価額は、当該年金受給権の取得の時における時価（同法22条）、すなわち、将来にわたって受け取るべき年金の金額を被相続人死亡時の現在価値に引き直した金額の合計額に相当し、その価額と上記残存期間に受けるべき年金の総額との差額は、当該各年金の上記現在価値をそれぞれ元本とした場合の運用益の合計額に相当するものとして規定されているものと解される。したがって、これらの年金の各支給額のうち上記現在価値に相当する部分は、相続税の課税対象となる経済的価値と同一のものということができ、所得税法9条1項15号により所得税の課税対象とならないものというべきである。

(3) 本件年金受給権は、年金の方法により支払を受ける上記保険金のうちの有期定期金債権に当たり、また、本件年金は、被相続人の死亡日を支給日とする第1回目の年金であるから、その支給額と被相続人死亡時の現在価値とが一致するものと解される。そうすると、本件年金の額は、すべて所得税の課税対象とならないから、これに対して所得税を課することは許されないものというべきである。

3 源泉徴収に関して

Yの、本件年金が非課税所得に該当すると、保険会社の保険金から控除する源泉徴収は違法なものとなり、受給者の所得税額から控除できないとする控訴審での主張についても以下のように判示している。

「なお、所得税法207条所定の生命保険契約等に基づく年金の支払をする者は、当該年金が同法の定める所得として所得税の課税対象となるか否かにかかわらず、その支払の際、その年金について同法208条所定の金額を徴収し、これを所得税として国に納付する義務を負うものと解するのが相当である。

したがって、B生命が本件年金についてした同条所定の金額の徴収は適法であるから、Xが所得税の申告等の手続において上記徴収金額を算出所得税額から控除し又はその全部若しくは一部の還付を受けることは許されるものである。」

Ⅳ 研究 判旨に賛成

1 はじめに

最高裁判所第三小法廷は7月6日、年金受給権に相続税を課税し、年金に所得税を課税することが違法な二重課税であるかが争われていた、いわゆる長崎年金二重課税事件で、福岡高等裁判所の判決を破棄、納税者側の主張を認める判決を言い渡した。本件最高裁判決は社会的に注目され、判決言い渡しの直後に財務大臣が判決に対応した救済を図る旨の見解を公表するなど大きなインパクトを与えた。[1]

第一審の長崎地裁が年金を雑所得として課税することは二重課税に該当すると判断したのに対し、福岡高等裁判所は逆転で国側の主張を認め、現行の国側の法解釈を是認したため納税者側が上告していた。

最高裁は、相続により取得した「保険金」には所得税を課さないと規定している所得税法9条1項15号の趣旨を、「相続税又は贈与税の課税対象となる経済的価値に対しては所得税を課さないこととして、同一の経済的価値に

対する相続税又は贈与税と所得税との二重課税を排除したものと解される」と判示し、年金受給権に係る年金の各支給額のうち、相続時の現在価値として年金受給権の評価額に含まれる部分は、相続税の課税対象となる経済的価値と同一のものであることから、所得税の課税対象にならないと、以下の判示の通り判断した。

社会的にも大きな注目を集めた、この最高裁判決により、これまでの国税庁の取扱いが変更を余儀なくされることになった。

租税法の解釈は租税法律主義の下では文理解釈によるべきであり、みだりに法規定の文言を拡大解釈もしくは縮小解釈することは租税法律主義に抵触する。所得税法9条の規定では「相続により取得したもの」が非課税所得となると規定しているのであるから、条文の文言に即して厳格に解すると、年金形式で取得した金銭が同規定の射程外におかれるとは解釈できない。相続時に課税され、一時金で保険金を受領すると所得税が非課税となり、年金形式により保険金を受領した場合にはなぜ非課税所得に該当しないのか、その取り扱いの差異が条文から通常一般人には解釈できない。課税要件は明確でなければならない。課税要件規定は一見明確であるにもかかわらず、二重課税排除規定上からは、一時金として受領する場合と年金形式で受領する場合について、差別的取り扱いをすべきとの文言が条文に明示されているわけでもない。

ところで、本件最高裁判決の意義は以下の2点に集約される。

第1は、二重課税の排除の意義や租税法解釈の在り方を再考するという、本件最高裁判決は重要な意義を有する。

第2は、本件の補佐人税理士は7年に及び租税正義の実現に尽力された。本件は税理士の職務と租税正義の実現の真の意義を問いかける素材としての意義を有する。

これまで本件に関する研究が多数公表されているので、本章では最高裁判決の論理の構造を中心に租税法解釈の在り方に視点を絞る。

2 本件の第一審・控訴審の判断

(1) 第一審判決（長崎地裁判決）請求認容

第一審の長崎地裁は、次のように相続税法3条1項と所得税法9条1項15号の規定の立法趣旨を確認したうえで、相続税法のみなし相続財産と法的には異質の性質をもつと評価される利益や所得であっても、実質的・経済的に同一と評価できる所得と評価できるとすれば二重課税になるから非課税所得に該当するとの判断の基準を示した。

同地裁は、年金受給権を基本権として、その受給権に基づいて年金請求権を支分権とすると両者は法的に異なるから二重課税に該当しないとする被告国の主張に対して、両者は経済的・実質的には同一価値であるとして、同一価値に相続税と所得税を課すことは二重課税になるので、所得税法9条1項15号が適用されるのである、と判示したものである。詳細な判旨は以下の通りである。

i 相続税法3条1項は、相続という法律上の原因に基づいて財産を取得した場合でなくとも、実質上相続によって財産を取得したのと同視すべき関係にあるときは、これを相続財産とみなして相続税を課することとし、他方所得税法9条1項15号は、このように相続税を課することとした財産については、二重課税を避ける見地から、所得税を課税しないものとしている。このような税法の規定からすると、<u>相続税法3条1項によって相続財産とみなされて相続税を課税された財産につき、これと実質的、経済的にみれば同一のものと評価される所得について、その所得が法的にはみなし相続財産とは異なる権利ないし利益と評価できるときでも</u>、その所得に所得税を課税することは、所得税法9条1項15号によって許されないものと解するのが相当である。

ii 他方、本件年金は、本件年金受給権に基づいて保険事故が発生した日から10年間毎年の応答日に発生する支分権に基づいてXが保険会社から受け取った最初の現金である。上記支分権は、本件年金受給権の部分的な行使権であり、利息のような元本の果実、あるいは資産処分による資

本利得ないし投資に対する値上がり益等のように、その利益の受領によって元本や資産ないし投資等の基本的な権利・資産自体が直接影響を受けることがないものとは異なり、これが行使されることによって基本的な権利である本件年金受給権が徐々に消滅していく関係にあるものである。そして、上記のように、相続税法による年金受給権の評価は、将来にわたって受け取る各年金の当該取得時における経済的な利益を現価（正確にはその近似値）に引き直したものであるから、これに対して相続税を課税した上、更に個々の年金に所得税を課税することは、実質的・経済的には同一の資産に関して二重に課税するものであることは明らかであって、前記所得税法9条1項15号の趣旨により許されないものといわなければならない。

iii 前記のとおり、相続税法3条1項によって相続財産とみなされて相続税を課税された財産につき、これと実質的、経済的にみれば同一のものと評価される所得について、その所得が法的にはみなし相続財産とは異なる権利ないし利益と評価できるときでも、その所得に所得税を課税することは、所得税法9条1項15号の趣旨によって許されないものと解するのが相当である。したがって、本件年金が現金であること、それが本件年金受給権とは法的に異なる支分権に基づくものであること、被相続人の死亡後に発生するものであることは、いずれも所得税法の前記条項にもかかわらず本件年金について所得税を課税すべきことの根拠となるものではない。

なお、付言すると、本件年金受給権が相続税法3条1項1号の「保険金」に該当すると解すべきことは先にみたとおりであるが、上記条項の文理とは異なって、ここにいう「保険金」はすべて「保険金受給権」を意味すると解さなければならない必然性はないと思われる。

iv また、確かに、本件年金は、支分権という、本件年金受給権（基本権）と法的には異なる権利に基づいて取得した現金であるとはいえる。しかし、基本権と支分権は、基本権の発生原因たる法律関係と運命を共にす

る基本権と一たび具体的に発生した支分権との独立性を観念する概念であり、債権の消滅時効の点（民法168条、169条）などにおいて実際上の差異が生じるものであるが、この観念を、所得税法9条1項15号の解釈において、二重課税か否かを区別する指標であり二重課税であることを否定すべき事情と考えるべき根拠には乏しく（なお、相続税法3条1項1号の「保険金」を直ちに「保険金受給権」と解すべき根拠になるとも考えにくい）、上記のとおり、今後受け取るべき年金の経済的利益を原価（ママ）に引き直して課税しているのが年金受給権への相続税課税である以上、このような経済的実質によって、二重課税か否かを区別することが所得税法9条1項15号の趣旨に沿う。

したがって、基本権と支分権の関係にあることないし法的には異なる権利と評価できるものであることは、それだけで二重課税であることを否定する根拠とはならない。

(2) **控訴審判決**（福岡高裁判決）**原判決取消・請求棄却**

控訴審は、関係法令である相続税法3条1項1号および所得税法9条1項15号の趣旨を「その趣旨は、被相続人が自己を保険契約者及び被保険者とし、共同相続人の1人又は一部の者を保険金受取人と指定して締結した生命保険契約に基づく死亡保険金請求権は、その保険金受取人が自ら固有の権利として取得するものであり、被相続人の相続財産に属するものではないが、相続財産と実質を同じくするものであり、被相続人の死亡を基因として生ずるため、公平の見地から、これを相続財産とみなして相続税の対象としたものと解される。

他方、所得税法9条1項15号は、相続、遺贈又は個人からの贈与により取得するもの〔相続税法（昭和25年法律第73号）の規定により相続、遺贈又は個人からの贈与により取得したものとみなされるものを含む。〕については、所得税を課さない旨を規定している。

その趣旨は、相続、遺贈又は個人からの贈与により財産を取得した場合には、相続税法の規定により相続税又は贈与税が課されることになるので、二

重課税が生じることを排除するため、所得税を課さないこととしたものと解される。」とした上で、「この規定における相続により取得したものとみなされるものとは、相続税法3条1項の規定により相続したものとみなされる財産を意味することは明らかである。そして、その趣旨に照らすと、所得税法9条1項15号が、相続ないし相続により取得したものとみなされる財産に基づいて、被相続人の死亡後に相続人に実現する所得に対する課税を許さないとの趣旨を含むものと解することはできない。」と判示している。

そのうえで、「前記事実によれば、Xは、将来の特約年金（年金）の総額に代えて一時金を受け取るのではなく、年金により支払を受けることを選択し、特約年金の最初の支払として本件年金を受け取ったものである。本件年金は、10年間、保険事故発生日の応当日に本件年金受給権に基づいて発生する支分権に基づいて、被控訴人が受け取った最初の現金というべきものである。そうすると、本件年金は、本件年金受給権とは法的に異なるものであり、Aの死亡後に支分権に基づいて発生したものであるから、相続税法3条1項1号に規定する「保険金」に該当せず、所得税法9条1項15号所定の非課税所得に該当しないと解される。したがって、本件年金に係る所得は所得税の対象となるものというべきである。」と判示している。

控訴審の判断の構造は、まず、相続税法3条1項のみなし相続財産規定の趣旨を確認した上で、所得税法9条1項15号の射程は、その趣旨からすると、被相続人の死亡後、相続人に実現する所得には及ばないことを明確にしている。被相続人の死亡と同時に一時金として受領する保険金請求権は相続税法3条1項により相続財産と見なされ、相続税が課税されるが、死亡後年金として受領する金銭には所得税法9条の非課税所得規定は射程が及ばないことをまず確認している。

次いで、「本件年金は、本件年金受給権とは法的に異なるものであり、Aの死亡後に支分権に基づいて発生したものであるから、相続税法3条1項1号に規定する「保険金」に該当せず、所得税法9条1項15号所定の非課税所得に該当しない」として、本件年金受給権と、被相続人の死亡後に年金受給

権の支分権として発生する金銭とは、その法的性質を異にするから二重課税の排除規定の適用はそもそもないと判示している。

3　関係法令の構造と従来の課税実務

　本件年金に対する二重課税の問題は相続税法3条1項1号のみなし相続財産に本件年金受給権が該当し、現在価値に引き直して相続財産に組み込まれて課税されると、その受給権に基づいて将来10年間にわたり支給される年金が所得税法9条1項15号に該当して非課税所得とされないと、同じ課税物件に相続税と所得税の二重課税がなされ、納税者に過酷であるとXが主張したのである。したがって、関係法令は相続税法と所得税法の当該規定になる。

　すなわち、相続税法3条1項1号は、被相続人の死亡により相続人が生命保険契約の「保険金」を取得した場合、当該保険金受取人について、当該保険金のうち被相続人が負担した保険料の金額の当該契約に係る保険料で被相続人の死亡の時までに払い込まれたものの全額に対する割合に相当する部分を、相続により取得したものとみなす旨を規定している。

　一方の関係規定である所得税法9条1項15号は、相続、遺贈又は個人からの贈与により取得するもの（相続税法の規定により相続、遺贈又は個人からの贈与により取得したものとみなされるものを含む）については、所得税を課さない旨を規定している。

　この両規定により、生命保険契約等によって取得した保険金（一時金及び年金）に対して相続税もしくは所得税が課税される。相続税法3条1項1号に該当し、所得税法9条1項15号に該当すれば、二重課税の問題は生じない。しかし、前者に該当し、後者の規定に該当しないことになれば二重課税が排除できないことになる。本件はこのケースである。

　これまでの課税実務においては、相続税法3条1項1号によりみなし相続財産とされる「保険金」には、一時金により支払を受けるもののほか、年金の方法により支払を受けるもの（年金受給権）も含まれるとされ（相続税法基本通達3－6）、他方、これによって受取人が受け取る個々の年金については当

該受給者の所得として所得税を課すものとされてきた。すなわち、①年金受給権と、②その権利に基づいて受け取る個々の年金とは法的に別個のものであるという整理の下、①年金受給権については「保険金」に該当し、相続税法3条1項1号に基づき相続税が課される（したがって所得税は所得税法9条1項15号の非課税規定により課されない）が、②個々の年金については「保険金」に該当せず（したがって相続税は課されない）、所得税が課されると解されてきた（「家族収入保険の保険金に関する課税について」〔昭和43年3月官審（所）2、官審（資）9〕）。

まず、Xは、本件保険契約に基づいて、4000万円の一時金を取得し、保険料は死亡したAの負担であったために、相続税法3条1項1号によりみなし相続財産として相続税が課税されると同時に、所得税法9条1項15号の非課税所得として所得税は課されない。本件で問題となっているのは、特約年金形式を選択し10年間にわたり毎年230万円の年金を受給できるという年金受給権を取得した。この権利も、相続税法3条1項1号にいう「保険金」としてみなし相続財産に含まれ、相続税が課税された。この相続財産の時価は、相続税法24条1項1号により年金総額2300万円の60％相当額の1380万円として評価された。

なお、「所得税基本通達9―2は、非課税とされる年金の範囲に本件年金のようなものは含まれないことを明らかにし雑所得に該当する例として、本件年金のような生命保険契約等に基づいて支払われるものを挙げている（所基通35-1(9)）。また、本件年金のような年金を支払った場合には、前述のように、当該年金に係る所得税の源泉徴収を要することになる。そのため、本件のような課税処分は、一般的に行われることになる。」とされるように、通達の規定によれば本件年金形式で受け取る場合には、従来から所得税法9条1項15号の非課税所得の射程外として取り扱われてきたために、本件も年金230万円を取得時に非課税所得とされないために所得税の源泉徴収がなされた。

4　二重課税の意義と類型

　二重課税は、理論的には形式的二重課税と実質的二重課税に分類できるであろう[5]。

　形式的二重課税とは、単一の課税権者が複数の租税を単一の納税者、もしくは、税源に課税する場合を想定する。たとえば、国が納税者に所得税と消費税を課す場合を意味する。この形式的二重課税は租税国家の必然である。

　実質的二重課税は、①単一の課税権者が複数の納税義務者を通じて単一の税源に課税する場合と、②複数の課税権者が単一の納税義務者および課税客体に課税する場合が考えられる。

　①の実質的二重課税は、たとえば、債権者が債務者から受け取った受取利息を利子所得として課税され、一方、債務者の所得から債権者に支払った支払利息が控除されずに所得課税される場合を意味する。当該利息は債権者の所得を構成し、また、債務者の所得をも構成するので、双方で単一の利息に課税されることになる。すなわち、単一の税源が複数の納税義務者を通じて二重に課税される場合である。納税義務者は二重に課税されないが、課税物件（税源）が二重に課税される。

　このように二重課税を分類すると、前者の単一の課税権者が複数の租税を単一の納税者、もしくは、税源に課税する場合の形式的二重課税に、本件の二重課税の問題は該当する。保険金受給権を相続した時点で相続税を、そして、現金受取時点で所得税が課税されるのであるから典型的な二重課税であり、現金受取時点の経済的価値を所得税法が二重課税排除目的で非課税取扱規定を9条1項15号として定めたということができる[6]。

　そうすると、一時金で受領した場合は非課税所得とされ、年金という形式で受領した場合には非課税所得とされないのかについて、やはり合理的根拠を見いだすのは困難といえる。

5 最高裁判決の論理と評価―租税法の基本原則の視点から
(1) 租税公平主義の視点から

　所得税法や相続税法の立法原理は担税力に応じた課税を求める租税公平主義である。担税力の測定尺度として前者は所得を、後者は相続財産という資産を設定して課税体系を構築している。担税力は税を負担する能力であるから、経済的利益ないし価値を金銭により測定できるものということができる。経済的価値を形式により評価測定すると、税を負担する能力である担税力は画餅に帰する。そこで、経済的価値を実質に即して評価測定していくことが求められる。租税公平主義は実質的担税力に即した課税を求めているといってよい。

　租税公平主義の求める担税力に応じた課税における担税力は、名目や形式により評価するのではなく、実質により評価されなければならない。その考え方を明確に法が定めているのが、たとえば、所得税法12条の実質所得者課税の原則である。[7]

　そもそも二重課税の排除の要請も、実質的には同一の経済価値に相続税と所得税を二重に課すことは、担税力の視点からは苛酷であるから所得税は課税しないという趣旨の下に所得税法9条の非課税所得規定が設けられているのであるといえる。

　福岡高裁判決は、基本権と支分権という法的性質の違いをことさら強調し、両者は別個の存在であるから二重課税には該当しないとしているが、年金受給権は基本権であり、その基本権から派生する支分権とは別であるというロジックは、法形式に着目するものであり、実質的な担税力に応じた課税を求める租税公平主義の視点から批判されねばならない。[8]

　一方、最高裁は、「相続、遺贈又は個人からの贈与により取得するもの」とは、相続等により取得し又は取得したものとみなされる財産そのものを指すのではなく、当該財産の取得によりその者に帰属する所得を指すものと解される。」としたうえで、「当該財産の取得によりその者に帰属する所得とは、当該財産の取得の時における価額に相当する経済的価値にほかなら」な

いことをまず明確にする。そして、相続税又は贈与税の課税対象となる経済価値と同一の所得には所得税を課さないことを所得税法9条1項15号は定めたものであるから、同号の趣旨は、相続税又は贈与税の課税対象となる経済的価値に対しては所得税を課さないこととして、同一の経済的価値に対する相続税又は贈与税と所得税との二重課税を排除したものであると解される、と判示しており、経済的価値は同一である点に着目し二重課税を排除するという考え方に立脚しており、租税公平主義の視点から評価できる。

この点では、長崎地裁判決も、「相続税法3条1項によって相続財産とみなされて相続税を課税された財産につき、これと実質的、経済的にみれば同一のものと評価される所得について、その所得が法的にはみなし相続財産とは異なる権利ないし利益と評価できるときでも、その所得に所得税を課税することは、所得税法9条1項15号によって許されないものと解するのが相当である。」と判示しており、相続税の課税対象となる保険金受給権（基本権）も、その基本権に基づいて被相続人の死亡後に受給するその年金受給権（支分権）もその法的性質は異なるが実質的にみれば同一の経済的価値であるから、同一の経済価値に所得税を課すことは許されないとして、この点では最高裁と同一の考え方に立つといえよう。

(2) **租税法律主義の視点から**

Yは控訴審において、第一審の長崎地裁判決を「租税法は、侵害規範であり、法的安定性の要請が強く働くから、その解釈は原則として文理解釈によるべきであり、みだりに拡張解釈や類推解釈を行うことは許されないというべきである。原判決が、本件年金は、法的には本件年金受給権とは異なるが、実質的・経済的にみれば同一のものと評価される財産であるから所得税を課税することは許されないと判示していることは、同号の規定の適用範囲をその文理を明らかに逸脱ないし拡大して解釈するものというほかはない。」と批判して、第一審判決を取り消すよう主張しているが、主張は租税法律主義の要請からすれば租税法の解釈はまさに文理解釈によるべきで、当然とされる租税法解釈の在り方を確認したものであり、本件で問われているのは、

Yの主張が果たして文理解釈といえるのかという点である。

租税法は侵害規範であるから、租税法律主義の統制下におかれ、租税法の解釈は厳格な文理解釈が求められることには異論はない。しかし、筆者には第1審判決が租税法の文言を拡張解釈しているとは思われない。むしろYの解釈が非課税規定の範囲を縮小解釈していると指摘せざるを得ない。

関連規定を簡単に整理して考えてみたい。まず、相続税法3条1項1号は、被相続人の死亡により相続人が生命保険契約の「保険金」を取得した場合、当該保険金受取人について、当該保険金のうち被相続人が負担した保険金の金額の当該契約に係る保険料で被相続人の死亡の時までに払い込まれたものの全額に対する割合に相当する部分を、相続により取得したものとみなす旨を規定している。

一方、所得税法9条1項15号は、相続、遺贈又は個人からの贈与により取得するもの（相続税法の規定により相続、遺贈又は個人からの贈与により取得したものとみなされるものを含む）については、所得税を課さない旨を規定している。

両者の規定を本件に素直に当てはめると、まず、前者の相続税法3条がXは本件保険契約に基づいて一時金4000万円を取得するが、この金額は同法によりみなし相続財産とされ、さらに、毎年230万円を10年間、総額2300万円を相続時点の現在価値に引き直すために、相続税法24条1項1号が適用され、2300万円の60％である1380万円が年金受給権の現在価値としてみなし相続財産に合算され、相続税が課税された。みなし相続財産として年金受給権の経済的価値、すなわち時価を1380万円として相続税課税が本件ではなされたのである。

次いで、所得税法9条1項15号は「相続により取得したもの」のあとに「相続税法の規定により相続、遺贈又は個人からの贈与により取得したものとみなされるものを含む」として、「相続により取得したものとみなされるもの」、すなわち、「みなし相続財産」にも所得税を課さないと定めている。

本件に同法を当てはめると、一時金として受け取った4000万円も年金受給権の現在価値1380万円の両者ともみなし相続財産とされ、相続税課税がなさ

れたのである。よって、所得税法の規定により4000万円も年金受給権1380万円にも非課税所得に該当するという結論になる。ところが、年金形式で受給した230万円は、同法の非課税所得から除外され課税所得として取り扱われたのである。

相続を原因として取得した同一の経済価値のうち、取得形態により一方は非課税所得とされ、他方は課税所得として取り扱われるのかについて、その差別的取り扱いをせよとの文言は当該規定のどこにも存在しない。

ところが、これまでの租税法実務においては、相続税法3条1項1号によりみなし相続財産とされる「保険金」には、一時金により支払を受けるもののほか、年金の方法により支払を受けるもの（年金受給権）も含まれるとされ（相続税法基本通達3－6）、他方、これによって受取人が受け取る個々の年金については当該受給者の所得として所得税を課すものとされてきた。すなわち、①年金受給権と、②その権利に基づいて受け取る個々の年金とは法的に別個のものであるという整理の下、①年金受給権については「保険金」に該当し、相続税法3条1項1号に基づき相続税が課される（したがって所得税は課されない。所税9条1項15号）が、②個々の年金については「保険金」に該当せず（したがって相続税は課されない）、所得税が課されると解されてきた（「家族収入保険の保険金に関する課税について」〔昭和43年3月官審（所）2、官審（資）9〕）。

ところで、所得税法9条の当該規定は、「相続により取得したもの」もしくは「相続により取得したものとみなすもの」と定めており、この「相続により」という文言は、「相続を原因として」、と解することが文理による解釈といえる。そうすると「相続により取得したもの」とは、すなわち、「相続を原因として取得したもの」と解することが自然である。年金として実際に受領した現金と、権利としての年金受給権も、相続という同一の原因により取得した経済価値であるから、両者を区別して取り扱わねばならないという法的根拠は文言からは見いだせない。

そこで、Yは、基本権と支分権の法的性質の相違を根拠に、両者は別物であるから二重課税に該当しないので、年金形式で受け取る場合には所得税法

9条1項15号の射程から除外されると主張するのである。

　租税法律主義の下で、文理解釈によるべきであると主張するY自らが文理から離れた解釈を展開していると言わざるを得ない。

　文理解釈によりその文言の意義が上記のように明確であるにもかかわらず、ことさらに二重課税の排除という立法趣旨を強調し、二重課税にならないのだから二重課税排除規定は適用されないと論じている点に、租税法律主義の視点からも批判が加えられよう。

　実質的には同一の経済価値を法的性質の異なる点を強調し、基本権と支分権は別物であるから二重課税はそもそも存在しない。ゆえに二重課税排除規定は適用できないと主張するのは法の解釈適用上、不合理である。

　趣旨解釈は文理解釈により文言の意味がいくつか分かれるなどの場合に、趣旨を勘案して最も適切な解釈が選択されるというものであり、文理解釈を飛び越して趣旨を強調する解釈は、租税法の解釈としては租税法律主義の視点から批判されるべきである。[11][12]

6　むすび

　長崎地裁判決と本件最高裁判決の両者がX勝訴とした。しかし、その論旨は異なる。

　まず、基本権と支分権という法的性質を強調するのではなく、経済的価値の実質的視点からみれば基本権と支分権は同一であるという論理の立脚点は、両裁判所とも共通といえよう。

　ところが、長崎地裁判決は、支分権に基づいて受領する年金のすべてが基本権と同一であるとした。この長崎地裁判決によれば、支分権は基本権とは同一であるから、二重課税は生じるから2年目以降に受領する年金も非課税所得となる。

　ところが、最高裁判決は、支分権に基づき受領する年金のうち、相続時の現在価値に対応する部分が、基本権と支分権の「経済的価値が同一である」と判示している。すなわち、相続開始時の現在価値1380万円に対応する年金

受取額のみが二重課税になるのであり、相続後に1380万円の運用益として生じた経済価値相当分は基本権とは異なる部分であるから、非課税所得に該当しないということになる。

すなわち、最高裁判決によれば、2年目以降は受取年金額のうち相続開始時点の現在価値を超える運用益部分には所得課税がなされることにある。ここに両判決の大きな相違点があることを最後に指摘しておきたい。

なお、経済的実質といった側面から評価するのであれば、最高裁判決が論理的であると評価できるが、一方で、所得税法9条1項15号を厳格に文理解釈すれば、運用益そのものも相続を原因として取得した基本権によって生じたものであるから、元本と増加益とはいずれも相続を原因として獲得される経済的価値と見ることもできる。そうすると長崎地裁の判決を支持できよう。[13]

注
1) 本件については、多数の研究が公表されている。先駆的業績としては、本件の裁決段階の研究として、前野悦夫「死亡保険金と同時に支払われた第1回目の特約遺族年金は、相続により取得するものに該当しないことから非課税所得ではないとした事例」税務弘報54巻14号145頁以下（2006年）をまず指摘しておかねばならない。補佐人を務められた江崎税理士も同論文が多いに参考になったと述べておられる。

品川芳宣「判批」TKC税研情報19巻5号（2010年）参照。また、ジュリ1410号（2010年）では「生保年金二重課税最判のインパクト」と題して、大石篤史「生保年金・二重・課税最高裁判決の意義と課題」4頁以下、渕圭吾「相続税と所得税の関係」12頁以下、中里実「租税法におけるストックとフローの関係」19頁以下、藤谷武史「生保年金二重課税最判の租税手続法上のインパクト—源泉徴収・還付を中心に」28頁以下、の論文が搭載されており、同事件の問題の本質を理解する上で有益である。

本文中で引用する文献の以外の文献として、辻美枝「生命保険をめぐる相続税法および所得税法上の諸問題」税大ジャーナル13号82頁以下（2010年）の注記に網羅されているので参照されたい。
2) 大石、前掲注1）、5頁以下。なお課税実務上のやや詳しい取り扱いについては、品川、前掲注1）、43頁以下参照。
3) 品川、前掲注1）、44頁。
4) 課税行政実務を支配する通達の取り扱いとともに本件の詳細な検討は、図子善信「生命保険に対する二重課税」久留米大学法学64号55頁以下（2010年）参照されたい。
5) 井出文雄『新稿　近代財政学　第四改訂版』384頁（税務経理協会、1982年）。
6) この相続税と所得税の二重課税の排除の説明について以下の見解が重要と思われ

る。すなわち、「第1の説明は、この規定を相続税・贈与税と所得税の間の二重課税を排除するためのものと見る。相続税・贈与税は所得税の一種である。それゆえ、ある納税義務者にとって既に相続税・贈与税の課税対象となった所得をもう1度所得税の課税対象とすることは、同一の所得に対して所得税を2度かけることにほかならない。このため、既に相続税・贈与税の課税対象となった所得を、所得税の課税対象から外すのである。単に二重課税を問題としているのではなく、実質的に同じ種類の租税が2度かかることを問題視しているのである。

この考え方においては、仮に相続税・贈与税が存在しなかったとしたらこれらの所得は当然に所得税の課税対象となる、ということが前提となっている。その意味で、9条1項16号は創設的規定である。最高裁判決はこの考え方を採っている。第2の説明は、そもそも相続・贈与によって取得した経済的利益は定義上『所得』ではない、というものである。この説によれば9条1項16号は、このことを確認的に規定したにすぎない。相続税・贈与税は、所得税とは別次元の租税である。

以上の説明から分かるとおり、9条1項16号に関する2つの考え方は、相続・贈与を所得税との関係でどのように位置付けるかということから導き出される。」（渕、前掲注1）、13頁以下）という根本的な問題を整理する必要がある。

7）金子『租税法』179頁以下、水野忠恒『租税法〔第5版〕』292頁以下（有斐閣、2011年）参照。

8）上告理由書において、Xは高裁判決を「原判決の前記判示は、所得税法9条1項15号の解釈適用を誤り、ひいては租税公平主義にも反する不当なものである。その理由は、以下のとおりである。(1)所得税法9条1号15号の規定について〔前記5(2)アに対する反論〕相続税法3条1項は、相続という法律上の原因に基づいて財産を取得した場合でなくとも、実質的・経済的に見て相続によって財産を取得したのと同視すべき関係にあるときは、これを相続財産とみなして相続税を課することとし、他方、所得税法9条1項15号は、このように相続税を課することとした財産については、二重課税を避ける見地から、所得税を課税しないものとしている。このような税法の規定からすると、相続税法3条1項によって相続財産とみなされて相続税を課税された財産につき、これと実質的・経済的に見れば同一のものと評価される財産の取得による所得について、その取得した財産が法的にはみなし相続財産とは異なる権利ないし利益と評価できるときでも、その財産の取得による所得に所得税を課税することは、所得税法9条1項15号によって許されないものと解するのが相当である。…中略　相続税法3条1項1号と所得税法9条1項15号と租税公平主義との関係相続税法3条1項1号の趣旨は、被相続人が自己を保険契約者及び被保険者とし、共同相続人の1人又は一部の者を保険金受取人に指定して締結した生命保険契約に基づく死亡保険金請求権は、その保険金受取人が自ら固有の権利として取得するものであり、被相続人の相続財産に属するものではないが、相続財産と実質を同じくするものであり、被相続人の死亡を基因として生ずるため、公平の見地から、これを相続財産とみなして相続税の対象としたものと解されており、租税公平主義に沿うものである。

また所得税法9条1項15号の趣旨は、相続、遺贈又は個人からの贈与により財産を取得した場合には、相続税法の規定により相続税又は贈与税が課されることになるので、二重課税が生じることを排除するため、所得税を課さないこととしたものと解されており、これも租税公平主義に沿うものである。」と述べて、批判しているが、まさに租税公平主義の視点からの的確な批判といえよう。

9）相続税法基本通達3－6は「法第3条第1項第1号の規定により相続又は遺贈により取得したものとみなされる保険金には、一時金により支払を受けるもののほか、年金の方法により支払を受けるものも含まれるのであるから留意する。」（昭46

直審(資) 6 改正) と定めている。
10) 大石、前掲注 1)、5 頁。
11) 租税法解釈の在り方について金子宏名誉教授は、「具体的な事実に法を適用するためには、法の意味内容を明らかにする必要がある。この作用を法の解釈という。租税法は侵害規範（Eingriffsnorm）であり、法的安定性の要請が強くはたらくから、その解釈は原則として文理解釈によるべきであり、みだりに拡張解釈や類推解釈を行うことは許されない…中略　。文理解釈によって規定の意味内容を明らかにすることが困難な場合に、規定の趣旨目的に照らしてその意味内容を明らかにしなければならないことは、いうまでもない」（金子、前掲注 7 ）、123頁以下）と述べておられる。本件でも、当該関係規定に意味が不明確とされる文言は見当たらないのであるから、まさに文理解釈によるべきであろう。
12) 新井隆一「税法解釈の基本的姿勢」税研138号16頁（2008年）参照。
13) 判決後の還付金の問題を数理租税法学の観点から分析した、木村弘之亮「保険年金二重課税判決後の還付金」ジュリ1415号100頁以下（2011年）は年金受給権の現在価値の算定や還付金の算出方法について詳細に検討されており興味深い。

第7章

所得税裁判事例研究 II
―所得区分（建物利益事件）

「賃借人から無償取得した建物の一時所得該当性を争点とした事例」
名古屋地裁平成17年3月3日判決（一部認容、一部棄却、控訴、納税者勝訴）
(平成16年(行ウ)第9号更正賦課決定取消請求事件)
判タ1238号204頁
控訴審　名古屋高裁平成17年9月8日判決（棄却、上告、納税者勝訴）
(平成17年(行コ)第22号更正賦課決定取消請求控訴事件)
税資255号順号10120
上告審　最高裁平成18年10月3日決定（不受理、確定、納税者勝訴）
(平成17年(行ヒ)第384号更正賦課決定取消請求上告受理事件)
税資256号順号10522

☞　**研究のポイント**[1)]

本裁判事例はまさに所得税法の基本問題である所得区分を争点とする事例である。賃借人建設の建物を土地の賃貸借契約の解除に伴い、土地の賃貸人が賃借人から無償で譲り受けたのであるが、その本件建物利益がいずれの所得に該当するかが争点とされた事案である。

被告Yは本件建物利益を原告Xの不動産所得（主位的主張）ないし雑所得（予備的主張）に当たると主張しているが、Xは、一時所得に該当すると主張している。

一時所得に該当するとのXの主張が認容されると、Xの税負担は二分の一に軽減される。所得の発生源泉により担税力が異なるのであるから、担税力に応じた課税の実現を図るうえで、所得区分は中核的な問題となる。所得の意義を定めた該当所得税法の規定をいかに適正に解釈し、所得区分の判断の基準を裁判官が法的に構成しているかを学ぶことが本事例のポイントとなる。

租税公平主義の要請は、適正な所得区分規定の解釈から始まるといっても過言でない。所得区分に関する立法目的を踏まえて、その判断の基準をめぐる法的思考の練成が研究のポイントとなる。

☞ **研究上の注意**

　この事例研究では、事実の概要も当事者の主張もあえて要約していない。なぜならば筆者により簡潔に要約してしまうことは、研究上効率的に見えるが、実は裁判事例から生の事実や当事者がいかなる主張を組み立てて主張を展開しているのかについて、自分の頭で構成し理解し、法的思考を練成するトレーニングの効果を半減させると筆者は考えるからである。

　苦痛かもしれないが読者は、じっくり事実関係と当事者の主張を精読し、その上に立って裁判官がいかなる判断を下したかを解読してみよう。

　さらに、租税法の基本原理や租税正義の視点から裁判所の判断を評価・検討した筆者の「研究」の内容は、リーガルマインドを養成するうえで有益である。

I　事案の概要

　本件は、被告（以下「Y」とする。）が、①原告（以下「X」とする。）所有地についての土地賃貸借契約が合意解約される際に、賃借人からXに無償で提供された同土地上の建物等の利益（以下「本件建物利益」という。）が不動産所得に当たるとして、Xの平成12年分所得税について更正処分及び過少申告加算税賦課決定処分（以下両者を併せて「本件所得課税処分」という。）を行い、②X所有の集合賃貸住宅の敷地内に設けられた駐車場の収入（以下「本件駐車場収入」という。）及び後記の教会からの賃料収入（以下「本件教会賃料」という。）はいずれも消費税及び地方消費税（以下両者を併せて「消費税等」という。）の課税対象売上げ（以下「課税売上げ」という。）に当たるとして、Xの前掲各課税期間の消費税等について更正処分並びに過少申告加算税賦課決定処分（以下

「本件消費税等課税処分」といい、「本件所得税課税処分」を併せて「本件各課税処分」という。）を行ったのに対し、Xが、①本件建物利益は一時所得に当たり、②本件駐車場収入は住宅の貸付けによる収入に当たり、本件教会賃料はその敷地の貸付けに対する地代であって、いずれも課税売上げに当たらないと主張して、本件各課税処分（ただし、本件所得税課税処分については異議決定により一部取消後のもの）のうち、申告額を超える部分の取消しを求めた抗告訴訟である。

1 前提事実（当事者間に争いのない事実等）

Xによる建物譲受けの経緯

ア Xは、不動産賃貸業等を営んでいるところ、昭和52年ころ、株式会社A（以下「A」といい、その代表者のBを以下「B」という。）を立会人として、C株式会社（以下「C」という。）との間で、別紙物件目録1、2記載の各土地（以下「本件高針土地」という。）を、仮設モーターショップ及びモータープールの用地として一時使用目的で賃貸する旨の契約を締結した。Cは、同地上に同目録3記載の建物（以下「本件建物」という。）を建築して、高針店として営業を開始した。

その後、XとCとは、上記契約を更新してきたところ、平成12年4月30日、賃貸期間を平成12年5月1日から平成15年4月30日までの3年間とし、賃料は1か月62万円とする旨の「借地一時使用契約」（以下「本件賃貸契約」という。乙1）を締結（契約更新）した。

イ Cは、平成12年8月ころ、高針店を閉鎖して業務を縮小すべく、Xに対して、本件賃貸契約の中途解約について協議を申し入れ、同年9月5日付けで、これに関するC側の基本方針を内容とする文書（以下「本件申入文書」という。乙9）を作成し、Xに交付した。

本件申入文書は、Cが、①本件建物における営業を平成12年9月末日をもって休止し、同年10月中旬には閉店する予定であること、②平成13年2月分までは現行の賃料を支払うが、その間に新賃借人が現れたときは、本件建物を新賃借人に譲渡したいと思っていること、③平成13年1

月末日までに新賃借人が現れないときは、Xの指示に従い本件高針土地を明け渡すつもりであることを内容としている。

ウ　その後、中古車買取販売業者である株式会社D（以下「D」という。）が本件高針土地を本件建物付きで借り受けたいと申し入れてきたため、X及びCは、平成12年11月14日、①本件賃貸契約を同月15日限りで解約すること、②Xは、支払済みの同月分の賃料62万円のうち解約日以降の賃料に相当する31万円及び保証金1000万円をCに返還すること、③Cは、本件建物（付属建物（油庫）、構築物（門扉・塀・舗装等）及び広告塔を含む。）をXに無償譲渡することなどを内容とする中途解約の合意をした（以下「本件合意」といい、その合意書を「本件合意書」という。乙2）。

2　本件の争点

本件の争点は以下の2点であるが、当事例研究では、①建物利益の所得区分の問題に研究対象を絞ることにする。

①　本件建物利益の所得区分

本件建物利益は、Xの不動産所得（Yの主位的主張）ないし雑所得（Yの予備的主張）に当たるか、それとも一時所得（Xの主張）に当たるか。また、そもそもYが上記予備的主張を追加することは許されるか。

②　本件駐車場収入と本件教会賃料の消費税等課税売上げ該当性

具体的には、本件駐車場収入が「住宅の貸付け」による収入に当たる（Xの主張）か否か（Yの主張）。そして、I教会とXとの契約は、建物賃貸借契約（Yの主張）か、それとも土地賃貸借契約（Xの主張）か。換言すれば、本件教会の所有者（ただし、I教会による増築後は持分権者）はX（Yの主張）か、それともJ（Xの主張）か。

3 当事者の主張

(1) 争点①(本件建物利益の所得区分)について

被告Yの主張

　ⅰ　主位的主張—不動産所得

　㋐　所得税法26条1項は、「不動産所得とは、不動産、不動産の上に存する権利、船舶又は航空機(以下この項において「不動産等」という。)の貸付け(地上権又は永小作権の設定その他他人に不動産等を使用させることを含む。)による所得(事業所得又は譲渡所得に該当するものを除く。)をいう。」と規定しているところ、①「不動産等の貸付けによる所得」とされて「不動産等の貸付けの所得」とされていないこと、②地上権又は永小作権の設定などによる所得を含むこと、③いわゆる権利金が、「通常、それは賃貸人が賃借人に対して一定の期間不動産を使用収益させる対価の一部として支払いを受ける一時の所得である」ことを根拠として、不動産所得に当たると解されていること(最高裁判所昭和45年10月23日第二小法廷判決・民集24巻11号1617頁)などに照らせば、単に不動産等を貸し付けて得られる賃貸料のみを対象とするものではなく、頭金、名義書換料、更新料、収益の補償として受け取る補償金等、不動産の貸付けの開始から終了までの間に不動産等を使用させた対価として得られるすべての収入(経済的利益)を含むものと解される(なお、昭和34年の所得税法改正により、権利金のうち一定の要件に該当するものは、譲渡所得として取り扱われることとなった(同法33条、同法施行令79条等)。)。

　そして、所得税法施行令94条1項2号は、不動産所得を生ずべき業務に関し、「当該業務の全部又は一部の休止、転換又は廃止その他の事由により当該業務の収益の補償として取得する補償金その他これに類するもの」につき、「その業務の遂行により生ずべきこれらの所得に係る収入金額に代わる性質を有するものは、これらの所得に係る収入金額とする。」と定め、「不動産等の貸付けによる所得」には、他人に一定の期間不動産等を使用させることによって得られる収益に代わる性質を有する補償金等も含まれることを明らかにしている。また、アパート、マンション、貸事務所などの入居者から

支払われた共益費や実費弁償金なども不動産所得に当たるとされており（大蔵税務協会発行の「確定申告の手引」）、不動産貸付け業務に付随する収入も含まれると解される。

(ｲ)　しかるところ、以下のとおり、本件建物の無償譲受けは、XとCとの間で、本件賃貸契約の解除契約の一内容としてなされたものであり、その経緯からすれば、①平成13年2月分までの6か月分の賃料支払約束と②本件建物の取壊しに代えて、本件無償譲受けがなされたものであるところ、そのうち、①の賃料支払に代わる性質を有する部分は不動産所得に当たり、②の収去義務を免れることに代えた部分は不動産所得に当たらないが、両者の範囲を区別することが困難であるため、全体として不動産所得に当たると解すべきである。

　a　本件賃貸契約は期間の定めのある賃貸借契約であったから、解約権を留保していなかった借主であるCは、定められた契約期間の拘束を受けており、同契約を中途解約するためには、合意解約する以外に手段はなかったところ、高針店の採算性に問題があったことから、平成12年10月中に閉鎖撤退することを決定し、Xに対し、4か月分の賃料の支払の提示と本件建物の買取りの打診を試みた。

　これに対し、Xは、双方で新たな借主を探すことを前提として中途解約に応ずる意向を示したものの、6か月分の賃料の支払を求めるとともに本件建物の買取りを拒絶した。

　この6か月分の賃料は、Xからみれば、本来賃貸借期間は3年間であるのに、約定に反して2年以上を残して契約の解除を申し込まれているのであるから、違約金あるいは本件賃貸契約に係る賃料収入を得られなくなる損失の補償としての意味を持つものと考えられる。

　b　その後、双方の協議を経て、Cは、平成12年9月5日付けで、本件申入文書を作成し、Xに交付したところ、同文書には、①Cが平成13年2月分までの賃料を支払うこと、②本件建物は、同年1月末までに、新賃借人が現れたときには、新賃借人に譲渡することを希望すること、③上記期限までに

新賃借人が現れないときは、本件建物の処理についてXの指示に従い、本件高針土地を明け渡すこと、以上の内容が記載されている。

　このように、Cが、Xの要求を全面的に受け入れたのは、前記のとおり、Xが合意解約に応じない限り、本件賃貸契約は存続し、Cが賃料支払義務を免れることはできないところ、Cとしては、解約申入れからわずか2か月後である平成12年10月には営業所を閉鎖することを決定していた以上、できるだけ早期に合意解約を成立させたいという希望が強かったからにほかならない。そして、平成13年2月分までの賃料支払約束部分は、本件賃貸契約を解消する条件として盛り込まれたものであり、いわば違約金ないし損失保証金として支払う旨申し込まれたものと考えられる。

　c　しかし、その後、Dが本件高針土地を借り受け、本件建物をそのまま使用したい旨申し出たため、Xは、本件建物の取壊し要求を撤回し、これをそのまま残すことを認める方針に変更し、平成12年11月14日、Cとの間で本件合意をしたものである。

　そこにおいては、従前、平成13年2月分までの支払が検討されていた賃料相当額について、これを支払わない（既に支払済みの平成12年11月分についても半額を返還する。）代わりに、本件建物を無償譲渡することが合意されている。

　d　したがって、本件建物の無償譲受けは、Xが、Cとの合意解約によって生ずる損失を回避し、速やかにXが新賃借人であるDとの賃貸借契約を締結できるような形態で本件賃貸契約を解約するためにとられた措置であり、本件合意の一内容をなすものである。このことは、本件合意書の文面を起案したK株式会社の社員であるLが、同書面の1条は、2条以下の条項の内容を条件としていると考えている旨供述していることからも明らかである。

　このような経緯によれば、当初、本件賃貸契約の合意解約に応ずる条件として、XがCに要求していた6か月分の賃料の支払は、Xからみれば、本件賃貸契約の中途解約による違約金として、あるいは、解除に応じた場合に賃料収入を得られなくなるという損失の補償としての意味を持つものであって、不動産貸付け業務に付随する収入であり、仮にこれが支払われれば、不

動産所得に当たると認められるものである。したがって、本件建物利益も、上記6か月分の賃料の支払に代えて本件合意の内容とされたもの、あるいは、本件合意に基づいて得られたものであり、Xの不動産貸付業務に付随する収入であるから、6か月分の賃料同様不動産所得に当たるというべきである。

(ウ) この点について、Xは、本件建物利益が一時所得に当たると主張するが、一時所得は、営利を目的とする継続的行為から生ずる所得以外の所得で、労務その他の役務又は資産の譲渡の対価たる性質を有しない、臨時的、偶発的に発生する所得であるところ、本件建物の無償譲受け自体は、一見すると一時的・偶発的であるが、実質的には、本件賃貸契約の中途解約及び保証金の全額返還等を容認する見返りに得た所得であり、同契約の終了に当たって、権利関係を清算するために行われたものであるところ、不動産の賃貸借契約の終了に当たって、権利関係を清算することは偶発的なことではなく、むしろ、継続的、恒常的なことであるから、本件建物利益は一時所得には当たらない。

ⅱ 予備的主張—雑所得

(ア) 仮に、本件建物利益が不動産所得に該当しないとしても、所得税法35条1項は、「雑所得とは、利子所得、配当所得、不動産所得、事業所得、給与所得、退職所得、山林所得、譲渡所得及び一時所得のいずれにも該当しない所得をいう。」と定めているところ、前記のとおり、本件建物利益は一時所得に該当せず、また、利子所得、配当所得、事業所得、給与所得、退職所得、山林所得、譲渡所得のいずれにも該当しないことも明らかであるから、雑所得に当たることになる。

(イ) なお、Xは、Yによる予備的主張の追加が許されないと主張するが、一般に、更正処分取消請求訴訟における理由の差替えは、これを認めたのでは、青色申告に対する更正処分の理由附記制度を全く無意義ならしめるような場合、若しくは、これを認めることが納税者の正当な利益を害するような特段の事情がある場合以外は広く認められる(最高裁判所昭和56年7月14日第三

小法廷判決・民集35巻5号901頁）ところ、本件において、Yが本件建物利益が雑所得に該当するとの予備的主張を追加したとしても、主位的主張と予備的主張には、基本的な課税要件事実の同一性があり、また、所得金額及び納税額を変更するものではない。したがって、納税者の正当な利益を害するような特段の事情がある場合には当たらないから、上記予備的主張の追加（理由の差替え）が許される。

原告Xの主張
　i　不動産所得の非該当性
　(ア)　不動産所得とは、不動産の貸付けによる所得であるから（所得税法26条1項）、賃料収入、使用料相当損害金、違約金等の不動産の果実と評価されるべきものに限定される。

　しかるところ、本件建物の無償譲受けは、後記のとおり、本件建物の取壊し費用の支出を避けたいとのCの意向を慮り、これに応じた結果、行われたにすぎず、Yの主張するように、本件賃貸契約を合意解除する前提、条件又は要求などに基づくものではなく、また、6か月間の賃料の支払に代わるものとか、中途解約及び保証金の全額返還等を容認する見返りに得たものとか、平成13年2月分までの賃料支払約束と本件建物の取壊しに代えてなされたものではないから、本件建物利益が、不動産の賃料収入でないことはもちろん、不動産の果実として評価できるものでないことは明らかであり、不動産所得に該当しない。

　なお、Yは、その主張を立証すべく、実質的な陳述書である「聴取書」（乙10ないし12）を提出しているにもかかわらず、その作成者の証人申請をしていない。その理由は、Xによる反対尋問を行うと都合が悪いからとしか考えられない。このような書証の提出は、信義則に反し公平性を欠くから、却下されるべきである。

　(イ)　Yは、賃貸借契約を契約期間の途中で合意解約すれば、賃貸人は、賃借人に対し、残存契約期間に対応する賃料相当損害金請求権を取得するがご

とき主張をしているが、全く誤りである。合意解約すれば、契約は終了するのであるから、残存契約期間について賃料相当額の損害金請求権が発生することはない。また、Yの主張のとおりであれば、賃貸借契約が合意解約された場合に、その後、新賃借人が見付からないとすれば、賃料相当額の損害が生じることになるが、これが法律上の損害でないことは明らかであり、まして、旧賃借人に対して請求できる損害であると解する余地はない。Yの主張は、Yが勝手に創作した事実ないし幻影に基づく主張にすぎない。

(ウ) Yは、さらに、所得税法施行令94条1項2号を引用して本件建物の無償譲受けにより、Xが受けた経済的利益は、不動産の貸付け業務に付随した所得であるとも主張する。

しかしながら、同号は、不動産所得を生ずべき業務の休廃止等によって失われた収益の補償として受け取った補償金などで、当該業務の遂行によって生ずる収入金額に代わるものについては、不動産業務の付随収入として不動産所得の収入金額に算入するというものであって、その対象は不動産の貸付け業務に直接の関連性のあるものに限られる。そして、大蔵税務協会発行の「確定申告の手引」においても、入居者からの水道光熱費や共益費の支払を受けた場合、貸付け建物を破損した場合の実費弁償金、解除に伴い明渡しが遅滞した場合における損害賠償金などが付随収入に当たると解されているが、合意解約に伴う借地上の建物の無償譲受けが、不動産の貸付け業務と直接関連すると解する余地はない。

(エ) なお、Yは、所得税法26条が「不動産等の貸付けによる所得」と規定していて、「不動産等の貸付けの所得」と規定していないことを根拠に、不動産等の貸付けの開始から終了までに係る所得を含むものであると主張する。しかしながら、日本語としての「貸付けによる所得」と「貸付けの所得」は、表現が異なるだけで、同一の内容を意味しているとしか考えられないから、上記主張は理解不能であり、また、不動産等の貸付けの開始に際して授受される権利金が譲渡所得となる場合があるとの主張とも矛盾している。

また、Yが、不動産所得に当たると主張する頭金、名義書換料、更新料、収益の補償として受け取る補償金等は、すべて不動産の果実として評価し得るものであるから、一見すると、YはXの上記主張を争っているように見えるが、実質的にはXの主張が正当であることを認めているものである。

(オ) もともと、YのM上席国税調査官は、平成14年7月22日、X及び税理士からの説明に納得して一時所得として申告することを了解したものの、同年8月6日、一方的に前回の発言を撤回する、あの発言はなかったものとして取り消すと述べ、同年11月14日、N特別国税調査官とともに、Xに対して、具体的な否認の理由を示すことなく、修正申告書の提出を半ば強要したものである。

その後も、Yは、本件更正処分等や異議決定においては、「借地一時使用契約の解約と本件建物等の無償譲渡は一体であり、不動産所得の業務に関して本件建物等の無償譲渡という経済的利益を得たもの」と主張し、Y第1準備書面では、「本件無償譲受けによって、Xが得た経済的利益は、本件土地の賃貸契約を終了するに当たり、権利関係を清算するために受けたものであり、…中略　不動産等貸付けによる所得に該当する」と主張し、Y第4準備書面では、「本件建物の無償譲渡は、6か月分の賃料の支払に代えて行われたもので、当該賃料の支払は中途解約による違約金あるいは損失の補償金であるから、不動産所得に該当する」と主張するなど、一貫しない。

このように、Yは、一方的にXの申告を否認するだけでその主張に耳を傾けようとせず、不誠実な態度をとり続け、その間何度も否認の理由を変更、訂正、追加するなどして今日に至っているのであり、このことは、本件各処分が法律上の根拠なくなされたことの証左である。

ⅱ　一時所得の該当性

一時所得は、利子所得、不動産所得等の所得に該当しないもののうち、営利を目的とする継続的行為から生じた所得以外の一時の所得で労務その他の役務又は資産の譲渡の対価としての性質を有しないものをいうとされている（所得税法34条1項）とおり、利子所得から譲渡所得までの個別の所得に該当

しない一時的・偶発的な所得を指す。

　ところで、平成12年7月、Ｏのリコール隠しが発覚し、名古屋地区における販売会社であるＣも、高針店における営業を断念して撤退することになった。Ｘは、Ｃとは昭和52年からの長い付き合いであり、Ｃの置かれている状況も報道等から知っていたので、協議の上、本件建物を撤去する費用を節約できるように、Ｃが原状回復に代えて本件建物の無償譲渡をすることになったのである。Ｘは、これによって、本件建物の価値相当額の所得を得たが、当該所得は、上記のとおり、不動産所得に当たらず、しかも、原状回復義務の履行に代えて建物等の無償譲渡を受けることは、土地の賃貸借契約において通常必ず行われることではなく、異例の取扱いであるから、上記所得は一時的かつ偶発的な所得に当たり、一時所得に該当する。

　この点について、Ｙは、不動産賃貸借契約の終了に当たって権利関係を清算することは、一時的なことでも偶発的なことでもないから、本件建物利益は一時所得に当たらず、したがって不動産所得に当たると主張するが、通常、清算は、継続的契約関係を終了するために行われるものであって、清算に伴って新たな所得が生じることはなく、清算に伴って具体的に何を原因として所得が生じたかが議論されるべきであるし、所得税法の規定からすれば、不動産所得該当性が否定されて初めて一時所得該当性が問題となるはずであるから、一時所得に該当しないことを理由に不動産所得に該当すると判断されることはあり得ない。

ⅲ　雑所得の非該当性

㋐　所得税法155条2項は、青色申告の場合、更正処分をしようとするときは理由を附記しなければならないと規定しているところ、更正処分に理由附記の瑕疵があるときは、その後の不服審査手続において処分理由が明らかにされても、処分の瑕疵は治癒されない。もっとも、Ｙの引用に係る最高裁判所昭和56年7月14日第三小法廷判決は、当該事案に限って理由の差替えを認めたが、当該事案は取得価額に関する主張の変更を認めたにすぎず、常に理由の差替えを認めたものではない。

しかるところ、本件建物利益が雑所得に該当するとのYの予備的主張の追加は、所得税法26条が適用されるとの主張に同法35条が適用されるとの主張を追加するものであり、根拠法条を変更するものであって違法な理由の差替えに当たるから、許されるものではない。

(イ) 仮に、理由の差替えが許されるとしても、Yは、本件建物等の無償譲渡による所得は、Xが営利を目的として継続的に行っている不動産貸付け業務に係る所得であるから、雑所得であると主張するが、前記のとおり、本件建物の無償譲受けは、原状回復義務の履行の代わりに行われた無償贈与であり、継続的行為ではないから、雑所得に該当しないことは明らかである。

Ⅱ 判旨

1 争点①（本件建物利益の所得区分）について
(1) 不動産所得の該当性について

「所得税法上、不動産所得とは、不動産、不動産の上に存する権利、船舶又は航空機の貸付けによる所得であって、事業所得又は譲渡所得に該当するものを除いたものをいう（26条）ところ、ここでいう不動産等の貸付けとは、これによって貸主に一定の経済的利益をもたらすものであるから、有償双務契約である賃貸借契約（民法601条）がその中心となる（もっとも、これと同類の経済的目的を達する地上権や永小作権の設定も含まれる。）。

ところで、『貸付けによる』とは、『貸付けに基づいて』あるいは『貸付けを原因として』を意味すると解されるところ、賃貸借契約は、当事者の一方が相手方にある物の使用及び収益をなさしめることを約し、相手方がこれにその賃金（賃料）を払うことを約束することによって成立する契約である（民法601条）から、『貸付けによる所得』とは、借主から貸主に移転される経済的利益のうち、目的物を使用収益する対価としての性質を有するものを指すというべきである。

その典型例は、使用収益する期間に対応して定期的、継続的に支払われる

賃料である（もっとも、その支払の態様については各種のものがあり得る。）が、これに限られず、権利金、礼金、更新料、転貸承諾料などのように、目的物を使用収益し得る地位を取得、確保する対価として一時的に支払われる経済的利益も、広い意味では目的物を使用収益する対価たる性質を有するから、『貸付けによる所得』に含まれ得る（権利金につき最高裁判所昭和45年10月23日第二小法廷判決・民集24巻11号1617頁参照）し、当該使用収益は、必ずしも有効な契約関係に裏付けられている必要はないから、占有権原を有しない者が使用収益したことに基づいて支払われる賃料相当損害金も、これに含まれ得るというべきである。また、事業所得との区別の観点からすれば、不動産所得を生ずべき業務に関し、当該業務の全部又は一部の休止、転換又は廃止その他の事由により当該業務の収益の補償として取得する補償金その他これに類するものについて、その業務の遂行により生ずべきこれらの所得に係る収入金額に代わる性質を有するものも、不動産所得に該当するとされている（所得税法施行令94条1項2号）。

しかしながら、不動産所得は、あくまでも、貸主が借主に対して一定の期間、不動産等を使用又は収益させる対価としての性質を有する経済的利益、若しくはこれに代わる性質を有するものに限定されるのであって、およそそのような性質を有しないものは、これが借主から貸主に移転されるとしても、含まれないというほかない。そのような経済的利益が不動産所得に含まれるとの解釈は、前掲法条の文言に反する上、所得税法が、所得を10種類に分類し、担税力に応じた課税を行うために、その所得の性質によって、回帰的に生ずるものとそうでないものとに分け、とりわけ回帰的に生ずる所得の中でも不労所得性の強い資産所得の性質を有する不動産所得については、給与所得に認められる給与所得控除（28条）、臨時的所得に講ぜられる累進負担の緩和措置（22条2項）等の定めを設けず、役務の対価の要素を有する事業所得に認められる資産損失の必要経費算入についても、不動産事業に該当しない場合には無条件には認められず（51条4項）、必要経費を控除して所得額に応じた累進課税を課することとしていることに照らすと、不動産所得の概

念につき、合理的な根拠なくして拡大解釈を行うことは、租税法律主義の観点から、認めることができないというべきである。」

(2) 本件建物利益の不動産所得該当性について

「(イ) 以上の認定事実によれば、本件建物の（当初は有償、その後は無償）譲渡の話は、土地賃貸借契約である本件賃貸契約の終了に伴って、賃借人であるCが負担することとなる原状回復義務としての建物収去（土地明渡）義務の履行が相当額の費用出捐を伴うことから、その負担を免れたいCの希望に沿って申し入れられたものであり、もともと、X側にとって、本来の収去義務の履行と比較して、より多くの利益をもたらすものではなかったこと、もっとも、たまたま新賃借人候補となったDが、本件建物をそのまま借り受けたいとの意向を示したことから、CとXの利害関係が一致し、本件賃貸契約の中途解約を内容とする本件合意の中で、本件建物の無償譲受けが約されたこと、以上の経緯が明らかである。そうすると、本件建物の無償譲受けは、賃貸借契約に基づいて目的物を使用収益させる賃貸人の義務やこれに対する賃料等を支払う賃借人の義務とは関連せず、専ら同契約の終了に伴う原状回復義務の履行を賃借人が免れる（軽減する）ことを目的として行われたものであるから、何らかの意味で賃貸借の目的物を使用収益する対価（あるいはこれに代わるもの）たる性質を有するものでないといわざるを得ない。

この点について、Yは、前記のとおり、その主張内容に変遷があるものの、最終的には、本件建物の無償譲受けは本件申入文書が交付されたときから平成13年2月までの6か月分の賃料支払に代わるものとして約されたものであり、対象不動産を使用させることによって得られる対価に代わる性質を有している旨主張するところ、本件申入文書中には、Cが平成13年2月分まで現行の賃料を支払う旨の文言が記載されていることは前記認定のとおりであり（乙11にはXがその支払を要求した旨の内容が記載されている。もっとも、甲20にはこの事実を否定する内容が記載されている。）、また、そもそも、本件賃貸契約中に解約権留保の約定（民法618条）が存在しない以上、賃借人たるCは、本

来、当初の契約期間満了までの賃料支払義務を免れないとも考えられる。

　しかしながら、合意解約は、既存の契約を終了させる旨の新たな契約であるから、当事者間で本来の法的効果と異なる内容を定めることは何ら妨げられるものではないところ、前記認定のとおり、Xは、Cの立場を理解して申入れに係る中途解約に応ずる意思のあることを表明しており、また、本件建物の買取りには応じないものの、Cの負担を軽減すべく、双方で新賃借人を探すことに同意していることに照らすと、Xとしては、新賃借人が確保され、同人との間で新しい賃貸借契約が締結された場合には、その後の期間の賃料（ないし賃料相当損害金）の支払を求める意思がなかったと判断することができ、法的にも、その時点からは目的物である本件建物をCが使用収益できなくなる以上、Xがこれらの支払を求める権利を有するものでないことが明らかであるから、本件申入文書の上記文言は、新賃借人が見付からない場合でも、Cは平成13年2月分までの賃料を支払い、その時点で本件賃貸契約を解約するとの契約存続の最終期限を提示したものと解釈するのが相当である。

　そうすると、Xが、平成12年11月16日、Dとの間で賃貸借契約を締結し、本件高針土地をCの使用収益に供することを廃止した以上、Cに対する同日以降の賃料等の債権は発生し得ないから、平成13年2月分までの賃料等債権に代わるものとして本件建物の無償譲渡が行われたとのYの主張は、金銭評価において両者が釣り合っていないことをさておいても、採用の余地がない（付言すれば、本件建物をXに譲渡することによって、Cには本件建物の収去義務は発生しなかったのであるから、その履行に代わるものとして本件建物の無償譲受けが行われたと解することもできない。）。

　(ウ)　以上のとおり、本件建物の無償譲渡は、賃貸借契約の終了に伴ってなされたものであるが、賃貸人が賃借人に対して一定の期間、目的物を使用収益させる対価として受ける利益、若しくはこれに代わる性質を有するものではないから、不動産所得に当たらないというほかなく、Yの主位的主張は採用できない。」

2 雑所得の該当性について

(1) 本件建物利益の雑所得該当性について

「Yは、予備的に、本件建物利益が雑所得に該当すると主張するところ、雑所得とは、利子所得、配当所得、不動産所得、事業所得、給与所得、退職所得、山林所得、譲渡所得及び一時所得のいずれにも該当しない所得をいうとされ（所得税法35条1項）、消去法による定義がされているから、上記主張が認められるためには、本件建物利益が上記各所得のいずれにも該当しないことが肯定される必要がある。そして、本件建物利益が不動産所得に該当しないことは既述のとおりであり、かつ、その性格に照らせば、利子所得、配当所得、事業所得、給与所得、退職所得、山林所得及び譲渡所得のいずれにも該当しないことが明らかである（同法23条、24条、27条、28条、30条、32条、33条）から、以下においては、Xの主張する一時所得の（非）該当性を判断する。

ところで、一時所得とは、利子所得、配当所得、不動産所得、事業所得、給与所得、退職所得、山林所得及び譲渡所得以外の所得のうち、営利を目的とする継続的行為から生じた所得以外の一時の所得で労務その他の役務又は資産の譲渡の対価としての性質を有しないものをいうとされている（同法34条1項）ところ、その特色は、臨時的、偶発的に発生する利得であることにあり、一般には担税力が低いと考えられることから、いわゆる長期保有資産の譲渡所得の場合と同様に、50万円を限度とする特別控除後の2分の1相当額を総合課税の対象とする方法で超過累進税率の適用緩和が図られている（同法22条2項2号）。

しかるところ、本件建物利益は、上記認定・判断のとおり、Dが本件建物をそのまま借り受けることを申し入れたことによって、本来はCが履行すべき本件建物の収去が必要でなくなったため、Xに無償譲渡された結果、もたらされたものであって、不動産賃貸業務における継続行為によって生じた所得に当たらず、しかも、労務その他の役務の対価とか資産の譲渡の対価としての性質も有しないから、一時所得に当たると解するのが相当である。

この点について、Yは、本件建物の無償譲受けは、一見すると一時的・偶

発的であるが、実質的には本件賃貸契約の中途解約及び保証金の全額返還等を容認する見返りに得た所得であり、本件賃貸契約の終了に当たって権利関係を清算するために行われたものであるところ、不動産の賃貸契約の終了に当たって権利関係を清算することは偶発的なことではなく、むしろ、継続的、恒常的なことである旨主張する。

確かに、不動産賃貸契約の終了に当たって、目的物を原状回復したり、差し入れられていた保証金を返還するなど、法律の規定や約定に従った清算行為を行うことは、不動産賃貸業においては、繰り返し生じ得る事態であるが、本件建物の無償譲受けは、上記のような通常予定されている清算行為に属するものではなく、むしろ、賃借人の本来的な義務である原状回復義務の履行という負担を免れることを目的とし、かつ、たまたま履行されない状態での借受けを希望する新たな賃借人が出現したことから、行われることになったものであって、臨時的、偶発的に生じたと評価できることが明らかである。

そうすると、本件建物利益は一時所得に該当し、雑所得に区分されるべきものではないと判断するのが相当であるから、Yの予備的主張は採用できない。」

Ⅲ　研究　判旨に賛成

1　はじめに

本件では、大別すると①X所有地の賃貸借の契約の合意解約に際して、賃借人から賃貸人であるXに無償で同土地上の建物等を移転したことによる建物利益が一時所得に該当する（X主張）か、不動産所得に該当する（Y主張）か、という所得税法上の所得区分該当性と、②本件駐車場収入と本件教会収入の消費税等の課税対象売上げ該当性の2点が争点とされている。本事例研究では、①の所得区分の問題だけを研究対象とする。

我が国の所得税制度の最大の特徴は、包括的所得概念を採用しながら、所

得をその性質と担税力の強弱に応じて10種類に区分して、それぞれの所得区分ごとに所得計算の方法に担税力に応じた調整を加えるところにある。我が国の所得税法の所得区分規定は、所得区分を実際に判断する際の基準性の観点からすると不親切な規定といえる[2]。それゆえに、この所得区分規定の解釈をめぐる紛争が頻発することになる。

　所得区分の法的な判断構造について裁判例を検証することにより明らかにしておくことは、所得税法の基礎理論を理解する上で有益と思われる。

　そこで、本章では、この第1の建物利益の一時所得該当性をめぐる争点に対する本件裁判所の判断を中心に検討を加えていくことにする。

　ところで、本件事案を研究対象事案として選択した趣旨は次の3点に集約される。

　まず、本件は、①Xが無償で譲り受けた本件建物利益が、不動産所得に該当するか、一時所得に該当するかといった、所得税法の所得区分規定の解釈・適用という、所得税法上の最も重要な論点を争点とした事案であり、②なおかつ裁判所が納税者の主張を認容したという点からも注目すべき事案といえる。

　③ストック・オプション訴訟が、ストック・オプションの権利行使益の給与所得該当性（一時所得該当性）が争点とされた事案として注目されたが、本件も同様に担税力に応じた課税の要請から設けられた所得区分規定の解釈をめぐる訴訟であり、税法解釈の基本を確認するうえで示唆に富む重要事例といえよう。以上の点に本件事例を研究対象として取り上げた趣旨が存する。本件事例は租税法実務上有益な理論を提供すると思われる。

2　本判決の判例上の位置づけ

　本件と同様の争点について争われた事案として、東京地裁昭和61年3月18日判決[3]が存在する。同事案は、裁判上の和解により対価を支払わずに借地権の一部返還を受けた土地所有者の経済的利益が一時所得ではなく、不動産所得を構成するとされた事例であるが、裁判所は、借地権の一部返還の経済

利益の法的性格を吟味して、「本件和解の成立によって本件借地権を消滅させたことにより原告が得た経済的利益は、本件土地を除く旧貸地の新たな賃借権の設定に対するいわゆる権利金というより、実質的には同土地に存する従前の借地権の更新料的性質（従前の賃貸借期間の残余が約8年あったから、実質は約12年の期間の延長を得たことの対価とも言える。）の収入である部分及び不特定の相手方に対する同土地賃借権の区分譲渡についての事前の承諾料（名義書替料）収入である部分がその主体であったことは明白である。…中略　右の実質上の更新料的収入部分及び承諾料（名義書替料）収入部分を除き、純粋ないわゆる紛争解決金の授受と認められる部分は、原告の敗訴が確実であることについて、建物収去土地明渡訴訟の当事者双方の訴訟代理人の見通しが一致していたことからみても、殆ど存在しないか、仮に存在しても極く僅かで、経済的、実質において右借地権返還という原告の取得利益は、全体として不動産所得に当たる」と判示した。

　この事案では、裁判所は、借地権の一部返還の経済的利益の法的な性質付けを、「借地権の更新料的性質…中略　同土地賃借権の区分譲渡についての事前の承諾料（名義書替料）収入である部分がその主体であったことは明白である」と認定した上で、そうであるならば不動産所得であるとしている。なお、「純粋ないわゆる紛争解決金の授受と認められる部分」については一時所得と見ることができることをも示唆している。

　ところで、同事案において国税不服審判所は、当該経済的利益の性質が更新料及び承諾料をめぐる紛争の純粋な和解金であるとみなして一時所得であるとの裁決を下している。

　対価として授受した経済的利益の所得分類は、その対価の法的性質により決定される。当該事案では、経済的利益を借地権の更新料的性質の部分と借地権の区分譲渡の承諾料の部分が「その主体であったこと」を認定し、経済的実質においてこれを不動産所得にあたると判示している[4]。

　国税不服審判所の裁決が当該経済的利益を一時所得と判断したその根拠は、借地権の一部返還という経済的利益の性質が「純粋な紛争解決和解金」

と認定したことに求められる。

　村井正教授は、「一時所得（所法34条）は、一時的、偶発的に生じた所得で、かつ他の所得類型に該当しないものと構成される。すなわち、一時所得は、これを積極的に構成されたものというより、他の所得類型に属さないものを補充的に構成されたものということができる。その意味では、一時所得は雑所得と類似している。しかしながら、ある対価が一時的なものであっても、役務提供の対価（報酬）にあたれば、これは、一時所得でなく、雑所得と構成される。本件における経済的利益のうち、『紛争解決金』に相当する部分が、仮に認定されれば、これを一時所得と解するほかなかろう。[5]」との見解を述べられているが、一時所得該当性の判断の考え方としては妥当なものといえる。

　本件裁判所の判断も本件建物の無償譲渡という経済的利益の性質を詳細な事実認定により行い、「不動産所得は、あくまでも、貸主が借主に対して一定の期間、不動産等を使用又は収益させる対価としての性質を有する経済的利益」をいうのであるから、本件建物利益は不動産などの使用・収益の対価とはいえないので不動産所得に該当しないと判示している。さらに予備的主張である雑所得該当性についても対価性がないことを理由にYの主張を排斥している。この判断の手法は上記の東京地裁昭和61年3月18日判決の判断手法を踏襲したものと位置づけられる。

3　所得税法の所得分類規定の解釈・適用の方法（所得分類の法的基準）
　　　―経済的観察法と法的観察法

　所得区分の判断の方法について積極的に言及し、なおかつ経済的観察法を用いた先例として最高裁昭和45年10月23日判決[6]が存在する。所得区分の方法を論じる際にはまず確認しておくべきであろう。

　同事件は、借地権設定に係る権利金が不動産所得に属するか、譲渡所得に属するか否かが争われ、注目された事例である。同事件において最高裁は、所得区分について「借地権の設定にあたって授受される権利金のうちには、

経済的、実質的に見れば所有権の権能の一部を譲渡する対価としての性質をもつものが存したであろうことは否定できないところであり、右のような権利金については、これを一律に不動産所得に当たるものとして課税すべきではなく、場合によってはその経済的実質に着目して譲渡所得に当たるものとして課税を行なうことも、公平な課税の実現のために必要であるといわなければならない。このような見地からすれば、…中略　経済的、実質的には、所有権の権能の一部を譲渡した対価としての性質をもつものと認めることができるのであり、このような権利金は、昭和34年法律第79号による改正前の旧所得税法の下においても、なお、譲渡所得に当たるものと類推解釈するのが相当である。」と判示して、「経済的実質に着目して」その見地から所得区分の判断がなされるべきであるとして、所得区分にいわゆる経済的観察法もしくは実質課税の原則の視点からの判断手法を用いて判断すべきであるとした。

　この考え方は、租税法の解釈はその経済的意義を考慮しなければならないとする経済的観察法の手法を導入した判断であるとの評価がなされた[7]。

　この最高裁判決の第一審判決である東京地裁昭和39年5月28日判決（民集24巻11号1628頁）が、所得区分の手法について、「所得を類型化するに当たって、『賃貸に因る所得』、『譲渡に因る所得』というような民法的用語を使用しているが、これらの法律的行為の民法上の性質のみを重視しているものとは思われず、むしろ、これらの行為、従ってこれから生ずる所得の経済的実質に着目し、それぞれの経済的実質に応ずる担税力を考慮して課税所得額を算定せしめる趣旨において所得の種類を分類したものと解すべきであるから、或る所得がいずれの類型に該当するかを判断するに当たっては、純法律的、形式的観点よりも、むしろ、経済的実質的観点が重視されるべきものであり、従って経済的実質が類似するとの認識を根拠として類推解釈を行うことが許されないと解すべき根本的な理由はないものといわねばならない。」と純法律的観点よりもむしろ経済的実質的観点から所得区分の判断はなされるべきことを明確に判示している。

この判決の評釈において、金子宏教授は、「判旨は、権利金の純法律的性格よりはむしろ、その経済的実質がどの所得類型に最も近いかという点に重点をおき、権利金は譲渡所得に最も類似した経済的実質を有するから譲渡所得として課税すべきであり、それが法の精神にも合致し、課税の公平の要請にもそうものだと論じているのである。租税法の解釈については、かねて経済的観察方法が主張されており、それはある程度判例のみとめるところとなっているが、本判旨もその新しい適用例として注目される。すなわち、課税物件が実現されたか否かの問題について経済的観察方法を用いた裁判例は、従来もあったのであるが、本判旨はある所得が何所得に属するかにつき経済的観察方法を用いるべきだとした裁判例として、重要な意味をもっているといえる。[8]」として、所得区分の判断を行う方法もしくは判断の基準として経済的観察法を用いた判決であると述べておられる。

経済的観察法は租税法の解釈・適用の考え方としてドイツから移入されたものである。わが国では実質課税の原則として受け入れられてもいる。しかし、この考え方は租税法律主義の視点からすれば、受け入れ難い考え方である。すなわち、経済的実質とは何かについて幅が存在し、経済的実質の名の下に租税行政庁の恣意的課税が行われるリスクが多い。さらに、法的安定性を脅かす結果をもたらす[9]。租税法が行為規範であるとともに裁判規範であるところからすれば、所得分類規定の解釈・適用においても経済的観察法と対立する意味での法的基準もしくは法的観察法によるべきであると思われる[10]。

この法的基準によれば、法的実質に則して権利金の法的性質を分析し判断することになる[11]。

ところで、所得税法の所得分類規定を事実に適用するためには、規定の意味内容を明らかにする作業である法の解釈が必要である。ところが、租税法は侵害規範であるゆえに、法的安定性の要請が強く働くので、租税法の解釈は、「原則として文理解釈によるべきであり、みだりに拡張解釈や類推解釈を行うことは許されない…中略 。文理解釈によって規定の意味内容を明らかにすることが困難な場合に、規定の趣旨目的に照らしてその意味内容を明

らかにしなければならないことは、いうまでもない」ところである。

　したがって、ある所得が10種類に分類された所得のいずれに該当するかの判断は、もちろん所得税法の所得分類規定の文言の文理解釈からまず始めねばならない。たとえば、不動産所得の意義もしくは範囲について、所得税法第26条は「不動産所得とは、不動産、不動産の上に存する権利、船舶又は航空機（以下この項において『不動産等』という。）の貸付け（地上権又は永小作権の設定その他他人に不動産等を使用させることを含む。）による所得（事業所得又は譲渡所得に該当するものを除く。）をいう。」と定めている。

　不動産所得とは、①不動産の貸付け、②不動産の上に存する権利の貸付け、③船舶の貸付け、④航空機の貸付け、といったいわゆる不動産等の貸付けによる所得であるが、その所得のうち、事業所得と譲渡所得に該当する所得を除く所得をいうとしている。

　典型的な不動産の貸付の場合には疑義が生じる余地はないが、たとえば対価を支払わずに土地の所有者が借地権の返還を受けたときの経済的利益は、不動産所得に該当するか否かといった場合には、当該規定の定める不動産所得に該当すると即断することは困難である。受領した経済的利益を分析し、その性質を法的に評価し、適正な法解釈により導き出された不動産所得の法的範囲に属するか否かが検討され、判断されることになる。

　一方、一時所得は、所得税法34条１項が「一時所得とは、利子所得、配当所得、不動産所得、事業所得、給与所得、退職所得、山林所得及び譲渡所得以外の所得のうち、営利を目的とする継続的行為から生じた所得以外の一時の所得で労務その他の役務又は資産の譲渡の対価としての性質を有しないものをいう。」とその意義を定めている。一時所得の該当要件は、同規定の文言から、①利子所得ないし譲渡所得以外の所得うち、②営利を目的とする継続的行為から生じた所得以外の一時の所得で、③労務その他役務又は資産の譲渡の対価としての性質を有しないもの、の３要件を充足する所得ということができる。一時所得の特徴は一時的・偶発的利得にあるといえる。一時所得は総合課税の対象となるが、一時的・偶発的所得であるところから担税力

が低いと考えられるため、その所得の二分の一だけが課税の対象とされる。

4 所得税法における所得分類規定の立法趣旨

　法規定の適正な解釈は、まずその規定の合理的立法趣旨を正確に踏まえ、その立法趣旨が解釈原理として尊重されねばならない。[14]本件の主たる争点が所得税法の所得分類規定の解釈に求められるところから、当該規定の立法趣旨を確認することは有益である。

　わが国の所得税法は23条以下において、所得の発生源泉ないし所得の性質によって所得を10種類に分類することを定めている。この立法の趣旨について、金子宏教授は、「所得はその性質や発生の態様によって担税力が異なるという前提に立って、公平負担の観点から、各種の所得について、それぞれの担税力の相違に応じた計算方法を定め、また、それぞれの態様に応じた課税方法を定めるためである。」[15]と述べておられる。

　所得区分規定の立法趣旨は、同じ所得でもその発生源泉もしくは所得の性質が異なれば、その担税力は異なるとの考えの下に、所得の発生源泉ごとに所得を類型化し、担税力に応じた公平な課税を実現させようとしたところに求められる。

　また、裁判例においても所得分類の趣旨について、「所得税法は、租税負担の公平を図るため、所得をその発生の源泉に応じて10種類に区分し、それぞれの所得金額の計算方法を定めている（所得税法第23、24条、第26条ないし第28条、第30条及び第32条ないし第35条）が、右の所得分類によれば、所得税法は、右10種類の所得の分類に当たっては、所得を担税力の観点から資産性所得、資産と勤労の結合所得及び勤労性所得に区分し、このうち資産性所得が担税力が最も強く、勤労性所得が最も弱いとの考え方を右所得分類の基本として採用しているものと解することができる。」[16]という見解が受け入れられている。

　なお、各種所得は、勤労性所得（給与・退職所得等）、資産性所得（利子・配当・不動産・山林・譲渡所得等）、資産勤労結合所得（事業所得）の３種類に大別

することができる。このうちでは、資産性所得が最も担税力が強く、勤労性所得が最も担税力が弱い。そのため、原則的に所得税法は、資産所得重課＝勤労所得軽課の考え方を採っているとれる[17]。

したがって、所得の種類ごとに異なる所得金額の計算方法が採られ課税の方法も異なるために、同一の収入金額でも税額が異なることになる。これは担税力の強弱を税額に反映させるための仕組みが所得税法に組み込まれているためであり、まさに所得税法が担税力に応じた課税（租税公平主義）を実現することを基本的理念としている証左ともいえる。

以上の通り、所得税法の所得分類の立法趣旨が担税力に応じた課税の実現にあることが確認された。そして、所得は、資産性所得と勤労性所得、さらに資産勤労結合所得の3種類に大別でき、それぞれに担税力の強弱があることが確認された。

5 本件判決の妥当性とその評価—第1の争点の建物利益の所得区分
(1) 不動産所得該当性に関する判断

本件判決は、「不動産所得は、あくまでも、貸主が借主に対して一定の期間、不動産等を使用又は収益させる対価としての性質を有する経済的利益、若しくはこれに代わる性質を有するものに限定されるのであって、およそそのような性質を有しないものは、これが借主から貸主に移転されるとしても、含まれないというほかない。」として、所得税法の不動産所得の文言を文理解釈して不動産所得の該当要件を本件要件事実に当てはめ、まず不動産所得に該当しないとした上で、「そのような経済的利益が不動産所得に含まれるとの解釈は、前掲法条の文言に反する上、所得税法が、所得を10種類に分類し、担税力に応じた課税を行うために、その所得の性質によって、回帰的に生ずるものとそうでないものとに分け、とりわけ回帰的に生ずる所得の中でも不労所得性の強い資産所得の性質を有する不動産所得については、給与所得に認められる給与所得控除（28条）、臨時的所得に講ぜられる累進負担の緩和措置（22条2項）等の定めを設けず、役務の対価の要素を有する事業

所得に認められる資産損失の必要経費算入についても、不動産事業に該当しない場合には無条件には認められず（51条4項）、必要経費を控除して所得額に応じた累進課税を課することとしていることに照らすと、不動産所得の概念につき、合理的な根拠なくして拡大解釈を行うことは、租税法律主義の観点から、認めることができないというべきである。」として、不動産所得は資産性所得でありその担税力は大であり、そのために租税負担の緩和措置が講ぜられていないという立法目的があるのであるから、不動産所得の拡大解釈をすることは租税法律主義に抵触するとの判断を示している。

この判決は、当事者間で交わされた契約書の法的性質を分析し、事実認定を十分に行い、本件建物利益の法的性質を決定し、不動産所得の要件に当てはめるという判断手法によっている。本件判決では、租税法の解釈・適用の基本原理である根拠法に忠実な文理解釈を行い、さらにその立法趣旨も踏まえた上で、その解釈の妥当性を確認し、その解釈から導出された課税要件を要件事実に当てはめる作業が行われている。租税法律主義を最大限尊重した判断といえる。

(2) 一時所得該当性の判断

裁判所は本件建物利益の対価性を次のように否定している。本件判決では、まず、一時所得の意義を定めた所得税法34条1項を引用した上で、その特性を「その特色は、臨時的、偶発的に発生する利得であることにあり、一般には担税力が低いと考えられることから、いわゆる長期保有資産の譲渡所得の場合と同様に、50万円を限度とする特別控除後の2分の1相当額を総合課税の対象とする方法で超過累進税率の適用緩和が図られている（同法22条2項2号）。

しかるところ、本件建物利益は、上記認定・判断のとおり、Dが本件建物をそのまま借り受けることを申し入れたことによって、本来はCが履行すべき本件建物の収去が必要でなくなったため、Xに無償譲渡された結果、もたらされたものであって、①不動産賃貸業務における継続的行為によって生じ

た所得に当たらず(筆者傍線)、しかも、②労務その他の役務の対価とか資産の譲渡の対価としての性質も有しない(筆者傍線)から、一時所得に当たると解するのが相当である。」と判示した。

事実認定により、要件事実を抽出し、その要件事実を同法34条1項の一時所得の該当要件である傍線①の継続性がなく一時的・偶発的であること、②役務等の対価性のないこと、の一時所得の2つの要件を充足していると判断している。

本判決は、本件建物利益の法的性質を法的実質の視点から性質決定したものといえ、通説ともいえる法的基準に合致した妥当な判断であると評価できる。

6 おわりに

争点は、所得税法上の所得区分該当性と消費税等の課税売り上げ該当性の2点が争われたが、ここでは所得区分該当性を検討の対象とした。

争点1に対する本件判決は、妥当なもので所得区分をめぐる紛争における判断の手法として踏襲することが可能な、射程の広い判決であると評価できよう。本件建物の無償譲受を形式的に判断するのではなく、法的実質に即して、経済的利益の法的な性質決定を詳細な事実認定により行っている。さらに、根拠条文の忠実な文理解釈を行い、さらにその立法趣旨である担税力基準をも踏まえた解釈は適正なものであるといえる。要件事実への課税要件規定の当てはめも妥当であったといえよう。本件における所得区分判断の手法は法的安定性の視点からも評価できる。

注
1) 本件の判例研究の詳細は、増田英敏「賃借人から無償取得した建物の一時所得該当性」TKC税研情報15巻2号34頁以下(2006年)参照。
2) たとえば、所得税法28条は給与所得の範囲を「給与所得とは、俸給、給料、賃金、歳費及び賞与並びにこれらの性質を有する給与に係る所得をいう。」と定めているが、この条文は給与関連項目を列挙するとともに、「これらの性質を有する給与」とされるが、その性質の中身、給与の概念について具体的に定めを置いていない。したがって、典型的な給与については問題ないが、ストックオプションの権利

行使益が給与といえるかどうかを判断する際には、給与とは何かという給与概念が存在しないために、最高裁の判断などを援用してその判断基準を抽出する必要がある。ある所得がいずれの所得に該当するかの判断を強いられる場合には、規定が一般的に過ぎて基準性の観点から無力に思われる。ゆえに、所得区分をめぐる租税訴訟が頻発するものと思われる。
3) 東京地判昭和61年3月18日時報1193号105頁。なお、同事案の判例評釈として、村重慶一「判批」税務事例18巻10号2頁以下（1994年）、堺澤良「判批」TKC税研情報2・3号48頁以下（1993年）、村井正「判批」判評335号11頁以下（判時1212号173頁以下）（1987年）があるので参照されたい。
4) 村井正教授は、所得区分は経済的利益の内容を分析してその性質決定によりなされるが、その経済的利益は種々の要素から構成されているために、理論的には単一の所得類型に分類することができない場合があるとの前提に立ちながら、当該事件の判決について、「理論的には、複数の所得類型の混合構成の成り立つことは、Yの見解も認めているものと推測することができる。すなわち、Yの見解によれば、右の経済的利益が複数の所得要素から成り立ち、そのうち、更新料・承諾料に係る所得部分とそうでない部分とに区分計算が可能であれば、前者については不動産所得、後者については、別の所得類型に区別することも可能であると解しているかのように思われる。もしもYの見解がそうであれば、私見もこれに賛成である。

本件和解について、Yと異なる解釈を行なった。すなわち、本件における経済的利益を更新料的性質の部分と承諾料の部分が『その主体であったこと』を認定し、経済的、実質において、これを『全体として不動産所得に当たる』と判断した。…中略

ある経済的利益の所得類型の性質決定が、その性質のいかんによって定まると解する点では、おそらく、X、Y間に異論はなく、本件判決も同様であろうと思われる。そうだとすれば、最終的には事実認定の問題というべく、したがって、本件判決の結論に賛成である。」（村井、前掲注3）、174頁）とする評価を加えておられる。本件判決を評価する上で参考になる。
5) 村井、前掲注3）、174頁。
6) 最判昭和45年10月23日民集24巻11号1617頁。判旨の主要部分は以下の通りである。すなわち、「本件で問題とされている権利金が授受された昭和33年当時には、借地権の設定にあたって授受される権利金のうちには、経済的、実質的に見れば所有権の権能の一部を譲渡する対価としての性質をもつものが存したであろうことは否定できないところであり、右のような権利金については、これを一律に不動産所得に当たるものとして課税すべきではなく、場合によつてはその経済的実質に着目して譲渡所得に当たるものとして課税を行なうことも、公平な課税の実現のために必要であるといわなければならない。

このような見地からすれば、借地権設定に際して土地所有者に支払われるいわゆる権利金の中でも、右借地権設定契約が長期の存続期間を定めるものであり、かつ、借地権の譲渡性を承認するものである等、所有者が当該土地の使用収益権を半永久的に手離す結果となる場合に、その対価として更地価格のきわめて高い割合に当たる金額が支払われるというようなものは、経済的、実質的には、所有権の権能の一部を譲渡した対価としての性質をもつものと認めることができるのであり、このような権利金は、昭和34年法律第79号による改正前の旧所得税法の下においても、なお、譲渡所得に当たるものと類推解釈するのが相当である。

もつとも、右所得税法9条1項が、譲渡所得については8号の規定により計算した金額の2分の1に相当する金額を課税標準とする旨定めているのは、普通の所得に対して資産の譲渡による所得を特に優遇するものであるから、その適用範囲を解

釈によつてみだりに拡大することは許されないところであり、右のような類推解釈は、明らかに資産の譲渡の対価としての経済的実質を有するものと認められる権利金についてのみ許されると解すべきであつて、必ずしもそのような経済的実質を有するとはいいきれない、性質のあいまいな権利金については、法律の用語の自然な解釈に従い、不動産所得として課税すべきものと解するのが相当である。」と判示している。

なお、同事件の評釈は注目事例であったこともあり以下の通り多数存在する。

高野幸大「判批」租税判例百選＜第3版＞（別冊ジュリ120）50頁以下（1992年）、堺沢良「判批」税通26巻3号184頁（1971年）、松沢智「判批」法律のひろば24巻6号47頁（1971年）、新井隆一「判批」ジュリ482号36頁（1971年）、森川正晴「判批」シュト110号22頁（1971年）、清永敬次「判批」民商65巻3号83頁（1971年）、村井正「判批」租税判例百選＜第2版＞（別冊ジュリ79）62頁（1983年）、萩野豊「判批」国税速報2371号（1971年）。

7）新井隆一教授はこの最高裁判決の評釈の中で、「税法においては、しばしば、経済的観察方法ということが問題とされている。この最高裁判所の判決（一、二審も同旨）も、本件の権利金について、法律の文言を『法律的、形式的に解釈する限り、不動産所得に当たるものと解するほかはない。』近時の『権利金のうちには、経済的、実質的に見れば所有権の権能の一部を譲渡する対価としての性質をもつものが存』し、これについて、『場合によっては経済的実質に着目して譲渡所得に当たるものとして課税を行なうことも、公平な課税の実現のために必要である』としている。」（新井、前掲注6）、37頁）と述べて、経済的観察法の考え方を最高裁が採用したことを示唆しつつ、なぜ法的実質に則して認定するとの判断の方法を用いなかったのか疑問を投げかけている。

8）金子宏「判批」判評75号20頁（判時389号46頁）（1964年）。

9）金子宏教授も、同事件の判例評釈中において、「筆者はこの考え方に若干の疑問を感じる」（金子、前掲注8）、20頁）とされておられる。

10）清永敬次教授は、当該最高裁判決が「その文言に従って法律的、形式的に解釈する」ことを退けているとしながらも、次のように分析されている。すなわち、「下級審判決に多くみられるところであるが、本判決でも、『法律的、形式的』な見方と、『経済的、実質的』な見方との対比がなされているようにみえる。税法については経済的観察法とか実質主義とかいう考え方がしばしば問題とされてきているので、この点に関連して少し述べておく必要があろう。本件判決は、不動産所得の規定について『その文言に従って法律的、形式的に解釈する』ことを退ける。この場合、裁判所は、新しく発展してきた権利金の性質、従来不動産所得と考えられてきた賃貸料などとの差異等に十分注意を払うことなく、その種の権利金をも不動産所得に含まれるように、当該規定の『不動産の貸付に因る所得』の文言を形式的に外見的にのみ理解して解釈することを適当なものとみなかったのである。従って、『形式的』に解釈するとはいえても、『法律的』に解釈するといういい方は誤解を生じよう。『法律的』に解釈する場合、むしろ『形式的』な解釈は避けるべきものと考えられていると思われるからである。

次に、判決は、『権利金のうちには経済的、実質的に見れば所有権の権能の一部を譲渡する対価としての性質をもつもの』がある、という。この場合、『経済的、実質的に見れば』というのは、別言すれば、権利金の実体を見ればということであろう。…中略　それはまさしく権利金の法的性質の議論でもある。

従って、『経済的、実質的に見れば』というのは、決して『法律的』に見ないでそれと異なる見方にたつことをいっているのではないであろう。…中略

以上、要するに、誤解を与えるような言い方をしているが、法条の解釈について

も、また要件事実の判断についても、法的観察法と対立する意味での経済的観察法を採用するものではない」(清永、前掲注6)、92頁)と述べられて、経済的観察法を採用した判決との評価に異を唱えておられる。ただ、なぜ裁判所が通常の権利金の法的性質を論じる際の法的な文言を使用せずに、ことさらに経済的、実質的に見ればという文言を強調して用いたのかについて合理的な説明がなされておらず、説得力に欠ける。

11) 法的基準によればあくまでも要件事実に課税要件規定を当てはめる。要件事実は法的に評価されることになる。すなわち、「課税構成要件を構成する物的要件の一つである課税物件は、法的・経済的現象事実を税法的に構成したものにほかならないから、ある所得がいかなる所得類型に属するかを判断するためには、課税構成要件を法的に評価することにより、解釈すべきであって、権利金が不動産所得を構成するか、譲渡所得を構成するかを判断するにあたっては、当該権利金が、不動産等の貸付けによる所得(二六条一項)であるのか、資産の譲渡による所得(三三条一項)であるのかを、構成要件的に評価することが必要となる。」(高野、前掲注6)、51頁)ということになる。

12) 金子『租税法』123頁以下。

13) 制定法の解釈はまず文理解釈から着手されるべきである。すなわち、「その規定を構成するところのことばをどのように理解するかということが、法の解釈の第一着手になるといってもよいであろう。制定法の規定のよりどころになるのはいうまでもなくその規定で用いられていることばであるから、国民がその規定をどう受け取るかもそのことばをたよりにするわけで、したがって法の解釈をするそのことばからかけ離れた解釈をするということは、しばしば国民の法の規定に対する信頼を裏切ることにもなる。」(団藤重光『法学の基礎 改訂』(有斐閣、2003年)344頁)から、租税法の規定についてもまず条文の構成、文言に忠実に解釈が加えられるべきである。

14) 団藤、同上書、347頁。

15) 金子、前掲注12)、218頁。

16) 東京高判昭和59年2月15日行集35巻2号139頁。

17) 金子、前掲注12)、218頁以下。

第 8 章

所得税裁判事例研究Ⅲ
―必要経費の範囲（弁護士会役員事件）

「弁護士会役員の会務活動費等の必要経費該当性」
東京地裁平成23年8月9日判決（棄却、控訴、納税者敗訴）
(平成21年(行ウ)第454号更正処分取消等請求事件)
時報2145号17頁
控訴審　東京高裁平成24年9月19日判決（原判決変更、請求一部認容、請求一部棄却、上告受理申立て、納税者勝訴）
(平成23年(行コ)第298号更正処分取消等請求控訴事件)
時報2170号20頁

☞　**研究のポイント**

　本章では、弁護士会役員の活動費等が事業所得の必要経費に該当するか否かが争点とされた事案を素材に、所得税法上の必要経費の範囲について研究する。個人の所得金額は、収入金額から必要経費を控除することにより求められるところから、必要経費の範囲は所得測定の主たる要素であり、所得税法上、その範囲をめぐっては紛争が頻発している。

　必要経費は所得測定の収入とともに所得測定の主要な要素であるから、必要経費を確定する規定の解釈問題は所得税法上の主要な論点と位置付けることができる。本事例を素材に所得税法の基本的論点を整理することは有益である。

　本件は、所得税法37条に定める必要経費のうち、いわゆる一般対応の必要経費の範囲確定の基準として、その文言及び性質上、支出と収入の直接関連性は必要とされていないから、会務活動に伴う支出は、いずれも必要経費に該当するというべきであるとする原告の主張と、一般対応の必要経費の該当性は、当該事業の業務内容等の個別具体的な諸事情から社会通念に従って客観的に判断して、当該事業の業務と直接関係を持ち、かつ、専ら業務の遂行

上必要といえるかによって判断すべきであるとする被告国側の主張が対立する。

「直接関係性の要件」は、支出と収入の直接関係性を求めるのか、業務との直接関係性を求めるのかについて両者の主張は対立する。第1審の東京地裁は国側の主張を支持し、原告を敗訴とする判断を示したが、控訴審は、「事業の業務と直接関係を持つことを求めると解釈する根拠は見当たら」ないから被告国側の主張を採用することはできないとして原告の主張を一部認容している。

本章では第1審判決を批判的に検討することにより、所得税法の必要経費の法的な範囲について考察することを研究のポイントとする。

なお、本件の控訴審判決が平成24年9月19日に言い渡された。筆者の批判と同様の論旨により本判決を否定し、「直接」関連性の要件を用いることに法的根拠を見い出せないと判示した。控訴審判決について合わせて研究されたい。

I 事案の概要

1 事実

本件は、弁護士業を営み、仙台弁護士会会長や日本弁護士連合会（以下「日弁連」という。）副会長等の役員を務めた原告（以下「X」という。）が、これらの役員としての活動に伴い支出した懇親会費等を事業所得の金額の計算上必要経費に算入し、また、消費税及び地方消費税（以下「消費税等」という。）の額の計算上課税仕入れに該当するとして、所得税及び消費税等の確定申告をしたところ、処分行政庁である仙台中税務署長（以下「Y」という。）が、これらの費用については、所得税法37条1項に規定する必要経費に算入することはできず、また、消費税法2条1項12号に規定する課税仕入れには該当しないなどとして、所得税及び消費税等の更正処分並びに過少申告加算税の賦課決定処分を行ったのに対し、Xが、これらの支出の大部分が事業所得の金

額の計算上必要経費に当たり、また、消費税等の額の計算上課税仕入れにも該当すると主張して、上記各処分の一部の取消しを求めている事案である。

2 争点

本件の主要な争点は、①本件各支出を所得税法37条1項に規定する必要経費に算入することができるか否か、②本件各消費税関係支出が消費税法2条1項12号の課税仕入れに該当するか否か、の2点とされるが、本章では①の必要経費の該当性の問題に絞り検討することにする。

3 争点に対する当事者の主張

（Yの主張）

ア 本件各支出は、所得税法37条1項に規定する事業所得に係る必要経費のうち、販売費や一般管理費のように特定の収入との対応関係を明らかにできないもの（その年における販売費、一般管理費その他これらの所得を生ずべき業務について生じた費用。以下「一般対応の必要経費」という。）に該当するか否かが問題となるところ、一般対応の必要経費の該当性は、当該事業の業務内容、当該支出の相手方、当該支出の内容等の個別具体的な諸事情から社会通念に従って客観的に判断して、当該事業の業務と直接関係を持ち、かつ、専ら業務の遂行上必要といえるかによって判断すべきであり、そのような判断の下必要経費と認識し得ない支出や費用については、家事費として経費不算入とすべきであり、また、それが必要経費であるか家事費であるか判然としない支出や費用については、家事関連費として、原則経費不算入とすべきである（所税37条1項、45条1項1号、所税令96条参照）。

イ そして、本件各支出が必要経費に該当し経費として算入されるためには、Xの事業である弁護士としての事業内容、当該支出の相手方、当該支出の内容等の個別具体的な諸事情から社会通念に従って客観的に判断してXの弁護士としての事業と直接関係を持ち、かつ、専らXの弁護士としての事業の遂行上必要といえる必要がある。そして、「事業」とは、自己の

計算と危険において営利を目的として対価を得て継続的に行う経済活動のことをいい、弁護士の職務は、「当事者その他関係人の依頼又は官公署の委嘱によって、訴訟事件、非訟事件及び審査請求、異議申立て、再審査請求等行政庁に対する不服申立事件に関する行為その他一般の法律事務を行うこと」（弁護士法3条1項）であるから、事業所得を生み出す弁護士としての事業とは、大略、営利を目的として対価を得て継続的に一般の法律事務を行う活動をいうというべきである。

　以上を前提に、本件各支出について、その内容に応じて①酒食を伴う懇親会費、②日弁連副会長立候補費用、③その他の費用に大別すると、次のとおり、いずれも必要経費には該当しない。…中略

エ　次に、Xは、所得税法45条に定める家事関連費について、家事関連費は、あくまで関連する経費であって、家事上の経費とは異なるから、本来、業務について生じた費用に当たり得るものであり、それを一定の基準で区分してそのうち「政令で定めるもの」は必要経費に算入しないこととしたものであるとした上で、所得税法45条と所得税法施行令96条は、必要経費とされない経費を創設したものではなく、必要経費と家事費との区分が困難な場合にこれを区別する基準を設定したものとみるべきであると主張し、このこと及び上記ウの主張を前提として、本件各支出は一般対応の必要経費に該当するものであって、いずれもXが弁護士の業務を行っていないとすれば支出するはずのない費用であるから、明白に「個人の消費生活上の費用」ではないため、必要経費と家事費との区分が困難な場合にこれを区分する基準である所得税法45条及び所得税法施行令96条は適用されないとも主張する。

　しかし、家事関連費とは、必要経費と家事費の性質を併有している費用であり、これは原則として必要経費に算入できないが、家事関連費のうち、所得税法施行令96条にいう「業務の遂行上必要であり、かつ、その必要である部分を明確に区分できる」場合等は、その部分に限って必要経費に算入されるものと解すべきであり、上記場合に該当し、必要経費である

ことについては、納税者側に主張立証責任があることになる。

　そして、前記イのとおり、本件各支出は、その内容等の具体的な諸事情から客観的に判断して、家事費あるいは家事関連費に該当し、Xの事業所得の計算上必要経費に算入できないことは明らかである。

（Xの主張）

ア　所得税法37条は、「所得を生ずべき業務について生じた費用」を事業所得の金額の計算上必要経費に算入すべき金額に該当するものとしている（一般対応の必要経費）ところ、この「所得を生ずべき業務」とは、同法27条及び37条に規定する「事業」と同一と解すべきであり、弁護士業は所得税法施行令63条11号に規定するサービス業に該当すると解されているから、弁護士の業務全体が「所得を生ずべき業務」に当たる。ところで、弁護士は、弁護士会を設立し、弁護士会は日弁連を設立し、弁護士会等の活動を通し、最高度の自治の内で、弁護士自らが弁護士の使命を実践することが弁護士法により求められている。そして、弁護士にとって、弁護士会に入会し、日弁連に登録することは、弁護士の業務の開始及び存続の要件であり、日弁連及び弁護士会の会務活動は、弁護士制度と弁護士に対する社会的信頼を維持し弁護士の事務の改善に資するものである。したがって、会務活動は、弁護士としての業務のために必要かつ不可欠なものであり、弁護士業務の重要な一部であり、弁護士の事業活動そのものである。

　そして、所得税法37条に定める必要経費のうち、いわゆる一般対応の必要経費については、その文言及び性質上、支出と収入の直接関連性は必要とされていないから、会務活動に伴う支出は、いずれも必要経費に該当するというべきである。

　なお、事業所得を生ずべき事業全体の営利性と個別の業務の有償性との関係に関連した最高裁昭和56年4月24日判決は、事業所得とは、自己の計算と危険において独立して営まれ、営利性、有償性を有し、かつ、反覆継続して遂行する意思と社会的地位とが客観的に認められる業務から生ずる所得をいうとしているが、これは、事業所得の源泉としての事業が、全体

として包括的に営利性、有償性を有する必要があると述べたものであって、個別の業務が逐一営利性、有償性を有する必要があると述べたものではない。

イ　他方、所得税法45条は、家事上の経費及び家事関連費のうち政令で定めるものは、事業所得の金額の計算上必要経費に算入しないと定めているところ、家事関連費とは、個人の消費生活上の支出である家事上の経費に関連する支出を意味すると解され、これは、あくまで関連する経費であるから、本来「業務について生じた費用」に当たり得るものであり、それを一定の基準で区分して、そのうち「政令で定めるもの」は必要経費に算入しないこととしたものである。そして、所得税法45条と所得税法施行令96条は、事後的客観的にみた場合に一定の範囲で一般対応の必要経費と家事費との区別が困難な場合があり、そのような場合には、納税者において業務関連性に係る一定の区別の基準を設けてそれに該当することを明らかにすべき旨を規定したものと考えられる。…中略

(争点2の消費税の課税仕入れについては本章では検討の対象としないゆえにここでは省略する。)

II　判旨

1　必要経費の該当性判断の基準

「所得税法37条1項は、事業所得の金額の計算上必要経費に算入すべき金額は、別段の定めがあるものを除き、①所得の総収入金額にかかる売上原価その他当該総収入金額を得るため直接に要した費用の額及び②販売費、一般管理費その他所得を生ずべき業務について生じた費用（償却費以外の費用でその年において債務の確定しないものを除く。）の額とする旨を定めている。そして、前記争いのない事実等〔第2の2(1)〕のとおり、Xは、弁護士業を営んで事業所得を得ているところ、本件各支出は、いずれも上記①の原告の弁護士業による収入を得るため直接に要した費用でないことは明らかであるから、こ

れらが上記②の所得を生ずべき業務について生じた費用（一般対応の必要経費）に該当するか否かが問題となる。

　ところで、事業所得の金額の計算上必要経費が総収入金額から控除されることの趣旨は、投下資本の回収部分に課税が及ぶことを避けることにあると解されるころ、個人の事業主は、日常生活において事業による所得の獲得活動のみならず、所得の処分としての私的な消費活動も行っているのであるから、事業所得の金額の計算に当たっては、事業上の必要経費と所得の処分である家事費とを明確に区分する必要がある。そして、所得税法37条1項は、上記のとおり、一般対応の必要経費について『所得を生ずべき業務について生じた費用』であると規定している。また、同法45条1項は、家事上の経費（以下『家事費』という。）及びこれに関連する経費（以下『家事関連費』という。）で政令に定めるものは必要経費に算入しない旨を定めているところ、同条項を受けた所得税法施行令96条1号は、家事関連費のうち必要経費に算入することができるものについて、経費の主たる部分が『事業所得…中略　を生ずべき業務の遂行上必要』であることを要すると規定している。このような事業所得の金額の計算上必要経費が総収入金額から控除されることの趣旨や所得税法等の文言に照らすと、ある支出が事業所得の金額の計算上必要経費として控除されるためには、当該支出が所得を生ずべき事業と直接関係し、かつ当該業務の遂行上必要であることを要すると解するのが相当である。そして、その判断は、単に事業主の主観的判断によるのではなく、当該事業の業務内容等個別具体的な諸事情に即して社会通念に従って客観的に行われるべきである。」

　「そうすると、本件各支出がXの事業所得の金額の計算上必要経費として控除されるためには、本件各支出がXの事業所得を生ずべき業務と直接関係し、かつその業務の遂行上必要であることを要するということになる。

　そして、前記争いのない事実等〔第2の2⑴〕のとおり、Xは弁護士業を営む者であるところ、弁護士業が所得税法施行令63条11号に規定するサービス業に該当し、弁護士業が所得税法27条1項にいう『事業』に該当すること

は明らかであるから、前記のとおり、本件各支出がXが弁護士として行う事業所得を生ずべき業務と直接関係し、かつ当該業務の遂行上必要なものであれば、必要経費に該当するということになる。

　もっとも、所得税法27条1項にいう事業所得を生ずべき『事業』とは、自己の計算と危険において対価を得て継続的に行う経済活動のことをいう（最高裁昭和56年4月24日第二小法廷判決・民集35巻3号672頁参照）のであるから、弁護士が弁護士としての地位に基づいて行った活動が全て所得税法上の『事業』に該当するということにはならないのであり、弁護士は、当事者その他関係人の依頼又は官公署の委嘱によって、訴訟事件、非訟事件及び審査請求、異議申立て、再審査請求等行政庁に対する不服申立事件に関する行為その他一般の法律事務を行うことを職務とし（弁護士法3条1項）、上記法律事務を行う対価として報酬を得ることで事業所得を得ているのであるから、弁護士が弁護士の地位に基づいて行う活動のうち、所得税法上の『事業』に該当する活動とは、事業主である弁護士がその計算と危険において報酬を得ることを目的として継続的に法律事務を行う経済活動をいうことになる。そして、ある活動が当該弁護士の所得税法上の『事業』に該当するか否かは、当該弁護士の主観によって判断されるのではなく、当該活動の営利性や有償性の有無、継続性や反復性の有無、当該活動から生じる成果の帰属先、当該活動に必要な資金や人的物的資源の調達方法、当該活動の目的等の客観的諸要素を総合考慮し、社会通念に照らして客観的に判断されるべきものであるというのが相当である。」

2　あてはめ

「そこで、以上の観点に基づき、本件各支出が、Xの所得を生ずべき業務と直接関係し、かつ当該業務の遂行上必要な支出として必要経費に該当するか否かを検討する。」

「証拠（甲76のほか括弧内に掲げたもの）及び弁論の全趣旨によれば、本件各支出の内容は、以下のとおりであると認められる。…中略

b　ところで、弁護士会とは、弁護士及び弁護士法人（以下「弁護士等」という。）を構成員として組織され、弁護士等の指導、連絡及び監督に関する事務を行うことを目的とする法人であり（弁護士法31条）、日弁連は、弁護士等及び弁護士会を構成員として組織され、弁護士等及び弁護士会の指導、連絡及び監督に関する事務を行うことを目的とする法人である（同法45条、47条）。また、東北弁連は、仙台高等裁判所の管轄区域内の弁護士会が、共同して特定の事項を行うため、日弁連の承認を受けて設けられた法人格なき社団であり（同法44条参照）、東北弁連規約（甲4の7）により、仙台高等裁判所の管轄区域内の弁護士会の連絡及びこれらの弁護士会所属会員相互間の協調、共済並びに懇親に関する事項のほか、弁護士等の品位保持及び業務改善に関する事項を行うこと等を目的とするものである。そして、弁護士となるには日弁連に備えた弁護士名簿に登録されなければならず（同法8条）、弁護士名簿に登録された者は、当然入会しようとする弁護士会の会員となり（同法36条1項）、また、弁護士は、当然、日弁連の会員となる（同法47条）とされているとおり、弁護士については、弁護士会及び日弁連へのいわゆる強制入会制度が採られている。そのため、弁護士が、弁護士としての地位に基づいてその事業所得を生ずべき業務を行うためには、弁護士会及び日弁連の会員でなければならないことはいうまでもないし、弁護士会等の役員にはその会員である弁護士が就任することが当然の前提とされている。

　しかし、弁護士会及び日弁連の目的は、上記のとおりの弁護士等の指導、連絡及び監督に関する事務を行うことにあるのであり、これらの目的の下に行われる事務や活動には、弁護士等に対する直接の指導、連絡及び監督のほか、弁護士等の使命や努力目標（同法1条参照）の達成に資するための事務や活動であって、直接的又は間接的に弁護士等の指導、連絡及び監督にとって有益なものも含まれると解する余地はあるとしても、そのような活動等は、弁護士等全体の能力向上や社会的使命の達成等を目的としたものであるというべきであるし、これらの活動等から生じる成果は、当

該活動を行った弁護士個人に帰属するものではなく、弁護士会や日弁連ひいては弁護士等全体に帰属するものと解される。また、東北弁連も所属弁護士会やその会員相互の協調等や業務改善に関する事項を行うこと等を目的とするのであって、東北弁連の活動等も、弁護士会や日弁連の活動等と同様に、弁護士等全体の能力向上や社会的使命の達成等を目的としており、それから生じる成果も東北弁連や弁護士全体に帰属するものと解される。

　また、証拠（甲4の2及び7、乙10、11）及び弁論の全趣旨によれば、弁護士会等は、独自に資産を有し、会員や所属の弁護士会から会費を徴収するなどし、その活動に必要な支出に充てており、また、独自の事務スタッフを有していることが認められ、弁護士会等の役員としての活動に必要な資金や人的物的資源は、基本的には弁護士会等によって調達されるものであるということができる。

　以上のような事情の下でXが弁護士会等の役員として行う活動を社会通念に照らして客観的にみれば、その活動は、Xが弁護士として対価である報酬を得て法律事務を行う経済活動に該当するものではなく、社会通念上、弁護士の所得税法上の『事業』に該当するものではないというべきである。

　c　そうすると、前記aの各支出については、これらが弁護士会等の役員としての活動との関連で支出されたものであるからといって、Xの事業所得を生ずべき業務に直接関係して支出された必要経費であるということはできない。

(イ)　また、仮に、弁護士会等の役員として懇親会等に出席するというこれらの活動を通じて生じた人的信頼関係を機縁として、原告が弁護士としての法律事務を依頼されることがあるなどして、これらの活動の結果として原告が所得税法上の『事業』による所得を生ずるきっかけとなることがあったとしても、それは、前記(ア)aの各支出の直接の目的ではなく、飽くまでも間接的に生ずる効果にすぎないというのが相当であるから、これらの懇親会等の

費用等を支出することが、弁護士としての所得を生ずべき業務の遂行上必要であるとはいえない。

(ウ) そうすると、前記(ア)aの懇親会費等の各支出は、Xの事業所得の金額の計算上必要経費として控除することができるものには当たらないというのが相当である。

イ(ア) 次に、前記(3)によれば、本件各支出のうち、別紙9の番号16―37は、Xが仙台弁護士会会長に立候補していたこととの関連でその支援等を求めるために支出したもの、別紙10の番号17―29から17―31までは、いずれも、Xが日弁連副会長に立候補するための活動費用等として支出したものであると認められる。

(イ) そして、前記ア(ア)bのとおり、弁護士会会長や日弁連副会長というような弁護士会等の役員には、弁護士が就任することが当然の前提となっているものの、弁護士会等の役員に就任することは、弁護士会等の役員としての活動を行うことになることを意味するのであるから、上記(ア)の各支出は、弁護士会等の役員としての活動との関連で支出されたもの、あるいは、弁護士会等の役員としての活動の準備として支出されたものというのが相当である。そして、弁護士会等の役員としての活動が弁護士の所得税法上の「事業」に該当するものでないことは前記ア(ア)bのとおりである。そうすると、弁護士会等の役員に就任するための活動に必要な費用の支出が、Xの事業所得を生ずべき業務に直接関係して支出された必要経費であるということはできない。

(ウ) また、弁護士会等の役員への立候補に係る活動を行ったり、その後弁護士会等の役員に就任したりすることを通じて、Xが多くの弁護士と接する機会を得るなどし、それをきっかけとして他の弁護士から弁護士としての業務に関連する紹介を受けるなどし、弁護士会等の役員に就任するための活動が結果としてXが所得税法上の『事業』による所得を生ずるきっかけとなることがあったとしても、それらの活動のための費用を支出することが弁護士としての所得を生ずべき業務の遂行上必要であるともいえないことは前記ア

(イ)と同様である。

　(エ)　そうすると、前記(ア)の各支出は、Xの事業所得の金額の計算上必要経費として控除することができるものには当たらないというのが相当である。
ウ(ア)　さらに、前記(3)によれば、本件各支出のうち、別紙10の番号17―9は、Xが日弁連副会長として、日弁連事務次長に対する香典として支出したもの、同番号17―13は、Xが日弁連副会長として、仙台弁護士会の元執行部との酒食を伴う会合の補助金として支出したもの、同番号17―22は、Xが日弁連副会長として、仙台弁護士会の事務員会の活動費の補助金として支出したものであると認められる。

　(イ)　これらの支出は、Xが日弁連副会長として支出したものであるところ、日弁連副会長としての活動が弁護士の所得税法の『事業』に該当するものでないことは前記ア(ア)ｂのとおりであるから、これらの支出が、Xの事業所得を生ずべき業務に直接関係して支出された必要経費であるということはできないし、これらの支出に関連する活動がXの弁護士業務に有益となることがあったとしても、これらの支出をすることが弁護士としての所得を生ずべき業務の遂行上必要であるともいえないことは明らかである。

　(ウ)　そうすると、前記(ア)アの各支出は、Xの事業所得の計算上必要経費として控除することができるものには当たらないというのが相当である。
エ　したがって、本件各支出は、Xの事業所得を生ずべき業務と直接関係し、かつ当該業務の遂行上必要な支出ということはできないから、これらは、いずれもXの事業所得の金額の計算上必要経費として控除することができるものには該当しないというのが相当である。

　(5)　これに対し、Xは、弁護士による弁護士会等の会務活動は、弁護士としての業務のために必要かつ不可欠なもので、弁護士の事業活動そのものであることを前提として、弁護士の業務全体が所得税法37条に規定する『所得を生ずべき業務』に該当する旨主張し、さらに、同条に規定する必要経費のうち、一般対応の必要経費については、その文言及び性質上、支出と収入の直接関連性は必要とされていないから、会務活動に伴う支出は、いずれも必

要経費に該当する旨主張し、したがって、本件各支出がいずれも必要経費に該当するとする。

　確かに、弁護士会及び日弁連は、基本的人権の擁護と社会正義の実現という弁護士の使命（弁護士法1条）を実現するため、自治権を有する独立の社会的存在として重要な役割を担っており、弁護士会及び日弁連の会務活動は、弁護士の使命の実現ひいては我が国の社会秩序の維持のためのものとして、その有する社会的意義は否定するべくもないものである。特に、弁護士会や日弁連の役員としての活動は、公的な側面も有するというべきもので（同法35条3項参照）、そのような活動を行うことに伴う社会的責任も非常に重いものである。そして、証拠（甲4の3及び4、甲6、7の1から8まで、甲76、78、乙10）及び弁論の全趣旨によれば、日弁連は、平成16年度から平成17年度にかけて、国選弁護報酬の増額や民事法律扶助制度への補助金の増額に関する国会議員等への働きかけ、弁護士倫理の遵守を目的とした弁護士職務基本規程の制定、弁護士新人研修制度の充実のための資料作成、弁護士補助職認定制度の創設に向けた準備活動等を行い、また、日弁連及び仙台弁護士会は、弁護士法に規定された弁護士の懲戒に関する業務を行っており、Xが日弁連や仙台弁護士会の役員として、これらの活動に大きな貢献をしたことが認められる。

　また、証拠（甲4の2、甲76、78、乙10）によれば、仙台弁護士会会長は、仙台弁護士会を代表し、総会を招集するなどの役割を担っていること、日弁連の副会長は、会長を補佐し、会長に事故があるときは日弁連の代表者である会長の職務を行い、理事会で会務を審議することなどの役割を担っていることが認められ、原告が務めた弁護士会等の役員としての活動は、弁護士会等そのものの活動にとって責任の面でも量の面でも非常に大きいものであると考えられる。

　しかし、前記(2)のとおり、弁護士が弁護士の地位に基づいて行う活動のうち、所得税法上の『事業』に該当する活動とは、弁護士がその計算と危険において報酬を得ることを目的として継続的に法律事務を行う経済活動をいう

ところ、弁護士会等の役員としての活動は、弁護士会等との関係ではその任期中において継続性や反復性を有するといえるものの、それらの活動自体が当該弁護士個人にとって営利性や有償性を有するとはいえず、その活動から生じる成果は弁護士会等や弁護士全体に帰属するものであって、当該弁護士個人に帰属するものではないのであるから、上記活動をYが主張するような弁護士会等との委任又はこれに類する関係に基づく役務の提供というかどうかはともかく、所得税法上の『事業』ということはできないというべきである。このことは、Xが弁護士会等から報酬等を受給されたことがないこと（甲78）、Xがそれらの活動に必要な費用を自ら負担したり、原告の事務所を利用したという事実があったこと（甲76、78）、一般に弁護士会等の役員がその活動を行うに当たってそれまで弁護士として得た知識や経験等を利用するものであること等の事情を考慮しても、左右されるものではない。

　したがって、その余の点について判断するまでもなく、Xの上記主張は採用できない。

　なお、Xは、事業とは、自己の計算と危険において営利を目的として対価を得て継続的に行う経済活動のことをいう旨判示した前記最高裁昭和56年4月24日第二小法廷判決は、事業所得の源泉としての事業が、全体として包括的に営利性、有償性を有する必要があると述べたものであって、個別の業務が逐一営利性、有償性を有する必要があると述べたものではないと主張するところ、その趣旨は必ずしも明らかでないが、同判決は、弁護士業を営む上告人の収入の源泉となる個別の業務の性質を検討した上で当該収入が事業所得に該当する旨を判示したものであり、弁護士業が全体として営利性、有償性を有するがゆえに当該収入が事業所得に該当するなどと判示したものではないのであって、Xの上記主張は独自の見解を述べるものにすぎず、採用できない。」

Ⅲ 研究 判旨に反対

1 本判決の意義

　弁護士や税理士といった、いわゆる士業に属する者にとって、会務活動は不可避の活動といえる。弁護士会には多くの常設の委員会が多数存在し、活発な活動を展開している。税理士会ももちろんである。この会務活動に伴う支出が所得税法における所得確定の主たる要素である必要経費に該当するか否かが本件の争点とされている。

　弁護士や税理士の会務活動に伴う支出は必要経費に属するものと一般的には理解されてきたが、本件は会務活動に伴う支出の実質的な中身に立ち入り、所得税法上の必要経費の要件をあてはめて、必要経費該当性が検証されたという点で極めて興味深い事例といえよう。

　必要経費該当性をめぐる訴訟は多数に上る。弁護士業務に関する必要経費該当性をめぐる訴訟でも、最近の事例に限れば、たとえば、弁護士業と不動産貸付業を営む原告が、平成11年分の所得税申告について、借地権設定のための貸付金等の貸倒損失を所得の必要経費として申告したところ、課税庁が当該貸倒損失は必要経費に算入することができないとした課税処分の可否が争われた事件で、裁判所は「必要経費とは、所得を得るために必要な支出のことを意味するものであるが、ある支出が必要経費として控除され得るためには、それが事業活動と直接の関連をもち、事業の遂行上必要な費用であることが必要である。そして、事業の遂行上必要であるか否かは、関係者の主観的判断ではなく、客観的一般的に通常必要とされるものと認められるかどうかを基準として判断すべきものと解される。」との基準を示して、原告弁護士の請求を斥けた事例がある。以下の通り、このほかにも多数の裁判例が存在する。

2 本判決が示した必要経費の判断の基準と判例上の位置づけ

(1) 必要経費の所得計算上の控除趣旨

まず本判決は、「事業所得の金額の計算上必要経費が総収入金額から控除されることの趣旨は、投下資本の回収部分に課税が及ぶことを避けることにあると解されるころ、個人の事業主は、日常生活において事業による所得の獲得活動のみならず、所得の処分としての私的な消費活動も行っているのであるから、事業所得の金額の計算に当たっては、事業上の必要経費と所得の処分である家事費とを明確に区分する必要がある。」と判示して、個人事業主が所得を処分する所得支出は、①事業活動という事業収益獲得活動のための支出と、②私的な消費活動としての家事費に分類しなければならず、前者の①の事業活動のための支出は投下資本の回収部分に対する課税を回避するために収入金額から控除することが認められているとの必要経費の通説的理解を確認して必要経費控除の趣旨を明らかにしている。

(2) 控除可能な必要経費の要件

所得税法37条1項は、一般対応の必要経費について「所得を生ずべき業務について生じた費用」であると規定しているから、同法45条1項が規定する家事上の経費（以下「家事費」という。）及びこれに関連する経費（以下「家事関連費」という。）で政令に定めるものは必要経費に算入しない旨を定めており、「同条項を受けた所得税法施行令96条1号は、家事関連費のうち必要経費に算入することができるものについて、経費の主たる部分が「事業所得…中略を生ずべき業務の遂行上必要」であることを要すると規定している。」のであると判示し、「このような事業所得の金額の計算上必要経費が総収入金額から控除されることの趣旨や所得税法等の文言に照らすと、ある支出が事業所得の金額の計算上必要経費として控除されるためには、当該支出が所得を生ずべき事業と直接関係し、かつ当該業務の遂行上必要であることを要すると解するのが相当である。そして、その判断は、単に事業主の主観的判断によるのではなく、当該事業の業務内容等個別具体的な諸事情に即して社会通念に従って客観的に行われるべきである。」（筆者傍線）として控除可能な

必要経費の範囲を確定する基準を明示している。

すなわち、①当該支出の事業所得獲得活動との直接関係性の要件、②支出の業務遂行上の必要性の要件について、当該必要性は主観的必要性ではなく客観的必要性の要件、の2要件を控除可能な必要経費として確認している。

(3) **判例の動向と本判決の位置づけ**

弁護士の顧客や知人に対する慶弔費や飲食代などが交際費に該当するか否かが争点とされた事案で東京高裁平成18年6月15日判決は、「控訴人X（弁護士業）は、日常の交流・交際を通じて業務の拡大を図っているとして、法曹団体等の会費、顧客や知人に対する慶弔支出やゴルフ代、飲食代、贈答品購入費などは、いずれも必要経費であると主張する。しかし、こうした日常の交流・交際の費用を支出することが仕事を得る一つの端緒となることがあり得るとしても、それは支出の直接の目的でなく、飽くまでも間接的に生ずる効果に過ぎないというほかない。したがって、所得税法の規定の趣旨等に照らすと、それが必要経費に算入されるためには、業務の遂行上必要なものか否か、その部分を明らかに区分することができるかなどについて個別具体的な検討を要するところ、X主張の接待交際費は、業務の遂行上の必要性を認め難く、これを必要経費とすることはできない」と判示して原告の主張を排斥している。

また、大阪高裁平成18年2月23日判決は、控訴人が交際費等の支出として飲食費などを必要経費に算入することの可否が争点とされた事案であるが、裁判所は「控訴人X（歯科医業）が主張する飲食費や接待交際費等の支出自体、Xの営む事業との関連は希薄である上、Xが、政財界に顔が広く、自らテレビドラマに出演したり衆議院議員選挙に立候補したりするなど幅広い活動をしていることをも斟酌すると、仮に、X主張通りの支出を認めることができるとしても、当該支出は、社会通念に照らして、Xの事業所得等を生ずべき業務について生じた費用であるとも、Xの事業所得等の総収入金額を得るために直接要した費用であるとも到底認めることはできない。よって、必要経費に算入することはできない。」とした。

従来の判例が採用した必要経費の要件である、①「事業との直接関連性の要件」と②「業務遂行上の必要性の要件」の2要件を本判決も必要経費判断の基準として踏襲したものと本判決を位置づけることができる。

3 所得税法上の「必要経費」の意義と範囲

必要経費とは所得を得るために必要な支出のことをいうものであり、所得の計算上、必要経費控除を認めるのはいわば投下資本の回収部分に課税が及ぶことを避けることにほかならず、原資を維持しつつ拡大再生産を図るという資本主義経済の要請にそうものと説明される。[5]

包括的所得概念のもとで、そもそもその年の所得は、その年中の純資産の増加分と同期間中の消費額により構成されると考えられる。一方、所得は収入金額から必要経費を控除した金額であることを所得税法は原則としている。

収入を獲得するために投下された経済価値が必要経費ということになるから、収入金額から必要経費を控除した残額が所得の金額となる。たとえば、リンゴを50万円で仕入れて100万円で売り上げた場合には、売上高100万円から、売上原価50万円を控除した残額が所得金額となる。しかし、仕入れるためにレンタカー（5万円）を借り、補助者一人（5万円）を雇いこの取引を完成させたとすると、100万円から（売上原価50万円＋レンタカー5万円＋バイト代5万円＝60万円）60万円を控除した残額の40万円が所得となる。この60万円が必要経費とされることは理解できる。ところが、仕入れたリンゴを家族で1万円分食し、またレンタカーを5日のうち1日家族旅行に使用した（1万円相当の料金分）場合にはこの部分については家事費として必要経費に算入しない。家族のために費消した経済価値は、収益獲得活動のために費消された経済価値、つまり必要経費ではないと判断されるからである。必要経費は収益を獲得する上での元手になるなる部分であるので、元手に課税してしまうと拡大再生産を阻害してしまうという考えから、必要経費として課税対象から除外すると考えられている。[6]

そうすると、上記の例から必要経費の意義を具体的に整理すると、必要経費とは所得を得るための活動と直接関連を有し、その必要性が客観的に認められる支出ということができる[7]。家族が費消したリンゴ１万円分と、家族旅行で利用したレンタカー代１日分の料金は収益獲得活動と関連性を有しないから必要経費から除外されることになる。

この考え方に基づき所得税法も必要経費を収入金額から控除することを37条が定めている。すなわち、不動産所得、事業所得、雑所得の金額を計算する場合の必要経費に算入すべき金額として、「別段の定めがあるものを除き、これらの所得の総収入金額に係る売上原価その他当該総収入金額を得るため直接に要した費用の額及びその年における販売費、一般管理費その他これらの所得を生ずべき業務について生じた費用（償却費以外の費用でその年において債務の確定しないものを除く。）の額とする。」と定めている。

このように同条は所得税法が所得分類した不動産所得、事業所得、そして雑所得の必要経費の範囲を、①総収入金額を得るために直接要した売上原価とその他の直接費用、②その年の販売費および一般管理費、③その他これらの所得を生ずべき業務について生じた費用で債務の確定したものおよびその年に生じた償却費、そして④別段の定めが適用される支出と定めている。

収益費用対応の原則の視点からすると、①の支出が直接対応費用で、②と③の費用が期間対応費用ということができる。

さらに所得税法は家事関連費等の必要経費不算入の定めを同法45条に置いている。同条は「家事上の経費及びこれに関連する経費で政令で定めるもの」を家事費及び家事関連費として必要経費に算入しないと定めている。同条の定めに対応する政令として所得税法施行令96条が「事業所得…中略　遂行上必要であり、その必要である部分が明らかに区分できる」ところの経費と定めている。

このように所得税法は、必要経費の範囲を直接規定した原則規定（所税37条）と、家事費と政令で定める家事関連費を必要経費から除外する必要経費不算入規定（所税45条）により、収入金額から控除できる必要経費の範囲

を確定させるという制度的仕組みを採用している。

そうすると、所得税法は、事業所得の金額を収入金額から、個人の支出額を事業関連費と家事費及び家事関連費に分類し、後者を支出額から除外したものを必要経費として控除して算定することを命じたものである。

なお、ここで所得税法37条は①の売上原価その他収入金額を得るために直接要した費用と定めているように、直接費用と、②、③の販売費および一般管理費のように直接費用ではなく期間対応もしくは直接ではないという意味における間接対応費用に分類している点は注意を要する。

すなわち、本判決が本件の判断基準として、「当該支出が所得を生ずべき事業と直接関係し」として直接関連性の要件を明示しているが、条文上は「直接」の文言は所得税法37条が定める①の売上原価類型に属する費用にのみ要求されるのであって、②、③の販売費および一般管理費等の期間対応費用には、条文上「直接」の文言が全く付されていないのであるから、「直接」関係しとしている点は、条文にない文言を付加するもので、必要経費の範囲を縮小させる結果をもたらす。

従来の判例も、「直接関連性の要件」を用いているが、②及び③の費用については関連性の要件のみで「直接」の文言を付加する条文の根拠は存在しないことを特筆しておく必要がある。

4 必要経費分析の新たな視点
―消去法による必要経費の確定法による検証

所得税法の課税所得確定要素としての必要経費の範囲は、個人の支出額から家事費及び家事関連費を除外することにより具体的に確定することを命じていることが上記3で確認できた。所得税法37条1項が、事業所得等の収益獲得活動のための費用を、個別（直接）対応費用（売上原価）と一般（期間）対応費用とに分類して整理するとともに必要経費の要件について定め、同法45条が必要経費不算入となる家事費及び家事関連費を明示するという法構造を採用している。

別言すると、個人の支出額のうち家事費及び家事関連費のうち家事費と業務遂行費を明確に分類できない支出を除外した支出額が控除可能な必要経費ということになる。

この考え方は、包括的所得概念の下における所得額の考え方を素直に反映したものとなる。以下の所得額の等式により必要経費の存在意義を明確にする。

① 所得額＝期中の消費額（家事費・家事関連費）＋期中の純資産増加額
② 所得額＝その期の収入金額－その期の必要経費
③ 必要経費＝その期の支出金額－期中の消費額（家事費・家事関連費）

必要経費の存在意義は収入金額のうち課税対象となる所得額を特定することにあることは先に述べた。①の式では期首と期末の純資産額の差額と収入のうち自家消費や家事費として費消した部分は所得に繰り戻すことによりする課税対象所得額を特定することを意味する。一方、②の式は、収入金額から必要経費を控除することにより課税対象所得額を特定することを意味する。

ところで、なぜ①の所得額の等式で期中の消費額をプラスするのかといえば純資産増加額の計算過程では必要経費と自家消費も含めた家事費が区別されず支出金額として減額されているからである。

そうすると、必要経費の範囲を確定する方法には２つの方法があることが確認できる。

第１の方法は、必要経費の２つの要件である「業務関連性の要件」と「必要性の要件」の充足の可否による範囲の確定方法である。

第２の方法は、支出金額のうち家事費と家事関連費といった期中の消費額を控除する、消去法により必要経費の範囲を確定させる方法である。

上記のリンゴの例を取り上げると、次のように説明できる。

第１の方法によれば、リンゴを売り上げて所得を獲得することを業務とすれば、まず仕入れたリンゴの売上原価50万円、補助者への支払５万円、レンタカー支払５万円が支出金額となるが、「業務関連性」と「必要性の要件」

の要件を充足しない、リンゴ消費1万円とレンタカー代1万円の2万円が除外された残額が58万円が必要経費となる。

第2の方法によれば、支出金額60万円から、自家消費分2万円を控除した58万円が必要経費となる。2つの方法のいずれによっても必要経費額は原則的には一致するはずである。

必要経費要件該当性による方法と消去法による方法を用いても結論は一致する。そうすると、本件の争点されている支出額である弁護士会活動費と主張される、弁護士会の懇親会費、日弁連副会長立候補費用、その他の活動費がすべて家事費もしくは家事関連費に該当するといえるのかが疑問である。

弁護士会活動費は必要経費の要件を充足しないから必要経費から除外されるという本判決の結論によると、家事費かもしくは損失ということになるが、これらの活動費は家事費にも費用以外の損失のいずれかに該当するとすることは不合理である。

家事費とは、一般的には、自己又は家族の生活費、医療費、娯楽費、家事上の電気代、ガス代、水道光熱費、自己の住宅にかかる修繕費、租税公課、損害保険料、自己及び親族の生命保険料等をさすものであり、弁護士会に登録して初めて弁護士業務ができる弁護士と弁護士会の関係性を踏まえると、弁護士会活動費が家事費に該当しないことは当然であろう。

そうすると、本判決の結論は妥当性を欠くことになる。

5　むすび—本判決の評価

本件は、弁護士であるXが弁護士会活動に支出した金額が必要経費に算入されるか否かが争点とされた。

弁護士は弁護士会に登録し初めて弁護士業務に従事できる仕組みになっている。したがって、弁護士会入会は弁護士業務遂行の前提となるはずである。まずこの点を確認すべきである。Xは、弁護士会活動は業務遂行と密接に関係し、その関係性は制度的にも業務遂行の前提とされていることから当然であるとの立場に立って主張を展開している。とりわけ、Xの主張は、所

得税法37条が定める直接対応費用である売上原価以外の一般対応の費用は、収入との直接関連性を要求されていないと主張している。

一方、Y国側は、必要経費該当性の判断は、事業の「業務との直接関連性の要件」と「業務遂行上の必要性の要件」の両者を充足するか否かによるべきであると主張している。

本判決は、従来の判例の立場を踏襲し、直接関連性の要件を採用し、Xの主張を斥けている。しかし、判決で示されている「直接関連性」の要件の直接なる文言は所得税法37条のいかなる文言から解釈され導出されているのであろうか。これが最大の疑問である。

争点とされている弁護士会活動費用は、所得税法37条の一般対応費用であるから収入との個別直接的な対応関係を求められているものではないはずである。収益費用対応の原則の観点からすると、同法37条の定める費用のうちで売上原価に類する費用のみが個別直接対応を求められているのであり、販売費および一般管理費、そして、業務について生じた費用も一般対応関係であり、期間対応が求められているのみである。[8]「業務について生じた費用」との文言を以下に解釈しても「直接」要した費用との解釈を導き出せない。

従来の判例も本判決も、「事業所得の…中略　趣旨や所得税法等の文言に照らすと、ある支出が事業所得の金額の計算上必要経費として控除されるためには、当該支出が所得を生ずべき<u>事業</u>と<u>直接関係</u>し、かつ当該業務の遂行上必要であることを要すると解するのが相当である。」（筆者傍線）と判示して、趣旨を踏まえると「直接」関係性が要するとしている。

「直接」を関係性の要件に付加すると、一般的もしくは間接的関係性は排除されるという結果を招く。直接の文言を加えると、弁護士会活動は、弁護士の本来の業務である訴訟代理活動とは具体的内容を異にするゆえに、業務との関係性が否定されることになる。

しかし、所得税法37条の費用のうちで「直接」関係性が要求されるのは、売上原価とそれに類する費用のみであることは条文の通りである。租税法律主義の下にある租税法の解釈は、文理解釈が求められており、文言に忠実に

なされるべきである。納税者の課税所得の範囲を直接左右する所得税法における中核的規定である必要経費の範囲を確定する条文の解釈は、文言に忠実になされるべきであり、趣旨解釈が必要ないにもかかわらずなぜ趣旨を踏まえて解釈しなければならないのであろうか。[9]

このような直接の文言を付加すると、一般対応費用の範囲が過度に限定されることになり、販売費や一般管理費に属する交際接待費や広告宣伝費、福利厚生費といった当然必要経費とされるような費用も事業関連性の直接対応が求められ、その範囲が過度に縮減される結果を招く。

本判決は、この直接の文言を付加することにより、Xの①懇親会費、②副会長立候補費用、そして③その他の費用のいずれも必要経費から除外したことには疑問を呈さざるを得ない。

少なくとも弁護士会活動費は弁護士にとって必要経費として認容されなければ実質から乖離した課税という批判が生じることになろう。

租税法解釈は、税法が侵害規範であるところから文言に忠実に解釈がなされるべきであり、文理解釈により意味が明らかにできるにもかかわらず趣旨を踏まえた趣旨解釈の名の下に文言から離れた縮小解釈や拡大解釈がなされてはならないことを指摘しておきたい。

注
1) 第一審・東京地判平成16年9月14日税資254号—238（順号9745）TAINS Z254-9745、控訴審・東京高判平成17年2月9日税資255号—49（順号9930）、上告審・最判平成17年6月23日決定税資255号—180（順号10061）TAINS Z255-10061。
2) 東京高判平成18年6月15日 LEX/DB 25450908。
3) 大阪高判平成18年2月23日 LEX/DB 25450655。
4) 矯正歯科医が支出したゴルフ費用、交際費、旅費が必要経費に該当するか否かが争点とされた事例で、本件と同様に、裁判所は、「矯正歯科医が支出したゴルフ費用及び交際費は、単なる情報交換の会食、二次会、ゴルフ等の費用であって、必要経費に当たらず、また、米国の医師の一周忌のための海外渡航旅費は、事業の遂行のために必要であったとは認められないから、必要経費に算入することはできない。」（高松高判平成8年3月26日 LEX/DB 28020057）として原告控訴人の主張を排斥している。
5) 金子『租税法』313頁以下。
6) 佐藤英明教授は、必要経費の社会経済的意義として、「所得の計算において総収入金額から必要経費を控除することは、社会経済的な見地から、経済活動の原資

（元手）への課税を防いで資本主義的な拡大再生産を可能にする、と説明されることがあります。これはもちろん、間違いではありませんが、所得税の論理からすれば、それはあくまでも結果にすぎず、資本主義的拡大再生産を維持することが必要経費控除の主要な意義だとされているわけではありません。」（佐藤英明『スタンダード所得税法〔第2版補正版〕』266頁以下（弘文堂、2018年））と説明されているが、必要経費は個人の収入のうち課税対象となる所得を限定するためのファクターであると理解すると、そのような説明が妥当する。
7) 佐藤、同上書、266頁。
8) 佐藤、同上書、267頁。売上原価以外の費用は個別対応を求められてはいない、期間対応費用である。
9) 必要経費に関する多くの研究論文を発表されてきた碓井光明教授は業務関連性に直接の文言を付加せず、「法37条1項は、当該総収入金額を得るため直接に要した費用及び所得を生ずべき業務について生じた費用をもって、必要経費に算入すべきものとしている。」として、必要経費の範囲と意義を説明されている（碓井光明「必要経費の意義と範囲」日税31号20頁（1995年）参照）。

第9章

所得税裁判事例研究Ⅳ
―譲渡損失と損益通算（ゴルフ会員権事件）

「ゴルフ会員権の預託金返還取引に起因する差損の譲渡損失該当性」
名古屋地裁平成17年7月27日判決（棄却、控訴、納税者敗訴）
(平成17年（行ウ）第3号所得税更正処分等取消請求事件)
判タ1204号136頁
控訴審　名古屋高裁平成17年12月21日判決（棄却、上告、納税者敗訴）
(平成17年（行コ）第48号所得税更正処分等取消請求控訴事件)
税資255号順号10249
上告審　最高裁平成18年6月30日決定（棄却、不受理、確定、納税者敗訴）
(平成18年（行ツ）第77号・平成18年（行ヒ）第87号所得税更正処分等取消請求上告及び上告受理事件)
税資256号順号10455

☞　研究のポイント[1)]

　本件の意義は、①金銭債権を譲渡所得の資産の範囲から除外するとしている現行通達の合理性に疑問を呈している点と、②ゴルフクラブの退会と会員権の譲渡という処分形態の相違が、処分対象である会員権の資産としての内容、性質を変容させるものか、という点について、検討の素材を提供しているところに見出せる。

　譲渡所得の資産から所得税法33条は金銭債権を除外する旨の定めを置いていない。しかし、所得税基本通達（以下「通達」ともいう。）では除外する旨を規定している。まさに通達課税というほかはない。この点について裁判所も疑問を呈している。もちろん、請求の争点としていないから判示事項として取り上げることはできないが、興味深い。通達によるこの種の租税行政の執行は、租税法律主義の観点からは看過し難い。

　譲渡所得は、同一性のある資産の取得費と譲渡の価額との相殺により計算される。本件では取得会員権と退会時の会員権は同一性が保持されていない

☞ **研究上の注意点**

裁判所の判断の論理の筋道をしっかりたどり、いかなる法的思考により裁判官の判断が導き出されているのかについて熟考することが望まれる。裁判官の判断に賛成か反対かをじっくり考え、なぜ支持できるのか、なぜ反対なのかを法的に思考してみよう。

I 事案の概要

原告（以下「X」という。）は、昭和61年5月21日、訴外A社が経営するゴルフクラブ（以下「本件ゴルフクラブ」という。）の預託金制会員権を、訴外Bを通じて500万円と斡旋手数料10万円で購入（以下Xの取得したゴルフ会員権を「本件ゴルフ会員権」という。）した。Xは、同年7月2日、A社に対し名義書換料50万円を支払い、本件ゴルフクラブの会員たる地位を取得した。Xは、平成14年11月7日、本件ゴルフクラブ及びA社に対し、会員退会届を提出し、預託金の返還を請求した。A社は、同年12月10日Xに対し退会を承認し、本件ゴルフ会員権に係る預託金預り証書と交換に預託金を返還する旨の退会届承認書を交付した。Xは、A社に対し上記預り証書を交付し、A社により同年12月16日X名義の普通預金口座に預託金150万円が振り込まれた。

Xは、平成15年3月15日までに、本件ゴルフ会員権の取得に要した560万円から、返還預託金150万円を控除した差額410万円を、総合長期譲渡所得における譲渡損失に当たるとして、他の所得金額と損益通算をし、平成14年分の所得税の確定申告をした。被告（以下「Y」という。）は、平成15年9月12日付けで、Xに対し、上記410万円は総合長期譲渡所得上の損失に当たらないとして、平成14年分の所得税の更正処分（以下「本件更正処分」という。）及び過少申告加算税の賦課決定処分（以下「本件賦課決定処分」といい、本件更正処分と併せて「本件各処分」という。）をした。当該処分を不服として、Xが異議申

立て、審査請求を経て出訴したのが本件である。

本件の争点は次の2点である。すなわち、第1が、本件ゴルフ会員権の取得費用と返還預託金との差額が譲渡所得上の損失に当たるか否か、第2が返還預託金と取得費用との差益には課税し、差損はこれを考慮しないとの租税行政庁の取扱いが租税公平の原則に違反するか否か、の2点である。

以下では本件の主たる争点と言える第1の争点に対する判旨を引用する。また研究も、争点1に対する判旨に焦点を絞ることにする。

Ⅱ 判旨

争点①（本件ゴルフ会員権の取得費用と、Xがゴルフクラブから退会するに当たって返還を受けた預託金との差額が、譲渡所得上の損失に当たるか否か。）について

1 譲渡所得課税の意義

「所得税法は、所得をその性質に応じて10種類に分類し、同法23条以下において、それぞれの所得の計算方法について規定しているところ、同法33条1項は、「譲渡所得とは、資産の譲渡…中略　による所得をいう。」と規定し、資産の譲渡によって生じた所得についても、これを譲渡所得として所得税の課税の対象とすることを明らかにしている。そして、譲渡所得に対する課税は、資産の値上りによりその資産の所有者に帰属する増加益を所得として、その資産が所有者の支配を離れて他に移転するのを機会に、これを清算して課税する趣旨のものと解される（最高裁判所昭和47年12月26日第三小法廷判決・民集26巻10号2083頁参照）。

このような譲渡所得に対する課税の趣旨にかんがみると、同法33条1項にいう「資産」とは、一般にその経済的価値が認められて取引の対象とされ、資産の増加益の発生が見込まれるようなすべての資産を含むと解され、また、「譲渡」とは、有償であると無償であるとを問わず、一般に所有権その他の権利の移転を広く含むものと解される。」

2　預託金会員制ゴルフ会員権の譲渡の法的性質

「前記前提事実によれば、本件ゴルフ会員権は、いわゆる預託金会員制ゴルフ会員権であり、その法的性質は、①ゴルフ場施設の優先的利用権、②預託金返還請求権及び③会費納入義務等が一体となった契約上の地位であると解されるところ、会員は、預託金の据置期間が経過するか否かにかかわらず、これらの権利義務関係を一体のものとして、一定の手続に従い自由に第三者に譲渡することができ、ゴルフ会員権に基づく法律関係から離脱するとともに、投下資本を回収することができることとされているから、本件ゴルフ会員権の第三者への譲渡が所得税法33条1項にいう資産の譲渡に該当することは明らかである。」

3　預託金会員制ゴルフ会員権の預託金返還請求権は金銭債権

「他方、預託金会員制ゴルフ会員権については、会員が、預託金返還請求権を行使する前提として、ゴルフ場経営会社に対し、ゴルフクラブを退会する旨の意思表示をすることを必要としており、かかる意思表示によって、ゴルフ場の優先的利用権やその後の会費納入義務などの権利義務関係は消滅し、ゴルフ会員権の内容としては、無利息でゴルフ場経営会社に据え置かれていた預託金の返還請求権を残すのみであると解される。

ちなみに、民事執行の実務上、ゴルフ会員権がプレイ権等と預託金返還請求権が不可分一体となったものであると解され、原則として、預託金返還請求権のみを差し押さえることはできないとされているものの、債務者である会員が、ゴルフクラブから除名されたり、ゴルフ場経営会社によって会員契約を解除された場合には、預託金返還請求権のみを差し押さえることが可能となり、また、ゴルフ会員権を差し押さえた債権者が、会員である債務者に代位して退会手続をした上で、預託金返還請求権についての差押えを申し立てることができるとされているが、このことも、ゴルフクラブを退会することによって、ゴルフ会員権の内容のうち預託金返還請求権を除く権利義務が消滅するとの理解を前提としており、したがって、ゴルフクラブからの退会

に伴って預託金返還請求権を行使することは、ゴルフ場経営会社に対する金銭債権の行使にほかならないと解される。」

4 金銭債権の譲渡を譲渡所得から除外する通達の規定の不合理性について

「そこで、金銭債権が、譲渡所得の基因となる資産に該当するかを検討するに、被告は、所得税法33条1項にいう資産とは、同条2項各号に規定する資産及び金銭債権以外の一切の資産をいうと主張するところ、所得税法基本通達33―1も、「譲渡所得の基因となる資産とは、法第33条第2項各号に規定する資産及び金銭債権以外の一切の資産をい」うとして、これに沿う内容となっている。

このように、明文の規定がないにもかかわらず〔むしろ、(1)で述べたとおり、資産とは、一般にその経済的価値が認められて取引の対象とされ、資産の増加益の発生が見込まれるようなすべてのものと解されている。〕、およそ金銭債権のすべてを譲渡所得の基因となる資産から除外する見解は、金銭債権の譲渡により生じる利益なるものは、その債権の元本の増加益すなわちキャピタル・ゲインそのものではなく、期間利息に相当するものであるとの理解に基づいていると考えられる。もちろん、そのような場合があることは否定できないが、現実の経済取引の実態に照らせば、金銭債権の譲渡金額は、むしろ債務者の弁済に対する意思及び能力（に関する客観的評価）によって影響を受けることが多く、これは元本債権そのものの経済的価値の増減（ただし、債権額を上限とする。）、すなわちキャピタル・ゲイン（ロス）というべきであるから、上記理解は一面的にすぎるとの批判を免れ難く、上記通達の合理性には疑問を払拭できないというべきである。」

5 取得したゴルフ会員権と退会後の会員権は異質であるから損益通算は不可

「もっとも、前記前提事実に証拠（乙3、6）及び弁論の全趣旨を総合する

と、Xは、本件ゴルフ会員権を、取引市場において、第三者に譲渡しようと試みたものの、希望する価額での買取希望者が現れなかったことから、退会手続を取って預託金の返還を受けようと考え、A社及び本件ゴルフクラブとの間で退会手続をし、預託金として150万円の返還を受け取ったことが認められ、これによれば、Xが、A社等に対し、退会の意思表示をした上で預託金返還請求権を行使したことが明らかである。そうすると、Xが取得した資産は、各種の権利義務が一体となった契約上の地位としての本件ゴルフ会員権であるのに対し、本件取引は、自らの意思で預託金返還請求権以外の権利義務等を消滅させた上、同請求権を行使したものであるから、両者の資産としての内容・性格は大きく異なっており、その間に差額を生じているとしても、これをもって所得税法33条1項にいう「譲渡…中略　による所得」ということはできない。

そうすると、Xの主張に係る損失は、譲渡所得の金額の計算上生じたものということはできず（雑所得の金額の計算上生じたものと解される。）、したがって、他の所得と損益通算することはできないと解するのが相当である。」

Ⅲ　研究　判旨に疑問

1　本件の意義

ゴルフ会員権は資産として認知され、会員権市場が形成されてきた。所得税法上もゴルフ会員権の譲渡による所得は、資産の譲渡による所得に該当するとして、譲渡所得課税の対象とされる。[2]

個人が所有する会員権を第三者に譲渡した場合に生じる差益は、所得税法上の譲渡所得として課税され、一方で、差損が生じた場合には譲渡損失として他の所得と損益通算できる、という処理が受け入れられてきた。

本件は、ゴルフ会員権相場の大幅な下落を背景に、ゴルフ会員権を市場で第三者に譲渡するのではなく、退会手続きを経由して預託金の返還によって処分する方法を選択した場合に、返還預託金額と取得価額との差額を譲渡損

失として他の所得と損益通算することが可能かどうか、が争われたものである。退会による預託金返還が第三者への会員権譲渡と同種の法的性質を有する取引といえるかが争点とされたものであり、訴訟事例の先例は見当たらない（以下に紹介するように裁決事例はいくつか散見される）。ゴルフ会員権の処分をめぐる新たな争点を提示したという点で、本件はリーディングケースともいえる。本件の第1の意義は、この点に求めることができよう。

さらに第2の意義は、①金銭債権を譲渡所得の資産の範囲から除外するとしている現行通達の合理性に疑問を呈している点と、②ゴルフクラブの退会と会員権の譲渡という処分形態の相違が、処分対象である会員権の資産としての内容、性質を変容させるものか、という点について、検討の素材を提供しているところに見い出せよう。

2　本件の位置付け

ところで、従来からゴルフ会員権の譲渡による損失が損益通算できるか否かについては、訴訟事例の先例は見られなかったが、審判所の裁決レベルでは紛争が見られた。たとえば、納税者側の主張が認容された事例として、国税不服審判所昭和54年10月12日裁決[3]は、ゴルフ場オープン前の会員権を譲渡所得の基因となる資産と認め、その譲渡による損失について他の所得との損益通算を認めている。

一方で、本件と同種の預託金返還請求権が譲渡所得の起因となる資産に該当するか否かが争点とされた裁決事例は、いくつか存在する。たとえば、国税不服審判所平成9年5月30日裁決[4]は、「譲渡所得の基因となるゴルフ会員権は、ゴルフ場施設優先利用権と預託金返還請求権とが一体となったものであると解されるところ、審査請求人が本件ゴルフ会員権を譲渡した時点において、ゴルフ場施設が競売により経営会社から他社に譲渡され、かつ、新所有者がゴルフ会員権に係る債権債務を引き継いでいないことから、本件ゴルフ会員権に内包されていたゴルフ場施設優先利用権は消滅しており、その実質は金銭債権である預託金返還請求権のみとなっていたものと認められるか

ら、本件ゴルフ会員権の譲渡による損失は、譲渡所得の金額の計算上生じた損失には該当せず、他の所得と損益通算をすることはできない。」として、ゴルフ場施設優先利用権が消滅したゴルフ会員権の譲渡による損失は、他の所得と損益通算できないとの判断が示された。

裁決の動向は、預託金返還請求権のみを内容とする会員権は、単なる金銭債権であるから譲渡所得の基因となる資産とはいえない、という考え方に基づいた同旨の判断で固まっている[5]。

審判所の裁決段階では、ゴルフ場施設優先的利用権と預託金請求権が一体となったゴルフ会員権は譲渡所得の基因となる資産に該当するが、預託金返還請求権のみの場合には、それは金銭債権であり、譲渡所得の基因となる資産には該当しないゆえに、譲渡損失は認められないと考えられてきたようであり、本件はその考え方を結論において踏襲したものと位置付けられる。しかし、裁決のこれまでの論理をそのまま採用するのではなく、以下の通りの興味深い論旨を展開している。

3 判旨の論理構造

所得税法33条1項は、「譲渡所得とは資産の譲渡による所得をいう。」と定義している。したがって、ある所得が譲渡所得に該当するか否かは、所得発生の対象となる資産の範囲と、その資産の移転が譲渡に該当するか否かによって判断される。

Xの主張は、「ゴルフクラブから退会する場合も、ゴルフ会員権を第三者に譲渡する場合も、資産を失う点では同じであるから、第三者への譲渡によって生じた利益が譲渡所得とされるのであれば、退会による預託金返還による利得も譲渡所得とされるべきである」というものである。

このXの主張に対して裁判所は、ゴルフ会員権の第三者への譲渡は、譲渡所得に該当するとしながらも、退会手続きを経た預託金返還取引は金銭債権の行使であり、資産の譲渡には該当しないから譲渡所得を構成しないとの判断を下している。

その理由は、退会手続きを経た本件取引の対象であるゴルフ会員権の中身は、単なる預託金返還請求権のみとなるから、取得時のゴルフ会員権とその内容、性質が異質であるところに求められるとしている。

つまり、判旨1及び3の通り、Xが取得した際の当該ゴルフ会員権の法的性質は、①ゴルフ場施設の優先的利用権、②預託金返還請求権及び③会費納入義務等が一体となった契約上の地位であると解されており[6]、資産的価値が認められるが、「本件取引は、①自らの意思で預託金返還請求権以外の権利義務等を消滅させ、②その後に同請求権を行使したものであるから、両者の資産としての内容、性格は大きく異なっており、その間に差額が生じているとしても、これをもって所得税法33条1項にいう「譲渡による所得」ということはできない。」と判示している。この判断は、Yの主張に沿うものとなっている。

従来の裁決が、預託金返還請求権のみを内容とするゴルフ会員権は、金銭債権であり、金銭債権は所得税法基本通達33―1が、「譲渡所得の基因となる資産とは、法第33条第2項各号に規定する資産及び金銭債権以外の一切の資産をいう」と定めているところから、譲渡所得の基因となる資産に該当しないとの結論を導出してきた。

ところが、本件では、所得税法33条の本法に明文の金銭債権除外規定がないにもかかわらず、通達によって金銭債権を譲渡所得の基因となる資産から除外するのは問題であるとして、Yは、所得税法33条1項にいう資産とは、同条2項各号に規定する資産及び金銭債権以外の一切の資産をいうと主張するところ、所得税基本通達33―1も、「譲渡所得の基因となる資産とは、法第33条第2項各号に規定する資産及び金銭債権以外の一切の資産をい」うとして、これに沿う内容となっている。これに対しては、「明文の規定がないにもかかわらず…中略　上記理解は一面的にすぎるとの批判を免れ難く、上記通達の合理性には疑問を払拭できないというべきである。」と批判している[7]。なお、この点について、金子宏教授は、金銭債権の譲渡時の処理と貸倒れの際の処理の整合性が保てないことを理由に、「金銭債権を33条1項の資

産に含め、その譲渡による損失を譲渡損失として扱うことは合理的でない。…中略　（筆者注：所得税基本通達の）この取扱いが、法の明文の規定をまたず33条の趣旨解釈として出てくるかどうかについては、問題が残るが、実質論としては、この取扱いは正当であるといえよう[8]」と述べておられる。

　結論を導出する際に通達の定めを拠り所とした従来の裁決の論理を採用せず、取得時と退会時の会員権の資産内容の相違という新たな論理に基づいて判断を下している点が、本件判決の注目すべき点といえよう。この論理の妥当性を以下では検討する。

4　判旨の妥当性の検証
―ゴルフ会員権の内容は取得時、譲渡時、そして、退会時で異なるか

　判旨5によれば、取得時のゴルフ会員権と退会手続きを経たゴルフ会員権の内容、性質は大きく異なっているから、異なる内容を有する資産の価額を同一の尺度で比較計算すること自体が不合理であるというのである。

　まず、この裁判所の見解の妥当性を次の2つの視点から検証してみよう。すなわち、第1は、譲渡時の会員権は、取得時の会員権とその内容・性質が異なるか、第2は、退会の前後で会員権の性質は変容するか、の2つの視点から検討する。

　まず第1の視点である。ゴルフ会員権の取得は、ゴルフクラブに直接入会する場合と第三者から取得する場合の2つに分類できる。前者の場合には入会の承認手続きを経て、入会金、預託金を支払う、という入会手続きを経て取得する。後者の場合には、購入価額・名義書換手数料等を支払い、入会手続を経て取得する。

　一方、第三者への譲渡は、第三者から会員権を取得した場合と表裏の関係にある。したがって、第三者から譲渡により取得した会員権の内容である①ゴルフ場施設の優先的利用権、②預託金返還請求権及び③会費納入義務等が一体となった契約上の地位が、そのまま売買の対象となるのであるから、その内容に変容する余地はない。もし変容するのであれば、会員権の売買自体

が成立しがたいことになる。

　一方、第2の退会手続の前後で会員権の中身が変容するかという問題であるが、結論は、変容はあり得ないといえよう。なぜならば、退会は、第1の場合の、ゴルフクラブから直接取得した経路の逆をたどる行為であり、入会と退会は表裏の関係にあるからである。ゴルフクラブから直接取得した会員権を、退会は返却する行為ということができる。入会による取得と退会による返却の対象物である会員権の内容が異質であるという論理は成立し難い。

　そうすると、判旨5が「本件取引は、自らの意思で預託金返還請求権以外の権利義務等を消滅させた上、同請求権を行使したものであるから、両者の資産としての内容・性格は大きく異なって」いるとする見解は、退会手続を時系列的に説明しているに過ぎないものといえる。もともと権利義務と預託金請求権は一体となっていたものであり、実体はこれらの権利と義務が束になって会員権を構成しているのである。本件判旨は手続を重視するあまり、会員権の内容という実体を見失い、手続と実体を混同したものといえよう。ここで問題とされるべきは、退会手続のプロセスの問題ではなく、資産として認められたゴルフ会員権の実体にあることを再度確認すべきである。

　判旨では、なぜ取得時点の会員権の内容は、権利の実体に着目し、退会時には手続を重視するのかについて十分な説明がなされておらず、論理の飛躍が見られ、受け入れ難い。

5　結論

　ゴルフ会員権の市場価格は、ゴルフ場施設の優先的利用権の評価額を中核として、さらに預託金返還請求権も加味されて形成されるものである。ゴルフ会員権を手放す場合には、まず市場価格が経済的に有利であれば、市場を通じて譲渡するであろう。ところが市場価格が預託金返還価格を下回る場合には、退会の手続を経由して預託金の返還を求めるのが経済的合理性にかなった行為といえる。

　会員権の市場価格が返還預託金を下回る場合とは、ゴルフ場施設の優先利

用権価格の評価額が下落し、0になった場合と理解できよう。値上りはまさにキャピタル・ゲインであり、値下りはキャピタル・ロスの発生である。

そうすると、退会は、会員権を譲渡する際の合理的選択肢の一つといえよう。手続的側面からは譲渡と退会は異なるが、退会は、実質的には譲渡の一形態といえる。

このように考えると、「ゴルフクラブからの退会は、会員権の譲渡にあたり、退会に伴って返還される預託金は、会員権の譲渡の対価として譲渡所得の収入金額にあたると解すべきであろう。返還される預託金が会員権の取得に要した金額を下回る場合には、投下資本の回収に不足する金額として譲渡損にあたると解すべきである[9]」との金子宏教授の見解は支持されるべきであろう。[10]

注

1) この事案の判例評釈として、増田英敏「判批」ジュリ1339号180頁以下（2007年）参照。
2) 服部弘志＝薄井保男「ゴルフ会員権の税務」小川英明ほか編『新・裁判実務体系⒅租税争訟〔改定版〕』506頁（青林書院、2009年）。
3) 国税不服審判所裁決昭和54年10月12日裁集32集18頁。
4) 国税不服審判所裁決平成9年5月30日裁集53集205頁。
5) 国税不服審判所裁決平成13年5月24日裁集61集246頁、国税不服審判所裁決平成13年1月22日裁集61集259頁。
6) 最判昭和50年7月25日民集29巻6号1147頁。
7) この批判は学界からもなされている。たとえば、三木義一教授は、本件判旨と同様に通達による金銭債権の譲渡資産からの除外を批判しておられる。筆者もこの三木教授の意見に同調する。三木義一＝大森健「ゴルフ場施設利用権が消滅した場合の譲渡損失」三木義一ほか編『〔租税〕判例分析ファイルⅠ所得税編』246頁、三木教授執筆部分（税務経理協会、2006年）参照。同書の改定版にて、同教授は表現を変えているが、なお疑問視する見解を維持されている（三木義一＝大森健「ゴルフ場施設利用権が消滅した場合の譲渡損失」三木義一ほか『〔租税〕判例分析ファイルⅠ所得税編〔第2版〕』315頁（税務経理協会、2009年）。
8) 金子宏「所得税とキャピタル・ゲイン」同『課税単位及び譲渡所得の研究』100頁（有斐閣、1996年）。要参照。批判は法令ではなく通達により譲渡資産の範囲を定めている点に集中しているといえよう。
9) 金子宏『租税法』263頁。
10) なお、本件判旨を支持する詳細な評釈として伊藤義一「判批」TKC税研情報15巻3号36頁以下（2006年）が存在するので参照されたい。

第10章

所得税裁判事例研究Ⅴ
―譲渡所得と譲渡費用の範囲（農地転用決済金事件）

最高裁平成18年4月20日判決（破棄差戻し、差戻し、納税者勝訴）
（平成15年(行ヒ)第217号所得税更正処分等取消請求上告事件）
時報1933号76頁
控訴審　東京高裁平成15年5月15日判決（棄却、上告、納税者敗訴）
（平成14年(行コ)第312号所得税更正処分等取消請求控訴事件）
訟月53巻9号2715頁
第一審　新潟地裁平成14年11月18日判決（棄却、控訴、納税者敗訴）
（平成14年(行ウ)第3号所得税更正処分等取消請求事件）
訟月53巻9号2703頁
差戻控訴審　東京高裁平成18年9月14日判決（原判決取消、納税者勝訴）
（平成18年(行コ)第106号所得税更正処分等取消請求控訴事件）
訟月53巻9号2723頁

☞　**研究のポイント**[1]

　本件の争点は、「譲渡所得の計算上農地転用決済金等が譲渡費用に当たるか否か」である。譲渡所得は譲渡収入金額から取得費と譲渡費用を控除することにより算出される。譲渡費用の範囲については、租税法実務上、通達に列挙されたもの以外は認められないという取扱いがなされているようである。しかし、所得税法は、所得は収入から費用を控除して算出することを命じているのであるから、費用に算入されるか否かの判断は、具体的な取引に基づく領収証等の証拠により具体的かつ客観的になされるべきである。

　費用とは何か、そして、その費用性の判断は一般化された取引を想定し、通達に列挙されたもののみを認めるとする租税行政庁のスタンスを明確に本件最高裁が否定している。本件の争点に対する最高裁の判示は、過度に通達に依存した租税法実務への最高裁の警鐘ということもできる。租税法律主義は、個別租税法の定めを文理解釈し、事実に適用していくことを要請してい

る。租税法律主義の意義を本件により検証することも本件の研究の主たるポイントといえよう。

さらに、費用とは何か、そして、その判断基準と事実へのあてはめを本件により学び取ろう。

☞ **研究上の注意**

本事例を研究する際には、下級審の判断と本件最高裁判断の法的ロジックの相違を比較検討すること、さらに、譲渡所得の取得費が争点とされた右山事件最高裁判決と本件の判断との比較検討も重要である。

I 事案の概要

1 事実

(1) 土地改良法42条2項は、土地改良区の組合員が、組合員たる資格に係る権利の目的たる土地の全部又は一部についてその資格を喪失した場合において、同条1項の承継又は同法3条2項の規定による交替がないときは、その者及び土地改良区は、その土地の全部又は一部につきその者の有するその土地改良区の事業に関する権利義務について必要な決済をしなければならない旨定めている。(新潟県の)三条土地改良区は、この規定を受けて、その地区内の農地の転用に伴う権利義務の決済等について定めるため、地区除外等処理規程(以下「本件処理規程」という。)を制定している。本件処理規程によれば、三条土地改良区の組合員は、その地区内の土地につき農地法4条1項又は5条1項の規定による許可の申請を行う場合には、同土地改良区に対し、転用許可の申請をする旨の通知をするとともに、地区除外の申請をしなければならず、同土地改良区は、地区除外の申請がされたときは、除外すべき土地に係る決済金の額を所定の決済金算定基準により確定し、速やかにその決済をするものとされている。そして、上記決済金算定基準においては、決済金の額は、三条土地改良区が当該組

合員から徴収すべき金銭の額と同土地改良区が当該組合員に対し支払うべき金銭の額との差額とされ、決済の範囲については、平成9年当時、別紙のとおり定められていた。

　また、三条土地改良区は、土地改良施設を他の目的に使用させるときの取扱い等について定めるため、施設等使用規程（以下「本件使用規程」という。）を制定している。本件使用規程によれば、三条土地改良区に関係する区域内において開発行為を行おうとする者は、同土地改良区から土地改良施設を使用することにつき許可を受けなければならず、同土地改良区の理事長は、上記の許可の申請があったときは、開発行為による農地及び土地改良施設への影響を検討し、三条土地改良区施設等使用負担金徴収規程（以下「本件徴収規程」という。）に基づいて定める施設等使用負担金を一時金として徴収の上、土地改良施設の使用を承諾することができるものとされている。そして、本件徴収規程は、施設等使用負担金として、①協力金（従来の土地改良施設等の補修及び整備を図るための協力金）、②特別排水負担金（転用に伴う単位排水量の増加分に対する負担金）、③分区負担金（分区会計のうち用排水施設を管理するものについての転用に伴う単位排水量の増加分に対する負担金）を徴収するものと定めている。

(2)　上告人（以下「X」という。）は、三条土地改良区内に存する農地であった本件土地について、農地以外のものに転用するため権利を移転したいとして、平成9年8月11日に農地法（平成10年法律第56号による改正前のもの。以下同じ。）5条の規定による許可の申請をし、同年10月21日にその許可を受けた。

(3)　Xは、平成9年8月11日、上記(2)の許可の申請をするに当たり、三条土地改良区に対し、次のアないしエ記載の金員の合計113万6171円（以下「本件決済金等」という。）を支払った。本件決済金等のうち、アの決済金（以下「本件決済金」という。）は本件処理規程に基づき徴収されたものであり、イの協力金、ウの特別排水負担金及びエの分区（井栗区）負担金（以下これらを併せて「本件協力金等」という。）は本件使用規程及び本件徴収規程に基づき

徴収されたものである。
- ア 決済金　　　　　　　　64万6435円
- イ 協力金　　　　　　　　7万0890円
- ウ 特別排水負担金　　　　39万6984円
- エ 分区（井栗区）負担金　2万1862円

(4) Xは、平成10年3月22日、株式会社Aとの間で、農地法等による許可を停止条件として本件土地を代金4654万円で売り渡す旨の売買契約（以下「本件売買契約」という。）を締結した。そして、本件土地について、登記原因を同月23日売買とするXから上記会社への所有権移転登記がされた。

(5) Xは、平成10年分の所得税の申告において、長期譲渡所得の金額の計算上、本件決済金等を所得税法33条3項にいう「資産の譲渡に要した費用」（以下「譲渡費用」という。）として収入金額から控除した。

(6) 被上告人（以下「Y」という。）は、本件決済金等を譲渡費用とすることを否認し、平成12年7月6日、Xの平成10年分の所得税につき増額更正（以下「本件更正」という。）及び過少申告加算税賦課決定（以下「本件賦課決定」といい、本件更正と併せて「本件更正等」という。）をした。

　本件は、Xが、本件決済金等は本件土地の譲渡費用に当たるとして、本件更正のうち申告額を超える部分及び本件賦課決定の取消しを求めた事案である。

　原審は、前記事実関係等の下において、次のとおり判断し、本件更正等に違法はないとしてXの請求を棄却すべきものとした。

　本件決済金は、本件土地の転用による組合員資格の喪失に伴い三条土地改良区との間でその事業に関する権利義務につき一時に決済が必要となった清算金にすぎず、その支払が農地法5条の転用移転の許可自体の法律上の手続に不可欠なものとなっているわけではない。また、本件協力金等は、転用された土地につき三条土地改良区内の土地改良施設を将来にわたって使用する

ための負担金にすぎない。本件決済金等は、本件土地の譲渡を実現するために直接必要な支出として実質的関連性があるものではなく、譲渡に際しての増加益のために必要な支出として合理的関連性があるものでもないから、本件土地の譲渡費用に当たらない。

2 本件の争点と当事者の主張
(1) 本件の争点
Xは、Yが本件譲渡所得の金額の計算上、本件決済金等を譲渡費用と認めなかった点を争い、その余の点についてはこれを認めるので、本件の争点は、「本件譲渡所得の計算上本件決済金等が譲渡費用に当たるか否か」である。

(2) Yの主張
i 譲渡費用の概念について
譲渡所得に対する課税は、資産の値上がりによりその資産の所有者に帰属する増加益を所得として、その資産が所有者の支配を離れて他に移転するのを機会に、これを清算して課税する趣旨のものであることからすれば、譲渡費用とは、譲渡のための仲介手数料、登記費用等のように、その資産の譲渡のために直接かつ通常必要な経費及び借家人等を立ち退かせるための立退料その他その資産の譲渡価額を増加させるため譲渡に際して支出した費用と解すべきであり、譲渡資産の保有期間中に支出した修繕費、固定資産税その他の資産の維持管理に要した費用は、その資産の使用収益によって生ずる所得に対応する費用であって、資産の増加益である譲渡所得に対応する譲渡費用には該当しないというべきである。

したがって、譲渡をする前提として事実上必要であった支出であっても、譲渡を実現するために直接必要な経費でないときは、その支出は、譲渡費用には当たらない。

ii 本件決済金が譲渡費用に当たらないことについて

　本件決済金は、土地改良法42条 2 項の規定に基づく農地転用決済金であり、土地改良区の組合員が組合員たる資格に係る権利の目的たる土地の全部又は一部について、その資格を喪失した場合において、同条 1 項に定める権利の承継又は同法 3 条 2 項による交替がない場合に、その権利義務を清算するために決済するためのものであって、必ずしも譲渡に伴って決済されるものではない。よって、本件決済金は、本件土地を譲渡するために直接かつ通常必要な費用には該当しない。

　また、本件決済金は、土地改良法42条 2 項の規定によってAの組合員であったXがAに対して有していた権利義務を清算するために、あらかじめ定められた地区除外等処理規程の定めに基づいて、Xが支出したものであるから譲渡価額を増加させるために支出した費用ともならない。

iii 本件協力金等が譲渡費用に当たらないことについて

　本件協力金等は、A内の土地改良施設を将来に渡って使用するための使用料を一時的に負担する費用であるから、資産の譲渡と直接対応関係がない期間対応費用であって、本件譲渡とは関係がない。

　したがって、本件協力金等は、本件土地を譲渡するために直接かつ通常必要な費用には該当しない。

(3) Xの主張

i 譲渡所得及び譲渡費用の概念について

　昭和48年法律第 8 号により所得税法59条が改正され、個人間において行われる資産の移転について譲渡所得税が課税されるのは、取引（契約）によって譲渡が行われた場合と限定承認に係る相続及び遺贈に限られることとされた。これらはいずれの場合も、複数の当事者間において資産の移転に際してその資産の価額について交渉の結果としての合意があり、取引の後においてもそれらの事実を証するための書類作成等の手続が一般化していることにより、課税を行うのに必要な事項を客観的に確認することができる。また、課

税すべき所得を計算する総収入金額は譲渡価額であり、交渉の結果合意した具体的な取引成立金額である。

これにより譲渡所得に対する課税は資産の移転が行われ、資産に代替する貨幣財等が所有者に帰属した時を課税適状とし、当該貨幣財等を総収入金額とし、そこから資産の取得に要した取得費を控除した金額を「その資産につきすでに生じている増加益のうち実現した増加益」として課税することとされたのである。また、総収入金額たる取引金額が譲渡資産に代替して所有者に帰属することになるが、いったん帰属した貨幣財等のうちからすでに支出処分した経費のうち譲渡に要した費用及び譲渡以前であっても譲渡の準備のために支出された譲渡との因果関係が明白な費用及び譲渡価額を増加させるために支出された費用は、実現した増加益から控除した金額をもって税負担が可能な所得（担税力ある所得）として課税することとされたのである。

このように考えると現行の所得税法の下においては、譲渡所得の本質はYが主張するような「その資産にすでに生じている抽象的な増加益」から、「その資産にすでに生じている増加益のうち実際の取引によって実現した増加益」に変更され、これに応じて課税所得も税負担を求めるにふさわしい貨幣財を伴った担税力ある所得として考えなければならない。

ⅱ 本件決済金等について

Xは本件土地について農地法5条の規定による許可申請をし、平成9年10月21日に許可を受けているが、農地法5条の規定による許可申請に当たって添付を求められる土地改良区の意見書は、決済金の支払と引き換えに交付される仕組みとなっているのであるから、本件決済金等は本件譲渡と直接関係のある費用として譲渡費用に該当するというべきである。

Yは、本件決済金等は、本件土地を転用しないで譲渡すれば支払不要であるから直接かつ通常必要な経費とはいえないと主張するが、本件譲渡は、転用可能な農地とすることを条件に行われたものであって、この条件は、農地の売買契約において極めて一般的に付されるものであるから、譲渡費用に該当するというべきである。

Ⅱ 判旨

1 譲渡所得課税の趣旨

「譲渡所得に対する課税は、資産の値上がりによりその資産の所有者に帰属する増加益を所得として、その資産が所有者の支配を離れて他に移転するのを機会に、これを清算して課税する趣旨のものである〔最高裁昭和41年(行ツ)第102号同47年12月26日第三小法廷判決・民集26巻10号2083頁、最高裁昭和47年(行ツ)第4号同50年5月27日第三小法廷判決・民集29巻5号641頁参照〕。」

2 譲渡費用の範囲を確定するための判断基準

「所得税法上、抽象的に発生している資産の増加益そのものが課税の対象となっているわけではなく、原則として、資産の譲渡により実現した所得が課税の対象となっているものである。そうであるとすれば、資産の譲渡に当たって支出された費用が所得税法33条3項にいう譲渡費用に当たるかどうかは、一般的、抽象的に当該資産を譲渡するために当該費用が必要であるかどうかによって判断するのではなく、現実に行われた資産の譲渡を前提として、客観的に見てその譲渡を実現するために当該費用が必要であったかどうかによって判断すべきものである。」

3 判断基準の当てはめ

(1) 本件決済金は譲渡費用

「前記事実関係等によれば、本件売買契約は農地法等による許可を停止条件としていたというのであるから、本件売買契約においては、本件土地を農地以外の用途に使用することができる土地として売り渡すことが契約の内容となっていたものである。そして、前記事実関係等によれば、Xが本件土地を転用目的で譲渡する場合には土地改良法42条2項及びこれを受けて制定された本件処理規程により本件決済金の支払をしなければならなかったのであ

るから、本件決済金は、客観的に見て本件売買契約に基づく本件土地の譲渡を実現するために必要であった費用に当たり、本件土地の譲渡費用に当たるというべきである。」

(2) 本件決済金のうち過年度未納入金は譲渡費用から除外

「ただし、前記事実関係等によれば、転用目的での農地の譲渡に伴う決済に当たり三条土地改良区が組合員から徴収すべき金銭の中には決済年度以前の年度に係る賦課金等の未納入金が含まれているところ、仮に本件決済金の中に本件土地を転用目的で譲渡するか否かにかかわらず決済の時点で既に支払義務が発生していた賦課金等の未納入金が含まれていた場合には、本件決済金のうち上記未納入金に係る部分は本件土地の譲渡費用に当たらないというべきである。」

(3) 本件協力金等は譲渡費用

「また、前記事実関係等によれば、三条土地改良区の組合員がその地区内の農地を転用目的で譲渡するに当たり本件使用規程及び本件徴収規程に基づく施設等使用負担金を支払った場合には転用された土地のために土地改良施設を将来にわたり使用することができることになるのであるから、上記の施設等使用負担金の支払は当該土地の譲渡価額の増額をもたらすものということができる。そうであるとすれば、Xが上記の施設等使用負担金として支払った本件協力金等は、本件土地の譲渡費用に当たるというべきである。」

Ⅲ 本件下級審の判旨

1 第一審・新潟地判平成14年11月28日訟月53巻9号2703頁
(1) 譲渡費用の意義

「譲渡所得とは、資産の譲渡による所得をいうところ（所得税法33条1項）、譲渡所得に対する課税の本質は、所有資産の増加益（キャピタルゲイン）に対する課税であって、資産が譲渡によって所有者の手を離れるのを機会に、その所有期間中の増加益を清算して課税しようとするものである。そうする

と、譲渡費用もこのような譲渡所得の課税の本質からみて収入金額から控除することが課税の衡平上相当なものであることを要し、具体的には、当該資産の譲渡を実現するために直接必要な費用及びその資産の譲渡価額を増加させるため譲渡に際して支出した費用に限定されると解するのが相当である。」

(2) 決済金等の性質

「(1)本件決済金は、土地改良法42条2項に基づく決済として支払われたものであるところ、同条の決済は、土地改良区の組合員たる資格の喪失に際し、土地改良区の事業に関する権利義務の移転がない場合に、土地改良区と組合員との間の権利義務を清算するために行われるものである。…中略

これらの費用は、本件土地がA土地改良区内に存在する農地である限り将来において負担すべきものであったところ、本件土地が転用されたことにより、土地改良区との間で一時にその決済が必要とされたにすぎないものである。

そうすると、譲渡とは別個の転用という理由により必要とされた費用であるから、譲渡に直接必要な費用とも譲渡価額を増加させるために譲渡に際して支出した費用ともいうことはできず、譲渡費用には当たらないというべきである。

(2)また、本件協力金等は、…中略 転用等により土地改良区から除外される土地を開発する者が土地改良施設を使用するために負担する施設等使用負担金であり、具体的には、…中略 の負担金及び協力金である。

これらの費用は、転用された土地において土地改良施設を使用するために負担する負担金であって、本件決済金と同様に、譲渡とは別個の理由、すなわち、転用された土地において土地改良施設を利用するためには負担金を支払わなければならないという理由により必要とされた費用であるから、本件決済金同様、譲渡費用には当たらないというべきである。」

2 控訴審・東京高判平成15年5月15日訟月53巻9号2715頁

(1) 譲渡費用の意義

「所得税法33条3項は、譲渡所得の金額につき、総収入金額から当該所得の基因となった資産の取得費及びその資産の譲渡に要した費用の額の合計額を控除し、その残額の合計額から譲渡所得の特別控除を控除した金額とする旨規定している。

譲渡所得とは、資産の譲渡による所得をいう（所得税法33条1項）。譲渡所得に対する課税の本質は、所有資産の価値の増加益（キャピタルゲイン）に対する課税であって、資産が譲渡によって所有者の手を離れるのを機会に、その所有期間中の増加益を清算して課税しようとするものである。そうすると、上記「資産の譲渡に要した費用」すなわち譲渡費用とは、事業所得等の控除項目である必要経費に関する規定（所得税法37条1項）との対比からすると、資産の譲渡に直接関連した必要な費用であれば足り、具体的には、当該資産の譲渡を実現するために直接必要な支出として実質的関連性がある費用又はその資産の譲渡に際しての増加益のために必要な支出として合理的関連性のある費用をいうものと解すべきである。」

(2) 決済金等の性質

「本件決済金は、土地改良法42条2項に基づく決済として支払われたものであるところ、同条の決済は、土地改良区の組合員たる資格の喪失に際し、土地改良区の事業に関する権利義務の移転がない場合に、土地改良区と組合員との間の当該土地についての事業に関する権利義務を清算するために行われるものである。具体的には、…中略　土地改良区が徴収すべき金銭の額と土地改良区が支払うべき金銭との差額であって、そのうち、土地改良区が徴収すべき金銭の内訳は、…中略　決済年度以前の年度に係る賦課金等の未納入金額決済時点の属する年度の翌年度以降の事業費、負担金、分担金等である。

これらの費用は、本件土地が三条土地改良区内に存在する農地である限り将来において負担すべきものであったが、本件土地の転用による組合員の資

格喪失に伴い土地改良区との間で一時にその決済が必要となった清算金にすぎないものであるから、農地の転用移転の許可自体の法律的手続に不可欠な決済の支払とはいえないし、土地改良区への本件決済金の支払が実際上必要とされるような運用がされていたとしても、あくまで土地改良区が円滑に本件決済金の清算手続をするために事実上本件土地の転用許可手続に関連させているだけであって、所得税法上、譲渡を実現するために直接必要な支出として実質的関連性があるとまでは認められない。また、本件決済金の支払の前提となった土地改良事業の結果本件土地の譲渡価格が増加したとしても、後述のように本件決済金の支払は取得費としてみる余地があり得るだけのことであり、譲渡に際しての増価益のために必要な支出として合理的関連性があるものとは認められない。

　したがって、本件決済金は、譲渡費用には該当しない。

(2)　本件協力金等は、…中略　転用等により土地改良区から除外される土地を開発する者が土地改良施設を使用するために負担する施設等使用負担金であり、具体的には、…中略　負担金及び協力金である。

　これらの費用は、転用された土地について、土地改良区内の土地改良施設を将来にわたって使用するための負担金であって、当該資産の将来における維持管理に要する費用に過ぎず、譲渡を実現するために直接必要な支出として実質的関連性は認められないし、譲渡に際しての増価益のために必要な支出として合理的関連性があるものとも認められない。

　したがって、本件決済金同様、譲渡費用には当たらないというべきである。」

Ⅳ　研究　判旨に賛成

1　譲渡所得課税をめぐる紛争における本件の位置づけ

　所得税法33条は譲渡所得を「資産の譲渡による所得をいう」と定義したうえで、譲渡所得の金額について、「譲渡所得の金額は、…中略　それぞれそ

の年中の当該所得に係る総収入金額から当該所得の基因となった資産の取得費及びその資産の譲渡に要した費用の額の合計額を控除し、その残額の合計額から譲渡所得の特別控除額を控除した金額とする。」と定めている。

譲渡所得課税をめぐる紛争は、譲渡所得の意義と範囲にかかわる事項（所得区分問題）を争点とするものと、譲渡所得の金額を確定する要素である、総収入金額、取得費、そして、譲渡費用の意義と範囲を争点とするものとに大別できる。

前者に属する代表的裁判例は、本件最高裁判決が引用した、最高裁昭和43年10月31日判決[2]や最高裁昭和47年12月26日判決[3]等を例示できる。最高裁は、譲渡所得に対する課税の本質を、「譲渡所得に対する課税は、…中略　資産の値上りによりその資産の所有者に帰属する増加益を所得として、その資産が所有者の支配を離れて他に移転するのを機会に、これを清算して課税する趣旨のものと解すべきであ」るとしている。この類型に属する紛争の争点としては、資産とは何か、譲渡とは何かといった点に集約される[4]。

本件は、譲渡所得の金額を確定する要素である譲渡費用の意義とその範囲を確定する判断基準を争点とした事例であり、後者の紛争類型に属するものである。

譲渡所得の金額は、①総収入金額、②資産の取得費、そして、③資産の譲渡に要した譲渡費用の三要素によって確定される。そして、①ないし③のそれぞれの範囲をめぐって紛争は生じてきた。

たとえば、総収入金額をめぐっては、資産を交換した場合の総収入金額は取得した資産の時価相当額[5]、負担付贈与をした場合には負担の経済的価値[6]が、現物出資した場合にはその出資した財産の額[7]が総収入金額とされることが裁判事例によって明確にされてきた。

また、「取得費」をめぐっても多くの紛争が提起されてきた。たとえば、資産取得のために支出した仲介手数料や資産取得のために借り入れた資金の支払利子[8]、そして、贈与によって取得したゴルフ会員権の名義書換料[9]が取得費に含まれるかが争われてきた[10]。

とりわけ、資産の譲渡に要した費用については多くの裁判事例が蓄積されてきている。たとえば、譲渡資産上の抵当権の抹消のためにした第三者の債務弁済費用が譲渡に要した費用に含まれるかが争点とされた事案で、最高裁昭和36年10月13日判決[11]は、「「譲渡に関する経費」とは、原判示のように、譲渡を実現するために直接必要な支出を意味するものと解すべく、本件譲渡資産の抵当権抹消に300万円を要したからといって、右300万円をもって譲渡に関する経費ということはできない。」と判示した。また、譲渡資産の所有権に関する紛争解決のために支払った弁護士報酬[12]や時効取得を原因とする土地の所有権移転登記手続請求訴訟に要した弁護士費用が譲渡費用に該当するか否かといった事案[13]も提起されてきた。さらに、売却土地上に存した建物の賃借人に支払った立退料が譲渡費用に該当するか否かといった事案[14]も存在する。いずれの事案についても裁判所は、各支払いの譲渡費用該当性を否定している。資産の譲渡に要した費用とは資産の譲渡のために直接必要な経費であるとの立場から、その範囲を厳格に解してきたといえる。

本件は譲渡所得課税における譲渡費用の範囲を争点とした事例として位置づけることができる。

2 本件最高裁判決の意義と評価——通達を厳格に踏襲した先例との決別

ところで、本件の先例に位置づけられる事件として新潟地裁平成8年1月30日判決[15]が存在する。この事件も、土地改良法に基づいて支払った決済金の譲渡費用該当性が、まさに争点とされた事例である。

この事例においても、本件と同様に、当該決済金は、所得税法33条3項に規定されているいわゆる譲渡費用に該当するとの原告の主張に対して、被告（国側）は、所得税法33条3項に規定する譲渡費用とは、譲渡のための仲介手数料あるいは登記費用等のように、当該資産の譲渡のために直接かつ通常必要な費用をいうとしたうえで、決済金の大部分は土地改良区の将来の維持管理費であり、土地の譲渡に直接関連した費用と認める余地はない、と反論している。

この両者の主張に対して裁判所は、「譲渡所得とは資産の譲渡による所得をいい、譲渡所得に対する課税は、資産が譲渡によって所有者の手を離れるのを機会に、その所有期間中の増加益（キャピタルゲイン）を清算して課税するものである。よって、譲渡費用も、右のような譲渡所得に対する課税の本質からみて収入金額から控除することが課税の衡平上相当なものであることを要し、具体的には、当該資産の譲渡を実現するために直接かつ通常必要な費用に限定されると解するのが相当である。」として、譲渡費用の範囲を確定するための基準をまず明らかにしている。そのうえで、「本件決済金の大部分は土地改良施設の将来の維持管理費及び事務費であり、他は、県営事業の分担金あるいは借入金の返済に充当すべき将来の負担金等であ」り、「土地改良法42条2項に基づく決済は、土地改良区の組合員たる資格の喪失に際し、土地改良区の事業に関する権利義務の移転がない場合に、右権利義務を清算するために行われるのであつて、組合員たる資格に係る権利の目的たる土地の譲渡とは直接の関係がないことが明らかである。すなわち、決済金は、土地を譲渡することなく農用地以外のものに転用する場合は徴収される反面、土地を譲渡しても転用をともなわない場合には徴収されないのであり、現に、本件決済金も、土地改良施設の維持管理費を主とするものであるから、本件各土地の譲渡を実現するために直接かつ通常必要な費用とは到底認められない。」として、被告国側の主張に沿う判断を示して、原告の主張を棄却している。

裁判所は、譲渡費用が土地の譲渡と直接対応関係にある経費に限定されるとの前提から、当該決済金が土地改良施設の将来の維持管理費及び事務費であると性質付けしており、維持管理費は当該土地の使用収益と期間対応する性質のものであり、土地の譲渡と直接対応関係にないゆえに譲渡費用ということはできないと結論付けている。本件の先例に位置づけられる同判決は、当該決済金の支払が、譲渡となぜ直接対応関係にないのかについて、合理的な説明をしていないとの批判は避けることができない。譲渡がなかったら決済金の支払も必要ではないはずである。譲渡に伴って当該決済金の一括支払

が生じたのであり、この場合の譲渡と決済金の支払の関係性を断ち切る論理は成立し難いと思われる。

ところで、所得税基本通達33―7は、譲渡費用の範囲のタイトルのもとに以下の解釈を加えている。

① 資産の譲渡に際して支出した仲介手数料、運搬費、登記もしくは登録に要する費用その他その譲渡に直接要した費用

② ①の費用のほか、借家人等を立ち退かせるための立退料、土地（借地権を含む）を譲渡するためその土地の上にある建物等の取壊しに要した費用、既に売買契約を締結している資産を更に有利な条件で他に譲渡するためその契約を解除したことに伴い支出する違約金その他その資産の譲渡価額を増加させるためその譲渡に際して支出した費用（注　譲渡資産の修繕費、固定資産税その他その資産の維持または管理に要した費用は、譲渡費用に含まれないことに留意する）

通達はこのように「譲渡に直接要した費用」を譲渡費用と述べつつも、具体的に仲介手数料、運搬費、登記費用、そして、立退料等といった具合に具体的な費目を列挙しているため、この列挙した費目以外の費用が「譲渡に直接要した費用」であるか否かは、直接性の要件を付加することによりその該当性が厳格に問われるという構造になっている。さらに、譲渡資産の維持費又は管理費は譲渡費用から除外されることが但し書きに明記されている。

本件の先例に位置づけられる同判決の内容は、当該決済金の支払いを譲渡資産の維持費であると認定して、譲渡費用には該当しないと判断している。しかしながら、手放すことになる土地の管理・維持費を、なぜ将来にわたって売主が負担しなければならない必然性があるのであろうか。費用とは、収益を獲得するために費消された経済価値であるから、売却により土地を手放すことにより今後使用収益は発生しないにもかかわらず、なぜ使用収益に対応する維持・管理費が発生するのであろうか。維持・管理費とは、使用収益が発生することによりはじめて生じる費用のはずである。そのことに合理的説明を加えることなしに、決済金の支払いを維持費であると即断することは

合理性に欠ける判断と言わざるを得ない。

　この判断の背景には、通達の影響が色濃く見て取れる。当該決済金支払いは前記通達に列挙された費目に該当するものではないことと、決済金が譲渡資産の維持費に当たるとすれば、但し書きに該当するところから、譲渡費用に該当しないとの結論を導き出しているといえよう。

　一般に通達は、その性質上から明確性と簡明性を重視するために、具体的に費目等を列挙して記述する傾向が顕著である。この傾向は、税法自体の解釈を硬直化させる弊害がある。たとえば、交際費の範囲に関する通達の具体的記述が、その趣旨を理解せず海外旅行費用はすべて交際費といった扱いに発展する恐れを内包している。通達に過度に依存する課税は納税者の本来の税法解釈権を奪いかねない[17]。このような点から、同判決の内容に賛同できない。

　一方、本件最高裁判決は、この先例を踏襲することなく、「所得税法上、抽象的に発生している資産の増加益そのものが課税の対象となっているわけではなく、原則として、資産の譲渡により実現した所得が課税の対象となっているものである。そうであるとすれば、資産の譲渡に当たって支出された費用が所得税法33条3項にいう譲渡費用に当たるかどうかは、一般的、抽象的に当該資産を譲渡するために当該費用が必要であるかどうかによって判断するのではなく、現実に行われた資産の譲渡を前提として、客観的に見てその譲渡を実現するために当該費用が必要であったかどうかによって判断すべきものである。」と譲渡費用の該当性判断の基準を明示したうえで、「本件決済金は、客観的に見て本件売買契約に基づく本件土地の譲渡を実現するために必要であった費用に当たり、本件土地の譲渡費用に当たるというべきである。」と判示している。

　ここでこの最高裁判決の内容でとりわけ注目すべき点もしくは意義は次の2点に集約されよう。

　　i　譲渡費用の該当性判断の新たな基準の提示—通達からの決別
　譲渡費用の該当性を判断する際には「現実に行われた資産の譲渡を前提と

して」、「客観的に見てその譲渡を実現するために当該費用が必要であったかどうかによって判断すべきものである。」と判示している点である。

この最高裁の見解は、実はさきに先例として取り上げた事例の判決と対極に位置づけられるものである。先例判決では、通達に列挙されていない費用は原則的に譲渡費用には当たらないという結論を導出することが可能な判断基準となっている。「譲渡に通常かつ直接必要な費用」として、「通常」の要件を「直接必要」の要件に加えてさらに厳格な基準を創出している。これは、基本通達の定めに拘束されたものと言わざるを得ない。

一方、本件最高裁判決では、通達に列挙された費用に拘束されるものではないことを宣言したものと評価できる。なぜならば、登記費用や仲介手数料といった通達に列挙された費用は、取引を類型化して、さらに一般化された取引から抽出された費用であり、具体的に実現した目前にある取引から生じた費用と比較すると、一般的・抽象的費用であるということができる。通達に列挙された費用のみを譲渡費用とするのではなく、現実に生じた譲渡取引を前提に判断すべきことを宣言したものといえる。

すなわち、譲渡費用は譲渡収入という具体的に実現した収益に対応して、本来の費用概念である当該譲渡収益を獲得するために具体的に必要とされた費用か否かによってその範囲が確定されるべきであると、本件最高裁はその判断基準を明示しているのである。この点に本件最高裁判決の1つの意義を見出しうる。

ii 直接必要の要件から客観的必要性の要件へ

これまで譲渡費用は、譲渡に直接要した費用と定義されてきたが、所得税法33条は「譲渡所得の金額は…中略　その年中の当該所得に係る総収入金額から当該所得の基因となつた資産の取得費及びその資産の譲渡に要した費用の額の合計額を控除し、その残額の合計額から譲渡所得の特別控除額を控除した金額とする。」と定めており、譲渡費用は「譲渡に要した費用」とのみ定めるばかりで、「直接」の文言は付されていない。

「直接」の文言を解釈上付加した理由は、譲渡費用を恣意的に拡大解釈す

ることを阻止することにあったものといえよう。つまり、譲渡費用の射程が確定せず譲渡と同時期に支出された費用がすべて譲渡費用となるなどといった事態を避けるために、「直接」の文言を付加することにより要件の明確化を図ったものといえる。ところが、この「直接」の文言を租税行政庁が硬直的に解して、通達に列挙された費用以外はすべて譲渡費用に該当しないといった運用が起こりうるとしたら逆に「直接」の文言を付加することは法の縮小解釈をもたらし、租税法律主義に抵触する問題となろう。なぜならば、根拠規定には「直接」の文言が存在しないからである。

本件最高裁は、「現実に行われた資産の譲渡を前提として、客観的に見てその譲渡を実現するために当該費用が必要であったかどうかによって判断すべきものである」として、「直接」の文言に代えて、「客観的必要性」の要件の存否により譲渡費用の該当性を判断するとしたのである。

譲渡費用該当性判断に新たな基準を明示したものともいえる。さらに、通達では「直接」の文言が付加されているが、その「直接」の文言を最高裁は用いず、「客観的必要性」の基準を明示したという点で、通達の内容を採用しないという意味で、通達からの決別ともいえる意義のある判決と評価できよう。

なお、「直接必要性」と「客観的必要性」とは、いずれが譲渡費用の範囲を確定するうえで、恣意的な判断を排除できるかについては議論もあろうが、筆者は「客観的必要性」を支持したい。

3 本件下級審の判断の論理と問題点

第一審の新潟地裁は譲渡費用について、「譲渡費用もこのような譲渡所得の課税の本質からみて収入金額から控除することが課税の衡平上相当なものであることを要し、具体的には、当該資産の譲渡を実現するために直接必要な費用及びその資産の譲渡価額を増加させるため譲渡に際して支出した費用に限定されると解するのが相当である。」と判示しており、先の先例として取り上げた、新潟地裁平成8年1月30日判決とほぼ同旨の判断基準を示して

おり、先例を踏襲したものと位置づけることができる。

一方、控訴審は、譲渡費用について、「譲渡費用とは、事業所得等の控除項目である必要経費に関する規定（所得税法37条1項）との対比からすると、資産の譲渡に直接関連した必要な費用であれば足り、具体的には、当該資産の譲渡を実現するために直接必要な支出として実質的関連性がある費用又はその資産の譲渡に際しての増加益のために必要な支出として合理的関連性のある費用をいうものと解すべきである。」と判示している。この判示は、譲渡費用を、譲渡に直接必要であり、その具体的な基準として直接必要とは実質的関連性を有し、さらにキャピタルゲインの増加に合理的関連性を有する支出か否かにより判別するとしている。この判旨も、多少の表現の差こそあれ、先例の延長線上にあり、先例を踏襲した判断基準と位置づけられる。

なお、決済金等の性質については、第一審、控訴審とも、「これらの費用は、転用された土地について、土地改良区内の土地改良施設を将来にわたって使用するための負担金であって、当該資産の将来における維持管理に要する費用に過ぎない」と認定している。資産の維持管理費は譲渡費用には該当しないという判断を下している。

この本件下級審の判断は、先の先例における判断と同じ論理を用い、さらに決済金等の性質も将来の使用のための負担金という認定を行って、あくまでも譲渡との関連性を否定している。

下級審のこれらの判断も、やはり、譲渡して所有者の手元を離れる土地の将来の維持・管理費を、なぜその所有者が売却に際して負担するのかについて説明されていない。譲受人が購入後その土地を使用収益するのであるからその者が負担するのが当然のことといえよう。にもかかわらず、下級審の判旨では譲渡人が譲渡に際してなぜ当該費用を負担するのかについて説明がなされていない、という重大な論理的欠陥を内包していることを指摘せざるを得ない。譲渡のための条件として、当該決済金等の支払いが必要であったと理解するほうが合理的であることは論を待たない。

4 むすび

　本件土地の売買契約は、農地法等による許可を停止条件として契約が締結されていた。すなわち、本件土地を、農地以外の用途に使用できる土地として売渡すことが、契約の中身とされていたのである。農地転用目的で改良区内の土地を譲渡する場合には、本件決済金等の支払いがなされなければならなかったということが認められる。

　そうすると、契約の内容からしても、本件決済金等の支払いは譲渡のために不可欠な支払いということができる。譲渡に不可欠な支払いは、まさに譲渡に要する費用以外の何物でもないといえよう。本件土地の将来の維持・管理費支払であるから、譲渡費用に該当しないという租税行政庁の見解は不合理であり、さらに裁判所も、その主張を下級審においては支持してきたのであるから、なぜそのような見解に至るのかについて、我々は注意を払うべきである。

　このような見解が展開される原因の1つとして、通達を挙げることができよう。通達の存在がその判断に大きく影響したものと考えざるを得ない。通達が硬直的に運用されることになると、立法目的が歪められ、担税力測定がゆがめられる結果を招く。その象徴的な事例と本件はいえよう。我々は右山税理士事件を1つの教訓としているはずである。[18]

　その意味で最高裁の良識ある見解により、司法の面目を保った事例として本件最高裁判決は評価できる。

　キャピタル・ゲインに担税力を見出して課税する譲渡所得課税において、譲渡費用は取得費とともに担税力の減殺要因である。この範囲を過小に評価すると、担税力に応じた課税は図れず、租税公平主義の実現、すなわち租税正義が危うくなることを端的に示した事例ともいえよう。

注
1）本件の詳細な判例研究は、増田英敏「判批」TKC税研情報16巻2号1頁以下（2007年）参照。
2）最判昭和43年10月31日訟月14巻12号1442頁参照。

3) 最判昭和47年12月26日民集26巻10号2083頁参照。
4) 資産と譲渡の概念についての通説的な理解は、「資産とは、譲渡性のある財産権をすべて含む観念で、動産・不動産はもとより借地権・無体財産権・許認可によって得た権利や地位、ビットコイン等の仮想通貨（資金決済法2条5項、消税別表1第2号、同令9条4項参照）などが広くそれに含まれる。…中略　なお、『資産』という観念は一種の固有概念であると解すべきであろう。

次に、譲渡とは、有償であると無償であるとを問わず所有権その他の権利の移転を広く含む観念で、売買や交換はもとより、競売…中略　、公売、収用…中略　、物納、現物出資…中略　等が、それに含まれる」（金子『租税法』262頁以下）とされており、それぞれの内容が注意を要する問題である。
5) 東京高判昭和59年7月16日行集35巻7号927頁。
6) 最判昭和63年7月19日時報1290号156頁。
7) 東京高判昭和51年11月17日訟月22巻12号2892頁。
8) 最判昭和63年7月19日時報1290号156頁。
9) 東京高判昭和54年6月26日行集30巻6号1167頁。
10) 最判平成17年2月1日時報1893号17頁。
11) 最判昭和36年10月13日民集15巻9号2332頁。
12) 大阪地判昭和60年7月30日訟月32巻5号1094頁。
13) 東京地判平成4年3月10日訟月39巻1号139頁。
14) 大阪地判平成3年5月7日時報1421号67頁。
15) 新潟地判平成8年1月30日行集47巻1＝2号67頁。なお、この事案に関する判例評釈としては、岩崎政明「判批」自研73巻7号117頁参照。さらに、田中治＝近藤雅人「土地の譲渡費用の範囲」三木義一ほか編『〔租税〕判例分析ファイルⅠ所得税編〔第2版〕』115頁以下（税務経理協会、2009年）は、実務家の視点と研究者の視点の両者からこの譲渡費用の範囲を争点とした裁判例を分析しており参考になる。研究者の立場から田中教授は、同判決の論理的構造の問題点を4点にわたり指摘したうえで、最後に、「事実がこのようなものだとすれば、本件においては、土地の譲渡に直接に必要な費用として決済金が支払われたものとみるのが相当である。問題は要するに、納税者の土地の譲渡においてその支出が直接に必要であったかどうかである。この要件を満たす限りは、土地改良区の一連の手続に法的根拠があるかどうかなどは、当該決済金の譲渡費用該当性の判断においてはほとんど意味をもたない、というべきであろう。」（田中＝近藤、同書、121頁）として、決済金が譲渡に直接必要な費用と言えるかどうかが検討されるべきことを確認されており、妥当な見解として支持されよう。
16) 同判決に対して、田中治教授は「第一に、判決は、譲渡所得課税の本質論から、譲渡費用の判定において『衡平法上』相当であること、具体的には、当該支出が譲渡を実現するために直接かつ通常必要な費用に限定されることを導いている。

しかしながら、増加益を精算（ママ）して課税するという譲渡所得課税の本質論から、どのような論理を媒介にして、衡平の要件や通常性の要件を導くかという論理の筋道は、全く示されていない。譲渡所得課税の本質論は、ここでは、単なる標語でしかない。しかもその実際の役割は、譲渡費用の範囲を限定するためにその後に提示された、衡平の要件や通常性の要件をもっともらしく見せるためのものでしかない。

第二に、判決のいう衡平の要件も説得力に欠ける。判決は、決済金が農用地以外のものに転用する場合には徴収され、転用しない場合は徴収されないこととの均衡を問題にするようである。なるほど、農地を農地のまま他に譲渡した場合に決済金がかからない場合と、農地を転用して他に譲渡する場合に決済金がかかる場合のそ

れぞれにつき、前者の場合は、その譲渡所得計算において決済金を費用として控除することがなく、他方で、後者の場合は、その譲渡所得計算において決済金を費用として控除することとなり、両者の間には、決済金の控除の有無という点では差異がある。しかし、これがはたして衡平を失することになるのであろうか。

決済金が文字通り任意のものであればともかく、後者の場合において、転用に係る土地の譲渡に関して決済金の支払が不可欠であったとすれば、それを譲渡に要した費用として控除するのは当然である。前者において決済金の費用控除がないのは、事実として決済金の支払がないというごく単純な事実の反映でしかない。この両者の間には、衡平上の問題はない、というべきである。

第三に、判決は、本件決済金が、土地改良施設の維持管理費を主とするものであることを理由に、本件決済金が譲渡との関連性をもたない、とする。

しかしながら、本件決済金がどのような使途に充てられるかということと、本件決済金の支出が本件譲渡に要した費用に当たるかどうかということとは、論理的には全く別の次元の問題である。たとえば、不動産仲介業者に支払う仲介手数料と当該業者がそれをどのように使うかということとは全く別の問題である。判決は、あえて例えていうならば、不動産仲介業者がその受領した手数料をその者の生活費に充てることを理由に、その手数料支払は土地の譲渡を実現するための直接の費用ではない、というのに等しい。このような論理は到底成り立ちえない。」(田中＝近藤、前掲注15)、119頁以下)として、きわめて論理的な批判を加えておられる。本件最高裁判決を評価するうえで有益であろう。

17) 通達は租税法の法源とされていない。したがって、租税行政庁の職員は拘束されるが、納税者も裁判官も通達の解釈に拘束されることはない。通達が隅々まで詳細に発せられ、納税者を過度に拘束することは納税者の税法解釈権をはく奪する結果を招く。通達課税の問題点の検証は、増田英敏『租税憲法学第3版』149頁以下(成文堂、2006年) 参照。しかし、「実際には、日々の租税行政は通達に依拠して行われており、納税者の側で争わない限り、租税法の解釈・適用に関する大多数の問題は、通達に即して解決されることになるから、現実には、通達は法源と同様の機能を果している、といっても過言ではない。たしかに、租税法規の統一的な執行を確保するために、通達が必要なことはいうまでもない。もし、通達がなく、各税務署、ことに独自の判断で租税法を解釈・適用するとなると、租税行政は甚だしい混乱に陥ることになろう。しかし、通達のこのような重要性にかんがみ、その内容は法令に抵触するものであってはならない」(金子、前掲注4)、116頁)から、納税者はもちろん裁判所も、通達の内容についてはまずその根拠法の趣旨もふまえ適正な解釈と言えるか否かが常に検証されねばならない。

18) 贈与により取得したゴルフ会員権の名義書換料が取得費に算入できるか否かを争点とした事例として、最高裁平成17年2月1日(時報1893号17頁)判決を参照。

第11章

所得税裁判事例研究 Ⅵ
―収入を得るために支出した金額の意義（法人負担保険料事件）

「法人負担保険料の所得税法34条2項「収入を得るために支出した金額」の該当性の可否」
福岡高裁平成21年7月29日判決（控訴棄却、上告受理申立て、納税者勝訴）
(福岡高等裁判所平成21年(行コ)第11号所得税更正処分等取消請求控訴事件)
民集66巻1号64頁
第一審　福岡地裁平成21年1月27日判決（認容、控訴、納税者勝訴）
(平成18年(行ウ)第65号・平成18年(行ウ)第66号・平成18年(行ウ)第67号・平成18年(行ウ)第68号所得税更正処分等取消請求事件)
民集66巻1号30頁
上告審　最高裁平成24年1月13日判決（一部破棄自判、一部破棄差戻し、差戻し、納税者敗訴）
(平成21年(行ヒ)第404号所得税更正処分等取消請求事件)
民集66巻1号1頁

☞　研究のポイント[1)]

　本件は、X（原告）らの経営する法人が契約者となり、被保険者をXら又はその親族とし、満期保険金の受取人をXらとし、Xらと同法人が保険料を各2分の1ずつ負担した養老保険契約に基づき満期保険金を受領したXらの一時所得申告に際し、同法人負担分（法人損金処理保険料）も含む保険料全額が、所得税における一時所得の金額の計算上控除し得る「収入を得るために支出した金額」（所得税法34条2項）に該当するか否かが争点とされた事案である。

　Y（被告国側）は、所得から控除できる支出は、その収入を得るために負担した支出が必要経費の概念からも整合性を持つところから、負担の有無を控除の可否の判断基準に据えるべきであると主張した。

　しかし、本判決は、「行政による恣意的課税から国民を保護することを目

的とした租税法律主義の趣旨からすれば、国民生活の法的安定性と予測可能性を保障するため、課税要件はできるだけ一義的で明確でなければならないのであり、国民に対する課税は、同要件を規定する法令等の文言にできるだけ忠実に行われなければならない。」とする、税法解釈の在り方を確認のうえ、たとえYが主張するような不合理が文言の文理解釈により生じたとしても、「その是正は当該法令等を改正することによってなすべきであって、解釈の名の下に規定されていない要件を付加することにより、国民に予測できない課税をすることは許されない。したがって、Yの上記主張は採用できない。」との判断を下している。

本事案の研究のポイントは、租税法律主義の下での租税法解釈がいかにあるべきかを学ぶところにある。法は「収入を得るために支出した金額」と定めるのみで、その支出の負担者が誰かによることを明文で定めていないから、控除の可否の考慮要件に加えることは、文言にない意味内容を付加して要件に加えることになる。そのような解釈は、条文の拡大解釈に該当し租税法律主義の下においては許容されないことを、判決は明言しており、税法解釈の在り方の原理原則を明示したものといえる。

なお、本件の上告審である最高裁平成24年1月13日判決は、同規定の趣旨、目的を重視して、原告（納税者）敗訴の判決を下した。同最高裁判決を批判的に検討することも研究のポイントとしたい。

I　事案の概要

1　本件は、被控訴人・原告（以下「X」という。）らの経営する法人が契約者となり、被保険者をXら又はその親族とし、満期保険金の受取人をXらとし（なお死亡保険金の受取人は同法人）、Xらと同法人が保険料を各2分の1ずつ負担した養老保険契約に基づき満期保険金を受領したXらが、同法人負担分（法人損金処理保険料）も含む保険料全額を、所得税における一時所得の金額の計算上控除し得る「収入を得るために支出した金額」（所得税法34

条2項）に当たるものとして、各税務署長に対し、平成13年分ないし平成15年分の所得税に係る確定申告をしたところ、各税務署長から、同法人が負担した（保険料として損金処理した）2分の1の保険料は、「収入を得るために支出した金額」に当たらないとして、更正処分及び過少申告加算税賦課決定処分を受けたことから、その判断を争い、被告Y（以下「Y」という。）に対し、上記各処分の取消しを求めた事案である。

2　第一審は、Xらの請求を全部認容し、上記各処分を取り消したので、これを不服とするYが控訴した。

　なお、本件の更正処分及び過少申告加算税賦課決定処分においては、上記のとおり、争点となっている一時所得の金額の計算上控除できる支払保険料の範囲のほか、①Xらが受領した満期保険金等を上記法人に対する貸付金として留保させていたことに伴い、当該貸付金相当額について、Xらが受け取るべき受取利息を認定したうえ、Xらの雑所得として計上したこと、②Xらが、上記養老保険契約に係る支払保険料のうち、自己負担分（2分の1）について、上記法人からの借入金として処理したことに伴い、当該支払利息相当額を満期保険金等に係る一時所得の計算上必要経費に算入したことの2点について併せて是正していた。Xらは、上記①②の処理の適法性については格別争っておらず、雑所得課税部分及び一時所得の金額の計算上、支払利息の「収入を得るために支出した金額」への算入のみを是正した場合には、Xらの雑所得金額及び一時所得金額は、別表1―1ないし1―4の各「利息の認定課税のみ是正した場合」欄のとおりとなること、並びに、是正後の雑所得及び一時所得に基づき、Xらの税額等を計算すると別表2ないし5の各「利息の認定課税のみ是正」欄のとおりとなることを認め、当審において、第一審判決による取消後の税額を上回ることになるXらの各平成14年分について、請求の趣旨を主文第2項(1)ないし(3)に記載のとおりに減縮した。

Ⅱ 争点と当事者の主張

1 本件の争点

法人損金処理保険料（保険料総額の2分の1）はXらの一時所得の計算上控除できる「収入を得るために支出した金額」（所得税法34条2項）に当たるか。

2 当事者の主張

① 控訴人Y（被告）の主張

(1) 所得税法における所得の本来的意義からすると、所得税法34条2項において、生命保険契約等に基づく一時金に係る一時所得の金額の計算上、「その収入を得るために支出した金額」として控除できる保険料等は、所得者本人が負担した金額に限られる。

ア 所得税は、個人が得た所得に対して課税される租税であるところ、所得税法上の「所得」とは、「人の担税力を増加させる経済的利得」であり、個人が稼得した収入金額から、その収入を得るために支出した金額を控除したもの、いわゆる「純所得」である。そして、ある個人に帰属する所得金額を計算するに当たっては、収入金額から必要経費等を控除することとなるが、所得税法における所得の本来的意義からすると、そこで控除すべき必要経費等はあくまで当該個人において当該収入を得るために支出した金額をいうものと当然に解すべきである。なぜなら、当該個人が支出した金額はその当該個人の担税力を減少させるものであるから、これを収入金額から控除するのが相当であるのに対し、当該個人以外の者が支出したものは、当該個人の担税力を減少させるものではないため、これを収入金額から控除すると、担税力を増加させる経済的利得である所得を正しく把握することにならないからである。

したがって、一時所得の金額の計算においても、ある個人が得た一時所得となるべき収入につき、当該個人の「一時所得」として課税される額は、当該個人が稼得した収入金額から、その収入を得るために、当該

個人自身が支出した金額を控除して算出した金額であるというべきであるから、所得税法34条2項の「その収入を得るために支出した金額」は、収入を得た個人(所得者)本人が負担した金額に限られると解すべきである。

イ　所得税法施行令183条2項は、生命保険契約等に基づく一時金が一時所得となる場合の一時所得の金額の計算についての細則であるところ、租税法律主義の下では、施行令は、課税要件等について、法律(所得税法34条)の予定する範囲を超えて定めることはできないのであるから、施行令の規定につき法律の予定する範囲を超えた解釈をすることはできない。

したがって、同施行令同条同項2号の「保険料又は掛金の総額」についても、当然に、所得税法34条2項が「一時所得に係る総収入金額から」控除されるべきものとして予定している「その収入を得るために支出した金額」の範囲内に限られるから、所得者である当該保険金の受取人本人が負担した金額に限られると解すべきである。

原判決は、所得税法施行令の183条2項2号の「総額を控除できる」の文言から、「所得者本人負担分に限らず保険料等全額を控除できるとみるのが素直である」と判示するが、形式的な文言にのみとらわれた解釈であり、所得税法34条2項が予定する上記解釈を誤り、かつ同法68条による委任の範囲を超えたものであって、明らかに誤りである。

(2) 所得税基本通達34—4は、所得税法34条2項に規定する「収入を得るために支出した金額」について、課税庁の解釈・取扱いを示したものであるから、同通達の定める保険料等は、当然に、所得税法が予定している「収入を得るために支出した金額」の範囲を前提としているところ、同通達の「保険料又は掛金の総額には、その一時金又は満期返戻金等の支払を受ける者以外の者が負担した保険料又は掛金の額も含まれる。」という規定も、あくまで、所得税法34条2項や同法施行令183条2項2号において、一時所得の金額の計算上控除可能な保険料等の金額とは、収入を得た個人自ら

が支出した（又は実質的に負担した）金額に限られるとの解釈を前提としたものであるから、同通達について、文言どおり、保険料等の「総額」が一時所得からの控除対象となると解することは誤りである。

　むしろ、同通達は、支払を受ける者以外の者が支払った保険料等ではあるが、当該保険料等につき一時金等の支払を受けた者に対し給与課税される等して、支払を受けた者が当該保険料を実質的に負担したものとして、一時所得の金額の計算上控除できるような場合を念頭に置いたものと理解すべきである。

(3)　本件満期保険金等に係る一時所得の計算上、法人損金処理保険料を控除できるとすることは、結論においても不合理である。法人損金処理保険料については、Ａ等が支出した時点で、同法人において、「保険料」として損金処理されているのであるから、原判決が判示するように、これを更にＸらの本件満期保険金等に係る一時所得の金額の計算上、控除するというのであれば、同一の保険料について税法上いわば二重の控除を認めることになり不合理である。

　②　被控訴人Ｘ（原告）らの主張

　Ｙの前記主張は争う。

　Ｙは、原審までの主張の構成を転換し、「純所得」や「担税力」という用語まで持ち出して「所得」の意義に言及したうえ、所得税法34条2項の解釈論を展開しているが、そうした背景には、所得税法施行令183条2項2号や所得税基本通達34―4の規定の文言があまりに明快で、その条項自体からおよそ他の解釈ができないからであり、そのため、原判決が同文言に沿って自然で穏当な解釈をしたことについても「形式的な文言のみにとらわれた」と批判するしかないのである。

　本件は、所得税法34条2項に基づき、他の一時的な所得と比べて所得発生の態様を著しく異にしている生命保険金等について規定する同法施行令183条2項2号につき、その有効性を前提に、法令解釈通達である所得税基本通達34―4を踏まえた解釈が問題になっているところ、これは、租税法律主義

（憲法84条）の内容中「課税要件明確主義」との関係が重要である。

すなわち、租税法は侵害規範であるから、法的安定性と予測可能性の要請が強く働き、それゆえ課税要件は一義的で明確でなければならない（課税要件明確主義）ところ、そのコロラリーとして、「疑わしきは納税者の利益に」との観点から、租税法を解釈するに当たり、みだりに拡張・限定解釈や類推解釈を行うことは許されず、当該法令の文言が重視されるべきである。Yの上記主張は、所得税法施行令183条2項2号や所得税基本通達34―4に定める明快な文言を離れて、「純所得」や「担税力」といった所得の本来的意義にまで遡って検討を加えたうえで、所得税法34条2項が規定する「その収入を得るために支出した金額」を限定的に解釈したものであるが、これは福岡国税局や原判決すら導き出せなかった解釈を納税者に求めるものであって、もはや課税要件明確主義の要請を放棄したに等しく、それが誤りであることは明らかである。

Ⅲ 判旨

1 控除可能な保険料は所得者本人が負担した金額に限定されるか？

「Yは、所得税法における所得の本来的意義からすれば、所得税法34条2項において、生命保険契約等に基づく一時金に係る一時所得の金額の計算上、『その収入を得るために支出した金額』として控除できる保険料等は、所得者本人が負担した金額に限られると主張する。

なるほど、所得税が個人の得た所得に対して課税される租税であることに鑑みれば、その所得の意義をいわゆる純所得、すなわち、個人が稼得した収入金額から当該個人が当該収入を得るために支出した必要経費等を控除した金額とすることは純理論的にはむしろ正しいといえよう。そして、所得税が関係する所得のうち、不動産所得、事業所得及び雑所得（公的年金等に係るものを除く。）のように、その年中の総収入金額とその収入を得るために要した必要経費との関連が直接的でその金額も明確に算出しうる場合などは、その

論理を貫徹すればいいといえるが、そうでない所得、たとえば、給与所得の場合には、必要経費が一義的に算出しうるものでないことから、必要経費による控除を諦め、給与所得控除の制度をこれに代替させていて、ある種の擬制に基づいて算定する制度設計がなされている（当然ながら、源泉徴収制度とも無縁ではないであろう。）。しかるところ、一時所得においても、建前としては、個人が稼得した収入金額から当該収入を得るために支出した必要経費等を控除した金額をもって、一時所得の金額としようとしたことは明らかではあるが、一時所得といっても、その所得発生の態様はさまざまであるので、上記のとおり、必要経費に相当する費用にあたるものとして『その収入を得るために支出した金額』としたうえ、さらに、括弧書きで『その収入を生じた行為をするため、又はその収入を生じた原因の発生に伴い直接要した金額に限る。』との限定を加えたものと思われる。しかしながら、先に述べたとおり、一時所得については、その発生の態様がさまざまであることからして必要経費が一義的に算出しうるか疑問があるうえ、特に、生命保険契約等に基づき支払を受ける生命保険金、あるいは本件のような養老保険契約に基づき支払を受ける満期保険金の場合には、収入と必要経費との関係が直接的でないことからして、『その収入を得るために支出した金額（その収入を生じた行為をするため、又はその収入を生じた原因の発生に伴い直接要した金額に限る。）の合計額』と定義したところで、その文言（なお、所得者本人が負担した金額に限るとは規定していない。）だけでは、仮に、生命保険契約等に基づく生命保険金等の一時金又は損害保険契約等に基づく損害保険金等の満期返戻金等が、一時所得とされる場合に、その一時所得の金額の計算上控除される保険料等は、その一時金を取得した者自身が負担したものに限られるのか、それとも、その生命保険金等又は損害保険金等の受給者以外の者が負担していたものも含まれるのかについては、法文上必ずしも明らかではないというしかないのである。

したがって、所得税法における所得の本来的意義から、所得税法34条2項にいう『その収入を得るために支出した金額』として控除できるのは、当然、所得者本人が負担した金額に限られるとする、Yの主張は採用すること

ができない。」

2 所得税法、同法施行令の各規定及び通達の整合的解釈と課税要件明確主義―所得税基本通達34―4の解釈と課税要件明確主義―

「上記のとおり、所得税法34条2項の文言だけからでは、先に述べた問題が解決できないところ、所得税法施行令183条2項2号本文は、生命保険契約に基づく一時金が一時所得となる場合、保険料又は掛金の『総額』を控除できるものと定めており、同文言を素直に読むと、原判決が判示するとおり、所得者本人負担分に限らず保険料等全額を控除できるとする解釈に軍配を上げざるをえない。さらには、確定申告現場における無用の混乱を避けるべく、同文言の意味をより明確にするため、所得税基本通達34―4において、所得税法施行令183条2項2号（生命保険契約等に基づく一時金に係る一時所得金額の計算上控除する保険料等）に規定する保険料又は掛金の総額には、その一時金又は満期返戻金等の支払を受ける者以外の者が負担した保険料又は掛金の額も含まれるとの通達がなされるに至った。このような経緯により発出された所得税基本通達34―4の文言上からは、養老保険契約に基づく満期保険金が一時所得となる場合、所得者以外の者が負担した保険料も控除できることは明白であって、所得税法、同法施行令の各規定及び上記通達を整合的に理解しようとすれば、他の解釈を容れる余地はないといわざるをえない。

Yは、所得税法34条2項の『その収入を得るために支出した金額』として控除できる保険料等は、所得者本人が負担した金額に限られるとの解釈を前提にして、上記通達を文言どおり解釈するのは誤りであると主張するが、上記のとおり、所得税法34条2項の文言からは必ずしも明らかではないことが出発点となって、これを明らかにするため、所得者以外の者が負担した金額も含むとの所得税基本通達34―4を自ら出した経緯と矛盾しており、Yの主張は採用することができない。Yが主張する所得税法施行令183条2項2号の解釈についても同様である。

この点、Yは、所得税基本通達34―4における所得者の一時所得の金額の

計算上控除できる『支払を受ける者以外の者が負した保険料又は掛金』は、当該保険料等につき一時金等の支払を受けた者に対し給与課税される等して、当該保険料の支払を受けた者が実質的に負担したものを指すと主張する。しかし、Yの上記解釈は、必ずしも明らかではない所得税法34条2項等の文言を一義的に明らかにするために出した通達について、更に文言として表示されていない要件を解釈と称して付加するものであり、法律又はその委任のもとに政令や省令において課税要件及び租税の賦課・徴収の手続に関する定めをなす場合に、その定めはなるべく一義的で明確でなければならないという課税要件明確主義（租税法律主義）に反する不当な解釈といわなければならない。したがって、Yの上記主張は採用できない。」

3 行政による恣意的課税の阻止と租税法律主義

「また、Yは、本件満期保険金等に係る一時所得の計算上、法人損金処理保険料を控除できるとすることは、結論においても不合理であると主張する。しかし、行政による恣意的課税から国民を保護することを目的とした租税法律主義の趣旨からすれば、国民生活の法的安定性と予測可能性を保障するため、課税要件はできるだけ一義的で明確でなければならないのであり、国民に対する課税は、同要件を規定する法令等の文言にできるだけ忠実に行われなければならない。そして、その結果、仮に結論においてYが指摘するような不合理が生じたとしても、それは法令等の不備によるものであるから、その是正は当該法令等を改正することによってなすべきであって、解釈の名の下に規定されていない要件を付加することにより、国民に予測できない課税をすることは許されない。したがって、Yの上記主張は採用できない。」

Ⅳ 研究 判旨に賛成

1 本判決の意義

　本件は、Ｘらの経営する法人が契約者となり、被保険者をＸら又はその親族とし、満期保険金の受取人をＸらとし（なお死亡保険金の受取人は同法人）、Ｘらと同法人が保険料を各２分の１ずつ負担した養老保険契約に基づき満期保険金を受領したＸらの一時所得申告に際し、同法人負担分（法人損金処理保険料）も含む保険料全額が、所得税における一時所得の金額の計算上控除し得る「収入を得るために支出した金額」（所得税法34条２項）に該当するか否かが争点とされた事案である。

　この争点について、Ｘらは、次の４点を骨子としてＹの処分の違法性を主張した。

　まずその第１は、所得税法34条２項の文言は、控除の対象である「収入を得るために支出した金額」と規定するのみで、控除の可否を、収入を得た本人が負担したものに限定するとの文言は条文に規定されていない。

　第２は、所得税法施行令183条２項２号は、生命保険契約等に係る保険料の「総額」を控除できると定めている。

　第３は、所得税基本通達（通達）34―４は、控除できる保険料等の額には「満期返戻金等の支払を受ける者以外の者が負担した保険料の額も含まれる」と規定している。

　第４は、死亡保険金と満期保険金の受取人を本件養老保険契約と逆にした養老保険契約で、被保険者が死亡して従業員が死亡保険金を受け取り、これを一時所得として申告する場合、関連通達によれば、法人の支払保険料全額を控除できるところ、死亡と生存は保険事故として同質であるから、本件でもこれと同様全額が控除されるべきである。

　Ｘらの主張の根幹にあるのは、「租税法が侵害規範であるから、法的安定性の要請が働き、『疑わしきは納税者の利益に』の観点から、租税法解釈においてみだりに拡張解釈や類推解釈を行うことは許されない。」のであるか

ら、根拠法の文言に一時所得から控除できる支払保険料がその保険料の負担者に限定されるとの文言がない以上、租税法律主義の要請を尊重し、文言のとおりに取り扱われるべきだとの考え方であったといえる。

一方、Yは、本件では、法人負担保険料の支払段階においてXらに給与課税等はされていないことを前提に、①所得税法施行令183条2項2号ただし書は、従業員等の一時所得金額の計算上、法人が負担した保険料で従業員等に実質的な負担がないものは控除できないという場合を例示列挙したものであり、本件もそのような場合に当たる。②関連通達をみると、従業員の一時所得の計算上、法人が負担した保険料が控除できるのは、保険料支払段階で従業員に給与課税等がなされており、従業員に実質的な負担がある場合に限られるものと解釈できる。③本件養老保険契約は、本件法人は損金処理により税負担を免れる上、Xらも、自己資金を負担することなく、短期間で多額の金員を受領できる仕組みになっており、資金移転を目的とした不自然な契約形態であるから、法人負担保険料の控除を認めるのは不当であるとして、控除は認められないと主張した。[2]

以上の当事者の主張に対して本判決は、「行政による恣意的課税から国民を保護することを目的とした租税法律主義の趣旨からすれば、国民生活の法的安定性と予測可能性を保障するため、課税要件はできるだけ一義的で明確でなければならないのであり、国民に対する課税は、同要件を規定する法令等の文言にできるだけ忠実に行われなければならない。」とする、租税法解釈の在り方を確認のうえ、たとえYが主張するような不合理が文言の文理解釈により生じたとしても、「その是正は当該法令等を改正することによってなすべきであって、解釈の名の下に規定されていない要件を付加することにより、国民に予測できない課税をすることは許されない。したがって、Yの上記主張は採用できない。」との判断を下した。

本判決の意義は、租税法律主義の下における税法解釈の在り方を明示したところに求めることができよう。Yは、所得から控除できる支出は、その収入を得るために負担した支出が必要経費の概念からも整合性を持つところか

ら、負担の有無を控除の可否の判断基準に据えるべきであると主張したが、法は「収入を得るために支出した金額」と定めるのみで、その支出の負担者がだれかによることを明文で定めていない。負担の有無を控除の可否の考慮要件に加えることは、文言にない意味内容を控除要件に加えることとなり、条文の拡大解釈に該当し、租税法律主義の下においては許容されないことを、判決は明言しており、税法解釈の在り方の原理原則を明示したものといえよう。

2 本件争点の一時所得課税上の位置づけ

一時所得をめぐる紛争の争点は一時所得該当性といった所得区分の問題に集中してきた。本件は、一時所得に該当することには当事者に異論はないが、一時所得の金額を求めるうえで支払保険料を「収入を得るために支出した金額」に算入して控除できるか否かが争点とされており、本件と同一の争点が争われた事例は筆者の知る限りでは他に見当たらない。

したがって、一時所得課税をめぐる紛争事例の中に本件を位置づけるとすれば、本件と争点を同じくする事例が見当たらないのであるから、この争点をめぐる紛争のリーディングケースであると位置づけてよかろう。

また、本件養老保険契約のような契約類型における法人負担保険料の租税法上の処理については、個別具体的な定めが法令や通達にも明記されていない。法令に明記されていないのであるからそれを通達で仔細に定めることはまさに通達課税として批判されねばならないことではあるが、このように個別具体的に定めがない場合には所得税法自体に立ち返り同法の関連条文の文言を文理解釈する以外にない。このことを確認したのが本判決といえる。

3 租税法律主義と文理解釈・目的論的解釈

本判決は、租税法律主義が支配する租税法の領域においては、租税法の文言は文理解釈を原則とすべきであり、条文を離れた解釈はなされるべきではないことを明確にした判決である。

林修三『法令解釈の常識』71頁（日本評論社、1975年）によれば、「法令の解釈は、まず、法規的解釈と学理的解釈とに大別し、後者の学理的解釈を、さらに、文理解釈と論理解釈とに分けることが通例である。そして、論理解釈は、さらに拡張解釈、縮小解釈、変更解釈、反対解釈、類推解釈、もちろん解釈などに分類される。なお、拡張解釈以下の論理解釈に属する諸方法は、法文の文字とか文理ばかりによらず、多少はそれを離れても、条理とか法令の趣旨、目的ということを基準として法令の解釈をしようというやり方であるから、その趣意からいって、条理解釈とか目的論的解釈などともいわれる。」とされ、法令解釈の方法を文理解釈と論理解釈とに分類できるとされる。租税法以外の法領域においては論理解釈も許容される。

ところで、租税法の解釈は文理解釈によるべきであり、趣旨解釈は文理解釈を通して、その解釈を確定するうえで許容されるものである。問題は、趣旨解釈の名の下に租税行政庁により条文の文言が拡大解釈されるという事案が多くみられるところにある。たとえば、長崎年金二重課税事件も、その本質は租税行政庁の所得税法9条16号の規定の趣旨を強調した縮小解釈にあったといえよう[3]。生命保険金を相続時に一時金として取得したときには「相続により取得したもの」に該当するから非課税で、年金形式で取得すると同条の非課税の範囲からなぜ除外されるのか。年金形式で取得した場合にはそれは支分権であるから二重課税にならず、非課税扱いとされないとの解釈は通常一般人には理解できない。年金形式で取得しても「相続により取得したもの」であるに違いないはずである。なぜ年金形式で取得した場合には同号から除外されるのであろうか。最高裁は「相続により取得したもの」の意義をその文言に則して解釈し、原告の主張を認容した[4]。

租税法の解釈がなぜ文理解釈により厳格になされるべきかと言えば、それは租税法が侵害規範であり、そうであるゆえに租税法律主義により課税庁の恣意的課税を阻止するということを憲法が命じているのであるからその租税法律主義の要請を形骸化させないために文理解釈により厳格な法解釈がなされるべきなのである。類推解釈や拡大解釈、縮小解釈が許容されると、解釈

する側の力の大きさによりその法解釈の幅が決められることになり、恣意的な課税を許す結果を生む。恣意的課税を阻止するために租税法の解釈適用は文理解釈によるべきことが要請されるのである。

　厳格な法解釈がなされず、目的論的解釈や趣旨解釈の名の下に、「法文から離れた自由な解釈が許容されるとするならば、そのような解釈に基づく税法の適用は、法律に基づく課税とはいえず、したがって、租税法律主義が税法の解釈を通じて潜脱され破綻してしまうことになるからである。税法は強行法規であり侵害規範であるから、最も説得力のある権威的論拠とされる法文および文言に忠実な**文理解釈**こそが、厳格な解釈の要請に最もよく適合する」のである。すなわち、租税法の解釈においては、何よりもまず租税法規の法文および文言が重視されなければならない。

　この場合、文言を重視し、その文言に忠実に解釈するとはいかなる意味かといえば、それは、条文が「日本語という自然言語で書かれている以上、その言語慣用や通常の用語法に従って、個々の法規の意味すなわち**規範**が解明されなければならない」ことを意味する。法規の文言に忠実にという意味をこのように理解することにより、「租税法規の意味内容について、広く納税者の間に共通の理解が成立し…中略　、しかも解釈の『客観化』や予測可能性・法的安定性の確保にも資することになろう。このことは、民主主義国家、特に申告納税制度、における税法の解釈のあり方として、望ましいことである」と評価できるのである。

　ところで、租税法律主義の下では目的論的解釈もしくは趣旨解釈は許容されないのかという問題が残る。租税法が侵害規範でありその解釈は原則として文理解釈によるべきであり、拡張解釈や類推解釈は許容されないが、「文理解釈によって意味内容を明らかにすることが困難な場合に、規定の趣旨目的に照らしてその意味内容を明らかにしなければならないことは、いうまでもない」とされるが、その趣旨解釈もしくは目的論的解釈の許容される限界線を明らかにしておく必要がある。

　租税法律主義の下における趣旨解釈もしくは目的論的解釈が許容されるの

は、「文理解釈の結果なお複数の解釈可能性が残る場合には、租税法律主義の下でも、租税法規の趣旨・目的すなわち租税立法者の価値判断を参酌して、租税法規の意味内容を一義的に確定することが許されるし、むしろ、確定しなければならない。[10]」との考え方が最も妥当なものといえよう。文理解釈のフィルターを通さずに、別言すると条文の文言を離れて法の趣旨や目的を重視した解釈を趣旨解釈であるとして許容すると、租税法律主義の要請である法的安定性と予測可能性を法解釈の名の下に阻害するからである。したがって、目的論的解釈もしくは趣旨解釈は文理解釈の補完として理解すべきである。[11]

本判決は、このような租税法解釈の通説的理解に立脚したものであり、妥当なものと評価できる。

4 本判決の論理

本判決は、次の3つの要素から論理構成されている。

その第1の要素は、所得税法34条2項が規定する「その収入を得るために支出した金額」にはただ保険料を支払ったという支払事実だけではなく、所得者本人がその保険料の支払い負担をしたのかという負担という要件を付加することを命じているかという点についてまず検討を加えた。

所得が、収入からその収入を稼得するために要した必要経費を控除したものであるとする所得概念の基本からすると、保険金という収入を稼得するために支出した事実、つまり負担の事実が要件とされることには合理性があるとしている。そのうえで、この必要経費の考え方が当てはまるのは、不動産所得、事業所得等であり、給与所得や一時所得にはその必要経費の考え方がダイレクトにあてはまるものではないとした。給与所得は給与所得控除制度というみなし必要経費を想定しており、一時所得も発生態様が多様であるから一律に必要経費概念が当てはまるものではないとして、次のように判示した。すなわち、「一時所得については、その発生の態様がさまざまであることからして必要経費が一義的に算出しうるか疑問があるうえ、…中略　その

一時所得の金額の計算上控除される保険料等は、その一時金を取得した者自身が負担したものに限られるのか、それとも、その生命保険金等又は損害保険金等の受給者以外の者が負担していたものも含まれるのかについては、法文上必ずしも明らかではないというしかないのである。」と判示した。

次いで、所得税法、同施行令、そして、同基本通達の関連条文を整合的に解釈すると「その収入を得るために支出した金額」として控除できるか否かを判断する要件に所得者本人の負担の有無を加えるとのYの主張を排斥せざるを得ないとした。

すなわち、「所得税法34条2項の文言だけからでは、先に述べた問題が解決できないところ、所得税法施行令183条2項2号本文は、生命保険契約に基づく一時金が一時所得となる場合、保険料又は掛金の「総額」を控除できるものと定めており、同文言を素直に読むと、原判決が判示するとおり、所得者本人負担分に限らず保険料等全額を控除できるとする解釈に軍配を上げざるをえない。」とし、「さらには、確定申告現場における無用の混乱を避けるべく、同文言の意味をより明確にするため、所得税基本通達34─4において、所得税法施行令183条2項2号（生命保険契約等に基づく一時金に係る一時所得金額の計算上控除する保険料等）に規定する保険料又は掛金の総額には、その一時金又は満期返戻金等の支払を受ける者以外の者が負担した保険料又は掛金の額も含まれるとの通達がなされるに至った。」のであり、「このような経緯により発出された所得税基本通達34─4の文言上からは、養老保険契約に基づく満期保険金が一時所得となる場合、所得者以外の者が負担した保険料も控除できることは明白であって、所得税法、同法施行令の各規定及び上記通達を整合的に理解しようとすれば、他の解釈を容れる余地はないといわざるをえない。」と判示した。

そのうえで、結論として、租税法律主義の趣旨を反映した租税法の解釈の在り方は、文理解釈によらなければならないことを明確にした。

すなわち、本判決は、「行政による恣意的課税から国民を保護することを目的とした租税法律主義の趣旨からすれば、国民生活の法的安定性と予測可

能性を保障するため、課税要件はできるだけ一義的で明確でなければならないのであり、国民に対する課税は、同要件を規定する法令等の文言にできるだけ忠実に行われなければならない。」と判示し、そのような解釈を行うことにより不合理な結果を招くのであれば、「それは法令等の不備によるものであるから、その是正は当該法令等を改正することによってなすべきであって、解釈の名の下に規定されていない要件を付加することにより、国民に予測できない課税をすることは許されない。」と判示した。

このように、本判決は、まず、①争点となる所得税法34条2項の文言を必要経費の概念を確認の上、その意味内容を明らかにし、②さらにそう解釈することの合理性を所得税法の当該規定、同施行令、そして、同通達の関係性の中で論証し、③最後になぜそのように税法の文言に忠実に解釈がなされるべきかの根拠を租税法律主義に求め、租税法律主義の要請を踏まえた租税法解釈の在り方を明確にしている。

注
1) 本件の判例研究の詳細は、増田英敏「判批」TKC 税研情報19巻5号1頁以下(2010年)。
2) 福岡地判平成21年1月27日民集66巻1号30頁。
3) 最判平成22年7月6日民集64巻5号1277頁。
4) 同最高裁は、判断の理由の冒頭部分で当該規定について次のように文言に則した解釈を展開している。すなわち、「所得税法9条1項は、その柱書きにおいて「次に掲げる所得については、所得税を課さない。」と規定し、その15号において「相続、遺贈又は個人からの贈与により取得するもの(相続税法の規定により相続、遺贈又は個人からの贈与により取得したものとみなされるものを含む。)」を掲げている。同項柱書きの規定によれば、同号にいう「相続、遺贈又は個人からの贈与により取得するもの」とは、相続等により取得し又は取得したものとみなされる財産そのものを指すのではなく、当該財産の取得によりその者に帰属する所得を指すものと解される。そして、当該財産の取得によりその者に帰属する所得とは、当該財産の取得の時における価額に相当する経済的価値にほかならず、これは相続税又は贈与税の課税対象となるものであるから、同号の趣旨は、相続税又は贈与税の課税対象となる経済的価値に対しては所得税を課さないこととして、同一の経済的価値に対する相続税又は贈与税と所得税との二重課税を排除したものであると解される。」(最判平成22年7月6日判タ1324号78頁)と判示して当該規定の解釈を明示した。この最高裁判決はマスコミでも大きく報道され、社会的にも大きな注目を集めた。とりわけ、「税理士界」1272号(2010年9月15日)では、同訴訟が本人訴訟で同訴訟の原告の補佐人を務め奮闘された江崎鶴雄税理士のインタビュー記事が掲載されているが、極めて興味深い。

5）谷口勢津夫『税法基本講義〔第6版〕』40頁（弘文堂、2018年）。
6）谷口、同上書、40頁以下。
7）谷口、同上書、41頁。
8）この税法解釈の方法について木村弘之亮教授が次のように整理されており参考になる。すなわち、「もちろん法律解釈の方法論は法律のなかで明記されていない。その方法は理論であり、そして個別の事案では裁判に委ねられる。解釈に際し立法の主観的意思が斟酌されるべきか又は法律の客観的目的が斟酌されるべきかについて、『方法論』の見解は一致していない。一般には、解釈は法律文言から出発しなければならない（文理解釈）が、さらにそのほかに、法律の立法史（歴史的解釈方法）から、解釈さるべき条文のその法律における位置づけ（体系的解釈方法）から、そして解釈さるべき条文の目的（目的論的解釈方法）からも一緒に決められなければならない。しかし、これら方法の序列は固定していない。したがって、法律適用者はえてして、かれの目からみて満足な結論に到達するために、ときには立法史を、ときには法律の体系を、ときには法律目的を前面に押しだしがちである。同様に、解釈の限界について、および法律に欠缺のあるとき類推適用が許容されうるかどうかの問題について、見解の相違がある。言うまでもなく、すべての裁判所又は法廷が同じ方法論の見解をとる必要はない。学者がその点についてかれらを批難することがあるが、それは公平でない。なぜなら、学者もまたさまざまな方法論を教えているからである。」（木村弘之亮『租税法総則』150頁（成文堂、1998年））と整理されている。
9）金子『租税法』124頁。
10）谷口、前掲注5）、41頁。
11）なお目的論的解釈が許容される条件として「文理解釈の補完としての目的論的解釈をするに当たっては、その前提として、租税法規に関する明示的な立法者意思（わが国にはそれを示す一次資料が少ないという問題がある…中略　）やその文言・文脈等から…中略　、当該法規の趣旨・目的すなわち立法者の価値判断が、個々具体的に厳格かつ的確に探知されなければならない。」（谷口、前掲注5）、40頁）ことは当然である。

第 12 章

所得税裁判事例研究Ⅶ
―源泉徴収制度と基礎控除（ホステス源泉徴収事件）

「ホステス報酬の源泉徴収義務と所得税法施行令322条の「当該支払金額の計算期間の日数」の意義」
最高裁平成22年3月2日判決（破棄差戻し、差戻し、納税者勝訴）
（平成19年(行ヒ)第105号所得税納税告知処分取消等請求事件）
民集64巻2号420頁
控訴審　東京高裁平成18年12月13日判決（棄却、上告、納税者敗訴）
（平成18年(行コ)第103号各所得納税告知処分取消等請求控訴事件）
民集64巻2号487頁
第一審　東京地裁平成18年3月23日判決（棄却、控訴、納税者敗訴）
（平成17年(行ウ)第8号・平成17年(行ウ)第10号所得税納税告知処分取消等請求事件）
民集64巻2号453頁

☞　研究のポイント[1)]

　本件は、所得税法施行令322条が規定する「当該支払金額の計算期間の日数」のうち、とりわけ「計算期間」をいかに解すべきかが争点とされた事案である。原告は、期間をまさにその文理により解釈し、その対象期間の初日から最終日までの全日数を意味すると主張し、一方、被告国側は、その期間の実稼働日数（出勤日数）を意味すると主張している事案であり、第一審、控訴審では被告側の主張が採用されたが、最高裁では逆転して納税者勝訴の判断が下された事案である。
　租税法が侵害規範であるところから租税法律主義の支配の下におかれる。租税法律主義の要請を形骸化させないためにも厳格な租税法解釈が求められる。したがって、租税法解釈は文理解釈によるべきであり、趣旨解釈の名の下に拡張解釈や縮小解釈がなされてはならない。
　本事案の研究のポイントは、租税法律主義の要請に基づく租税法解釈の在り方がいかにあるべきか、とりわけ文理解釈の意義を確認することにある。

最高裁判決は文理解釈に基づく租税法解釈の在り方を判示したものとして、租税法研究上、有益な論点を提供している。

I 事案の概要

1 本件は、パブクラブを経営する上告人（原告、控訴人）Xら（以下「Xら」という。）が、ホステスに対して半月ごとに支払う報酬に係る源泉所得税を納付するに際し、当該報酬の額から、所得税法（以下「法」という。）205条2号、所得税法施行令（以下「施行令」という。）322条所定の控除額として、5000円に上記半月間の全日数を乗じて計算した金額を控除するなどして、源泉所得税額を計算していたところ、被上告人（被告、被控訴人）Yら（以下「Yら」という。）から、上記控除額は5000円にホステスの実際の出勤日数を乗じて計算した金額にとどまるとして、これを基に計算される源泉所得税額とXらの納付額との差額について納税の告知及び不納付加算税の賦課決定を受けたことから、これらの取消しを求める事案である。

2 パブクラブを経営する者がホステスに報酬（以下「ホステス報酬」という。）を支払う場合、その支払金額から「政令で定める金額」を控除した残額に100分の10の税率を乗じて計算した金額が納付すべき源泉所得税の額となるところ（法204条1項、205条2号）、施行令322条は、上記の「政令で定める金額」を、「同一人に対し1回に支払われる金額」につき、「5000円に当該支払金額の計算期間の日数を乗じて計算した金額」とする旨規定している。

3 原審の確定した事実関係の概要は、次のとおりである。

(1) Xらは、それぞれ経営するパブクラブにおいて、顧客に対し、接待をして遊興又は飲食をさせており、その接待をさせるホステスを使用している。

Xらは、年末年始を除き、年中無休でパブクラブを開けて営業している。

(2) Xらは、各ホステスが採用時に提出した応募申込書に記載された出勤可能な曜日及び時間を目安に、各営業日の開店前までに、各ホステスに対して当日の出勤の可否を電話等で確認するなどして、ホステスの必要人数を確保しており、各ホステスの実際の出勤の有無についても、各人別に各日ごとに管理している。

(3) ア　Xらは、毎月1日から15日まで（ただし、毎年1月は3日から15日まで）及び毎月16日から月末まで（ただし、毎年12月は16日から30日まで）をそれぞれ1期間と定め（以下各々の期間を「本件各集計期間」という。）、本件各集計期間ごとに各ホステスの報酬の額を計算し、毎月1日から15日までの報酬を原則としてその月の25日に、16日から月末までの報酬を原則として翌月の10日に、各ホステスに対してそれぞれ支払っている。

イ　Xらは、各ホステスに対して支払う報酬の額について、「1時間当たりの報酬額」（本件各集計期間における指名回数等に応じて各ホステスごとに定まる額）に「勤務した時間数」（本件各集計期間における勤務時間数の合計）を乗じて計算した額に、「手当」（本件各集計期間における同伴出勤の回数に応じて支給される同伴手当等）の額を加算して算出している。

ウ　Xらは、それぞれ、上記イのとおり算出した各ホステスの報酬の額から、5000円に本件各集計期間の全日数を乗じて計算した金額及び「ペナルティ」（各ホステスが欠勤、遅刻等をした場合に「罰金」として報酬の額から差し引かれるもの）の額を控除した残額に100分の10の税率を乗じて各月分の源泉所得税額を算出し、その金額に近似する額を各法定納期限までに納付していた。

(4) Yらは、各ホステスの本件各集計期間中の実際の出勤日数が施行令322条の「当該支払金額の計算期間の日数」に該当するとして、①Y1において、平成15年7月8日付でX1に対し、同12年2月分から同14年12月分までの各月分の源泉所得税について、納税の告知及び不納付加

算税の賦課決定を行い、②Y2において、同15年6月30日付けでX2に対し、同12年4月分から同14年12月分までの各月分の源泉所得税について、納税の告知及び不納付加算税の賦課決定を行った。

　なお、Yらは、本件訴訟において、上記の点に加え、ペナルティの額を各ホステスの報酬の額から控除することはできない旨の主張をしている。

Ⅱ　争点および争点に対する当事者の主張の要旨

1　争点
本件の主要な争点は、次の2点である。
(1)　所得税法施行令322条の「当該支払金額の計算期間の日数」の意義（同条の「当該支払金額の計算期間の日数」は、本件各集計期間のうち本件各ホステスの実際の出勤日数か、本件各集計期間の全日数か。）
(2)　本件各ペナルティの控除の可否（本件各ホステスの報酬に係る源泉所得税の課税対象金額は、本件各ホステスへの総支給額から所得税法205条2号、同法施行令322条所定の控除額を控除した残額か、本件各ホステスへの総支給額から本件各ペナルティの額を控除した残額から同法205条2号、同法施行令322条所定の控除額を控除した残額か。）

本章では最高裁の判示事項にされていない(2)の争点については検討の対象から除外する。

2　争点に対する当事者の主張
原審における当事者の主張と原審における当事者の補充主張を以下のとおり確認する。

Xらの主張
　Xらは、一般に「期間」とはある時点からある時点までの継続した時の区分であるから、上記「当該支払金額の計算期間の日数」とは、当該支払金額

の計算の対象となる起算点から満了点までの継続した日数であって、本件各ホステスの報酬の計算期間の日数は本件各集計期間の全日数である旨主張する。

なお、原審においてXらは主として次のような主張を補充している。

「ア　所得税の源泉徴収方式は、申告納税方式及び賦課課税方式という租税債務の確定方式とは異なり、租税の自動確定を前提とし、この確定した租税の徴収方法に関する方式にすぎないと解すべきである。すなわち、源泉徴収義務者は源泉徴収の対象となる所得を支払うに当たっては所得税法等に定める各種所得に応じた計算方法によって画一的に徴収すべき税額を計算し、徴収・納付すれば足りるのであるから、ホステス報酬に係る源泉所得税額の計算も当然に画一的・機械的に計算できることが予定されていると解すべきである。

したがって、施行令322条にいう『当該支払金額の計算期間の日数』の意義は、各集計期間の全日数とするXらの解釈こそが自動確定方式をとる源泉所得税の徴収方式の計算方式として妥当である。

これに対し、Yらが主張するように、『当該支払金額の計算期間の日数』について『同一人に対して1回に支払われる金額の計算要素となった期間の日数』と解すべきものとすると、源泉徴収義務者は、各ホステスの勤務状況を逐一個別的に把握した上で（例えば、常勤者かどうか、欠勤があった場合にどうするか、拘束される日が何日であるか、拘束される日に欠勤した場合にどうするか、拘束される日に一部だけ出勤した場合にどうするか、時給計算の場合に午前0時をまたいで勤務した場合や1日の中途で一時帰宅し再度出勤した場合の出勤日数をどう処理するかなど）、自らの責任と判断の下に徴収すべき税額を計算しなければならないという多大な事務負担を課せられることになる。

また、画一的・自動的に確定すべき源泉所得税の計算の過程に、各ホステスと支払者との契約関係といった個別事情を考慮することは、源泉徴収制度が徴収方式としての性質を有することと相容れないものであって、源泉徴収制度の趣旨に反するものというべきである。

イ 租税法の解釈に当たっては他の法律の解釈に比して一層文理解釈に徹すべしとの要請が強いものである。

そして、世間一般で理解されている『期間』の意義については『ある時点からある時点まで継続した時の区分』なのであり、また、租税法の中で『期間の日数』という文言が使用されている規定はいずれも当該期間の『全日数』を意味しており、その一部の日数を意味しているものはない。したがって、法における『期間の日数』の意味からしても施行令322条の『当該支払金額の計算期間の日数』は当該期間の全日数と解すべきである。

ウ また、施行令322条の『計算期間』について報酬の算定要素となる業務上の拘束を受ける日（実際の出勤日）であるとすると、同条括弧書きの『当該期間』も同義と解することとなるはずである。

ところが、一般に雇用契約においては労働基準法所定の休日等を含めた一定期間の就労の対価として実際の稼働日数にかかわらず給与等を支給しているのであるから、当該期間を労働基準法所定の休日等を除いた実際の出勤日と解することはできず、結局、同一条項において同一の意義を有する文言として規定されているはずの『当該支払金額の計算期間』と『当該期間』の『期間』という文言を別異に解するほかないという不当な結論を招来することとなる。

また、その場合には、支払者が同一人に対してホステス報酬のほかに法28条１項の給与等を支払っている場合には、支払者による源泉徴収税額の計算方法は不明であり、実際は不可能というべきである。

エ 所得税の確定税額は累進税率により計算するものとされているが、ホステス報酬に係る源泉徴収税額が定率の10パーセントで計算することとされているように、法は源泉徴収の段階で確定的な税額に近い税額を源泉徴収税額として徴収することを予定していないのである。したがって、源泉徴収制度の一内容として設けられた基礎控除方式が源泉徴収の段階で確定的な税額に近い額を源泉徴収税額として徴収するために設けられた制度ではありえず、基礎控除方式は還付の手数を省くことがその趣旨であって、不足分の納

税の可及的防止などというものが基礎控除の趣旨なのではない。また、仮に源泉徴収制度の趣旨として税収の確保の意義があるとしても、Xらの主張する計算方法であってもほとんどの場合にホステス報酬について源泉所得税額が発生するから不都合はない。

　オ　源泉徴収における控除額と必要経費との間には何の関係もない。

　施行令が定める控除額はいずれも低額であって、必要経費に近似するように定められているものでないことは明らかである。特に、ホステスの必要経費は1日5000円とされているがそれ自体いかにも少なく、また、ホステスの収入は本来個人差が大きいはずであるにもかかわらず一律にそうした低額にとどめたまま、昭和50年度の税制改正以来一度も改正されていないが、この間の物価上昇を考えるとホステスの必要経費の額も相当増加しているはずであるのに、一度も控除額が引上げられたことがないのは、実際の収入を何ら反映したものではないことを如実に示しており、Xの上記指摘の正当なことが明らかである。」

Yらの主張

　Yらは、所得税法施行令322条の「当該支払金額の計算期間の日数」とは、本件におけるXらとホステスとの契約内容、源泉徴収制度及び基礎控除方式の趣旨及び目的、並びに、租税負担の適正及び公平の観点からすれば、ホステス報酬の支払金額の計算の対象となった日の合計数（当該支払金額の計算期間の出勤日数）たる本件各集計期間のうちの出勤日数と解すべきである旨主張する。

　なお、原審においてさらにYらも以下の通りの主張を補足している。

　「以下に補足するとおり、上記控除額算定の計算期間はホステスが実際に出勤した日数と解するのが正当である。

　　ア　ホステス等の報酬等についての源泉徴収制度が設けられた立法の経緯や立法趣旨、関係条文の規定ぶりなどからすれば、ホステス等の報酬等の源泉徴収の基礎控除額には経費的性格が認められる上、個々の具体的な基礎控除額を算定するに当たっても最終的に納付すべき所得税額と源

泉徴収税額を近似させて両者の差額をなるべく大きくならないようにし、確定申告時において納付する税額をできるだけ減少させることが制度として予定されているのである。源泉徴収制度においては、確定申告時に納付する税額ができるだけ減少するように制度設計がされており、また、源泉徴収税額の算定上、一定の基礎控除額を控除する基礎控除方式も、確実な租税の徴収と納税者の便宜を図る源泉徴収制度を構成する仕組みの一つなのであるから、納税者が最終的に納付すべき所得税額と源泉徴収税額をなるべく近似させて両者の差額をなるべく大きくならないようにし、確定申告時に納付する税額をできるだけ減少させることが予定されている。

イ 法204条1項6号によってその報酬等について源泉徴収されるホステス等は、事業主と雇用関係にあって給与所得を得ているホステスとは異なり、毎日毎日当該キャバレーなどにおいてホステスとして自ら事業を営み、それに対して報酬等を得ているのであり、その1日1日の業務の報酬等の一定期間における積み重ねについて源泉徴収を行うことが法204条1項6号の予定している源泉徴収というべきである。すなわち同号にいう『報酬又は料金』は、給与所得のように実際の拘束の有無にかかわりのない始期と終期が定まった支給期間における給与、俸給という観念ではなく、ホステスとしての1日1日行った業務に対する報酬等であり、その報酬等を積み上げていることしか観念できないものである。ホステス等の報酬等が1日1日の業務に係る事業収入の積み重ねである以上、その収入を得るための経費も、1日1日の業務に係る経費の積み重ねと解するのが合理的である。したがって、経費的性格を有する基礎控除額についても本来の必要経費の発生状況ないし態様と整合的に解釈すべきである。

ところが、ホステス等の報酬等が発生する余地のない日を基礎控除額の金額の計算の対象日とすることは、勤務しない日すなわち上記ホステス等の事業収入の発生根拠とならない日も基礎控除額の計算対象に盛り

込むことを意味するから、ホステス等の経費の発生状況ないし態様とは合致しないばかりか、租税収入の確保の見地からも、課税の公平の観点からも極めて不合理であり、施行令322条の解釈適用を誤るものである。
　ウ　昭和42年の法改正時における立法資料によれば、確定申告によってはホステス等の報酬等について税収を確保することが困難であったことから、ホステス報酬等を含めた所得全般について公平な課税を図るために、ホステス等の報酬等について源泉徴収制度が設けられた経緯があるのである。したがって、源泉徴収税間の公平を図るためには、同種、同額の報酬に対しては同額の源泉徴収額が予定されているというべきである。」

Ⅲ　判旨

　上記主張に対して、原審は以下の通り判断を下した。
「原審は、上記事実関係の下において、各ホステスの報酬に係る源泉所得税額を計算するに当たりペナルティの額を各ホステスの報酬の額から控除することはできないとした上で、次のとおり判断して、Xらの請求をいずれも棄却すべきものとした。
　ホステス等の個人事業者の場合、その所得の金額は、その年中の事業所得に係る総収入金額から必要経費を控除した金額（法27条2項）であるから、源泉徴収においても、『同一人に対し1回に支払われる金額』から可能な限り実際の必要経費に近似する額を控除することが、ホステス報酬に係る源泉徴収制度における基礎控除方式の趣旨に合致する。本件のように、報酬の算定要素となるのが実際の出勤日における勤務時間である場合には、当該出勤日についてのみ稼働に伴う必要経費が発生するととらえることが自然であって、これによるのが、非出勤日をも含めた本件各集計期間の全日について必要経費が発生すると仮定した場合よりも、実際の必要経費の額に近似することになる。

施行令322条の『当該支払金額の計算期間の日数』とは、『同一人に対し1回に支払われる金額』の計算要素となった期間の日数を指すものというべきである。そして、本件における契約関係を前提とした場合、各ホステスに係る施行令322条の『当該支払金額の計算期間の日数』とは、本件各集計期間の日数ではなく、実際の出勤日数であるということができる。」との判断を下した。

この原審の判断に対して本最高裁は次の通り判示した。
所得税法施行令322条の「当該支払金額の計算期間の日数」の意義について

「一般に、『期間』とは、ある時点から他の時点までの時間的隔たりといった、時的連続性を持った概念であると解されているから、施行令322条にいう『当該支払金額の計算期間』も、当該支払金額の計算の基礎となった期間の初日から末日までという時的連続性を持った概念であると解するのが自然であり、これと異なる解釈を採るべき根拠となる規定は見当たらない。」

「原審は、上記4のとおり判示するが、租税法規はみだりに規定の文言を離れて解釈すべきものではなく、原審のような解釈を採ることは、上記のとおり、文言上困難であるのみならず、ホステス報酬に係る源泉徴収制度において基礎控除方式が採られた趣旨は、できる限り源泉所得税額に係る還付の手数を省くことにあったことが、立法担当者の説明等からうかがわれるところであり、この点からみても、原審のような解釈は採用し難い。

そうすると、ホステス報酬の額が一定の期間ごとに計算されて支払われている場合においては、施行令322条にいう『当該支払金額の計算期間の日数』は、ホステスの実際の稼働日数ではなく、当該期間に含まれるすべての日数を指すものと解するのが相当である。

(2) 前記事実関係によれば、Xらは、本件各集計期間ごとに、各ホステスに対して1回に支払う報酬の額を計算してこれを支払っているというのであるから、本件においては、上記の『当該支払金額の計算期間の日数』は、本件各集計期間の全日数となるものというべきである。」

Ⅳ　研究　判旨に賛成

1　判例の動向と本判決の意義

本件は、所得税法施行令322条が規定する「当該支払金額の計算期間の日数」のうち、とりわけ「計算期間」をいかに解すべきかが争点とされた事案である。Xらは、期間をまさにその文理により解釈し、その対象期間の初日から最終日までの全日数を意味すると主張し、一方、Yらは、その期間の実稼働日数（出勤日数）を意味すると主張している事案であり、第一審、控訴審ではYらの主張が採用されたが、最高裁では逆転して納税者勝訴の判断が下された事案である。

本件と同種の係争事案が4件存在しており、地裁、高裁段階で判断が分かれていたところ、最高裁への上告段階で課税庁側の上告受理申立てはいずれも不受理決定がなされ、納税者側の上告が受理されたということである。この判例の動向については判例時報2078号の判例解説において要領よく以下のように整理されている。

この所得税法施行令322条にいう「当該支払金額の計算期間の日数」の解釈、とりわけ計算期間の日数の解釈をめぐっては、本件を含め同種事件が4件提訴されており、それぞれ東京高裁の異なる部に係属し、2件が納税者の勝訴、2件が課税庁の勝訴と結論が分かれていた。納税者が勝訴した2件については課税庁側から上告受理申立てがされた。一方、課税庁が勝訴した2件についても納税者側から上告及び上告受理申立てがされ、いずれも最高裁第三小法廷に係属した。第三小法廷は、納税者側の各上告受理申立てを受理し、2件とも同日にほぼ同内容の判決をした。本判決はそのうちの1件である。なお、課税庁側の各上告受理申立てについては、いずれも不受理決定がされたとのことである[2]。

それぞれの事件における裁判所の判断を簡単にトレースすると、まず本件の第一審である東京地裁平成18年3月23日判決[3]は「ホステス等の個人事業者の場合、その所得の金額は、その年中の事業所得に係る総収入金額から必要

IV 研究 判旨に賛成 495

経費を控除した金額（法27条2項）であるから、源泉徴収においても、『同一人に対し1回に支払われる金額』から可能な限り実際の必要経費に近似する額を控除することが、ホステス報酬に係る源泉徴収制度における基礎控除方式の趣旨に合致するというべきである。そして、本件のように、報酬の算定要素となるのが実際の出勤日における勤務時間である場合には、当該出勤日についてのみ稼働に伴う必要経費が発生するととらえることが自然であって、これによるのが、非出勤日をも含めた本件各集計期間の全日について必要経費が発生すると仮定した場合よりも、実際の必要経費の額に近似することになる。よって、施行令322条の『当該支払金額の計算期間の日数』とは、『同一人に対し1回に支払われる金額』の計算要素となった期間の日数を指すものというべきである。そして、本件における契約関係を前提とした場合、各ホステスに係る施行令322条の『当該支払金額の計算期間の日数』とは、本件各集計期間の日数ではなく、実際の出勤日数であるということができる。」と判示して、被告国側の主張を認容し、国勝訴の判断が下された。

この第一審の判決の論旨は、ホステス等の個人事業者は事業所得者であるから収入金額と必要経費が対応している。そこで、源泉徴収により控除する基礎控除方式の趣旨を踏まえると、必要経費に近似する金額を源泉徴収すべきである。そうすると、「施行令322条の『当該支払金額の計算期間の日数』とは、『同一人に対し1回に支払われる金額』の計算要素となった期間の日数を指すものというべきである。」と判示して被告国側の主張を認容したのである。

本件の控訴審である東京高裁平成18年12月13日判決[4]も一審の判断を維持し、原判決を引用して被告国側に主張を認め原告が敗訴した。

原告敗訴の事案としては他には、さいたま地裁平成18年5月24日判決[5]とその控訴審判決である東京高裁平成19年1月25日判決[6]がある。これらのいずれの判断も、次のような制度趣旨もしくは目的を重視した、文理解釈とは一線を画する法解釈が展開されている。

第一審のさいたま地裁も控訴審の東京高裁も、まず、給与所得に当たらな

いホステス報酬等は、事業所得等に該当するものであり、法は、そのようなホステス報酬等についても源泉徴収制度を採用し、また、ホステス報酬等の源泉徴収税額の算定方法として、ホステス報酬等から一定の基礎控除を認めた上で単一税率を適用するという基礎控除方式を採用していることを確認する。そのうえで、ホステス報酬等の額の「計算期間の日数」の解釈に当たってはホステス報酬等についての源泉徴収制度及び基礎控除方式の趣旨及び内容の理解が不可欠の前提となるとして、租税法解釈の在り方は、その制度趣旨を考慮した解釈とすべきことを明確にし、その「ホステス報酬等の源泉所得税の額の算定方法に基礎控除方式を採用した趣旨は経費性を考慮し、少額所得者からの徴収を防ぎつつ、最終的な所得税額を目安とすることによって、確実な租税の徴収と納税者の便宜といった源泉徴収制度の趣旨を満たすことにあると考えるのが相当である。」から、その制度趣旨を踏まえると、「ホステス報酬等についての源泉徴収制度及び基礎控除方式の趣旨が、経費性を考慮し、還付の手数を省きつつ、最終的に納付すべき所得税額と源泉徴収税額をなるべく近似させることとし、もって確実な租税の徴収と納税者の便宜を図ることにあると解せられることに照らせば、ホステス報酬等に係る源泉徴収における基礎控除の額を算定するための『当該支払金額の計算期間の日数』すなわち『同一人に対し1回に支払われる金額の計算期間の日数』とは、同一人に対し支払われる報酬等を計算すべき基礎となった期間の日数を指すと解するのが相当である。」と判示して、原告の請求を棄却している。

一方、横浜地裁平成18年5月10日判決（税資256号順号10385）は、「所得税法施行令322条に規定する『当該支払金額の計算期間の日数』は、ホステス報酬等の支払金額の計算の対象となった日の合計数と解すべきであるとの課税庁の主張が、『計算期間の日数』がどうして『当該支払金額の計算の対象となった日の合計数』ということになるのかという肝心の点を文理的には何も説明しておらず、このような解釈は既に文理解釈としての域を超えているといわなければならない（一般の源泉徴収義務者が同法施行令322条の文言から上記のような意味を読み取ることは困難である。）…中略　被告の主張する上記解釈は、

施行令322条の文理を解釈したものとはいえない。そして、上記の説明で独自に用いられている『計算要素』ということの意味内容も、何故そのような概念を用いるのかも明らかではないし、上記②と③の間には明らかに論理の飛躍がある。同解釈は文理の問題を別としても、施行令322条の解釈として直ちには採用できないものといわなければならない。」として、被告国側の租税法解釈の在り方が条文の文理解釈を離れたものであり、採用できないとして被告の主張を排斥し、原告の請求を認容した。

さらに、同事件の控訴審である東京高裁平成19年3月27日判決[7]も上記原判決を引用し、さらに「源泉徴収義務者とホステスとの間に相応の間勤務に係る契約関係が継続し、ホステス報酬等の支払は、一定の期間ごとにその間の勤務の実情等に応じて金額を計算してされる例がその職業において多数みられることが想定されるものと解され、このことを前提とすると、所得税法施行令322条（支払金額から控除する金額）の規定における『同一人に対し1回に支払われる金額』についての『計算期間』に関しては、それが各ホステスとの間の契約においてホステス報酬等の金額を計算する際して基準とされる期間を指し、そのような『計算期間の日数』に関しては、上記期間の暦上の日の数を指すものと解するのが相当であり、このように解することにつき格別不自然又は不明確な点は見当たらないというべきである。」として原告の請求を認容し、被告の控訴を棄却した。

下級審、とりわけ高裁段階で上記のように判断が分かれていた[8]。このような下級審での判断の相違は租税法実務を混乱させるものとして放置できない状況をもたらしていた。この「計算期間」の解釈問題について最高裁が統一的な判断を示したものであり、本判決は極めて重要な意義を有する。また、租税法実務にも大きな影響をもたらすものとして注目される。

2　同一争点をめぐる下級審での判断の構造的理解

本件の争点である、所得税法施行令322条に規定する「当該支払金額の計算期間の日数」の解釈をめぐる下級審での判断が分かれた問題の本質は、租

税法解釈の在り方に対する裁判官の考え方の本質的相違に求めることができる。

なぜ、一見明白ともいえる「計算期間の日数」の「期間」の文言の意義が裁判所により異なる解釈がなされるのであろうか。ここに租税法解釈の在り方をいかにとらえるかという、租税法の根本問題が内包されている。本件と同一の争点をめぐる先に紹介した裁判例とを併せて本件の当事者の主張を単純化すると、原告の主張は租税法律主義の下で租税法解釈は文理解釈によるべきであるから、「期間」は通常の言語の意味として理解すべきであるとして、「法律用語辞典や国語辞典においても、『期間』の意義について『ある時点から他の時点までの一定の時間隔たりの間の長さ』（法律用語事典第2版）、『一定の時期から他の一定の時期までの間』（広辞苑第5版）などと定義されている。」といった主張が展開されている。一方被告国側は、制度趣旨を踏まえて「期間」の意義を理解すべきであると主張してきた。

一連の事件における当事者の主張の構図は、上記のようにとらえることができる。

租税法が侵害規範であり、租税法律主義の要請を尊重し、租税法解釈は文理解釈によるべきであるとの立場を堅持する裁判官の下では、原告の主張が認容され、制度趣旨を強く解釈に反映させるべきことに重きを置く裁判官の下では被告国側の主張が認容された。

たとえば、東京地裁平成18年11月21日判決[10]は租税法の解釈の在り方を次のように判示して、原告納税者の主張を認容した。

すなわち、同判決は「一般に、租税法は侵害規範であり、法的安定性の要請が強く働くものであるから、租税法の解釈は、まず成文法の文理解釈によるのが原則であり、それが租税法律主義にもかなうものというべきである。もっとも、文理解釈によって規定の意味内容を明らかにすることが困難である場合には、当該規定の趣旨目的や立法経過等に照らして論理解釈を行う必要があるし、文理解釈によれば規定の意味内容が一見明らかであると見られるような場合であっても、その解釈による帰結が明らかに不合理であり、そ

のような帰結を導く立法がされたとは考えられないというような場合には、やはり、当該規定の趣旨目的や立法経過等に照らし、通常人が納得するような常識的な帰結を導き出す論理解釈が可能かどうかを検討する必要がある場合もあり得るものと考えられる。」と判示して租税法解釈の在り方を通説的理解に基づくべきであることをまず確認している。

そのうえで、「当該支払金額の計算期間の日数」の文言を文理解釈すると、「まず、施行令322条の『当該支払金額の計算期間の日数』のうち、『当該支払金額』とは、同条の規定の仕方からみて、『同一人に対し1回に支払われる金額』を指すと考えられる。したがって、『当該支払金額の計算期間の日数』とは、『同一人に対し1回に支払われる金額の計算期間の日数』を意味することになる。次に、『計算期間』は、社会生活において日常的に用いられる用語ではなく、税法上も特段の定義はなされていないところ、『期間』は、一時点から一時点までの時間的隔たりといった、時的連続性を持った概念であるから、『(当該支払金額の)計算期間』も、例えば『(当該支払金額の)計算の基礎となった期間の初日から終日まで』というように、時的連続性を持った概念と解するのが自然である。そして、『期間の日数』といった場合、具体的に限定がなされない限り、かかる時間的隔たりに含まれる日数の全てを含むと解するのが通常である。以上を前提として考えると、定期的に報酬が支払われることが合意されている場合における『当該支払金額の計算期間の日数』とは、契約において支払の対象とされた期間（本件においては、毎月1日から15日までと、16日から月末まで）の全日数を意味すると考えるのが文言上素直な解釈であるというべきである。…中略　（被告の解釈を示して）実際の施行令においては、『計算期間の日数』という用語が用いられている以上、その解釈に当たっては、その文言に即した解釈を行わざるを得ないのであって、概念の異なる別の用語と読み替えるような解釈は行うことはできないものというべきである」と判示している。

一方で、被告勝訴の判決では、先に紹介したように「ホステス報酬等についての源泉徴収制度及び基礎控除方式の趣旨が、経費性を考慮し、還付の手

数を省きつつ、最終的に納付すべき所得税額と源泉徴収税額をなるべく近似させる」べきであり、そのためには計算期間の日数は同制度の趣旨に対応すべく、「各ホステスに係る施行令322条の『当該支払金額の計算期間の日数』とは、本件各集計期間の日数ではなく、実際の出勤日数であるということができる。」との解釈がなされるべきであると、ほぼ同様の考え方もしくは論理に基づく判断が示されている。

　被告勝訴の判決の論理を整理すると、文言の意味を明らかにするという文理解釈の過程を飛び越えて制度趣旨から結論に論理的飛躍がなされていることに気づかざるを得ない。

　制度趣旨をまず確認し、その制度趣旨を踏まえた結論を文言の解釈よりむしろ優先させていることが明確に見て取れる。

3　租税法解釈の在り方—文理解釈と目的論的解釈の関係性

　租税法解釈において租税法の文言から離れて制度趣旨を重視する解釈姿勢は、租税法律主義の内容である課税要件明確主義の要請を軽視するものである。国家による恣意的な課税を抑止するために租税法の文言は一義的かつ明確でなければならないという、課税要件明確主義の要請を受けて租税法はその文言が条文化されているのであるから、文言の解釈は文理に則してなされなければならないことは当然である。文理解釈が優先されなければ課税要件明確主義の要請は実効性を持たない。

　したがって、制度趣旨を優先し、文言の文理に基づく解釈論を展開しない租税法解釈の姿勢は、租税法律主義の下では是認できない。少なくとも租税法解釈の在り方の基本は、文理解釈が優先されるという文理解釈優先主義であるべきである。「期間」という文言について特に租税法が定義規定を置いていないのであるから固有概念ではないことは確かである。そうであれば通常一般人が使用する言語として、その文理により解釈がなされるべきである。租税法解釈における、この文理解釈と趣旨解釈もしくは目的論的解釈の関係性について以下で整理しておこう。

租税法の解釈がなぜ文理解釈により厳格になされるべきかと言えば、それは租税法が侵害規範であり、そうであるゆえに租税法律主義により課税庁の恣意的課税を阻止するということを憲法が命じているのであるから、その租税法律主義の要請を形骸化させないために文理解釈により厳格な法解釈がなされるべきなのである。類推解釈や拡大解釈、縮小解釈が許容されると、解釈する側の力の大きさ（権力を有するか否か）によってその法解釈の幅が決められることになり、恣意的な課税を許す結果を生む。恣意的課税を阻止するために租税法の解釈適用は文理解釈によるべきことが要請されるのである。

　厳格な法解釈がなされず、趣旨解釈や目的論的解釈の名の下に、「法文から離れた自由な解釈が許容されるとするならば、そのような解釈に基づく税法の適用は、法律に基づく課税とはいえず、したがって、租税法律主義が税法の解釈を通じて潜脱され破綻してしまうことになるからである。税法は強行法規であり侵害規範であるから、最も説得力のある権威的論拠とされる法文および文言に忠実な**文理解釈**こそが、厳格な解釈の要請に最もよく適合する[12]」のである。すなわち、租税法の解釈においては、何よりもまず租税法規の法文および文言が重視されなければならない。

　この場合、文言を重視し、その文言に忠実に解釈するとはいかなる意味かといえば、それは、条文が「日本語という自然言語で書かれている以上、その言語慣用や通常の用語法に従って、個々の法規の意味すなわち規範が解明されなければならない[13]」ことを意味する。法規の文言に忠実にという意味をこのように理解することにより、「租税法規の意味内容について、広く納税者の間に共通の理解が成立し…中略、しかも解釈の『客観化』や予測可能性・法的安定性の確保にも資することになろう。このことは、民主主義国家、特に申告納税制度、における税法の解釈のあり方として、望ましいことである[14]」と評価できるのである。

4　おわりに

　租税法解釈の在り方については、先の法人負担保険料事件においても、(3)

の文理解釈と目的論的解釈の関係性について論じたが、本件も争点は租税法解釈の問題であり、制度趣旨を踏まえた租税法解釈を主張するYらと租税法律主義の下における租税法解釈が文理によるべきであるとするXらの主張の争いであるところから、租税法解釈がいかにあるべきかについて整理しておく必要があると考えた。

ところで、被告国側は本件源泉徴収制度における基礎控除方式の趣旨を踏まえることにより果たして期間を「当該支払金額の計算の対象となった日の合計数」と解することができるであろうかとの疑念を生ずる。なぜなら、まず基礎控除制度は、かつての所得控除に代わるものではなく、①少額所得の不追求、ないし②徴収義務者の便宜を考慮して、源泉徴収される報酬、料金等の範囲で制限する趣旨であるとされている。そうであれば、報酬支払金額の対象になった日の実数を「期間」と解するよりも、むしろ、機械的に期間を割り出し、単純にその期間内の日数を算出する方が「できる限り源泉徴収税額の還付の手数を省くこと」という趣旨目的を達成できるし、可能性があるのは、「少額所得の不追求及び源泉徴収義務者の事務負担を緩和するものであること」という制度趣旨・目的に合致するものといえよう。

そうすると、「期間」の文言を文理解釈したその期間の意義に疑念が仮にあったとしても、その妥当性は制度趣旨を踏まえて検討しても（目的論的解釈を加えても）妥当性を欠くとはいえないことになろう。

本件において最高裁は、「租税法規はみだりに規定の文言を離れて解釈するべきものではなく、原審のような解釈を採ることは、上記のとおり、文言上困難であるのみならず、ホステス報酬に係る源泉徴収制度において基礎控除方式が採られた趣旨は、できる限り源泉所得税額に係る還付の手数を省くことにあったことが、立法担当者の説明等からうかがわれるところであり、この点からみても、原審のような解釈は採用し難い」と判示して、下級審の判断の対立に終止符を打つ妥当な判断を下したものと評価できる。

租税法律主義の下における租税法の解釈は文理解釈によるべきという原則を踏まえた租税法解釈の在り方を再確認したものとして本判決は高く評価で

きるものであり、その意義は極めて大きいといえよう。

　課税庁には解釈権は付与されているが、租税法規の規定の文言を離れ、趣旨解釈の名の下に恣意的課税を行うことは許されない。本件は、租税法律主義の存在を踏まえた租税法の解釈適用の在り方を確認した有益な事例であると評価できる。さらに、租税法実務に及ぼす本判決の影響は大きいことも合わせてここに確認しておく。

注
1）本件の詳細な判例研究は、増田英敏「判批」TKC税研情報19巻5号14頁以下（2010年）参照。
2）最判平成22年3月2日時報2078号11頁（2010年）参照。
3）東京地判平成18年3月23日民集64巻2号453頁。
4）東京高判平成18年12月13日民集64巻2号487頁。
5）さいたま地判平成18年5月24日税資256号順号10403。
6）東京高判平成19年1月25日税資257号順号10616。
7）東京高判平成19年3月27日税資257号順号10671。
8）これらの下級審の判断を検討したものとして次の文献が参考になる。たとえば、佐藤孝一「判批」TKC税研情報17巻4号44頁以下（2008年）、川田剛「判批」ジュリ1330号173頁以下（2007年）、林仲宣＝磯貝いづみ「判批」税弘56巻5号88頁以下（2008年）、鈴木雅博「判批」税研148号219頁以下（2009年）、池本征男「判批」国税速報6103号5頁（2010年）等がある。
9）東京地判平成18年11月21日税資256号順号10577。
10）東京地判平成18年11月21日税資256号順号10577。
11）金子『租税法』84頁以下。
12）谷口勢津夫『税法基本講義〔第6版〕』40頁（弘文堂、2018年）。
13）谷口、同上書、40頁以下。
14）谷口、同上書、41頁。

第13章

所得税裁判事例研究Ⅷ
―債務免除益の所得区分と給与所得課税（債務免除益事件）

最高裁平成27年10月8日判決（一部破棄自判、一部破棄差戻、納税者敗訴）
（平成26年(行ヒ)第167号納税告知処分等取消請求上告事件）
判タ1419号72頁
控訴審　広島高裁岡山支部平成26年1月30日判決（棄却、上告、納税者勝訴）
（平成25年(行コ)第9号納税告知処分等取消請求控訴事件）
税資264号順号12402
第一審　岡山地裁平成25年3月27日判決（認容、控訴、納税者勝訴）
（平成24年(行ウ)第6号納税告知処分等取消請求事件）
民集72巻4号336頁
差戻控訴審　広島高裁平成29年2月8日判決（原判決変更、納税者敗訴）
（平成27年(行コ)第30号納税告知処分等取消請求控訴事件）
民集72巻4号353頁
差戻上告審　最高裁平成30年9月25日判決（棄却、確定、納税者敗訴）
（平成29年(行ヒ)第209号納税告知処分等取消請求事件）
民集72巻4号317頁

☞　研究のポイント

　本件では、繰り返し行われた役員に対する巨額の融資が、役員の資力喪失により返済不能となったところで、原告が当該役員に対して債務免除を行ったが、当該債務免除が役員に対する賞与であるから、給与所得に該当するか、という役員に対する債務免除益の所得区分が主たる争点とされている。
　所得税法上の最も重要な問題として所得区分の問題を指摘できる。所得区分をめぐる紛争は頻発しているが、本件は、法人の役員に対する債務免除益に伴う経済的利益の給付が給与所得に該当するか否かが争点とされた興味深い事例である。
　役員への多額の貸付を繰り返し行った事実および多額の債務を免除した理由は、債務者が役員であったからであり、仮に債務者が役員でなければ貸付

も債務免除も行われなかったはずであるから、役員の地位と、債務免除という経済的利益を役員に付与したこととの間には対価性があると裁判所が判断した点は、事実の評価として重要である。

本件の争点となっている所得税基本通達36―17は、平成26年度税制改正により所得税法44条の2として通達から所得税法に立法化された。本件は、改正前の通達の適用の可否が主たる争点の一つとされた事案である。

従来からこの通達の取り扱いをめぐっては、租税法律主義の視点から批判が多くあったので、遅きに失した改正と評価されることが多い。資力を喪失して債務弁済が著しく困難な場合と判断され、債務免除を受けてもその債務免除益に課税がされることは、不合理であり、租税公平主義にも反するといえる。これらの点についても整理することも本研究の所得区分以外の研究のポイントとして重要である。

I 事案の概要

1　本件は、被上告人（以下「X」という。）が、その理事長であったAに対し、同人のXに対する借入金債務の免除をしたところ、所轄税務署長から、上記債務免除に係る経済的な利益がAに対する賞与に該当するとして、給与所得に係る源泉所得税の納税告知処分及び不納付加算税の賦課決定処分を受けたため、上告人（以下「Y」という。）を相手に上記各処分（ただし、上記納税告知処分については審査請求に対する裁決による一部取消し後のもの）の取消しを求める事案である。

2　原審の確定した事実関係等の概要は、次のとおりである。

(1)　Xは、青果物その他の農産物及びその加工品の買付けを主たる事業とする権利能力のない社団である。

Aは、昭和56年頃、Xの専務理事に就任し、平成6年3月17日から同22年6月17日までの間、Xの理事長の地位にあった。

(2)　Aは、昭和56年頃から、X及び金融機関から繰り返し金員を借り入

れ、これを有価証券の取引に充てるなどしていたが、いわゆるバブル経済の崩壊に伴い、借入金の弁済が困難であるとしてXに対し借入金債務の減免を求めた。これに対し、Xは、平成2年12月以降、Aに対し度々その利息を減免したものの、その元本に係る債務の免除には応じなかった。

(3)ア　Aは、平成17年7月31日、株式会社Bから借入金債務の免除を受けたが（以下この債務の免除による経済的な利益を「平成17年債務免除益」という。）、その後は債務の免除を受けた同19年12月まで、Aの資産に増加はなかった。

イ　Aは、同人の平成17年分の所得税の更正処分等を不服として異議申立てをしたところ、所轄税務署長は、平成19年8月6日、上記異議申立てに対する決定をし、その理由中において、平成17年債務免除益について平成26年6月27日付け課個2―9ほかによる改正前の所得税基本通達36―17（以下「本件通達」という。）の適用がある旨の判断を示した。本件通達は、その本文において、債務免除益のうち、債務者が資力を喪失して債務を弁済することが著しく困難であると認められる場合に受けたものについては、各種所得の金額の計算上収入金額又は総収入金額に算入しないものとする旨を定めていた。

(4)ア　Xは、平成19年12月9日の理事会において、AからのXに対する借入金債務の免除の申入れについて、A及び上記借入金債務を連帯保証していた同人の元妻が所有し又は共有する不動産を買取り、その代金債務と上記借入金債務とを対当額で相殺し、相殺後の上記借入金債務を免除することを決議した。

イ　AのXに対する借入金債務の額は、平成19年12月10日当時、55億6323万余円であったところ、Xは、A及び同人の元妻から、その所有し又は共有する不動産を総額7億2640万余円で買い取り、その代金債務と上記借入金債務とを対当額で相殺するとともに、Aに対し、上記相殺後の上記借入金債務48億3682万余円を免除した（以下この債務の免

除を「本件債務免除」といい、これによりAが得た経済的な利益を「本件債務免除益」という。）。

ウ　なお、本件債務免除当時のXの専務理事であり、AがXの理事長を退任した後にXの理事長に就任したCは、Aが納税義務を負う所得税に係る調査を担当した所轄税務署の職員に対し、Xが本件債務免除をした理由について、異議申立てに対する決定において平成17年債務免除益に本件通達の適用がある旨の判断が示されており、その後もAの資産が増加していないことから、Aに資力がなく、Xに対する借入金の弁済が不可能であると判断するとともに、Xに対するAの理事長及び専務理事としての貢献を考慮したものである旨を述べている。

(5)　所轄税務署長は、平成22年7月20日付けで、Xに対し、本件債務免除益がAに対する賞与に該当するとして、本件債務免除等に係る平成19年12月分の源泉所得税の納税告知処分及び不納付加算税の賦課決定処分をした。

Xは、上記各処分を不服として異議申立てをし、所轄税務署長によりこれを棄却する旨の決定がされたことから、審査請求をしたところ、国税不服審判所長は、上記納税告知処分のうち一部を取り消す旨の裁決をした。

3　本件の争点

本件の争点は以下の3点である。
(1)　本件債務免除益が給与等に該当するか
(2)　本件債務免除益を源泉取得税額の計算上給与等の金額に算入すべきか
　　（本件債務免除益に本件通達の適用があるか）
(3)　本件債務免除の錯誤無効の主張の可否

4 争点に関する当事者の主張

(1) 本件債務免除益が給与等に該当するか

(Yの主張)

　法人の代表者が法人経営の実権を掌握し、当該法人を実質的に支配している事情がある場合において、法人代表者が自己の権限を濫用して当該法人の事業活動を通じて得た利益は、給与支出の外形を有しない利得であっても、法人の資産から支出をし、その支出を利得、費消したと認められる場合には、その支出が法人の代表者としての立場と全く無関係であり、法人から見て純然たる第三者との取引ともいうべき態様によるものであるなど特段の事情がない限り、実質的に、法人代表者がその地位及び権限に対して受けた給与とみるべきである。

　本件債務免除は、Xの理事長かつ筆頭の出資者としてXにおいて強い影響力を有し、Xを実質的に支配していたA理事長が、その権限を濫用して、Xから多額の借入れをした上で、Xに対しその債務の免除を強いたことによるものであり、A理事長の理事長としての立場と全く無関係に行われたものではなく、Xから見て純然たる第三者との取引ともいうべき態様によるものではないことは明らかである。

　したがって、本件債務免除益は、A理事長がXの理事長としての地位及び権限に対して受けた給与等に該当する。

(Xの主張)

　利益が給与等に該当するというためには、利益と労務又は役務の提供との間に対価性が認められる必要があるところ、Xは、A理事長がXの理事長であるか否かに関係なく、A理事長が弁済能力を喪失しているために、本件債務免除を行ったにすぎず、本件債務免除益が役務の提供に対する対価であるということはできない。

　また、給与等に該当する利益は担税力を増加させるような利益でなければならないところ、A理事長は弁済能力を喪失しており、Xが本件債務免除によって担税力を増加させるような利益をA理事長に与えたとはいえない。弁

済能力を喪失したA理事長に対する本件債務免除益が給与等に該当するという解釈をとると、源泉徴収義務者であるXに対し、債務免除という負担以外に、A理事長から徴収できる見込みのない源泉徴収義務という負担を課すことになり、妥当ではない。

したがって、本件債務免除益は、給与等には該当しない。

(2) 本件債務免除益を源泉取得税額の計算上給与等の金額に算入すべきか
（本件債務免除益に本件通達の適用があるか）

（Xの主張）

本件通達にいう「債務者が資力を喪失して債務を弁済することが著しく困難であると認められる場合」とは、「債務者の債務超過の状態が著しく、その者の信用、才能等を活用しても、現にその債務の全部を弁済するための資金を調達することができないのみならず、近い将来においても調達することができないと認められる場合」をいうと解すべきである（所税9条1項10号、所税令26条、所得税基本通達9─12の2参照）。

本件債務免除当時のA理事長の債務の総額は、本件債務を含めて52億7766万余円であり、うち本件債務以外の債務が4億4084万余円、うち弁済優先権を有する公租公課が1億8485万余円、銀行からの借入れが1億4656万余円存在した。

そして、弁済優先権を有する公租公課を支払うためには、年間収入額全額を充てたとしても、資産を処分する必要がある。そして、銀行からの借入れについては、個人及び企業の信用を保持するために支払を優先せざるを得ず、本件債務全額の返済が得られるのは、その後の年間収入を全額返済に充てたとしても、元金返済だけで140年を要する。

また、不動産からの年間収入に頼らず、本件債務免除の時点で資産を全部処分したとしても、本件債務以外の債務すら弁済することは困難である。

以上のことからすれば、A理事長は、著しい債務超過の状態にあり、本件債務全額の弁済をすることができず、近い将来において債務全額を弁済する

資力もないといえる。したがって、本件債務免除益が本件通達にいう「債務者が資力を喪失して債務を弁済することが著しく困難であると認められる場合に受けたもの」に該当することは明らかであるから、仮に本件債務免除益が給与等に該当するとしても、これを源泉取得税額の計算上給与等の金額に算入することはできない。

(Yの主張)

A理事長は、本件債務免除の当時、Xの理事長かつ筆頭の出資者であって、Xに対する強い影響力を有しており、実質的にXを支配していた。A理事長は、自己の有価証券取引及び有価証券先物取引に投入するため、運用資金などと称してXに金融機関から資金を調達させてまでして自己に貸付けを行わせ、その際には理事会等の承認を得ることもなく、貸付願を提出するほかは口頭での確認を受ける程度という通常ではあり得ない簡略な方法でXからの借入れを繰り返し、その残高は50億円を超えていた。Xは、本件債務免除の直前である平成19年11月30日にも、A理事長に対し、更に4900万円もの資金を貸し付けている。これらの事実に照らせば、A理事長は、実質的には、Xから自由に資金調達をすることができたものと認められる。さらに、Xは、A理事長への貸付金に充てるために金融機関から借り入れた債務につき、約35億円の免除を受けたため、A理事長にとってはXからの借入金について実質的に返済する必要性がより一層失われ、XにとってもA理事長に対して返済を求めることがより一層困難となったという事情が認められる。本件債務免除は、以上のような状況下において、A理事長の強固な意思により、Xが強いられたものにすぎないというべきである。このような本件債務免除の実質からすれば、本件債務免除益は、本件通達にいう「債務者が資力を喪失して債務を弁済することが著しく困難であると認められる場合に受けたもの」に該当しない。

また、A理事長は、本件債務免除後も、Dコーポレーション株式会社から借入れを行い、その借入資金を基に、有価証券取引及び有価証券先物取引を継続していた。A理事長は、本件債務免除後も、Xの理事長職にとどまり、

Xから本件債務免除前と同額の役員給与の支給を受けていたほか、本件債務免除に際し、A理事長が所有する資産の全てを処分していなかったことから、年間約2700万円もの不動産収入を得ており、本件債務免除後のA理事長の収入金額は高額なものとなっていた。このように、本件債務免除の前後において、A理事長の資金調達等に係る状況には何ら異なるところがないのであって、A理事長が資力喪失の状態にあったとはいえない。特に、A理事長が、本件債務免除後においても、Dグループを経由する方法で、金融機関から多額の資金を調達し続けていることは、A理事長の信用、才能等を活用すれば、債務の全部を弁済するための資金を近い将来において調達することができることを示すものといえる。したがって、本件債務免除益は、本件通達の要件に該当しない。

(3) **本件債務免除の錯誤無効の主張の可否**
(Xの主張)

　源泉徴収義務者であるXは、源泉徴収義務に基づきYに対し源泉所得税を負担するのであるから、税負担の有無につき錯誤が生じ得る。

　Xは、A理事長の資力からすれば本件債務の支払を受けることが著しく困難であったところ、所轄税務署長が、以前にA理事長が受けた債務免除益につき、本件通達に該当する旨の判断をしていたことから、その判断を前提として、本件債務免除をした。Xは、本件債務免除をすることにより源泉徴収義務を負うことを想定しておらず、源泉徴収義務に基づく税負担がないことが本件債務免除の重要な要素となっていた。

　したがって、仮に本件債務免除益に本件通達の適用がないのであれば、本件債務免除は、錯誤により無効である。

　なお、錯誤無効を主張する時期は、法律によって制限されておらず、Xによる本件債務免除の錯誤無効の主張は、源泉所得税の法定納期限後であっても妨げられるものではない。

（Yの主張）

　源泉所得税は、最終的にはA理事長が負担すべきものであり、最終的な税負担を負う立場にない源泉徴収義務者であるXに、税負担を原因とする錯誤が生じることはあり得ない。

　また、本件債務免除は、A理事長のXに対する強い影響力を背景として、Xが債務免除をすることを強いられたものにすぎず、A理事長が資力を喪失して債務を弁済することが著しく困難であったことを理由として行われたものではないから、Xが、本件債務免除をするに当たって、本件通達の要件に該当すると誤信した事実はない。仮に、Xにとって非課税となることが本件債務免除の重要な要素となっていたとしても、かかる動機は、本件債務免除に当たり明示的に表示されておらず、A理事長のXに対する強い影響力を背景とした本件債務免除の実質からすれば、黙示的に表示されていたと評価することもできない。

　さらに、源泉徴収義務の発生原因となる法律行為の錯誤無効を安易に認めて、源泉徴収義務を免れさせることは、源泉徴収義務者間の公平を害するとともに、租税法律関係を不安定にし、ひいては源泉徴収制度の破壊につながるものであるから、法定納期限後においては、Yに対して、源泉徴収義務の発生原因となる法律行為の錯誤無効を主張することはできないと解すべきである。Xが本件債務免除の錯誤無効の主張をしたのは源泉所得税の法定納期限後であるから、XはYに対し本件債務免除の錯誤無効を主張することはできない。

Ⅱ　判旨

1　控訴審の判断について

「原審は、上記事実関係等の下において、要旨次のとおり判断し、本件債務免除益がAに対する賞与に該当するとしてされた…中略　各処分（ただし、納税告知処分については審査請求に対する裁決による一部取消し後のもの。以下『本

件各処分』という。）は違法であり、取り消されるべきものであるとした。

　XのAに対する貸付金は元本の弁済のめどの立たない不良債権であったところ、平成17年債務免除益に本件旧通達の適用があるとの判断が所轄税務署長により示された後にAの資産の増加がなかった状況の下で本件債務免除がされたことからすると、本件債務免除の主たる理由はAの資力の喪失により弁済が著しく困難であることが明らかになったためであると認めるのが相当であり、AがXの役員であったことが理由であったと認めることはできない。したがって、本件債務免除益は、これを役員の役務の対価とみることは相当ではなく、所得税法28条1項にいう給与等に該当するということはできないから、本件債務免除益についてXに源泉徴収義務はないというべきである。」

2　上告審の判断について

　「しかしながら、原審の上記判断は是認することができない。その理由は、次のとおりである。

　所得税法28条1項にいう給与所得は、自己の計算又は危険において独立して行われる業務等から生ずるものではなく、雇用契約又はこれに類する原因に基づき提供した労務又は役務の対価として受ける給付をいうものと解される（最高裁昭和52年(行ツ)第12号同56年4月24日第二小法廷判決・民集35巻3号672頁、最高裁平成16年(行ヒ)第141号同17年1月25日第三小法廷判決・民集59巻1号64頁参照）。そして、同項にいう賞与又は賞与の性質を有する給与とは、上記の給付のうち功労への報償等の観点をも考慮して臨時的に付与される給付であって、その給付には金銭のみならず金銭以外の物や経済的な利益も含まれると解される。

　前記事実関係によれば、Aは、Xから長年にわたり多額の金員を繰り返し借り入れ、これを有価証券の取引に充てるなどしていたところ、XがAに対してこのように多額の金員の貸付けを繰り返し行ったのは、同人がXの理事長及び専務理事の地位にある者としてその職務を行っていたことによるもの

とみるのが相当であり、XがAの申入れを受けて本件債務免除に応ずるに当たっては、Xに対するAの理事長及び専務理事としての貢献についての評価が考慮されたことがうかがわれる。これらの事情に鑑みると、本件債務免除益は、Aが自己の計算又は危険において独立して行った業務等により生じたものではなく、同人がXに対し雇用契約に類する原因に基づき提供した役務の対価として、Xから功労への報償等の観点をも考慮して臨時的に付与された給付とみるのが相当である。

したがって、本件債務免除益は、所得税法28条1項にいう賞与又は賞与の性質を有する給与に該当するものというべきである。」

「以上と異なる原審の…中略　判断には、判決に影響を及ぼすことが明らかな法令の違反がある。論旨は理由があり、原判決は破棄を免れない。そして、本件債務免除当時にAが資力を喪失して債務を弁済することが著しく困難であったなど本件債務免除益を同人の給与所得における収入金額に算入しないものとすべき事情が認められるなど、本件各処分が取り消されるべきものであるか否かにつき更に審理を尽くさせるため、本件を原審に差し戻すこととする。」

Ⅲ　研究　判旨に賛成

1　はじめに

本件の争点となっている所得税基本通達36―17は、平成26年度税制改正により所得税法44条の2として通達から所得税法に立法化された。本件では、改正前の通達の適用の可否が争点の一つとされた事案である。

従来からこの通達の取り扱いをめぐっては租税法律主義の視点から批判が多くあったので、遅きに失した改正と評されることが多い。資力を喪失して、債務弁済が著しく困難な場合と判断され、債務免除を受けてもその債務免除益に課税されることは、不合理であり、租税公平主義にも反するといえる。

本件通達の規定が合理性を有するもので、適法であるとした場合に、通達適用の要件である資力喪失要件規定は、まさに評価的要件であるから、認定した事実から当該要件に該当する評価根拠事実が丁寧に検証されなければならない。

通達の定めであるが、通達が適用されると非課税になるのであるから、評価的要件と対応する評価根拠事実を丹念に検証しなければならない。

本件は、債務免除益が役員賞与に該当し、給与所得になるか否かという給与所得該当性の問題と、本件通達が定める資力喪失要件を充足しているか否かという要件充足性の問題、非課税が争点とされた興味深い事例である。

2　本判決の意義

本判決の意義は以下の2つに集約されると思われる。

第1の意義は、法人の役員に対する債務免除益が経済的利益で所得税法上の収入金額を構成するが、役員への多額の貸付を繰り返し行った事実および多額の債務を免除した理由は、債務者が役員であったからであり、仮に債務者が役員でなければ貸付も債務免除も行われなかったはずであるから役員の地位と、貸付と債務免除といった経済的利益との間には対価性があるとの評価した点にある。すなわち、役員の地位等に基づいて借り入れた債務の免除益は、賞与又は賞与の性質を有する給与に該当すると判示した点が第1の意定義である。

第2の意義は、本判決が、「同項にいう賞与又は賞与の性質を有する給与とは、上記の給付のうち功労への報償等の観点をも考慮して臨時的に付与される給付であって、その給付には金銭のみならず金銭以外の物や経済的な利益も含まれると解される。」と判示して、所得税法28条1項の給与所得の例示の一つとしての「賞与」について明確に定義した点にある。賞与とは功労への報償の性質を持つ臨時的な給付で、金銭以外の経済的利益も賞与に含まれることを明確にしている。この点に第2に意義を見出すことができる。

3 判例の動向と本判決の位置づけ

　給与所得の範囲を確定するための判断基準として、本判決は「所得税法28条1項にいう給与所得は、自己の計算又は危険において独立して行われる業務等から生ずるものではなく、雇用契約又はこれに類する原因に基づき提供した労務又は役務の対価として受ける給付をいうものと解される（最高裁昭和52年（行ツ）第12号同56年4月24日第二小法廷判決・民集35巻3号672頁、最高裁平成16年（行ヒ）第141号同17年1月25日第三小法廷判決・民集59巻1号64頁参照）。」として2つの最高裁判決の判示を引用している。

　最高裁昭和56年4月24日判決[1]は、給与所得と事業所得の区分について、「所得税法上の事業所得（同法27条1項、所得税法施行令63条一二）か給与所得（同法28条1項）かを判断するに当たっては、所得税法の趣旨、目的に照らし、その業務ないし労務及び所得の態様等を考察しなければならず、業務の具体的態様に応じて、その法的性格を判断しなければならない。その場合、判断の一応の基準として事業所得とは、自己の計算と危険において独立して営まれ、営利性、有償性を有し、かつ、反復継続して遂行する意思と社会的地位とが客観的に認められる業務から生ずる所得をいう。

　給与所得とは雇用契約又はこれに類する原因に基づき使用者の指揮命令に服して提供した労務の対価として使用者から受ける給付をいう。給与所得については、とりわけ、給与支給者との関係において何らかの空間的、時間的な拘束を受け、継続的ないし断続的に労務又は役務の提供があり、その対価として支給されるものであるかどうかが重視されなければならない。」と判示している。

　また、最高裁平成17年1月25日判決[2]は、親会社から付与されたストックオプションの権利行使益が給与所得に該当するか否かが争点とされた事案であるが、最高裁は、「被付与者は本件ストックオプションを行使することによって、初めて経済的な利益を受けることができるため、B社は、Xに対し、本件ストックオプションを付与し、所定の権利行使価格で株式を取得させたことによって、本件権利行使益を得させたものであるということができるか

ら、本件権利行使益は、B社からXに与えられた給付に当たる。」としたうえで、「本件ストックオプション権利行使益は、Xが代表取締役であったA社からではなく、B社（A社の100％親会社）から与えられたものである。B社は、A社を支配しており、Xは、B社の統括の下にA社の代表取締役としての職務を遂行していたといえる。

本件ストックオプション制度は、B社グループの一定の役職員に対する精勤の動機付けなどを企図したものであり、職務を遂行したことに対する対価としての性質を有する経済的利益であることは明らかである。そうであるとすれば、本件権利行使益は、雇用契約又はこれに類する原因に基づき提供された非独立的な労務の対価として給付されたものとして、所得税法28条1項所定の給与所得に当たるというべきである」と判示して、ストックオプションの権利行使益が経済的利益として給与所得に該当すると判断した。

以上の2つの裁判例は、給与所得の意義について判示したものであり、判例としての地位を得ている。給与所得とは、①雇用契約又はこれに類する原因に基づき、②使用者の指揮命令に服して、③提供した労務の対価として使用者から受ける給付をいう、と判示して給与所得の三要件を明確にしている。

さらに、近時の裁判例として、本件と同様の争点である宗教法人に対する源泉所得税の納税告知処分の違法性が争われた事件で、東京地裁平成27年9月16日判決は、「所得税法28条1項は、『俸給、給料、賃金、歳費』によって月払、半月払、日払などの定期的に支給される給与を、『賞与』によって臨時に支給される給与をそれぞれ例示し、さらに、ここで列挙された諸給与のほかに『これらの性質を有する給与』を給与所得とすることを定めることによって、給与所得が以上のような各種の性格をもった諸給与を含む包括的な内容のものであることを示していることからすると、<u>給与等は、厳密に労務（役務）の直接の対価に限定する必要はなく、雇用関係又はそれに類似する関係において、労務（役務）を提供する地位に基づいて支給される金銭又は経済的利益を含むものというべきである</u>（最高裁昭和36年(オ)第298号同37年8月10

日第二小法廷判決・民集16巻8号1749頁参照）。（筆者傍線）

　また、以上のような給与所得の性質からすると、給与等の金額は、労務の質ないし量と相関関係が認められる必要もない。」と判示して、給与の金額と労務の質と量との相関関係が要件とされるものではないことを明確にした。

　そのうえで、「法人の役員が当該法人から受けた金銭の給付又は経済的利益の供与は、特段の事情がない限り給与所得に該当すること、…中略　給与所得は、労務の直接の対価に限定されず、労務を提供する地位に基づいて支給されるものも含むところ、取り分け法人の役員については、その業務内容が包括的かつ広範であり、法人の業務の全般に及ぶものであることから、その給与の支給は指揮命令を受けて労働する従業員の賃金とは性格を異にし、場合によっては法人の役員に就任していること自体（地位）によって法人に貢献することもあり得るし、その役務の対価性等を判断するに当たって具体的かつ個々的な業務を観念することは困難であり、厳密に判断することも不可能である。

　そうすると、役員に対して給付された金銭又は経済的利益は、法人からみて当該法人の役員の立場と全く異なる純然たる第三者との取引ともいうべき態様によるものであるなどの特段の事情がない限り、労務（役務）の対価又は役員の地位に基づいて給付されたものとして、給与所得に該当するというべきである」と判示して、法人の役員と従業員の職務は性質が厳然と異なるものであるから、「役務の対価性等」の判断は個別具体的な業務との対応関係に基づいて厳密に判断することはできないから、役員に対して給付された経済的利益は、「特段の事情のない限り」給与に該当することを明確にしている。

　また、航空機の購入に伴い他の出資者と共に組合契約を締結して民法上の組合を組成した上、金融機関から金員を借り入れて航空機を購入し、航空機の購入原資の一部となった借入金の一部に係る債務の免除を受けたことによる債務免除益の所得区分が争点とされた事案である、東京地裁平成27年5月

21日判決は、所得区分の該当性の判断の在り方について、「所得税法は、所得をその源泉ないし性質によって、利子所得、配当所得、不動産所得、事業所得、給与所得、退職所得、山林所得、譲渡所得、一時所得及び雑所得の10種類に区分し、これらの所得ごとに所得の金額を計算することとしている（同法21条1項1号）。

これは、所得はその性質や発生の態様によって担税力が異なるという前提に立って、公平負担の観点から、各種の所得について、それぞれの担税力の相違に応じた計算方法を定め、また、それぞれの態様に応じた課税方法を定めるためである。

したがって、ある所得がどの所得区分に該当するかについては、所得を分類し、その種類に応じた課税を定めている同法の趣旨及び目的に照らして判断するのが相当である。」と判示して、所得税法上の所得区分規定の解釈の在り方について確認しており、本件の判断の妥当性を検討するうえで有用である。

4　本判決の判断の構造

本判決は、まず本件債務免除の主たる理由を資力喪失要件を充足したことに求め、役員の役務の対価性を否定した原審の判断を是認できないとしたうえで、以下の通り、本件債務免除益が賞与の性質を有する給与に該当するとの判断を示した。その判断の構造は以下のとおりである。

(1)　給与所得の該当性の判断の要件を判示した最高裁判例を引用

すなわち、「所得税法28条1項にいう給与所得は、自己の計算又は危険において独立して行われる業務等から生ずるものではなく、雇用契約又はこれに類する原因に基づき提供した労務又は役務の対価として受ける給付をいうものと解される（最高裁昭和52年（行ツ）第12号同56年4月24日第二小法廷判決・民集35巻3号672頁、最高裁平成16年（行ヒ）第141号同17年1月25日第三小法廷判決・民集59巻1号64頁参照）」と最高裁の確立した判例を引用して給与所得の該当性判断の基準を確認する。

(2) **賞与又は賞与の性質を有する給与の範囲について判示**

そして、給与所得規定が定める賞与について、「同項にいう賞与又は賞与の性質を有する給与とは、上記の給付のうち功労への報償等の観点をも考慮して臨時的に付与される給付であって、その給付には金銭のみならず金銭以外の物や経済的な利益も含まれると解される。」と所得税法28条1項の給与所得の例示の一つとしての「賞与」について明確に定義する。

賞与とは功労への報償の性質を持つ臨時的な給付で、金銭以外の経済的利益も賞与に含まれることを明確にしている。

(3) **本件債務免除益と役務提供の対価性について判示**

役務提供の対価性については、「Aは、Xから長年にわたり多額の金員を繰り返し借り入れ、これを有価証券の取引に充てるなどしていたところ、XがAに対してこのように多額の金員の貸付けを繰り返し行ったのは、同人がXの理事長及び専務理事の地位にある者としてその職務を行っていたことによるものとみるのが相当であり、XがAの申入れを受けて本件債務免除に応ずるに当たっては、Xに対するAの理事長及び専務理事としての貢献についての評価が考慮されたことがうかがわれる。」と判示して、XがAに多額の金員の貸付けを繰り返し行ったこと及び本件債務免除に応じたことは、Aが理事長等としてXに貢献を評価したことによるものであり、そのAのXに対する貢献がまさしく役務提供であるということが認定できるとしている。両者の間には役務提供とその対価の関係性が存在すると評価したものいえる。

(4) **給与所得の要件へのあてはめ**

先に引用した給与所得の要件に本件の事情を当てはめて、本判決は、「これらの事情に鑑みると、本件債務免除益は、Aが自己の計算又は危険において独立して行った業務等により生じたものではなく、同人がXに対し雇用契約に類する原因に基づき提供した役務の対価として、Xから功労への報償等の観点をも考慮して臨時的に付与された給付とみるのが相当である。

したがって、本件債務免除益は、所得税法28条1項にいう賞与又は賞与の

性質を有する給与に該当するものというべきである。」と判示して、本件債務免除益は役員Aに対する臨時的な給付に該当するから、所得税法28条1項の賞与に該当するので、給与所得であると結論を導き出している。

なお、資力喪失要件を充足して仮に給与所得に該当しても本件債務免除益を収入金額に算入しないものとすべき事情があるか否かについては、更に審理を尽くさせるため原審に差し戻すとしている。

本判決は、本件債務免除益が給与所得に該当するか否かについては、①先例の判断要件を引用し、さらに②賞与を定義し、繰り返しなされた本件貸付けと債務の免除はAの役員としての役務提供が評価されたものであり、③両者の関係は役務提供とその対価という関係性が認められるから、①の基準を③の事情に当てはめると給与所得に該当するとの判断を導出している。以上が本判決の判断の論理である。

5　第一審と控訴審と本判決の異同

第一審の岡山地裁平成25年3月27日判決[5]は、債務免除益は所得税法36条の1項の収入金額を構成するが、債務者が「資力を喪失して債務を弁済することが著しく困難」である場合には、「支払能力のない債務の弁済を免れただけであるから、当該債務免除益のうちその年分の事業損失の額を上回る部分については、担税力のある所得を得たものとみるのは必ずしも実情に即さず、このような債務免除額に対して原則どおり収入金額として課税しても、徴収不能となることは明らかで、いたずらに滞納残高のみが増加し、また、滞納処分の停止を招くだけであり、他方、上記のような事情がある明らかに担税力のない者について課税を行わないこととしても、課税上の不公平が問題となることはなく、むしろ、課税を強行することについて一般の理解は得られないものと考えられることから、このような無意味な課税を差し控え、積極的な課税をしないこととしたものである」として、本件通達の趣旨を確認したうえで、この趣旨に照らせば本件通達が「所得税法等の実定法令に反するものとはいえず」、合理性を有する本件通達の要件を充足する事案に対

して合理的理由なくして本件通達を適用しないことは、むしろ「平等取扱いの原則」に反し違法であるから、本件が通達の要件を充足するか否かを検討する、として判断の立脚点を明らかにしている。

そのうえで、本件通達の「資力を喪失して債務を弁済することが著しく困難」な場合とは、所得税基本通達9―12の2によれば、「債務者の債務超過の状態が著しく、その者の信用、才能等を活用しても、現にその債務の全部を弁済するための資金を調達することができないのみならず、近い将来においても調達することができないと認められる」場合をいうことを確認したうえで、本件の認定事実への当てはめを行っている。

すなわち、この資力喪失要件は、①債務超過の要件と、②将来弁済能力要件から構成されているといえよう。この①と②の二つの要件を充足すれば、資力喪失の要件に該当するということになる。

そこで、「本件債務免除の当時において、A理事長は、48億3682万1235円の本件債務を含む合計52億7766万4092円の債務を負っていた。これに対し、本件債務免除当時のA理事長の資産は2億8222万5622円にすぎなかったのであるから、A理事長の負債はその資産の実に20倍に迫る金額に達しており、債務超過の状態が著しいものであったといえる」ことを認定して、①の債務超過要件を充足するとした。

そして、「A理事長は、年間収入として不動産収入や役員報酬等合計3746万5786円を得ているが、上記債務の額が多額であることに鑑みれば、これらをもって近い将来において本件債務全額を弁済することが可能であるということもできない」として、②の将来弁済能力要件を充足することを確認している。

上記事実に対する当てはめの結果、「以上の事実に鑑みれば、本件債務免除益にも、本件通達の適用があるものと認めるのが相当である。…中略 本件通達の趣旨は、本件においても当てはまることが明らかであるから、上記のような理由が本件通達を適用しないことの合理的な理由になるともいえない。…中略 したがって、仮に本件債務免除益が給与等に該当するとして

も、本件債務免除益に本件通達を適用せず、源泉取得税額の計算上これを給与等の金額に算入すべきものとしてされた本件各処分は、本件通達を適用しなかったことについての合理的な理由が示されていない以上、平等取扱いの原則に反し違法であるというほかなく、取り消されるべきである」との判断を下している。

　第一審判決は、争点を①本件債務免除益は給与等に該当するか、②本件債務免除益に本件通達（所得税基本通達36−17）の適用はあるか、③本件債務免除の錯誤無効の主張の可否、の三つに整理したうえで、②の本件債務免除益に通達の適用はあるか否かについて判断を下したものである。

　この判断の構造は、ＸＹ双方が給与等に本件債務免除益が該当するか否かについて主張を展開しているが、①の争点ではなく、通達が定める資力喪失要件を充足するのであれば、本件債務免除益に本件通達が適用され、非課税となるから給与等の該当性を判断するまでもないという論理から判決を導出したものといえる。

　一方、控訴審（原審）である広島高裁岡山支部平成26年1月30日判決[7]は、争点①の本件債務免除益が給与等に該当するか否かについて審理し判断を下したものである。

　すなわち、「所得税法28条1項は、『給与所得とは、俸給、給料、賃金、歳費及び賞与並びにこれらの性質を有する給与（以下「給与等」という。）に係る所得をいう』と規定している。同項が給与所得を包括的に規定している趣旨からすると、給与所得を実質的に解し、雇用契約に限らず、これに類する委任契約などの原因に基づき提供した労務（役務）の対価として支給されるものも給与等に含むものと解される。したがって、法人の役員が法人から支給を受ける報酬も、役員の労務又は役務の対価とみることができることから、給与所得に含まれると解される」として、法人の役員が法人から受ける報酬も役員の役務提供の対価と評価できるから、給与所得に該当することをまず確認している。

　そのうえで、「この点について、Ｆは、本件債務免除の理由として、Ａ理

事長の資力がないこととA理事長のXに対する貢献と述べているが、XのA理事長に対する貸付金が長年利息の減免を受け、利息が細々と返済されているものの、元本返済の目処も立たない不良債権であったところ、平成19年8月6日のA理事長の課税処分に対する異議決定において、平成17年の債務免除益につき本件通達が適用された後、A理事長の資産の増加がなかった状況下で、本件債務免除がなされたという事実経過からすると、本件債務免除の主たる理由はA理事長の資力喪失により弁済が著しく困難であることが明らかになったためであると認めるのが相当であり、債務者がA理事長(役員)であったことが理由であったと認めることができない。

したがって、本件債務免除は、役員の役務の対価とみることは相当ではなく、『給与等』に該当するということはできないから、本件債務免除益について、Xに源泉徴収義務はないというべきである。」と判示している。

この控訴審の判断は、債務者が役員であったから債務免除を認容したのではなく、債務者であるA理事長の資力喪失により債務弁済が著しく困難であることが明らかになったことが債務免除の理由であり、債務者が役員であるから債務免除したのではないと認定し、そうすると、本件債務免除は役員の役務に対する対価とみなすことはできないとしたのである。よって、役務の対価性を否定することにより、「給与等」に該当しないから、源泉徴収義務もXにはないので、その余の争点について判断するまでもないとの結論に至っている。

本件債務免除の理由が債務者の資力喪失にあるのであれば、役務の対価性は反射的に否定される。

第一審の判断は、本件通達を適用の可否の②の争点について判断を下したものであるのに対して、控訴審は本件債務免除益が給与等に該当するか否かの①の争点について判断を下すことにより、いずれもXの主張を認容する結論を導出したものである。[8]

本判決は、給与所得の該当性判断の基準を判示した最高裁判決を引用し、本件債務免除の役務提供の対価と評価できるか否かついて、「Aは、Xから

長年にわたり多額の金員を繰り返し借り入れ、これを有価証券の取引に充てるなどしていたところ、XがAに対してこのように多額の金員の貸付けを繰り返し行ったのは、同人がXの理事長及び専務理事の地位にある者としてその職務を行っていたことによるものとみるのが相当であり、XがAの申入れを受けて本件債務免除に応ずるに当たっては、Xに対するAの理事長及び専務理事としての貢献についての評価が考慮されたことがうかがわれる。」と判示して、XがAに多額の金員の貸付けを繰り返し行ったこと及び本件債務免除に応じたことは、Aが理事長等としてXに貢献を評価したことによるものであり、そのAのXに対する貢献がまさしく役務提供であるということが認定できるとして、両者の間には役務提供とその対価の関係性が存在するから、給与所得の要件を充足するので、課税処分は適法であったとの判断を下している。

多額の金員の貸付け及び多額の債務の免除のいずれも、AがXの専務理事もしくは理事長であったからこそ行われたのであるから、役員としての役務提供の対価と評価するのが妥当であると判示している。

6 むすび―本判決の評価

本判決は、「本件債務免除益は、所得税法28条1項にいう賞与又は賞与の性質を有する給与に該当するものというべきである」から、「以上と異なる原審の前記判断には、判決に影響を及ぼすことが明らかな法令の違反がある。論旨は理由があり、原判決は破棄を免れない。」としているのであるから、原審の判断をすべて破棄したのではなく、「本件債務免除は、役員の役務の対価とみることは相当ではなく、『給与等』に該当するということはできない」との判示を破棄したのである。この点には注意を要する。

そのうえで、本判決は、「本件債務免除当時にAが資力を喪失して債務を弁済することが著しく困難であったなど本件債務免除益を同人の給与所得における収入金額に算入しないものとすべき事情が認められるなど、本件各処分が取り消されるべきものであるか否かにつき更に審理を尽くさせるため、

本件を原審に差し戻すこととする」と判示しているのであるから、本件通達の資力要件を充足しているか否かについて、債務免除当時の事情についてさらに審理を尽くすことを原審に求めているのである。

原審の判決文を読むと、Yの予備的主張に「A理事長名義の資産に加えて、A理事長の親族名義を借用している資産を加えると、A理事長の資産は33億9583万9141円となる。また、A理事長は、…中略　年間収入のほかに、親族名義でA理事長が容易に調達することができる年間収入が1693万1262円存在する。」から、「A理事長の資産は、少なくとも33億9583万9141円あり、これをA理事長のX以外の債権者に対する負債合計額4億4084万2857円の弁済に充てたとしても、残額29億5499万6284円は本件債務の弁済に充てることができるのである」といった事実が述べられているから、資力喪失要件の事実についてさらに解明すべきであることを本判決は控訴審に求めたものといえよう。

なお、役員の地位を利用した多額の頻繁な借入と、債務免除には経済的利益に質の相違があると思われる。

50億円余の融資を得ることができた利益は、役員の地位にあったからでありこの利益は、いわゆる融資の「入口」の利益といえよう。一方、50億円の債務免除を得た利益で「出口」の利益であるといえる。前者は返済しなければならないのであるから、融資を受けられた利益と、融資を受けた金額の返済を免除された債務免除益は質が異なり、前者を測定することは不可能といえる。

この点を考慮して本判決は、多額の借り入れを繰り返した利益と債務免除益の両者が、役員の地位に基づくものと判示したものと評価することもできる。

注
1）最判昭和56年4月24日民集35巻3号672頁。
2）最判平成17年1月25日民集59巻1号64頁。
3）東京地判平成27年12月9日 LEX/DB 25532320。本件は、浦和税務署長が、宗教

法人である原告の代表役員であったＥが原告の資産から金員を取得したことは原告からＥに対する所得税法28条１項に規定する給与等の支払に当たるにもかかわらず、原告は、その支払の際にその給与等についての所得税を徴収・納付していないとして、源泉所得税の各納税告知処分及び重加算税の各賦課決定処分を行ったことに関し、原告が、Ｅが取得した金員は給与等に該当しないなどと主張して、処分の取消しを求めた事案において、当該金員等がＥ個人の計算又は危険において独立して行われる業務等から生じたということのできる事情を認めるに足りる証拠はなく、金員は原告からＥに対する給与等に該当するとした上で、原告がＥに支給された本件各金員等に係る源泉所得税をその法定納期限までに納付しなかったことについて、国税通則法68条３項にいう、隠ぺいし、又は仮装した事実が認められるとして、原告の請求を棄却した事例である。

4）東京地判平成27年５月21日税資265号順号12666。裁判所は、一時所得該当性の要件として非対価性の要件をそもそも一時所得に該当するための要件として非対価要件が設けられているのは、対価性を有する所得は、たとえ一時的なものであっても偶発的に発生した所得ではなく、その担税力が、類型的に、対価性のない偶発的な所得の担税力よりも大きいと考えられるためであり、このような非対価要件の趣旨からすると、ある所得が労務その他の役務又は資産の譲渡の対価としての性質を有するというためには、当該所得と一定の関係がある事実が存在するというだけでは足りず、少なくとも当該所得が偶発的に発生したものではないといえるような関係にある事実が存在することが必要と解するのが相当であると判示している。

5）岡山地判平成25年３月27日民集72巻４号336頁。

6）所得税基本通達９―12の２は、「債務者の債務超過の状態が著しく、その者の信用、才能等を活用して、現にその債務の全部を弁済するための資金を調達することができないのみならず、近い将来においても調達することができないと認められる」場合としているが、この定義内容を、本稿では、資力喪失要件として、この資力喪失要件は、前段の債務超過について①債務超過の要件とし、後段の債務の弁済能力が将来あるかないかについては、②将来弁済能力要件と呼称することにする。

7）広島高判平成26年１月30日税資264号順号12402。

8）第一審と控訴審の判断の差異については、伊藤義一「判批」ＴＫＣ税研情報24巻３号17頁以下（2015年）参照。同教授は、「すなわち、本件第一審は、本件債務免除益には本件通達36―17の適用があるとして原処分を取り消したものであり、本件控訴審は、本件債務免除益は役員の役務の対価とみるのは相当ではないとして取り消している。私見によれば、…中略　仮にＸの貸付先が甲理事長ではなく社外の者であったとしても、本件のような事情があったときは債務免除をしたと思われるのであれば、そこに甲理事長がその職務を遂行したことに対する対価としての性質はなく、したがって、本件債務免除益が甲理事長がその職務を遂行したことに対する対価としての性質を有する経済的利益であるとはいえないと考えるので、結論としては、控訴審判決が正しいと考える。ただ、争点として検討する順序については、第一審判決、控訴審判決ともに疑問がある。私見によれば、まず、①本件は、資力喪失の状況において債務弁済が著しく困難かどうか、次いで、②困難であれば非課税、困難でなければ（個人の場合は）何所得を構成するかという順序での検討をすべきではなかったかと考える。」との見解を示されている。

第 *14* 章

法人税裁判事例研究Ⅰ
―益金の計上基準としての権利確定主義の意義
（不法行為による損害賠償請求権事件）

「詐欺被害損失と損害賠償請求権の帰属時期／異時両建説」
東京地裁平成20年2月15日判決（認容、控訴、納税者勝訴）
（平成18年（行ウ）第496号法人税更正処分取消等請求事件）
時報2005号3頁
控訴審　東京高裁平成21年2月18日判決（原判決取消、上告、納税者敗訴）
（平成20年（行コ）第116号法人税更正処分取消等請求控訴事件）
訟月56巻5号1644頁
上告審　最高裁平成21年7月10日決定（上告棄却、上告不受理、確定、納税者敗訴）
（平成21年（行ツ）第138号・平成21年（行ヒ）第159号）
TAINS Z888-1490

☞　**研究のポイント**

　本件は従業員の不法行為により発生した損害金額とその従業員に対する損害賠償請求権がいかなるタイミングで損金、そして益金に計上されるべきかが争点とされている。すなわち、法人税法上の損金と益金の計上基準の理論と実際が本件では研究課題として提示されているものといえよう。法人税法上の最も重要な基本問題の一つが本件の争点とされている。

　損金の計上基準は債務確定主義による。そして、益金の計上基準は権利確定主義による。これは原則的理解であるが、本件では損害額は債務確定主義により計上してよいが、不法行為の相手方に対する損害賠償請求権を反射的に生じると考え、権利確定主義により益金を計上すべきであるとする国側の主張に対して、原告は損害賠償請求権の行使により損害額を回復し実質的に担税力の増加があったか否かによって判断すべきであると主張している。

　本件は、益金と損金の計上基準の理論と実際の問題が争点とされており、

法人税法の最も基本的問題が研究対象とされている事案といえる。

　権利確定主義を形式的に理解することは担税力を実質的に測定するうえでは問題といえよう。読者は、担税力の意義を再検討のうえ、租税法上の収入と費用の認識基準のあるべき考え方を本件により研究してみよう。

Ⅰ　事案の概要

　本件は、原告（以下「X」という。）が、法人税の確定申告をしたところ、所轄税務署長（以下「Y」という。）が、外注費の架空計上を理由として、法人税の更正処分及び重加算税の賦課決定処分をしたことから、Xが、外注費の架空計上はXの従業員の詐欺行為によるものであり、Xは当該詐欺行為によって架空外注費に相当する金額の損失を受けており、また同従業員に対する損害賠償請求権は回収が困難なこと等から益金の額に算入すべきでないと主張して、更正処分については確定申告に係る金額を超える部分の取消しを、賦課決定処分についてはその金額全部の取消しを、それぞれ求めた事案である。

1　前提となる事実（当事者間に争いがない。）

(1)　Xは、昭和51年8月に設立された、ビル総合清掃業務及び建物等の警備保安業務等を営む法人であり、毎年10月1日から翌年9月30日までの期間を事業年度としている（以下Xの事業年度を指すときは、当該事業年度終了の日の属する年月を付して「平成9年9月期」等という。）。

(2)　Yが、平成16年4月14日、Xに対する税務調査を開始したところ、調査の過程で、平成9年9月期から平成15年9月期までの各事業年度における架空外注費の損金計上が判明した。

　Xは、上記の架空外注費の損金計上は、Xの経理部長であった乙（以下「乙」という。）の詐欺行為によるものであるとして、平成16年5月13日、乙を懲戒解雇するとともに、同年7月30日、乙を詐欺罪等で告訴した。乙は、同

年11月25日、詐欺罪で起訴され、平成17年6月8日、懲役4年の実刑判決を受けた（同判決は、乙が控訴することなく確定した。）。

また、Xは、平成16年9月7日、乙に対する損害賠償請求訴訟を提起し、裁判所は、同年10月27日、乙に、Xに対して1億8815万475円の支払を命じる判決を言い渡した（同判決は、乙が控訴することなく確定した。）。

(3) 乙は、平成9年4月にXの経理課長として採用され、その後平成11年5月に経理部長に昇進するなど、経理の要職を任されていた。乙は、Xの経理業務の一環としてXの外注費の支出書類の作成及びその支払手続業務を行っていたが、その業務の一般的な手続は、以下のとおりであった。…中略

(4) 乙は、平成9年から平成16年までの間、上記(3)の手続の中で、以下の方法で架空外注費の計上に係る会計処理を行い、Xの金員を詐取した（以下「本件詐取行為」という。）。

(5) Yは、税務調査で判明した外注費の架空計上等を理由として、平成16年10月19日付けで、Xの平成9年9月期から平成15年9月期まで（平成11年9月期を除く。）の6事業年度について、法人税の更正処分及び重加算税の賦課決定処分をした。

Xは、Yに対し、乙による粉飾行為（売上の架空計上）を主張して、平成16年11月30日、更正の請求をするとともに、同年12月17日、上記の更正処分及び賦課決定処分を不服として、異議申立てをした。Yは、平成17年3月17日付けで、Xの異議申立てを棄却したが、他方で、売上の過大計上額を認定し、同年4月14日付けで、平成14年9月期についてXの申告額を下回る更正処分をし、平成15年9月期について税額を一部減額する更正処分及び賦課決定処分をした。

Xは、上記の異議棄却決定を不服として、平成17年4月15日、国税不服審判所長に対し、審査請求をした。国税不服審判所長は、平成18年3月23日付けで、職権更正の除斥期間経過を理由に、平成9年9月期、平成10年9月期及び平成12年9月期の更正処分及び賦課決定処分の全部を取り消したが、平成14年9月期の更正処分及び賦課決定処分については、平成17年4月14日付

けで取り消されているとして、Xの審査請求を却下し、平成13年9月期及び平成15年9月期の更正処分及び賦課決定処分については、いずれも適法であるとして、Xの審査請求を棄却した。

(6) Xが本件訴訟において取消しを求める処分は、平成13年9月期及び平成15年9月期（以下これらを併せて「本件各事業年度」という。）の各法人税の更正処分（ただし、平成15年9月期については、平成17年4月14日付けの更正処分により減額された後のもの）（以下これらを併せて「本件各更正処分」という。）のうちそれぞれXの申告額を超える部分及び各重加算税の賦課決定処分（ただし、平成15年9月期については、平成17年4月14日付けの賦課決定処分により減額された後のもの）（以下これらを併せて「本件各賦課決定処分」という。）の全部であり、本件各事業年度の法人税に係る確定申告等の経緯は、それぞれ別表1—1及び1—2記載のとおりである。

2 本件各更正処分及び本件各賦課決定処分の適法性に関するYの主張

(1) Yは、Xの本件各事業年度の法人税の納付すべき税額は、別表2—1及び2—2記載のとおり（平成13年9月期が1882万余円、平成15年9月期が1536万余円）であるところ、これらの金額は、本件各更正処分の納付すべき税額（平成13年9月期が1696万余円、平成15年9月期が1301万余円）をいずれも上回るから、本件各更正処分はいずれも適法であると主張する。

(2) また、Yは、Xは本件各事業年度の法人税について、納付すべき税額を過少に申告し、そのことについて国税通則法65条4項の正当な理由は存在せず、さらに、Xは、架空の外注費を計上し、本件各事業年度の法人税の確定申告書を提出していたことから、同法68条1項により、過少申告加算税に代え、重加算税が課されることになるところ、同項の規定に基づき、本件各更正処分によって新たに納付することとなった税額（ただし、同法118条3項の規定により1万円未満の端数を切り捨てた後のもの）に100分の35の割合を乗じて計算した重加算税の額は、平成13年9月期が224万余円、平成15年9月期が42万余円であり、いずれも本件各賦課決定処分における重加算税の額と同額で

あるから、本件各賦課決定処分はいずれも適法であると主張する。

3 争点及び当事者の主張
(1) 争点
　Xの本件各事業年度の法人税の計算上、本件詐取行為による損害の額を損金の額に算入すべきことと、当該損害の額に対応する外注費の架空計上額を損金の額から控除すべきことは、当事者間に争いがなく、争点となっているのは、本件詐取行為によってXが乙に対して取得することとなる損害賠償請求権の額を、本件各事業年度の益金の額に算入すべきか否かである。

当事者の主張
(2) (Xの主張)
　益金に算入すべき収益の発生如何は、その権利の性質、内容、権利発生の具体的事情等に基づき、経済的実質的観点から納税者に担税力の増加があったといえるか否かによって判断されるべきであるところ、犯罪者に対する損害賠償請求権は、①加害者がその額等について争う場合が多く、②加害者の無資力により回収可能性が類型的に極めて低く、③その犯罪行為が発覚するまでの間、法人が権利を行使し現実に損失を回復させることを到底見込めないものであるから、当該事業年度において、加害者が損害額について争わずに債務を承認し、かつ、十分な資力を有しているなどの特段の事由がない限り、これを益金に計上すべきではない。

　Xは、本件各事業年度においては、本件詐取行為の存在を知らず、また、客観的にみても、乙が多額の債務を負担する一方でその有する資産はわずかなものであったことからすれば、たとえ、Xが、本件各事業年度において、乙に対する損害賠償請求権を行使したとしても、せいぜい平成9年に被った詐欺被害の極く一部を回収できたにすぎず、本件各事業年度で被った損失を回収することは不可能であったから、乙に対する損害賠償請求権の額を、本件各事業年度の益金の額に算入することは許されないというべきである。

⑶　(Yの主張)

　詐取行為により損害を被った法人は、損害発生と同時に、かつ、法律上当然に加害者に対する損害額と同額の損害賠償請求権を取得するのであるから、同損害賠償請求権の同一事業年度中の実現が事実上不可能であると客観的に認められない限りは、同損害賠償請求権を、当該法人の資産を増加させたものとして、同法人の法人税の計算上、損害を生じた事業年度と同じ事業年度の益金に含めるべきである（最高裁昭和43年10月17日第一小法廷判決・裁判集民事92号607頁参照）。

　本件についてみると、損害が発生した本件各事業年度当時において、乙が一定の預金や資産を有し、給与収入を得、他の債務を継続して返済していたことなどからすると、本件各事業年度内に乙に対する損害賠償請求権を実現することが事実上不可能であったと客観的に認めることができないことは明らかであるから、損害の発生と同時にXが取得した損害賠償請求権の額は、Xの法人税の計算上、本件詐取行為があった各事業年度の益金の額に算入されることになるというべきである。

Ⅱ　判旨

1　法人税法上の益金の計上基準としての権利確定主義の意義

　「法人税法上、内国法人の各事業年度の所得の金額の計算上、当該事業年度の益金の額に算入すべき金額は、別段の定めがあるものを除き、資本等取引以外の取引に係る当該事業年度の収益の額とするものとされ（22条2項）、当該事業年度の収益の額は、一般に公正妥当と認められる会計処理の基準に従って計算すべきものとされている（同条4項）。したがって、ある収益をどの事業年度に計上すべきかは、一般に公正妥当と認められる会計処理の基準に従うべきであり、これによれば、収益は、その実現があった時、すなわち、その収入すべき権利が確定した時の属する事業年度の益金に計上すべきものと考えられる（最高裁平成5年11月25日第一小法廷判決・民集47巻9号5278頁参

照)。

　もっとも、企業会計における収益認識の基本原則とされている実現原則、すなわち財貨やサービスが実際に市場で取引されたときに収益があったと認識する原則は、収益計上の確実性及び客観性を確保するための原則であるとされており、また、法人税に係る所得の金額の計算上益金の額に算入すべき収益の額は、そこから生じる経済的利益に担税力があること、すなわち、当該利益に現実的な処分可能性のあることが必要であると考えられることからすると、収益に係る権利の確定時期に関する会計処理を、純粋に法律的視点から、どの時点で権利の行使が可能となるかという基準を唯一の基準としてしなければならないと考えるのは相当ではなく、現実的な処分可能性のある経済的利益を取得することが客観的かつ確実なものとなったかどうかという観点を加えて、権利の確定時期を判定することが、一般に公正妥当と認められる会計処理の基準に適合するものというべきである。」

2　不法行為による損害賠償請求権の益金計上時点と権利確定主義

　「そして、一般に、詐欺等の犯罪行為によって法人の被った損害の賠償請求権についても、その法人の有する通常の金銭債権と同様に、その権利が確定した時の属する事業年度の益金に計上すべきものと考えられるが、不法行為による損害賠償請求権の場合には、その不法行為時に客観的には権利が発生するとしても、不法行為が秘密裏に行われた場合などには被害者側が損害発生や加害者を知らないことが多く、被害者側が損害発生や加害者を知らなければ、権利が発生していてもこれを直ちに行使することは事実上不可能である。この点、民法上、一般の債権の消滅時効の起算点を、権利を行使することができる時としている（166条1項）のに対し、不法行為による損害賠償請求権については、これを、被害者又はその法定代理人が損害及び加害者を知った時としている（724条）のも、上記のような不法行為による損害賠償請求権の特殊性を考慮したものと解される。このように、権利が法律上発生していても、その行使が事実上不可能であれば、これによって現実的な処分可

能性のある経済的利益を客観的かつ確実に取得したとはいえないから、不法行為による損害賠償請求権は、その行使が事実上可能となった時、すなわち、被害者である法人（具体的には当該法人の代表機関）が損害及び加害者を知った時に、権利が確定したものとして、その時期の属する事業年度の益金に計上すべきものと解するのが相当である（最高裁平成4年10月29日第一小法廷判決・裁判集民事166号525頁参照）。

なお、Yの援用する最高裁昭和43年10月17日第一小法廷判決の理由中には、横領行為によって法人の被った損害が、その法人の資産を減少せしめたものとして、その損害を生じた事業年度における損金を構成することは明らかであり、他面、横領者に対して法人がその被った損害に相当する金額の損害賠償請求権を取得するものである以上、それが法人の資産を増加させたものとして、同じ事業年度における益金を構成するものであることも疑いない旨を判示した部分があるが、この判示は、法人の代表者による横領行為によって当該法人が被った損害の賠償請求権の益金計上時期が争点となった事案についての判断であり、法人の代表者自身が横領行為を行った場合には、被害者である法人が損害の発生と同時に損害及び加害者を知ったものと評価することができ、これにより損害賠償請求権が確定したものとして、これを当該損害の発生と同じ事業年度の益金に計上すべきこととなるから、当裁判所の上記判断は、上記最高裁判決の判断と何ら相反するものではない。」

3 本件更正処分の適法性

「これを本件についてみると、前判示の事実によれば、Xは、平成9年から平成16年までの間、乙による本件詐取行為によって金員を詐取され続け、Yが平成16年4月に開始した税務調査を契機として初めてこれが発覚したものであり、Xが本件詐取行為を理由として、乙を懲戒解雇としたのが同年5月、詐欺罪等で告訴したのが同年7月、損害賠償請求訴訟を提起したのが同年9月であったというのであるから、Xは、本件各事業年度においては、いまだ本件詐取行為による損害及び加害者を知らず、Xがこれを知ったのは、

平成16年9月期であったことが認められる。

　したがって、本件詐取行為によってXが乙に対して取得することとなる損害賠償請求権の額は、本件各事業年度の益金の額に算入すべきものではなく、平成16年9月期の益金の額として算入すべきものである。…中略
　上記2によれば、Xの本件各事業年度の法人税に係る納付すべき税額は、それぞれ、以下のとおり（平成13年9月期が1017万余円、平成15年9月期が491万余円）となり、いずれも本件各更正処分における納付すべき税額（平成13年9月期が1696万余円、平成15年9月期が1301万余円）を下回るのみならず、Xの本件各事業年度の法人税の確定申告における納付すべき税額（平成13年9月期が1055万余円、平成15年9月期が1179万余円）をも下回るから、本件各更正処分のうち、当該各確定申告における納付すべき税額を超える部分は、違法なものとして取り消されるべきである。」

4　本件各賦課決定処分の適法性について

「Xの本件各事業年度の法人税に係る納付すべき税額は、いずれもXの本件各事業年度の法人税の確定申告における納付すべき税額を下回るから、Xは、本件各事業年度の法人税について、納付すべき税額を過少に申告したことにならない。したがって、本件各賦課決定処分もまた、違法なものとして取り消されるべきである。」

III　研究　判旨に賛成

1　本判決の意義

　本件は、Xが、平成9年から平成16年までの約8年間、訴外乙による本件詐取行為によって金員を詐取され続け、詐欺によって受けた被害金額を損金に算入する点については当事者に争いはないが、一方でXが訴外乙に有する損害賠償請求権を各事業年度の益金の額に計上すべきか否かが争点とされている。この争点をめぐっては、従来から判例上も、また学説上も議論が多

く、法人税法の重要論点の一つとされてきた。

　法人が、役員・従業員などの会社関係者の背任・横領等、または第三者の窃盗・詐欺などの不法行為により損害を被った場合には、被害法人は損害額が法人の損失として計上されるとともに加害者に対して損害賠償請求権を取得する(民法709条、415条)。損害額は法人税法22条3項の損金を構成し、損害賠償請求権は22条2項の益金を構成することは容易に理解できる。

　しかし、各事業年度の法人の所得金額を算定する上で、損害金額と損害賠償請求権をそれぞれ損金と益金として計上する場合に、その計上時点をいかに解すべきかについては従来から法人税法上の重要な論点の一つとして学説、判例上も議論が展開されてきた。

　本判決は、まさにその重要な論点を争点とした事案であるという点に、その意義を見出すことができよう。

　法人税法上の損金と益金の年度帰属の問題は、課税のタイミングの問題であるが、法人所得の範囲確定にダイレクトに影響を及ぼす。

　損金については、償却費以外の費用は、債務の確定をまって初めて損金に計上することができるとされる債務確定主義が計上基準とされ、益金については権利確定主義によることが通説として受け入れられている。したがって、横領・窃盗・詐欺等による損失は、それが発生した年度の損金に計上されるべきであると考えられるが、この場合に、金子宏名誉教授は、「相手方に対する損害賠償請求権を同時に益金に計上すべきかどうか(積極的に解すると、損害の発生は所得金額および税額に影響しないことになる)については、意見が分かれている」としながらも、「この点については、相手方の資力等にかんがみ損害賠償請求権の実現性が客観的に疑わしい場合は、それを益金に計上する必要はないと解すべきであろう」[1]とする見解を示されている。この考え方が合理的であると思われるが、従来は、損害の発生と損害賠償請求権の取得とは同時に発生しているととらえ、損害の発生の事実があっても、その損害金額のみを当該事業年度の損金(損失)の額に計上するのではなく、損害と同額の損害賠償請求権の金額も同時に益金に計上する処理(以下「同時両建

計上説」とする。）が実務上は一般に行われてきていた。

　この問題に関する租税法実務上の取り扱いや学説・判例における議論の展開の推移については、以下のように簡潔に整理できる。

　すなわち、「法人税の所得計算にあたって、その法人が第三者の不法行為により損害を蒙った場合、直ちにこれを損失として損金計上するためには、同時に、その法人のこの第三者に対する損害賠償債権を益金として計上しなければならない、という「損失と損害賠償債権との同時両建計上方式」が、従来、判例・通説によって当然の理として説かれてきた。

　そして、この方式が最高裁（昭和43年10月17日訟月14巻12号1437頁）判決によって確立された以後も、少数説はこれに疑問をなげかけ、この異時両建計上方式を唱えつづけてきた。すなわち、損失と損害賠償債権との対応関係を切断し、それぞれ損失又は債権として確定したときに各独立して計上すれば足りる、と主張したのである。

　ところが、上記最高裁判決以後に、この少数説に加担する東京高裁（昭和54年10月30日シュト216巻12号）判決が出現したばかりでなく、これを追うかの如く昭和55年5月15日付直法2―8法人税基本通達等の一部改正（以下改正通達という。）が行われ、今後はこの少数説が従来の判例・通説にとってかわるのではないか、と推測できる現象が生じたのである）。」とされ、その後、前述の金子宏名誉教授の見解に至っていると理解できるように、この同時両建計上説が通説の地位を保ち続けることはできないという推測は現実のものとなり、学説、判例も異時両建計上説と拮抗する関係になっている。

　本判決は異時両建説を採用した上で結論を導き出しているが、その論旨はクリアであり、筆者は法人税法の立法原理を踏まえた本件判旨に賛成する。

2　不法行為等による損害額の損益計上をめぐる学説の動向

　不法行為等により会社に損害が発生する場合、会社の損害賠償請求権の行使により当該損失が補填されるが、このような場合に当該損失あるいはそれに起因して取得した損害賠償請求権をどのように法人税法上取り扱うかにつ

いて、学説は分かれている。

この学説の状況については、占部裕典教授が以下の通り4つの学説として分類整理されている。[4]

① 不法行為等にもとづく損失は、法人税法22条3項3号にいう損失に該当するのであるから、損害賠償請求権行使の可否等を当該損失の確定要素として考慮し、当該事業年度の損失の計上を決すれば足りるとする見解（損失確定説）

② 当該損失の額を損金に計上するとともに、その見返りとして同時に取得した損害賠償請求権を益金に計上し、損益相殺処理を行い、後日損害賠償請求権が行使できなくなったときは、損害賠償請求権を損失として計上するとする見解（損益同時両建計上説）

③ 当該損失と損害賠償請求権の発生金額に相違はないものの、両者の相互関連性を切り離し、それらが各個独立に確定した時点で損失又は収益を別々に計上するとする見解（損益異時両建計上説）

④ 当該損失と損害賠償請求権の行使により得られる当該損失の補填とを切り離すが、③とは異なり損害賠償請求権の資産性については一切考慮せず当該損害賠償請求権が確定した時点（又は回収が行われた時点）で雑益処理を行えば足りるとする見解（損益個別確定説）

学説が上記の分類のように4分類に必ずしも明確に区分して論じられているとはいえないところから、占部教授によれば①説と②説は、どちらも損失と損害賠償請求権が発生原因を同じくし密接不可分の関係にあることを前提とした損失と収益のいわゆる「ひもつき説」と呼称して一括りにまとめることができ、③説と④説は損失と損害賠償請求権との関連性を一応遮断して損失と収益の確定を判断するという意味でいわゆる「損益切離説」と呼称してまとめることができるとされる。[6] そのうえで、この大別された「ひもつき説」と「損益切離説」の両説が拮抗した力関係で対峙しているという状況にあるとされる。この点を学説の動向として特徴付けることができる。

2つに大別された両説の根拠をここで確認することは、本件判決を評価す

るうえで有益であるので、以下では両説の論拠を確認しておくことにする。

「ひもつき説」を展開する品川芳宣教授は、「詐欺被害等による損失と損害賠償請求権行使による収益（すなわち当該損失の補塡額）とを別個のものと解し、それぞれ別個に法人税法22条2項及び3項を適用しようとするものであるが、両者が原因を同一とし密接不可分の関係にあることを無視するもので、そもそもそこに誤りがあるといえる。それに加え、詐欺被害等による損失と損害賠償請求権行使による収益とは同時に確定すべきであるにもかかわらず、法人税法上の収益及び費用・損失の確定概念の差異により、両者の確定時期が異なって解釈されるおそれもあるから、あるべき所得計算が歪められることも予測される[7]」として、損益の発生原因が同一であるのであるから、両者を切離して計上する考え方は不合理であるとして損益切離説を批判されている。

一方、損益切離説にたつ論者の論拠は次のように整理できる。すなわち、高梨克彦弁護士は、「損害賠償債権は、一般の商取引とは異なり、現金横領などの責任の存否と範囲について比較的明瞭な場合を除いて、その債権の成否、過失相殺などによる額の算出をめぐって紛争が生ずることが多く、この紛争が解決しなければ、その債権の回収可能性が現実化されるとはいえない[8]」から同説が妥当であると説かれ、さらに、「売上原価等の損金計上についてはいわゆる費用収益対応の原則が働くが、損失についてはこの原則は機能せず、したがって損害賠償債権との見合いというようなことは考える必要はなく、費用外損失が確定すればその時点で損金に計上し、一方損害賠償債権が確定すれば、その時点で益金に計上すれば足り、同時に計上すべしとする法的根拠は存しないなど[9]」の論拠を明示して「ひもつき説」を批判される。特に、損益切離説は、「ひもつき説が損失の発生と同時に損害賠償請求権が発生するという法律上の形式論に拘泥していることに批判の目を向けている[10]」ことが確認できる。

3 争点に対する判例の展開と本判決の位置づけ

占部裕典教授の詳細な学説の分類整理は上述のとおりであるが、判例の動向は、学説の状況と同様に前述の「ひもつき説」に属する「損益同時両建説」と「損益切離説」に属する「損益異時両建説」の２つの考え方に立つ判断が拮抗した状況にある。そこで、ここでは、その前者の同時両建説と後者の異時両建説のリーディングケースに位置づけられ、その考え方が明確に示された代表的裁判例に絞って概観する。

損益同時両建説の考え方を明確に採用した、代表的裁判例として①最高裁昭和43年10月17日判決[11]を取り上げることができる。同事例は、役員の横領行為による損害の取り扱いを争点とした事例であるが、最高裁は「横領行為によって法人の被った損害が、その法人の資産を減少せしめたものとして、右損害を生じた事業年度における損金を構成することは明らかであり、他面、横領者に対して法人がその被った損害に相当する金額の損害賠償請求権を取得するものである以上、それが法人の資産を増加させたものとして、同じ事業年度における益金を構成するものであることも疑ない。」と判示して、横領行為による損害は損害の生じた事業年度の損失になることを確認の上、その損害に対する損害賠償請求権を反射的に取得するのであるから、その損害発生と同時に生じた請求権による資産増加は同一事業年度の益金を構成するとして、いわゆる損益同時説を採用した。

さらに、「犯罪行為のために被った損害の賠償請求権でもその法人の有する通常の金銭債権と特に異なる取扱いをなすべき理由はないから、横領行為のために被った損害額を損金に計上するとともに右損害賠償請求権を益金に計上したうえ、それが債務者の無資力その他の事由によってその実現不能が明白となったときにおいて損金となすべき旨の原判示は、犯罪行為のために被った損害を損害賠償請求権の実現不能による損害に置き換えることになるものであるが、犯罪行為に基づき法人に損害賠償請求権の取得が認められる以上、その経理上の処理方法として十分首肯しうるものといわなければならない。」と判示している。この判示部分は、損害賠償請求権も通常の金銭債

権と同様に取り扱えるとしたうえで、金銭債権の回収不能時に貸倒損失を計上するように、損害賠償請求権の回収不能が確定した段階で損失計上すれば足りるとの見解を表明したものである。

同説を採用したことが確認できる比較的新しい裁判例としては、②大阪高裁平成13年7月26日判決がある。経理担当従業員の横領による損害の取り扱いについて、同裁判所は「法人税法22条4項は「当該事業年度の収益及び費用は一般に公正妥当と認められる会計処理の基準に従って計算するものとする。」旨規定しているから、法人税法は、原則として発生主義のうち権利確定主義を採っているものと解される。そうすると、横領により損失が発生したとしてもこれと同額の損害賠償請求権を取得することになるため、原則として所得額に変動を生じないことになる。

法人税法が上記のように権利確定主義を採用しているのは、主として、企業会計の原則と整合性を保つことにあるものと解される。また、課税当局が損害賠償債権の存否や、その回収の有無を個別に確定することなど困難であるから、当該債権が該当事業年度に回収不能であることが確定していない限り、これを所得に含めるという権利確定主義は、徴税技術という観点からも優れている。」として、権利確定主義を法人税法が益金の計上基準として採用するのであるから、横領による損害の発生は法人に損失を与えるが、その損害発生と同時に同額の損害賠償請求権を取得するのであるから、損益が同額となり所得には影響しないと判示しており、損益同時両建説を採用したものである。

一方、上記①の損益同時両建説を採用した最高裁判決を否定し、損益異時両建説を明確に採用したリーディングケースとして位置づけられるのが、東京高裁昭和54年10月30日判決である。この裁判例の登場が判例の変動をもたらす契機となったともいえる代表的裁判例であり、通説とされた損益同時両建説の崩壊現象が顕著となったとも高梨克彦氏によって評された。すなわち、同裁判所は、「詐欺行為に因る被害の額は、盗難、横領による被害の場合と同じく、財産を不法に領得されたことに因る損害として、法人税法第22

条第3項第3号にいう損失の額に該当するものと解すべきであり、右不法行為の被害者として法人が損害賠償請求権の行使によって取得すべき金額は、同法同条第2項の資本等取引以外のものに係る収益の額に該当するものと解されるところ、法人税法は、原判決の説示するように、期間損益決定のための原則として、発生主義のうち権利確定主義をとり、益金については、その収益すべき権利の確定の時、損金については履行すべき義務の確定した時を、それぞれの事業年度帰属の基準にしているものと解せられるが、その権利の発生ないし義務の確定については、権利、義務の発生からその満足ないし履行済に至るまで、種々の時点をもって考えることができ、そのいずれをもって妥当とすべきかについては、見解の分れるところであるけれども、帰するところ、権利の発生義務の確定が具体的となり、かつ、それが社会通念に照らして明確であるとされれば足り、これをもって十分であると解すべきである。」として、益金・損金の計上基準に対する基本的理解を確認した上で、「所得金額を計算するにあたり、同一原因により収益と損失が発生しその両者の額が互いに時を隔てることなく確定するような場合に、便宜上右両者の額を相殺勘定して残額につき収益若しくは損失として計上することは実務上許されるとしても、益金、損金のそれぞれの項目につき金額を明らかにして計上すべきものとしている制度本来の趣旨からすれば、収益及び損失はそれが同一原因によって生ずるものであっても、各個独立に確定すべきことを原則とし、従って、両者互いに他方の確定を待たなければ当該事業年度における確定をさまたげるという関係に立つものではないと解するのが相当である。すなわち、当該収益、損失のそれぞれにつき当該事業年度中の有無が問われれば足りるのである。」として、法人税法22条により明らかにされているように、法人所得を測定する上で、益金の範囲と損金の範囲を確定するための独自の通則規定を明確に定めているのであるから、制度本来の趣旨からしても収益及び損失はそれが同一原因によって生ずるものであっても、各個独立に確定すべきことを原則としていると解するのが妥当であると判示して、損益異時両建説が法の趣旨に照らして妥当であることを明確にした。

この事案の上告審においても、最高裁は「所論の点に関する原審の認定は、原判決挙示の証拠関係に照らし、正当として是認することができる。原審の確定した事実関係の下において、被上告人が被つた本件損害は本件事業年度における法人税額の算定上損金の額に算入することができるとした原審の判断は、結局正当であって、所論引用の判例に反するものでもない。」として、損益異時両建説を採用した上記東京高裁の判旨を是認した。

判例の動向は、いずれかの説に収束するのではなく両説の間で拮抗関係を保つ様相を呈しているといえよう。

本判決は上記の判例の動向からすると、以下のとおり、損害発生と同時に請求権取得を益金計上するという損益同時両建説を採用したものではなく、後者の損益異時両建説を採用したものといえよう。

すなわち、「詐欺等の犯罪行為によって法人の被った損害の賠償請求権についても、その法人の有する通常の金銭債権と同様に、その権利が確定した時の属する事業年度の益金に計上すべきものと考えられるが、不法行為による損害賠償請求権の場合には、その不法行為時に客観的には権利が発生するとしても、不法行為が秘密裏に行われた場合などには被害者側が損害発生や加害者を知らないことが多く、被害者側が損害発生や加害者を知らなければ、権利が発生していてもこれを直ちに行使することは事実上不可能である。」として、不法行為時に損害賠償請求権が客観的に発生することを認めつつ、その権利を行使するためには被害者が損害額や加害者を具体的に確定しない限りその権利行使が不可能であることをまず指摘し、そのうえで、「権利が法律上発生していても、その行使が事実上不可能であれば、これによって現実的な処分可能性のある経済的利益を客観的かつ確実に取得したとはいえないから、不法行為による損害賠償請求権は、その行使が事実上可能となった時、すなわち、被害者である法人（具体的には当該法人の代表機関）が損害及び加害者を知った時に、権利が確定したものとして、その時期の属する事業年度の益金に計上すべきものと解するのが相当である（最高裁平成4年10月29日第一小法廷判決・裁判集民事166号525頁参照）」と判示して、不法行為によ

る損害賠償請求権は、損害発生時に反射的に益金計上するのではなく、その行使が事実上可能となった時の属する事業年度に益金として計上すべきであるとした。

　上記判旨の通り、本判決は、損益異時両建説に立脚したものと位置づけることができよう。

4　本判決の論理と評価―租税公平主義の視点を踏まえて

　本判決は、損害賠償請求権の益金計上のタイミングを、不法行為による損害発生と同時に反射的に損害賠償請求権が形式的に生じた時という、形式基準で認識するのではなく、請求権が実質的にその行使が実現可能な状態となった時の属する事業年度に益金計上する、と判示するのであるが、この見解の妥当性を検討してみよう。

　法人税法上の益金の計上基準とされる権利確定主義について、松沢智教授は、「権利確定主義は本来は期間損益決定のための原則であって、他に特別の定めがない場合の一般的判定基準としての法的基準であると説かれている。現行租税法全体の構造としては権利確定主義がその中核的地位を占める。期間損益の決定につき、法律上すべての納税者に画一かつ統一的に取扱うには、単なる会計の事実行為に基づく基準を、以ってしては、公平負担という租税法の目的に充分にそうことは困難であるからである。…中略　最高裁昭和40年9月8日決定、刑集19・6・630は、『所得税法10条1項（現行所得税法36条1項）の収入すべき金額とは、収入すべき権利の確定した金額をいい、その確定の時期は、いわゆる事業所得にかかる売買代金債権については、法律上これを行使できるようになったときである』旨判示し、権利確定主義によるべきものとしている。[16]」と述べられて、権利確定主義の租税法上の意義とその本質的な意味について確認されている。

　この見解は、権利確定主義が期間損益に基づく課税所得確定のための法的基準であり、担税力に即した課税の実現を要請する租税公平主義を立法原理とする租税法の目的を担うための益金の年度帰属決定のための法的基準であ

ると位置づけ、そのうえで権利確定主義の意義を、「収入すべき権利の確定した金額をいい、その確定の時期は、いわゆる事業所得にかかる売買代金債権については、法律上これを行使できるようになったときである」としたものである。

　ここで、確認しておくべきは、権利確定主義が所得を担税力の測定尺度とした法人税法の法人所得の構成要素である法人の益金計上の基準であるという点である。担税力に応じた課税を要請する租税公平主義を立法原理とした法人税法上の権利の確定とは、単なる売買代金債権等の権利の発生時を意味するのではなく、法律上この債権の行使が実現可能となった時を意味するのである。[17] なぜならば、担税力に応じた課税は、形式によるのではなく実質に即して担税力を捉えられなければ実現できない。

　担税力に応じた課税を実現するために、法人税法は11条に実質所得者課税の原則のタイトルの下に「資産又は事業から生ずる収益の法律上帰属するとみられる者が単なる名義人であって、その収益を享受せず、その者以外の法人がその収益を享受する場合には、その収益は、これを享受する法人に帰属するものとして、この法律の規定を適用する。」との規定を冒頭部分にすえている。

　ここでは、この原則の中身を深く論じることは避けるが、この原則の意味するところは、すくなくとも法律上の収益の帰属者が単なる形式であって、実質的には帰属していないとされた場合には、実質的に収益の帰属する者を特定して課税されるべきであるとしているのである。

　この11条の基本にある考え方は、担税力に即した課税は、形式ではなく実質に即した課税によってのみ実現されるのであるから、事実認定により所得の帰属者を実質的に特定し、その者に担税力を見出して課税せよと命じた原則規定であるといえる。

　まさに、法人税法の立法原理である租税公平主義の要請をその立法趣旨とする規定といえよう。そうすると、権利確定主義も租税公平主義の要請を実現できるよう、その意義が構成されなければならないといえよう。

先に確認したように、権利確定主義における権利確定とは、単に債権が発生した時をさすのではないことは当然といえよう。なぜならば、債権発生の段階では、その債権は担税力の構成要素である収益に取り込むことには無理があるからである。債権が発生し、次の段階でその債権の金額が具体的に確定し、その行使が実現可能となった状態となった時が権利確定のとき、すなわち権利確定主義における権利の確定時点ということができるのである。

そうすると、本判決が「権利が法律上発生していても、その行使が事実上不可能であれば、これによって現実的な処分可能性のある経済的利益を客観的かつ確実に取得したとはいえないから、不法行為による損害賠償請求権は、その行使が事実上可能となった時、すなわち、被害者である法人（具体的には当該法人の代表機関）が損害及び加害者を知った時に、権利が確定したものとして、その時期の属する事業年度の益金に計上すべきものと解するのが相当である」と判示しているのは、法人税法の立法原理である租税公平主義の要請を踏まえた妥当な判断といえよう。

不法行為による損害が発生と同時に反射的に損害賠償請求権の発生するが、損害の発生により担税力は客観的に減殺されているのであるから、損害の認定により損失が計上される。しかし、損害の発生と同時に損害賠償請求権が発生したとしても、その請求権の行使が実現可能となったとはいえないのであるから、実現可能となった時点で権利確定したとして益金計上がなされるべきことは、租税公平主義の要請からも合理的であろう。

したがって、本判決は、担税力を実質的に構成したといえる時点、すなわち債権の発生時点ではなく、債権行使の実現可能時点で益金を計上すべきであるとする権利確定主義の本来の考え方を踏まえたものであり、租税公平主義の要請にも適合した判断として評価できる。

なお、本件の上告審で最高裁は、控訴審の判断を支持し、上告不受理の決定を下したが、批判的に検討されるべきである。

注
1) 金子『租税法』366頁以下。
2) 高梨克彦「判批」シュト224号1頁以下（1980年）。
3) 金子宏名誉教授の見解が必ずしも、高梨氏が整理された損益異時両建計上説と符合するのかどうかについては、「損益切離説に立たれるようであるが、その見解の詳細は明らかではない」（占部裕典「損失の計上時期と損害賠償請求権の影響」同『租税法の解釈と立法政策Ⅰ』338頁所収（信山社、2002年））と占部裕典教授は指摘されるが、高梨氏の整理によれば、金子説が損益同時両建計上説に立脚していないことは容易に読み取れよう。
4) 占部、前掲注3)、338頁。
5) 各説の基本的な考え方については「①説は、損失の確定に焦点をあわせ、損失の確定を損害賠償請求権が無価値になったときと解し、法人税法22条3項3号のみで処理を行うものである。②説は、損失が発生・確定すれば、損失と同額の損害賠償請求権も機械的に発生したと解して、法人税法22条3項3号と法人税法22条2項の適用により損益計上を行うものである。両説いずれによっても、法人税段階での課税所得は同じであると解されることから、②説を①説の一形態として、理解する論者もいる。③説は、損害賠償請求権が行使された年度に収益を計上し、仮に損害賠償請求金額が回収できない場合には回収不能の金額をそれが確定年度において貸倒損失として損金計上するものであるのに対して、④説は、損害賠償請求権を行使した結果、最終的に回収できた金額を雑益に益金計上すれば足りるとする見解である。③説と④説は、損失と損害賠償請求権との関係を遮断して、別個に法人税法22条3項3号と法人税法22条2項の適用により損益計上を行う損益切離説であり、両説で必ずしも法人税段階での課税所得が同じになるとは限らない。」（占部裕典＝道廣裕子「不正融資、横領等による損失と損害賠償請求権の関係」三木義一ほか編『〔租税〕判例分析ファイルⅡ法人税編〔第2版〕』120頁以下（税務経理協会、2009年））と整理することができる。
6) ②の損益同時両建計上説と④の損益個別確定説が拮抗しているとされる。前者の説は租税法実務家により支持されており、後者の説は研究者により多く支持されているようである。占部、前掲注3)、360頁以下参照。
7) 品川芳宣「判例解説」『昭和54年行政関係判例解説』274頁以下（ぎょうせい、1980年）。
8) 高梨、前掲注2)、3頁以下。
9) 高梨、前掲注2)、2頁以下。
10) 占部＝道廣、前掲注5)、121頁。
11) 最判昭和43年10月17日訟月14巻12号1437頁。
12) 大阪高判平成13年7月26日訟月48巻10号2567頁。
13) 高梨氏はこの東京高裁の判決の登場により、少数説とされた損益異時両建説が、「従来の判決・通説に取って代わるのではないか、と推測できる現象が生じたのである」（高梨、前掲注2)、1頁）と評価されている。
14) 最判昭和60年3月14日税資144号546頁。
15) 裁判例の動向の詳細は、占部＝道廣、前掲注5)、120頁以下を参照されたい。
16) 松沢『実体法』114頁。
17) 権利確定の意義を権利発生と権利確定と分けて捉える見解もある。すなわち「権利確定主義自体においても権利の発生と確定という二個の性質の異なるもの（発生とは法律要件を充足し法律効果たる権利が生ずること、確定とは権利の目的の具体的確定）がともに使用されていることから、寧ろ権利確定主義の内容を明確にするために、契約が成立し代金債権が発生したときを基準とするものを権利発生主義と

呼び、権利の発生した以後一定の事情が生じて権利の実現の可能性が増大したときを基準とするのを権利確定主義と呼ぶべきことを提唱する見解もある。」(松沢、同上書、109頁) とされる。

第 15 章

法人税裁判事例研究 Ⅱ
―法人税法22条と貸倒損失の計上基準（日本興業銀行事件）

最高裁平成16年12月24日判決（破棄自判、確定、納税者勝訴）
（平成14年(行ヒ)第147号法人税更正処分等取消請求事件）
民集58巻9号2637頁
控訴審　東京高裁平成14年3月14日判決（原判決取消、上告、上告受理申立、納税者敗訴）
（平成13年(行コ)第94号法人税更正処分等取消請求控訴事件）
民集58巻9号2768頁
第一審　東京地裁平成13年3月2日判決（認容、控訴、納税者勝訴）
（平成9年(行ウ)第260号法人税更正処分等取消請求事件）
民集58巻9号2666頁

☞　**研究のポイント**[1]

　本件は興銀事件として社会的にも、また学界においても大きな注目を集めた事件である。ある意味では法人税法上の貸倒損失の取り扱いの在り方について包括的に検討する素材として提供された絶好の事案であったということができる。

　法人税法22条4項が「公正妥当な会計処理の基準」と定めた趣旨をまず確認することが研究のポイントの第一に挙げられよう。

　法人税法が企業会計原則などの会計処理の基準に従うことはせず、それが一般に公正妥当であることを要するとしている趣旨は、当該会計処理の基準が一般的社会通念に照らして公正で妥当であると評価され得るものでなければならないとしたところにある。これは法人税法が適正かつ公平な課税の実現を求めているところにその根拠を確認できる。同規定の趣旨は、別言すれば、法人税法があくまでも租税正義を立法原理としたところに求められる。法人が行った益金及び損金の額の算入に関する計算が公正妥当と認められる

会計処理の基準に従って行われたか否かは、担税力測定が適正に行われ、その結果として課税の公平が実現できるか否かに直接的に結びつく。

本件の研究ポイントは、まさに法人税法の根底にあるものは何かを事案を通して確認することにある。

なお、「部分貸倒れの理論」の有用性や貸倒れの認定の基準としての「社会通念基準」の法的な意義を中心に本判決の意義を確認していくことも、もちろん重要な研究のポイントである。

☞ **研究の注意点**

本件は事実関係が複雑であり、全体像をしっかり把握することがかなり困難な事例ではあるが、金銭債権の貸倒損失を法人税法22条3項3号にいう「当該事業年度の損失の額」として損金の額に算入するための要件及びその要件該当性の判断の基準についていかなる判断を最高裁が示したかをしっかりと押さえよう。

I 事案の概要

1 基礎事実

本件は、A株式会社（以下「A社」という。なお、A社は「日本ハウジングローン株式会社」をさす。）に対し残高合計3760億5500万円の貸付債権（以下「本件債権」という。）を有していた株式会社B銀行（以下「X」という。Xは原告日本興業銀行をさす。以下、企業名、省庁名、官職名等は、いずれも当時のものである。）が、平成8年3月29日に本件債権を放棄し、同7年4月1日から同8年3月31日までの事業年度（以下「本件事業年度」という。）の法人税について、本件債権相当額を損金の額に算入して欠損金額を132億7988万7629円とする申告をしたところ、被上告人（以下「Y」という。）から、上記の損金算入を否認され、同年8月23日に法人税の更正及びこれに係る過少申告加算税の賦課決定を受け、同10年3月31日に所得金額を3641億8109万9162円とする法人税の再更正

並びにこれに係る過少申告加算税及び重加算税の各賦課決定を受けたことから、Xの訴訟承継人である上告人が、上記の再更正（欠損金額を118億7390万838円まで減額する部分を除く。）及び各賦課決定の取消しを求めた事案である。

原審の適法に確定した事実関係の概要は、次のとおりである。

(1) A社は、母体行と呼ばれる銀行が中心となって設立された住宅金融専門会社（以下「住専」という。）の1つであり、昭和51年6月、X、株式会社C銀行（その後の商号は株式会社D銀行。以下「D銀」という。）、証券会社3社（以下この5社を「母体5社」という。）、元大蔵省銀行局長、X出身者及びD銀出身者が発起人となって設立された。母体5社は、A社に役員及び従業員を出向させ、A社の代表取締役は、同56年6月以降、X出身者が務めた。母体5社のA社に対する出資比率は、同62年10月以降、いずれも私的独占の禁止及び公正取引の確保に関する法律（平成10年法律第81号による改正前のもの。以下「独禁法」という。）11条で許容される上限の5％であった。A社は、金融機関から融資を受けてそれを貸し付ける営業形態を採っていたが、Xからの借入れが最も多かった。

X及びD銀は、A社の母体行以外の金融機関（以下「非母体金融機関」という。）に対する借入金債務について、原則として各50％の分担割合で保証していたが、昭和55年2月、A社とこれに融資している金融機関（X及びD銀を含む。）との間で、A社の同金融機関に対する債務の担保として、A社が現に保有し又は将来取得する住宅ローン債権を同金融機関に譲渡し、同金融機関がこれを準共有する旨の債権譲渡担保契約が締結された。これにより、上記の債務保証は、同62年3月ころまでに解消された。

(2) 住専各社は、バブル経済の崩壊により事業者向け融資債権が不良債権化する等の影響を受け、平成3年以降、財務状況が急激に悪化した。

A社は、同4年5月、母体5社には同9年3月までの金利減免と必要資金の追加融資を、非母体金融機関には融資金残高及び担保条件の現状維持を、それぞれ要請するとともに、資産の圧縮等を目指す事業計画（以下「第1次再建計画」という。）を策定した。また、Xは、同計画の推進を支援するため、

緊急融資枠の設定、公定歩合（当時は3.25％）までの金利の減免等から成る対応策を策定した。そのころ、Ａ社に対する融資の回収や保全に向けた姿勢を示す非母体金融機関も現れたため、Ｘ及びＤ銀は、同４年３月から同５年４月にかけて、Ｅ金庫、Ｆ連合会等の農協系統金融機関がＡ社に対して有する短期債権（前記譲渡担保に係る被担保債権に含まれない貸付期間１年以内のもの）を中長期債権（前記譲渡担保に係る被担保債権に含まれる貸付期間１年超のもの）に振り替えることとし、それと入れ替える形で、Ｘ及びＤ銀の中長期債権を短期債権に振り替えた。

　(3)　その後も住専各社の経営環境は一層悪化したため、大蔵省は、平成４年12月、Ａ社を含む住専７社に対し、新たな再建計画の立案を指導し、母体行の金利を０％に、農協系統金融機関以外の非母体金融機関（以下「一般行」という。）の金利を年2.5％に、農協系統金融機関の金利を年4.5％に、それぞれ減免する等の内容の再建計画の骨格を示した。農協系統金融機関及び農林水産省は、当初これに反発したが、母体行が責任を持って再建計画に対応することが明確になること及び債権元本の回収ができることを条件に、金融システムの安定という観点から再建計画に協力し、金利減免に応ずる意向を示した。そして、大蔵省銀行局長と農林水産省経済局長との間で、同５年２月、住専７社の再建は母体行が責任を持って対応し、大蔵省は農協系統金融機関にこれ以上の負担をかけないよう責任を持って指導すること等を内容とする覚書が交わされた。そこで、Ａ社は、計画期間を同年４月から10年間とする新たな再建計画（以下「本件新事業計画」という。）の概要を固めた。その内容は、①Ｘ及びＤ銀は、計画期間中、Ａ社に対する貸出金の利息を免除すること、②母体５社は、Ａ社に対し、新規融資金（以下「母体ニューマネー」という。）を貸し出し、Ａ社の自己資本強化のために第三者割当増資を引き受けること、③非母体金融機関は、Ａ社に対する現状の融資金残高を維持し、その金利は、農協系統金融機関が年4.5％、一般行が年2.5％とすること、④Ａ社の余裕資金による返済順序は、住宅ローン債権信託、母体ニューマネー、借入有価証券、農協系統金融機関の順とすることというものであった。これ

を受けて、母体5社は、同年5月、本件新事業計画に沿ったA社に対する具体的な支援内容を確認し、A社は、同年12月までに非母体金融機関から本件新事業計画への合意を取り付けた。

しかし、その後も不動産市況は更に悪化し、金利水準も低利で推移したため、同7年6月30日のA社の資産残高2兆5151億円のうち不良債権額が1兆8532億円に達することが明らかとなったことを受けて、母体5社は、同年9月22日、A社を整理する方針を確認した。なお、A社の同月末の貸借対照表上、4788億300万円の資本欠損が生ずることとなった。また、Xは、同年12月29日までに母体ニューマネーをA社から回収した。

(4) X及びD銀は、平成7年9月以降、A社の整理方法について農協系統金融機関と協議したが、大蔵省銀行局中小金融課金融会社室から債権額に応じた損失の平等負担を求めることは避けるように要請されていた。農協系統金融機関は、A社を整理する場合でも農協系統金融機関への優先弁済の方針は維持されるべきであるとして、いわゆる完全母体行責任を主張し、農協系統金融機関の元本損失部分は母体行が責任を持って処理することを強く求めたが、X及びD銀は、いわゆる修正母体行責任を主張し、貸付金の全額を放棄するのが限度であって、それ以上の負担をすることは商法上許される範囲を超えるとして、農協系統金融機関の要求を拒否した。大蔵省銀行局長は、同年11月29日、住専7社に対し、大蔵省として住専処理について関係当事者を仲介し、公的資金の導入を含む抜本的な住専処理計画を策定する意思があることを示唆し、予算案の内示がある同年12月20日までに住専処理計画の概要をとりまとめるように求めた。大蔵省は、同月17日、住専7社の第Ⅳ分類資産（回収不可能又は無価値と判定される資産に分類される債権）6兆3000億円を1次ロスとし、住専7社の母体行が債権全額を放棄すること等を内容とする処理案を提示し、Xを含む上記母体行は、同月18日、同案を受け入れるがこれ以上の負担に応じられない旨の意向を示した。

(5) その後、政府と農協系統金融機関との交渉が続けられ、内閣は、平成7年12月19日、①住専処理機構を設立して住専の資産等を引き継ぐこととを

し、回収不能な不良債権に係る損失見込額約6兆2700億円及び欠損見込額約1400億円を処理すること、②母体行に、住専に対する債権約3兆5000億円の全額放棄並びに同機構への出資及び低利融資を要請すること、③一般行に、住専に対する債権のうち約1兆7000億円の放棄及び同機構への低利融資を要請すること、④農協系統金融機関に、貸付債権の全額返済を前提として、同機構に対する約5300億円の贈与及び同機構への低利融資の協力を要請すること、⑤預金保険機構に住専勘定を設け、平成8年度当初予算において、同勘定に対して6800億円を支出すること、⑥住専処理機構により債権の回収を強力に行うこと、⑦以上について所要の法的措置を講ずるとともに、関係機関による調整が行われ適切な処理計画が策定された住専から速やかに同機構に対し資産等の譲渡を行い、その処理を着実に進めていくこと、以上を主な内容とする閣議決定（以下「本件閣議決定」という。）をした。

　大蔵省は、同8年1月24日、住専7社の第Ⅲ分類資産（最終の回収又は価値について重大な懸念が存し、したがって、損失の発生が見込まれるが、その損失額の確定し得ない資産に分類される債権）に係る損失（2次ロス）1兆2400億円の負担について、預金保険機構の中に金融安定化拠出基金を設立し、住専7社に融資している関係金融機関に基金の拠出を求め、同基金の運用益等で賄うこと等を内容とする案を示したところ、関係金融機関は、同月25日、これに同意する意向を示した。そこで、内閣は、同月30日、上記2次ロス処理方策を内容とする閣議了解（以下「本件閣議了解」という。）をした。

（6）　平成8年2月9日、特定住宅金融専門会社の債権債務の処理の促進等に関する特別措置法（以下「住専処理法」という。）案が国会に提出された。しかし、G党は、同月27日、平成8年度予算案に計上された住専関係予算の削除、市場原理に基づく自己責任の原則により国民に開かれた状況の中で住専問題の解決を行うこと等を内容とする方針を発表し、同年3月4日、同予算案の審議に応じない旨を決定して、同党議員が予算委員会の審議を阻止するために座込みを始め、同月25日の与野党5党党首会談により国会の正常化が合意されるまで、国会審議が中断した。

(7) Xは、住専7社に対する減免予定債権額が6607億円であったにもかかわらず、一般貸倒引当金の残高が不十分であり、住専7社に対する債権についての債権償却特別勘定の設定もしていなかったため、本件事業年度の決算において引当金不足が問題視され、商法（平成14年法律第44号による改正前のもの）285条の4第2項違反の責任を追及される可能性が高まったことから、本件事業年度に本件債権につき貸倒処理による直接償却をするほかないと判断し、本件事業年度に合わせて含み益を実現する目的で株式売却を平成7年11月以降積極的に行い、同8年3月までのその利益の合計は4603億円に達した。

(8) 母体5社は、本件閣議決定及び本件閣議了解で示された住専処理計画に沿って、A社の不良資産のうちの損失見込額1兆3588億円及び欠損見込額187億円の合計1兆3775億円について、X及びD銀がA社に対する債権5370億円を全額放棄し、一般行がA社に対する債権合計9264億円のうち4999億円を放棄し、さらに、農協系統金融機関が3407億円を贈与することとし、これらによって上記の損失及び欠損の見込額を分担することを基本とする処理計画案を策定するとともに、平成8年3月末の関係金融機関の債権額及び債権放棄予定額を計算した。そして、Xは、同月21日、上記の内容及びこれに意見等がある場合には同月25日までに連絡するように求める旨を記載した書面をA社に債権を有するすべての一般行に送付したが、一般行から特段の意見は表明されなかった。同処理計画案では、A社の正常資産及び不良資産のうち回収が見込まれるものの合計額は1兆2103億円であり、実質的に非母体金融機関に返済される合計額（非母体金融機関がA社に対して有する債権合計1兆9197億円から上記の一般行の債権放棄額及び農協系統金融機関の贈与額を除いたもの）は1兆791億円とされていた。

(9) 母体5社は、平成8年3月29日、X、D銀及び一般行の債権放棄額を確認し、X及びD銀は、A社の営業譲渡の日までに同債権放棄額に対応する貸出債権を全額放棄するものとすることを確認する旨の書面を作成した。

Xは、同月29日、A社との間で債権放棄約定書を取り交わし、A社の営業

譲渡の実行及び解散の登記が同年12月末日までに行われないことを解除条件として本件債権を放棄する旨の合意をした。

⑽　住専処理に係る公的資金を盛り込んだ平成8年度予算は、平成8年5月10日に成立し、住専処理法は、同年6月18日に成立し、同月21日、施行された。これを受けて、A社は、同月26日、株主総会において、解散及び営業譲渡に関する定款の一部変更の特別決議をし、同年8月31日、住宅金融債権管理機構との間で営業譲渡契約を締結した上、同年9月1日、解散した。一方、預金保険機構は、同年8月29日、住専7社の母体行及び非母体金融機関に対し、本件閣議決定、本件閣議了解及び住専処理法を前提とした住専処理計画に係る基本協定を提示し、関係金融機関は、そのころ同協定に同意した。

2　更正処分等の経緯の詳細

⑴　Xは、平成8年7月1日、本件事業年度の法人税について、本件債権放棄をしたことを理由として、本件債権相当額を損金の額に算入した上で、欠損金額を132億7988万7629円とする青色確定申告（以下「本件確定申告」という。）をした。

これに対し、Yは、同年8月23日、所得金額を3627億7511万2371円及び納付すべき税額を1285億1120万6600円とする更正処分（以下「本件更正処分」という。）並びにこれに係る過少申告加算税を191億9263万3500円とする過少申告加算税賦課決定処分（以下「本件第一過少申告加算税賦課決定処分」といい、本件更正処分と合わせて「本件更正処分等」という。）を行い、同日、その旨をXに対して、「法人税額等の更正通知書及び加算税の賦課決定通知書」（以下「本件通知書」という。）により通知した。

⑵　Xは、本件更正処分等を不服として、平成8年8月30日、国税不服審判所長に対し審査請求をしたが、平成9年10月27日、右審査請求は棄却された。

⑶　そこで、Xは、平成9年10月30日、本件更正処分等の取消しを求める

訴えを提起した（以下「本件訴え」という。）。

(4) その後、Yは、平成10年3月31日、Xの本件事業年度の法人税について、所得金額を3641億8109万9162円及び納付すべき税額を1306億9127万2600円とする再更正処分（以下「本件再更正処分」という。）並びにこれに係る過少申告加算税を3億1919万7000円とする過少申告加算税賦課決定処分（以下「本件第二過少申告加算税賦課決定処分」という。）及び重加算税を311万8500円とする重加算税賦課決定処分（以下「本件重加算税賦課決定処分」といい、本件再更正処分、本件第一過少申告加算税賦課決定処分及び本件第二過少申告加算税賦課決定処分と併せて「本件再更正処分等」という。）を行い、同年4月1日、その旨を「法人税額等の更正通知書及び加算税の賦課決定通知書」（以下「本件再更正通知書」という。）によってXに通知した。

(5) Xは、本件再更正処分等が行われたことを受けて、本件訴えを本件再更正処分等の取消しを求める旨に変更した。

II 判旨

1 上告審（最高裁判決）

「原審は、上記事実関係の下において、次のとおり判断して、上告人の請求を棄却した。

(1) 平成8年3月末時点において、A社の資産からは少なくともその借入金総額の約40％に相当する1兆円の回収が見込まれていたから、本件債権が全額回収不能であったとはいえない。Xが母体行として社会的、道義的にみて本件債権を行使し難い状況が生じつつあったといえても、本件債権が法的に非母体金融機関の債権に劣後するものとなっていたとはいえない。

(2) 本件債権には回収不能部分があったが、解除条件付きで本件債権の放棄がされたものであり、本件における流動的な事実関係の下では、本件事業年度の損金として確定したとはいえず、また、行政機関等のあっせんによる関係当事者間の住専処理に係る協議が成立したのは翌事業年度というべきで

あるから、本件債権相当額を損金の額に算入することは許されず、他にこの損金算入を認めるべき理由はない。

(3) したがって、本件各処分は適法である。

(4) しかしながら、原審の上記判断は是認することができない。その理由は、次のとおりである。

(1) 【要旨1】法人の各事業年度の所得の金額の計算において、金銭債権の貸倒損失を法人税法22条3項3号にいう「当該事業年度の損失の額」として当該事業年度の損金の額に算入するためには、当該金銭債権の全額が回収不能であることを要すると解される。そして、その全額が回収不能であることは客観的に明らかでなければならないが、そのことは、債務者の資産状況、支払能力等の債務者側の事情のみならず、債権回収に必要な労力、債権額と取立費用との比較衡量、債権回収を強行することによって生ずる他の債権者とのあつれきなどによる経営的損失等といった債権者側の事情、経済的環境等も踏まえ、社会通念に従って総合的に判断されるべきものである。

(2) これを本件債権についてみると、前記事実関係によれば、次のとおりである。

ア 母体5社は、平成7年9月にA社を整理する方針を確認したところ、その後の農協系金融機関との協議において、農協系統金融機関が、その元本損失部分についても母体行が責任を持つ完全母体行責任による処理を求めたのに対し、Xは、その貸出金全額の放棄を限度とする修正母体行責任を主張し、債権額に応じた損失の平等負担を主張することはなかった。

イ その背景として、Xは、A社の設立に関与し、独禁法で許容される上限まで株式を保有し、役員及び職員を派遣し、多額の融資を行うなどして、その経営に深くかかわっていたという事情があった。そして、同4年に策定された第1次再建計画によってはA社の経営再建ができなくなり、同5年に本件新事業計画が策定されるに至ったが、農協系統金融機関が融資残高の維持及び金利の減免を内容とする同計画に応じたのは、母体行が責任を持って再建計画に対応することが明確にされたからであった。そうすると、Xは、

本件新事業計画を達成することができなかったことにつき、農協系統金融機関から信義則上の責任を追及されかねない立場にあったということができる。

ウ　本件新事業計画は、Ａ社の再建を前提としたものであって、その破綻後の整理を前提としたものではないものの、Ａ社の余裕資金による返済順序の第２順位が母体ニューマネー、第４順位が農協系統金融機関の債権とされ、母体行の従前からの債権がそれらに劣後するという内容であったところ、Ｘは、Ａ社の整理が避け難い情勢になった後においても、Ａ社から母体ニューマネーを回収していた。したがって、農協系統金融機関が完全母体行責任を主張することには無理からぬ面があり、Ｘも、上記のような経緯を考慮して、修正母体行責任が限度であると主張して、本件債権の放棄以上の責任を回避しようとしていたものということができる。

エ　母体５社は、本件閣議決定及び本件閣議了解で示された住専処理計画に沿ってＡ社の処理計画を策定し、同計画において、Ｘは、本件債権を全額放棄すること、すなわち、本件債権を非母体金融機関の債権に劣後する扱いとすることを公にしたということができる。前記のとおり、Ｘにおいてせいぜい修正母体行責任しか主張することができない情勢にあったことをも考慮すると、仮に住専処理法及び住専処理に係る公的資金を盛り込んだ予算が成立しなかった場合に、Ｘが、社会的批判や機関投資家としてＸの金融債を引き受ける立場にある農協系統金融機関の反発に伴う経営的損失を覚悟してまで、非母体金融機関に対し、改めて債権額に応じた損失の平等負担を主張することができたとは、社会通念上想定し難い。

オ　前記のＡ社の処理計画において、Ａ社の正常資産及び不良資産のうち回収が見込まれるものの合計額は、非母体金融機関の債権合計１兆9197億円を下回る１兆2103億円とされたが、この回収見込額の評価は、本件閣議決定及び本件閣議了解で示された公的資金の導入を前提とする住専処理計画を踏まえたものであるから、破産法等に基づく処理を余儀なくされた場合には、当時の不動産市況等からすると、Ａ社の資産からの回収見込額が上記金額を

下回ることはあっても、これを超えることは考え難い。

(3) 【要旨2】以上によれば、Xが本件債権について非母体金融機関に対して債権額に応じた損失の平等負担を主張することは、それが前記債権譲渡担保契約に係る被担保債権に含まれているかどうかを問わず、平成8年3月末までの間に社会通念上不可能となっており、当時のA社の資産等の状況からすると、本件債権の全額が回収不能であることは客観的に明らかとなっていたというべきである。そして、このことは、本件債権の放棄が解除条件付きでされたことによって左右されるものではない。

したがって、本件債権相当額は本件事業年度の損失の額として損金の額に算入されるべきであり、その結果、Xの本件事業年度の欠損金額は118億7390万0838円となるから、本件各処分は違法である。

(4) 以上と異なる原審の判断には、判決に影響を及ぼすことが明らかな法令の違反がある。論旨は、この趣旨をいうものとして理由があり、原判決は破棄を免れない。そして、上告人の請求を認容した第1審判決は正当であるから、Yの控訴を棄却すべきである。」

2 原審（東京高判平成14年3月14日税資252号順号9086）
(1) 公正処理基準と債権の貸倒れによる損金算入

「法人税法上、内国法人に対して課される各事業年度の所得に対する法人税の課税標準は、各事業年度の益金の額から損金の額を控除した所得の金額とされているところ（同法21条、22条1項）、同法22条3項は、内国法人の各事業年度の所得の金額の計算上当該事業年度の損金の額に算入すべき金額は、別段の定めがあるものを除き、〔1〕当該事業年度の収益に係る売上原価、完成工事原価その他これらに準ずる原価の額、〔2〕当該事業年度の販売費、一般管理費その他の費用（償却費以外の費用で当該事業年度終了の日までに債務の確定しないものを除く。）の額、〔3〕当該事業年度の損失の額で資本等取引以外の取引に係るものとし、同条4項は、当該事業年度の収益の額及び損金の額に算入すべき金額は、一般に公正妥当と認められる会計処理の基準に従つて計

算されるものとする旨を定めている。これは、法人所得の計算が原則として企業利益の算定技術である企業会計に準拠して行われるべきことを意味するものであるが、企業会計の中心をなす企業会計原則（昭和24年7月9日経済安定本部企業会計制度調査会中間報告）や確立した会計慣行は、網羅的とはいえないため、国税庁は、適正な企業会計慣行を尊重しつつ個別的事情に即した弾力的な課税処分を行うための基準として、基本通達（昭和44年5月1日直審（法）25（例規））を定めており、企業会計上も同通達の内容を念頭に置きつつ会計処理がされていることも否定できないところであるから、同通達の内容も、その意味で法人税法22条4項にいう会計処理の基準を補完し、その内容の一部を構成するものと解することができる。そして、同条項が単なる会計処理の基準に従うとはせず、それが一般に公正妥当であることを要するとしている趣旨は、当該会計処理の基準が一般社会通念に照らして公正で妥当であると評価され得るものでなければならないとしたものであるが、法人税法が適正かつ公平な課税の実現を求めていることとも無縁ではなく、法人が行った収益及び損金の額の算入に関する計算が公正妥当と認められる会計処理の基準に従って行われたか否かは、その結果によって課税の公平を害することになるか否かの見地からも検討されなければならない問題というべきである。

　2　金銭債権については、当該債権のうち経済的に無価値となった部分の金額を確定的に捕捉することが困難であるところから、法人税法上は、金銭債権については、評価減を認めないことが原則とされている（同法33条2項）。したがって、不良債権を貸倒れであるとして資産勘定から直接に損失勘定に振り替える直接償却をするためには、全額が回収不能である場合でなければならず、また、同貸倒れによる損金算入の時期を人為的に操作し、課税負担を免れるといった利益操作の具に用いられる余地を防ぐためにも、全額回収不能の事実が債務者の資産状況や支払能力等から客観的に認知し得た時点の事業年度において損金の額に算入すべきものとすることが、一般に公正妥当と認められる会計処理の基準に適合するものというべきであり、基本通達9－6－2も、このことを定めたものということができる。」

(2) 本件債権の本件事業年度における損金算入の適否

「1　平成8年3月末における本件債権の回収不能性（貸倒れ）

　前記一のとおり、法人税法は、金銭債権については評価減を認めないことを原則としているため、不良債権を貸倒れとして直接償却することができるのは、その全額が回収不能となった場合に限られることになる（全額が回収不能とはいえない場合には、間接償却の方法や債権放棄等による直接償却の方法が別途用意されていることは、前記一のとおりである。）。ここで債権の全額が回収不能であるとは、債務者の実際の資産状況、支払能力等の信用状態から当該債権の資産性が全部失われたことをいい、この場合に限って、所得の計算上、金銭債権の滅失損として、法人税法22条3項の規定により損金の額に算入することができるものである。そして、貸倒れによる損金は、その損金算入時期を人為的に操作して、課税負担を免れるといった利益操作の具に用いられる余地を防ぐためにも、全額回収不能の事実が債務者の資産状況や支払能力等から客観的に認知し得た時点の事業年度において損金の額に算入すべきであり、それが一般に公正妥当と認められる会計処理の基準に適合する所以である。

　これを本件についてみると、前記二で認定した事実によれば、日本ハウジングローンの正常資産及び不良資産のうち回収が見込まれるものの合計額は、その当時、少なくとも1兆円は残されていたことが推認され、この金額は、日本ハウジングローンの借入金総額の約40パーセントにも上るのであるから、このような日本ハウジングローンの客観的な財務状況に鑑みると、平成8年3月末時点において、本件債権が全額回収不能であったといえないことは明らかである。」

(3) 本件債権放棄による本件事業年度における損金算入の適否

「しかしながら、前記二で認定した事実によれば、Xは、平成8年3月期決算において引当金不足が問題視されることを危惧して、本件事業年度において本件債権を直接償却するほかないと判断し、これに合わせて保有する株式の含み益を得るため、平成7年11月以降株式売却を積極的に行い、その利益の額は、平成8年3月までに合計4603億円に達し、本件債権の償却を次年

度に繰り越すことはもはや事実上不可能な状況に自ら立ち入った一方で、本件事業年度に本件債権を直接償却するために本件債権を平成8年3月末までに放棄した場合には、公的資金の導入を前提とする住専処理法が成立に至らなかった場合に被控訴人の取締役が株主代表訴訟によってその責任を追及されるおそれを払拭できず、解除条件付きの本件債権放棄は、このようなジレンマの中でいわば苦肉の策として考えられたものということができ、Xとしては、これによって、本件事業年度に本件債権を直接償却することができ、4603億円もの株式売却益に対する課税負担を回避することができる一方で、仮に住専処理計画が計画通り成立しなかった場合でも、被控訴人の取締役が株主代表訴訟による責任を追及されるおそれも回避できるということを意図して行われたものということができる。そして、このような解除条件の付された債権放棄に基づく損失の損金算入時期を、当該意思表示のされたときの属する事業年度としたときには、本来、無条件の債権放棄ができず、当該事業年度において損金として計上することができない事情があるにもかかわらず、法人側の都合で損金計上時期を人為的に操作することを許容することになるのであって、一般に公正妥当と認められる会計処理の基準に適合するものとはいえない。

　㈢そして、そもそも、課税は、私法上の法律行為の法的効果自体にではなく、これによってもたらされる経済的効果に着目して行われるものであるから、ある損金をどの事業年度に計上すべきかは、具体的には、収益についてと同様、その実現があった時、すなわち、その損金が確定したときの属する年度に計上すべきものと解すべきところ、解除条件付き債権放棄の私法上の効力は、当該意思表示の時点で生ずるものの、本件におけるような流動的な事実関係に下においては、債権放棄の効力が消滅する可能性も高く、未だ確定したとはいえないのであるから、本件解除条件付きでされた債権放棄に基づいて生ずる損金については、当該条件の不成就が確定したときの属する年度、すなわち、本件事業年度ではなく、住専処理法と住専処理を前提とする予算が成立し、日本ハウジングローンの営業が譲渡され、解散の登記がされ

た翌事業年度の損金として計上すべきものというべきである。」

3 第一審（東京地判平成13年3月2日税資250号順号8851）
(1) 本件債権を全額回収不能と評価することの可否（争点1）

「本件においては、Xが、本件債権相当額を本件事業年度において損金の額に算入して本件確定申告をしたのに対し、Yは、第一に、本件債権は平成8年3月末時点においてその全額が回収不能とは認められないこと、第二に、本件債権放棄に解除条件が付されているから本件事業年度に本件債権放棄が確定しているとは認められないことを理由として本件債権相当額を本件事業年度の損金の額に算入することはできないとしている。

この二つの理由は、双方ともに正当なものと認められてはじめてYの本件再更正処分が維持できるという関係にある。すなわち、本件債権相当額を本件事業年度において損金の額に算入することができるかどうかは、まず第一に、本件債権が、本件事業年度の終了する平成8年3月末時点までにその全額が回収不能となっていたかどうかに係るのであって、この点が肯定できれば、本件債権放棄の有無及びその効力を問わず、本件債権相当額を損金に算入することができるというべきであるから、第一の理由が否定されれば、第二の理由の成否にかかわらず、本件再更正処分は違法なものというほかないのである。

したがって、本件においては、まず、本件債権が平成8年3月末時点までにその全額が回収不能と認められるかどうかを検討し、これが認められない場合にのみ、本件債権放棄の効力との関係で、本件債権相当額が損金に算入されるかどうかを検討すれば足りることとなる。そこで、以下、本件債権が全額回収不能となっていたか否かを検討する。

2 法人の各事業年度の所得の金額は、当該事業年度の益金の額から当該事業年度の損金の額を控除した金額とするものとされ（法人税法22条1項）、損金に該当するものは、〔1〕当該事業年度の収益に係る売上原価、完成工事原価その他これらに準ずる原価の額、〔2〕右〔1〕に掲げるもののほか、当該

事業年度の販売費、一般管理費その他の費用の額、〔3〕当該事業年度の損失の額で資本等取引以外の取引に係るものであり（同条3項）、その額は一般に公正妥当と認められる会計処理の基準に従って計算されるものと規定されている（同条4項）。したがって、法人の有する金銭債権が回収不能になったことによる損失の額は、各事業年度の所得の計算上損金の額に算入されることとなる（法人税法22条3項3号）が、法人税法33条2項が、金銭債権について評価損の計上を禁止していることにかんがみると、金銭債権が回収不能になったことによって損金の額に算入することができるのは、金銭債権の全額が回収不能である場合に限られるものと解される。法基通9―6―2もこのことを明らかにしているものと解される。

　ここでいう債権の全額が回収不能か否かについては、法人税法が法人の合理的な経済活動によってもたらされる利益に着目して法人税を課していることからすると（法人税法4条）、合理的な経済活動に関する社会通念に照らして判断するのが相当である。被告は、回収不能というためには、債務者の資産状況、支払能力等から当該債権の回収が事実上不可能であることが客観的に明らかでなければならないとし、具体的には、強制執行、破産手続、会社更生、整理といった回収不能を推定し得る法律的措置が採られた場合及びこれに準じるような場合、すなわち債務者の死亡や所在不明又は事業閉鎖というような回収不能の事実が不可逆的で、一義的に明白な場合に限られると主張する。確かに、被告主張のような場合が回収不能に当たることは明らかであるが、このような場合に該当しない限り、必ず強制執行等の法的措置を講じて回収不能か否かを明らかにすることを要求することは、納税者に対して無益な費用と時間を費やさせるものであって経済的にみて非合理的な活動を強いるものと評価せざるを得ない場合もあると考えられる。すなわち、法的措置を講ずれば、ある程度の回収を図れる可能性がないとはいえない場合においても、債務者の負債及び資産状況、事業の性質、債権者と債務者との関係、債権者が置かれている経済的状況、強制執行が可能な債務名義が既に取得されているか否か、これを取得していない場合には、債務者が債権の存在

を認めているか否かなど債務名義取得の可能性の程度やその取得に要する費用と時間、強制執行が奏功する可能性とその程度、法的措置をとることに対する債務者等の利害関係人からの対抗手段等の発生が予想されるリスクとの対比等諸般の事情を総合的に考慮し、法的措置を講ずることが、有害又は無益であって経済的にみて非合理的で行うに値しない行為であると評価できる場合には、もはや当該債権は経済的に無価値となり、社会通念上当該債権の回収が不能であると評価すべきである。」

(2) **本件貸付債権の本件事業年度における回収不可能性の認定**

「㈣以上のとおり、本件新事業計画の破綻の後、JHL社の資産は、一般行及び系統の債権についてさえその全額を弁済するには不足していた上、住専処理問題は政治問題化し世間の注目を集めていたところ、Xは、系統から信義則上の責任を追及されかねない立場に陥っており、これを避けるには本件債権を放棄するほかないと認識し、これを公にしていたし、このことは、関係者間の共通の認識であったばかりか、政府与党はもとより、この問題に対して厳しい姿勢で臨んでいた野党やマスコミ及び一般世論においても異論がなかったことからすると、少なくとも、平成8年3月末までの間に、Xは、本件債権を回収することが事実上不可能になっていたものというべきであり、本件債権は、本件事業年度において、社会通念上回収不能の状態にあったものというべきである。

また、仮に政府の住専処理策が成立せずJHL社を破産手続によって処理せざるを得ない事態が予想されたとしても、後記4㈢のとおり、Xが債権届出をしてその手続に参加することは、法的にみても不可能に近く、法的には可能であったとしても、Xにとって有害かつ無益であって経済的にみて非合理的で行うに値しない行為というほかないから右の判断を左右するものではない。」

(3) **本件債権放棄と損金算入の当否**（争点2）

「本件債権については、前記二で説示したとおり、平成8年3月末の時点で既に全額回収不能の状態にあり経済的な価値はなくなっていたと評価すべ

きであって、債権放棄の有無にかかわらず、その全額を損金に算入できるものというべきであるから、争点2についてはもはや判断を示す必要はないというべきであるが、被告は、全額回収不能と評価し得る場合を厳格に限定する見解を前提として、本件債権が右時点で全額回収不能の状態にあったことを争っているので、念のため、仮に被告の右見解を前提として、本件債権放棄による損金算入が認められるか否かについても判断を示すこととする。」

ⅰ 「債権放棄による損金算入と法人税法の定め

　法人税法37条は、法人がした無償による経済的利益の供与は、同条6項かっこ書に記載するもののほか、名目のいかんにかかわらず寄付金とし、同条二項にいう損金算入限度額を超える金額は損金に算入しない、としている。そして、債権放棄は、その理由のいかんを問わず、同条6項かっこ書に記載された費目のいずれかに該当するということは困難であるから、これを債務者に対して無償で経済的利益を与えるものと評価すると、法人税法上、その債権相当額を損金算入限度額を超えて損金に算入することはできないというほかない。

　しかし、債権放棄は様々な理由によってされるものであって、その中には債務者に経済的利益を与えること自体よりも、それによって自社の利益を図ることを主たる理由としてされる場合もあると考えられる。このことからすると、債権放棄のすべてについて無償のものと評価するのは妥当性を欠くというほかないのであり、債権放棄の理由が、単なる任意の利益処分にとどまらず、経済的にみて合理的であり、税法上これを損金と評価しないことが納税者に対して経済的にみて無益又は有害な行動を強いることとなるなど不合理な結果を招くと認められる場合には、その無償性を否定し、寄付金に該当しないとし得るものというべきである。この点については、被告も…中略任意の利益処分といえない場合には損金に算入することができるとしており、課税庁においては、従来から経済的合理性の認められる一定の場合には債権放棄の寄付金該当性を否定するとの取扱いを行っている（法基通9—4—1）が、この取扱いは、このような解釈を前提としてはじめて法人税法に適

合する適法な運用ということができるのである。

　このように債権放棄による損金算入の可否は、それが法人税法37条にいう無償による経済的利益の供与に該当するか否かという法解釈によるべき問題であり、課税庁の定める通達はこの解釈に適合する限度でのみ適法と評価されるのであるから、法基通所定の事由に該当しないことのみをもってその損金該当性を否定することは許されないのであって、前記のように、債権放棄の理由が経済的にみて合理的であって、これを損金と評価しないことが納税者に対して経済的にみて無益又は有害な行動を強いることとなるなど不合理な結果を招くと認められる場合には、これを損金に算入するというのが法人税法の定めに合致した正しい法解釈というべきである。」

ⅱ　本件債権放棄の理由の合理性

「Ｘが本件債権放棄をするに至った理由は、前記認定の事実関係、特に、第一次再建計画及び本件新事業計画をめぐって系統に融資残高の維持を要請し、また、大蔵省に対して念書を差し入れた経緯（前記一4(三)、5(二)、(四)）、JHL社処理に関する系統との協議において、系統側から完全母体行責任による処理を求められ、母体行の責任を追及する動きが非常に厳しかったこと（前記一7(一)ないし(三)）、政府の住専処理方策が策定された経緯（前記一8）、国会等において母体行の責任が追及され、《甲14》頭取が参考人として招致された衆議院予算委員会で、母体行債権の全額を放棄する旨述べていること（前記一9）、Ｘが、JHL社に対する債権を平成8年3月期において全額貸し倒れすることを決断し、平成7年11月27日に自社の中間決算報告の記者会見において公表したこと（前記一10(二)）、本件債権放棄を決議したＸの取締役会において配付された資料には、本件事業年度末に債権放棄をする合理性について、『仮に政府案の不成立により法的整理となっても、平等弁済の主張は社会的責任不履行による信用失墜を招きかねず、何れにしても債権放棄は不可避』との説明がされていたこと（前記一10(三)）からすると、平成7年9月、新事業計画の失敗が明らかになった時点までには、新事業計画を達成できなかったことにより、母体行としての責任を果たす意味から系統や一般行の受

ける損害をできるだけ軽減するために少なくとも自己の債権回収は諦めざるを得ないとの判断に至り、さらに本件債権放棄の時点までには、政府の住専処理スキームに従ってJHL社を処理するのが最善の途であり、仮にこのスキームが成立しない場合にも、破産手続において自己の債権の回収を図ることは、仮にそれが法的に可能であっても、それに要する費用と時間は多大なものとなり、社会全体からの批判を受けるおそれもあったばかりか、系統や一般行という多くの同業者から信義則に反するとの非難を受け、さらには損害賠償請求を誘発し、回収可能額を超える損害を発生させるという結果を招くおそれがあるとの判断の下に、むしろ債権放棄をすることによって、それ以上の責任を追及されることにより負担の増加をできるだけ避けるのが得策であると判断したことによるものと認めるのが相当である。

Xが本件債権放棄を行わず、本件債権についてその一部でも回収するような動きに出た場合には、与野党双方及び世論の反発を招き、当時銀行に対する監督権限、免許の取消権限を有していた大蔵大臣ないし大蔵省の方針に反するものであり、また、機関投資家として、Xの金融債を引き受ける立場にある系統の反発を招き、Xが有形・無形の不利益を被るおそれがあることは明らかであって、そのような事態に至れば、銀行業を営むXに計り知れない打撃を与え、経済的損失もばく大なものに上ることは明らかである。そうすると、右のような理由により本件債権放棄をすることは、経済的にみて合理的であって、これを損金と評価しないことは、納税者に対して、損害を顧ずに債権を行使することを命じているに等しく、経済的にみて無益かつ有害で非合理的な行動を強いる結果を招くことになるというべきである。」

ⅲ 本件債権放棄の効力と損失発生の確定

「被告は本件債権放棄に解除条件が付されていることから、これによる損失は確定しておらず損金に算入することができない旨主張する。

しかし、損金算入の前提として、損失の確定を要するとしても、そこでいう確定とは、一般に税法上の権利確定主義という用語で言われる際の確定と同義のものと解すべきであって、抽象的な権利義務の発生にとどまらず訴訟

において請求又は確認し得る程度に具体的に発生していることを意味するものと解すべきである。このような観点から本件債権放棄をみると、その内容は、前記事実関係からすると、民法127条2項にいう解除条件に当たり、その意思表示後条件成否未定の間も債権放棄の法的効力は発生しており、その効力は、抽象的なものではなく、訴訟においても本件債務の不存在が確認される程度に具体的に発生しているのであるから、損失の発生は確定しているというべきである。…中略

　被告は、本件債権放棄は、もともと一定の事実が生じたときに限り行使できる債権について、当該一定の事実が生じるか否か未定の間に、当該事実が生じないことを解除条件として債権放棄したに等しく無意味な行為であると主張する。この主張は、Xが本件債権を住専処理策の帰すうが明らかになるまで現実に行使することができないものであったことを前提とするものである。しかし、Xは、当時本件債権の行使につき、事実上はともかく（事実上の点を考慮すれば、むしろ前記のとおりもはや回収不能の状態にあったというべきである。）、何らの法的制約も受けていなかったのであるから、本件債権放棄の法的効力を考察するに当たっては、被告の右主張はその前提を欠くものというほかない。」

　　ⅳ　本件債権放棄の損金該当性
　「このように本件債権放棄の効力は、既にそれがされた時点において確定的に発生したと認めることができ、しかも、その理由は、経済的にみて合理的であって、これを損金と評価しないことは、納税者に対して経済的にみて無益かつ有害な行動を強いる結果を招くこととなると考えられるから、これを無償による経済的利益の供与として損金算入を否定することはできず、Xは本件債権放棄によってその債権相当額の損失を受けたものと評価すべきである。」

III 研究 判旨に賛成

1 はじめに

本件は興銀事件として社会的にも、また学界においても大きな注目を集めた事件である[2]。本件を検討した文献は多数に上る。ある意味では法人税法上の貸倒損失の取り扱いのあり方について包括的に検討する素材として提供された絶好の事案であったということができる。第一審からから上告審にいたるそれぞれの段階で公表された判例評釈などの研究成果[3]により、議論が出尽くした感がある。

そこで、本章では、「部分貸倒れの理論」の有用性や貸倒れの認定の基準としての「社会通念基準」の法的な意義を中心に本判決の意義を検討していくことにする。

2 本件事案の歴史的経緯・背景と訴訟の構図

本件のX側訴訟代理人を務めた岩倉正和弁護士は、本件の歴史的経緯と背景について以下のように的確にまとめられている[4]。

(1) 本件の歴史的経緯・背景

「本件は、住専(「住宅金融専門会社」をいう)各社の破綻処理の一環として、政府の強いイニシアティブのもとで行われた母体行(住専の設立出資母体たる銀行等で、役職員の派遣等を通じて住専の経営に直接的に深く関与してきたもの)による債権放棄・不良債権処理に係る損金算入の是非が問われた事案である。

住専は昭和40年代後半以降に住宅ローンの供給という「国策」の実現を目的として旧大蔵省主導で設立され、その直接の監督下におかれた準金融機関であったが、その後不動産関連融資への傾斜を強めたためバブル経済崩壊に伴い資産の急速な不良化を招来し、その結果巨額の損失を抱えるに至った。そして、大蔵省および母体行を中心とする2度にわたる住専の再建計画も奏功せず、いわゆる「住専問題〔国外ではジューセン・プロブレムと呼ばれた〕」として我が国の金融システムに対する国内外の信頼を根底から揺るが

す事態が引き起こされた。そのため、住専の早期処理が我が国の金融システム下の信用秩序に対する内外の信頼回復のための必須かつ喫緊の課題となったが、住専の大口債権者である農林系統金融機関が、母体行に対して母体行債権の全額放棄を上回る重い負担を負うべきであると主張したことから、破綻処理を巡る関係金融機関間の話合いは平行線を辿った。かかる状況を受けて、住専の設立・再建に深く関与してきた大蔵省は、関係金融機関を斡旋・仲介して住専の破綻処理の早期実施を図る必要に迫られ、農林系統金融機関を監督する農林水産省とも協働し、その結果、政府・大蔵省の強いイニシアティブの下、「母体行債権の全額放棄」を中核とする住専処理の基本方針が策定され、内閣は平成7年12月19日の閣議決定において、関係金融機関に対して、適切な処理計画が策定された住専から速やかに処理を行うことを要請した。このように、住専の破綻処理は、通常の法的枠組みに基づく破綻処理が社会的・政治的にも不可能な状況の下で、国が財政資金の投入等を挺子に問題解決に直接当たるなど、まさに喫緊かつ最優先の「国策」ないし「国家的プロジェクト」として実行された。」

(2) 本件の構図

「かかる状況の下に、本件訴訟のX日本興業銀行（以下「興銀」という。）は、最大規模の住専であった日本ハウジングローン株式会社（以下「JHL社」という。）に関する経営責任を有する責任母体行・メインバンクとして、かつまた最大の住専向け債権額を有する中心的な母体行として、住専問題処理の先鞭を付けることが期待されていたことに加え、国際業務による収益が収益全体の約3割を占め我が国の銀行の国際業務全体の中でも相当のシェアを占めている金融機関として、ジャパン・プレミアムに象徴される我が国金融機関に対する国際金融市場の信認低下を防止する上からも、住専向け債権等の不良債権処理を促進することが必須の課題となっていた。このような内外の諸事情の下で、興銀は、政府・大蔵省からの指導・慫慂を承けて、本件閣議決定に定められた方針にしたがって粛々とJHL社の破綻処理計画の早期決定を進め、平成8年3月末にJHL社との間で債権放棄約定書を締結して最終

的にJHL社に対する残高3760億5500万円の貸付債権（以下「本件債権」という。）の全額放棄（以下「本件債権放棄」という。）を行い、本件債権相当額を平成7事業年度（以下「本件事業年度」という。）の損金に算入して確定申告を行った。

これに対して、被告税務署長は、（付記された理由は抽象的なものであり、また詳細を省くと）要するに、①本件債権は平成8年、月末時点においてその全額が回収不能とは認められない、②興銀の本件債権放棄は、JHL社の営業譲渡の実行および解散の登記が平成8年12月末日に行われないことを解除条件としているが、本件事業年度内に本件債権放棄が確定しているとは認められないから本件債権の放棄額は本件事業年度の損金の額に算入することができないとして、本件債権全額について損金算入を否認する更正処分ならびにこれに係る過少申告加算税および重加算税賦課決定処分（以下「本件処分」という。）をした（国税不服審判所の手続は省略する。）。興銀が本件処分の取消しを求めて提訴したのが本件訴訟である。

第1審東京地裁判決は、①につき、債権が回収不能かどうかは合理的な経済活動に関する社会通念に照らして判断するのが相当であるとし、興銀とJHL社との関係、住専の処理に関する経緯、本件債権放棄の経緯等に関する詳細な事実関係に照らし、本件債権は本件事業年度において社会通念上回収不能の状態にあったとして、本件債権相当額を損金の額に算入することが認められるとした。また、「念のため」として判断がなされた②についても、本件債権放棄の経緯に関する事実関係等に鑑みると、本件債権放棄は経済的にみて合理的であるから寄付金（法税37条）として損金算入が否定されるべきではなく、本件解除条件が付されている点についても意思表示後条件成就の成否が未定の間でも本件債権放棄の効力は発生しているから、興銀は本件債権放棄によってその本件債権相当額の損失を受けたものでその損金算入を認めるべきであり、いずれの点でも本件処分を違法であるとしてこれを取り消した。被告が控訴。

第2審東京高裁判決は、①につき、不良債権を貸倒れとして直接償却する

ためには、全額回収不能である場合であることを要し、この事実が債務者の資産状況や支払能力等から客観的に認知し得た時点の事業年度において損金の額に算入するのが一般に公正妥当と認められる会計処理の基準（法税22条4項）に適合するものであるが、本件事業年度末には本件債権は全額回収不能とは言えないとし、また、②についても、解除条件付債権放棄に基づいて生じる損金は、解除条件の不成就が確定した翌事業年度に損金として計上すべきである等として、本件処分は適法であるとして、1審判決を取り消した。」

そこでXが上告したのが本件である。

3　本判決の意義と判例上の位置づけ
(1)　本判決の意義

本件において最高裁は、経営の破たんした住宅金融専門会社の設立母体である銀行が放棄した同社に対する貸付債権相当額が貸倒損失として、法人税法22条3項3号にいう「当該事業年度の損失」に該当し、当期の損金の額に算入されるか否かを判断するうえで、「債務者の資産状況、支払能力等の債務者側の事情のみならず、債権回収に必要な労力、債権額と取立費用との比較衡量、債権回収を強行することによって生ずる他の債権者とのあつれきなどによる経営的損失等といった債権者側の事情、経済的環境等も踏まえ、社会通念に従って総合的に判断されるべきものである。」と判示して、債務者側の事情のみならず、債権者側の事情や経済的環境等も判断の要素となることを明確に判示したところに、本判決の最も重要な意義が存在するといえよう。

金銭債権の貸倒損失を法人税法22条3項3号にいう「当該事業年度の損失の額」として損金の額に算入するための要件及びその要件該当性の判断基準を最高裁が明確に示したという点で、本判決はきわめて重要な法的な意義を有する。[5]

ところで、金銭債権の貸倒れの判定をめぐっては租税法実務上紛争が多発

してきた。そこで、紛争回避と予測可能性の確保の視点から、貸倒れの判定基準として通達が従来から用意されてきた。通達は法的基準（法律上の貸倒れ）と経済的基準（事実上の貸倒れ）を定めている。ところが、法源とされていない通達によって事実上の貸倒れを判定することは、納税者の予測可能性の確保の視点からすると十分といえるものではなかった。

下級審裁判例も判断基準について言及するものも見られたが、本判決により最高裁が法的基準以外の貸倒れを判定するうえでの実質的な判断基準を極めてクリアに判示したものとして評価できる。本判決の租税法実務に与える影響は多大であるといえる。

本判決を学ぶ意義は、まさに実務上困難を伴う法的基準以外の実質的な貸倒れの判定に際して、貸倒判定の実質的判断基準を本判決により確認し、今後の貸倒処理をめぐる実務上の予測可能性を確保することにある。

(2) 判例の動向と本判決の位置づけ

従来の貸倒損失の損金計上の具体的な判断の基準をめぐる判例の考え方の動向をまず確認しよう[6]。

貸倒損失を損金に算入するか否かの判断は、金銭債権が全額回収不能となり、無価値化が確定したことを要件としてきた。たとえば、大阪地裁昭和33年7月31日判決[7]は、「右債権が回収不能である場合即ち債権が無価値に帰した場合にのみその債権の放棄を損金として算入し得るものと解すべく、債権が回収不可能であるかどうかは、単に債務高が債務超過の状態にあるかどうかによって決すべきものではなく、たとえ債務超過の状態にあるとしてもなお、支払能力があるかどうかによって決定すべきものであり、法人である債務者において、債務超過の状態が相当の期間継続し他から融資を受ける見込もなくとうてい再起の見通しがなく、事業を閉鎖あるいは廃止して休業するに至ったとか、会社整理破産、和議強制執行、会社更生などの手続を採ってみたが債権の支払を受け得られなかったなど、債権の回収ができないことが客観的に確認できる場合であってはじめて回収不能と判定すべきである。右のような実情でない場合に法人が任意に債権を放棄したとしても、それは損

金として取扱うべきでないというべきである。」と判示している。この考え方を従来から判例は採用してきた。

　貸倒損失の損金算入要件に関する従来の判例の考え方を集大成したものとして位置づけられるのが[8]、東京地裁平成元年7月24日判決[9]で示された考え方である。同判決は、「法人がその有する貸金、売掛金等の債権を回収不能であるとし、貸倒れとして損金とすることが税務上許容されるためには、債務者の資産状況、支払能力等から当該債権の回収が不可能であることが、当該事業年度において明らかとなったことを必要とし、また、右の債務者の資産状況、支払能力等から当該債権の回収が不可能であることが明らかになったこととは、債務者に対して強制執行を行い、若しくは債務者について破産手続がされたが債権を回収することができなかった場合、あるいは、債務者に対する会社更生、和議、整理等の手続において債権の免除があった場合などのほか、これらの場合に準じ、債権の担保となるべき債務者の資産の状況が著しく悪化している状態が継続していながら、債務者の死亡、所在不明、事業閉鎖等によりその回復が見込めない場合、債務者の資産負債の状況、信用状況及び事業の性質並びに債権者たる法人による債権回収の努力及びこれに対する債務者の対応等を総合して債権の回収ができないことが明らかに認められる場合であって、かつ、法人が当該債権の放棄、免除をするなどしてその取立てを断念したような場合などを含むものと解するのを相当とする。」として具体的な判断要素を網羅的に列挙している。金銭債権の全額回収不能の判断要素は、すべて債務者の状況に絞られていることが判例のスタンスとして確認できる。

　なお、本件に比較的近い時期に登場した東京地裁平成11年3月30日判決[10]も上記判例の見解を踏襲して、次のように判示している。すなわち、金銭債権の貸倒れは、金銭債権の全額回収不能説に立脚したうえで、その認定判断について、金銭債権の「回収の可否の判断は、債務者の返済能力という不可視的事由にかかわるから、その判断の公正を期するためには、客観的かつ外観的事実に基づいて行うべきことになる。したがって、貸倒損失として損金処

理するためには、当該事業年度において、当該債権の債務者に対する個別執行手続又は破産手続において回収不能が確定し、あるいは会社更生等の倒産手続において当該債権が免除の対象とされた場合等に限られるものではないとしても、法人が当該債権の放棄、免除をするなどしてその取立てを断念した事実に加えて、債務者の資産状況の著しい不足が継続しながら、債務者の死亡、所在不明、事業所の閉鎖等の事情によりその回復が見込めない場合、債務者の債務超過の状態が相当期間継続し、資産、信用の状況、事業状況、債権者による回収努力等の諸事情に照らして回収不能であることが明らかである場合のように、回収不能の事態が客観的に明らかであることを要するものと解すべきである。」と判示して債務者の支払い能力を示す要素を検討してそれらを総合して判断すべきであるとしており、従来の考え方を踏襲したものである。

　このように、わが国の貸金等の金銭債権の貸倒れの損金算入は、「債務者の資産状況、支払い能力などから判断してその全額が回収できないことが客観的になった場合」にのみ、容認するという立場を一貫して判例が採用してきたことが確認される。

　ところが、本判決では、従来の判例の立場を踏襲するのではなく、債務者の状況ばかりでなく、「①債権回収に必要な労力、②債権額と取立費用との比較衡量、③債権回収を強行することによって生ずる他の債権者とのあつれきなどによる経営的損失等といった債権者側の事情、④経済的環境等も踏まえ、社会通念に従って総合的に判断（筆者傍線）されるべきものである。」との判断を示した。①ないし③の債権者側の事情及び④経済的環境などを判断要因として「社会通念」という基準を用いて総合的に判断するという見解を示しており、従来の判例が採用した判断とは一線を画する判断であるという位置づけが可能であろう。

4 公正処理基準[11]の意義と全額回収不能説[12]の趣旨と部分貸倒れ説[13]の合理性
(1) 法人税法の規定構造と全額回収不能説の根拠

　法人税法は、内国法人に対して課される各事業年度の所得に対する法人税の課税標準を、各事業年度の益金の額から損金の額を控除した所得の金額と定めている（同法21条、22条1項）。

　同法22条3項は、内国法人の各事業年度の所得の金額の計算上当該事業年度の損金の額に算入すべき金額は、別段の定めがあるものを除き、〔1〕当該事業年度の収益に係る売上原価、完成工事原価その他これらに準ずる原価の額、〔2〕当該事業年度の販売費、一般管理費その他の費用（償却費以外の費用で当該事業年度終了の日までに債務の確定しないものを除く。）の額、〔3〕当該事業年度の損失の額で資本等取引以外の取引に係るものとしている。

　さらに、同条4項は、当該事業年度の収益の額及び損金の額に算入すべき金額は、一般に公正妥当と認められる会計処理の基準に従って計算されるものとする旨を定めている。これは、法人所得の計算が原則として企業利益の算定技術である企業会計に準拠して行われるべきことを意味するものであるが、企業会計の中心をなす企業会計原則（昭和24年7月9日経済安定本部企業会計制度調査会中間報告）や確立した会計慣行は、網羅的とはいえず、必ずしも公正妥当とは限らないため、租税行政庁は、適正な企業会計慣行を尊重しつつ個別的事情に即した弾力的な課税処分を行うための基準として、基本通達[14]（昭和44年5月1日直審（法）25（例規））を定めており、企業会計上も同通達の内容を念頭に置きつつ会計処理がされていることも否定できないところであるから、同通達の内容も、その意味で法人税法22条4項にいう会計処理の基準を補完し、その内容の一部を構成するものと解することができる。

　法人税法22条4項が、単なる会計処理の基準に従うとはせず、それが一般に公正妥当であることを要するとしているその趣旨は、当該会計処理の基準が一般社会通念に照らして公正で妥当であると評価され得るものでなければならないとしたものであるが、法人税法が適正かつ公平な課税の実現を求めていることとも、もちろん無縁ではない。法人が行った益金及び損金の額の

算入に関する計算が公正妥当と認められる会計処理の基準に従って行われたか否かは、その計算の結果が課税の公平を害することになるか否かの見地からも検討されなければならない問題というべきであるからである。

金銭債権については、当該債権のうち経済的に無価値となった部分の金額を確定的に捕捉することが困難であるところから、法人税法上は、金銭債権については、評価減を認めないことが原則とされている（同法33条2項）。したがって、不良債権を貸倒れであるとして資産勘定から直接に損失勘定に振り替える直接償却をするためには、全額が回収不能である場合でなければならず、また、その貸倒れによる損金算入の時期を人為的に操作し、課税負担を免れるといった利益操作の具に用いられる余地を防ぐためにも、全額回収不能の事実が債務者の資産状況や支払能力等から客観的に認知し得た時点の事業年度において損金の額に算入すべきものとすることが、一般に公正妥当と認められる会計処理の基準に適合するものというべきであり、基本通達9－6－2も、このことを定めたものということができる。

以上は、原審の「公正処理基準と債権の貸倒れによる損金算入」に関する判旨の一部であり、公正処理基準の趣旨及び金銭債権の貸倒れの計上基準として全額回収不能説を採用するその趣旨を述べたものであるが、その趣旨は理解できる。全額回収不能説の趣旨は、金銭債権のうち一部が無価値となった場合に、その無価値となった部分の割合を合理的に判別することは租税行政上、大きな困難を伴うというものである。そして、部分貸倒れを認めることはその判別に恣意性が介入し、課税の公平の確保を阻害する結果を招くというのである。

本件の第一審判決、第二審判決、そして、本判決も「金銭債権の貸倒損失を法人税法22条3項3号にいう「当該事業年度の損失の額」として当該事業年度の損金の額に算入するためには、当該金銭債権の全額が回収不能であることを要すると解される。そして、その全額が回収不能であることは客観的に明らかでなければならない」と判示して、この全額回収不能説の考え方を採用している。

我が国の判例・学説も久しくこの全額回収不能説を採用してきた。すなわち、我が国の課税実務においては、法人の有する貸金等については、「『債務者の資産状況、支払能力等からみてその全額が回収できないことが明らかになった』場合にのみ、貸倒れとして損金経理を認めるという態度を一貫して採ってきた。興銀事件判決の第一審判決と第二審判決のいずれも、法人税法33条2項が『金銭債権について評価損の計上を禁止』していることを根拠とすると共に、法人税基本通達9―6―2を引用しながら、『貸倒れ』とは『債権の全額が回収不能』な状態をいう、とすると判示した。この点については、両者に基本的な考え方の差異があるとは思われず、一部回収不能の場合を『貸倒れ』の範疇に含みうるのか否かについては、両者とも否定的見解に立っているといえよう。たとえば第一審判決は、『全額回収不能の事実が債務者の資産状況や支払い能力等から客観的に認知し得た時点の事業年度において損金の額に算入すべきものとすることが、一般に公正妥当と認められる会計処理の基準に適合する』というべきで、基本通達9―6―2もこの趣旨に立つことを明らかにしている。[15]」として、全額回収不能説を採用している[16]とされる。

(2) 部分貸倒れ説の登場とその意義

　ところで、金子宏教授は、この全額回収不能説の考え方を批判され、部分貸倒れ説の理論の合理性を次のように主張される（本論の中の消極説とは本稿での全額回収不能説を指している。）。

　金子宏教授は、「これらの消極説は正当であろうか。筆者は、正当ではないと考える。貸倒損失は、事業の取引活動に基づく損失である。より一般的な表現を用いれば、それは外部との損益取引の結果として生ずる損失であり、企業会計上も実現した損失として費用に算入することが当然のこととして認められている。法人税法においてもそれが採用している実現主義の原則下で、外部との損益取引に基づく損失として、公正妥当な会計処理の基準の解釈として、当然に損金に算入することが認められている。

　これに対して、資産の評価額は、所有資産の価値の減少、すなわち未実現

の損失であるから、企業会計上も、法人税法上も、それらが採用している実現主義の原則からして、費用ないし損金に算入することは原則として認められない。それが認められるのは、別段の定めがある場合のみであり、法人税法33条2項は、まさにそのような別段の定めに当たるのである。このように、法人税法が、損失を、(1)損益取引に基づき実現した損失と、(2)所有資産の価値の減少という未実現の損失、という2つのカテゴリーに区別し、前者は当然に損金に算入され、後者は別段の定めがある場合にのみ損金に算入することを認められていることからすると、33条2項が金銭債権を除外しているのは、なんら部分貸倒れを否定する趣旨を含むものではなく、金銭債権の価値の減少の取扱いは33条2項の範囲内の問題ではなく、損益取引に基づく損失の問題、すなわち(1)のカテゴリーの問題として別個に検討すべき問題であることを確認的・注意的に規定したと解すべきである（なお、資産の価値が減少したか否か、どれだけ減少したかは評価の作用、つまり判断の作用であり、債権が貸倒れになったかどうかは、認定の作用、つまり確認の作用であり、両者は精神作用としての性質が異なることにも注意する必要がある。）。

　このように、部分貸倒れは33条2項によって否定されているわけではないから、部分貸倒れが認められるべきかどうかは、もっぱら『公正妥当な会計処理の基準』の解釈の問題である。たしかに、現在の基本通達は、部分貸倒れを認めていないが、通達は、法規範ではなく、法令の解釈基準であり、執行基準である。また、それはすべての場合ないしすべての問題をカバーしているわけではない。租税法律主義の下では、それが法律の正しい解釈であると認められる場合には、通達の解釈と異なる解釈が認められるべきである。

　筆者は、期間損益を適正に行うためには、公正妥当な会計処理の基準の解釈として部分貸倒れが認められるべきであると考える。また、融資先の業績が継続的に悪化の一途をたどり、破産に至ることが確実であるというような場合には、それを認めることによって、各事業年度の所得計算が適正になるのみでなく、はるかにフレキシブルになると考える。[17]」と述べられ、全額回収不能説を批判のうえ、部分貸倒れ説の理論的合理性と有用性を明らかにさ

れている。

　同教授は、法人税法上の損失を、①損益取引により実現した損失と、②所有資産の価値の減少という未実現の損失とに分類し、貸倒損失は所有資産の価値の減少という未実現の損失ではなく、企業の事業活動の過程から生じ、損益取引の結果として生じた、実現した損失であると位置づけられている。そのうえで、貸倒損失は実現主義の下に置かれ、外部の損益取引に基づく実現した損失として公正妥当な会計処理の基準の解釈として損金に算入が認められる、とその本質を明らかにされている。

　また、資産の価値の減少の取扱いは評価の問題であり、債権の貸倒れの問題は事実認定の問題であり、両者の性質は異質であるところから、33条2項の範囲内の問題ではないとされている。[18]

　この「期間損益を適正に行うためには、公正妥当な会計処理の基準の解釈として部分貸倒れが認められるべきであると考える。」との金子宏教授の主張は、租税公平主義の視点からも支持できよう。法人税法も事業年度を人為的に設定して期間所得を適正に測定していくことにより、担税力に応じた課税を達成するのであるから、期間損益の適正化の視点から合理的な理論は租税公平主義にとって有益であるといえる。

5　貸倒損失の要件事実の認定基準としての社会通念基準
　　―証拠からの距離の視点
(1)　本件の争点の意義

　本件の主要な争点は、Xの本件事業年度の法人税の計算上、本件債権相当額につき、法人税法22条3項3号の「損失」が生じたとして、損金に算入することができるか否か、すなわち、①本件債権が平成8年3月末時点においてその全額が回収不能であったか否か、②本件債権放棄によって本件債権相当額につき、Xに法人税法上の損金と認定し得る損失が発生したと認められるか否かである。

　本件において、Yは、第1に、本件債権は平成8年3月末時点においてそ

の全額が回収不能とは認められないこと、第2に、本件債権放棄に解除条件が付されているから本件事業年度に本件債権放棄が確定しているとは認められないことを理由として本件債権相当額を本件事業年度の損金の額に算入することはできないとしている。この2つの理由の関係は次の通りである。

すなわち、本件債権相当額を本件事業年度において損金の額に算入することができるかどうかは、まず第1に、本件債権が、本件事業年度の終了する平成8年3月末時点までにその全額が回収不能となっていたかどうかにかかるのであって、この点が肯定できれば、本件債権放棄の有無及びその効力を問わず、本件債権相当額を損金に算入することができるというべきであるから、第1の理由が否定されれば、第2の理由の成否にかかわらず、本件再更正処分は違法なものというほかないことになる。この2つの理由の関係は以上のように理解できる。

(2) 貸倒損失の要件事実の認定の客観化と本判決

ところで、本件の争点である貸倒損失の損金算入の可否の問題は、先の金子宏教授の指摘の通り、貸倒れと認定できるかどうかという事実認定の問題といえる。

全額回収不能説の根拠が貸倒損失の部分的な認定を合理的に行うことは、租税行政上は困難であり、恣意性が介入するおそれがあるところから、課税の公平を確保し難い結果を招くという点に求められた。同様に、貸倒れが事実認定の問題であるとすると、事実認定に恣意性が介入することを排除し、公正さを確保する事実認定の手法が重要となろう。

そこで、貸倒れを客観化するためには、事実認定要素を明確化、具体化していくことが不可欠であろう。本判決は以下の通り事実認定要素を具体的に列挙しているという、その点にも努力が払われている。

本判決は、「債務者の資産状況、支払能力等の債務者側の事情のみならず、債権回収に必要な労力、債権額と取立費用との比較衡量、債権回収を強行することによって生ずる他の債権者とのあつれきなどによる経営的損失等といった債権者側の事情、経済的環境等も踏まえ、社会通念に従って総合的に判

断されるべきものである。」と判示している。これを整理すると以下の通り3つの側面に大別できる。さらにそれぞれの側面において具体的な認定要素を列挙している。

　ⅰ　債務者側の事情
　　①債務者の資産状況、②支払能力等
　ⅱ　債権者側の事情
　　①債権回収に必要な労力、②債権額と取立費用との比較衡量、③債権回収を強行することによって生ずる他の債権者とのあつれきなどによる経営的損失等
　ⅲ　経済的環境等
　金銭債権が全額回収不能と客観的に認定するための要素をまず3つの観点から分類されているが、そこには債権者の事情という新たな視点が提示されている。この債権者の事情という視点は、事実認定のための証拠との関係で画期的な判断と評価できる。この点について以下で詳述する。

　(3)　**債権者側の事情と事実認定の客観化―証拠との距離の視点**
　従来の判例が、債務者の状況を貸倒れの事実の認定のための認定要素として取り上げてきたが、事実認定が証拠によりなされる点からすると、問題があったように思われる。すなわち、債務者の資産状況や支払能力を債権者が十分に的確に立証するためには、債務者の積極的な協力が不可欠であるが、常に協力が得られるとは限らないはずである。このように証拠からの距離という点から従来の判例の見解には大きな限界があったように思われる。[19]

　一方、租税行政庁には質問検査権が付与されているところから、証拠収集は容易であるといえる。しかし、貸倒損失の損金算入が争点となっている場合に、貸倒れを認定できる証拠を積極的に税務調査により収集することは租税行政庁側ではありえないということができる。

　その貸倒れの認定要素をめぐる証拠収集能力の限界を補強する意味で、債権者の事情という要素が新たに加えられたことは、大きな意義があるといえ

る。貸倒れの認定に当たって債権者自身の事情も考慮されることになれば、債権者の事情が債権回収の不可能性を立証する方法に加わるのである。債権者が貸倒れを立証する際に、債権者自身の事情が認定要件に加わると、貸倒れの立証のための証拠との距離は一気にせばまることになる。

(4) 事実認定の基準としての社会通念基準

「社会通念」とは、社会生活を営む上で、その社会において存在する共通的意識のことであり、その社会における健全な常識あるいは判断をいう[20]。本判決は、債務者の事情、債権者の事情、そして経済環境といった貸倒れの要件事実を「社会通念に従って総合的に判断されるべきものである」としているのである[21]。

したがって、社会通念によって要件事実を認定判断すべきであるということの趣旨は、事実認定の公正さを担保する基準として社会通念という判断の基準を明示したということができる。

事実認定は、裁判の基本をなすものでありながら「現実には具体的事案ごとにそれぞれの実務家の経験と知恵によって処理される面が強く、一定の法則性の上に立つ科学的分析によって割り切れるものではない」、という限界がある[22]。その限界を超えるために、事実認定から恣意性を排除し公正さを確保するための基準として、「社会通念」の判断基準によることを最高裁が本件により明示したと解することができる。

6 むすび

本件は、貸倒れの可否をいかに認定するかという、貸倒れの要件事実の認定を争点とした事案であった。法規定の適正な解釈をめぐる紛争に比較して、事実認定の是非をめぐる紛争は、研究の対象としてその研究の中から普遍的な成果を導き出すことは困難である。

しかし、本件の最高裁判決は、貸倒損失の認定において、その認定判断の公正さと客観化を図るために、次の2点について画期的な手法を明示したものと高く評価することができる。

その第1は、貸倒れの認定の側面を従来の債務者の事情という一側面だけでなく、債権者の事情と経済環境という2つの側面を加味することにより、事実認定の客観化を図ろうとしている。とりわけ、貸倒れを主張する債権者とその要件事実の認定に係る証拠との距離にも配慮したものといえ、評価できるものである。
　第2は、事実認定に際して、その判断の基準として「社会通念基準」を明示して、恣意的な認定を排除し、事実認定の公正さを図ろうとしたものとして評価できる。
　部分貸倒れの議論は今後の課題として残されたが、本判決は以上の点から高く評価できるものといえよう。

注
1) なお本件の詳細な検討は、増田英敏「判批」TKC税研情報15巻2号1頁以下（2006年）参照。
2) この判決を受けて、国税庁は、そのホームページに、「平成16年12月24日最高裁判決を踏まえた金銭債権の貸倒損失の損金算入に係る事前照会について」と題する次のような文書を掲載してその取り扱いについて納税者に注意を促している。この判決の影響力の大きさを示すものであろう。
　　すなわち、「平成16年12月24日最高裁判所判決を踏まえた金銭債権の貸倒損失の損金算入に係る納税者の皆様からの事前照会については、国税局の審理課（東京、大阪の各国税局）若しくは審理官（札幌、仙台、関東信越、金沢、名古屋、広島、高松、福岡、熊本の各国税局）又は沖縄国税事務所の法人課税課若しくは調査課においてご照会に応じています。」と掲載した。
3) 本文中に引用した文献のほかに次の文献を主要なものとして取り上げることができる。木村弘之亮「判批」判評514号14頁（判時1761号168頁）（2001年）、大淵博義「貸倒れの認定と「社会通念」㈠～㈣完」税務事例33巻12号（2001年）～34巻3号（2002年）、大淵博義「逆転興銀事件控訴審判決を検証する㈠～㈢完」税務事例34巻9号～同11号（2002年）、青柳達朗「住専向け債権放棄と貸倒損失の計上時期(上)(下)」税理44巻14号・15号（2001年）、岸田貞夫「貸倒損失に関する考察」税通57巻8号5頁（2002年）、中里実「貸倒損失時価主義の下の資産評価」税研104号39頁（2002年）、同『デフレ下の法人課税改革』59頁以下（有斐閣、2003年）、品川芳宣「判批」TKC税研情報10巻5号1頁、品川芳宣「条件付債権放棄と貸倒損失の計上時期」税通56巻11号5頁（2001年）、岩倉正和「二件の大型税務訴訟に現れた銀行取引の特質」ジュリ1245号110頁（2003年）。
4) 岩倉正和「2件の大型税務訴訟に現れた銀行取引の本質」中里実＝神田秀樹編『ビジネス・タックス』72頁以下（有斐閣、2005年）。
5) 本件の第1審で原告の立場から鑑定意見書を提出した中里実教授は本件最高裁判決の意義を法的意義と社会的意義とに分けて次のように述べておられる（中里実「判批」別ジュリ178（租税判例百選第4版）107頁（2007年））。

中里教授は「本判決の法的な意義は、債権の回収不能に関して、『債務者側の事情のみならず、債権回収に必要な労力、債権額と取立費用との比較衡量、債権回収を強行することによって生ずる他の債権者とのあつれきなどによる経営的損失等といった債権者側の事情、経済的環境等も踏まえ、社会通念に従って総合的に判断されるべきものである』という基準を提示した点であろう。」と租税法上の意義付けをされた上で、本件の社会的意義を次のように3点にわたり明確にされている。すなわち、「本事件は、さらに広範な影響を日本社会に対して及ぼした。

①企業による租税訴訟提起の増加

　その第1は、租税訴訟の増加である。本事件以前の租税訴訟においては、納税者の勝訴率は著しく低かった。その背景には、租税訴訟を政治的表現の一種として用いて、訴訟の勝ち負けよりも問題の提起を重視するような事件が多かったという点もあるかもしれない。いずれにせよ、大企業が正面から国税当局と裁判所で争うということは、きわめてまれであった。しかし、本件訴訟の提起や、第1審における納税者の勝訴判決を受けて、銀行税訴訟（本書コラム①）を初めとする、大企業をXとする大型の租税訴訟がつぎつぎと提起されるようになった。その意味において、本件判決は、まさに日本の租税訴訟のあり方を根本的に変えたといってよいであろう。納税者の意識が変わっただけではなく、課税庁の側も、一種の無謬神話から解き放たれ、処分の適否に関する判断を最終的に裁判所に委ねることが許されるようになれば、より幅広く課税処分をうつことが可能になるであろう。その意味において、本件は、課税庁の行動様式にも一定の影響を与えるといってよかろう。

②司法国家の進展

　本事件の及ぼした社会的影響の第2は、裁判所で問題を解決するという姿勢が、納税者側においても、課税庁側においても、明確になってきたという点であろう（いわゆる司法国家化の進展）。紛争の解決を、裁判の場において、正面から主張をぶつけ合うことによりはかるというアメリカ的なメンタリティーは、今後の日本社会において、ますます強くなるのではなかろうか。その意味で、本件課税処分が行われた時点において、日本興業銀行の経営陣が出訴を決断したことの意味は非常に大きいといえよう。

③企業経営への影響

　本件判決により貸倒れの認定に関して常識的な判断が下されたことにより、不良債権の問題について、企業が対応しやすくなったのみならず、同様の思考方法が、課税上の他の分野にも影響を及ぼすようになるであろう。すなわち、本件判決の『社会通念』という考え方の影響が、貸倒損失以外の様々な分野に見られるようになることもあるかもしれない。」として、以上3点の意義を指摘されておられる。

6) 裁判例の動向については、主として大阪地判昭和44年5月24日税資56号703頁、名古屋地判昭和60年5月31日税資145号731頁、大阪地判平成2年12月20日税資181号1020頁を参照されたい。

7) 大阪地判昭和33年7月31日行集9巻7号1403頁。

8) 品川芳宣「法人税法における貸倒損失の計上時期」金子宏先生古希記念論文集『公法学の法と政策上巻』451頁（有斐閣、2000年）。

9) 東京地判平成元年7月24日税資173号292頁。

10) 東京地判平成11年3月30日税資241号556頁。

11) 公正妥当な会計処理の基準についての本格的な検討は、松沢『実体法』156頁以下を要参照。

12) 貸倒損失の計上を金銭債権の全額回収不能が確定した時点で認めるという従来の考え方をここでは、全額回収不能説とする。

13) 金子宏教授が「部分貸倒れの損金算入」と題してジュリ1219号115頁以下（2002

年）で展開された考え方を『部分貸倒れ説』とここでは呼称する。
14) 金子宏教授は、公正妥当な会計処理の基準とは、一般社会通念に照らして公正妥当である評価されうる会計処理の基準を意味するとされている。同基準の意義を考察する上で次の3点に注意が必要であるとされている。「第1は、企業会計原則の内容や確立した会計慣行が必ず公正妥当であるとは限らないことである…中略　。その意味では、企業会計原則や確立した会計慣行について、それが公正妥当であるといえるかどうかをたえず吟味する必要がある。

　第2は、企業会計原則や確立した会計慣行が決して網羅的であるとはいえないことである。企業会計原則は、多くの重要な事項について定めているが、その内容は、どちらかといえば原理的・基本的な事項に限られている。また、確立した会計慣行の範囲もそれほど広くはない。むしろ、法人税法の解釈適用上、収益・費用等の意義と範囲ならびにそれらの年度帰属をめぐって生ずる問題については、企業会計原則には定めがなく、また確立した会計慣行も存在していない場合が非常に多い。仮に、企業会計原則になんらかの定めがある場合でも、その内容が明確ではないことが少なくない。その意味では、企業会計の網の目はきわめて粗い、といわなければならない。しかも、企業経営における法人税の重要性の増大と租税争訟の増加に伴って、新しい問題が次々と生じているのである。結局、これらの場合に、何が公正妥当な会計処理の基準であるかを判定するのは、国税庁や国税不服審判所の任務であり、最終的には裁判所の任務である。したがって、この点に関する通達・裁決例・裁判例等は、企業会計の内容を補充する機能を果しており、租税会計が逆に企業会計に影響を与えているのである。…中略

　第3は、公正妥当な会計処理の基準は、法的救済を排除するものであってはならないことである。法的な観点から見た場合には、『公正妥当』という観念の中には、法的救済の機会の保障も含まれていると解すべきである。」（金子『租税法』350頁以下）と述べておられるが、公正処理基準の意義を確認する上で極めて重要な指摘といえる。
15) 玉國文敏「不良債権処理の法的手法と損金性認定基準」租税法研究32号6頁（2004年）。
16) 金子宏教授は、代表的学説として、武田昌輔教授の見解を紹介されておられる。「ここで、特に注意を要するのは『全額』が回収できないことが明らかとなった場合である。一部の金額が明らかとなったのでは、それはあくまで回収不能の見込みに過ぎないということになるからである。言い換えれば、一部の回収不能ということは、いわば債権の評価であり、この債権の評価は、法33条において除外しているところである（すなわち評価減の対象となる資産のなかから債権等を除外している）。もっとも、何故に、金銭債権等について評価減の規定を排除しているかについては問題となるところである。つまり、債権の評価ということも、もちろんありうるからである。」（金子、前掲注13）、116頁）。
17) 金子、前掲注13）、116頁以下。
18) 玉國文敏教授も金子宏教授の部分貸倒れ説について、「金子教授は、資産価値の減少が評価や判断の作用であるのに対して、債権が貸倒れになったかどうかは認定の作用であることに注意を促している。そこでは詳細、かつ、説得力ある論旨が種々展開されており、従来の実務の取扱いとの整合性も考えると、共感を覚える。いずれにせよ、このような考え方は、今後の実務や学説に大きな影響を与えざるを得ないであろう。」（玉國文敏、前掲注15）、7頁）と評価されている。
19) もちろん貸倒損失が否認された場合には、否認した租税行政庁に立証責任の負担を強いることになるが、次の段階で納税者が反証することを念頭にしている。
20) 渡辺充「貸倒損失の認定における社会通念基準」税理48巻6号12頁以下（2005

年）参照。
21）中里実教授は「社会通念」基準について次のような興味深い見解を示されている。「私は、この事件に関して東京地方裁判所に提出した平成11年5月25日付鑑定書において、債権の無価値とは、『その回収に要する費用や回収に踏み切った場合に被る損害等を考慮して、社会通念上当該債権から実質的に意味のある経済的利益を回収できなくなった状態を含む概念である』と述べた。…中略　しかし、この鑑定書の『社会通念』という考え方は、実は、私が考え出したものではないという点を述べておかなければならない。

　実は、これは、法人税基本通達（昭和44年5月1日直審〔法〕25〔例規〕）の前文が、同通達の適用に際しての留意点について以下のように述べている点を考慮して、それを貸倒れの認定に適用し、貸倒れについての判断基準として述べたものなのである。

　『この通達の具体的な適用に当たっては、法令の規定の趣旨、制度の背景のみならず、条理、社会通念をも勘案しつつ、個々の具体的事案に妥当する処理を図るように努められたい。いやしくも、通達の規定中の部分的字句について形式的解釈に固執し、全体の趣旨から逸脱した適用を行ったり、通達中に例示がないとか通達に規定されていないとかの理由だけで法令の規定の趣旨や社会通念等に即しない解釈に陥ったりすることのないように留意されたい。』」（中里実、前掲注5）、107頁参照）

22）伊藤滋夫『事実認定の基礎』1頁（有斐閣、2003年）。

第16章

法人税裁判事例研究Ⅲ
―税法上の交際費の意義（萬有製薬事件）

東京高裁平成15年９月９日判決（原判決取消、請求認容、確定、納税者勝訴）
（平成14年（行コ）第242号法人税更正処分取消請求控訴事件）
時報1834号28頁
第一審　東京地裁平成14年９月13日判決（棄却、控訴、納税者敗訴）
（平成11年（行ウ）第20号法人税更正処分取消請求事件）
税資252号順号9189

☞　**研究のポイント**[1]

　本件の第一審は、従来の裁判例を踏襲し租税行政庁の主張を支持したが、控訴審では、裁判所は租税特別措置法の根拠条文を厳格に文理解釈したうえで、原告（製薬会社）の主張を認容し、原告が逆転勝訴を勝ち取った事案である。

　ともすると、従来から租税行政庁には交際費等の範囲を拡大解釈する傾向が見られたが、本件控訴審は、租税実体法の解釈を厳格に行い、交際費等の範囲の限界線を確定したものである。本件の控訴審判決の意義は、交際費等の範囲を合理的な法解釈により明確にし、租税法律主義の目的である租税行政庁の恣意的課税を阻止したという点にあるといえる。本章で同事件を取り上げる意義は、まさにこの点にあるといえよう。

　法解釈は、法規定の射程を確定する作業であるが、本件控訴審判決は当該規定の射程を明確にしたという点でまさに裁判所の役割を果たしたものであるということができる。

　ところで、交際費は、企業会計上は当然に収益を獲得するために支出された費用として計上できる費目である。法人税法上も、損金に該当するものとして損金計上も許容される。しかし、政策税制としての租税特別措置法によ

り、社用族と称されるような交際費名目の法人の冗費が社会的な批判を浴びた時代に、その冗費の削減を目的として、交際費の損金不算入を措置法で定めるという交際費課税制度が導入された。本件は、この種の政策税制である措置法の解釈を、いたずらに租税歳入確保の視点から拡張解釈していくことに対して一石を投じた事案である。

研究のポイントの第1は、租税特別措置法などの政策税制の解釈のあり方がいかにあるべきかを再考すべき点にある。ついで、第2は、租税特別措置法の厳格な文理解釈によらず、交際費の範囲が通達による列挙主義により判断されることの問題点を、租税法律主義の視点から検証することにある。

さらに、企業会計と法人税法の関係性についても検討することが重要である。

☞ **研究の注意点**

控訴審判決が一審判決と比較していかに優れているかを、租税法律主義の視点から検証することに注意を払う。

I 事案の概要

医薬品の製造販売を行うX（原告、控訴人）は、その取引先である大学病院の医師等が作成した英文の医学論文を海外の学術雑誌に掲載されるようにするために、医師等から論文の英文添削の依頼を受け、これをアメリカの添削業者2社に外注していた（以下「本件英文添削」という。）。Xは、医師等からは国内業者の平均的な英文添削の料金を徴収していたものの、外注業者にはその3倍以上の料金を支払い、その差額を負担していた。その負担額は、平成6年3月期で1億4513万円余、平成7年3月期で1億1169万円余、平成8年3月期で1億7506万円余に及んでいた（以下「本件負担額」という。）。依頼した医師等はXがその外注費の差額を負担していることを認識してはいなかった。Y（被告、被控訴人）は、英文添削の依頼をした医師等がXの「事業に関

係ある者」に該当し、本件負担額の「支出の目的」が医師等に対する接待等のためであるから、本件負担額は租税特別措置法61条の4（以下「措置法」という。）が定める「交際費」に該当するとした。したがって、Yは同規定によって本件負担額は損金に算入されないとして、上記3事業年度（以下「本件各事業年度」という。）のXの法人税について更正処分（平成6年3月期についてはさらに再更正処分）をした。本件は、Xが、本件負担額は、交際費ではなく損金の額に算入が認められる寄附金であると主張するとともに、本件更正通知書には、理由附記の不備があるなどとして、上記更正処分の取消しを求めた事案である。

原判決は、Xの請求を棄却した。本件は、この原審の判断を不服としてXが控訴した事案である。

当事者の主張の骨子は次の通りである。

まず、Xは、①英文添削の依頼者である医師等の研究者には医薬品の購入や処方に携わらないものが多く含まれていること、および②厳しい倫理が求められている大学の付属病院においては、英文添削の依頼をしたことにより医薬品の購入決定が左右されるものではないことの2つの理由により、本件の英文添削依頼者である研究者は「事業に関係のある者」には該当しないと主張する。また、本件負担額の「支出の目的」は、良質の英文添削を提供することにより、真に優れた研究が世界的な場での発表の機会を得ることにより日本の医学界の発展に寄与することにあったものであり、取引関係者との親睦を密にして取引関係を円滑にすることが目的ではないし、なおかつ添削の依頼者である研究者らは本件添削の差額をXが負担していることを知らず、そのような利益供与を受けているとの認識もなかったのである、と主張する。

さらに、Xは、措置法61条の4第3項の規定が「支出の相手方」と「支出の目的」の2つの要件を交際費該当要件とした原審の判断について、租税法律主義の視点から解釈上疑義が存在すると問題提起している。

一方、Yは、当該措置法の文言から導出される交際費の該当要件は、①支

出の相手方が事業関係者であること、②支出の目的が接待等にあること、の2つの要件であり、当該支出による利益供与の事実が相手方において客観的に認識できるような状況下でなされたものか否かはその判断要件には加味されないことを確認する。そのうえで、医薬品を処方する医師等はすべて製薬会社にとって事業関係者に当たり、英文添削のサービスは、飲食やゴルフの接待と同様に相手方の歓心を買う行為であり、その支出の意図はゴルフ等の接待行為の意図となんら相違しないから、支出の目的の要件にも充足するとして、当該2要件を充足するものであると主張する。

参照規定—租税特別措置法61条の4第3項（現行法4項）

「交際費、接待費、機密費その他の費用で、法人が、その得意先、仕入先その他事業に関係のある者等に対する接待、供応、慰安、贈答その他これらに類する行為のために支出するもの（専ら従業員の慰安のために行われる運動会、演芸会、旅行等のために通常要する費用その他政令で定める費用を除く。）をいう。」

II　判旨

1　交際費等の意義

「措置法61条の4第3項（現行法4項）は、同法61条の4第1項に規定する『交際費等』の意義について、『交際費、接待費、機密費その他の費用で、法人が、その得意先、仕入先その他事業に関係のある者等に対する接待供応、慰安、贈答その他これらに類する行為のために支出するもの（専ら従業員の慰安のために行われる運動会、演芸会、旅行等のために通常要する費用その他政令で定める費用を除く。）をいう。』と規定している。

上記のような法文の規定や、『交際費等』が一般的に支出の相手方及び目的に照らして、取引関係の相手方との親睦を密にして取引関係の円滑な進行を図るために支出するものと理解されていることからすれば、当該支出が『交際費等』に該当するというためには、①『支出の相手方』が事業に関係ある者等であり、②『支出の目的』が事業関係者等との間の親睦の度を密に

して取引関係の円滑な進行を図ることであるとともに、③『行為の形態』が接待、供応、慰安、贈答その他これらに類する行為であること、の三要件を満たすことが必要であると解される。

そして、支出の目的が接待等のためであるか否かについては、当該支出の動機、金額、態様、効果等の具体的事情を総合的に判断して決すべきである。また、接待、供応、慰安、贈答その他これらに類する行為であれば、それ以上に支出金額が高額なものであることや、その支出が不必要（冗費）あるいは過大（濫費）なものであることまでが必要とされるものではない」

2 本件英文添削の差額負担の「支出の相手方」と「支出の目的」に対する判断

本件差額負担の支出の相手方は、「全体としてみて、その依頼者である研究者らが、上記「事業に関係ある者」に該当する可能性は否定できない」として、①の支出の相手方の要件である事業関係者に添削依頼をした本件研究者らが該当するとしたうえで、②の要件である支出の目的については次のように判示して、目的の要件を充足しないとした。

「このように本件英文添削は、若手の研究者らの研究発表を支援する目的で始まったものであり、その差額負担が発生してからも、そのような目的に基本的な変容はなかったこと、その金額は、それ自体をみれば相当に多額なものではあるが、その一件当たりの金額や、控訴人の事業収入全体の中で占める割合は決して高いものとはいえないこと、本件英文添削の依頼者は、主として若手の講師や助手であり、控訴人の取引との結びつきは決して強いものではないこと、その態様も学術論文の英文添削の費用の一部の補助であるし、それが効を奏して雑誌掲載という成果を得られるものはその中のごく一部であることなどからすれば、本件英文添削の差額負担は、その支出の動機、金額、態様、効果等からして、事業関係者との親睦の度を密にし、取引関係の円滑な進行を図るという接待等の目的でなされたと認めることは困難である。」

3 措置法の拡張解釈と租税法律主義

「この点に関し、Yは、接待供応、慰安、贈答に続く『その他これらに類する行為』とは、接待、供応、慰安、贈答とは性格が類似しつつも、行為形態の異なるもの、すなわち、その名目のいかんを問わず、取引関係の円滑な進行を図るためにする利益や便宜の供与を広く含むものであると主張する。

しかし、課税の要件は法律で定めるとする租税法律主義（憲法84条）の観点からすると『その他これらに類する行為』をY主張のように幅を広げて解釈できるか否か疑問である。そして、ある程度幅を広げて解釈することが許されるとしても、本件英文添削のように、それ自体が直接相手方の歓心を買うような行為ではなく、むしろ、学術研究に対する支援学術奨励といった性格のものまでがその中に含まれると解することは、その字義からして無理があることは否定できない。」

4 相手方の利益享受の客観的認識の有無の要件性

「差額負担による利益の提供を相手方が認識しているような場合には、その差額負担は、客観的にみて、学問の発展に寄与するというよりは、相手方の歓心を買って、見返りを期待することにあると認められる場合もあるであろう。しかし、前述のところからすれば、本件がそのような場合に当たらないことは明らかである、また、英文添削のサービスをするに際し、その料金が本来、そのサービスを提供するのに必要な額を下回り、かつ、その差額が相当額にのぼることを相手方が認識していて、その差額に相当する金員を相手方が利得することが明らかであるような場合には、そのようなサービスの提供は金銭の贈答に準ずるものとして交際行為に該当するものとみることができる場合もあると考えられる。しかし、前述のように、本件は、研究者らにおいて、そのような差額相当の利得があることについて明確な認識がない場合なのであるから、その行為態様をこのような金銭の贈答の場合に準ずるものと考えることはできない。」

5　本件差額負担と接待等の「行為の形態」該当性に対する判断

「以上のように、本件英文添削の差額負担は、通常の接待供応、慰安、贈答などとは異なり、それ自体が直接相手方の歓心を買えるというような性質の行為ではなく、むしろ学術奨励という意味合いが強いこと、その具体的態様等からしても、金銭の贈答と同視できるような性質のものではなく、また、研究者らの名誉欲等の充足に結びつく面も希薄なものであることなどからすれば、交際費等に該当する要件である『接待、供応、慰安、贈答その他これらに類する行為』をある程度幅を広げて解釈したとしても、本件英文添削の差額負担がそれに当たるとすることは困難である。」

III　研究　判旨に賛成

1　本件の意義と当該控訴審判断に対する評価

　企業会計においては、交際費は費用として計上することが通常認められる[2]。にもかかわらず、税法上は、一定の限度額以上の交際費支出については、損金算入が認められないとする特別な取り扱いが租税特別措置法により定められている。法人にとっては、ある支出が交際費に該当するか否かは、損金算入が拒絶されるか否かにかかわり、所得測定に重要な影響をもたらすゆえに大きな問題とされる。ところが、その交際費の範囲を定める措置法の規定がきわめて不明確であるところから、交際費に該当するか否かについて納税者と租税行政庁との間に争いが生じ、租税法律主義の視点からも検討が必要であるとの批判が加えられてきた[3]。

　本件は、交際費の範囲を定める当該措置法の適正な解釈と適用をめぐり納税者と租税行政庁が対立した事案である。交際費の適正な認定判断のための基準は、その根拠規定の解釈により導出される。当該措置法は交際費の範囲を確定する税法における唯一の規定とされる。ところが、同規定は「その他」といった文言を多用し、条文の構成も複雑であるがゆえに、不明確な規定であるとされてきたことは先の通りである。

本件の意義は、かかる当該措置法に適正な法解釈を施すことにより、交際費の範囲が明確にされ得るか否かを争点としている点に求められる。

不明確な規定が解釈により明確にできないとすれば、その規定は不確定概念とされ、租税法律主義の内容である課税要件明確主義に抵触する[4]。

このような意義を有する本件に対して、原審は、当該措置法の解釈から交際費の範囲を確定する要件として、①支出の相手方と、②その支出の目的の2要件を導出した。この2要件を認定事実に当てはめ、英文添削の本件負担が交際費に該当するとの判断を下した。

原審の判断が示された時点で、筆者はその判断に大きな疑問を持つにいたったために、原審の判例研究を専門誌に寄稿し、その問題点を明らかにした[5]。かかる判例研究の結論部分で、筆者は、次の3点にわたり原審の判断に疑問を提示した。少し長くなるが控訴審判断を評価する上できわめて重要な点を指摘しているので、ここに引用する。

「以上の論じてきたところから、本件裁判所の判断の妥当性を検討した結果、次の3点の疑問を提起しておきたい。

まず、判定要件に先の行為形態の要件を加えると、本件支出が交際費等に該当するためには、その支出の相手方、そして、目的の要件を充足したとしても、その支出行為の形態が『接待、供応、慰安、贈答その他これに類する行為』に該当するか否かが問われることになる。すなわち、本件英文添削サービスが、接待、供応、慰安、贈答といった人間の食欲、物欲、金銭所有欲といった欲望を充足する行為と同質の行為形態といえるのであろうか、という点である。これが第1の疑問である。

第2は、英文添削サービスに対する法人の支出が、立法趣旨である冗費の支出に該当するのであろうか。すくなくとも、医学者が作成した英文の論文の添削に対する補助は、学術の振興に寄与することに異論の余地はない。学術の振興に対する支出が冗費（無駄遣い）でないことは自明であろう。

第3は、判旨4で本件裁判所は、交際費等の要件には、支出の相手方の利益享受の客観的認識は不要であるとしているが、果たしてそうであろうか。

この点について、金子宏教授は、『その相手方がそれによって法人から利益を受けていると認識しうる客観的状況のもとで支出されていること、が必要であると解すべきである』とされておられる。

大阪高裁昭和52年3月18日判決も、「一方、会社からの金員の支出が交際費と認められるためには、会社が取引関係の円滑な進行を図るために支出するという意図を有したことを要するのは当然であるが、そればかりでなく、その支出によって接待等の利益を受ける者が会社からの支出によってその利益を受けていると認識できるような客観的状況の下に右接待等が行われたものであることを要するのは、いうまでもないところである」として、ある支出が交際費に該当するための要件として、支出の相手方による利益を享受していることの客観的な認識の存在が指摘されている。この指摘は合理的である。なぜならば、相手方自身が利益享受していることを認識できないような状況下でなされる支出は、支出法人にとっては不合理な支出で、その効果が客観的に認識できないような支出は、コスト削減にしのぎを削る企業環境下ではありえない、と思われるからである。

本件裁判所の判断には、以上3点の疑問が存在すること指摘して、その妥当性について疑問を提起しておきたい[6]。」

以上の通り、筆者は原審の判断に疑問を提示した。本件控訴審判決は、この筆者の疑問に正面から答える内容であったことは、上記判旨の通りであり、高く評価できる。その控訴審判決の内容の詳細な検討は後述することにする。

2 原審の判断の税法解釈上の誤謬

原審は、交際費の範囲を判断する要件を措置法の規定の解釈により、次のように導き出している。すなわち、「措置法61条の4第3項は、同法61条の4第1項に規定する『交際費等』の意義について、『交際費、接待費、機密費その他の費用で、法人が、その得意先、仕入先その他事業に関係のある者等に対する接待、供応、慰安、贈答その他これらに類する行為のために支出

するもの（専ら従業員の慰安のために行われる運動会、演芸会、旅行等のために通常要する費用その他政令で定める費用を除く。）をいう。』と規定しており、『交際費等』が、一般的に支出の相手方及び目的に照らして、取引関係の相手方との親睦を密にして取引関係の円滑な進行を図るために支出するものと理解されていることからすれば、当該支出が『交際費等』に該当するか否かを判断するには、支出が『事業に関係ある者』のためにするものであるか否か、及び、支出の目的が接待等を意図するものであるか否かが検討されるべきこととなる。そして、支出の目的が接待等のためであるか否かについては、当該支出の動機、金額、態様、効果等の具体的事情を総合的に判断すべきであって、当該支出の目的は、支出者の主観的事情だけではなく、外部から認識し得る客観的事情も総合して認定すべきである。」として、交際費の範囲を判断する要件として①支出の相手方と、②支出の目的の２つの要件を明らかにしている。この要件の適用に際しては、その支出の動機、金額、態様などを総合的に加味して客観的に判断すべきであるとしている。

　しかしながら、当該措置法を文言の構成により分析すると、原審の提示した２要件のみを法が要件としているとはいえないことが確認できる。

　すなわち、書き出しの「交際費、接待費、機密費その他の費用」の文言は、交際費、接待費、機密費というようにすでに費用項目として、企業会計上の費用概念を明示的に示している。費用概念は収益を獲得するために費消された経済価値を示すものであり、収益を獲得するために交際するといった、まさに目的を明示したものと解釈できる。その文言自体が、支出の意図をうかがわせるものであり、「支出の目的」を示したものといえよう。次の「得意先、仕入先その他事業に関係のある者等に対し」との文言は、まさしく支出の相手方を明示したものであることは間違いない。措置法の文言から、支出の目的と相手方の２つの要件をまず明示していることには異論の余地はないであろう。

　ところが、措置法は次に、「接待、供応、慰安、贈答その他これに類する行為」との文言を追加している。もし、原審が示した２要件を法が求めてい

るのであれば、この部分の文言は不要であるはずである。あえて、この文言を条文に追加しているのは、この2要件のみでは、交際費の範囲を具体的に確定するには不充分であるとして具体的に行為に形態を明示したものと立法者の意図を読み取ることができる。「接待、供応、慰安、贈答その他これに類する行為」の文言には「費」が付されておらず、費用概念を明示したものとは明らかに区別される。そこで、接待、供応、慰安といった文言は、目的と相手方、そしてその目的を遂行する行為形態を具体的に明示したものと解することが合理的である。

当該措置法の解釈について、松沢智教授は、「同条は、交際費等となるための要件として『交際費、接待費、機密費その他の費用』（支出の目的）、『得意先、仕入先その他事業に関係のある者等に対し』（支出の相手先）、『接待、きょう応、慰安、贈答その他これに類する行為』（行為の形態）の三要件を規定している。従って、交際費等となるためには、支出の目的、支出の相手先、行為の形態の要件を具備したうえで、その意義を考えねばならぬ。」[7]ときわめて簡潔かつ明確に述べておられる。

交際費の要件を①支出の目的、②支出の相手先の2つの要件に行為形態の要件を加え、3要件と解することにより、要件の具体性は飛躍的に向上する。

ところで、法人の支出する費用とされるものは、すべて事業遂行に直接的もしくは間接的に有益であるはずであり、その支出の相手方が事業関係者でないはずはない。利益極大化を目的とする法人が、事業関係者以外に事業遂行に不要な支出をすることは特別な場合を除き考えられない。そうすると、支出の目的と支出の相手先の2要件説にたつと、法人の支出する費用のうちの多くが、この2つの要件を充足するという結果を招く。そこで、書き出しの「交際費、接待費、機密費その他の費用」の「その他の費用」という文言の解釈いかんによっては、交際費の範囲を明らかにする限界線が不明確となり、拡張されることがありうる。[8]「交際費、接待費、機密費」と「その他の費用」を並列の関係に捉えると、その他の費用には交際費や機密費に類似し

ない費用もすべて含まれるという解釈も成り立ちうる。「その他の」という文言は租税法の条文では多用されるが、この文言の解釈いかんによっては課税要件明確主義に抵触する結果を招くことに注意が払われるべきである。

そのような危惧を排除するためにも、交際費の第3の判断要件として「行為の形態」を法が要求していると解釈することは適正であり、有益であるのである。行為の形態の要件は、このような拡張解釈を阻止するのに効果的であり、課税要件明確主義にも寄与するものといえる。

以上の理由により、原審の措置法の条文から導き出した交際費の意義と判断基準は、従来の裁判例の一部を安易に踏襲したものとの批判を免れない。さらに租税法の基本原則である租税法律主義を軽視した解釈という点でも、その判断の誤りが指摘されねばならない。

3 控訴審の当該措置法解釈と租税法律主義

原審が当該措置法の規定する交際費の範囲は2要件により確定されるとしたのに対し、本件控訴審判決では、原審のその判断を採用せず、判旨(1)のとおり、当該措置法が3要件を要求しているとして、次のような判断を下した。

すなわち、本件控訴審判決は、「「交際費等」が一般的に支出の相手方及び目的に照らして、取引関係の相手方との親睦を密にして取引関係の円滑な進行を図るために支出するものと理解されていることからすれば、当該支出が「交際費等」に該当するというためには、①「支出の相手方」が事業に関係ある者等であり、②「支出の目的」が事業関係者等との間の親睦の度を密にして取引関係の円滑な進行を図ることであるとともに、③「行為の形態」が接待供応、慰安、贈答その他これらに類する行為であること、の三要件を満たすことが必要であると解される。」として、①支出の相手方と②支出の目的の2要件だけではなく、③行為の形態の要件が追加され、3要件により交際費の範囲が確定されるべきであることを法は要求しているとの判断を示している。[9]

この判断は、交際費の範囲の拡張解釈に歯止めをかける画期的な意義を有するものであると評価できよう。
　当該措置法の条文の構成からすると、「接待、供応、慰安、贈答その他これらに類する行為のために支出するもの」との文言があえて置かれている、その存在意義は、まさしく交際費の範囲を明確にすることにあったといえる。2要件説ととるとすれば、これらの文言はあえて置く必要がないといえる。
　企業活動の多様化に伴い支出の形態も多様化することを踏まえると、交際費の範囲も拡張解釈される恐れがある。ゆえに、法が「行為の形態」を条文により明示することは、交際費の範囲の外延を明らかにするという点で、きわめて有効であり、意義深いものといえる。
　したがって、租税法律主義の視点からすると、行為の形態の要件を加えた3要件により交際費の範囲を確定することを法が要求していると解するのが合理的であろう。
　さらに、本件控訴審判決では、支出の目的は、「当該支出の動機、金額、態様、効果等の具体的事情を総合的に判断して決すべきである。」として、ある一面のみにより恣意的に目的が判断されるべきではないとしている。また、「行為の形態」が、「接待、供応、慰安、贈答その他これらに類する行為」に該当すれば、支出金額が高額か否か、その支出が不必要（冗費）あるいは過大（濫費）なものであるか否かは判断の要件とはされないとしている。この判旨の文脈からすると、行為形態の要件は、交際費の判断要件として3つの要件のうちでも、とりわけ重要な判断要件に位置づけられていることが読み取れる。
　「行為の形態」の要件は、交際費の意義もしくは判断の要件として、その判断を客観化する上で、ほかの2要件に比しても特に重要であると裁判所は認識しているようである。

4　相手方の利益享受の客観的認識の有無

　差額負担による利益享受の支出の相手方における認識の有無について、原審は、「当該支出が『交際費等』に該当するための要件として、接待等が、その相手方において、当該支出によって利益を受けていると認識できるような客観的状況の下に行われることが必要であるということはできない。」として、交際費の該当要件として考慮されるものではないとの判断を示した。しかしながら、この原審の判断について、筆者は前述の通り、相手方が利益を供与されているとの認識のないような支出が、果たして社会通念上、接待、供応等の行為形態になじむものではないとの疑念を抱いてきた。

　この支出の相手方の利益享受の認識について、金子宏教授も、目的の要件が客観的に充足されるばかりではなく、「その相手方がそれによって法人から利益を受けていると認識しうる客観的状況のもとで支出されていること、が必要であると解すべき」[10]であるとして、相手方の客観的な利益享受の認識が、目的の要件と同等に、交際費の該当要件として重要であることを指摘されておられる。合理的かつ妥当な見解であるといえよう。

　相手方が利益を受けていることを客観的に認識できないような状況下での支出は、利益極大化を図る法人の活動の一環としての支出には該当しないといえよう。

　この点について、控訴審の判断は、判旨(4)の通り、原審の見解とは逆に客観的認識の必要性を確認した。すなわち、差額負担による利益供与を相手方が認識している場合には、そのサービスの提供は、接待、供応などの行為形態に属する金銭の贈答に準ずる行為と見ることもできるが、相手方が利益供与を認識していない状況下での支出はそれに該当するとはいえないとしている。そのうえで、「本件は、研究者らにおいて、そのような差額相当の利得があることについて明確な認識がない場合なのであるから、その行為態様をこのような金銭の贈答の場合に準ずるものと考えることはできない。」との判断を示した。

　すなわち、控訴審では、このように相手方が利益の供与を受けていること

を客観的に認識しうる状況下での支出か否かは、第3の要件である行為の形態の該当性を判断する上での要件の1つとして位置付けているのである。すくなくとも、相手方が利益を受けていることを認識できないような支出は、支出法人にとっては費用としては認めがたい、無駄な支出といえよう。

そうすると、この控訴審の判断は、社会通念にも合致し、収益を獲得するために費消される支出が費用であるとする、企業会計上の費用概念との整合性をも保つものといえる。

5 結論

本件は、英文添削の差額負担が交際費に該当するか否かが争われた事案であるところから、特殊個別事情に基づくものであり、先例としての射程距離は極めて狭いといった見解が見られるが[11]、その見解は誤りである。

本件の先例としての価値はきわめて高いことを、まずここで確認しておきたい。なぜならば、本件の争点は、「交際費等」の意義を規定する措置法61条の4第1項の適正な法解釈はいかにあるべきかに集約された事案であった、と位置付けることができるからである。まさに、本件では、同規定の射程を確定する法解釈をめぐる議論が主たる争点とされたのである。この点は、判決文を検討すれば明白である。

従来から租税行政庁は、この税法上の「交際費等」は、企業会計上ないし社会通念上の交際費概念より相当広い概念であるとの立場から、取引関係の円滑な進行を図ることに直接的もしくは間接的に寄与すると判断された支出は、その行為の形態を問わず、交際費に該当するとして、租税行政実務を遂行してきた。裁判例においても、①支出の目的と②支出の相手方の、2要件を充足する場合には交際費であるとの立場が採用されてきた。本件の原審の判断もその立場を踏襲したものといえよう。

しかしながら、当該措置法が、果たして「交際費等」の範囲をそれほど広い概念として規定したものかどうかについては、学説上も租税法律主義の視点から疑義が提起されてきたことは本論のとおりである。

この疑義は、本件のような紛争事案として具体的に提起される。すなわち、学術の発展に寄与する英文添削費の補助といった、本件のような支出までもが、租税実務上、交際費等に該当すると判断されるところに、この問題の本質がある。社会通念上、当然に寄附金と考えられる支出をも、交際費等に該当すると行政上判断できるほど、交際費等の範囲が拡大されて運用されてきたのである。まさに当該規定が拡張解釈されてきた証左といえよう。
　もし、当該措置法の後段の「接待、供応、慰安、贈答その他これらに類する行為」との文言を重要視し、交際費等の範囲は無限定ではなく、ここに具体的に法の文言として例示された「行為の形態」が、交際費等の範囲を確定する要件として用いられたならば、行為形態に該当しないとして紛争は回避されたであろう。
　課税要件の範囲があいまいであり、その要件の射程がいたずらに拡張される結果を招く場合には、当該課税要件の文言は不確定概念が存在するのと同様に、行政による恣意的課税の危険をはらむ。この場合には、法解釈により、そのあいまいさ、もしくは不明確さを取り除く努力が必要となる。法解釈により明確にできない場合には、法改正などの措置が必要となる。明確な規定への法改正を租税法律主義は立法者に要求しているのである。
　本論で指摘したように、あいまいとされる交際費等の範囲を適正な法解釈により明確にしたという点で、本件控訴審の判断は、租税法律主義の課税要件明確主義の視点からも評価できるものである。この条文の構成からすれば、「行為の形態」を例示することにより、交際費等の範囲を明確にし、結果として納税者の予測可能性の確保を図るといった立法者の意思を反映した解釈を示したものといえる。
　この控訴審判断を特殊事案として矮小化するのではなく、先例として評価することは、交際費等の該当性をめぐる予測可能性を確保するばかりではなく、租税行政上の法的取扱い関係の平等にも資することを強調しておきたい。

注
1) 本件は、交際費の範囲を争点とした事例として注目を集めた事案であり、筆者の見解が判決に影響を与えたとされる事件であるために、拙著『租税憲法学第3版』（成文堂、2006年）第13章で取り上げたが、あえて本書でも再録することにした。
2) 水野忠恒『租税法〔第5版〕』418頁（有斐閣、2011年）。
3) 松沢智教授は、措置法61条の4の3項の規定について、「ところが、前掲条文の規定自体必ずしも明確にされていず、法は抽象的文言にとどまっている」（松沢『実体法』320頁と述べておられる。同様に、北野弘久博士も「交際費等の範囲については、現行法の規定の仕方はきわめてあいまいである。租税法律主義の視角から、再検討される必要があろう。」（同『現代企業税法論』100頁（岩波書店、1994年）として批判的な見解を示されている。なお、鳥飼貴司「交際費等の税法上の位置とその課税のあり方」北野弘久先生古稀記念論文集『納税者権利論の展開』309頁以下所収（勁草書房、2001年）は、交際費課税のあり方についてアメリカ税法を踏まえた比較法の観点からも分析しており、参考になる。
4) 金子『租税法』86頁。
5) 増田英敏「租税特別措置法とその適正な解釈―萬有製薬事件」税法学549号197頁以下（2003年）所収およびジュリ1244号295頁以下（2003年）参照。
6) 増田、前掲注5）、税法学205頁。
7) 松沢、前掲注3）、322頁。
8) 松沢智教授は、『その他の費用』に誤った解釈がなされることに対して、鋭く警鐘を鳴らされ、次のように明確に「その他の費用」について、解釈の指針を示されておられる。すなわち、「これに対し法条が『交際費、接待費、機密費』のほかに『その他の費用』とあることから、交際費は例示にすぎず、それは単に法人の費用としての意味しかなく、法人の費用であれば、すべて交際費等の対象となるというような考え方がある。しかし、この考えは誤っている。同条の文理解釈としても、『その他の費用』とは『その他費用』と異なって、交際費以下の文言は例示ではあるが、その後に受けるその他の費用は、例示された費用と部分対全体の関係で同質のものの費用に限られる」（松沢、前掲注3）、326頁以下）と解すべきであると説かれておられる。
9) 交際費の判断要件として、従来から2要件説を新旧に分類し、さらに、行為の形態を要件とする3要件説が存在する。この交際費の判断要件めぐる各説を吉牟田勲教授は、次のように要領よく整理されておられる。
「判定要件については、次のような新旧二要件説と三要件説とがある。主要な判例は、古いものは旧二要件説であるが、新しいものは新二要件説である。しかし、問題を整理するためには、目的と支出形態を区別した三要件説の学説の方がすぐれている。
(1) 旧二要件説……『支出の相手方』が、事業に関係のある者等であり、かつ、『支出の目的』が、これらの者に対する接待、きょう応、慰安、贈答その他これらに類する行為のためであること。
(2) 新二要件説……『支出の相手方』が、事業に関係のある者等であり、かつ、『支出の目的』が、接待等の行為により事業関係者等との間の親睦の度を密にして取引関係の円滑な進行を図るためであること。
(3) 三要件説……『支出の相手方』が事業に関係ある者等であり、『支出の目的』が事業関係者等との間の親睦の度を密にして取引関係の円滑な進行を図ることであるとともに、『行為の形態』が、接待、きょう応、慰安、贈答その他これらに類する行為であること。
なお、このほか、高額であることを第三の要件とする判例もあるが、賛意を表す

る者は少ない。」(同「交際費等、寄付金、広告宣伝費」北野弘久編『判例研究 日本税法体系2』142頁（学陽書房、1979年））。
　なお、原審は新2要件説を採用したものである。増田英敏、前掲注5）、税法学202頁参照。
10）金子、前掲注4）、424頁。
11）木村政文「判批」月刊税務事例36巻1号34頁以下（2004年）に掲載された木村政文氏による「高等裁判所判決紹介」において、本件が紹介されており、そこで同氏は、本件が特殊事案であるところから先例としての射程はきわめて狭いとの解説を付されておられる。

第17章

法人税裁判事例研究Ⅳ
― 分掌変更による役員退職給与
（分掌変更による役員退職給与事件）

東京地裁平成29年1月12日判決（棄却、控訴、納税者敗訴）
（平成27年（行ウ）第204号通知処分取消請求事件）
LEX/DB 25538511
控訴審　東京高裁平成29年7月12日判決（棄却、納税者敗訴）
（平成29年（行コ）第39号通知処分取消請求控訴事件）
LEX/DB 25549650

☞　**研究のポイント**

　税法上の固有概念として理解される「退職」の概念は、いわゆる雇用契約の終了を意味する民法上の「退職」とは異なり「従来の勤務からの離脱を意味する」と解されている。従来の勤務からの離脱であるから、分掌変更による職務の激変も退職に該当するという意味で、税法上の固有の概念ともいえる。

　税法上の退職概念の学説・判例を集積した形で、実質的に退職と同様の事情にあると認められる場合について、法人税基本通達9－2－32は、「役員の分掌変更等の場合の退職給与」と題して、「法人が役員の分掌変更等による再任等に際しその役員に対し退職給与として支給した給与については、その支給、その分掌変更等によりその役員としての地位又は職務の内容が激変し、実質的に退職したと同様の事情にあると認められることによるものである場合には、これを退職給与として取り扱うことができる。」と定めている。

　本件の研究のポイントは、「分掌変更等によりその役員としての地位又は職務の内容が激変し、実質的に退職したと同様の事情にあると認められる」場合に該当するか否かの判断の基準を明確に理解することにある。

I 事案の概要

本件は、原告（以下「X」という。）が、平成23年4月1日から平成24年3月31日までの事業年度（以下「本件事業年度」という。）の法人税について、確定申告書及び修正申告書を提出した後、Xの前代表取締役に対して支払った退職慰労金5609万6610円（以下「本件金員」という。）は損金の額に算入されるべきであったとして更正の請求（税通23条1項1号）をしたのに対し、税務署長（以下「Y」という。）が、前代表取締役は退任後もXの取締役として退任前と同様の業務を行っているため、本件金員を損金の額に算入することはできないとして、更正をすべき理由がない旨の通知処分（以下「本件通知処分」という。）をしたことから、本件通知処分の取消しを求めた事案である。

1 前提事実

(1) 当事者等

ア Xは、平成2年4月2日に設立されたプラスチック製部品の製造販売等を目的とし、東京都大田区に本店を置く株式会社である。Xは、事業所として、a工場、b工場及びc工場の三つの工場を有し、このうちa工場が本社機能を有している。

Xは、B株式会社（以下「B」という。）を親会社とする企業グループ（以下「Bグループ」という。）に属しており、Xの発行済株式総数の全てをBが保有している。

イ Dは、Xの設立当時からXの取締役の地位にあり、平成16年5月28日から平成23年5月30日までの間、Xの代表取締役を務めていた者である。

ウ Aは、平成23年5月30日にXの代表取締役に就任し、現在もXの代表取締役を務めている者である。

エ Eは、Bの代表取締役を務めている者であり、Bの筆頭株主でもある。

(2) 本件金員の支給に係る事実関係

ア　D、F及びEは、いずれも平成23年5月30日の任期満了までXの取締役の地位にあったところ、同日に開催されたXの株主総会の決議により、D及びFが取締役に再任され、Eが監査役に選任されたほか、Xのa工場の営業部長であったAが新たに取締役に選任された。

イ　Aは、平成23年5月30日に開催されたXの取締役会の決議により、Xの代表取締役に選任され、Dは、同日、Xの代表取締役を退任した。

ウ　Xの取締役会は、平成23年5月30日、Dの退職慰労金を5609万6610円（本件金員）とする旨の決議をした。なお、Xの役員（取締役及び監査役）の退職慰労金については、同日当時、Bの役員退職慰労金規則に準じて算出するものとされており、本件金員の額もこれに従って算出された。

エ　Xは、平成23年6月15日、Dに対し、本件金員を支給し（ただし、実支給額は、本件金員から源泉所得税及び地方税を控除した残額の4728万710円である。）、同月30日付けで本件金員相当額を退職金勘定に計上した。

(3) 本件通知処分に至る経緯

ア　Xは、平成24年5月31日、Yに対し、本件事業年度の法人税について、所得金額を2353万8184円、納付すべき税額を601万1200円とする確定申告書（以下「本件当初申告書」という。）を提出した。なお、Xは、上記所得金額の計算上、本件金員を損金の額に算入した。

イ　Xは、平成24年11月27日、Yに対し、本件事業年度の法人税について、所得金額を7819万1194円、納付すべき税額を2240万7100円とする修正申告書（以下「本件修正申告書」という。）を提出した。なお、Xは、上記所得金額の計算上、本件金員を損金の額に算入しなかった。

ウ　Yは、平成24年12月25日、Xに対し、過少申告加算税の賦課決定処分をした。

エ　Xは、平成25年4月23日、Yに対し、本件事業年度における所得金額の計算上、本件金員は損金の額に算入されるべきであったとして、本件事業

年度の法人税について更正の請求をした。
オ　Yは、平成25年6月26日、更正の請求について、本件金員は損金の額に算入されないとして、更正をすべき理由がない旨の通知処分（本件通知処分）をした。

　その後、Xは、Yに対し、本件通知処分を不服として異議申立てをしたところ、Yは、異議申立てを棄却する旨の異議決定をした。Xは、国税不服審判所長に対し、異議決定を経た後の本件通知処分を不服として審査請求をしたところ、国税不服審判所長は、審査請求を棄却する旨の裁決をした。これに対して、Xは、本件訴えを提起した。

2　争点
本件の争点は、本件通知処分の適法性であり、具体的には、Xの本件事業年度における所得金額の計算上、本件金員を損金の額に算入することの可否に関し、次の(1)及び(2)の点が争われている。
(1)　本件金員が法人税法34条1項括弧書き所定の「退職給与」に該当するか否か。
(2)　本件金員を損金の額に算入しないことが租税公平主義に違反するか否か。

3　争点に関する当事者の主張
(1)　争点(1)について
（Xの主張）
　役員が実際に退職した場合でなくても、役員の分掌変更又は改選による再任等がされた場合において、例えば、常勤取締役が経営上主要な地位を占めない非常勤取締役になったり、取締役が経営上主要な地位を占めない監査役になるなど、役員としての地位又は職務の内容が激変し、実質的に退職したと同様の事情にあると認められるときは、上記分掌変更又は再任の時に支給される給与も「退職給与」として損金に算入することとされるのが相当であ

る。本件通達（法人税基本通達9―2―32）は、これと同様の趣旨を、一般的に実質的に退職したと同様の事情にあると認められる場合を例示した上で定めたものと解することができる。

　この点につき、経営上の最終的な判断を行っていたのは飽くまでAであり、DはAの判断に対する助言を行っていたにすぎず、Dが経営上主要な地位にあったと評価することができない、という事情に鑑みれば、Dの役員としての地位又は職務の内容が激変し、実質的に退職したと同様の事情にあると認められる。

　本件金員は法人税法34条1項括弧書き所定の「退職給与」に該当するというべきである。

（Yの主張）

　実際に退職していない役員に対して退職金名義の金員を支給した場合において、当該役員が、引き続き当該法人の経営上主要な地位を占めていると認められるときは、当該役員が実質的に退職したと同様の事情にあるとは認められず、当該支給された金員は退職給与とはいえないというべきである。

　なお、本件通達は、同通達が例示する基準のいずれかを形式的に満たしても、他の事情をも併せ勘案すると、役員としての地位又は職務の内容が激変して実質的に退職したと同様の事情があるとはいえない場合にまで、退職金として支払われた金員を退職給与として取り扱ってもよいとしたものとは解されない。

　Dが、取締役として留任し、Aの相談に応じたり助言をすることとなったのは、単なる個人間の引継ぎにとどまるものと評価すべきものではなく、事実上、当時のXの経営判断そのものを行うことが想定されていたということができ、Dが代表取締役を退任した後もXの経営について引き続き責任を負っていたものと評価すべきである。

　Aは、あらゆる場面でDに助言や提案を求め、それに従っていたのであり、Dは、代表取締役を退任した後においても、Xの経営の各方面において具体的な関与をしていた。

Dが平成23年5月に取締役に再任された経緯に鑑みれば、Dは、代表取締役を退任した後も、Xの経営について引き続き責任を負っていたものであり、実際にXの経営に具体的な関与をしていただけでなく、対外的にもXに主要な地位を占めていたと認められ、これらのことは、当時のAの経営に関する知識や経験等に鑑みると、Xの存続に必須のことであったから、DはXを実質的に退職したと同様の事情は認められないというべきである。

　したがって、本件金員は法人税法34条1項括弧書き所定の「退職給与」には該当しないというべきであり、同項各号に規定するいずれの給与にも該当しないから、本件金員は損金の額に算入されない。

(2) 争点(2)について
(Xの主張)

　憲法14条を法的根拠とする租税公平主義は、担税力に応じた課税を求めている。

　本件金員は、私法上の退職手続を適正に履行し、Dが代表取締役を退任した事実に基づき、Xが、資金繰りのために銀行から巨額の借入れをし、役員退職金としてDに対して支払をし、損金の額に算入したものである。Xの法人所得は本件金員の支給額の分だけ減縮され、担税力が実質的に減殺されたにもかかわらず、本件金員の損金算入が認められないとすれば、担税力に応じた課税が否定されることになる。仮に本件金員の損金算入が否認されると、Xは、永久的に担税力の減殺の事実を課税所得計算（担税力）に反映する機会を逸することになる。

　このように、本件金員の支払により担税力が減殺されている事実があるにもかかわらず、その事実を担税力の把握の指標となる課税所得に永久的に反映させることができないとすれば、担税力に応じた課税を求める憲法原理である租税公平主義に反するというべきである。

(Yの主張)

　Xにおいて本件金員の損金算入が否定されたのは、本件金員がDに対する

退職給与に該当するものとは認められず、法人税法34条1項各号のいずれにも該当しないからである。

　この点につき、法人税法34条1項が企業会計上費用である役員給与について損金算入を行い得る範囲を制限したのは、法人と役員との関係に鑑み、役員給与の額を無制限に損金の額に算入することとすれば、その支給額をほしいままに決定し、法人の所得の金額を殊更に少なくすることにより、法人税の課税を回避するなどの弊害が生ずるおそれがあって、課税の公平を害することとなるからである。そして、このような立法目的は正当なものであって、課税要件等の定めが当該立法目的との関連で著しく不合理であることが明らかであるとも認められない。

　したがって、本件金員の損金算入が否定されたことにより、法人の課税所得を減少させる機会を永久的に逸することとなったとしても、それは、課税の公平を実現するための正当な法令に基づく制限の結果なのであるから、損金算入を否認することが租税公平主義に反するとはいえない。

Ⅱ　判旨

1　争点(1)について

(1)　法人税法34条1項にいう退職給与の意義と法人税基本通達9－2－32

「法人税法34条1項括弧書きは、損金の額に算入しないこととする役員給与の対象から、役員に対する退職給与を除外しており、この退職給与は、法人の所得の計算上、損金の額に算入することができるものとされている。これは、役員の退職給与は、役員としての在任期間中における継続的な職務執行に対する対価の一部であって、報酬の後払いとしての性格を有することから、役員の退職給与が適正な額の範囲で支払われるものである限り（同条2項参照）、定期的に支払われる給与等（同条1項各号参照）と同様の経費として、法人の所得の金額の計算上、損金の額に算入すべきものとする趣旨に出たものと解される。そして、同項括弧書きが損金の額に算入しないものとす

る給与の対象から役員の退職給与を除外している上記の趣旨に鑑みれば、同項括弧書きにいう退職給与とは、役員が会社その他の法人を退職したことによって支給され、かつ、役員としての在任期間中における継続的な職務執行に対する対価の一部の後払いとしての性質を有する給与であると解すべきであり、役員が実際に退職した場合でなくても、役員の分掌変更又は改選による再任等がされた場合において、例えば、常勤取締役が経営上主要な地位を占めない非常勤取締役になったり、取締役が経営上主要な地位を占めない監査役になるなど、役員としての地位又は職務の内容が激変し、実質的には退職したと同様の事情にあると認められるときは、その分掌変更等の時に退職給与として支給される金員も、従前の役員としての在任期間中における継続的な職務執行に対する対価の一部の後払いとしての性質を有する限りにおいて、同項括弧書きにいう退職給与に該当するものと解するのが相当である。

　そして、本件通達は、以上に説示したところと同様の趣旨から、役員の分掌変更又は改選による再任等に際して、法人の役員が実質的に退職したと同様の事情にあるものと認められ、その分掌変更等の時に退職給与として支給される金員を損金の額に算入することができる場合についてその例示等を定めたものであると解される。」

(2)　Dの代表取締役退任後の状況と実質的に退職したと同様の事情の有無
「営業部長の職にあったAがDに代わりXの代表取締役に就任するに当たっては、Xの経営に支障が生じないよう、Dが、引き続き当分の間はXの経営に関与してAに対する指導や助言を行うことによって、専ら営業部門で勤務してきたAの経営責任者としての経営全般に関する知識や経験の不足を補うことが予定されていたものと認められる。」

「Aは、代表取締役に就任した後、Xの経営に関する法令上の代表権を有してはいたものの、AがXの営業以外の業務や組織管理等の経営全般に関する経営責任者としての知識や経験等を十分に習得して自ら単独で経営判断（組織管理の判断を含む。以下同じ。）を行うことができるようになるまでは、D

が、Xの経営（組織管理を含む。以下同じ。）についてAに対する指導と助言を行い、引き続き相談役としてXの経営判断に関与していたものと認められる。この点については、Dも、平成24年10月11日の税務調査において、代表取締役を退任した後も退任前と同様の業務を継続しており、Aに対し引継ぎとして仕事を教えている旨述べているところである…中略　。」

「Dは、営業会議及び合同会議には出席しなくなったものの、Xの幹部が集まる代表者会議に引き続き出席し、営業会議及び合同会議についても議事録の回付により経営の内容の報告を受けて確認し、助言や指導を行うなど、経営上の重要な情報に接するとともに個別案件の経営判断にも影響を及ぼし得る地位にあった上、10万円を超える支出の決裁にも関与していたものと認められる。」

「Dは、Xの資金繰りに関する窓口役を務め、主要な取引先の銀行から実権を有する役員と認識されていたほか、営業部長の当時と同様に取引先等との営業活動による外出のためXを不在にすることの多いAに代わって対外的な来客への応対を行うなどしており、対外的な関係においても経営上主要な地位を占めていたものと認められる。」

「以上の諸事情に鑑みると、Dは、Xの代表取締役を退任した後も、その直後の本件金員の支給及び退職金勘定への計上の前後を通じて、引き続き相談役としてXの経営判断に関与し、対内的にも対外的にもXの経営上主要な地位を占めていたものと認められるから、Aが代表取締役に就任したことによりDの業務の負担が軽減されたといえるとしても、本件金員の支給及び退職金勘定への計上の当時、役員としての地位又は職務の内容が激変して実質的には退職したと同様の事情にあったとは認められないというべきである。」

(3)　Dの月額報酬と職務内容の激変の有無

「Dの月額報酬はXの代表取締役を退任する前の205万円から70万円に大幅に減額されているが、Dがその減額後もAと遜色のない月額報酬の支払を受けていることや…中略　退任後も引き続きXの経営判断に関与してAへの指

導や助言を続けていたことなどに照らすと、両名の上記変更後の月額報酬は、Ｄが引き続きＸの経営判断への関与及びＡへの指導や助言を続けていたことを前提として定められたものとみるのが相当であり、代表取締役交代後もなおＤがＸの経営上主要な地位を占めていたことと別段そごするものではないというべきであるから、上記の報酬の減額の事実は、Ｄの役員としての地位又は職務の内容が激変して実質的には退職したと同様の事情にあるとまでは認められないとの…中略　判断を左右するものではないというべきである。

なお、本件通達は、『分掌変更等の後におけるその役員（その分掌変更等の後においてもその法人の経営上主要な地位を占めていると認められる者を除く。）の給与が激変…中略　』を例示として掲げているが、Ｄは、上記『役員』から除かれる者を定める括弧内…中略　に該当するべきであるから、Ｄについて本件通達における役員の給与の激変に係る基準を充足するものであるとは認められない。」

(4)　実質的に退職したと同様の事情の判定時期の基準

「法人税法22条3項2号は、一般管理費を損金の額に算入することができるか否かについて、債務の確定を基準としているところ、本件金員は、Ｄが平成23年5月30日をもってＸの代表取締役を退任することに基づき、同日の取締役会の決議によってその金額が決定されたものであり、同年6月15日にＤに支給され、同月30日付けでＸの退職金勘定に計上されたものであるから…中略　、ＸのＤに対する本件金員の支払債務は、同月までには確定していたものと認められる。そのため、本件金員が法人税法34条1項括弧書き所定の『退職給与』に該当するか否かについても、本件金員の支払債務が確定した同月を基準として判断すべきものと解するのが相当である。そして、役員としての地位又は職務の内容が激変して実質的には退職したと同様の事情にあると認められるか否かについて、代表取締役を退任した後の事情をしんしゃくするとしても、それは、飽くまでも上記のとおり同月の時点で支払債務

の確定した本件金員が同項括弧書き所定の『退職給与』に該当するか否かの判断において事実上参酌されるものにすぎない。また、法人税法が事業年度の所得に課税するという期間税としての性格を有しており、事業年度終了の時に法人税の納税義務が成立するとしても、そのことをもって、同項括弧書き所定の『退職給与』の該当性を本件金員の支払債務の確定した同月を基準として判断すべきことが左右されるものではないというべきである。」

2　争点(2)について

「租税は、今日では、国家の財政需要を充足するという本来の機能に加え、所得の再分配、資源の適正配分、景気の調整等の諸機能をも有しており、租税負担を定めるについて、財政、経済、社会政策等の国政全般からの総合的な政策判断を必要とするばかりでなく、課税要件等を定めるについて、極めて専門技術的な判断を必要とすることも明らかであって、租税法の定立については、国家財政、社会経済、国民所得、国民生活等の実態についての正確な資料を基礎とする立法府の政策的、技術的な判断に委ねるほかはなく、裁判所は、基本的にはその裁量的判断を尊重せざるを得ないものというべきであるから、租税法の分野における費用の性質の違い等を理由とする取扱いの区別は、その立法目的が正当なものであり、かつ、当該立法において具体的に採用された区別の態様が上記目的との関連で著しく不合理であることが明らかでない限り、その合理性を否定することができず、これを租税公平主義に反するものとして憲法14条1項の規定に違反するものということはできないものと解するのが相当である（最高裁昭和55年(行ツ)第15号同60年3月27日大法廷判決・民集39巻2号247頁参照）。

しかるところ、役員給与は、企業会計上は費用として処理されるものであるが、法人税法22条3項の規定における別段の定めである同法34条1項において、役員給与（退職給与等を除く。）のうち同項各号に掲げる給与（定期的に支払われる給与等）のいずれにも該当しないものの額は、その内国法人の各事業年度の所得の金額の計算上、損金の額に算入しないものとされている。

このように、法人税法34条1項において、役員給与（退職給与等を除く。）のうち同項各号に掲げる給与（定期的に支払われる給与等）のいずれにも該当しないものの額が損金の額に算入されないこととされているのは、法人と役員との関係に鑑みると、役員給与の額を無制限に損金の額に算入することとすれば、その支給額をほしいままに決定し、法人の所得の金額を殊更に少なくすることにより、法人税の課税を回避するなどの弊害が生ずるおそれがあり、課税の公平を害することとなるためであると解される。

したがって、法人税法34条1項の規定に関しては、その立法目的は正当なものというべきであり、その課税要件等の定めも当該立法目的との関連で合理性を有するものであって、著しく不合理であることが明らかであるとは認められない。

そして、本件金員が、法人税法34条1項括弧書き所定の『退職給与』に該当せず、同項各号に掲げる給与のいずれにも該当しないとして損金の額への算入が否定される結果になるとしても、それは、上記のとおり課税の公平を図るために正当な立法目的と合理的な関連を有するものとして設けられた同項の規定の適用の結果によるものであり、…中略　本件金員について同項の規定を適用することが担税力に即した税負担の公平な配分の要請に反すると認めるべき事情もうかがわれないから、上記の結果は租税公平主義に反するものではなく、所論の違法ないし違憲の問題を生ずる余地はないものというべきである。」

3　本件金員の支給の錯誤無効に係るXの主張について

「Xは、退職金の支払が法人の所得金額の計算上損金の額に算入され、税務上の負担が軽減されることは、周知の事実といえるのであり、その動機はいわば明示又は黙示に表示されていたといえるから、この点の真意と表示意思との間に不一致があれば、本件金員を支給した意思表示には錯誤があり、本件金員の支給自体が無効となる旨主張する。

しかしながら、仮に、本件金員の支給自体が錯誤を理由に退職金の支払と

して無効とされ、退職給与としての法的根拠を有しないものとなるのであれば、そもそも、本件金員を退職給与として損金の額に算入することができないことになるのであり、その点に関する修正申告書の処理に何ら誤りはないことになるから、本件通知処分が違法との評価を受ける余地はないというべきであり、また、税務上の負担の軽減を目的として本件金員を支給するという動機がその支給に際して明示又は黙示に表示されていたことを認めるに足りる証拠又は事情の存在はうかがわれないから、いずれにしても、Xの上記主張は採用することができない。」

Ⅲ 研究 判旨に反対

1 はじめに

　法人税法は、法人の担税力に応じた適正な課税を実現するために、課税物件を法人の所得としたうえで、その各事業年度の所得の金額を求めることを命じている。法人の適正な所得金額の算定のためには、益金から損金を控除した金額を求める必要があるが、原則として担税力の減殺要因として損金に算入されるものが掲げられている（法法22条）。その別段の定めとして損金不算入規定が定められており、そのひとつとして役員給与の損金不算入規定が定められている（法法34条）。

　役員に対する退職給与は、企業会計上は、費用として当然計上できるにも関わらず、法人税法上は、条件付きで損金算入が認められるというように損金算入に制限が加えられている。損金不算入の役員給与を規定する法人税法34条1項は、その役員に対して支給する給与の対象から「退職給与…中略を除く」して、役員に対して支給された退職給与は、法人の所得金額の計算上、損金に算入できるものとしている。すなわち、本件では、代表取締役であったDの退任に伴い、Xが支給した退職金慰労金が、同法同項の括弧書きのいわゆる役員の分掌変更等の場合の「退職給与」に該当するか否かが争点とされた。

下記で検討するように税法上の固有概念として理解される「退職」概念は、私法上の「退職」とは異なり「従来の勤務からの離脱を意味する」と解されている。ところが、本件のように、役員退職金の支給における「退職」は、職場からの離脱（分掌変更による退職概念を排除する。）を意味するかのような運用が租税行政庁によりなされているところから、実務上の紛争が頻発している。本件も、Dが退任したが、職務引き継ぎのために職場からの離脱をしていないと認定され、退職給与が否認された事例である。

　分掌変更による「退職」は、租税法上の固有概念として職務から離脱し他の職務に転じた場合を意味する。

2　本判決の意義

　法人税法34条1項括弧書きは、役員の退職給与は、役員としての在任期間中における継続的な所得に対する対価の一部として報酬の後払いの性質を有することから、同条2項の役員の退職給与が「不相当に高額」でない適正な額の範囲で支払われるものである限り[1]、同条1項の定期同額給与等と同様の経費として、法人の所得の金額の計算上、損金の額に算入される。

　税法上の退職概念の学説・判例を集積した形で、実質的に退職と同様の事情にあると認められる場合を定める法人税基本通達9―2―32は、「役員の分掌変更等の場合の退職給与」と題して退職給与の該当性判断の基準を具体的な例を示しつつ以下のとおり定めている。すなわち、「法人が役員の分掌変更等による再任等に際しその役員に対し退職給与として支給した給与については、その支給が、例えば次に掲げるような事実があったことによるものであるなど、その分掌変更等によりその役員としての地位又は職務の内容が激変し、実質的に退職したと同様の事情にあると認められることによるものである場合には、これを退職給与として取り扱うことができる。…中略

(1)　常勤役員が非常勤役員（常時勤務していないものであっても代表権を有する者及び代表権は有しないが実質的にその法人の経営上主要な地位を占めていると認められるものを除く。）になったこと。

(2) 取締役が監査役（監査役でありながら実質的にその法人の経営上主要な地位を占めていると認められる者及びその法人の株主等で…中略　《使用人兼務役員とされない役員》に掲げる要件の全てを満たしている者を除く。）になったこと。
(3) 分掌変更等の後におけるその役員（その分掌変更等の後においてもその法人の経営上主要な地位を占めていると認められる者を除く。）の給与が激減（おおむね50％以上の減少）したこと。…中略　」と定めている。

本事案でYは、法基通9－2－32に基づいて、Dは退任後もXの取締役として退任前と同様の業務を行い、対外的にも引き続き当該法人の経営上主要な地位を占めており、実質的に退職したと同様の事情は認められないから、本件金員を損金の額に算入することはできないと主張した。

裁判所は、Dの月額報酬が、代表取締役退任前後で約3分の1に相当する金額まで減額していることを認めるものの報酬の減額は「Dの役員としての地位又は職務の内容が激変して実質的には退職したと同様の事情にあるとは認められない」との判断を左右するものではないと判示した。本判決は、法基通9－2－32に例示される分掌変更の後におけるその役員の給与が激減したという事実は、法人の経営上主要な地位を占めていると認められない者でない限り、実質的に退職したと同様の事情にある事実を左右しないと判示した。つまり、客観的な基準になり得る給与の減額の前提として、法人の経営上主要な地位を占めていると認められない者であるという法基通9－2－32(3)の括弧書きに該当することが必要であると判示した点に、本判決の意義がある。

3　判例上の位置づけ

退職給与については、法人税法は定義規定を置いていないが、所得税法30条1項は、退職所得を定義している。租税法律主義の下では、法人税法上が定義を定めていない以上、所得税法上の退職所得の概念と法人税法上の退職概念を別意に解すべき理由はない。

所得税法30条1項は、「退職所得とは、退職手当、一時恩給その他の退職

により一時に受ける給与及びこれらの性質を有する給与（以下この条において「退職手当等」という。）に係る所得をいう。」と定めているが、退職手当とは雇用関係ないしそれに類する関係の終了の際に支給される退職給与をいう[2]。

　従業員に就職後5年ごとに退職金名義で支給された金員が退職金に該当するか否かを争点とした、いわゆる5年退職金事件ある。最高裁昭和58年9月9日判決[3]は、「退職手当、一時恩給その他の退職により一時に受ける給与」に該当する金員というためには、「それが、(1)退職すなわち勤務関係の終了という事実によつてはじめて給付されること、(2)従来の継続的な勤務に対する報酬ないしその間の労務の対価の一部の後払の性質を有すること、(3)一時金として支払われること、との要件を備えることが必要であり、また、右規定にいう『これらの性質を有する給与』にあたるというためには、それが、形式的には右の各要件のすべてを備えていなくても、実質的にみてこれらの要件に要求するところに適合し、課税上、右『退職により一時に受ける給与』と同一に取り扱うことを相当とするものであることを必要とする」と判示し、ある金員が、①勤務関係の終了という事実によるもので、②継続的な労務に対する後払いの対価の性質を有し、③一時金という、要件を充足した場合には、退職所得になるとした。

　5年退職金事件最高裁判決は、「これらの性質を有する給与」には、上記3要件を形式的に具備しなくとも、実質的にみて同3要件の要求に適合し、退職給与として取扱うことを相当とするものであれば、認められるとした。さらに、退職所得該当性の3要件に適合する「これらの性質を有する給与」の該当性を敷衍化した、いわゆる10年退職金事件がある。同事案では、満55歳のほか勤続満10年に達することをもって定年として退職金を支給した後、引き続き勤務する場合は再雇用する定年制に基づき支給された金員が、退職所得に該当するか否かを争点とした。最高裁昭和58年12月6日判決[4]は、5年退職金事件最高裁判決を引用したうえで、「『これらの性質を有する給与』にあたるというためには、当該金員が定年延長又は退職年金制度の採用等の合理的な理由による退職金支給制度の実質的改変により清算の必要があって支

給されるものであるとか、あるいは、当該勤務関係の性質、内容、労働条件等において重大な変動があって、形式的には継続している勤務関係が実質的には単なる従前の勤務関係の延長とはみられないなどの特別の事実関係があることを要する」と判示した。

所得税基本通達30―2では、引き続き勤務する者に支払われる給与で退職手当等に該当するものが例示されており、役員の分掌変更等の場合については、一貫性をもって取り扱うよう、ほぼ判例の判示内容と同様の定めがなされている。[5]

上記判例の判断基準を踏襲する形で、近時の有力裁判例は[6]「執行役員から執行役に就任するという身分関係の異動は、形式的、名目的なものではなく、当該勤務関係の性質、内容、労働条件等において重大な変動があって、形式的には継続している勤務関係が実質的には単なる従前の勤務関係の延長とは見られないなどの特別の事実関係が認められ、本件各金員は、このような新たな勤務関係に入ったことに伴い、それまでの従業員としての継続的な勤務に対する報償ないしその間の労務の対価を一括精算する趣旨のもとに一時金として支給されたものであるから、少なくとも所得税法30条1項（退職所得）の『これらの性質を有する給与』に該当する」と判示して、退職給与該当性の判断基準を踏襲している。

平成18年改正前法人税法において、代表取締役を退任したAに対する役員退職金が、旧法人税法36条の退職給与に該当したか否かを争点とした、東京高裁平成17年9月29日判決は、[7]「Aは、控訴人の代表取締役を辞任した後も、Bに控訴人の経営を任せておらず、従前と同様に、又はそれに近い程度に、自ら控訴人の経営の中心となっていたものというべきであって、そうすると、Aの地位又は職務の内容が激変し、Aが控訴人を実質的に退職したのと同様の事情にあると認めることができない」と退職給与を受ける者が経営の中心となっていたか否かを判断の基準としており、また、原審を引用して判示している。その原審である東京地裁平成17年2月4日判決は、[8]法人税法上の退職給与とは、「退職により支払われる臨時的な給与をいうと考えられ

るから、退職に起因する給与という実質を持つものに限られ…中略　役員に対する退職給与は、現実にその法人から退職した場合、又は例えば常勤取締役が経営上主要な地位を占めない非常勤取締役になるとか、取締役が経営上主要な地位を占めない監査役になるなどその地位又は職務の内容が激変した事実があり、実質的に退職したのと同様の事情にあると認められる場合に限って、真正な『退職給与』であると認め、法人税法22条により損金の額に算入する」と判示し、退職給与を臨時的な給与と捉えつつも、法人税法上の真正な退職給与概念の存在を示唆している。

　法基通9―2―32(3)に該当するものとして支給した金員の退職給与該当性を争点とした大阪高裁平成18年10月25日判決[9]がある。裁判所は、上記判例における退職所得の課税の趣旨と退職所得該当性の要件を踏襲した原審である京都地裁平成18年2月10日判決[10]の判断を是認して、代表取締役から監査役へ、取締役から取締役へ、取締役から代表取締役への分掌変更した3名が、役員に留まり、その報酬を得ていることから、退職したとはいえないとして、役員に対する退職の意義を明らかにしている。大阪高裁は、原告の法人税基本通達9―2―32の該当性について「本件通達は、上記のような事情のある場合の例示として(1)ないし(3)の基準を挙げ、これを満たす事実があることなどにより、役員としての地位又は職務の内容が激変し、実質的に退職したと同様の事情があると認められる場合には、退職金として支払われた金員を退職給与として取り扱ってもよいとするものであるが、(1)ないし(3)の基準のいずれかを形式的に満たしても、他の事情も併せ勘案すると、役員としての地位又は職務の内容が激変し、実質的に退職したと同様の事情があるとはいえない場合にまで、退職金として支払われた金員を退職給与として取り扱っても良いとは解されない」と判示し、通達に定められた各基準は、実質的な退職したと同様の事情があると認められるものの例示であって、上記判例の判断した3要件と実質的に同視し得るか否かで判断すべきであると判示している。

　本判決は、通達は、実質的な退職と同様の事情にあるものと認められるも

のの例示を定めたものであることを確認しつつも、判例が示す退職所得の③一時金としての性質に言及することなく、もっぱら、①実質的な退職と②労務の対価としての後払の性質の要素に言及して、これと同様の事情にあるものに該当する場合には、退職給与に該当すると判示している。そうすると、本判決は、判例の「退職手当、一時恩給その他の退職により一時に受ける給与」の該当性の要件、すなわち、①勤務関係の終了という事実によるもので、②継続的な労務に対する後払いの対価の性質を有し、③一時金の3要件と「これらの性質を有する給与」として形式的に雇用関係から離脱していない場合においても、実質的にみて同3要件の要求に適合し、退職給与として取扱うことを相当とするものを退職所得として取扱うことは、僅かに異なる。

したがって、本判決は、判例を純粋に踏襲したというよりも、むしろ、判例の示した退職所得該当性の①勤務関係の終了と②継続的な労務に対する後払いの性質の基準および実質的な退職と同視し得る法人税基本通達9－2－32の例示を判断の基準として、さらに実質的に判断する近似の裁判例の基準を用いた事例と位置づけられる。

4 本判決の判断の構造

(1) 法人税法34条1項の退職給与の判断基準

法人税法34条1項括弧書きによる損金不算入とされる役員給与からの役員に対する退職給与の除外は、「役員の退職給与は、役員としての在任期間中における継続的な職務執行に対する対価の一部であって、報酬の後払いとしての性格を有することから、役員の退職給与が適正な額の範囲で支払われるものである限り（同条2項参照）、定期的に支払われる給与等（同条1項各号参照）と同様の経費として、法人の所得の金額の計算上、損金の額に算入すべきものとする趣旨に出たもの」であると立法の趣旨をまず確認する。そのうえで、同法の趣旨に鑑みて、同項括弧書きの「退職給与とは、役員が会社その他の法人を退職したことによって支給され、かつ、役員としての在任期間

中における継続的な職務執行に対する対価の一部の後払いとしての性質を有する給与」と述べて、退職給与に該当するための要件を明示する。

　さらに、役員が実際に職場から退職した場合でなくとも、「役員の分掌変更又は改選による再任等がされた場合において、例えば、常勤取締役が経営上主要な地位を占めない非常勤取締役になったり、取締役が経営上主要な地位を占めない監査役になるなど、役員としての地位又は職務の内容が激変し、実質的には退職したと同様の事情にあると認められるときは、その分掌変更等の時に退職給与として支給される金員も、従前の役員としての在任期間中における継続的な職務執行に対する対価の一部の後払いとしての性質を有する限りにおいて、同項括弧書きにいう退職給与に該当する」として、「退職」の概念には、形式的な職場からの離脱だけではなく、分掌変更等により実質的に職場から離脱し、かつ、役員としての在任期間中における継続的な職務執行に対する対価の一部の後払いとしての性質を有する給与も、退職概念に包含されると判示した。

　⑵　**法人税法34条１項の退職給与の判断基準と法人税基本通達９－２－32の位置づけ**

　そして、裁判所は、本件通達は、実質的な退職と同様の事情にあるものと認められるものの例示を定めたものであることを確認している。すなわち、本件通達は、「役員の分掌変更又は改選による再任等に際して、法人の役員が実質的に退職したと同様の事情にあるものと認められ、その分掌変更等の時に退職給与として支給される金員を損金の額に算入することができる場合についてその例示等を定めたもの」と、その位置づけを確認した。

　⑶　**実質的に退職したと同様の事情と認められるか否かの認定**

　裁判所は、①Ｄの代表取締役退任前後の状況と経営上主要な地位に重点を置いて、②Ｄの月額報酬について検討したうえで、以下のとおり判断している。

　すなわち、①(i)Ａの代表取締役の就任にあたって、Ｘの経営に支障が生じないよう、Ｄは引き続き当分の間はＸの経営に関与してＡに対する指導や助

言を行い、Aの経営責任者としての経営全般に関する知識や経験の不足を補うこと、(ⅱ)Aの代表取締役就任後、Xの経営に関する法令上の代表権を有しているが、AがXの経営責任者として自ら単独で経営判断できるようになるまで、DがAに対する指導と助言を行い、引き続き相談役としてXの経営判断に関与していたこと、(ⅲ)Dは、営業会議、合同会議に出席しなかったが、議事録の回付により経営の内容の報告を受けて確認し助言や指導を行い、代表者会議に引き続き出席し、経営上の重要な情報の収集及び個別案件の経営判断に影響を及ぼし得たこと、(ⅳ)Dは、Xの資金繰りに関する窓口役を務めて主要な取引先の銀行から実権を有する役員と認識されており、Aに代わって対外的な来客への応対を行い、対外的に経営上主要な地位を占めていたこと、②Dの月額報酬はXの代表取締役を退任する前の205万円から70万円に大幅に減額されているが、Dがその減額後もAと遜色のない月額報酬の支払を受けていることから、Dは、Xの代表取締役退任後も、「対内的にも対外的にもXの経営上主要な地位を占めていたものと認められるから」、「本件金員の支給及び退職金勘定への計上の当時、役員としての地位又は職務の内容が激変して実質的には退職したと同様の事情にあったとは認められない」と認定した。

(4) 実質的に退職したと同様の事情と判定時期の基準

裁判所は、法人税法22条3項2号は、一般管理費の損金算入時期の基準について、債務確定主義を採用していることを確認した。そして、本件金員の退職給与該当性の判断時期の基準は、平成23年5月30日にDがXの代表取締役の退任を取締役会の決議によってその金額が決定されたものであり、同年6月15日にDに支給され、同月30日付けでXの退職金勘定に計上されたものであるから、本件金員の支払債務の確定する同月を基準として判断すべきであるとした。そのうえで、役員としての地位又は職務の内容が激変して実質的に退職したと同様の事情にあるかの認定において、退任後の事情を参酌するとしても、あくまでも、退職給与該当性の判断につき、事実上斟酌される事柄にすぎないことを確認している。

(5) 立法裁量論に立脚した合憲判断

　Xの本件金員の損金算入が否定されると、支給額分だけ減額されたXの法人所得は、支払いにより担税力が減殺されている事実があるにもかかわらず、本件金員の支給事実を担税力の測定のために課税所得に永久的に反映させることができないから、租税公平主義に反するというXの主張に対し、裁判所は、大島訴訟最高裁判決で示された租税法規の違憲判断の基準である立法裁量論に立脚した違憲判断の基準を次のように展開した。すなわち、「租税は、今日では、国家の財政需要を充足するという本来の機能に加え、所得の再分配、資源の適正配分、景気の調整等の諸機能をも有しており、租税負担を定めるについて、財政、経済、社会政策等の国政全般からの総合的な政策判断を必要とするばかりでなく、課税要件等を定めるについて、極めて専門技術的な判断を必要とすることも明らかであって、租税法の定立については、国家財政、社会経済、国民所得、国民生活等の実態についての正確な資料を基礎とする立法府の政策的、技術的な判断に委ねるほかはなく、裁判所は、基本的にはその裁量的判断を尊重せざるを得ないものというべきであるから、租税法の分野における費用の性質の違い等を理由とする取扱いの区別は、その立法目的が正当なものであり、かつ、当該立法において具体的に採用された区別の態様が上記目的との関連で著しく不合理であることが明らかでない限り」、「租税公平主義に反するものとして憲法14条1項の規定に違反するものということはできない」と解するのが相当であるとして、立法裁量論に基づき、合理性の基準と明白性の基準を組み合わせた合憲性の判断基準を用いている。

　そして、同法34条1項の規定する「役員給与（退職給与等を除く。）のうち同項各号に掲げる給与（定期的に支払われる給与等）のいずれにも該当しないものの額が損金の額に算入されないこととされているのは、法人と役員との関係に鑑みると、役員給与の額を無制限に損金の額に算入することとすれば、その支給額をほしいままに決定し、法人の所得の金額を殊更に少なくすることにより、法人税の課税を回避するなどの弊害が生ずるおそれがあり、課税の

公平を害することとなるためである」とし、同項の規定は、その立法目的は正当で、その課税要件等の定めも当該立法目的との関連で合理性を有すると判断している。

5 「退職」概念の意義と「これらの性質を有する給与」

上述したように判例は、退職所得該当性として 3 要件を要求するが、税法上の退職は雇用契約関係の解消に限らずに、実質的な職場からの離脱を含むものとしている。

租税法上の退職の概念は固有概念として受け入れられており、租税法上の退職は、職場からの離脱ではなく勤務からの離脱を意味するから、役員の分掌変更等も退職概念に含まれると理解されている。すなわち、「一種の固有概念であり、民法上の雇用契約の終了というよりは、従来の勤務からの離脱を意味する[12]」と理解されている。

したがって、退職給与が「退職者が長期間特定の事業所等において勤務してきたことに対する報酬及び右期間中の就労に対する対価の一部分の累積たる性質をもつとともに、その機能において、受給者の退職後の生活を保障し、多くの場合、いわゆる老後の生活の糧となるもの[13]」であることに鑑み、退職とは、「法律上の雇用関係の終了の事実ではなく、身分の喪失、分掌変更等のように雇用関係の条件・内容等に著しい変更のある事実[14]」をいうこととなるだろう。学説は、この理解を通説として踏襲している[15]。

判例・通説は、形式的な退職の事実の存在を要素としていないが、「これらの性質を有する給与」については、学説上、見解が分かれる。

第一に、「雇用関係ないしそれに準ずる関係の終了ないしはそれらの関係からの離脱を意味するところの社会的観念として理解すべきである」として、退職所得に対する経過措置の趣旨から、雇用関係の離脱ではないが、「勤務条件及び勤務内容に大幅な変更があったため、実質的に見て退職と同視しても不合理ではないような場合に支給される給与を意味する」という見解である[16]。この見解は、形式的な退職の要件を満たさないが、実質的にみて

退職と同視しても不合理ではないような場合に支給される一時に受ける給与は、退職給与に該当するとする。退職後の生活の糧としての給与の一部の後払い及び一時金であることを前提条件としたうえで、実質的な退職の範囲を限定的に捉えられるべきものとする考え方である[17]。

　第二に、退職所得に該当するためには、「『退職事実の存在』は絶対的な条件ではないが、いわゆる『勤務年数の打切り計算』が絶対的な条件になっている」[18]として、勤務年数の打切りを絶対条件としたうえでの再雇用も退職給与に包含するとの見解である。この見解は、退職と同視し得る事実がなくとも、もっぱら、継続的な労務に対する後払いの対価の性質を重視して、勤務年数の打切り計算が行われている場合には、退職給与に該当するとする見解といえよう。

　第三に、支給された金員の経済的実質が、「形式的・実質的に退職という事実がなくても（換言すると、雇用が継続しても）、退職と同視できる事実（いわゆる打切り支給の事実）があり、退職金の性質を有するもの」[19]であれば、前払退職金であっても退職所得として取り扱うとするものである。この見解は、退職と同視し得る事実の要素が、希薄であっても、実質的な退職給与として、継続的な労務に対する後払いの対価の性質を有し、一時金としての要素を重視している。

　第四に、「打切り支給であると推認できる事実があ」り、かつ「『退職金』受給者の勤務内容等が激変している」条件の下で、支給される金員が、退職金に該当するという見解である[20]。この見解は、労務の対価としての性質の要素と、職場からの実質的な離脱の要素を重視する見解である。

6　本判決の法解釈の誤りについて―税法上の退職概念は固有概念であり、役員の分掌変更等は退職概念に該当することについて

(1)　税法上の適正な退職概念―分掌変更も退職に含まれることが判例の見解

　分掌変更等による退職給与の判断基準の判例・学説上の通説を以下のよう

に整理できる。

　すなわち、「税法上の退職の概念は、『一種の固有概念であり、民法上の雇用契約の終了というよりは、従来の勤務からの離脱を意味すると解すべきであろう」と理解されており、学説・判例もこの理解を通説として踏襲している。

　<u>この税法上の「退職」の概念は固有概念として受け入れられており、税法上の退職は、職場からの離脱を意味するだけでなく、従来の勤務内容、勤務の性質、労働条件の変更など含む分掌変更等による従来の勤務からの離脱をも含む概念であるという、まさに税法固有の概念であるところに注意を要する。</u>

　本判決には、退職給与の定義規定の解釈から確立した学説・判例に示されている退職給与の判断の基準を本件判断に採用すべきであったが、Xが主張した以下の基準を用いず、通達の基準を過大評価して判断したという誤りがある。

　したがって、本件においても、Dが代表取締役退任と同時に職場から離脱したか否かではなく、従前の代表取締役の職務から離脱し、分掌が実質的に変更されたか否かが退職の有無を判断するうえでの基準として採用すべきであった。

　この退職概念の考え方について、代表的裁判例は「退職」のよる具体的な判断の基準を以下のとおり判示している。

　すなわち、会社の使用人（執行役員）が執行役に就任するにあたり、会社の就業規則及び退職金規程に基づいて退職一時金を受領した際の退職金が退職給与に該当するか否かが争点とされた事案で、大阪高判平成20年9月10日[22]は「執行役員から執行役に就任するという身分関係の異動は、①形式的、名目的なものではなく、当該勤務関係の性質、内容、労働条件等において重大な変動があって、②形式的には継続している勤務関係が実質的には単なる従前の勤務関係の延長とは見られないなどの特別の事実関係が認められ、本件各金員は、このような新たな勤務関係に入ったことに伴い、それまでの③<u>従</u>

業員としての継続的な勤務に対する報償ないしその間の労務の対価を一括精算する趣旨のもとに一時金として支給されたものであるから、少なくとも所得税法30条1項（退職所得）の「これらの性質を有する給与」に該当する」（筆者傍線および番号）と判示して、原告納税者（会社）の主張を認容している。実質的に上記傍線①ないし③の要件を充足している場合には、雇用関係の終了がなくとも、分掌変更が実質的に認定されると、税法上の退職に該当することを明確に判示している。

　この退職給与の認定判断の基準を本件Dへの退職金支給の事実に当てはめると、退職給与と認定判断できるとXは主張している。

　(2)　所得税法30条1項の定める退職給与の定義規定による退職給与の要件

　退職給与の該当性判断の判例法理は以下のとおり整理できる。

　最高裁昭和58年9月9日判決は、「ある金員が、右規定にいう『退職手当、一時恩給その他の退職により一時に受ける給与』にあたるというためには、それが、(1)退職すなわち勤務関係の終了という事実によってはじめて給付されること、(2)従来の継続的な勤務に対する報償ないしその間の労務の対価の一部の後払の性質を有すること、(3)一時金として支払われること、との要件を備えることが必要であり、また、右規定にいう『これらの性質を有する給与』にあたるというためには、それが、形式的には右の各要件のすべてを備えていなくても、実質的にみてこれらの要件の要求するところに適合し、課税上、右『退職により一時に受ける給与』と同一に取り扱うことを相当とするものであることを必要とすると解すべきである。」としている。

　また、最高裁昭和58年12月6日判決は、上記判決を引用した上で、更に「これらの性質を有する給与」の判断につき、「当該金員が定年延長又は退職年金制度の採用等の合理的な理由による退職金支給制度の実質的改変により精算の必要があって支給されるものであるとか、あるいは、当該勤務関係の性質、内容、労働条件等において重大な変動があって、形式的には継続している勤務関係が実質的には単なる従前の勤務関係の延長とはみられないなど

の特別の事実関係があることを要するものと解すべき」と判示している。

この判例法理は、退職給与と評価できるか否かの判断の基準（評価的要件）を、従前の「勤務関係の終了」、定年延長などの合理的理由による「打ち切り支給」や、「当該勤務関係の性質、内容、労働条件等において重大な変動（分掌変更）」の存在による「打ち切り支給」の存否によることを判示している。

(3) **本判決の「実質的に退職と同様の事情」を例示した通達を過度に尊重した判断の基準の評価**

本判決は、法人税法34条1項括弧書き規定の趣旨は、「役員の退職給与は、役員としての在任期間中における継続的な職務執行に対する対価の一部であって、報酬の後払いとしての性格を有することから、役員の退職給与が適正な額の範囲で支払われるものである限り（同条2項参照）、定期的に支払われる給与等（同条1項各号参照）と同様の経費として、法人の所得の金額の計算上、損金の額に算入すべきものとする」ことにあることをまず確認している。

そのうえで、同趣旨に鑑みれば、「同項括弧書きにいう退職給与とは、役員が会社その他の法人を退職したことによって支給され、かつ、役員としての在任期間中における継続的な職務執行に対する対価の一部の後払いとしての性質を有する給与であると解すべきであり、<u>役員が実際に退職した場合でなくても、役員の分掌変更又は改選による再任等がされた場合において</u>（筆者傍線）、例えば、常勤取締役が経営上主要な地位を占めない非常勤取締役になったり、取締役が経営上主要な地位を占めない監査役になるなど、<u>役員としての地位又は職務の内容が激変し、実質的には退職したと同様の事情にあると認められるときは、その分掌変更等の時に退職給与として支給される金員も、従前の役員としての在任期間中における継続的な職務執行に対する対価の一部の後払いとしての性質を有する限りにおいて、同項括弧書きにいう退職給与に該当するものと解するのが相当である。</u>」（筆者傍線）と判示したうえで、「以上に説示したところと同様の趣旨から、役員の分掌変更又は改

選による再任等に際して、法人の役員が実質的に退職したと同様の事情にあるものと認められ、その分掌変更等の時に退職給与として支給される金員を損金の額に算入することができる場合についてその例示等を定めたものであると解される。」として、本件通達が例示規定であることを明確にしている。

すなわち、本判決は、「分掌変更又は改選による再任等がされた場合も」以下の２つの要件を充足すれば退職給与に該当すると判示している。

① 「役員としての地位又は職務の内容が激変し実質的に退職したと同様の事情がある」（以下では「職務激変基準」という。）

② 「従前の役員としての在任期間中における継続的な職務執行に対する対価の一部の後払いとしての性質を有する」ことが認められるとき（以下では「労務対価性の要件」という。）

本判決には、「職務の内容が激変し」、その激変は「実質的に退職と同様の事情」にあると評価できる場合であることを判断の基準とすること、すなわち従来の判例法理を踏襲することを明らかにしながら、本件判断においては、「実質的に退職と同様の事情」を例示した通達の例示規定を重視し、本件通達を過大評価するという法律評価の誤りを犯している。

そして、「実質的に退職と同様に事情」にあるか否かは、職務が激変しているか否かの事実認定を適正に行ったうえで、その職務激変の評価根拠事実の存否により判断されるべきものである。

本判決は、通達の文言、すなわち、「実質的に退職と同様に事情」を職場からの離脱（雇用関係の終了）と解しているようである。本件の争点である「実質的に退職と同様の事情の存否」における、退職とは雇用関係の離脱ではなく、分掌が変更されているが、「引き続き在職する場合」を意味するのである。そして、分掌変更が明確になされた役員に対する「臨時的給与」を退職給与と取り扱うのである。[23]

そうすると、職場からの離脱を意味しない、分掌変更を「退職」と評価する税法上の固有概念ともいえる「退職」の概念について適正に解釈し、評価すべきである。

7 むすび―本判決の評価

最高裁昭和58年9月9日判決は、「ある金員が同項の定める退職所得に該当するというためには、当該金員が、〔1〕退職すなわち勤務関係の終了という事実によって初めて給付されること（以下これと同視すべき場合も含めて「退職基因要件」という。）、〔2〕従来の継続的な勤務に対する報償ないしその間の労務の対価の一部の後払いの性質を有すること（以下これと同視すべき場合も含めて「労務対価要件」という。）、〔3〕一時金として支払われること（以下これと同視すべき場合も含めて「一時金要件」という。）の要件を備えることが必要であり、また、上記各要件の全てを備えていなくても、実質的に見てこれらの要件の要求するところに適合し、課税上、『退職により一時に受ける給与』と同一に取り扱うことを相当とするものであることを必要とする（最高裁昭和53年（行ツ）第72号同58年9月9日第二小法廷判決・民集37巻7号962頁参照）」との退職給与該当性の判例の判断基準を当てはめると、以下の結論になる。

XのDへの退職金支払いの事実は、以下の3要件をすべて充足しているように思われる。

すなわち、勤務関係の終了を原因として本件退職金は支給され（退職基因要件）、その支給は従来の継続的勤務に対する報償の一部後払いの性質を持ち（労務対価要件）、一時金として支払われた（一時金要件）のであるから、すべての要件を充足することになる。本件退職金支払は退職給与と評価することが適正な評価であり、退職給与であることを否定した本判決には疑問を呈せざるを得ない。

本判決は、この通達の「実質的に退職したと同様の事情にある」との文言を強調し、しかも租税法の固有概念とは異なる職場からの離脱を強く意識した、誤った退職概念に基づいて、本件分掌変更による役員の退職を否定する判断を下した評価できよう。通達の法源性は否定されているのであるから、通達の定めに左右されることなく租税法上の定義規定の適正な法解釈により導出された基準により本件も判断されるべきであったといえる。

退職給与について、法人税法は定義規定を置いていないが、所得税法は30

条1項に定義規定を定めている。同規定の解釈をめぐる判例は確立しているのであるから、裁判所は通達を過度に評価すべきではないことは租税法律主義の視点からも当然といえよう。

さらに、担税力に応じた課税を求める租税公平主義の視点からも、数千万円の退職金支払いは担税力を大きく減殺したのであるが、その担税力減殺は本件のXの法人税課税には損金算入の否認により全く反映されないという結果となった。職務引き継ぎのために数ヶ月、退任した会社にDが出社したことから退職金支出が否認され同支出が法人所得に永久に反映されない（担税力減殺の事実）ことになった結果は、Xに担税力に応じた課税（租税公平主義）に反する過酷な結果をもたらすことになったといえよう。

注
1) 法人税法34条1項に規定される役員に対する報酬等の損金不算入を争点とした事例を検討する文献として、増田英敏「判批」TKC税研情報26巻2号18頁以下（2017年）等を参照されたい。
2) 本書150頁以下を参照されたい。
3) 最判昭和58年9月9日民集37巻7号962頁。
4) 最判昭和58年12月6日訟月30巻6号1065頁。
5) 通達は、役員退職金の実質的な退職と同視しうる事実の例示であるにもかかわらず、通達の定める例示に該当するか否かが、さらに実質的に判断されることから、実質的に退職と同視される分掌変更における3つの例示を要件と捉える見解としては、林仲宣＝高木良昌「判批」税弘66巻2号87頁（2018年）参照。
6) 大阪高判平成20年9月10日税資258号順号11020。また、大阪高判昭和54年2月28日訟月25巻6号1699頁は、従業員から役員に昇任した際に、従業員であった期間に対応して打切支給された金員が退職給与に該当することを認容した。この他にも、使用人から執行役に就任するにあたって退職金規定に基づき支給された金員が、打切支給の条件が明示されていなかったとしても、従前の勤務関係の延長とはみられない実質を有する新たな勤務関係に入ったことに伴い、上記3要件を充足すると認められたものがある（大阪地判平成20年2月29日判夕1267号196頁。）。
7) 東京高判平成17年9月29日訟月52巻8号2602頁。
8) 東京地裁平成17年2月4日訟月52巻8号2610頁。
9) 大阪高判平成18年10月25日税資256号順号10553。
10) 京都地判平成18年2月10日税資256号順号10309。京都地裁は、退職給与について定義しないが、東京地判平成17年2月4日と類似し、通達による基準に近似する基準を明示するものの、他方で、法人税法上の役員給与と対になる所得税法の退職所得については、判例の基準を踏襲している。なお、同様の事実と同様の論拠により、退職給与該当性は否定されている。本件では、退職所得として取扱う余地がある者がいるとの指摘がある（品川芳宣「判批」税研130号102頁（2006年））。
11) 最（大）判昭和60年3月27日民集39巻2号247頁。

12) 金子『租税法』257頁。
13) 最判昭和58年9月9日、前掲注3)。
14) 宮谷俊胤「給与所得および退職所得の源泉徴収制度」日税15号118頁(1991年)。
15) 岩﨑政明「判批」ジュリ1369号131頁(2008年)。
16) 金子宏「判批」判評313号182頁(1985年)。
17) なお、分掌変更等に伴って支給された退職金を「退職所得」として取扱うことを、所得税基本通達が特例と認めたものであり、厳格に適用すべきとする見解に対して、所得税法30条1項の解釈として判例で認められたものを例示したにすぎないとして、租税法律主義の視点から批判するものとしては、品川芳宣「判批」TKC税情24巻4号112頁(2015年)。
18) 吉良実「判批」民商90巻6号926頁(1984年)。
19) 山田二郎「退職金前払い制度と税務上の取扱い」東海法学25号13頁(2001年)。
20) 安井栄二「退職所得に関する一考察」水野武夫先生古稀記念論文集刊行委員会編『行政と国民の権利』464頁(法律文化社、2011年)。
21) 金子、前掲注12)、247頁。
22) 大阪高判平成20年9月10日税資258号-162順号11020。
23) 安井和彦『逆転裁判例に見る事実認定・立証責任のポイント』222頁以下(税務研究会出版局、2016年)。

第18章

法人税裁判事例研究 V
―自己株式の取得と同族会社の行為計算否認規定の適用の可否
（IBM 事件）

東京地裁平成26年5月9日判決（全部取消し、被告控訴、納税者勝訴）
（平成23年(行ウ)第407号法人税更正処分取消等請求事件（第1事件）、平成24年(行ウ)第92号法人税更正処分取消等請求事件（第2事件）、平成25年(行ウ)第85号通知処分取消請求事件（第3事件））
判タ1415号186頁
控訴審　東京高裁平成27年3月25日判決（棄却、上告受理申立、納税者勝訴）
（平成26年(行コ)第208号各法人税更正処分取消等、通知処分取消請求控訴事件）
時報2267号24頁
上告審　最高裁平成28年2月18日決定（不受理、確定、納税者勝訴）
（平成27年(行ヒ)第304号）
税資266号順号12802

☞　**研究のポイント**

　本件は、有価証券の本件各譲渡に係る譲渡損失額が本件各譲渡事業年度において原告の所得の金額の計算上損金の額に算入されて欠損金額が生じたことによる法人税の負担の減少が、法人税法132条1項にいう「不当」なものと評価することができるか否かが争点とされた事件で、いわゆるIBM事件として注目された事案である。
　法人税法132条1項は、「その法人の行為又は計算で、これを容認した場合には法人税の負担を不当に減少させる結果となると認められるものがあるとき」には、税務署長はその行為又は計算にかかわらず、否認権を行使することができることを規定したものである。税務署長の伝家の宝刀とも称されてきた。
　研究のポイントとしては、不確定概念と批判される「法人税の負担を不当に減少させる」という「不当性の判断基準」（合理性基準説）を本件により理

解することが第1の研究のポイントといえよう。特に不当と評価し得る「評価根拠事実」に着目して本判決を検討してみよう。

さらに、租税行政庁は、租税公平主義の視点から、この特殊関係者間取引については、経済的合理性を充足し得ない不合理な取引が行われがちである実態に着目して、当該取引の諸条件に経済的合理性が存するか否かについて厳格に検証する傾向にある。本判決と相前後して判決が下された、いわゆるヤフー・IDCF事件東京地裁平成26年3月18日（民集70巻2号331頁）判決と本判決の論旨を比較することも有益な研究ポイントなる。

I 事案の概要

1 事実

本件は、外国法人であるWB社を唯一の社員とする同族会社であった原告（内国法人）（以下「X」という。）が、平成14年2月に海外の親会社であるWB社から日本B社の発行済株式の全部の取得（本件株式購入）をし、その後、平成17年12月までに3回にわたり同株式の一部をそれを発行した法人である日本B社に譲渡（本件各譲渡）をして、当該株式の譲渡に係る対価の額（利益の配当とみなされる金額に相当する金額を控除した金額）と当該株式の譲渡に係る原価の額との差額である有価証券（日本B社の株式）の譲渡に係る譲渡損失額を本件各譲渡事業年度の所得の金額の計算上損金の額にそれぞれ算入し、このようにして本件各譲渡事業年度において生じた欠損金額に相当する金額を、平成20年1月1日に連結納税の承認があったものとみなされた連結所得の金額の計算上損金の額に算入して平成20年12月連結期の法人税の確定申告をしたところ、処分行政庁が、法人税法132条1項の規定を適用して、本件各譲渡に係る上記の譲渡損失額を本件各譲渡事業年度の所得の金額の計算上損金の額に算入することを否認する旨の更正の処分（本件各譲渡事業年度更正処分）をそれぞれするとともに、そのことを前提として、①平成16年12月期、平成18年12月期及び平成19年12月期並びに平成20年12月連結期の各法

人税の更正の処分、②平成21年12月連結期及び平成23年12月連結期の各法人税の更正の処分及び各過少申告加算税の賦課決定処分並びに③Xがした平成22年12月連結期の法人税につき更正をすべき旨の請求（平成22年分更正の請求）に対する更正をすべき理由がない旨の通知の処分（平成22年分通知処分）をそれぞれしたため、Xが、本件各譲渡事業年度更正処分は同項の規定を適用する要件を満たさずにされた違法なものであるとして、本件各更正処分等の取消しを求めた事案である。

2　争点

本件の争点は以下の3点である。
(1)　本件各譲渡による有価証券の譲渡に係る譲渡損失額が本件各譲渡事業年度においてXの所得の金額の計算上損金の額に算入されて欠損金額が生じたことによる法人税の負担の減少が、法人税法132条1項にいう「不当」なものと評価することができるか否か（争点1）
(2)　前記(1)において法人税の負担の減少が法人税法132条1項にいう「不当」なものと評価することができる場合に、処分行政庁による本件各譲渡事業年度の課税標準等に係る引き直し計算が適法であるか否か（争点2）
(3)　本件更正理由に理由の附記の不備による違法があるか否か（争点3）

なお、本件の各事件の前提となる事実関係及び各争点に対する当事者の主張の詳細は、判決文を参照されたい。

Ⅱ 判旨

1 法人税法132条1項について

「法人税法132条1項は、税務署長は、内国法人である同族会社（同項1号）に係る法人税につき更正又は決定をする場合において、その法人の行為又は計算で、これを容認した場合には法人税の負担を不当に減少させる結果となると認められるものがあるときは、その行為又は計算にかかわらず、税務署長の認めるところにより、その法人に係る法人税の課税標準若しくは欠損金額又は法人税の額を計算することができる旨を定めており、同項は、その趣旨、目的に照らすと、上記の『法人税の負担を不当に減少させる結果になると認められる』か否かを、専ら経済的、実質的見地において当該行為又は計算が純粋経済人の行為として不合理、不自然なものと認められるか否かを基準として判定し、このような客観的、合理的基準に従って同族会社の行為又は計算を否認する権限を税務署長に与えているものと解するのが相当である（最高裁昭和53年判決参照）。」

2 争点1のうち、本件各譲渡を容認して法人税の負担を減少させることが法人税法132条1項にいう「不当」なものと評価されるべきであるとして被告（以下「Y」という。）が主張する評価根拠事実について

「Yは、本件において、本件各譲渡を容認して法人税の負担を減少させることは法人税法132条1項にいう『不当』なものと評価されるべきである旨主張し、その評価根拠事実として、①Xをあえて日本B社の中間持株会社としたことに正当な理由ないし事業目的があったとはいい難いこと、②本件一連の行為を構成する本件融資は、独立した当事者間の通常の取引とは異なるものであること及び③本件各譲渡を含む本件一連の行為に租税回避の意図が認められることを挙げるから、順次検討を加えることとする。」

3　Xをあえて日本B社の中間持株会社としたことに正当な理由ないし事業目的があったとはいい難いか否かについて

「(ア)　日本B社等4社をXの子会社とした事情等

　米国B社及びB社グループにおいては、製造と販売を異なる事業と認識し、各国に1社ずつ販売事業者を置くものとされ、日本においては、日本B社が販売事業を行うための会社との位置づけがされていた。他方、製造事業については、世界中での販売事業における需要に応えるために米国B社が直轄で管理するものとされていたところ、米国B社及び日本におけるB社グループにおいては、日本B社の事業と指揮や命令の系統が異なる事業は、日本B社と分離しておくことが経営管理上必要かつ当然であると考えられており、そのような事業が日本B社の決算等に影響を与えないようにすることが必要であると考えられていた。

　WB社がXの持分を取得した当時、日本におけるB社グループを成す会社には、日本B社以外に、アジア太平洋地域にあるB社グループの事業を支援していたC社並びに製造事業を行うD社（液晶パネルの製造）及びE社（半導体等の製造）があったが、これらについては、上記のとおり、日本B社と全く事業内容が異なっていたため、C社、D社及びE社について、日本B社の子会社として日本B社の業績に反映させることは考えられていなかった。

　(イ)　米国B社が主導した企業の買収に係る事情等
　　a　日本におけるPwCCの買収

　Pwcによるコンサルティング業務に係る事業（PwCC）のうち日本におけるものは、従業員約1650名を擁する大きな事業であったところ、B社グループが全世界においてPwCCを買収するに当たり、日本においては、(a)いわゆる企業文化、労働条件等が日本B社と全く異なっていること等から、コンサルティング業務に従事している者の市場における流動性が高いこともあって多数の従業員が退職するおそれがあったこと、(b)システムの設計と構築を分離して発注する日本の官公庁による慣習の下では、日本B社がこれまで受注してきたシステムの構築業務の受注をすることができなくなるおそれがあ

ったこと、(c)日本におけるPwCCは、日本B社の競業会社を顧客としており、これらの顧客から契約を解除されるおそれがあったこと、(d)PwCC株式会社の社長が、日本B社の社長（当時）であったbよりも日本B社の入社年次の高いcであったため、同人の処遇の問題が生じることという諸事情があったことから、これらの事情を踏まえ、米国B社は、日本B社にPwCC株式会社を直接吸収合併させるよりも、同社からその事業を譲り受けたG社をXの子会社とし、当分の間、日本B社といわゆる兄弟会社の形とする方が妥当であると判断し、実際にもG社（商号の変更後はH社）を日本B社に吸収合併させるまでに約7年半を要した。

　　b　I社及びJ社の買収

　I社及びJ社の買収については、Xは、これらの会社の株式を短期間保有したのみであり、その後に日本B社がこれらの会社をいずれも吸収合併しているところ、これは、これらの会社の規模が小さく、最終消費者がいないために買収先の企業文化の尊重等の時間をかけて調整すべき課題が少なかったことに起因するものである。

　(ウ)　日本B社による独自の企業の買収の検討等

　日本B社は、米国B社によるものとは別に日本独自の企業の買収を具体的に検討し、dが、平成11年7月、買収の候補となった会社の社長に対し、直接、買収の申入れをするなどの具体的な努力をしたことがあったものの、その際に、日本B社が直接買収することに対する強い抵抗感を示されるなどしたため、Xをいわゆる受皿会社として使用することにより、日本B社とは別系列の同格の組織とするような買収の仕組みを整備することによって、企業の買収が容易になるものと期待されていた。もっとも、日本には、B社グループの事業戦略上の補完ができ、いわゆるシナジー効果を見込むことができるような適正な価格のソフトウェアの開発等に携わる会社が極めて少なかった。」

　ウ　米国B社に係る税額控除の繰越しの状況等

　「米国連邦税法上、米国外で課税された所得について当該外国で課された

税額を法人所得税の額から控除すること（外国税額の控除）等が認められ、各国から送金される配当等に対して各国政府によって課された源泉所得税は上記の外国税額の控除により調整されて国際二重課税が排除されるのが原則であるが、米国においては一定額以上の収入がある場合にこれらの損金への算入や税額控除（外国税額の控除を含む。）を制限する制度（いわゆる代替ミニマム税ないし最低ミニマム税。）があり、これにより控除が認められなかった本来の税額控除の対象となる額（外国税額を含む。）は将来の事業年度に持ち越される（税額控除の繰越し。ただし、所定のいわゆる繰越期間を経過するとこれを回収することができない。）ところ、2002年（平成14年）頃、米国B社においては、税額控除の繰越しが多額〔例えば、同年の米国B社の税額控除の繰越額は、22億3400万米ドル（当時の換算レートによる邦貨換算で約2678億5660万円）である。〕になっており、外国税額についても直近の事業年度で調整の対象とされず、直ちには国際的二重価税が解消されない状況にあった。

WB社がXの持分を取得する前は、日本B社がWB社に対してした配当（配当とみなされる自己の株式の取得を含む。）には支払金額の10％の源泉所得税〔所得税法161条5号、212条1項、213条1項1号、日米租税旧条約（平成14年当時のもの）12条2項(b)〕が課される一方、上記のとおり、米国B社は、多額の税額控除の繰越しを抱えていたために、上記の源泉所得税の額に係る税額控除を直ちには受けられない状況にあった。

他方、WB社がXの持分を取得した後は、Xが米国に送金すべき金銭の一部を貸付金（本件融資）の元本の返済（これには源泉所得税が課されない。）として米国に送金することになり、当該貸付金の利子の支払に当たる部分には源泉所得税が課されたものの、従来に比べると源泉所得税が課される対象となる部分が縮減した。また、日本B社がXに対して利益の配当又は自己の株式の取得による金銭の交付としての金銭の支払をした際に徴収する源泉所得税（所得税法174条2号、212条3項）の税率は20％（同法213条1項1号）であったが、これはXの法人税の額と調整され、Xに所得がない場合には還付されるものであり〔同法174条2号、法人税法68条1項、74条1項3号（平成22年法律第

6号による改正前のもの)、75条の2第1項(平成22年法律第6号による改正前のもの)、78条1項(平成14年譲渡については平成14年法律第79号による改正前の法人税法79条1項)〕、現に、Xは、本件各譲渡の際に日本B社が源泉徴収した源泉所得税の額については、本件各譲渡事業年度の法人税の確定申告をすることによりその全額の還付を受けている。そして、いずれの事業年度においてもおおむね源泉所得税の納付(1月)の翌々月(3月)には還付を受け、還付を受けた額に相当する金銭についても借入金の返済等としてWB社に送金していた。」

「(2) 前提事実及び前記(1)に認定した事実によれば、Xは、①米国B社が主導的にした日本におけるB社グループを成す会社に係る組織の再編における持株会社又は企業を買収した複数の案件における受皿会社としてそれぞれ一定の役割を果たしたとはいえないとまではいい難いし、②資金を柔軟に移動させることを可能としたりB社グループに係る租税の負担を減少させたりすることを通じてB社グループが必要とする資金をより効率的に使用することを可能とするような一定の金融上の機能(金融仲介機能)を果たしていないともいい難い上、③上記の企業を買収した複数の案件以外の企業を買収する案件における受皿会社としての一定の役割を果たすことも期待されていたことも一概に否定し難いと認められる。上記①ないし③を前提とすれば、Xに持株会社としての固有の存在意義がないとまでは認め難いというべきである上、企業グループにおける組織の在り方の選択が基本的に私的自治に委ねられるべきものであることや、法令上、外国にある持株会社と我が国にある事業会社との間に有限会社である持株会社を置くことができる事由を限定する規定が見当たらないことも考慮すると、WB社と日本B社との間に中間持株会社としてのXを置いたことに税負担の軽減以外の事業上の目的が見いだせないともいい難いというべきである。

以上によれば、Xを日本におけるB社グループを成す会社に係る中間持株会社として置いたことに正当な理由ないし事業目的がなかったとはいい難いというべきであり、他にXが中間持株会社として置かれることの正当な理由

又は事業目的があったとはいい難いことを裏付ける証拠ないし事情等は見当たらない。」

4 本件一連の行為を構成する本件融資は、独立した当事者間の通常の取引とは異なるものであるか否かについて

「Xは、本件融資のされた当時、日本B社等4社の発行済株式の全部を保有していた上、…中略　基本的にいずれもB社グループに属するWB社及び日本B社以外の者と債権債務関係が発生することが想定されていないことが認められるから、これらの事情を前提とすれば、…中略　本件融資が、独立した当事者間の通常の取引として到底あり得ないとまでは認め難いというべきである。Yは、本件融資がXにとって極めて有利な内容である上、当初から約定どおりに返済されることも予定されていなかったとうかがわれる旨を指摘するが、これらの事情はいずれも上記の認定判断を直ちに左右するものとまではいい難く、他に、本件融資が独立した当事者間の通常の取引として到底あり得ないというべきことをうかがわせる証拠ないし事情等も格別見当たらない。」

5 本件各譲渡を含む本件一連の行為に租税回避の意図が認められるか否かについて

「Yは、本件各譲渡を含む本件一連の行為に租税回避の意図が認められるとして、①本件株式購入及び本件各譲渡は経済的合理性がないこと、②Xに有価証券の譲渡に係る譲渡損失額が生ずることとなった経緯から米国B社が税負担の軽減を目的として意図的にXに有価証券の譲渡損を生じさせるような事業目的のない行為である本件一連の行為をしたことを推認することができること、③Xが中間持株会社として置かれた当初からいわゆる連結納税制度を利用して本件各譲渡によりXに生ずる有価証券の譲渡に係る譲渡損失額を連結所得の金額の計算上損金の額に算入することが想定されていたことが合理的に推認されること及び④本件につき法人税法の適用のない米国法人が

濫用的にその適用を受けて租税回避を企図したものと評価することができることをその評価根拠事実として挙げるから、順次検討を加える。」

(1) **本件株式購入及び本件各譲渡は経済的合理性がないか否か**

「本件株式購入については、…中略　日本Ｂ社等４社の時価総額の評価をしたＬ社は、Ｂ社グループに属する会社（子会社又は関連会社）ではなく、いわゆるファイナンシャルアドバイザリーサービスの専門業者であるところ、Ｌ社評価書に記載された非上場会社である日本Ｂ社の株式に係る評価手法及び時価純資産価額が、専門的知識及び経験に基づく適正なものとはいえないことをうかがわせる事情等を認めるに足りる証拠はない〔むしろ、株式の公正な市場価値（時価）は、その会社の売上高に対する倍率を計算し、その倍率を同様の条件下にある企業と比較することによっても一応の評価をすることが可能であることが認められるところ、これを前提とすれば、平成13年12月31日時点における日本Ｂ社の発行済株式の全部の公正な市場価値は３兆9693億円と計算されることとなり、Ｌ社評価書における評価額を大幅に上回るから、実際の本件株式購入における株式の売買価格（１兆9500億円）が過大な評価とまでは断定し難いことがうかがわれる。〕から、本件においては、Ｌ社評価書に記載された日本Ｂ社の発行済株式の全部に係る価額（１兆7795億円から１兆9760億円）が時価純資産価額として不適切なものであるとまでは認め難く、同評価書に依拠して本件株式購入に係る取得の価額を決定したことが不自然、不合理であるともいい難いというべきである。」

「本件各譲渡については、…中略　日本Ｂ社の平成15年１月１日から同年12月31日までの事業年度以降の事業年度の純利益が平成14年度のそれと比較して減少している一方で、日本Ｂ社が自己の株式を取得する度に取得した自己の株式の全部を直ちに消却しており、日本Ｂ社が自己の株式を取得する度に１株当たりの価値が上昇していたこと、②本件各譲渡が非上場会社に係る自己の株式の取得であること及び③新たな時価純資産価額を算定するためには高額の費用を要することが容易に想定されることに加え、…中略　直近の取引実例に係る価額である本件株式購入時の価額（１株当たり127万1625円）を用

いてそれとほぼ同額とするように本件各譲渡における日本Ｂ社の株式の１株当たりの譲渡の価額を決定したとしても、それが不合理、不自然であるとまでは断定し難いものというべきである。」

(2) Ｘに有価証券の譲渡に係る譲渡損失額が生ずることとなった経緯から、米国Ｂ社が税負担の軽減を目的として意図的にＸに有価証券の譲渡損を生じさせるような事業目的のない行為である本件一連の行為をしたことを推認することができるか否か

「これらの事実は、いずれも、米国Ｂ社が本件各譲渡に基づいてＸに生ずる有価証券（日本Ｂ社の株式）の譲渡に係る譲渡損失額を利用して税負担を軽減する目的でこれを意図的に発生させた旨のＹの主張と整合し難い事実である。これに加え、…中略　Ｘを日本Ｂ社の中間持株会社として置いたことに正当な理由ないし事業目的がないとはいい難く、かつ、本件株式購入及び本件各譲渡が経済的合理性のないものともいい難いことを併せ考慮すると、本件においては、米国Ｂ社が、税負担の軽減を目的として意図的に有価証券の譲渡に係る譲渡損失額を生じさせるような事業目的のない行為（本件一連の行為）をしたとまでは認め難いというべきである。」

(3) Ｘが中間持株会社として置かれた当初から連結納税制度を利用して、本件各譲渡によりＸに生ずる有価証券（日本Ｂ社の株式）の譲渡に係る譲渡損失額を連結所得の金額の計算上損金の額に算入することが想定されていたことが合理的に推認されるか否か

「平成13年10月９日に公表された『連結納税制度の基本的考え方』においては、外国法人の子会社が連結親法人として認められるかどうかは明確にされておらず、連結納税制度の適用対象となる子会社につき時価による評価をする対象から除外される場合も具体的に記載されていなかったから、これによれば、Ｘが連結納税の承認の申請をした場合に国税庁長官の承認を受けることができるか否か又は連結納税の承認を受けた場合にどのような得失が生ずるかがＫプロジェクトを米国Ｂ社が承認した時点（遅くとも同年11月）においては不明であり、連結納税の承認を受けることを具体的に想定することが

できたとはいい難い状況であったことがうかがわれる。」

「仮に、B社グループにおいて本件一連の行為の当初から又は近い将来に連結納税の承認を受けることを想定していたとすれば、平成14年譲渡をしないこと又はこれをするとしてもそれを小規模なものにとどめることとするのが合理的であると考える余地もあることになるが、実際には平成14年譲渡の規模が平成15年譲渡よりもはるかに大きい〔約9倍〕上、平成16年にはXから日本B社に対する株式の譲渡がされていないのであり、Xが、平成14年当時から少なくとも近い将来に連結納税の承認を受けて本件各譲渡によりXに生ずる有価証券（日本B社の株式）の譲渡に係る譲渡損失額を連結所得の金額の計算上損金の額に算入することを想定していたことと必ずしも整合しない行為をしていることがうかがわれる。」

「米国B社の連結財務諸表中の繰延税金資産に係る記載を変更しない限り、Xに税務上生じた上記の損失を利用することができないから、Xが中間持株会社として置かれた当初から少なくとも近い将来に連結納税の承認を受けて本件各譲渡によりXに生ずる有価証券（日本B社の株式）の譲渡に係る譲渡損失額を連結所得の金額の計算上損金の額に算入することが想定されていたのであれば、2002年（平成14年）ないしはそれに近接した事業年度の米国B社の連結財務諸表中の繰延税金資産に係る記載を変更することになったと考えるのが自然であるとも解されるが、実際には、2007年（平成19年）に至るまで本件各譲渡によりXに生じた有価証券（日本B社の株式）の譲渡に係る譲渡損失額を米国B社の連結財務諸表中の繰延税金資産に記載しようとしていなかったのである。

このように、米国B社は、平成14年当時から少なくとも近い将来に連結納税の承認を受けて本件各譲渡によりXに生ずる有価証券の譲渡に係る譲渡損失額を連結所得の金額の計算上損金の額に算入することを想定していたことと必ずしも整合しない行為をしていることがうかがわれる。」

「米国B社が、Kプロジェクトの実行を承認した当時〔遅くとも2001年（平成13年）11月〕において、Xについて少なくとも近い将来に連結納税の承

認を受けて本件各譲渡によりXに生ずる有価証券（日本B社の株式）の譲渡に係る譲渡損失額を連結所得の金額の計算上損金の額に算入することを想定した上で同プロジェクトの実行を承認し、その後、米国B社及びB社グループが、それを想定して本件各一連の行為をしてきたものとまでは認め難いというべきである。」

　(4)　**本件につき法人税法の適用のない米国法人が濫用的にその適用を受けて租税回避を企図したものと評価することができるか否か**

　「Yは、この点につき、本件株式購入及び本件各譲渡は、米国法人であるWB社（ひいてはその連結親法人である米国B社）が、我が国の法人税法が適用されることにより生ずる税負担の軽減効果を日本国内における子会社（X）を通じて実質的に享受することができるようにするため、実態としては米国法人（WB社）に日本B社の株式の譲渡に係る取引による損益が帰属するにもかかわらず、これを形式的に内国法人に帰属させる形にするためにあえてXを介在させ、その法的性質を課税所得を有しない内国法人（X）への配当（自己の株式の取得によるみなし配当）と外国法人（WB社）への借入金の返済という二つの法形式に分解し、Xに我が国における多額の税務上の有価証券の譲渡に係る譲渡損失額を計上させ得る外形を作出して行われたものというべきであり、本件株式購入及び本件各譲渡以前にWB社と日本B社との間で行われていた直接の同社の株式の譲渡に係る取引を変更すべきものとする正当な事業上の目的がないことを併せ考慮すると、本件の日本B社の自己の株式の取得におけるXの関与及びこれに係る法人税の申告は、我が国の法人税法が定める自己の株式の取得に関する課税の計算の制度（同法24条1項5号、23条1項及び61条の2第1項）を濫用して租税回避を企図したものというべきである旨主張するが、米国B社ないしXが上記に指摘するような法的な枠組みを構築して自己の株式を取得すること等を禁止する法令上の明文の規定が見当たらないことに加え、これまでに述べてきたところに照らすと、Yが主張するような事実が認められるとはいい難いのであり、他に、Yが主張するような事実を認めるに足りる証拠ないし事情等も格別見当たらない。」

(5) まとめ

「本件各譲渡を含む本件一連の行為に租税回避の意図が認められる旨の評価根拠事実としてYが挙げるいずれの事実についても、これを裏付けるものと認めるに足りる証拠ないし事情があるものとは認め難いというべきである。」

6 本件に対する法人税法132条の適用の可否

「本件においては、本件各譲渡を容認して法人税の負担を減少させることが法人税法132条1項にいう『不当』なものと評価されるべきであると認めるには足りないというべきである。

したがって、本件については、税務署長が同項の規定を適用して本件各譲渡年度の法人税につき更正をすることができる要件を満たしているとは認め難いというべきであるから、その余の点について判断するまでもなく、本件各譲渡事業年度更正処分は違法なものとして取消しを免れないというべきである。」

Ⅲ 研究 判旨に賛成

1 はじめに

本件は、「伝家の宝刀」とも呼称される租税回避否認規定としての法人税法132条1項の適用の可否が争点とされた事案である。とりわけ、本件はIBM事件と相前後して判決が下された、いわゆるヤフー・IDCF事件判決とも比較され、大きな注目を集めた事案である。

本論に入るまえに、同族会社に代表される特殊関係者間取引に対する課税問題の基本的な問題点を整理しておきたい。

親子会社間や親族間での土地の譲渡、賃貸、役務提供、そして、融資取引など、いわゆる特殊関係者間取引は、独立当事者間取引と異なり、正常取引とは異なる条件で取引がなされる傾向が強い。特殊関係者間取引は、ともす

れば租税負担の軽減のみを目的として異常な法形式を採用し、通常の法形式を採用したのと同様の果実を得る、いわゆる租税回避行為が特殊関係者間ゆえに成立しやすいと見られる。

したがって、租税行政庁は、この特殊関係者間取引については、経済的合理性を充足し得ない不合理な取引が行われがちである実態に着目して、当該取引の諸条件に経済的合理性が存するか否かについて厳格な吟味を加えることになる。特殊関係者間の特性を利用した非正常取引によって不当に租税負担の軽減を図る租税回避行為などを放置すると、担税力測定の法構造が歪められる危険があり、これを排除しなければ租税公平主義の要請に反する結果を招くこととなる。

憲法14条を法的根拠とする租税公平主義は租税法の基本原則であり、租税法の立法、解釈、そして適用のあらゆる場面で尊重されねばならない租税法上の最重要原則とされる。それ故に同原則を侵害するおそれのある行為は排除されるべきである。

しかしながら、租税回避行為の否認を過度に認めると、租税行政庁の裁量権の拡大をもたらし、租税法の一方の基本原則である租税法律主義が形骸化する。

そこで、特殊関係者間取引においても、その取引の経済的合理性を立証することにより、当該取引が租税行政庁により否認される危険を回避できる[2]。

本件のXも、税務調査段階から各取引の経済的合理性の立証に注力し、公判廷にもおいても、Yの立証に対する反証に成功した事例といえる。

2 本判決の意義

法人税法132条1項の適用の可否が争点とされた事例は、同族会社の役員に対する無利息融資や資産の無償譲渡や低価譲渡などの問題が多く見られた[3]。近年は、企業の多国籍化と多様な企業体の活動が形成される過程で企業の組織再編が、同規定の否認の対象となる事例が登場している。本件もXの組織再編行為が合理的な事業目的で行われているのか、租税回避を目的とし

た組織再編かが争点とされた事例と位置づけられる。

　本件と同様に組織再編に対する法人税法132条の２の適用事例としてヤフー・IDCF事件も注目事例として多くの文献による紹介がなされている。

　本判決では、「不当に法人税を減少」させる行為と法的に評価できるか否かが争点とされたが、その不当性の判断基準として、①事業目的基準、②独立当事者間取引基準、③租税回避の意図の存否基準といった基準を採用し、この基準の該当性判断に際し、その評価根拠事実を丹念に検証し、立証が尽くされているか否かを慎重に判断した点に本判決の意義を見いだすことができる。

３　本判決の判断の構造とその評価
(1)　本判決の判断の構造

　法人税法132条１項の「不当に法人税の負担を減少させる行為」の解釈・適用上問題となる主要な論点は、当該の具体的な行為計算が異常ないし変則的であるといえるか否か、その行為・計算を行ったことにつき正当な理由ないし事業目的があったか否か、および租税回避の意図があったとみとめられるか否か、であるとして、解釈上の重要論点が指摘されるように、「不当性」の評価根拠事実としていかなる点を立証すべきかが問われることになる。[4]

　本判決は、法人税法132条１項の「趣旨、目的に照らすと、上記の『法人税の負担を不当に減少させる結果になると認められる』か否かを、専ら経済的、実質的見地において当該行為又は計算が純粋経済人の行為として不合理、不自然なものと認められるか否かを基準として判定し、このような客観的、合理的基準に従って同族会社の行為又は計算を否認する権限を税務署長に与えているものと解するのが相当である」として、最高裁昭和53年判決の解釈を採用することをまず確認している。[5]

　本判決では、最高裁昭和53年判決で示された同族会社の行為計算が純経済人の行為として不合理か否かを判断する基準として明示している。具体的には、この不合理性を判断する基準として、①事業目的の基準、②異常変則的

取引か否かを判断する基準としての独立当事者間取引の基準、そして、③租税回避の意図の基準の3つの基準を採用し、不当性の判断を下している。

Yは、本件各譲渡（外国法人である米国W社を唯一の社員とする同族会社であったXが、平成14年2月に海外の親会社である米国W社から日本1社の発行済株式の全部の取得をし、その後、平成17年12月までに3回にわたり同株式の一部をそれを発行した法人である日本1社に譲渡をしたこと）を容認して法人税の負担を減少させることは、法人税法132条1項にいう「不当」なものと評価されるべきである旨主張している。

そして、不当と評価する、その評価根拠事実として、①Xをあえて日本1社の中間持株会社としたことに正当な理由ないし事業目的があったとはいい難いこと、②本件一連の行為を構成する本件融資は、独立した当事者間の通常の取引とは異なるものであること及び③本件各譲渡を含む本件一連の行為に租税回避の意図が認められることを挙げているのに対して、裁判所は以下のように認定判断した。Xを日本におけるB社グループを成す会社に係る中間持株会社として置いたことに正当な理由ないし事業目的がなかったとはいい難いというべきであり、他にXが中間持株会社として置かれることの正当な理由又は事業目的があったとはいい難いことを裏付ける証拠ないし事情等は見当たらない、として、Yが「不当」と評価すべき根拠事実の立証について、裁判所は以下のとおり判断している。

①の事業目的の存否について、「以上によれば、Xを日本におけるB社グループを成す会社に係る中間持株会社として置いたことに正当な理由ないし事業目的がなかったとはいい難いというべきであり、他にXが中間持株会社として置かれることの正当な理由又は事業目的があったとはいい難いことを裏付ける証拠ないし事情等は見当たらない。」とした。

そして、②の本件融資取引が、独立した当事者間の通常の取引とは異なるか否かについて、「Yは、本件融資がXにとって極めて有利な内容である上、当初から約定どおりに返済されることも予定されていなかったとうかがわれる旨を指摘するが、これらの事情はいずれも上記の認定判断を直ちに左

右するものとまではいい難く、他に、本件融資が独立した当事者間の通常の取引として到底あり得ないというべきことをうかがわせる証拠ないし事情等も格別見当たらない。」として、独立当事者間取引と乖離した取引といえない。

さらに、③の租税回避の意図に認定についても、「本件の日本B社の自己の株式の取得におけるXの関与及びこれに係る法人税の申告は、我が国の法人税法が定める自己の株式の取得に関する課税の計算の制度（同法24条1項5号、23条1項及び61条の2第1項）を濫用して租税回避を企図したものというべきである旨主張するが、米国B社ないしXが上記に指摘するような法的な枠組みを構築して自己の株式を取得すること等を禁止する法令上の明文の規定が見当たらないことに加え、これまでに述べてきたところに照らすと、Yが主張するような事実が認められるとはいい難いのであり、他に、Yが主張するような事実を認めるに足りる証拠ないし事情等も格別見当たらない。」として、Yは、Xの租税回避の意図の存在について立証に成功したとはいえないと判断している。

①ないし③の認定判断を整理して、「本件各譲渡を含む本件一連の行為に租税回避の意図が認められる旨の評価根拠事実としてYが挙げるいずれの事実についても、これを裏付けるものと認めるに足りる証拠ないし事情があるものとは認め難いというべきである。」から、本件の自己株式の取得行為が「不当な法人税負担の減少」した場合に該当するとはいえないとしてXの主張を認容した。

本判決の論理は、Xの自己株式の取得取引が、「不当な法人税の減少」をもたらす行為計算と評価できるか否かを、判例および学説が形成してきた通説的な「不当」と評価判断するための3つの基準、すなわち、①事業目的基準、②独立当事者間取引基準、そして、③租税回避の意図の存否の基準に該当する評価根拠事実がYにおいては十分に立証が尽くされているか否か、Xにおいては反証に成功しているかを検討し、Yの立証が不十分であるとして、Yの主張を斥けたのである。

(2) 本判決の評価

　なお、本件の争点となる法人税法132条の同族会社の行為・計算否認の規定は、租税回避の否認規定と位置づけられている。わが国の租税法は、比較的明確かつ具体的に要件規定を定めた個別否認規定を用意しており、基本的には個別否認規定が存しない場合にはじめて同規定が適用されるものであり、仮に適用する場合にも、きわめて厳格に適用されるべきであると考えられてきた[6]。また、同族会社の行為計算の否認規定であるから、非同族会社に適用される規定ではないから、同規定が包括的否認規定とも位置づけられていない。

　同規定は不当に法人税の負担を減少させるといった不確定概念を発動要件としているところから、租税法律主義のもとでは、適用に際しては慎重を期すべきであることは当然といえる。

　本件の自己株式の取得取引が結果として法人税を減少させる行為であっても、それだけで同規定が適用できるものではなく、不当な税負担の減少行為に該当するか否かの法的評価が検討されなければならない。本件では、「不当性」の存否に関する評価根拠事実について、裁判所はYの立証した事実を慎重に検討し、不当と評価しうる程度に立証が尽くされているか否かについて検証を行って判断している点は高く評価できる。

　Xの本件取引の結果が法人税の減少をもたらしたとしても、通常の経済人の行為と比較して不自然、不合理な行為・計算と評価できる行為・計算の事実が存在することを裁判所は要求しており、この考え方は学説の展開とも整合性を有する[7]。

4　租税回避行為と同族会社の行為計算の否認規定の趣旨[8]

　法人税法は、132条1項1号において、同族会社の行為または計算が法人税の税負担を不当に減少させると認定される場合には、税務署長に当該法人の行為・計算を否認して正常な行為計算に引き直して課税できる権限を付与している。所得税法157条1項1号および相続税法64条も、法人税法の立法

趣旨と同様に、同族会社の行為・計算が、その株主ないし社員またはその同族関係者の所得税または相続税ないし贈与税の負担を不当に減少すると認められる場合には、当該行為・計算を否認する権限を税務署長に付与している。

　これらの規定の立法趣旨は、同族会社が利害の一致する少数の株主や社員間によって支配されているために恣意的な行為・計算が行われやすく、租税負担の軽減のみを目的とした異常な取引を選択しやすいという特性に着目し、そのような行為を排除することが租税負担の公平に寄与するとの思考にある。すなわち、特殊関係者により構成される同族会社が、同族会社であるが故に行える異常な取引を正常取引に引き直す権限を税務署長に付与することにより、正常取引を行う会社との間の課税の公平を確保することにその立法の趣旨は存在する。

　すなわち、特殊関係者によって構成される同族会社が、同族会社であるが故に行える異常な取引を正常取引に引き直す権限を税務署長に付与することにより、正常取引を行うものとの間の課税の公平を確保することにその立法の趣旨は存する[9]。

　同族会社の行為・計算否認規定の適用対象となる不当な租税負担の減少行為とは何かについては、判例上次の2つの見解が見られる。一方は、非同族会社では通常なしえないような行為・計算であるとする見解である。他方は、純経済人の行為として不合理・不自然な行為・計算が同規定の適用対象となる行為であるとする見解である[10]。

　前者の見解は、実際上、非同族会社にも規模において千差万別があり、また同族会社に限りなく近い実態を有するものもある。何が同族会社ゆえの行為・計算なのかを判別しにくいという点で、判断において大きな負担を強いるという困難な点が存在する。したがって、後者の見解が支持される。すなわち、ある会社の行為計算が経済的合理性を欠いている場合には当該否認規定が適用されるという見解が支持されている[11]。

　同族会社の行為・計算が経済的合理性を欠いている場合には、先の行為・

計算否認規定を根拠に、税務署長は経済的合理性を有する行為・計算に引き直して課税することが可能となるのである。

そこで必要となるのは、経済的合理性を欠く行為計算とはいかなるものかについてその実質的な内容を明らかにしておくことである。さもないと、納税者は、租税法の解釈・適用について予測可能性を確保しにくくなるし、法的安定性が阻害されることになるからである。

経済的合理性を欠く行為とは、異常ないし変則的で租税回避以外にそのような行為を選択する合理的な理由が存在しないばかりか、事業目的が存在しないと認められる場合であり、独立・対等な関係で相互に特殊関係のない、いわゆる独立当事者間では通常なしえないような行為・計算を意味すると解される。[12]

法人税法132条は、租税回避行為の否認規定であるから、基本的には租税回避に対して適用されなければならない。

そこで、そもそも租税回避行為とは何かについてここで確認しておきたい。租税回避行為とは、私的自治の原則および契約自由の原則のもとにある私法の分野における法形式の選択可能性を利用して、①異常な法形式の選択し（ここで異常という意味は通常用いられる法形式ではないということであり異常で違法な法形式を意味しないところに注意を要する）、②通常想定される法形式を選択したと同一の経済的効果の達成し、③その結果として租税負担の軽減を図る行為であると定義される。[13]

脱税行為は「偽りその他不正な行為」により、租税を免れる行為であり、その手段が偽計行為であるから、処罰の対象となり、その行為は逋脱犯を構成し、処罰の対象となる。節税行為は、租税法規自体が予定している税負担の縮減する行為であるから、適法な行為であると説明される。[14]

租税回避行為は両者の中間に概念づけされる行為で、否認されるまでは適法有効な行為である。租税回避の議論の中心は異常ではあるが私法上は有効かつ適法な行為であるがゆえに、租税法上、租税公平主義に反するから否認できるか否かが議論の中心とされてきた。

租税法は、侵害規範であるから租税法律主義の厳格なコントロールの下におかれるので、租税回避行為であるからといって直ちに、その行為を租税公平主義を根拠に否認することはできない。

　学説及び判例の到達点、すなわち通説的な見解は、租税法律主義の下では、仮に租税回避行為（租税公平主義を歪める行為）に該当するとしても租税法上、個別否認規定によらなければ否認できないとされている。[15]

　租税回避行為の否認とは、税務署長が異常な法形式を通常と想定される法形式に引き直して課税する、いわゆるみなし課税を行うことを意味する。租税回避行為の否認は、まさにみなし課税であるから、みなし課税できる法的根拠規定が存在しなければ税務署長の恣意的課税として、租税法律主義に反して無効となる。

　したがって、租税法律主義の下では租税回避行為は個別否認規定によって否認することはできるが、否認規定によらずに納税者の行為・計算を否認することはできない。

　本件の法人税法132条の同族会社の行為・計算否認規定は、同族会社にのみ適用される租税回避の否認規定であるから、包括的否認規定ではなく個別否認規定と位置づけられる。

　そうすると、同規定の本件取引への適用の可否も、本件自己株式の取得取引が租税回避概念の中核に位置する「異常な法形式の選択（ここで異常という意味は通常用いられる法形式ではないということであり異常で違法な法形式を意味しないところに注意を要する）」に該当するか否かが検討されなければならないことになる。

5　むすび

　本件は、Xを日本B社の中間持株会社とした正当な理由ないし事業目的があったのか否かが最大の争点とされた。裁判所は、事業所所在地が国内の中間持株会社をおいて、その持株会社が企業を買収することはそれ自体、他の方法に比較して、取引の柔軟性の確保や取引コストの縮減に利するという合

理的理由があることを認定している。

　少なくとも譲渡損失の算入による巨額な法人税の軽減という結果から租税回避の意図を推認することに傾斜して同規定を適用することには慎重であるべきであろう。

　同族会社の行為計算否認規定の要件が「不当性」(異常性)にあり、不当であるから、税務署長が同規定を根拠に否認権の行使することにより課税が許容されるのである。したがって、不当性の立証は客観的事実によりなされなければ、恣意的課税を招くことになるから、不当という法的評価を充足する評価根拠事実の立証の成否を丹念に検証した本判決は評価できるものといえよう。

注
1）東京地判平成26年3月18日民集70巻2号331頁。
2）増田英敏『租税憲法学第3版』302頁（成文堂、2006年）。
3）金子『租税法』499頁以下及び清永敬次『租税回避の研究』377頁以下（ミネルヴァ書房、1995年）参照。
4）金子、同上書、533頁以下では、「この規定の解釈・適用上問題となる主要な論点は、①当該の具体的な行為計算が異常ないし変則的であるといえるか否か、および②その行為・計算を行ったことにつき租税回避以外に正当で合理的な理由ないし事業目的があったとみとめられるか否か、である（本書17版以降、従来の説を修正し、3つの基準をあげてきたが、第3の基準（租税回避の意図があったか否かの基準）は、第2の基準の主観的側面であり、いわば繰り返しであるから、21版以降は削除している。ただし、②の基準の適用において問題となることが多い)。」としている。この点については、増田英敏『紛争予防税法学』102頁以下（TKC出版、2015年）を参照されたい。
5）最判昭和53年4月21日訟月24巻8号1694頁。
6）占部裕典『租税法における文理解釈と限界』575頁（慈学社、2013年）。
7）金子、前掲注3）、532頁以下。松沢『実体法』34頁以下。
8）増田、前掲注2）、307頁以下参照。
9）同族会社の行為計算否認規定の本質及び法人税法22条2項と法人税法132条との関係と役割については、松沢、前掲注7）、32頁以下要参照。
10）金子、前掲注3）、532頁。この適用範囲をめぐる議論について、「最近の裁判例は、同条の解釈につき、単に非同族法人との対比において理論付けるのではなく…中略…、同族会社の行為計算において純経済人としては不自然、不合理なものを否認し、これを合理的な行為計算に引き直して課税するための規定と解する傾向がみられる…中略…。そうすると同条は異常不合理な取引行為は必ずしも同族会社のみに限らぬところから非同族会社にも準用できることとなり、そこで同条を以って公平課税の原則から当然に課税庁に認められる否認権（disregard）を特に同族会社につき例示した確認規定と解することもできる。

しかし、これに反対の見解も少なくない。同条を特に同族会社につき課税庁の否認権を附与した創設的規定と解する見解も有力である。それによれば非同族会社には本条が準用しえないことになろう」（松沢智、前掲注7）、34頁）とされているが、経済的合理性の基準が同規定の否認権適用基準とされることが確認できる。
11) 金子、前掲注3）、532頁。
12) 金子、前掲注3）、533頁。この独立当事者間取引とは、アメリカ法では、arm's length transaction 独立当事者間取引として重要な取引概念とされる。
13) 租税回避行為であるかどうかのテストは、①その行為が私法上有効であること、②その行為が実態を備えていること、③異常な行為が選択されていること、④主として租税負担の軽減の事実が存在することの4つの要件を充足することによって判断される（武田昌輔「租税回避行為の意義と内容」日税研論集14巻13頁以下（1990年）参照）。
14) 本書109頁を参照されたい。
15) いわゆる、岩瀬事件として著名な東京高裁平成11年6月21日（高民集52巻26頁、訟月47巻1号184頁、判時1685号33頁）判決によりこの議論には終止符が打たれたといってよい。

東京高裁は、本件取引における当事者間の真の合意が本件譲渡資産と本件取得資産との補足金付交換契約の合意であるのに、これを隠ぺいして、契約書の上では本件譲渡資産及び本件取得資産の各別の売買契約とその各売買代金の相殺の合意があつたものと仮装したという場合であれば、違法であるから否認するまでもなく無効であるが、本件は仮装とはいえないから、「いわゆる租税法律主義の下においては、法律の根拠なしに、当事者の選択した法形式を通常用いられる法形式に引き直し、それに対応する課税要件が充足されたものとして取り扱う権限が課税庁に認められているものではないから、本件譲渡資産及び本件取得資産の各別の売買契約とその各売買代金の相殺という法形式を採用して行われた本件取引を、本件譲渡資産と本件取得資産との補足金付交換契約という法形式に引き直して、この法形式に対応した課税処分を行うことが許されないことは明かである。」と判示して原告の主張を認容した。なお、最決平成15年6月13日税資253号順号9367（上告不受理）ことにより、否認規定によらず、実質主義等の根拠に租税回避を否認することはできないとの判断が確立したと評価できる。本書297頁以下を参照されたい。

第19章

相続税裁判事例研究 I
―相続税法7条の「著しく低い価額の対価」の意義
（みなし贈与事件）

さいたま地裁平成17年1月12日判決（一部認容、一部棄却、納税者敗訴）
（平成13年(行ウ)第46号贈与税決定処分等取消請求事件）
税資255号順号9885

☞ 研究のポイント[1)]

　租税法は不確定概念が多用されているとの批判が多い。そのひとつに取り上げられるのが、本件の争点とされる『著しく低い』の文言の意味の不明確性である。本件裁判所は、条文の趣旨を踏まえて「著しく低い価額の対価」に該当するかどうかの判断の基準を明確にしている。不確定概念とみなされる文言の解釈手法を本事例から学ぶことが研究のポイントである。

　また、本事例では『時価』の概念についても租税法上の考え方が詳細に述べられている。資産課税の難題は資産の評価に集約される。その評価の困難性に裁判所がいかに法的思考を展開しているかを学び取ろう。

☞ 研究上の注意点

　立法目的が租税回避の阻止にあるとされる、租税回避行為の個別否認規定の解釈がいかにあるべきかを本件は示唆している。原告が租税回避の意図が存在しないことの立証に成功した場合には租税回避の防止規定の適用対象外となると主張しているが、租税法律主義との関係からいかに考えるべきかを見落とさないよう注意しよう。

I 事案の概要

1 事案の要旨

　本件は、原告（以下「X」とする。）が別紙１物件目録記載１の土地（以下「本件土地」という。）を平成８年８月21日にP1から代金1500万円で買い受けた（以下「本件売買契約」又は「本件譲受」という。）ところ、被告（以下「Y」という。）は、本件土地の時価は7090万余円と評価され、本件売買契約は相続税法（平成15年３月法律第８号改正前のもの。以下同じ。）７条の規定による低額譲受に該当し、本件土地の時価との差額に相当する金額が贈与により取得したものとみなされるとして、平成８年分の贈与税として納付すべき税額3,004万余円とする決定処分及び無申告加算税450万余円とする賦課決定処分（以下、これらの処分を個別にはそれぞれ「本件決定処分」、「本件賦課決定処分」といい、併せて「本件処分」という。）を行ったため、Xが、本件譲受は相続税法７条の低額譲受には当たらない等として、その取消しを求めた事案である。

2 基本的事実関係（当事者間に争いがない事実並びに証拠及び弁論の全趣旨によって容易に認定できる事実）

(1) 本件売買契約等

　Xは、平成８年８月21日、P1との間で、本件土地を1500万円で譲り受ける旨の土地売買契約（本件売買契約）を締結した（甲36）。Xは、P1に対し、平成８年８月21日、上記代金のうち300万円を、同月29日には、残代金1,200万円をそれぞれ支払った（甲34及び35）。

　Xは、平成８年８月23日、本件土地について、農地法５条１項３号の規定による届出をし、同月27日受理された。また、Xは、同月30日、本件土地について同月29日付け売買を原因とする所有権移転登記をした。

　なお、本件土地は、平成８年12月５日、別紙１物件目録記載２ないし４の３筆に分筆された（甲４の１ないし３）。

(2) 本件土地の状況

本件土地は、本件売買契約当時から現在に至るまで更地である。本件土地は、東武越生線ａ駅の東方約400ｍに位置し、坂戸都市計画事業ａ土地区画整理事業（以下「本件土地区画整理事業」という。）施行区域内にある（概要省略）。

本件土地は、本件口頭弁論終結時である平成16年7月28日現在においてもいまだ仮換地の指定はなされていない。

(3) 本件処分

Ｙは、平成11年5月17日、本件土地の時価は7090万余円であり、本件売買契約は相続税法7条の規定による低額譲受に該当し、本件土地の時価との差額に相当する金額が贈与により取得したものとみなされるとして、Ｘの平成8年分贈与税について別紙2の「決定・賦課決定」欄記載のとおり基礎控除額控除後の課税価格5530万余円、納付すべき税額3004万余円とする本件決定処分及び無申告加算税450万6000円とする本件賦課決定処分を行った。

(4) 滞納処分

関東信越国税局は、平成13年3月22日、別紙1物件目録記載2ないし5の土地について、債権者を財務省とする差押処分を行った（甲4の1ないし4）。

(5) 異議申立て等

ア　Ｘは、平成11年7月17日、本件処分を不服として、Ｙに対し、別紙2の「異議申立て」欄記載のとおり異議申立てを行ったが、Ｙは、平成11年10月14日付けで上記異議申立てを棄却した。

イ　Ｘは、平成11年11月15日、国税不服審判所長に対し、別紙2の「審査請求」欄記載のとおり審査請求を行ったが、国税不服審判所長は、平成13年10月11日付けで上記審査請求を棄却した。

ウ　そこで、Ｘは、平成13年3月29日、本件訴えを提起した。

3　争点

(1) 相続税法7条が本件に適用されるかどうか（争点1）。

(2) 本件土地の時価（争点2）。

(3) 本件売買契約の対価が相続税法7条の「著しく低い価額の対価」に該当するかどうか（争点3）。
(4) 本件処分の違法性（争点4）。

4 争点に関する当事者の主張
(1) **争点1（相続税法7条が本件に適用されるかどうか）について**
（Xの主張）
ア 相続税法と贈与税の法体系
相続税は、人の死亡を起因として課税される税であり、贈与税は、相続税の補完税として相続税回避の防止を立法趣旨として規定されたものである。このことは、贈与税を相続税法の中でのみ規定する法体系をとっていることから明らかである。
イ 相続税法7条の法意
(ア) 相続税法7条は、贈与税の課税回避の防止を目的とするものであり、上記のとおり、贈与税が相続税の補完税であることに鑑みれば、相続税法7条の規定の法意は、相続税の負担軽減を防止するために課税される贈与税の課税回避の防止であると考えるべきである。また、相続税法7条ただし書の適用除外規定に鑑みても、同条本文は、相続予定者等の親族を適用対象としていると考えられる。
(イ) 相続税法7条は、昭和25年シャウプ勧告により、課税の公平を図るため、贈与を売買の形式を用いて免れる者に対して課税する目的で創設された規定である。他方、相続税法7条創設時の納税義務者は、次のとおり規定されていた。

「第1条 左に掲げる者は、この法律により、相続税を納める義務がある。
1 相続、遺贈又は贈与により財産を取得した個人で当該財産を取得した時においてこの法律の施行地に住所を有する者
2 相続、遺贈又は贈与によりこの法律の施行地にある財産を取得

した個人で当該財産を取得したときにおいてこの法律の施行地に住所を有しない者」

すなわち、シャウプ勧告により創設された相続税法7条のみなし贈与により課税されるのは、相続税だったのであり、このことからも、課税の対象は、相続税を免れる行為だったと考えられる。

その後、昭和28年の改正により、贈与税部分を1条の2に独立したが、立法趣旨等についての考え方ないし扱い方は従来どおりであった。

かかる立法経緯からしても、相続税法7条は、相続税を免れるために行われたと認められる低額譲受にのみ適用されるものと限定解釈されなければならない。

(ウ) したがって、相続税法7条の射程範囲は、相続予定者等の親族に該当する者を対象とする低額譲受であると解すべきである。

また、独立当事者間売買では、相続税の負担軽減の意図はありえないのであるから、万一、同法7条を適用するとすれば、贈与意思が認定される場合にのみ限定されなければならない。

ウ 第三者の自由な意思に基づく私法上の取引に対して、相続税法7条を適用することの不当性

(ア) 租税法律関係は、私法上の法律関係を前提とするものであって、法的な根拠に基づく合理的な理由なく、私法上の取引を否定して、強制的に租税法律関係を設定することは許されない。

そもそも、私法取引上贈与と評価できないものを贈与とみなす以上、そこには、適用対象となる行為が贈与と推認しうる合理的理由を有する必要がある。

この点、相続税法7条は、相続税を回避するために設けられた贈与税課税を免れるため、有償行為を偽装したと認められる取引に対し、課税する趣旨であると解すべきであり、いわゆるみなし規定とされたのも、相続税予定者等の親族に該当する者の場合は、租税回

避の意図が類型的にみて合理的に推認しうるからであると解すべきである。これに対し、独立当事者間においては、贈与意思は通常存在しない。

したがって、贈与意思を問わずに当該規定を適用しうるのは、相続予定者等の親族を対象とする低額譲受に限定されると解すべきである。

(イ) 仮に、相続税法7条が独立第三者間においても適用されるとすれば、その適用に際しては、少なくとも贈与意思が推認される取引、すなわち実質的には贈与と認定しうる取引に限定されるべきである。

なぜなら、相続予定者等の場合には、類型的にみて贈与とみなすべき合理的理由があるが、独立第三者間における取引は、利害が対立する者の間における取引であるから、特別な理由がない限り、そこで決定された取引価格は適正な取引価格と推定されるものであり、贈与とみなすべき合理的理由が存在しないからである。

エ　筆者により省略

(Yの主張)

ア　相続税法7条について

著しく低い価額の対価で財産の譲渡を受けた場合には、相続税法7条の規定により、その財産の譲渡を受けた者が、その対価とその財産の譲渡のときにおける時価との差額に相当する価額の財産を、その財産の譲渡者から贈与により取得したものとみなされて贈与税が課され、また、その譲渡が遺言によってされた場合には、財産の譲渡を受けた者が、時価と対価との差額に相当する価額の財産を、遺贈により取得したものとみなされて相続税が課される。

同条の規定による課税は、その契約の内容が、混合贈与に該当するかの事実の把握は別問題として、混合贈与に該当しないもの、換言すれば贈与の意思なきものを贈与とみなして課税する規定であると解さ

れる（DHC コンメンタール相続税法1巻1003頁）。
　イ　相続税法1条の2（現同条の4）について
　　相続税法1条の2は、贈与税の納税義務者について、「贈与（贈与者の死因により効力を生ずる贈与を除く。以下同じ。）に因り財産を取得した個人で当該財産を取得したときにおいてこの法律の施行地に住所を有するもの」及び「贈与に因りこの法律施行地にある財産を取得した個人で当該財産を取得したときにおいてこの法律の施行地に住所を有しないもの」と規定しており、原則として、個人からの贈与による財産取得者である個人が納税義務者となる。
　　さらに、同条は、「贈与税の納税義務者を相続税の納税義務者とは別個に定めており、沿革的には贈与税が相続税の補完税としての性質を有しているとしても、理論的には贈与による財産の取得が取得者の担税力を増加させるため、それ自体として課税の対象となるというべきであ」（仙台地裁平成3年11月12日判決・判例時報1443号46頁）り、贈与税の納税義務者を相続予定者ないし特別の縁故者に限定するものではないことは明らかである。
　ウ　相続税法7条の適用範囲
　　相続税法7条は、「法律的にみて贈与契約によって財産を取得したのではないが、経済的にみて当該財産の取得が著しく低い対価によって行われた場合に、その対価と時価との差額については実質的には贈与があったと見得ることから、この経済的実質に着目して、税負担の公平の見地から課税上はこれを贈与とみなす趣旨であるというべきである。したがって、Xのいうような租税回避を目的とした行為に同条が適用されるのは当然であるが、それに限らず、著しく低い対価によって財産の取得が行われ、それにより取得者の担税力が増しているのに、これに対しては課税がされないという税負担の公平を損なうような事実があれば、当事者の具体的な意図・目的を問わずに同条の適用があるというべきである」（前掲仙台地裁平成3年11月12日判決）と解され

ており、相続税を回避するために行われる低額譲受のみを適用の対象とするものではない（金子宏・租税法（第8版）405頁参照）。
　エ　通達の解釈のため省略
(2)　争点2（本件土地の時価）について
（争点2の本件土地の時価に関するXとYの主張は省略）
　この争点2の「本件土地の時価」に関する両者の主張は詳細かつ長文にわたるため、以下の検討の際に、その要旨・エッセンスを整理するにとどめることにする。両者の主張の詳細について判決文を参照されたい。
(3)　争点3（本件売買契約の対価が相続税法7条の「著しく低い価額の対価」に該当するかどうか）について
（Xの主張）
　ア　所得税等の課税と未実現の利益に対する課税の例外性
　　我が国は、自由主義国家であり、価格の形成は市場に委ねられている。国民は可能な限り安く買い、高く売ることで、生計を立てている。国家は財貨に対して価格決定権を持たないため、たとえ安く買ったと思われる取引であっても、通常は、購入時には未実現の利益として課税されないのが通常であり、その後に売却されたとき所得が発生すれば、未実現の利益が実現されたものとして、所得税や法人税が課税される。課税庁は、日々刻々移りゆく時価を把握することが現実に不可能であるため、法は、購入時に課税する仕組みをもたないのである。
　　本件のように、購入時に課税処分が発生したとすることは、極めて例外的なことである。同じ土地区画整理区域内でも、少数であるがXと同じような価格で行われた売買について、みなし贈与課税を受けたという話はない。課税処分は公平原則に従って行わなければならない。
　イ　独立当事者間取引における価格形成のあり方とみなし贈与課税
　　仮に、相続税法7条の射程範囲が、相続予定者等の親族のみを適用

対象とするものではないとしても、これを利害関係のない第三者間の自由意思に基づく取引に安易に適用することは許されない。なぜなら、自由主義経済社会においては、個人の交渉能力や努力、価値分析や価格動向を分析して、個々人が自由に価格を決定し取引を行うものであるところ、課税庁が安易に「著しく低い価額の対価に該当する」と認定して、みなし贈与課税をするとすれば、私法取引は極めて混乱するからである。

そもそも、利害の対立する第三者間で土地の売買契約を締結する場合、売買に至る経緯や当時の市場の動向・その土地の特性による市場性・売り急ぎ等の事情等により売買価格が、一般的水準といわれる価格を大幅に上回ったり下回ったりすることは、取引社会の常識であって、課税実務上も、適正な価額として認められている。また、売れない装飾品や骨董品等を投売りしたとしても、その価格は適正な価額として認められ、みなし贈与課税されることはない。

ウ 「著しく低い価額」の解釈

そこで、相続税法7条にいう低額譲受に該当するか否かは、「当該財産の譲受の事情、当該譲受の対価、当該譲受に係る財産の市場価額、当該財産の相続税評価額などを勘案し社会通念に基づいて判断すべきもの」とされているのである。

エ 本件売買が、相続税法7条の低額譲受に該当しないこと

本件においては、①利害対立する第三者間の取引であること、②本件土地区画整理事業区域内の更地取引が極めて少なく本件土地の市場性が極めて低く、宅地として利用されている土地とは価格水準が異なること、③不動産の価格動向は、下落局面にあったこと、④平成8年当時、坪12～13万円で売り出した更地が売れなかったこと、⑤本件土地は、不動産業者に売却依頼を持ち込んでも売れなかったこと、⑥売主が治療費等の必要性により売却を急いでいたことに鑑みれば、本件売買契約における売却価格は、相続税法7条にいう「著しく低い価額

の対価」に該当せず、低額譲受に該当しない。

（Yの主張）

ア　相続税法7条を適用する場合には、「著しく低い価額」がいかなる場合をいうのかが問題となるところ、相続税法は、この判定基準を定めていない。

これは、画一的な判断基準を設けることによって、明らかに贈与する意思で高額な利益が授受されるものであっても、その対価の額が当該判断基準以上であるという理由で贈与税の課税ができないこととなり、課税上の不公平が生ずるのは、同法7条の規定の趣旨からみて適当でないと考えられたものと解される。

したがって、低額譲受であるか否かは、「当該財産の譲受の事情、当該譲受の対価、当該譲受に係る財産の市場価額、当該財産の相続税評価額などを勘案して社会通念にしたがい判断すべきもの」（横浜地裁昭和57年7月28日判決・訟務月報29巻2号321頁、東京高裁昭和58年4月19日判決・税務訴訟資料130号62頁）と解されている。

イ　本件譲受の対価である1500万円は、Y主張時価①ないし③のうち最も低額のY主張時価③の5分の1にも満たない上、本件土地の相続税評価額7632万8140円の5分の1にも満たないものであるから、譲渡人の売り急ぎの事情があったとしても、社会通念上、本件譲受は低額譲受に該当するというべきである。

(4)　争点4（**本件処分の違法性**）について

（Xの主張）

P4鑑定による本件土地の時価によれば、本件売買契約価格は、相続税法7条の低額譲受に該当しないから、同条の低額譲受に該当し、贈与としてみなされることを前提とした本件処分は違法である。

（Yの主張）

ア　本件決定処分の適法性

原処分庁が認定した本件土地の時価7090万7350円と本件売買契約価

格1500万円との差額5590万7350円は、Y主張時価①ないし③と本件売買契約価格1500万円とのいずれの差額を下回るものである。

また、Y主張時価①ないし③と本件売買契約価格1500万円との差額から、相続税法21条の5の規定により、基礎控除額60万円を控除した額（ただし、国税通則法118条1項の規定により、1000円未満の端数を切り捨てた後のもの）に相続税法21条の7の規定による税率を乗じて算出した金額（納付すべき税額）は、いずれも本件決定処分の額（3004万9500円）を上回るものである。

したがって、本件決定処分は適法である。

イ　本件賦課決定処分の適法性

Y主張時価①ないし③から導かれた納付すべき税額（ただし、国税通則法118条3項の規定により、1万円未満の端数を切り捨てた後のもの）に国税通則法66条1項の規定に基づき、100分の15を乗じて算出した無申告加算税の額は、いずれも本件賦課決定処分の額（450万6000円）を上回るものである。

そして、Xには、平成8年分の贈与税の申告書をその提出期限までに提出しなかったことについて、国税通則法66条1項ただし書に規定する正当な理由が存在したとは認められないから、本件賦課決定処分は適法である。

II　判旨

1　争点1　相続税法7条が本件に適用されるかどうかについて

「(1)　相続税法7条本文は、著しく低い価額の対価で財産の譲渡を受けた場合においては、当該財産の譲渡があった時において、当該財産の譲渡を受けた者が、当該対価と当該譲渡があった時における当該財産の時価との差額に相当する金額を当該財産を譲渡した者から贈与により取得したものとみなすと規定している。

ところで、贈与税は、贈与により無償で取得した財産の価額を対象として課される税であるが、贈与という法律行為をとらずに財産の譲渡が行われた場合に一律に贈与税の対象とならないとすると、有償で、時価より著しく低い価額の対価で財産の移転を図ることによって、贈与税の負担から免れることになり、租税負担の公平を害することになる。そこで、相続税法7条は、このような租税回避の防止を図るために贈与という法律行為ではなくとも、時価より著しく低い価格で土地の譲受があった場合には、その対価と時価との差額に相当する金額の贈与があったものとみなすことにしたものと解される。そして、贈与税の納税義務者は、贈与により財産を取得した個人とされている（相続税法1条の2）。

　このように贈与税では、財産の譲受人と譲渡人との関係を問わず、贈与により財産を取得した個人が納税義務者とされており、相続税の納税義務者とは別個に規定されていることからすると、贈与税は、贈与による財産の取得が取得者の担税力を増加させることによりそれ自体を課税の対象としているものであり、贈与税が、その条文の体裁や相続税法制定経緯に鑑みて相続税の補完税としての目的の性質を有しているとしても、相続税とはその制度自体は別個のものと解すべきである。

　そうすると、相続税法7条は著しく低い対価によって財産の取得が行われ、その担税力が増加したと認める状況があればよく、「財産の譲渡を受けた者」が相続予定者等の譲渡人と親族関係にあることを要せず、財産又は対価と時価の差額分を無償で譲り受ける意思や租税回避目的も要しないものと解すべきである。

(2)　省略
(3)　したがって、本件においても、Xの贈与意思又は租税回避の目的を問うことなく相続税法7条該当性を検討すべきであって、Xが売主P1と何ら親族関係がないこと又はXに贈与意思や租税回避の目的がないことをもって本件には相続税法7条が適用される前提を欠くとするXの主張は理由がなく、採用できない。」

2　争点2　本件土地の時価について

「ア　財産の時価

　相続税法22条は、相続、遺贈又は贈与により取得した財産の価額は、当該財産の取得の時における時価による旨規定している。贈与税は、贈与によって財産が移転する機会に、その財産に対して課される租税であり、相続税の補完税の性質をもつことは条文の規定からも明らかである。そして、贈与税は、贈与によって財産を取得する者を納税義務者として贈与税を課しており（相続税法1条の2）、贈与という財産の移転の機会をとらえて、財産の取得という事実に担税力を認めて課するものであって、個々の土地の収益性の有無に限らずその取得者に課するものであるから、相続税法7条及び22条にいう「時価」とは、不特定多数の独立当事者間の自由な取引において通常成立すると認められる取引価格、すなわち、客観的な交換価値をいうものと解すべきである。

　また、贈与税は、贈与の行われた年中に、贈与によって取得した財産について課税することとされているのであるから、財産の評価は、当然その贈与があったとされる当時の時価によって評価しなければならない。

　したがって、本件においても、贈与があったとされる当時における本件土地の現況を考慮し、最も合理的かつ適切な評価方法によって当時の客観的な交換価値をみいだすべきである。

　そこで、以下、本件土地の平成8年8月21日における客観的な交換価値を検討する。

イ　本件土地の評価方法

（なお、具体的な評価方法の詳細については、詳細にわたるため筆者において省略）詳細については判決文参照」

3　争点3（本件売買契約の対価が相続税法7条の「著しく低い価額の対価」に該当するかどうか）について

「(1)　相続税法7条にいう「著しく低い価額の対価」の意義については、こ

れまで述べたように、著しく低い価格の対価で財産の譲渡を受けた場合には、法律行為としての贈与には該当しなくとも、実質的には贈与と評価しうるため、課税の公平負担の見地から、対価と時価との差額について贈与があったものとみなして贈与税を課することとしているのであるから、同条の趣旨に鑑みれば、同条にいう「著しく低い価額の対価」に該当するかどうかは、当該財産の譲受の状況、当該譲受の対価、当該財産の性質、当該譲受に係る財産の市場価額等を勘案して社会通念に従い判断すべきものと解するのが相当である。

(2) 本件においては、土地の時価は4513万円と評価されるところ代金1500万円で売買しているものであり、X主張の売買経緯を考慮してもなお著しく低い価額の対価に当たるというべきである。

(3) したがって、相続税法7条により、本件土地の売買価額と本件売買契約当時の時価との差額に相当する金額をXは贈与によって取得したものとみなされることになる。」

4 争点4 本件処分の違法性について

「(1) 本件決定処分

上述のように本件土地の時価4513万円から本件売買契約の対価1500万円を控除した金額3013万円が贈与税の課税価格となる。

そして、相続税法21条の5の規定により上記金額から基礎控除額60万円を控除した額2953万円が基礎控除額控除後の課税価格となる。

上記基礎控除額控除後の課税価格に相続税法21条の7の規定による税率を乗じて算出した納付すべき税額は1381万8000円となる（速算表による。2953万円×60％－390万円＝1381万8000円）。

したがって、本件決定処分のうちXの基礎控除額控除後の課税価格2953万円及び納付すべき税額1381万8000円を超える部分は違法である。

(2) 本件賦課決定処分

無申告加算税の計算の基礎となる税額は1381万円（ただし、国税通則法118

条3項の規定により、1万円未満の端数を切り捨てた後のもの）であり、国税通則法66条1項の規定に基づき上記金額に100分の15を乗じて算出した無申告加算税の額は207万1500円である。そして、Xには平成8年分の贈与税の申告書をその提出期限までに提出しなかったことについて、国税通則法66条1項ただし書に規定する正当な理由が存在したとは認められない。

したがって、本件賦課決定処分のうち無申告加算税207万1500円を超える部分は違法である。」

Ⅲ　研究　判旨に賛成

相続税法7条みなし贈与規定の解釈・適用は、所得税法59条のみなし譲渡規定とともに租税法実務上多くの問題が存在する。両規定とも担税力に応じた課税を要請する租税公平主義の視点から、取引価格の恣意的な操作による租税回避を阻止することを趣旨とする、いわゆる租税回避行為に対する個別否認規定と位置づけられている[2]。

相続税法7条の立法趣旨は、著しく低い価額の対価で財産の譲渡を受けた場合には、法律的には贈与とはいえないとしても、実質的には贈与と同視することができるため、担税力に応じた課税をもとめる租税公平主義の要請から、対価と時価との差額について経済的利益の贈与があったものとみなして贈与税を課するところにある。換言すると、相続税負担の回避を阻止することにより、課税の公平（租税公平主義）を確保することに同規定の立法趣旨は見出すことができる。

この趣旨を踏まえた同規定の解釈・適用がいかにあるべきかについて考察することは、税法解釈の基本を確認するうえでも有益である。

また、土地の時価評価に関する問題は、相続税法上の最も重要な論点の一つといえる。この問題について考察することは、相続税法の法律実務を租税法学の視点から再検討する意味でも有益であろう。

所得税法や法人税法といった所得課税法における所得測定問題と同様に、

資産の価値に担税力を見出して課税する資産税においても、その資産の適正な価値評価が担税力に応じた課税の実現の視点から最も重要な検討要素であるといえる。

　以上の点が本事例を研究対象とした目的である。争点をめぐる原告Xと被告Yの主張の詳細を紹介したのは、本判例研究の研究の方針でもあり、なおかつ、相続税法7条をめぐる解釈を素材に租税法解釈の幅について確認することも有益であろうと考えたからである。

1　相続税法7条の解釈をめぐる裁判例の動向と本件判決の意義

(1)　裁判例の動向と本件判旨の位置づけ

　親族間の土地の譲渡が低額譲受に該当するか否かを争点とした東京高裁昭和58年4月19日判決[3]は、「相続税法7条は、著しく低い価額の対価で財産の譲渡を受けた場合には、法律的には贈与とはいえないとしても、実質的には贈与と同視することができるため、課税の公平負担の見地から、対価と時価との差額について贈与があつたものとみなして贈与税を課することとしているのである」として、同規定の趣旨が租税公平主義の要請にあることを確認の上、「右の規定の趣旨にかんがみると、同条にいう著しく低い価額の対価に該当するか否かは、当該財産の譲受の事情、当該譲受の対価、当該譲受に係る財産の市場価額、当該財産の相続税評価額などを勘案して社会通念に従い判断すべきものと解するのが相当である。」と判示して、同規定の主たる適用要件である「著しく低い価額の対価」に該当するか否かの判断基準を明確にしている[4]。

　さらに、上場株式の親子間の売買が相続税法7条の低額譲受に該当するかが争われた事件において、東京地裁平成7年4月27日判決[5]は、「贈与税は、相続税の補完税として、贈与により無償で取得した財産の価額を対象として課される税であるが、その課税原因を贈与という法律行為に限定した場合には、有償で、しかも、時価より著しく低い価額の対価で財産の移転を図ることによって贈与税の負担を回避しつつ、本来、相続税の対象となるべき財産

を生前に処分することで相続税の負担の軽減を図ることができることになり、租税負担の公平が著しく害されることとなる。同法7条（低額譲渡）の規定は、こうした不都合を防止する目的で、時価より著しく低い価格で売買が行われた場合には、当事者に贈与の意思があったかどうかを問わず、その対価と時価との差額に相当する金額の贈与があつたものとみなすこととしているものと解される。」と判示して、相続税法7条の趣旨が贈与税負担の軽減や相続税負担の回避を防止することにより租税公平主義を要請に求められることを確認している。

　また、同判決は、相続税法7条に規定する時価について、「相続税法7条（低額譲渡）に規定される時価とは、課税時期において、それぞれの財産の現況に応じ、不特定多数の当事者間で自由な取引が行われた場合に通常成立する価額をいうものと解するのが相当であるが、相続対象財産の客観的交換価格は必ずしも一義的に確定されるものではなく、これを個別に評価すると、評価方法等により異なる評価額が生じたり、課税庁の事務負担が重くなり、課税事務の迅速な処理が困難となるおそれがあるため、課税実務上は、財産評価の一般的基準が財産評価通達により定められ、これに定められた評価方法によつて画一的に財産の評価が行われているところである。」と判示して、時価が不特定多数の当事者間における自由な取引において通常成立する価格であるとしながらも、納税者間の公平の確保と租税行政上の評価の効率性の視点から財産評価通達によって画一的に評価されることも合理的であるとしている。[6]

　本件判決においても相続税法7条の立法趣旨は、「贈与税は、贈与により無償で取得した財産の価額を対象として課される税であるが、贈与という法律行為をとらずに財産の譲渡が行われた場合に一律に贈与税の対象とならないとすると、有償で、時価より著しく低い価額の対価で財産の移転を図ることによって、贈与税の負担から免れることになり、租税負担の公平を害することになる。そこで、相続税法7条は、このような租税回避の防止を図るために贈与という法律行為ではなくとも、時価より著しく低い価格で土地の譲

受があった場合には、その対価と時価との差額に相当する金額の贈与があったものとみなすことにしたものと解される。」として、贈与税負担の回避を阻止することにより税負担の公平を図るという従来の裁判例の理解を踏襲している。

一方、時価については、贈与税は、贈与によって財産を取得する者を納税義務者として贈与税を課しており（相続税法１条の２）、贈与という財産の移転の機会をとらえて、財産の取得という事実に担税力を認めて課するものであって、個々の土地の収益性の有無に限らずその取得者に課するものであるから、「相続税法７条及び22条にいう「時価」とは、不特定多数の独立当事者間の自由な取引において通常成立すると認められる取引価格、すなわち、客観的な交換価値をいうものと解すべきである。」として、従来の裁判例が採用してきた時価概念を本件においても用いることを確認している。[7]

さらに、財産評価のタイミングについて、「贈与税は、贈与の行われた年中に、贈与によって取得した財産について課税することとされているのであるから、財産の評価は、当然その贈与があったとされる当時の時価によって評価しなければならない。したがって、本件においても、贈与があったとされる当時における本件土地の現況を考慮し、最も合理的かつ適切な評価方法によって当時の客観的な交換価値をみいだすべきである。」として、時価の評価は、財産の移転時点、すなわち贈与時点における当該財産の客観的交換価値を評価するということを確認している。

以上の通り、相続税法７条の主要なファクターである、同規定の立法趣旨、時価概念、そして、時価を評価するうえでの判断基準について、本件判決はそれぞれ従来の裁判例の考え方を踏襲したものと位置づけることができよう。

(2) **本判決の意義**

そこで、従来の同規定の解釈をめぐる裁判例との関係で本判決の新たな意義を見出すとすれば次の２点に集約されよう。

①租税回避の個別否認規定と位置づけることができる相続税法７条の解釈

は文理解釈のみならず趣旨解釈をも加味することが可能か否か、という点について本判決において裁判所が明確な見解を示した。Xは、同規定が租税回避行為の防止規定と位置づけられるとすると、明らかに租税回避の意図のない取引には同規定は適用されないと主張している。租税回避行為の個別否認規定とされる規定は多数存在するが、それらの規定の適用に際し租税回避の意図の存否が斟酌されるか否かが主要な争点の一つとされたが、その争点について本判決は明確な判断を示した（詳細は以下に譲ることにする。）。

②本件土地が土地区画整理事業区域内にあり、いまだ仮換地指定はなされず、通常仮換地指定・仮換地使用収益開始までに相当期間が予想されるといった、特定の制限のある土地であり、本件裁判所は、これらの使用制限を考慮した評価方法を具体的に提示した。すなわち、具体的な算定方法としては、本件売買契約時から仮換地指定後・使用収益開始後の建物の敷地として利用できるまでの期間（割引期間）と通常の宅地としての使用・収益ができないことによる割引率を求め、複利現価計算をして本件土地の時価を算定するのが相当である、として合理的と思われる算定方法を明示した。

以上を本件判決の意義として確認しておく。

2 立法趣旨と相続税法7条の適正な解釈・適用
　　―租税法解釈における趣旨解釈の意味

相続税法7条の立法趣旨は、親族間における相続税の軽減もしくは回避を図る行為を防止することにより租税公平主義の実現に寄与することにある。この立法趣旨を踏まえると、「相続税法7条は、相続税を免れるために行われたと認められる低額譲受にのみ適用されるものと限定解釈されなければならない。したがって、相続税法7条の射程範囲は、相続予定者等の親族に該当する者を対象とする低額譲受であると解すべきである。また、独立当事者間売買では、相続税の負担軽減の意図はありえないのであるから、万一、同法7条を適用するとすれば、贈与意思が認定される場合にのみ限定されなければならない。」というのがXの主たる主張の一つである。

このように、租税回避行為の個別否認規定に属する租税法規定の解釈をめぐっては、いわゆる文理解釈によるのではなく、立法趣旨を考慮した趣旨解釈を加えることによりその規定の射程を確定すべきだとの主張がしばしばなされる。たとえば、夫弁護士が妻である税理士に税務代理を依頼し、その税務代理報酬の支払いが、所得税法56条の「生計を一にする親族」への対価支払いに該当するか否かを争点として争われた、いわゆる宮岡事件においても議論された。

所得税法56条の立法趣旨はシャウプ勧告に求められ、世帯単位課税から個人単位課税に所得課税制度が移行されたことに伴い、家族間の所得分散を利用した租税回避行為の防止にあるところから、租税回避の意図の存否も同規定の射程を確定するうえでの要素とすべきであり、その意図のない原告の行為に同法を適用することは不合理であるとの主張が原告側から展開された。[8]

同事件における第1審判決は、「個人単位課税制度が採用されるとともに、法五六条の前身である旧法一一条の二が制定されたものであるから、旧法二条の二の立法趣旨がそのまま法五六条の立法趣旨に当てはまるとし、その旧法三条の二の立法趣旨は、所得合算課税制度から個人単位課税制度への移行により、家族構成員への所得分散による「要領のよい納税者」の租税回避的行為を封ずるための措置に求められるとした。その立法趣旨を踏まえると、「法五六条の『従事したことその他の事由により』(中略) 対価の支払を受ける場合』とは、親族が、事業自体に何らかの形で従たる立場で参加するか、又は事業者に雇用され、従業員としてあくまでも従属的な立場で労務又は役務の提供を行う場合や、これらに準ずるような場合を指し、親族が、独立の事業者として、その事業の一環として納税者たる事業者との取引に基づき役務を提供して対価の支払を受ける場合については、同条の上記要件に該当しないものというべきである。[9]」として、「従事したことその他の事由」の解釈が争点とされたために、当該文言の適正な解釈を確定する上で家族間における所得分散による「租税回避行為の防止」という立法趣旨を踏まえて争点とされた「従事した」の文言を解釈すべきであることを判示しているので

ある。この点はきわめて重要である。

　ここで誤ってはならないのは、ある税法規定の法解釈により、その規定の適用範囲を確定するのであるから、あくまでも条文の解釈から離れて結論を導出することはできない、という点である。

　立法趣旨が租税回避行為の防止にあるから、当該行為が租税回避行為に該当しなければ、租税回避防止規定の適用はないとの主張が合理性を持つためには、当該規定にその旨が定められていなければならないのである。ある文言の解釈が争点とされた場合には、文理解釈の限界ともいうべき状況に遭遇しているともいえるのであるから、そこで立法趣旨を踏まえた場合にどちらの解釈が優れているのかが判断されるのである。

　租税法の解釈は、租税法が侵害規範であり、租税法律主義の厳格な法的統制下におかれるところから、その解釈は、文理解釈を原則とすべきである。拡張解釈や類推解釈は租税法律主義に抵触するのである。[10]この点は、特に注意する必要があるといえよう。

　相続税回避の防止を立法趣旨とする相続税法7条の適用範囲の確定は、同法に定められた文言の適正な解釈プロセスを経てなされるのである。その解釈プロセスにおいて解釈がいくつかに分かれるような場合には、その立法趣旨に立ち返り検討がなされるべきである。したがって、本件のXの主張は、本来、同法のどの文言の解釈について立法趣旨を踏まえた解釈をすると、その適用範囲は結果的に狭められるべきだという主張にならねばならないのである。

　租税法律主義の厳格な統制下におかれる租税法の解釈にあたっては、その解釈の技法は原則として文理解釈によるべきである。文理解釈は、法規の文字・文章の意味をその言葉の使用法や文法の規則に従って確定することによってなされる解釈であり、すべての法解釈の出発点であり、最も説得力のある権威的論拠と考えられている。[11]恣意的課税の阻止を本質とする租税法律主義の原則の下では厳格な法解釈が求められるのである。文理解釈によらなければ課税権者の恣意的課税を招来しかねないからである。

しかし、租税法の規定のすべてを文理解釈により、明確にその適用範囲を確定することは困難といわざるを得ない。ある規定の文言が抽象的に過ぎるとか難解であるといった理由から、明確に一義的に解釈が導出できない場合もありうる。課税要件明確主義に反するという主張もなしうるが、当面はその文言の意味を明らかにしなければならない。そのときにはじめて当該規定の立法趣旨を踏まえた趣旨解釈もしくは目的論的解釈の余地が生じるのであると理解すべきである。しかし、その際にも文言から離れた解釈はありえないのである。

　この点について、本件判旨では、同規定の立法趣旨は租税回避行為防止にあることを確認の上で、「贈与税の納税義務者は、贈与により財産を取得した個人とされている（相続税法1条の2）。」のであるから、「贈与税では、財産の譲受人と譲渡人との関係を問わず、贈与により財産を取得した個人が納税義務者とされており、相続税の納税義務者とは別個に規定されていることからすると、贈与税は、贈与による財産の取得が取得者の担税力を増加させることによりそれ自体を課税の対象としているものであり、贈与税が、その条文の体裁や相続税法制定経緯に鑑みて相続税の補完税としての目的の性質を有しているとしても、相続税とはその制度自体は別個のもの解すべきである。」と判示して、相続税が納税義務者に該当するか否かが親族といった被相続人と相続人といった人的関係が重視されるのに対して、贈与税の納税義務者について別の規定を用意していることを根拠に人的関係を考慮外に置くと解していることを確認している。そのうえで、「そうすると、相続税法7条は著しく低い対価によって財産の取得が行われ、その担税力が増加したと認める状況があればよく、「財産の譲渡を受けた者」が相続予定者等の譲渡人と親族関係にあることを要せず、財産又は対価と時価の差額分を無償で譲り受ける意思や租税回避目的も要しないものと解すべきである。」と結論付けている。

　この本件判旨の論理は、同規定の文言には、譲渡人と譲受人との人的関係を適用要件の一つとして定めていないのであるから、以下の立法趣旨を踏ま

えても人的関係を適用要件に加えて解することはできないとしているのである。この論旨は、租税回避行為の存否を適用要件の一つに加えるべき、というXの主張に対しても同様の見解により否定している。

同規定には、「税負担を不当に減少させる」といった租税回避行為の防止のための文言も含まれていないのであるから、その適用要件に「租税回避行為」の存否を含めて解することもできないことは当然といえる。

以上のとおり、本件判旨は租税法律主義を尊重した妥当な見解を示したものと評価できよう。

3 相続税法7条の解釈と適用―法的三段論法における時価の位置付け

法の適用過程は、一般に、具体的な経済取引にかかわる事実関係を確定する事実認定作業と個々の事実関係に適用すべき法規範を選択し、その意味内容を解明する法の解釈作業という二つの作業に分けられ、伝統的に、適用されるべき法規範を大前提、具体的事実を小前提とし、法規範に事実をあてはめて判決が結論として導き出されるという、法的三段論法の過程として理解できる。

この法的三段論法の過程とは、例えば、わが国の現行法システムのもとで、「被告人甲を懲役五年に処する」という判決が下される場合、単純化すれば、「人ヲ殺シタル者ハ死刑又ハ無期若シクハ三年以上ノ懲役ニ処ス」(刑法119条（現行199条）)という法規範が大前提であり、甲が実際に人を殺したこと、違法性や責任の阻却事由がないことなど、いろいろな証拠によって確定された事実が小前提である。そして、この二つの前提から、①「Aという事実があればXという法律効果が生じる」(大前提)、②「したがって当該事件はAという事実である」(小前提)、③「故にXという法律効果が生じる」(大前提の小前提への当てはめ)という法的三段論法に従ってこのような判決が結論として導出されることにより、その判決は正当化される[12]。

ところで、租税法は行為規範であると同時に裁判規範でもある。租税法の解釈・適用過程にも法的三段論法は当てはまる。そこで、本件をこの三段論

法を用いて整理してみよう。

　まず、「著しく低い価額の対価で財産の譲渡を受けた場合には、譲渡時の当該財産の時価と対価との差額に相当する金額を、当該財産の譲渡を受けた者が、当該財産を譲渡した者から贈与に因り取得したものとみなす。」と規定した相続税法7条が法的三段論法における大前提①であり、Xが本件土地を1500万円で買い受けた事実が小前提②、①の②への当てはめが③ということになる。

　この場合に「時価」は①の大前提である「著しく低い価額の対価」に該当するか否かを判定する最も重要なファクターである。そして、法的効果の実質である贈与額は、その時価と当該対価との差額により決定される。「著しく低い価額の対価」は同規定の適用要件であり、贈与額は同規定の法的効果である。時価は、これらの両者を決定していく上での主要素と位置づけることができる。

　この時価の評価は、本来は事実認定の過程においてなされていくものである。法的三段論法を当てはめると②の小前提に属する事実を総合的に考慮して評価されていくものといえる。時価の評価は、時価概念を法解釈により明確にし、その時価概念に対応する評価額を証拠に基づいて合理的に評価していくことが求められる。

　本件判旨においても、相続税法の担税力測定基準として財産の時価を、「相続税法7条及び22条にいう「時価」とは、不特定多数の独立当事者間の自由な取引において通常成立すると認められる取引価格、すなわち、客観的な交換価値をいうものと解すべきである。」と定義して、証拠により認定された具体的事実から総合的に勘案して本件土地の客観的交換価値、すなわち時価を確定し、その時価を前提に法的三段論法により判決を下している。

　そうすると、この判決の正当性は時価評価の合理性に左右されるともいえることをここに指摘しておく必要があろう。

4　相続税の担税力測定基準としての時価概念

ところが、時価に関しては、相続税法22条が「評価の原則」のタイトルの下に「この章で特別の定めのあるものを除くほか、相続、遺贈又は贈与により取得した財産の価額は、当該財産の取得の時における時価により、当該財産の価額から控除すべき債務の金額は、その時の現況による。」と定めるのみで、財産課税における担税力指標とされる時価に関して、その概念はもちろん時価の評価方法についても相続税法は具体的な定めを用意していない。[13]

そこで、時価の意義は通説とされる判例により確認することにならざるを得ないことになる。裁判例に拠れば、「時価とは、不特定多数の独立当事者間の自由な取引において通常成立すると認められる取引価格、すなわち、客観的な交換価値をいうものと解される」との理解が通説として受け入れられている。相続税法の時価は、固定資産税における時価と同様に公開の市場で取引により形成された資産の客観的交換価値を示す価額と理解されているといえる。

したがって、現実の売買が行われ、その売買実例が資産の客観的交換価値を反映していると認められる場合には、その売買価額が時価とされる。非上場株式であっても、「現実に売買が行われその売買実例が当該株式の客観的交換価値を適正に反映していると認められれば、その売買価額が時価」とされる、ということができる。

相続財産としての土地の時価を評価する場合に、相続時点に相前後するような時期に近隣の土地が独立当事者間で売買されたとすると、その売買取引価格が客観的交換価値を反映していると認められる。その場合には時価として採用することができる。課税時点に近接した時期に売買取引があれば、取引価額を反映させることにより取引財産の時価が明確になる。その取引価額を課税標準とすることができることになり、贈与税における贈与時の時価は贈与直後に行われた現実の売買価格とされる。[14]

このような独立当事者間により自由な売買取引により成立したと思われる売買実例価格が直近に存在し、なおかつその取引価格が客観的交換価値を顕

現していると認定できる場合は、その売買実例価格が時価として受け入れられるが、そのような場合が常に存在するわけではないし、「相続対象財産の客観的交換価格は必ずしも一義的に確定されるものではなく、これを個別に評価すると、評価方法等により異なる評価額が生じたり、課税庁の事務負担が重くなり、課税事務の迅速な処理が困難となるおそれがあるため、課税実務上は、財産評価の一般的基準が財産評価基本通達により定められ、これに定められた評価方法によって画一的に財産の評価が行われて」[15]いるのが相続税の時価評価の実際といえる。

　本件土地の評価においても、裁判所は「財産評価基本通達」を評価の基本として採用している。すなわち、財産評価基本通達24―2にもとづいて、「土地区画整理事業施行中の宅地の評価については仮換地が指定されている場合には仮換地の価額によって評価するとしているが、仮換地指定が行われていない土地については特段の定めはない。そこで、土地区画整理事業施行中でありながら仮換地指定が行われていない土地については従前の土地について適切な鑑定評価を行うべきである。本件土地の時価判断について、Y援用のP3鑑定及びX援用のP4鑑定ともに本件土地区画整理事業区域内の更地取引の実例が少ないことから、建物付宅地の取引事例及び規準地の価格から建物付宅地の標準的画地の価格を求め、そこから本件土地の個別的要因及び本件土地が仮換地指定され建物用敷地として使用できるまでの間の減価を考慮して本件土地の価格を算定する手法が最も規範性が高く相当であるとしているところ、本件土地が土地区画整理事業区域内にあり、いまだ仮換地指定はなされず、通常仮換地指定・仮換地使用収益開始までに相当期間が予想されること等に照らすと、上記のような評価方法を中心とすることが相当と考えられる。」としている。

　時価の評価は「財産評価基本通達」によることが租税法実務の実際上その効率性や平等取扱い原則の視点からも許容されることは認めざるを得ない（もちろん、租税法律主義の視点からは批判が存在することも否定できないが、敢えてここではその問題については言及しない。）。

本件の判旨によれば、本件土地が土地区画整理事業施行中の土地でありながら仮換地の指定が行われていないところから不動産鑑定士による鑑定評価を用いることを認容し、不合理な算定の修正のうえ、さらに、土地区画整理事業による使用収益開始までの建物が建築できないことによる減価を加味して、本件土地の時価を4513万円と認定している。Ｙの評価額が建物の建築の可能性があるとした宅地の評価額であることを理由にその評価額を受け入れられないとした。

宅地の土地の価値は建物の新築可能性により大きく左右されることは当然であり、評価過程における最も重要な考慮要因であるといえるのであるから、Ｙの評価がその点を考慮に入れていないという点を根拠にＹの時価評価を採用し得ないとした本件裁判所の判断には賛成せざるを得ないであろう。

本件裁判所の本件土地の評価は、通説の「不特定多数の独立当事者間の自由な取引において通常成立すると認められる取引価格、すなわち、客観的な交換価値」を本件土地の評価にできるだけ反映させようとの努力がうかがわれるということができよう。

5 むすび

本研究では、本件の第２の争点である「本件土地の時価」について、その評価方法の妥当性については裁判所が示した見解を確認することにとどめ、とりわけ研究の対象から除外した。

本稿における検討の対象は第１の争点である「相続税法７条が本件に適用されるかどうか（争点１）」、第３の「本件売買契約の対価が相続税法７条の「著しく低い価額の対価」に該当するかどうか（争点３）」、そして、「本件処分の違法性（争点４）」の３つの争点に絞ることにした。

３点が争点とされるが、基本的には相続税法７条が本件に適用されるか否か、の１点に争点は集約されるものである。本件取引が、「著しく低い価額の対価で財産の譲渡を受けた場合」に該当するのか、という点である。

時価と本件取引価額の比較により、その価格が「著しく低い」判断できれ

ば、同規定は適用されるという構造である。

　ところがXは、取引当事者は独立当事者であり、さらに租税回避の意図も贈与の意思も存在しないから同規定は適用されないと主張した。この主張は大きな問題提起をはらむものであり、立法趣旨を踏まえた適用を図るべきであるとの主張である。

　Xの主張の問題は、同規定に「贈与の意思」も「租税回避の意図の存在」をも要件として定められていないことをXは見落としている点にある。

　租税法の解釈は文理解釈を原則とすべきである。立法趣旨を踏まえた趣旨解釈も租税法律主義の下で許容されるが、それは文理解釈の限界を補うところに趣旨解釈の余地があるのである。その原則を軽視すると租税法の解釈・適用過程において、納税者と課税当局の両当事者からの恣意性が介入する結果を招く。それは、租税法律主義の形骸化につながる。

　本件判旨は、租税法律主義の要請を厳格に踏まえ、文理解釈を尊重すべきことを明示した判断を下したという点で評価できるものといえよう。

　ただ、相続税法基本通達7-2の解釈をめぐって当事者が争っているが、通達は法律ではないという点を心得るべきであろう。

注
1) 本件の詳細な判例研究は、増田英敏「判批」TKC税研情報15巻5号122頁以下（2006年）参照。
2) 金子『租税法』137頁以下。同書では、租税回避行為の包括否認規定はわが国では存在せず、個別否認規定は「かなりの数の個別否認規定がある」と述べられているが、この相続税法7条のその一つと見てよいであろう。
3) 東京高判昭和58年4月19日税資130号62頁。同判決は横浜地判昭和57年7月28日訟月29巻2号321頁の控訴審判決であるが、この地裁判決を支持したものである。
4) 東京地判平成9年11月28日税資229号898頁も、「財産の譲渡が相続税法7条の規定にいう「著しく低い価額」による譲渡に該当するかどうかは、当該財産の譲渡の事情、当該財産の譲渡価額と相続税評価額との対比、同種の財産の市場価額の動向等を勘案して社会通念に照らして判断すべきものと解される。」と判示して、低額譲渡の該当性の判断基準を明確にしている。
5) 東京地判平成7年4月27日税資209号285頁。
6) 東京地判平成13年2月15日税資250号順号8836も、時価の判断基準について、「相続税法7条及び22条にいう時価とは、当該財産の取得の時において、その財産の現況に応じ、不特定多数の当事者間で自由な取引が行われる場合に通常成立すると認められる価額、すなわち、当該財産の客観的な交換価値をいうものと解される。」

と判示し、その上で、「財産評価基本通達に定められた画一的な評価方式によって評価を行うことは、税負担の公平、効率的な租税行政の実現という観点からみて合理的であり、これを形式的にすべての納税者に適用して財産の評価を行うことは、一般的には、租税負担の実質的な公平をも実現し、租税平等主義にかなうものである。」として、時価の評価に際して財産評価基本通達を用いることは租税公平主義の要請に沿うものであるとしている。

7）時価については多くの議論が存在するが、この判旨の理解は通説として広く受け入れられている。また学説においても、たとえば、田中治教授は、「相続税は、基本的には、相当規模の相続財産につき、それを処分することを目的とした税制である。このような制度の趣旨からみても、相続税における時価を、客観的交換価値と観念し、自由な市場で形成される価格とすることは、相当程度合理性があるものと思われる」（田中治「相続税制の再検討―相続財産の評価をめぐる法的諸問題」日本租税理論学会編『相続税制の再検討』55頁（法律文化社、2003年））とされている。

8）宮岡事件の詳細な検討については、増田英敏『租税憲法学第3版』363頁以下（成文堂、2006年）を参照。

9）東京地判平成15年7月16日 TAINS 888―0748。

10）金子『租税法』123頁以下参照。なお、同教授はただ、「文理解釈によって規定の意味内容を明らかにすることが困難な場合に、規定の趣旨目的に照らしてその意味内容を明らかにしなければならないことは、いうまでもない」（同書、124頁）とされている。

11）田中成明『法理学講義』311頁（有斐閣、2004年）。

12）田中、同上書、305頁。

13）租税法律主義の視点から時価の評価法について規定を定めていない点については従来から痛烈な批判がなされてきた。たとえば、関本秀治「相続税における財産の評価」北野弘久編『判例研究　日本税法体系2』284頁以下所収（学陽書房、1979年）参照。

14）石島弘『課税標準の研究』32頁（信山社、2003年）。

15）東京地判平成7年4月27日税資209号285頁。

第20章

相続税裁判事例研究Ⅱ
―相続税の時価評価と評価通達6項
（時価評価と評価通達6項事件）

東京地裁平成28年7月15日判決（棄却、確定、納税者敗訴）
（更正すべき理由がない旨の通知処分取消請求事件）
税資266号順号12882

☞ **研究のポイント**

　相続税法22条は、特別の定めのあるものを除き、相続により取得した財産の価額は、相続の時における時価による旨を規定している。同条に規定されている「時価」とは、当該財産の取得の時において、その財産の現況に応じ、不特定多数の当事者間で自由な取引が行われる場合に通常成立すると認められる価格、すなわち、当該財産の客観的交換価値をいうものと解されている。

　この時価の評価は、国税庁が定める財産評価基本通達に従って行われている。通達による画一的な時価評価は、租税負担の公平、納税者の便宜、徴税費用の節減といった観点からみて合理的であり、これを形式的にすべての納税者に適用して財産の評価を行うことは、通常、租税負担の実質的な公平を実現し、租税公平（平等）主義にかなうものであると理解されている。

　ところが、相続税財産評価基本通達（以下「評価通達」という。）6が、「この通達の定めによって評価することが著しく不適当（特別の事情の存否）と認められる財産の価額は、国税庁長官の指示を受けて評価する。」と定め、評価通達自らが例外的に評価通達に定める評価方法以外の方法を租税行政庁に許容している。

　本件の研究のポイントは、いかなる「特別の事情」がある場合に、評価通達以外の方法により評価を行うことが許されるのか、その「特別の事情」の

意義内容を考察することにある。

 事案の概要

　本件は、亡A（以下「被相続人」という。）の共同相続人の一人である原告（以下「X」という。）が、被相続人からの相続（以下「本件相続」という。）について、相続財産中の地積365.68平方メートルの宅地（以下「本件土地」という。）の評価額を、財産評価基本通達（昭和39年4月25日付け直資56ほか国税庁長官通達。以下「評価通達」という。）の定める路線価方式により算定した額として相続税の申告をした後、本件土地の時価は、路線価でなくこれを下回る不動産鑑定士の評価額によることが適切と考えられるとして更正の請求をしたが、処分行政庁から更正をすべき理由がない旨の通知を受けたため、同通知処分は違法であると主張して、その取消しを求める事案である。

　1　前提事実
　　(1)　本件相続
　被相続人は、死亡し、その長男であるXは、妹（以下「訴外相続人」といい、Xと併せて「本件共同相続人」という。）とともに、本件土地を含む財産を相続した（本件相続）。
　　(2)　本件土地
　本件土地は、第一種低層住居専用地域に位置する地積365.68平方メートルの宅地であり、地勢等はおおむね平坦で、北側で幅員約6ｍの区道に接面し、形状は間口約13.61ｍ、奥行約27.10ないし27.15ｍの略長方形である。
　本件相続の開始時において、本件土地を含む地域における地価公示法上の標準地として、地積314平方メートルの宅地（以下「本件公示地」という。）が選定されていたが、平成26年地価公示以降、本件公示地は標準地として選定されていない。

(3) 本件相続に係る相続税の申告

Xは、処分行政庁に対し、平成23年6月21日、本件相続について、本件土地の評価額を評価通達に定める路線価方式により算定した1億5204万9744円（1平方メートル当たり41万5800円）として、課税価格を1億6945万円、納付すべき税額を2326万1800円とする相続税の申告書を提出した（以下「本件申告」という。）。

(4) 更正の請求

Xは、処分行政庁に対し、平成24年5月29日、本件土地の評価について、その時価は、路線価方式による評価額でなくB不動産鑑定士の評価額である1億2800万円（1平方メートル当たり35万1000円。以下この鑑定を「B鑑定」という。）によることが適切であるとして、本件相続に係る相続税の課税価格を1億4540万円、納付すべき税額を1718万1900円とする更正の請求をした（以下「本件更正請求」という。）。

(5) 更正をすべき理由がない旨の通知

処分行政庁は、Xに対し、平成24年8月28日、本件更正請求について、路線価により難い特別な事情があるとは認められず、また、近隣の標準的画地の地積、地価公示地の状況、取引事例及び規模的格差の根拠等から判断して、鑑定評価に合理性があるとは認められないとして、更正をすべき理由がない旨の通知をした（以下「本件通知処分」という。）。

(6) 本件訴えに至る経緯

Xは、平成24年9月7日、本件通知処分について、処分行政庁に対する異議申立てをしたが、処分行政庁は、同年11月29日、異議申立てを棄却する旨の決定をした。その後、Xは、平成24年12月25日、本件通知処分について、国税不服審判所長に対する審査請求をしたが、国税不服審判所長は、平成25年12月5日、審査請求を棄却する旨の裁決をした。これに対して、Xは、平成26年4月3日、本件通知処分の取消しを求める本訴を提起した。

2　争点

本件の争点は、本件相続時における本件土地の相続税評価額である。

3　争点に関する当事者の主張

(Xの主張)

(1)　本件土地の評価額について評価通達を適用することの不合理性

評価通達は、市街化地域の宅地の価額の評価が路線価方式によって行われるべきことを定めているが、本件土地が存在する地域においては、300平方メートル程度以上の広大な土地の客観的な交換価値（1平方メートル当たりの単価）は、100平方メートル程度の標準的規模の土地のそれに比べて、相当に低いというのが近年の市場の実態となっている。

しかし、評価通達に基づく路線価方式は、このような300平方メートル程度以上の広大な土地について価格の低減があることは全く考慮することなく、通達により評価額を求めることになっている。評価通達は、本件土地が存在する地域における市場の実態を無視したものとなっており、本件土地に対する評価方法として合理性を欠いている。

本件土地については、評価通達に基づく評価方法によっては適正な時価を適切に算定することはできない。本件土地の存在するC区においては、地積が500平方メートル以上である場合は評価通達24—4が定める広大地補正が適用され、本件土地と同じ路線価を用いた500平方メートルの土地の相続税評価額は1億2075万円となるのに対して、本件土地は地積が365.68平方メートルにとどまり27％も小さいにもかかわらず、路線価方式による評価額は1億5204万9744円と、上記の500平方メートルの土地の評価額より26％も高く、本件土地よりも135平方メートル程度も大きい画地の方が著しく低い評価額となってしまうことは甚だしく公平を失しており、租税法の基本原理の1つである公平負担の原則に反している。

(2)　本件土地の時価としてのB鑑定による評価額の合理性

相続税法22条の「時価」は、不特定多数の者の間において通常成立すべき

客観的な交換価値を意味し、評価通達による評価額がこの時価を上回る場合には、これを採用した課税処分は違法であるところ、B鑑定は、不動産鑑定評価基準に準拠して行われた正式な不動産鑑定であり、合理性を有しており、その鑑定評価額は相続税法22条にいう「時価」に当たる。

(3) 判断の枠組みに関する被告（以下「Y」という。）の主張について

Yは、評価対象の土地に適用される評価基準の定める評価方法が適正な時価を算定する方法として一般的な合理性を有するものであり、かつ、当該土地の基準年度に係る賦課期日における登録価格がその評価方法に従って決定された価格を上回るものでない場合には、その登録価格は、その評価方法によっては適正な時価を適切に算定することのできない特別の事情の存しない限り、同期日における当該土地の客観的な交換価値としての適正な時価を上回るものではないと推認するのが相当である〔最高裁平成24年(行ヒ)第79号同25年7月12日第2小法廷判決・民集67巻6号1255頁。以下「平成25年最判」という。〕として、評価通達に定める評価方法によらずに本件土地を評価することが相当と認められるような特別の事情が存するか否かが本件の争点であると主張するが、正しくない。本件の争点は、本件土地について、評価通達に基づく路線価方式によって算定される評価額が相続税法22条に規定する時価すなわち客観的交換価値を上回るか否かである。

平成25年最判は、一種の委任立法である固定資産評価基準に関するものであるのに対し、評価通達は、法形式上、行政内部の機関や職員に対して拘束力を有する行政規則にすぎず、国民に対して効力を有する法令としての性質を有するものではなく、通達の内容が納税者にとって不利な場合には、納税者は、通達に拘束されず、反対証拠を提出して通達に基づく課税処分の適法性を争うことは何ら妨げられない。評価通達に関して、平成25年最判の射程は及ばず、上記の「特別の事情」は不要である。

仮に平成25年最判に照らしても、評価通達に基づく本件土地の評価額が、相続税法に規定する「時価」としての客観的価値を上回るものではないとの推認は、事実上の推認にとどまるから、立証責任は依然としてYにあり、X

は反証すれば足りる。

（Yの主張）

(1) 相続税法上の「時価」と評価通達の関係からみた本件の判断の枠組み

　平成25年最判は、固定資産評価基準について、評価対象の土地に適用される評価基準の定める評価方法が適正な時価を算定する方法として一般的な合理性を有するものであり、かつ、当該土地の基準年度に係る賦課期日における登録価格がその評価方法に従って決定された価格を上回るものでない場合には、その登録価格は、その評価方法によっては適正な時価を適切に算定することのできない特別の事情の存しない限り、同期日における当該土地の客観的な交換価値としての適正な時価を上回るものではないと推認するのが相当であると判示したところ、評価通達及び固定資産評価基準における客観的交換価値の算定方法の類似性からすれば、相続税における評価額の適法性の判断においては、平成25年最判の上記判示を踏まえて、評価通達に定める評価方法の合理性及び課税された評価額と同通達に基づく評価額の多寡並びに評価通達によることのできない特別の事情の有無について判断すればよいことになる（なお、Xは、たとえ平成25年最判の判断枠組みによる事実上の推定が認められるとしても、Xは反証すれば足りると主張するが、更正の請求に対する更正をすべき理由がない旨の通知処分の取消訴訟である本訴においては、Xが本件土地の時価について主張立証責任を負う。）。

(2) 本件土地評価に適用される評価通達の定めの合理性

　評価通達は、市街地的形態を形成する地域にある宅地の価額については、路線価方式で評価する旨定めているところ、路線価は、売買実例価額、公示価格、不動産鑑定士等による鑑定評価額、精通者意見価格等を基として国税局長がその路線ごとに評定した1平方メートル当たりの宅地の価額であり、1年間の地価変動にも耐え得るものであることが必要であることなどの評価上の安全性を配慮して、公示価格と同水準の価格の8割程度を目途として定められている。また、路線価方式による評価額の算出に当たっては、奥行価格補正等、評価対象地の状況、形状等に応じた様々な補正を行うことによ

り、当該土地の個別の事情をその評価額に十分に反映させることとしている。このように、評価通達に定められた土地に係る評価方法（路線価方式）は、公示価格等に基づき、また、評価上の安全性にも配慮して定められた路線価を基に、評価対象地の個別事情もその評価額に反映させる合理的なものであると認められる。

　また、評価通達24―4は、その地域における標準的な宅地の地積に比して著しく地積が広大な宅地で、開発行為を行うとした場合に道路や公園等の公共公益的施設用地の負担が必要と認められる宅地について、その公共公益的施設用地を負担することにより潰れ地が生ずることによる減価を評価額に反映させるためのものであり、評価対象地の地積が一定以上のものであれば全てに適用されるというものではない。これを適用した結果、地積が500平方メートルの土地の評価額がそれよりも地積の小さい本件土地の評価額を下回ることになっても、それは公共公益的施設用地を負担することによって潰れ地が生ずることによる減価が評価に反映されたためであり、かかる減価を考慮することには合理性があるから、そのことから評価通達の定めが不合理なものであるとはいえない。

(3)　B鑑定の不合理性

　B鑑定は、不動産鑑定評価の一手法である取引事例比較法及び開発法により本件土地の価格を算定しているところ、取引事例比較法により算定した比準価格を基に開発法の試算が行われ、また、その試算額も参考にとどめ、最終的には取引事例比較法により算定した価格を本件土地の鑑定評価額としていることから、その適否は、取引事例比較法の合理性の有無にかかっている。

　B鑑定は、取引事例比較法において、取引事例や本件土地の地積が標準的画地（100平方メートル）より大きいことを理由に、「規模大」として−30％又は−35％の補正をしているが、本件土地の近隣地域における標準的画地の規模が本件公示地の地積相当であるとすれば、これと同程度の地積の取引事例地や本件土地については、規模が異なることによる補正は必要でないから、

B鑑定が「規模大」のマイナスの補正をしたことは、明らかに合理性がない。B鑑定が、本件土地と同程度の地積である本件公示地については「規模大」の補正をしていないことも一貫性がない。

(4) まとめ

評価通達に定められた評価方式は合理的であり、B鑑定は不合理なものであって、B鑑定の評価額が本件土地の適正な時価であるとは認められないから、その評価額を根拠として、評価通達に基づかずに本件土地を評価することが相当と認められるような特別の事情があるとはいえない。

II 判旨

1 判断の枠組みについて

「相続税法22条は、特別の定めのあるものを除き、相続により取得した財産の価額は、相続の時における時価による旨を規定している。同条に規定されている『時価』とは、当該財産の取得の時において、その財産の現況に応じ、不特定多数の当事者間で自由な取引が行われる場合に通常成立すると認められる価格、すなわち、当該財産の客観的交換価値をいうものと解される。

ところで、財産の客観的交換価値は、必ずしも一義的に確定されるものではなく、これを個別に評価すると、その評価方法及び基礎資料の選択の仕方等によっては異なる評価額が生じることが避け難いし、また、課税庁の事務負担が重くなり、課税事務の迅速な処理が困難となるおそれがある。そこで、課税実務上は、法に特別の定めのあるものを除き、財産評価の一般的基準が評価通達によって定められ、原則としてこれに定められた画一的な評価方法によって、当該財産の評価を行うこととされている。このような扱いは、税負担の公平、納税者の便宜、徴税費用の節減といった観点からみて合理的であり、これを形式的にすべての納税者に適用して財産の評価を行うことは、通常、税負担の実質的な公平を実現し、租税平等主義にかなうもので

ある。そして、評価通達の内容自体が財産の『時価』を算定する上での一般的な合理性を有していると認められる限りは、評価通達の定める評価方法に従って算定された財産の評価額をもって、相続税法上の『時価』であると事実上推認することができるものと解される。

　もっとも、評価通達の上記のような趣旨からすれば、評価通達に定める評価方法を画一的に適用することによって、当該財産の『時価』を超える評価額となり、適正な時価を求めることができない結果となるなど、評価通達に定める評価方法によっては財産の時価を適切に評価することのできない特別の事情がある場合には、不動産鑑定士による不動産鑑定評価によるなどの他の合理的な評価方法により『時価』を評価するのを相当とする場合があると解されるものであり、このことは、評価通達6が、『この通達の定めによって評価することが著しく不適当と認められる財産の価額は、国税庁長官の指示を受けて評価する。』と定め、評価通達自らが例外的に評価通達に定める評価方法以外の方法をとり得るものとしていることからも明らかである。

　以上によれば、評価通達に定める方法によっては財産の時価を適切に評価することのできない特別の事情のない限り、評価通達に定める方法によって相続財産を評価することには合理性があるというべきである〔最高裁平成20年(行ヒ)第241号同22年7月16日第二小法廷判決・集民234号263頁参照〕。」

2　路線価方式の一般的合理性について

「路線価は、一般に、土地取引が相当程度見込まれる公示区域内の土地について、自由な取引が行われる場合に通常成立すると認められる価格（地価公示法上の『正常な価格』であり、土地取引が相当程度見込まれる公示区域内の土地についてのものである以上、不特定多数の当事者間で自由な取引が行われる場合に通常成立すると認められる相続税法上の『時価』でもあるといえる。）を反映したものとして合理的に定められるのに十分な制度上の仕組みの下に成立しているということができるところ、これに加え、路線価は、評価上の安全性に配慮して、地価公示価格と同水準の価格の80％程度を目途に定められるものであることも勘

案すると、公示区域内で宅地の価額がおおむね同一と認められる一連の宅地が面する路線ごとに、〔1〕その路線のほぼ中央部にあり、〔2〕その一連の宅地に共通している地勢にあり、〔3〕その路線だけに接し、〔4〕その路線に面している宅地の標準的な間口距離及び奥行距離を有するく形又は正方形のものであることのすべての事項に該当する宅地について、1平方メートル当たりの時価を評定する方法として、一般的な合理性を有しているといえる。

その上で、路線価方式は、上記の4要件に該当しない公示区域内の宅地について、この路線価に、上記の4要件から外れる程度を加味した評価通達15から20―5までに定める画地調整を施して、1平方メートル当たりの時価を評価しようとするものであると考えられるから、その内容は、公示区域内の宅地全般について、相続税法上の『時価』を算定する上での一般的な合理性を有していると認められるというべきである。」

「路線価は、宅地の価額がおおむね同一と認められる一連の宅地が面している路線ごとに、…中略　4要件のすべてに該当するものについて評定される1平方メートル当たりの価格であることからすると、当該路線の設定に問題のない限り、同じ路線に接する土地の規模そのものや1平方メートル当たりの価格に大きな差が生じることは一般には考えにくい。また、土地の規模が大きい場合、その形状にもよるものの、一般には奥行が長いと考えられるところ、評価通達は、標準的な奥行距離よりも長い奥行距離を有する宅地について、奥行距離が長いほど1平方メートル当たりの価格を低く算定することとなるような奥行価格補正率を定めていること〔評価通達14(4)、15、付表1。…中略　〕などからすると、評価通達に定める路線価方式が、土地の規模を一切考慮に含めていないとは必ずしもいえない。これらのことに照らせば、路線価方式が、相続税法上の『時価』を算定する評価方法として、直ちに一般的な合理性に欠けるとはいえない。

評価通達24―4適用時の地積500平方メートル以上の土地とこれに満たない土地との地価の逆転現象についても、評価通達24―4は、開発行為時における公共公益的施設用地の負担による潰れ地の発生という法的観点からの権

利負担に着目した画地調整項目であると解されるから、法的負担と無関係に地価が逆転することについての公平性を論ずることはできないというべきであり、そのような試算が成立し得るという結果のみをとらえて、路線価方式全般について、一般的な合理性がないということはできない。」

3 路線価方式によって本件土地の時価を適切に評価することのできない特別の事情の有無

「本件相続時において本件土地を含む地域の標準地であった本件公示地は、地積314平方メートルと、本件土地と同規模の画地である…中略 ところ、…中略 路線価の判定についての制度上の仕組みのもとにおいては、仮に上記のような市場の実態が現に存在するとすれば、標準地が地積300平方メートル程度の画地である場合、標準地の更地正常価格である公示価格自体がそのような市場の実態を踏まえた価格として判定されるはずであり、これを介して路線価にもそのような市場の実態が投影されることになると考えられる。Xは、本件第7回口頭弁論期日において、本件公示地の標準地としての妥当性の点も、本件公示地の公示価格の適切性の点も争わない意思を明確にしている…中略 ところ、これらの点を離れて、上記のような市場の実態が存在することのみをもって、本件土地の時価を適切に評価することのできない特別の事情に当たるとは解されない。」

「地価公示法8条、11条により、不動産鑑定士は、公示区域内の土地について鑑定評価を行う場合において、当該土地の正常な価格を求めるときは、公示価格を規準としなければならない旨の準則が定められ、その意味するところは、当該対象土地とこれに類似する利用価値を有すると認められる1又は2以上の標準地との位置、地積、環境等の土地の客観的価値に作用する諸要因についての比較を行い、その結果に基づき、当該標準地の公示価格と当該対象土地の価格との間に均衡を保たせることをいうものであるところ、上記のような計算の過程は、地積等の土地の客観的価値に作用する諸要因について、標準地である本件公示地との適切な比較を行っているものであるとは

到底いい難く、その公示価格と本件土地の価格との間に均衡を保たせる結果になっているともいえない。すなわち、B鑑定は、公示価格を規準としなければならないとの準則に従った適正な鑑定評価であるとはいえないものである。」

「地価公示法が公示価格を規準とすべき旨を定めているのは、…中略　厳格な評価、審査、調整過程を経て判定された公示価格は、一般には売り進みや買い進みなどの個別的要因を含み得る取引事例価額等よりも信頼性が高いと考えられることを前提に、事例価額等にいたずらに左右されることなく公示価格との均衡を保たせるべきものとする趣旨に出たものであると解されるところ、こうした公示価格の信頼性を疑わせるような特段の事情の主張もないままに…中略　、単なる取引事例に基づく比準価格を優先させる結果となる上記のXの立論は、この立法趣旨を没却するものにほかならないから、採用することができない。

不動産鑑定評価基準においても前記の地価公示法上の準則と同旨の定めがある（総論第8章第9節。…中略　）ところ、以上に判示したところによれば、B鑑定はこれに準拠したものであるとはいえないから、B鑑定が不動産鑑定評価基準に準拠して行われた鑑定評価であることを前提に、これが存在することから路線価方式によっては本件土地の時価を適切に評価することのできない特別の事情があるとする前記のXの主張は、その前提において失当である。」

4　本件相続時における本件土地の相続税評価額

「評価通達に定める評価方法である路線価方式は、公示区域内の宅地の時価を算定する方法として一般的な合理性を有していると認められ、これによって本件土地の時価を適切に評価することのできない特別の事情があるとは認めるに足りないから、路線価方式により算定した本件相続時における本件土地の相続税評価額は相続税法上の『時価』であるといえる。」

Ⅲ 研究　判旨に賛成

1　はじめに

　相続税法上、相続税の納税義務者は、相続または遺贈によって財産を取得した個人であり、その課税対象は当該取得財産である。相続税額の計算は、当該相続財産の価額の総額（課税価格）を基礎とする。その取得財産の価額は、「当該財産の取得の時における時価により」評価することとされているが（相税22条）、その時価の意義、算定方法については法定されておらず、租税法律主義違反（予測可能性と法的安定性が侵害されている）の批判を久しく受けてきた。

　租税法律主義の批判をうけながらも、租税公平主義の平等取扱原則の観点から実際の評価実務は、画一的な時価評価方法として国税庁長官の発遣による財産評価基本通達による評価によって租税法律主義と租税公平主義とを調整し、法律ではなく通達による時価評価が行われてきた。

　一方で、画一的かつ統一的な評価基準を国税庁長官が定めながら、同じ評価通達6が、この通達の定めにより難い場合の評価として、「この通達の定めによって評価することが著しく不適当と認められる財産の価額は、国税庁長官の指示を受けて評価する。」と定めて「特別の事情」がある場合には評価通達による評価以外の評価方法を用いて再評価できる旨の例外規定を通達が定めている。

　本件は、納税者であるXが、評価通達は法ではないのであるから「特別の事情」が存在しなくても、評価通達の路線価を下回る鑑定評価による時価評価が可能であると主張した事案で興味深い。

　以下では、租税法の基本原則である租税公平主義と租税法律主義の視点から本判決の妥当性を検証する。

2　本判決の意義

　本件の主たる争点は、相続時の本件土地の相続税評価額である。Xは、

本件土地に評価通達に基づく路線価を適用することが本件土地の存在する地域の市場の実態を無視したものであり評価方法としての合理性を欠くもので、Xの不動産鑑定による評価額が合理的であるから、評価通達によらないことが正当と認められるような特別の事情が認められると主張している。

一方、Yは、相続税法上の時価と評価通達の関係からみた本件の判断の枠組みをまず明示したうえで、本件土地評価に適用された評価通達が合理的である旨を詳細に確認し、一方で、本件鑑定の不合理であることを指摘し、Xが提示した本件鑑定には評価手法として誤りがあるから評価通達に基づかずに鑑定評価によるべきであるとする特別の事情は存在しないと主張する。

相続財産である土地の時価評価を巡る紛争は次の2つに主として類型化できる。

第1の類型は、納税者が評価通達に基いて、いわゆる路線価により土地を評価し相続税を申告したところ、租税行政庁が評価通達6を適用して、納税者の路線価による評価を否認して、鑑定評価による再評価をしたことが、適法か否かを争点とする事例である。

第2の類型は、納税者が評価通達（路線価）によらずに、独自に不動産鑑定士により評価した評価額を時価とすることが適法か否かを争点とする事例である。

本件は、納税者が評価通達によらず鑑定評価により評価したことの適法性が争点とされた事例であり、第2の類型に属する紛争事例である。

また、Xが主張する判断の枠組みについて、Yは、「適正な時価を適切に算定することのできない特別の事情の存しない限り、同期日における当該土地の客観的な交換価値としての適正な時価を上回るものではないと推認するのが相当である〔最高裁平成24年(行ヒ)第79号同25年7月12日第2小法廷判決・民集67巻6号1255頁。以下『平成25年最判』という。〕として、評価通達に定める評価方法によらずに本件土地を評価することが相当と認められるような特別の事情が存するか否かが本件の争点であると主張する」が、Xは、その主張は正しくないとしている。そのうえで、「本件の争点は、本件

土地について、評価通達に基づく路線価方式によって算定される評価額が相続税法22条に規定する時価すなわち客観的交換価値を上回るか否かである。

　最高裁平成25年7月12日判決は、一種の委任立法である固定資産評価基準に関するものであるのに対し、評価通達は、法形式上、行政内部の機関や職員に対して拘束力を有する行政規則にすぎず、国民に対して効力を有する法令としての性質を有するものではなく、通達の内容が納税者にとって不利な場合には、納税者は、通達に拘束されず、反対証拠を提出して通達に基づく課税処分の適法性を争うことは何ら妨げられない。評価通達に関して、平成25年最判の射程は及ばず、上記の『特別の事情』は不要である。…中略

　仮に平成25年最判に照らしても、評価通達に基づく本件土地の評価額が、相続税法に規定する『時価』としての客観的価値を上回るものではないとの推認は、事実上の推定にとどまるから、立証責任は依然としてYにあり、Xは反証すれば足りる。」とXは主張している。

　Xの上記主張の骨子は、以下の3点にある。

　第1は、争点は「特別の事情」の要件の存否ではなく、路線価が相続税法22条の定める時価を上回るか否かにある（争点設定の妥当性）。

　第2は、最高裁平成25年7月12日判決は固定資産評価基準に関するものであり、評価通達に関してその射程は及ばない。すなわち、納税者の路線価以外の評価の許容要件として「特別の事情」は必要としない（特別の事情不要）。

　第3は、評価通達は法令でないから、外部効果は持たず、納税者は評価通達に拘束されない。よって、評価通達によらない評価について反対証拠を提出して通達に基づく課税処分の適法性を争うことができる。なお、路線価による評価が時価を上回らないとの推認は事実上の推定であるから、この点についてはYに立証責任はある（立証責任）。

　本判決はこのXの主張に対して、「評価通達に定める評価方法を画一的に適用することによって、当該財産の『時価』を超える評価額となり、適正な時価を求めることができない結果となるなど、評価通達に定める評価方法によっては財産の時価を適切に評価することのできない特別の事情がある場合

には、不動産鑑定士による不動産鑑定評価によるなどの他の合理的な評価方法により『時価』を評価するのを相当とする場合があると解される」と判示して、「特別の事情」がある場合に限り、評価通達以外の合理的評価方法を許容できるとした。

本判決は、「特別の事情」の要件を課すその根拠として、評価通達6の「この通達の定めによって評価することが著しく不適当と認められる財産の価額は、国税庁長官の指示を受けて評価する。」と定めがあることと、最高裁平成22年7月16日判決[1]の明示している。

納税者が評価通達によらずに不動産鑑定士の鑑定評価による評価額を時価として相続財産の評価を行い得るために、いかなる法的な要件を充足すべきかについては相続税法上の最も重要な論点といえる。そもそも、評価通達は法源ではないのであるから、他の合理的な鑑定評価は許容されてしかるべきである。にもかかわらず、納税者の鑑定評価による相続財産の時価評価額が、通達による評価額を下回った場合に課税当局により否認される傾向が顕著である。

「時価」は不特定多数の独立当事者間で行われる客観的交換価値であるところから、納税者側で評価通達によらない時価評価の合理性が具体的に立証すれば、適法とされるか否かについては興味深いが、本判決が評価通達6と判例を根拠に、「特別の事情がある場合に限り」として、「特別の事情」の要件を課すことを明らかにした点に本判決の意義を見出すことができる。

3　本判決の判断の構造

本判決は、時価を定義した上で、評価通達による評価の趣旨を踏まえて評価通達による評価額が時価と推認できるとして、以下のような判断の枠組みを明示している。

相続税法22条が規定する時価の意義を、「『時価』とは、当該財産の取得の時において、その財産の現況に応じ、不特定多数の当事者間で自由な取引が行われる場合に通常成立すると認められる価格、すなわち、当該財産の客観

的交換価値をいうものと解される」と時価の通説的な概念を確認したうえで、財産の客観的交換価値は、必ずしも一義的に確定されるものではなく、これを個別に評価することによる弊害を排除するために、評価通達により画一的に評価することは、「税負担の公平、納税者の便宜、徴税費用の節減といった観点からみて合理的であり、これを形式的にすべての納税者に適用して財産の評価を行うことは、通常、税負担の実質的な公平を実現し、租税平等主義にかなうものである」として、評価通達による評価制度の趣旨を確認している。

さらに、「評価通達の内容自体が財産の『時価』を算定する上での一般的な合理性を有していると認められる限りは、評価通達の定める評価方法に従って算定された財産の評価額をもって、相続税法上の『時価』であると事実上推認することができるものと解される。」と判示して、評価通達による評価が合理性を有するという限定は付しているものの、評価通達による評価額が、相続税法上の「時価」に該当するとの通説的理解を判示している。

そのうえで、「もっとも、評価通達の上記のような趣旨からすれば、評価通達に定める評価方法を画一的に適用することによって、当該財産の『時価』を超える評価額となり、適正な時価を求めることができない結果となるなど、評価通達に定める評価方法によっては財産の時価を適切に評価することのできない特別の事情がある場合には、不動産鑑定士による不動産鑑定評価によるなどの他の合理的な評価方法により『時価』を評価するのを相当とする場合があると解されるものであり、このことは、評価通達6が、『この通達の定めによって評価することが著しく不適当と認められる財産の価額は、国税庁長官の指示を受けて評価する。』と定め、評価通達自らが例外的に評価通達に定める評価方法以外の方法をとり得るものとしていることからも明らかである。

<u>以上によれば、評価通達に定める方法によっては財産の時価を適切に評価することのできない特別の事情のない限り、評価通達に定める方法によって相続財産を評価することには合理性があるというべきである〔最高裁平成20</u>

年(行ヒ)第241号同22年7月16日第二小法廷判決・集民234号263頁参照〕。」(筆者傍線)と判示して、評価通達6に定めるように、通達による評価が著しく「不適当な場合」には例外的に評価通達以外の評価方法をとり得るとしているから、通達以外の時価評価をすべて排除するものではないが、「特別の事情」が存在しない限り、通達による評価には合理性があるとしている。

したがって、Xの主張は、路線価以外の合理的評価（鑑定評価）には「特別の事情」の要件を課されないという点と、納税者が300㎡を超える広大な土地と100㎡程度の土地とでは客観的交換価値は大きく開差が生じるのが市場の実態であり、その市場の実態を反映していない評価通達による路線価方式は時価評価の手法として不合理であるから、路線価以外の鑑定評価による評価が認められるべきであるという点の2点に集約される。

本判決は、最高裁平成22年7月16日判決を引用して「評価通達に定める方法によっては財産の時価を適切に評価することのできない特別の事情のない限り、評価通達に定める方法によって相続財産を評価することには合理性があるというべきである」と判示しているのであるから、路線価による評価によっては時価を「適切に不合理することができないほどの特別な事情」があることをXが主張立証できれば評価通達によらない評価も許容できるとの判断基準を判示したものともいえる。

しかし、Xは評価通達が定める広大な土地と標準的な土地とは時価は異なるはずであり、不合理であるから、いわゆる「特別の事情」が存在するので、評価通達によらない鑑定評価による時価評価が許容されるべきであると主張しているが、裁判所は、評価通達の合理性を検証し、評価通達による評価には「特別の事情」に該当するほどの不合理性は存しないから、Xの主張を認容することはできないと判断したものである。

4　判例の動向と本判決の位置づけ

判例の形成は、評価通達によらない鑑定評価による時価評価の適法性を納税者側が主張した場合と、租税行政庁側が主張した場合とに類型化できるこ

とは先に述べたとおりである。

　評価通達によらない鑑定評価の適法性の可否をめぐる紛争事例は、租税行政庁が納税者の相続開始前後の取引が過度な相続税の節税行為もしくは租税回避行為であると認定評価した場合に、その行為を否認するための手段として評価通達6を適用して評価通達以外の鑑定評価等により当該相続財産の再評価を行い、増額更正処分をなした場合の処分の適否が争点とされた訴訟事案が圧倒的に多い。

　たとえば、相続開始前に多額の借入金を創出し相続税の軽減を図ったとされた注目裁判例として次の事案を取り上げることができる。

　相続開始直前に借入金により取得したマンションの評価が争点とされた事件で、東京地裁平成4年3月11日判決は、「特に租税平等主義という観点からして、右通達に定められた評価方式が合理的なものである限り、これが形式的にすべての納税者に適用されることによって租税負担の実質的な公平をも実現することができるものと解されるから、特定の納税者あるいは特定の相続財産についてのみ右通達に定める方式以外の方法によってその評価を行うことは、たとえその方法による評価額がそれ自体としては相続税法22条の定める時価として許容できる範囲内のものであったとしても、納税者間の実質的負担の公平を欠くことになり、許されないものというべきである。

　しかし、他方、右通達に定められた評価方式によるべきであるとする趣旨が右のようなものであることからすれば、右の評価方式を画一的に適用するという形式的な平等を貫くことによって、かえって実質的な租税負担の公平を著しく害することが明らかな場合には、別の評価方式によることが許されるものと解すべきであり、このことは、右通達において『通達の定めによって評価することが著しく不適当と認められる財産の価額は、国税庁長官の指示を受けて評価する。』と定められていることからも明らかなものというべきである。

　すなわち、相続財産の評価に当たっては、特別の定めのある場合を除き、評価通達に定める方式によるのが原則であるが、評価通達によらないことが

相当と認められるような特別の事情のある場合には、他の合理的な時価の評価方式によることが許されるものと解するのが相当である。」と判示して、相続税法22条の時価は「相続開始時点における当該財産の客観的交換価値である」としながらも、納税者間の公平、納税者の便宜、そして、徴税コストの縮減の観点から評価通達による評価が合理的であるが、評価通達によらないことが相当と認められるような「特別の事情」がある場合には、他の合理的な評価方法によることも許容されることを明確にした。この判断を控訴審、そして、上告審も支持しており、評価通達の定めによらない財産の「時価」評価の適否の判断の枠組みを提示したものであり、その後の同種の裁判例においてもこの判断の枠組みは踏襲されている[3][4]。

　他方、本件のようにXが評価通達による評価方法を用いずに、鑑定評価による評価額を用いて申告したところ、鑑定評価による評価が否認され課税処分がなされ、その処分の適法性が争点とされた事例として、直近では、東京地裁平成29年3月3日判決がある[5]。

　同事件は、共同相続人のうちの一人である原告が、借地権が設定されている土地の評価額を、不動産鑑定士による鑑定評価を用いて相続税の申告及び修正申告をしたところ、租税行政庁が、本件各土地について、財産評価基本通達によらない特別な事情があるとは認められず、過少評価となっているとして課税処分をしたところから、処分の取消しを求めた事案である。

　裁判所は、評価通達の趣旨を確認のうえ、争点に対する判断の枠組みについて、「評価通達の上記のような趣旨からすれば、評価通達に定める評価方法を画一的に適用することによって、当該財産の『時価』を超える評価額となり、適正な時価を求めることができない結果となるなど、評価通達に定める評価方法によっては財産の時価を適切に評価することのできない特別の事情がある場合には、不動産鑑定士による不動産鑑定評価によるなどの他の合理的な評価方法により『時価』を評価するのを相当とする場合があると解されるものであり、このことは、評価通達6が、『この通達の定めによって評価することが著しく不適当と認められる財産の価額は、国税庁長官の指示を

受けて評価する。』と定め、評価通達自らが例外的に評価通達に定める評価方法以外の方法をとり得るものとしていることからも明らかである。

　以上によれば、評価通達に定める方法によっては財産の時価を適切に評価することのできない特別の事情のない限り、評価通達に定める方法によって相続財産を評価することには合理性があるというべきである（最高裁平成20年(行ヒ)第241号同22年7月16日第二小法廷判決・集民234号263頁参照）。」と判示して、本判決と同様の判断の枠組みを明示したうえで、評価通達が定める借地権価額控除方式が一般的合理性を有している以上、同方式による評価には時価を適切に算定できない「特別の事情」が認められないとしてXの主張を棄却している。

　当該判決は、後者の納税者が評価通達によらず独自に鑑定評価を用いた時価評価の適法性が争点とされた裁判例と位置づけることができる。

　ところで、本件でXは「特別の事情」の存否を争点とせずに、Xの評価の合理性を主張した事例として注目しておくべきであろう。

　ところで、私道の用に供されている宅地の相続税に係る財産の評価における減額の要否及び程度を考慮して減額されるべきであるとした納税者の主張を最高裁が認容した事例である最高裁平成29年2月28日判決がある[6]。

　この事案は、共同相続人である上告人らが、相続財産である土地の一部につき、評価通達24に定める私道供用宅地として相続税の申告をしたところ、相模原税務署長から、これを貸家建付地として評価すべきであるとしてそれぞれ更正処分及び過少申告加算税賦課決定処分を受けたため、被上告人（国）を相手に、本件各処分（更正処分については申告額を超える部分）の取消しを求めた上告審において、最高裁が、本件各歩道状空地の相続税に係る財産の評価につき、建築基準法等の法令による制約がある土地でないことや、所有者が市の指導を受け入れつつ開発行為を行うことが適切であると考えて選択した結果として設置された私道であることのみを理由として、具体的に検討することなく、減額をする必要がないとした原審の判断には、相続税法22条の解釈適用を誤った違法があるとし、原判決を破棄し、本件各歩道状空地

につき、更に審理を尽くさせるため、本件を原審に差し戻した事案である。

すなわち、最高裁は、「相続税法22条は、相続により取得した財産の価額は、当該財産の取得の時における時価による旨を定めているところ、ここにいう時価とは、課税時期である被相続人の死亡時における当該財産の客観的交換価値をいうものと解される。そして、私道の用に供されている宅地については、それが第三者の通行の用に供され、所有者が自己の意思によって自由に使用、収益又は処分をすることに制約が存在することにより、その客観的交換価値が低下する場合に、そのような制約のない宅地と比較して、相続税に係る財産の評価において減額されるべきものということができる。

そうすると、相続税に係る財産の評価において、私道の用に供されている宅地につき客観的交換価値が低下するものとして減額されるべき場合を、建築基準法等の法令によって建築制限や私道の変更等の制限などの制約が課されている場合に限定する理由はなく、そのような宅地の相続税に係る財産の評価における減額の要否及び程度は、私道としての利用に関する建築基準法等の法令上の制約の有無のみならず、当該宅地の位置関係、形状等や道路としての利用状況、これらを踏まえた道路以外の用途への転用の難易等に照らし、当該宅地の客観的交換価値に低下が認められるか否か、また、その低下がどの程度かを考慮して決定する必要があるというべきである。」として、原判決を破棄して原審に差し戻す判断を示した。

納税者側の主張が認容された事例として注目されるとともに、時価とは、まさに評価的要件であるから、時価に影響を与える評価根拠事実を証拠により認定し、時価を認定評価していく以外にないと判示したものであり、興味深い事例であるといえる。

以上の通り、2つの類型に属する判例の動向を検証すると、いずれの判例も、その判断の枠組みは、時価は独立当事者間取引で客観的に成立する客観的交換価値であるが、その時価には幅があり評価主体の恣意性を排除することが不可能であるから、租税公平主義（平等取扱原則）の要請にかなう評価方式として評価通達による評価を是認しつつ、「評価通達に定める評価方法を

画一的に適用することによって」財産の適切な時価を評価することのできない特別の事情が存在する場合には、不動産鑑定士による鑑定評価によるなどの他の合理的な評価方法により「時価」を評価することを相当とするとした判断を明確に示したものである。すなわち、「特別の事情」がある場合には評価通達以外の方法による評価を排除はしないと判示している。

評価通達の評価による形式的な公平（平等取扱）を貫くことにより、結果として実質的公平が著しく損なわれるほどの「特別の事情」がある場合には例外的に評価通達以外の評価を用いることを明らかにした判断として注目に値する。

5　評価通達の法的性格とその機能[7]

国家行政組織法14条2項は「各省大臣、各委員会及び各庁は、その機関の所掌事務について、命令又は示達するため、所管の諸機関及び職員に対し、訓令又は通達を発することができる。」と規定している。通達とは上級行政庁が所管の下級行政庁に対し、所掌事務にかかわる法律問題（法例解釈、判断余地、裁量）及び事実問題ならびにその他の政策問題について具体的指針を示すなどして行政遂行上の取扱いの統一をはかるために書面によって発せられる命令示達の形式をいう。[8]

同組織法の規定内容からすれば、通達は上級行政庁の下級行政庁への命令であるから、行政組織内部では拘束力を有するが、国民に対して法的拘束力を有するものではないので法規ではなく、裁判所も通達に拘束されない。学説・判例ともに通達の法規性を否定している。[9]

しかしながら、租税法における通達の法源性は明確に否定されているが、その機能については、「実際には日々の租税行政は通達に依拠して行われており、納税者の側で争わない限り、租税法の解釈・適用に関する大多数の問題は、通達に即して解決されることになるから、現実には、通達は法源と同様の機能を果たしているといっても過言ではない」[10]といえる。

また、租税通達を機能面から捉えることは、通達の問題を議論するうえで

重要である。特に本章で問題とする通達が、いずれの分類に属する通達の問題であるのかを限定しておくことは重要である。

　品川芳宣教授によると、①公開通達と非公開通達、②解釈通達と執行通達に分類できるとされる。

①　公開通達と非公開通達……通達は納税者などに公開される公開通達と公開されないで行政組織内の命令にとどまる非公開通達に分類される。通常、前者の公開通達は租税法の解釈に関わるもので、後者の非公開通達は租税行政執行の部内に関わるものである。

②　解釈通達と執行通達……通達をその性格から区分すると、税法の統一解釈を図るための解釈通達と税務官庁部内の執行に係る執行通達に区分される。この区分は、前述の公開通達と非公開（部内）通達の区分に通じるところがある。また、租税法の解釈・適用においては、前述のように、租税法解釈と税務行政執行とが複合的に行われる場合があるので、解釈通達と執行通達とを厳格に区分することにそれほど意味を有しない場合がある。

　この解釈通達は、その内容により基本通達と個別通達に分類できる。基本通達は各租税法の条文の順序に従い基本的事項や重要事項に関して解釈や運用方針を体系化したものであり、個別通達はそれ以外のもの、もしくは新たに解釈問題が生じたりした場合に基本通達を補完する意味から個別に解釈や運用方針を示すものである。前者は、その全部が公表されているが、後者は、個別問題や納税者からの質疑に対応して発遣されており、普遍的なもののみが公表されているようである。

　これらの通達の有する機能を整理すると次の通りである。

①　通達は課税の公平性の確保に寄与する。判断を必要とされる個別事案の租税法の適用に行政職員の裁量の余地を極力縮小することにより租税法律の適用に平等性を確保している。

②　通達は税務行政の遂行の迅速化に寄与している。判例を斟酌して租税法を適正に解釈した解釈通達は税務行政の迅速化に貢献してきている。

③ 通達は法的安定性と予測可能性を向上させることに寄与している。不確定概念を多く有する租税法の不確定部分を通達により明確化することは納税者側の予見可能性を高めることにもなる。

④ さらに、判例では徴税コストの縮減にも貢献していることが指摘されている。

従来の裁判例は通達の有する、以上の機能を列挙して、通達に従った課税を正当なものとしてきた。通達の機能は充分認められるし否定すべきものではないが、「解釈の名において、法律の定めていないことを通達の内容とし、実際上この通達によって課税が行われることになると租税法律主義に反することになる[15]」のである。

評価通達との関係で整理すると、評価通達は相続税法上の「時価」を評価するうえでの具体的基準を提供するものであり、①の機能である税務行政職員の評価における恣意性を排除し評価の平等性の確保（平等取扱原則）に、そして、③の機能である租税法律主義の予測可能性と法的安定性の確保に大きく寄与するものである。

6 時価の評価基準性と納税者の予測可能性の確保—納税者の権利保護の視点から

時価については、判例・学説とも、不特定多数の独立当事者間で「自由な取引によって通常成立すると認められる価額」であり、客観的交換価値あるいはこの価値を示す価額であるとする理解で一致している。相続は偶発的な事象により取得する財産であるが、偶発性が乏しい選択自由な行為により取得する財産の取得行為との性格の違いによらず、取得財産の客観的交換価値（を示す価額）であると考えられる[16]。

資産を課税物件とする多くの税目（固定資産税や不動産取得税など）が課税標準の算定の基準として時価主義を採用している。その理由について、昭和36年3月の固定資産評価制度調査会答申によると、「時価が資産の価値を、通常、最も適正に、かつ、客観的に表現するものであること、過大な若しくは

不均衡な評価が行われた場合においても、納税者が比較的容易に判断を下すことができるので、納税者の立場を保護することになる等の観点からして適切である」（筆者傍線）からであり、さらに、国税庁資産税課、資産評価企画官共編「財産評価の実務、相続税・贈与税における財産評価1」によると、「評価の基準として最も一般性、普遍性をもつ尺度と考えられ、また、納税義務者からみても、最も各人共通の感覚判断に訴えることができ、それだけに納得し易く、理論的にも妥当な尺度である。」と解されるからであるとされる。概念上は、時価とは客観的交換価値であるから多義的概念でもなく不確定概念でもない。時価とは財産の価値を客観的に評価することが前提となっているはずである[17]。そうでなければ、相続税の課税標準の測定に恣意性が入り、課税標準の測定に基準性がなくなり、租税法律主義の予測可能性も法的安定性も確保し得なくなる。

また、時価は客観的交換価値であるが、その価値を評価する基準として評価通達が存在すると位置づけることができる。

そこで、本判決では、「特別の事情」が存在すれば路線価以外の評価によることができるとしたうえで、Xの主張に「特別の事情」と評価することができる評価根拠事実が存在するか否かが検討されている。

7　本判決の「特別の事情」と評価通達6の「特別の事情」の内容の乖離

相続税法は、財産の評価について「財産の取得の時における時価」（相法22条）と定めているが、この文理からは、時価の評価時点が特定されていることがわかるだけにすぎず、具体的な時価の評価基準は明らかにされていない。しかし、時価とは、課税時期において、それぞれの財産の現況に応じ、不特定多数の当事者間で自由な取引が行なわれる場合に通常成立すると認められる価額であると解することで判例・学説は一致しており、評価通達もそのように定義している[18]。したがって、時価の定義として確立しているといえる。

独立当事者間取引における客観的な価値とすることで客観的な基準性が解

釈により付与されているといえる。

　客観的交換価値とすることにより理論上の基準性は担保されている。実際には納税者は評価額をできるだけ小さく評価し、相続税額の最小化を図ろうとするのに対して、課税庁は相続税額の最大化を図ろうとするから、評価をめぐる両者の利害は必らずしも一致しないし、鋭角に対立することが頻発する。そこで、両者の評価をめぐる利害の対立を調整するためには恣意性をできるだけ排除し、評価の平等取扱を確保するところに評価通達による評価の存在意義を見出すことができる。評価通達は両者が納得し、受け入れることのできる評価基準と位置づけることもできよう。

　評価通達は、租税法律主義の機能である予測可能性を充足する時価評価の基準として評価し得るが、一方で、租税行政庁が評価通達によらない評価を国税庁長官の指示により用いることができることを定めた評価通達6の「特別の事情」と、納税者側が評価通達によらない評価の要件としての最高裁平成22年7月16日判決が判示した「特別の事情」の内容は大きく異なっていることを指摘しておかなければならない。

　前者の「特別の事情」の内容は、納税者の相続前後の取引などから節税や租税回避の意図の存否が重要な要素とされている。一方で後者の納税者側からの評価通達以外の評価の要件としての「特別の事情」は、路線価による時価評価が不合理であるか否かの客観的な証拠の存否にある。両者の内容には大きな乖離がみられる。

　判例の傾向から、評価通達6の「特別の事情」は、納税者の相続税の節税や租税回避行為を内容としていることが確認できる。[19]

　たとえば、東京高裁平成5年2月16日判決[20]は「本件の場合のように、経済的合理性なくして相続開始直前に借り入れた資金で不動産を購入するという行為が行われた場合についても、画一的に評価基本通達に基づいてその不動産の価額を評価すべきものとすると、その購入行為をしなかった場合に比べて相続税の課税価格に著しい差を生じ、その不動産以外に多額の財産を保有している被相続人の場合には、結果としてその他の相続財産の課税価格が大

幅に圧縮されることになるのであって、このような事態は、他に多額の財産を保有していないため、そのような方法によって相続税負担の軽減という効果を享受する余地のない他の納税者との間での実質的な租税負担の公平を著しく害し、富の再分配機能を通じて経済的平等を実現するという相続税の目的に反するものであるから、本件評価係争物件については、その相続財産としての評価を評価基本通達によらないことが相当と認められる特別の事情がある場合に該当するものとして、相続財産を市場における客観的な交換価格によって評価することが許されるものと解するのが相当である。」と判示している。

しかし、租税回避や節税を「特別の事情」の内容ととらえることには次のような批判を加えることができる。

すなわち、「特別の事情」とは、「あらかじめ予測しえなかった経済要因等によって時価が急激に変動した場合など（例えば、1月1日から課税時期までの間で20％を大きく超える地価の急激な下落があったなど）、通達が採用する評価基準、評価方法では適切に対応しえない程の財産価値の急激な変動を意味するものと思われる。それは決して、納税者が何らかの節税行為をしたとか、租税回避を放置することが課税の公平を損なうという認識を租税行政庁がもつに至った、などの状況を意味するものではない。

近時の裁判例のなかには、『経済的合理性を無視した異常ともいうべき取引によって』課税価格が圧縮されるようになること、『専ら贈与税の負担を回避するために』一定の取引がなされていること、などをもって、特別の事情とするものがある。

このような一部の裁判例の考え方は、課税の公平の観点や租税の回避・軽減行為に対する抑制ないし制裁の要素を過剰に強調するものと思われる。その結果、評価の客観的な適正性を担保しようという視点は失われてしまうことになる。事案に即して、評価の基準や方法に関する内在的な検討をすることなく、必要以上に課税の公平論に傾斜することは、租税法律主義の観点からみて許されない。」とする見解はきわめて重要な時価評価に関する問題の

指摘といえる。

8　むすび—本判決の評価（租税公平主義と租税法律主義の視点から）

　相続財産の時価評価の問題は、結局は評価の公平性（租税公平主義）と予測可能性・法的安定性（租税法律主義）の確保の調和の問題に集約される。

　Xは、評価通達は法律でないから通達によらない時価評価には「特別の事情」の要件を必要としないと主張するが、その主張は法律に基づいた課税を求める租税法律主義の視点からは合理性があるように思われる。しかし、評価の恣意性を排除し評価の公平性を担保するには、評価通達による評価が時価を適切に反映していないことが客観的な事象により明らかにされねばならない。

　路線価方式は、本判決が整理し確認したように一般的合理性を担保するから、路線価による評価が時価を適切に評価することができないとする「特別の事情」が客観的に存在するか否かが立証されるべきであるということができる。

　評価の恣意性は、鑑定評価の合理性を検証するとともに、路線価によらないことが適切であると評価し得る「特別の事情」の存在、例えば路線価策定時に考慮されていない土壌汚染や土地の使用収益が阻害される事情が惹起したといった事実の存在をXは客観的な事実により立証すべきであろう。

　この点について本判決は鑑定評価の合理性を検証し、租税法律主義と租税公平主義の調和を図ったものと思われる。

注
1) 最判平成22年7月16日集民234号263頁。医療法人の出資持分の評価をめぐる事案について最高裁は、「本件出資持分の時価を導き出すべき本件社団医療法人自体の企業価値（事業価値）であるが、…中略　他方において、大量、迅速、簡素な徴税費用による処理を求められる課税実務には、そのような経営指標等を基にして算出される企業価値（事業価値）から出資持分の時価評価を導き出すというような複雑な算定方法は適切でもないし可能でもないであろう。しかも、<u>課税の公平性の確保という要請は最大限に満たされなければならないから、財産評価基本通達によるとの運用には特別の事情がない限り合理性が認められるというべきである。</u>しかると

ころ、同通達194—2などによれば、医療法人の出資は『取引相場のない株式』の評価に準じて評価するものとされ、本件出資持分の評価は、本件社団医療法人が従業員100人以上であるということで類似業種比準方式による評価がなされる。既に述べたとおり、会社と社団医療法人との間では多くのかつ重要な点で共通の性質が認められる上、この評価方法では、本件出資持分1口当たりの年利益金額や純資産価額を基礎にし、かつ一定の掛け目（70％）が乗じられており、その一方で、<u>このような評価方法を上回る適切な評価方法を他に見いだし得ない以上、特別の事情がない限り、これによって処理することはやむを得ないというべきである。</u>」（筆者傍線）と判示している。

2）東京地判平成4年3月11日時報1416号73頁。同事件の控訴審は東京高判平成5年1月26日税資194号75頁、上告審は平成5年10月28日税資199号670頁であるが、いずれも第一審の判断を支持している。なお、この考え方はその後の裁判例も踏襲している。
　品川芳宣「判批」TKC税研情報19巻6号73頁（2010年）、平川雄士「判批」ジュリ1413号58頁（2010年）参照。

3）長屋文裕「判批」平成4年度主判解274頁（1992年）。

4）東京地判平成7年7月20日行集46巻6・7号701頁。負担付贈与により贈与された上場株式の時価評価において評価通達によらず証券取引所の取引価格により評価することを認め原告の主張を棄却した。水野忠恒「負担付贈与にかかる上場株式の時価を証券取引所の公表する課税時期の最終価格と評価してした贈与税の更正処分に合理性があるとした事例」租税法研究25号158頁（1997年）参照。控訴審、東京高判平成7年12月13日行集46巻12号1143頁。

5）東京地判平成29年3月3日LEX/DB 25449011。

6）最判平成29年2月28日民集71巻2号296頁。第一審は東京地判平成27年7月16日民集71巻2号307頁。控訴審は東京高判平成28年1月13日民集71巻2号356頁。浅妻章如「判批」ジュリ1508号10頁（2017年）、林仲宣＝谷口智紀「判批」税弘65巻9号106頁（2017年）要参照。

7）この記述は、増田英敏『租税憲法学第3版』153頁以下（成文堂、2006年）に負っている。

8）木村弘之亮『租税法総則』143頁（成文堂、1998年）。

9）金子宏教授は、「通達は、上級行政庁の下級行政庁への命令であり、行政組織内部では拘束力をもつが、国民に対して拘束力をもつ法規ではなく、裁判所もそれに拘束されない。」（金子『租税法』116頁）とされており、最高裁昭和38年12月24日（月報10巻2号381頁）判決も「国税庁長官の基本通達は、下級行政機関の権限の行使についての指揮であつて、国民に対し効力を有する法令ではないとした判断は、正当である」と、通達の法規性を明確に否定している。

10）金子、同上書、110頁。なお、木村弘之亮教授も「日常の租税行政は実務上通達に依拠して行われているのみならず、租税法の解釈・適用に関する大多数の問題は、納税者の側で争わない限り、通達に則して解決されるという範囲において、通達は、国民および裁判所に対しても、法源（その拘束力の点で弱く劣るものの）と類似の機能を果たしている」（木村、前掲注8）、144頁）とされ、通達の実際上の機能を「法源と類似」という表現を用いて説明される。

11）通達の分類については、品川芳宣教授が品川芳宣「租税法律主義と税務通達」（税理44巻3号17頁以下（2001年））において租税通達を機能の面から分類して論じることが、その問題を正確に議論するうえで必要であるとの視点から詳細な分類をされている。

12）品川、同上論文、18頁以下。なお、品川芳宣教授は、非公開通達の存在を、「非

公開通達の存在の是非が税務執行の民主化の観点から問題とされるところであるが、税務通達が行政組織内の命令手段である以上、非公開（部内）通達が存在していても何ら法的に問題となるものではないし、税務行政の特殊性からみて、むしろ必要な場合もあると考えられる。しかしながら、租税法の解釈と執行とは複合する場合が多く、通常、部内通達と称されるものであっても、納税者の一般的な権利義務に関わるものについては、情報公開法の執行を待つまでもなく、公開されることが望ましい。…中略　いずれにしても、情報公開法の施行等を契機に、部内通達の公開化が一層促進されることになろうが、それはそれで税務通達の法律論の裾野を広くすることにもなる。」（品川、同論文、18頁以下）として、租税法の解釈に関わる部分については公開することが必要であるとされる。

13）品川、同上論文、18頁。
14）木村、前掲注8）、145頁。判例においても通達の有する機能を明示することにより納税者の通達課税批判に反論を加えている。たとえば路線化方式による土地の評価の合理性を争点とした東京地裁平成7年6月30日（月報42巻3号645頁）判決は、「財産の客観的交換価値は、必ずしも一義的に確定されるものではなく、これを個別に評価するとすれば、その評価方式、基礎資料の選択の仕方、評価者による判断等により異なった評価額が生じることが避け難く、また、課税庁の事務負担が増大し、課税事務の迅速な処理が困難となるおそれもある。したがって、あらかじめ定められた評価方法によりこれを画一的に評価する方が、納税者間の公平の確保、納税者の便宜、徴税費用の節減という見地からみても合理的である。このような理由に基づいて、相続財産の時価の具体的な算定については、国税庁長官が各国税局長あてに発した『相続財産評価に関する基本通達』（昭和三九年四月二五日付け直資五六、直審（資）一七国税庁長官通達（平成三年一二月一八日付け二一四、課資一一六による改正前のもの）、以下『評価通達』という。）及び毎年各国税局長が定める相続財産評価基準（以下『評価基準』という。）に基づいて行われているのであり、こうした評価通達及び評価基準に基づく評価方法は合理的である。」（筆者傍線）として、評価通達による土地の評価の合理性を通達による評価の機能を明示して確認している。
15）伊藤正巳『憲法〔第3版〕』479頁（弘文堂、1995年）。
16）石島弘『課税標準の研究』247頁（信山社、2003年）。
17）時価の客観性と基準性については、「『適正な時価』は『客観的な』交換価値であると解すれば、それは客観的に観念されるべき価格でなければならないから、『適正な時価』は、固定資産税に特有な概念ではなく、土地の資産価値を把握する他の分野でも普遍的な価値基準になるものと解される」とされている（石島弘「固定資産税の路線価における所要の補正について」同ほか編『納税者保護と法の支配』9頁（信山社、2008年））。
18）評価通達1(2)は時価を「時価の意義財産の価額は、時価によるものとし、時価とは、課税時期（相続、遺贈若しくは贈与により財産を取得した日若しくは相続税法の規定により相続、遺贈若しくは贈与により取得したものとみなされた財産のその取得の日又は地価税法第2条《定義》第4号に規定する課税時期をいう。以下同じ。）において、それぞれの財産の現況に応じ、不特定多数の当事者間で自由な取引が行われる場合に通常成立すると認められる価額をいい、その価額は、この通達の定めによって評価した価額による。」と定めている。
19）金子宏教授は、「通達は法令ではなく、また個別の財産の評価は、その価額に影響を与える諸般の事情を考慮して行われるべきであるから、基本通達による評価が原則としては適法であるとしても、それが著しく合理性を欠き、基本通達によっては適切な評価をすることができないと認められる特別の事情がある場合には、他の

合理的な方法によって通達の基準より高く、または低く評価することができると解すべきであり、また基本通達による評価が合理的ないし適切といえない特段の事情がある場合には、評価は違法になると解すべきである。このことを考慮してであろう、基本通達第1章6は、『この通達の定めによることが著しく不適当と認められる財産の評価は、国税庁長官の指示を受けて評価する』と定めている」（金子、前掲注9)、715頁）と評価通達6の趣旨、目的を説明されている。
20) 東京高判平成5年12月21日税資199号1302頁。第一審は東京地判平成5年2月16日判タ845号240頁。
21) 田中治「相続税制の再検討─相続財産の評価をめぐる法的諸問題」日本租税理論学会編『租税理論研究叢書13』50頁以下（法律文化社、2003年）。

第21章

消費税裁判事例研究
―消費税の仕入税額控除と「資産の譲渡等」の対価の帰属の判定原則
（消費税課税における実質所得者課税事件）

東京地裁平成24年12月13日判決（認容、確定、納税者勝訴）
（平成23年（行ウ）第281号消費税更正処分等及び所得税更正処分取消請求事件）
税資262号順号12116

☞ **研究のポイント**

本件の争点は、本件は不動産の売買契約成立後の不動産賃貸料等の帰属について、契約書の文言により判断すべきか、実際に賃貸料等を取得し、享受していたとされるA社に帰属していたと認定されるのかという、収益の帰属の認定判断にある。

税法上の収益の帰属については、実質帰属者課税の原則の考え方に基づいて判断される。

本件の研究のポイントは、収益の実質的な帰属者を判定する実質帰属者課税の原則の意義と税法上の事実認定の関係を理解することにある。課税物件の帰属について、名義と実体、形式と実質が一致しない場合に名義より実体に着目して帰属者を認定するという税法独自の事実認定原則が実質帰属者課税の原則である。同原則は、所得税法や法人税法上の課税物件の帰属に関する共通原則であるから極めて重要である。

I 事案の概要

1 事実

本件は、中古賃貸マンション（区分所有建物）を売買契約により取得した原告（以下「X」という。）が、売主との間で、平成19年12月分に係る日割賃料等

を清算せず売主に帰属させる旨の合意があったとして、上記日割賃料等の賃料収入等を不動産所得に係る総収入の金額に算入せずに平成19年分の所得税の確定申告をし、当該賃料収入等を消費税の課税売上割合の計算上、資産の譲渡等の対価の額に算入せずに、平成19年1月1日から同年12月31日までの課税期間（以下「本件課税期間」という。）の消費税及び地方消費税（以下「消費税等」という。）の確定申告をしたところ、処分行政庁である高崎税務署長が、これを不動産所得に係る総収入の金額に算入すべきであるとして、所得税の更正処分（以下「本件所得税更正処分」という。）をするとともに、当該賃料収入等を消費税の課税売上割合の計算上、資産の譲渡等の対価の額に算入することにより、課税売上割合が95％未満になることから、控除対象仕入税額が減少するとして、消費税等の更正処分（以下「本件消費税等更正処分」という。）及び過少申告加算税の賦課決定処分（以下「本件賦課決定処分」といい、本件所得税更正処分、本件消費税等更正処分及び本件賦課決定処分を併せて以下「本件各処分」という。）をしたため、上記合意の存在を主張し、処分行政庁の所属する国を被告（以下「Y」という。）として、本件各処分の一部の取消しを求めた事案である。

2 争点

本件の争点は、本件賃料等がXに帰属する所得か否かであるが、具体的には次の2つが争点とされる。

(1) 本件売買契約締結の際、XとA社との間で本件合意が成立していたか否か。
(2) 本件賃料等から本件不動産の管理費を差し引いた差額である本件賃料等の未清算金と本件ガス設備の所有権の取得費用及び工事費用（以下単に「本件ガス設備取得費用」という。）の間には対価関係があるか否か。

3 当事者の主張

(1) 本件売買契約締結の際、XとA社との間で本件合意が成立していたか否か

（Xの主張）

(ア) 本件売買契約締結の際、XとA社との間で、本件賃料等について日割清算しないこと、すなわち、本件不動産の引渡時期にかかわらず、本件建物の居住用部分の賃料等、立体駐車場の賃料及び屋上等の賃料を受領する権利ないし地位は平成20年1月1日付けでA社からXに移転させるとの本件合意が成立していたから、本件賃料等はA社に帰属する。

(イ) X及びA社は、本件賃料等をA社が取得する旨の本件確認書を取り交わしている。

A社は、本件売買契約締結前に本件賃料等を自社に帰属させることを前提とした収支計算をし、この収支計算のとおり、本件売買契約締結時に本件賃料等を取得した。したがって、本件売買契約締結時において、本件合意のあったことは明らかである。

(ウ) Xは、本件不動産が初めての不動産取引であったため、本件売買契約書で使用されている専門用語の意味をよく理解することができなかったが、F社の担当者とは何度も打合せを繰り返し、担当者を信頼していたため、本件売買契約書の各条項についてその内容を質問することもしなかった。したがって、本件合意に関する記載がなく、かえって、13条によれば、本件賃料等を日割清算することになることについてXが気付かなかったとしても何ら不自然ではない。

さらに、本件賃料等の処理は、Xからの申入れをA社が異議なく承諾したものであり、後日紛争が生じる可能性が極めて低かったから当事者のみならず、不動産業者であるF社の担当者においても、本件売買契約書には本件合意に関する記載がなく、かえって、13条によれば本件賃料等を日割清算することになることに気付かなかったとしても何ら不自然ではない。

以上によれば、本件合意が成立していなかったとするYの主張は、一般経験則に反する主張であるとともに、A社が実際に本件賃料等を売上げとして計上しているという客観的事実に反する。
 （Yの主張）
(ア)　本件確認書に記載された本件合意の内容は、民法の規定（575条1項）の例外であるにもかかわらず、本件売買契約書上は明らかにされておらず、むしろ、13条が本件賃料等を日割清算することになる旨明確に定めていることに鑑みると、本件売買契約の締結時点では、X及びA社の間で本件合意が成立していたとは認められない。
(イ)　本件売買契約においては、いずれも不動産業者であるF社及びA社の各担当者間で、契約内容の詳細等につき綿密な交渉が行われ、X、A社及びF社は、契約内容の詳細について十分確認した上で本件売買契約の締結に至っている。このような経緯に加え、本件確認書が国税局の調査が開始された後にX自身が起案したものであることにも鑑みれば、X、A社及びF社のいずれも本件合意が本件売買契約書に記載されていないことに気付かずに決済に至ったとは考えられず、本件売買契約締結時点において、X及びA社の間で本件合意が成立していなかったことは明らかである。
(ウ)　以上によれば、本件賃料等はXに帰属するものである。

(2)　**本件賃料等の未清算金と本件ガス設備取得費用の間には対価関係があるか否か**
 （Yの主張）
(ア)　仮に、X及びA社の間で本件合意が成立していたと解する余地があるとしても、以下に述べるとおり、本件賃料等はXに帰属すると認められる。すなわち、X及びA社の間で本件合意が成立していたとしても、Xが本件ガス設備の買取りを拒否したため、A社が本件ガス設備を買い取ることとし、A社が本件ガス設備取得費用を負担することの代償とし

て、本件賃料等から本件不動産の管理費を差し引いた差額である本件賃料等の未清算金をＡ社がＸに支払わないことが合意されたものである。

(イ) a　このことは、Ａ社の丙常務が、国税不服審判所に対し、本件不動産の売買価格が決まった後にＸが本件ガス設備の買取りを拒否したため、Ｆ社から、Ａ社で何とかしてほしい旨の話があったため、Ａ社がＧ商店から本件ガス設備を買い取ることとし、Ｆ社を通じてＸと交渉したところ、Ｘから本件合意を妥協案として提案された旨答述していることからも明らかである。

　　なお、丙常務は、平成23年９月７日に実施された国税局の調査（以下「反面調査」という。）において、Ａ社が本件ガス設備を買い取ったことと本件合意との間には関連がない旨述べ、国税不服審判所に対する前記答述を変遷させているが、丙常務が国税不服審判所に対して虚偽の供述をする合理的な理由は認められず、Ｘは、Ａ社にとっては顧客であることに鑑みれば、Ａ社としては、Ｘの主張と齟齬する可能性のある供述を避けたものと考えるのが合理的であり、変遷後の上記供述は信用することができない。

　b　丙常務は、Ａ社がＧ商店から本件ガス設備を買い取り、Ｘとの間で本件賃料等の未清算金を清算せずＡ社が取得することとした場合に関するＡ社の損益について社内資料を作成しているところ、同資料には、Ｘが受領すべき本件賃料等、Ｘが支払うべき本件不動産の経費の日割額及び本件ガス設備取得費用並びにこれらを相殺した場合にＡ社が負担することになる金額が記載されており、同資料は、Ａ社が本件ガス設備をＧ商店から買い取った金額と本件賃料等の未清算金の額を差し引きしてＡ社の損益を計算したものであると認められる。

以上によれば、本件賃料等の未清算金は、Ｘが無償で放棄したものではなく、本件ガス設備取得費用をＡ社において負担したことの代償として、Ａ社が取得することとしたものであると認められ、本件賃料等の未清算金と本件ガス設備取得費用の間には対価関係がある。

（Xの主張）

　Xは、本件不動産の売却についてA社から売渡承諾書が提出される前に、本件賃料等をA社が取得する本件合意に係る提案をし、A社もこれに異議なく合意したから、本件合意はその時点において成立していた。

　A社は、本件合意が成立した後になって、Xに対し、本件ガス設備の買取りを申し入れてきたが、一般的に、LPガス供給契約は、ガス供給会社と当該ガス設備の設置を依頼した者との間で締結されるものであり、ガス設備の買取義務は、LPガス供給契約の当事者にあるのであって、建物の譲受人にあるわけではなく、Xは、本件ガス設備は本件建物の付属設備として既に本件不動産の売買価格に反映されているものであるから負担することはできないとして、A社からの申入れを拒否した。その後、本件ガス設備に関しては、XとA社との間では、何らの交渉も行われていない。

　本件不動産について、実質的にXと競合していた者はおらず、本件ガス設備取得費用は買付価格からすれば低額であり、A社がこれに固執する理由はない。また、A社は、F社との間で本件不動産の仲介手数料を2％から1.5％に減額しているところ、これは本件ガス設備取得費用をA社が負担することが理由の一つであった。

　したがって、本件賃料等の未清算金と本件ガス設備取得費用の間には対価関係はない。

Ⅱ　判旨

　裁判所は、①本件売買契約締結までの経緯、②本件売買契約の締結、③本件管理委託契約の締結等、④Xの税務申告、⑤A社における会計処理、⑥税務調査の内容、⑦本件確認書の作成、そして、⑧不服申立て経緯についての事実を認定したうえで以下のように判示した。

1 争点(1)（本件売買契約締結の際、XとA社との間で本件合意が成立していたか否か）について

「(1) Xは、本件売買契約締結の際、XとA社との間で本件合意が成立していたと主張し、証人丙の証言、Xの本人尋問における供述及び陳述書…中略 等にはこれに沿う部分があり、本件確認書も作成されている。

ア これに対し、確かに、…中略 本件売買契約書には本件合意の記載がなく、むしろ、本件不動産から生ずる収益の帰属について、引渡日の前日までの分がA社に、引渡日以降の分がXに帰属する旨の条項が存する。また、A社やF社は、不動産取引の専門家である上、本件売買契約締結に際し、Xらは、F社の取引主任から十分な時間をかけて本件不動産の売買に関する内容の説明を受け、本件売買契約締結前に綿密な交渉や準備が行われていたものである。さらに、本件確認書が作成されたのは、税務調査の開始後の本件売買契約締結からおよそ9か月も経過した後である。

イ しかしながら、…中略 本件売買契約書の収益の帰属は、定型の文言で記載されたものである。本件売買契約書の記載内容が詳細かつ多岐に及ぶことからすれば、X、A社及びF社のいずれにおいても、本件売買契約書に本件合意が記載されていないばかりか、本件合意と矛盾する記載内容があることに気付かなかったとしてもあながち不合理とまではいえない。特に、A社にとっては、本件売買契約締結前に既に本件賃料等を受領しているため、本件合意が現実の金銭の授受を伴うものではなく、Xにとっても、本件賃料等を取得しないという点で、Xにとって不利益となる条件となるものであることからすれば、両当事者にとって、本件合意を本件売買契約書にあえて記載する必要性は高くなく、その記載を意図せず、又はそれを失念する可能性を否定することができない。

むしろ、Xは、…中略 本件居住用部分賃料を取得しないことで課

税売上割合を100％にして、一旦納付した課税売上げに係る消費税の還付を受けることにより節税をすることを意図していたところ、本件合意によりＸは適法に節税目的を達成できる一方で、Ａ社は本件賃料等を取得することができるのであるから、ＸにもＡ社にも本件合意を締結する動機が存する。また、Ａ社は、丙常務が作成した本件社内資料に基づいて、本件居住用部分賃料をＡ社が取得する旨の損益を計算している。そして、Ａ社は、その経理上、平成19年12月分の本件賃料等の全額を賃料収入として計上しており、本件賃料等についての清算は行っていない。さらに、Ａ社やＦ社は、Ｘとは全く無関係の企業とまではいえないものの、同族会社や資本上の関連のある企業ではなく、一応、第三者的立場にあるといってよいといえる。

　そうすると、本件合意の成立に関する上記証人丙の証言等を信用することができる。

　以上からすると、本件合意の成立を認めることができ、本件合意の時期については、…中略　Ｘから本件居住用部分賃料を清算しないという提案をした後間もなくしてＡ社から売渡承諾書が出ていることからすれば、遅くとも平成19年11月初旬と推認することができる。

(2)ア　なお、Ａ社の売渡承諾書に本件合意が記載されていない点についても、本件合意は、Ａ社からではなく、Ｘから提示のあったものであるし、既に本件合意が成立していることにも鑑みれば、本件売買契約書について上述したところと同様に、売渡承諾書に本件合意を記載することを意図せず、又はそれを失念することもあり得るところであり、前記のとおり、本件合意の存在を推認させる事情が数多く存することからすれば、売渡承諾書に本件合意が記載されていないことをもって、本件合意の存在を否定することはできない。

イ　また、本件アンテナ機器等設置覚書に基づき本件屋上賃料はＸに帰属すると主張されている点については、本件アンテナ機器等設置覚書は、Ｂ社がＡ社に支払済みの平成20年1月分までの賃料はＡ社とＸと

の間で清算するとの内容にとどまるのであって、平成19年12月分の賃料について日割清算することを明示したものではないから、A社に本件屋上賃料を帰属させるとする本件合意と必ずしも矛盾するものではない。

ウ 本件確認書においては、本件合意の内容として、Xが平成19年12月分の固定資産税の日割分をA社に支払う以外は、賃料その他一切の清算をしないとされているところ、Xは本件駐車場賃料のうちでA社に支払うべき管理費と相殺された同月分の4万8774円をXの収入として認めている。しかし、本件確認書は、あくまで本件合意の内容を後になって確認したものにすぎず、本件合意のおおよその内容を記載したにとどまるものとも解することができるから、上記のXの行動が本件合意の内容に反するということはできない。

(3) 以上のとおり、本件売買契約締結の際、XとA社との間で本件合意が成立していたものと認められる。」

2 争点(2)(本件賃料等の未清算金と本件ガス設備取得費用の間には対価関係があるか否か)について

「(1) Yは、…中略 Xの審査請求書及び異議申立書の記載、丙常務が国税不服審判所においてした答述及び本件社内資料に基づき、本件賃料等の未清算金と本件ガス設備取得費用には対価関係があると主張する。

(2)ア しかしながら、…中略 丙常務は、本訴提起後の反面調査において、前記答述は真意ではなく、A社が本件ガス設備を買い取ったことと本件合意とは無関係であると供述するなど供述の内容がその後に変遷しているから、前記答述をそのまま信用することはできない。

そもそも、本件賃料等をA社に帰属させるとのXからの提案は、本件ガス設備取得費用が問題となる前にされたものである。また、通常一般に利用されているLPガスの貸与契約書において、ガス設備の買取義務があるのは、契約を締結した者とされており、不動産の譲渡が

された場合に、当然に譲受人が取得すべきことにはならない。この点、G商店も、A社に対して本件ガス設備の貸与明細書を送付しており、Xに対して直接買取りを求めた事実は認められない。Xはガス業者であり、ガス設備については知識があるところ、本件ガス設備取得費用を負担してほしいとのA社からの要望を即座に拒否しており、XがG商店と直接交渉することなしにA社と妥協することは考え難く、本件不動産の売買価格の決定に至る経緯や本件不動産の売買価格において本件ガス設備取得費用の占める割合に鑑みれば、A社が本件ガス設備取得費用の負担について固執するとも考え難い。他方、丙常務が、A社がF社に支払う仲介手数料が減額されたことが本件ガス設備をA社が負担することの対価であると供述し…中略 、本件社内資料…中略 に、仲介手数料の割合と金額の関係が記載されていることからすれば、A社は、本件ガス設備取得費用の負担をすることとなったために、F社と交渉して仲介手数料を減額したと認められる。そして、…中略 結果的にも、本件売買契約書において、本件ガス設備の所有権等はA社の責任と費用負担でA社が買い取り、Xに引き渡すものとされ、本件ガス設備の所有権も売買代金に含むということが特約に明記されているところである。

　そうすると、本件賃料等の未清算金と本件ガス設備取得費用の間に対価関係を認めることはできない。

イ　Xは、審査請求及び異議申立ての中で、本件賃料等の未清算金と本件ガス設備取得費用の間に牽連性があるかのような主張をしており、その内容も詳細なものである〔なお、Xは、平成20年7月1日の高崎税務署内での面接時と同年10月8日のX宅での調査時において、H調査官が「Xがガス設備をA社に替わって立て替えたのであれば、高崎税務署としてはXの主張を認めた」と供述し、不当な誘導を受けたため、審査請求書…中略 や異議申立書…中略 にそれまで説明してきた事実と違う事実を記載した旨主張し、X本人尋問にも、これに沿う

内容の供述があるが、本件全証拠によっても、H調査官による不当な誘導があったとまで認めることはできない。〕。

　しかしながら、上記の主張が、高崎税務署長による本件各処分の後、これを踏まえてされたものであり、本件合意の存在を認めてもらうことを主眼とするものであることや、Xがこのような主張をすると、本件合意が本件ガス設備取得費用の対価であって無償のものではなかったことを認めることになってしまい、かえって本件各処分を基礎付ける根拠となってしまうことについてXにどの程度の認識があったかは疑問であることに照らせば、Xが、本件合意により本件賃料等が本件ガス設備取得費用にほぼ相当する結果となっていることを踏まえて、本件合意の存在を認めてもらうための一つの便法として、このような主張をしてしまったとしても不自然ではない。

(3)　以上の事実によれば、本件賃料等の未清算金と本件ガス設備取得費用の間に何らの牽連性はなく、対価関係はないというべきである。」

Ⅲ　研究　判旨に賛成

1　はじめに

　本件の争点は、賃料等がXに帰属する所得に該当するか否かにある。本件売買契約締結時にXと売買の相手方であるA社との間で、賃料等の収益の帰属についてA社に帰属することの合意が成立していたか否かが実質的な争点とされた。

　本件を素材に収益の帰属者の判定における実質帰属者課税の原則の意義と税法上の事実認定の在り方を確認したい。

　本研究においては、争点(1)に研究の対象を絞ることにし、争点(2)（本件賃料等の未清算金と本件ガス設備取得費用の間には対価関係があるか否か）については、研究の対象から割愛した。

2 本判決の意義

Xは、本件居住用部分賃料を取得しないことで課税売上割合を100％にして、一旦納付した課税売上げに係る消費税の還付を受けることにより節税をすることを意図していた。一方、本件不動産の取得者であるA社も本件賃料等を取得できるのであるから両者にとって合理的な合意といえるし、実質的に当事者間で賃料等の帰属について合意が成立していたと主張する。Yは、契約書上では一般的な契約書を使用したので賃料については契約後の日割り計算によるなどの条項が定められ、なおかつ契約書に賃料に関して、A社が取得する旨の特約条項が定められていないから、Xに本件賃料等は帰属すると主張する。

収益の帰属に関して、実質帰属者課税の原則が租税法の基本原則として各個別税法には定められている。本件ではこの原則について正面から取り上げられてはいないが、賃料等の帰属が争点とされており、賃料等の帰属に関する契約書の定めが存在しているという形式と、当事者の合理的意思の存在を推認した当事者の合意という実質が相違する場合の所得の帰属の認定が本件の問題とされる。

3 実質帰属者課税の原則の意義と税法上の事実認定

本件の争点は、本件は不動産の売買契約成立後の不動産賃貸料等の帰属について、契約書の文言により認定判断がなされるのか、実際に賃貸料等を取得し、享受していたとされるA社に帰属していたと認定されるのかという、収益の帰属の認定判断にある。

税法上の収益の帰属については、実質帰属者課税の原則の考え方に基づいて判断されるべきである。[1]

この実質帰属者課税の原則について、金子宏教授は次のように説明されている。すなわち、「課税物件の帰属について特に問題になるのは、名義と実体、形式と実質とが一致しない場合である。この点については、旧行政裁判所の判例に、甲会社が乙会社の株式を自己の取締役の名義で所有していた場

合について、その配当が甲会社の収入となっていた事実に基づいてこれを取締役個人の所得でないことを判示したものがある（行判昭和7年1月30日行録43輯10頁）が、これは所得の帰属について名義より実体を重視しようとする考え方の現われである。

　この点で注目されるのは、所得税法12条が、『資産又は事業から生ずる収益の法律上帰属するとみられる者が単なる名義人であって、その収益を享受せず、その者以外の者がその収益を享受する場合には、その収益は、これを享受する者に帰属するものとして、この法律の規定を適用する』と規定していることである。法人税法（11条）、地方税法（24条の2の2・72条の2の3・294条の2の2）にも、同旨の規定がある（消費税法にも実質帰属者課税の原則が定められている。13条）。これらの規定は、いわゆる実質所得者課税の原則を定めたものであるが、その意義については、2つの見解がありうる。1つは、課税物件の法律上（私法上）の帰属につき、その形式と実質とが相違している場合には、実質に即して帰属を判定すべきである、という趣旨にこれらの規定を理解する考え方である。これを法律的帰属説と呼ぶことができる。他の1つは、これらの規定は、課税物件の法律上（私法上）の帰属と経済上の帰属が相違している場合には、経済上の帰属に即して課税物件の帰属を判定すべきことを定めたものである、と解する立場である。これを、経済的帰属説と呼ぶことができる。これらの規定が『収益の享受』というような経済的な表現を用いている点からすると経済的帰属説が正しいように見えるし、名義人というような表現を用いている点からすると法律的帰属説が正しいようにも見える。文理的には、どちらの解釈も可能である。しかし、経済的帰属説をとると、所得の分割ないし移転を認めることになりやすいのみでなく、納税者の立場からは、法的安定性が害されるという批判がありうるし、税務行政の見地からは、経済的に帰属を決定することは実際上多くの困難を伴う、という批判がありうる。その意味で法律的帰属説が妥当である。[2]」とされる。

　金子宏教授は、課税物件の帰属の名義と実体もしくは形式と実質が異なる場合に名義よりも実体を、形式よりも実質を重視して帰属を判定するという

考え方であると説明されたうえで、経済的帰属説と法律的帰属説が解釈論上成り立つが、法的安定性の視点から法律的帰属説が妥当であるとされる。

両説は、課税物件の帰属を、法律上の帰属としてとらえるのか、経済上の帰属としてとらえるのかに相違がある。法律的帰属説は、所得の法律上の帰属について形式と実質が相違している場合が念頭に置かれており、経済的帰属説は課税物件の帰属について法律上の帰属と経済上の帰属が相違する場合が問題とされているところに相違があるといえる[3]。

所得税法12条は、「資産又は事業から生ずる収益の法律上帰属するとみられる者が単なる名義人であって、その収益を享受せず、その者以外の者がその収益を享受する場合には、その収益は、これを享受する者に帰属するものとして、この法律の規定を適用する。」と定めているのであるから、法律上帰属するものが単なる名義人と認定された場合には、当該収益は実際にその収益を享受する者に帰属するものとして所得税法を適用して課税すると定めているのであるから、結局は実際に収益を享受している真実の収益の帰属者を事実認定により決定すべきこと定めたものと解される[4]。

決定すべきは、法律上の収益の帰属者を判定することに尽きる。そうすると、「すなわち、当該取引につき、納税義務者の選択した法形式と取引の実体が合致していない場合に、その実体に適合するように法形式を引直して事実認定を行ない、その認定された事実に税法を適用するものであるとする意味での実質主義に拠れば、一般に、仮装行為、虚偽表示、事実の隠ぺいがあったか否かという事実認定の問題になり、この意味での実質主義は何も税法固有の問題ではなく、法律一般の適用に当り当然行なわれている原理である[5]。」ということになる。

したがって、本判決の争点も、賃貸料等の帰属の事実認定の問題とされ、さらに、法律上の収益の帰属者が、単なる名義人であるか、実際上の収益の享受者は誰かを証拠により決定する事実認定の問題に集約されるということができる。

4 事実認定における実質主義の意味

　納税者の納税義務は、小前提としての「認定された事実（課税要件事実）」に大前提としての「租税実体法（課税要件法）」をあてはめることにより法律効果として生じ、その範囲は納税申告により確定する。この場合の事実は法律上の事実であるから、その認定は証拠によるということになる。

　そうすると法律上の事実認定に実質主義の入り込む余地はない。なぜならば、証拠により認定された事実には形式も実質も存在しないはずであるからである。

　ここでは、法律上の事実認定に実質主義の入り込む余地のないことを簡単な事例を取り上げて考えてみよう。

　Xは愛人Aにレストラン経営をさせることにした。店舗の取得から開店に至るまでのすべての費用についてXの資金により賄われたが、同店の開業に伴う諸届けの書面上の名義はA名義でなされた。納税申告もAの事業所得としてなされた。ところが、実際には同店の利益の約30％相当分がXからAに毎月現金で支払われ、残りはすべてXが収受した。

　Xには他にも複数の所得があり、累進税率の適用の緩和による税負担の軽減を目的として、当初からA名義で事業所得を申告させ、Xの所得を意図的に分散する計画で開業の諸届けをA名義で提出させ、レストランの形式的経営者にAを仕立て上げたとしよう。

　この場合は、レストラン経営による利益は所得税法上の事業所得に区分されるのであるが、経営者の形式（名義）と実質が一致しない場合といえる。そうすると、所得の帰属者は誰かという問題が生じる。

　店舗開店に至る資金の出所、所得の支配者はどちらかなどの証拠に基づく事実を積み上げるならば、Xに所得が帰属すると認定できよう。

　先に紹介した実質所得者課税の原則は、この事業所得の帰属が実質的にXもしくはAのいずれに帰属するかを決定する場合の事実認定の在り方を確認したものと位置づけられる。この原則は形式的に所得の帰属者を認定したのでは、担税力の所在の判定を誤り、課税の公平が実現できなくなるから、実

質の名の下に真実の課税物件の帰属者を認定し、課税要件規定をあてはめよと命じたところにその趣旨がある。

　収集された証拠から認定された事実により所得の実質的帰属者を判定するのであるから、事実認定における実質主義なる考え方は、税法固有のものではなく法律一般の適用に際して当然に用いられる事実認定の問題と相違はないという点に我々は注意を要する。[6]

　ことさらに、実質主義の名の下に租税行政庁には独自の事実認定の手法が認められているわけではないのである。事実認定は証拠によるのであり、証拠により真実の事実関係を突き止める作業であることをここに確認しておく。

　他の法分野と同様に、課税要件事実の認定において重要な点は、事実関係や法律関係の「形式と実質」もしくは「外観と実体」が一致していない場合には、実質や実体に即して事実を認定しなければならないという点である。この事実認定の在り方は、先の所得の帰属を実質的に認定せよとする課税物件の帰属の問題に限定されない。なぜならば、担税力に応じた課税を目的として立法された租税法が形式的事実に適用されるならば、その租税法の適用による法律効果は担税力に応じた公平な課税を実現し得ない。

　したがって、事実認定は証拠の積み上げにより真実の事実関係を確定する作業であるから形式ではなく実質によりなされるべきであることは至極当然であろう。法律上の事実の認定が形式にのみ着目してなされるとすれば、法適用により生じる法律効果は立法目的とは異なる結果となる。

5　本判決の論理と事実認定の妥当性―節税目的の存在の認定

　まず、本判決では、「本件売買契約書には本件合意の記載がなく、むしろ、本件不動産から生ずる収益の帰属について、引渡日の前日までの分がＡ社に、引渡日以降の分がＸに帰属する旨の条項が存する」ことを確認のうえ、「本件確認書が作成されたのは、税務調査の開始後の本件売買契約締結からおよそ９か月も経過した後である。」あることを、指摘している。

そのうえで、「しかしながら、…中略　本件売買契約書の収益の帰属は、定型の文言で記載されたものである。本件売買契約書の記載内容が詳細かつ多岐に及ぶことからすれば、X、A社及びF社のいずれにおいても、本件売買契約書に本件合意が記載されていないばかりか、本件合意と矛盾する記載内容があることに気付かなかったとしてもあながち不合理とまではいえない。特に、A社にとっては、本件売買契約締結前に既に本件賃料等を受領しているため、本件合意が現実の金銭の授受を伴うものではなく、Xにとっても、本件賃料等を取得しないという点で、Xにとって不利益となる条件となるものであることからすれば、両当事者にとって、本件合意を本件売買契約書にあえて記載する必要性は高くなく、その記載を意図せず、又はそれを失念する可能性を否定することができない。」として、本件賃料等を売買契約締結前にA社がすでに受領しており、合意内容については事実上履行されているので、あえて契約書に明記することや合意書を作成することは不必要であったことが認定できるとしている。

さらに、賃料等をXが日割り計算で受領することを放棄した合理的理由に節税目的があったことを次のように認定している。

すなわち、「むしろ、Xは、…中略　本件居住用部分賃料を取得しないことで課税売上割合を100％にして、一旦納付した課税売上げに係る消費税の還付を受けることにより節税をすることを意図していたところ、本件合意によりXは適法に節税目的を達成できる一方で、A社は本件賃料等を取得することができるのであるから、XにもA社にも本件合意を締結する動機が存する。」として、Xの消費税還付という節税目的とA社の本件賃料等の取得という経済的利益の享受という点で、両者には本件賃料等の取扱に関する合意には合理性が存在しているとこを確認している。

さらに、「丙常務が作成した本件社内資料に基づいて、本件居住用部分賃料をA社が取得する旨の損益を計算している。そして、A社は、その経理上、平成19年12月分の本件賃料等の全額を賃料収入として計上しており、本件賃料等についての清算は行っていない。さらに、A社やF社は、Xとは全

く無関係の企業とまではいえないものの、同族会社や資本上の関連のある企業ではなく、一応、第三者的立場にあるといってよいといえる。」ことを認定している。

上記のような事実認定に基づく論理から、「本件確認書は、あくまで本件合意の内容を後になって確認したものにすぎず、本件合意のおおよその内容を記載したにとどまるものとも解することができるから、上記のXの行動が本件合意の内容に反するということはできない。」として「本件売買契約締結の際、XとA社との間で本件合意が成立していたものと認められる。」との結論を導出している。

本判決の論理は、まず、Xには賃料等の受領を放棄する目的として「課税売上割合を100％」にして消費税の還付を求めるという節税目的が存在していたことと、A社には賃料等を事実上取得しており、返還しなくて済むという経済的利益を獲得することができるのであるから、両者の利害が一致しており、本件合意が成立することに合理性があるとしている。そして、さらに本件合意書が税務調査後に作成されたとしても、それは事実上、先行していた賃料等の取得に関する合意に基づく取扱いを単に追認したにとどまるのであり、事後作成の書面は合意を裏付ける証拠として採用できないとのYの主張を斥けている。また、A社の会計処理も事実上の賃料等の享受の事実を裏付けたものである事実と会計処理の整合性を維持していると指摘している。

賃料等の法律上の帰属者の認定は、賃料等の経済的利益の享受している者は誰かを証拠により認定したものであり、なおかつ消費税還付というXの節税目的を肯定したうえで、節税目的と本件合意の整合性を論拠に、Yの主張の中核である売買契約書の賃料等の日割り計算条項の存在を単なる形式であるとしている。

6 むすび

事実認定を争点とした事例は、その議論の射程が短いこともあり注目を集めることは少ない。しかし、租税法実務の大半は、会計帳簿の信頼性も含め

た事実認定が紛争の中心を占めるといって過言ではない。

　本件も、賃料等の取扱いに関する合意が成立していたか否かが争点とされた事例であり、裁判所がいかにその合意事実を認定判断するかという、事実認定が争点とされた事例であった。

　本判決は、証拠をいかに裁判所が経験則に基づいて事実認定に取り込んでいくか、そして、書面を作成することの意義や事後的に合意書等の書面を作成することが紛争の火種になるなど、租税法実務の視点からも有益な論点を提示している。

　本事例を通して裁判所の事実認定の手法を学ぶことが可能と思われる。事実認定は裁判官が証拠により確信をもって事実として確定していく作業であり、事実認定の問題は裁判官の法的思考（リーガルマインド）を考察するうえでも有益である。

　本判決は、売買契約書の賃料をめぐる取扱いの条項の存在を主張の中核に据え、消費税の還付目的の合意を否定的にとらえるYの主張を斥け、消費税の還付という節税目的を肯定し、その節税目的と合意当事者の行為の経済的合理性を前提に適正な事実認定が行われたものと評価できる。

　文言の形式にとらわれることなく、実質所得者課税の原則の考え方を踏まえた妥当な事実認定により判断が導出されていたと評価できよう。

注
1）所得税法はその冒頭ともいえる12条で「実質所得者課税の原則」を規定している。同条は、「資産又は事業から生ずる収益の法律上帰属するとみられる者が単なる名義人であって、その収益を享受せず、その者以外の者がその収益を享受する場合には、その収益は、これを享受する者に帰属するものとして、この法律の規定を適用する。」としている。
　この規定は、所得の法律上の帰属者が単なる名義人（形式）であることが認定されたならば、反射的に形式ではなく実質的な帰属者を突き止めてその者に課税せよと命じた規定である。所得税法の規定が形式的な所得の帰属者に適用されたのでは、担税力に応じた課税は崩壊するのであるから当然のことを規定したともいえる。したがって、同原則は租税公平主義の内容を構成すると位置づけることができる。
　本書123頁以下を参照されたい。
2）金子『租税法』181頁以下。なお、この実質的帰属者課税の問題について詳細に

論じた同教授の論文としては、金子宏「所得の人的帰属について―実質所得者課税の原則」同『租税法理論の形成と解明上巻』524頁以下所収（有斐閣、2010年）を参照されたい。
3）水野忠恒『租税法〔第5版〕』294頁以下（有斐閣、2011年）。
4）水野、同上書、294頁参照。
5）松沢『実体法』22頁。なお、この引用した後段で同教授は「ところで実質主義（経済的観察方法）といっても、経済的取引は法律行為によりなされるのが通例であるので、通常はその取引の私法上の法律効果を追求することがすなわち課税標準の追求であり、決して私法上の法律効果と別に課税標準が考えられるものではない。」（松沢、同書、291頁以下）と述べられ、租税法と私法の関係性についてもその本質を指摘されている。
6）松沢、同上書、22頁。

事項索引

(あ)

IBM 事件 …… 640
秋田市国民健康保険税条例事件 …… 252
旭川市国民健康保険料事件 …… 244

(い)

EU 型付加価値税 …… 206
違憲審査理論 …… 239
遺産取得課税方式 …… 184
遺産取得税 …… 183
遺産税 …… 183
遺産税方式 …… 184
異時両建計上説 …… 538
一時所得 …… 152, 390, 394, 397, 400, 465, 472, 477
著しく低い価額 …… 193
著しく低い価額の対価 …… 664, 676
一律源泉分離課税 …… 148
一生累積課税方式 …… 184
一般管理費 …… 169, 423
一般消費税 …… 200
偽りその他不正の行為 …… 109
委任立法 …… 262, 707
医療費控除 …… 139
岩瀬事件 …… 297
隠ぺい …… 307
インボイス方式 …… 203, 204, 205, 207

(う)

売上原価 …… 169, 423
売上税額 …… 215

(え)

益金の額 …… 157
益金の額の範囲 …… 165
益金の計上基準 …… 172, 528, 533

役務提供基準 …… 164
役務の提供 …… 165

(お)

応能負担性 …… 256
大島訴訟 …… 19, 229

(か)

外国貨物 …… 210
外国税額控除 …… 142
外国法人 …… 156
概算経費控除制度 …… 234
解釈通達 …… 716
解釈力練成方法 …… 14
各種所得の金額 …… 137
拡張解釈 …… 606
確認的規定 …… 176
家事関連費 …… 423
貸倒損失 …… 550, 559, 584
貸倒れの認定 …… 586
家事費 …… 422, 423, 426
課税売上げ …… 736
課税売上高 …… 213
課税期間の選択 …… 214
課税山林所得金額 …… 139
課税総所得金額 …… 139
課税退職所得金額 …… 139
課税単位 …… 134
課税のタイミング …… 537
課税標準 …… 69
課税物件 …… 69
課税物件の帰属 …… 69
課税要件 …… 69
課税要件事実 …… 95
課税要件法定主義 …… 28, 42
課税要件明確主義 …… 28, 177, 193, 473
仮装 …… 307

家族単位主義 …………………………… 134
寡婦(夫)控除 …………………………… 139
簡易課税制度 ……………………… 216,217
完成工事原価 …………………………… 169
間接消費税 ……………………………… 200
管理支配基準 …………………………… 173

(き)

期間 ………………………………… 493,498
期間税 …………………………… 214,285,291
期間対応費用 …………………………… 423
企業会計 …………………………… 157,166
企業会計原則 …………………………… 159
企業会計準拠主義 ……………………… 158
基準期間 ………………………………… 213
帰属所得の問題 ………………………… 133
基礎控除 …………………………… 139,187,484
基礎控除方式 …………………………… 493
寄付金控除 ……………………………… 140
基本通達 ………………………………… 716
逆進性 ……………………………… 200,202
客観的交換価値 ……………… 195,670,688,709
客観的事実説 ………………………… 48,333
客観的認識 ……………………………… 604
客観的必要性の要件 …………………… 460
キャピタル・ゲイン ……………… 441,462
キャピタル・ロス ……………………… 441
給与所得 ………………………… 72,149,504,513
給与所得控除額 ………………………… 149
給与所得控除制度 ……………………… 235
給与所得の範囲 ………………………… 516
行政先例法 ……………………………… 195
行政立法 …………………………………… 28
居住者 …………………………………… 136
金銭給付原則 …………………………… 256
金銭債権 …………………………… 434,438,560
金銭債権の貸倒れ ……………………… 578
禁反言の法理 …………………………… 32
勤務年数の打切り計算 ………………… 632
勤労学生控除 …………………………… 139
勤労性所得 ……………………… 128,145,398

(く)

具体的事実説 ……………………………… 95
クロヨン問題 …………………………… 22,131

(け)

経済的観察法 ……………………… 394,396
経済的基準 ……………………………… 576
経済的帰属説 …………………………… 737
計算期間 ………………………………… 493
計算期間の日数 ………………………… 498
形式的二重課税 ………………………… 365
形式的平等 ……………………………… 237
契約効力発生日基準 …………………… 164
減価償却 ………………………………… 160
原価の額 ………………………………… 169
現金主義 ………………………………… 171
軽減税率 ………………………………… 203
検修日基準 ……………………………… 164
源泉地主義 ……………………………… 212
源泉徴収制度 ……………………… 484,493
源泉分離課税 …………………………… 148
憲法秩序帰納説 ………………………… 98
権利確定主義 ……… 172,528,533,537,545
権利章典 …………………………………… 26
権利請願 …………………………………… 26
権利の確定 ……………………………… 546
権力関係 ………………………………… 85
権力性 …………………………………… 256

(こ)

行為規範 …………………………………… 79
行為規範としての租税法 ……………… 71
行為の形態 ………………………… 595,603
公開通達 ………………………………… 716
交際費 …………………………… 591,594,597
交際費の要件 …………………………… 561
工事完成基準 …………………………… 172
公正処理基準 …………………… 158,560
公正妥当な会計処理の基準 …………… 162
公益性 …………………………………… 256
公定力根拠説 …………………………… 97

事項索引　747

公的年金等 …………………………… 153	仕入税額控除 …… 203, 204, 211, 212, 216, 218, 725
公平 ………………………………………… 17	
合法性の原則 ………………………… 31, 74	仕入税額控除否認 …………………………… 222
小売売上税 ……………………………… 204	仕入税額控除法 …………………… 204, 207
合理性基準説 …………………………… 640	時価 ………………… 195, 670, 676, 688, 708
合理性の基準 ………… 234, 239, 240, 630	時価主義 ………………………………… 174
合理的な差別 …………………………… 20	時価評価 …………………………………… 693
告示 …………………………………… 251, 264	事業 ……………………………………… 209
国内取引 ………………………………… 209	事業者 …………………………………… 213
国民健康保険料 ………………… 249, 257	事業所得 ………………………………… 149
個人単位主義 …………………………… 134	自己株式の取得 ………………………… 640
5分5乗方式 …………………… 141, 151	自己賦課 ………………………………… 67
個別検討説 ……………………………… 98	資産 …………………… 22, 152, 210, 432
個別消費税 ……………………………… 200	資産課税 ………………………………… 180
個別通達 ………………………………… 716	資産勤労結合所得 ……………… 145, 398
個別否認規定 …… 110, 176, 304, 342, 658, 661, 678	資産譲渡等の対価の帰属 …………… 725
	資産性所得 ……………………… 128, 145, 398
固有概念 …………… 51, 88, 336, 622, 631	資産の譲渡 …………………… 152, 165, 210
ゴルフ会員権事件 ……………………… 430	資産の値上がり ………………………… 449
コンセンサス基準 ………………………… 21	資産の販売 ……………………………… 165
コンフリクト基準 ………………………… 21	資産の譲受け …………………………… 165
	事実たる慣習 …………………………… 161
（さ）	事実認定 …… 126, 162, 340, 400, 584, 586, 738, 740, 743
財産評価基本通達 …………… 195, 689, 705	
財産評価のタイミング ………………… 681	事実認定における実質主義 ……… 124, 739
財産法 …………………………………… 169	事実認定の作業 ………………………… 343
裁判規範 …………………………… 79, 160	事実認定論 ……………………………… 92
裁判規範としての側面 ………………… 93	支出の相手方 …………………………… 594
裁判規範としての租税法 …… 71, 82, 118	支出の目的 ……………………………… 594
債務確定主義 ………………… 173, 537	地震保険料控除 ………………………… 140
債務関係 ………………………………… 85	実現主義 ………………………………… 172
債務控除 ………………………………… 187	執行通達 ………………………………… 716
債務免除益 …………………… 504, 526	実質帰属者課税の原則 ……………… 736
雑所得 ………………………… 153, 390	実質主義 ………………………………… 305
雑損控除 ………………………………… 139	実質所得者課税の原則 …… 123, 125, 126, 546, 725
サラリーマン税金訴訟 ……… 19, 150, 229	
三重構造 ………………………………… 158	実質的二重課税 ………………………… 365
山林所得 ………………………………… 151	質問検査権 ………………………… 29, 224
山林所得金額 …………………………… 139	使途秘匿金課税 ………………………… 170
	私法上の法律構成準拠主義 ………… 340
（し）	資本等取引 ……………………………… 171
恣意的課税 …………… 5, 25, 27, 474, 606	仕向地主義 ……………………………… 212

748 事項索引

シャウプ勧告 ……………………10,683
社会通念 ………………559,578,586
社会保険料控除 …………………139
借用概念 ……………51,88,128,337
借用概念の解釈 ……………52,313,337
収益の認識基準 …………………162
収益費用対応の原則 ……………427
住所 ………………………………336
住所概念 ………49,53,313,322,333,337
収入・必要経費説 …………………95
主観的意思説 ………………………49
趣旨解釈 ……57,370,428,478,479,501,685
主張立証責任の分配 ………………86
取得型所得概念 …………………132
取得費 ……………………152,454
純損失 ……………………………139
障害者控除 ………………………139
小規模企業共済等掛金控除 ……140
償却費 …………………………423
譲渡 ………………………………432
譲渡所得 ……………151,291,442,453
譲渡所得課税 …………………432,449
譲渡所得の金額 …………………454
譲渡損失 ………………………430
譲渡費用 ……………………152,455
譲渡費用の該当性 ………………458
譲渡費用の範囲 ……………442,449,457
消費 ………………………………22
消費型所得概念 …………………131
消費税 ……………………………200
消費税額の計算構造 ……………214
消費税の課税対象 ………………209
消費税の納税義務者 ……………213
賞与 ………………………………520
職務激変基準 ……………………634
所得 …………………………22,131
所得区分 ……………145,374,392,504
所得区分規定の立法趣旨 ………398
所得区分の判断 …………………394
所得控除 ………………………139
所得税 …………………………95,130

所得税の計算の構造 ……………136
所得の捕捉率の格差 ………………22
資力喪失要件 ……………………522
信義則 …………………………32,195
人権宣言 ……………………………26
申告納税制度 …………9,33,67,288
申告納税方式 ……………………65
人的控除 …………………………139

(す)

随時税 ……………………………214
垂直的公平 …………………………21
水平的公平 …………………………21
ストック・オプション ……12,80,392,516

(せ)

税額控除 …………………………142
税額転嫁 …………………………216
正義 ………………………………114
正義論 ……………………………114
制限的所得概念 …………………132
制限納税義務者 …………135,156,189
政策税制 …………………………591
清算課税 …………………………151
清算課税説 ………………………167
税務調査 ………………29,119,224,585
生命保険料控除 …………………140
税理士の職務 ……………………115
税率 ………………………………69,141
節税 ………………………………304
節税行為 ……………………107,335,660
節税目的 …………………………740
絶対的平等 ………………………237
銭債権の貸倒れ …………………575
全額回収不能説 …………………560

(そ)

増加益 ……………………151,432,449
総額計算方式 ……………………216
総合課税 …………………………152
総合所得税 ………………………133
総所得金額 ………………………139

創設的規定 …………………… 166, 176, 179
相続財産の範囲 ……………………… 190
相続財産の評価 ……………………… 194
相続時精算課税制度 …………… 186, 189
相続税 ………………………………… 180
相続税の課税価格 …………………… 187
相続税の課税根拠 …………………… 181
相続税の類型 ………………………… 183
相続税法の基本的な構造 …………… 186
相対的平等 …………………………… 237
総評サラリーマン訴訟 ……………… 241
贈与税 …………………………… 180, 675
遡及立法 ……………………………… 76
組織再編 ……………………………… 654
租税 …………………………… 249, 256, 619
租税回避行為 …… 107, 176, 298, 303, 335, 660, 711
租税回避行為の存否 ………………… 686
租税回避行為の否認 …… 50, 75, 109, 110, 297, 298, 304, 308, 310, 661
租税回避行為の防止 ………………… 135
租税回避の意図 ……………… 339, 648, 657
租税回避の否認 ……………………… 167, 327
租税回避の否認規定 ………………… 658
租税回避目的 ………………… 334, 340, 675
租税憲法学 …………………………… 1
租税公平主義 …… 17, 123, 195, 229, 309, 366, 654, 705
租税債務関係説 ……………………… 67
租税実体法 …………………………… 34
租税正義 ………………………… 1, 114
租税争訟制度 ………………………… 94
租税負担公平の原則 ………………… 18
租税法解釈における実質主義 ……… 126
租税法規不遡及の原則 ………… 284, 290
租税法と私法の関係 ………………… 86
租税法の解釈 …… 57, 128, 358, 396, 427, 478, 501, 684, 691
租税法の解釈・適用 …… 37, 68, 89, 120, 339
租税法の基本原理 …………………… 3
租税法の合憲性 ……………………… 238

租税法の第一次的解釈権 …………… 84
租税法の二面性 ……………………… 71
租税法律関係 ………………………… 85
租税法律主義 ……… 24, 65, 94, 244, 288, 308, 309, 327, 367, 705
租税法律主義重視説 ………………… 43
租税法律主義適合性 ………………… 272
租税法律主義の射程 ……… 250, 261, 268
租税法律主義の適用範囲 …………… 262
租税法を学ぶ意義 …………………… 9
損益異時両建計上説 ………………… 539
損益異時両建説 ………………… 542, 544
損益個別確定説 ……………………… 539
損益切離説 ……………………… 539, 540
損益通算 ………………………… 138, 430
損益通算廃止立法の遡及適用 …… 121, 268
損益同時両建計上説 ………………… 539
損益同時両建説 ……………………… 541
損益法 ………………………………… 169
損害賠償請求権 ……… 528, 534, 537, 547
損金経理 ……………………………… 173
損金の額 ……………………………… 157
損金の額の範囲 ……………………… 169
損金の計上基準 ……………………… 172
損失確定説 …………………………… 539
損失の額 ……………………………… 169

(た)

対価関係 ……………………………… 733
退職 …………………………………… 631
退職概念 ……………………………… 633
退職給与 ………………………… 615, 621
退職給与の該当性 …………………… 634
退職給与の判断基準 ………………… 627
退職所得 ………………………… 150, 623
退職所得金額 ………………………… 139
退職所得控除額 ……………………… 151
第二の予算 …………………………… 260
代表なければ課税なし ………… 24, 26
耐用年数 ……………………………… 160
武富士事件 ……………… 44, 128, 313
多段階一般消費税 …………………… 204

脱税行為 ·················· 109, 335, 660
建物利益事件 ························ 374
短期譲渡所得 ························ 152
単純累進税率 ························ 141
単純累進税率構造 ···················· 144
担税力 ················ 17, 127, 130, 145
単段階一般消費税 ···················· 203

(ち)

中間申告 ···························· 214
中間納付 ···························· 214
中立性 ······························· 17
超過累進税率 ···················· 141, 176
超過累進税率構造 ···················· 144
長期割賦販売等 ······················ 174
長期譲渡所得 ························ 152
長期大規模工事 ······················ 174
帳簿方式 ·················· 204, 205, 207
直接関係性の要件 ···················· 421
直接消費税 ·························· 200
直接対応費用 ························ 423

(つ)

通常性の要件 ························ 170
通達 ···························· 458, 715
通達依存主義 ·························· 13
通達課税 ···················· 76, 199, 430
通達の機能 ·························· 717
通達の使い分け ······················ 198

(て)

適格請求書等保存方式 ················ 203
適正所得算出説 ······················ 166
手続保障の原則 ······················· 32
電子申告制度 ························ 131

(と)

統一説 ·························· 52, 337
同時両建計上説 ······················ 537
同族会社 ···························· 175
同族会社に対する課税 ················ 174
同族会社の行為・計算 ················ 177

同族会社の行為・計算否認規定 ··· 30, 110,
　175, 176, 640, 658
同族会社の行為・計算否認規定の
　適用対象 ·························· 659
同族会社の特別税率の規定 ······· 175, 176
特殊関係者間取引 ···················· 653
特定仕入れ ·························· 210
特定支出控除制度 ···················· 150
特定納税義務者 ······················ 189
特別の事情 ········ 707, 710, 712, 713, 719,
　720
独立説 ·························· 52, 337
独立当事者間取引 ···················· 653
富の再分配 ·························· 182
富の分配 ···························· 21
トライアングル体制 ·················· 158

(な)

内外判定 ···························· 209
内国法人 ···························· 156
長崎年金二重課税事件 ······· 44, 335, 346,
　478

(に)

二重課税 ···················· 155, 346, 363, 365
二重の基準 ·························· 239
日本興業銀行事件 ···················· 550

(ね)

値上がり益 ·························· 167
年末調整 ···························· 150

(の)

納税義務者 ···················· 69, 135, 336
納税者主権主義 ······················· 4
納税者番号制度 ······················ 131
農地転用決済金事件 ·················· 442

(は)

配偶者控除 ···················· 139, 140
配当控除 ···························· 142
配当所得 ···························· 148

配当所得税額控除方式 …………… 155
発生主義 ………………………… 171
販売費 ……………………… 169, 423
萬有製薬事件 …………………… 591
判例研究の方法 …………………… 14

(ひ)

非永住者 ………………………… 136
非課税財産 ……………………… 190
非課税所得 ………………… 346, 355
非課税取引 ……………………… 211
非居住者 ………………………… 136
引渡基準 …………………… 164, 172
非公開通達 ……………………… 716
非対価性 …………………… 256, 259
必要経費 ………… 405, 410, 422, 471
必要経費の範囲 ………………… 425
必要経費の要件 ………………… 420
必要性の要件 ……………… 170, 421
非同族会社 ………………… 176, 179
ひもつき説 ………………… 539, 540
評価根拠事実 …… 643, 649, 656, 658
評価通達 ………………………… 707
評価通達6 ……… 693, 701, 705, 711
評価の恣意性 …………………… 721
評価法 …………………………… 197
平等概念 …………………… 19, 232, 237
平等取扱原則 ………………… 18, 705
費用の額 ………………………… 169

(ふ)

夫婦単位主義 …………………… 134
賦課課税制度 …………………… 9
賦課課税方式 …………………… 65
付加価値税 ……………………… 206
付加価値税の計算構造 ………… 208
不確定概念 ……… 29, 30, 177, 193, 640
不課税取引 ……………………… 209
不正な支出 ……………………… 170
物品税 …………………………… 201
不当 ……………………………… 643
不動産所得 ………… 148, 386, 397, 399

不当性 …………………………… 655
不当性の立証 …………………… 662
部分貸倒れ説 …………………… 581
扶養控除 ………………………… 139
分掌変更 ………… 609, 616, 622, 631
紛争予防 ………………………… 117
紛争予防法税学 ………………… 116
文理解釈 …………… 57, 427, 478, 501
文理解釈優先主義 …………… 57, 500
分離課税 ………………………… 152
分類所得税 ……………………… 133

(へ)

平均課税制度 …………………… 141
別段の定め ………………… 157, 621
弁護士会役員事件 ……………… 405

(ほ)

包括的所得概念 ………………… 132
法人擬制説 ……………………… 154
法人実在説 ……………………… 154
法人税 …………………………… 154
法人の各事業年度の所得の金額 … 156
法人の所得 ……………………… 156
法人負担保険料事件 ………… 465, 501
法定相続分課税方式 ………… 184, 186
法的安定性 ………………… 27, 282, 718
法的観察法 ……………………… 396
法的基準 ………………… 396, 545, 576
法的三段論法 ……………… 120, 686
法の解釈 ………………………… 14
法の支配 …………………………… 9, 119
法の下の平等 ………………… 19, 232
法律的帰属説 …………………… 737
法律の優位の原則 ……………… 28
法律の留保の原則 ……………… 28
法律要件分類説 ……………… 98, 99
法治主義根拠説 ………………… 97
保険税方式 ……………………… 255
保険料方式 ……………………… 255
ホステス源泉徴収基礎控除事件 … 44, 57, 58, 484

捕捉率の格差 ……………………… *236*
保存の要件 ……………… *218,219,222*

（ま）

前段階税額控除法 ………………… *207*

（み）

未実現の損益 ……………………… *174*
未実現利得 ………………………… *133*
みなし仕入率 ……………………… *217*
みなし譲渡 ………………………… *209*
みなし譲渡規定 ………… *193,342,678*
みなし相続財産 …………………… *191*
みなし贈与規定 ……………… *342,678*
みなし贈与事件 …………………… *664*
みなし配当所得 …………………… *148*
宮岡事件 …………………………… *683*

（む）

無償取引規定 ………………… *166,168*
無制限納税義務者 ……… *135,156,189*

（め）

明白性の基準 ………………… *239,630*
免税 ………………………………… *212*
免税事業者 ………………………… *213*

（も）

目的適合説 …………………… *52,337*
目的論的解釈 …………… *57,501,685*

（や）

役員給与 …………………………… *619*
役員退職給与 ……………………… *609*

（ゆ）

輸出免税 …………………………… *212*
輸入取引 …………………………… *210*

（よ）

要件事実 …………………………… *91*
要件事実論 …………………… *91,222*
予測可能性 …… *27,70,73,122,268,282, 291,718*
予測可能性確保原則 ……………… *42*
予防法学 …………………………… *117*

（り）

リーガルマインド ……… *11,12,116,743*
利子所得 …………………………… *147*
立証責任 …………………………… *100*
立証責任の分配 …………………… *97*
立法裁量論 …… *234,239,240,274,283, 630*
理由附記 …………………………… *32*
留保金課税 ………………………… *175*

（る）

累進税率構造 ………………… *21,144*

（れ）

連帯納付 …………………………… *190*
連帯納付義務者 …………………… *189*

（ろ）

労務対価性の要件 ………………… *634*
路線価 ……………………………… *701*
路線価方式 ………………………… *702*
論理解釈 …………………………… *478*

判例索引

～昭和40年

最大判昭和25年10月11日刑集 4 巻10号2037頁 ·································· *233*
最判昭和27年 4 月15日民集 6 巻 4 号413頁 ·································· *47,331*
最大判昭和29年10月20日民集 8 巻10号1907頁 ·································· *62,345*
最大判昭和29年10月20日民集 8 巻10号1907頁 ·················· *47,319,322,331,333*
最大判昭和30年 3 月23日民集 9 巻 3 号336頁 ·································· *24,60*
最判昭和32年 9 月13日裁判集民事27号801頁 ·································· *322*
最判昭和32年 9 月13日民事27号801頁 ·································· *333*
最大判昭和33年 3 月12日刑集12巻 3 号501頁 ·································· *242*
大阪地判昭和33年 7 月31日行集 9 巻 7 号1403頁 ·································· *588*
東京地判昭和33年 9 月25日行裁例集 9 巻 9 号1948頁 ·································· *170*
最判昭和35年 3 月22日民集14巻 4 号551頁 ·········· *46,47,62,322,330,331,333,345,136*
最判昭和35年10月 7 日民集14巻12号2420頁 ·································· *148*
最判昭和36年10月13日民集15巻 9 号2332頁 ·································· *463*
最判昭和37年 8 月10日民集16巻 8 号1749頁 ·································· *517*
最判昭和38年 3 月 3 日訟月 9 巻 5 号668頁 ·································· *106*
最大判昭和39年 5 月27日民集18巻 4 号676頁 ·································· *233*
東京地判昭和39年 5 月28日民集24巻11号1628頁 ·································· *395*
最決昭和40年 9 月 8 日刑集19巻 6 号630頁 ·································· *545*

昭和41年～50年

最判昭和43年10月17日訟月14巻12号1437頁 ·································· *533,536,548*
最判昭和43年10月31日訟月14巻12号1442頁 ·································· *151,462*
大阪地判昭和44年 5 月24日税資56号703頁 ·································· *588*
最判昭和45年10月23日民集24巻11号1617頁 ·································· *387,402*
大阪高判昭和46年12月21日税資63号1233頁 ·································· *106*
最判昭和47年12月26日民集26巻10号2083頁 ·································· *151,432,449,463*
最高裁昭和48年 7 月10日刑集27巻 7 号1205頁 ·································· *30*
東京高判昭和48年 8 月31日行集24巻 8 = 9 号846頁 ·································· *172*
京都地判昭和49年 5 月30日民集39巻 2 号272頁 ·································· *229*
最判昭和49年 9 月20日訟月20巻12号122頁 ·································· *109*
最判昭和50年 5 月27日民集29巻 5 号641頁 ·································· *152,449*
最判昭和50年 7 月25日民集29巻 6 号1147頁 ·································· *441*

昭和51年～60年

東京高判昭和51年11月17日訟月22巻12号2892頁 ·································· *463*
最大判昭和53年 7 月12日民集32巻 5 号946頁 ·································· *282,272*

神戸地判昭和53年9月22日訟月25巻2号501頁 ………………………………… *106*
大阪高判昭和54年2月28日訟月25巻6号1699頁 …………………………… *638*
秋田地判昭和54年4月27日行集30巻4号891頁 ……………………………… *265*
東京高判昭和54年6月26日行集30巻6号1167頁 ……………………………… *463*
国税不服審判所昭和54年10月12日裁決裁決事例集32巻18頁 ……………… *441*
東京高判54年10月30日シュト216号12頁 …………………………………… *538*
大阪高判昭和54年11月7日民集39巻2号310頁 ……………………………… *229*
最判昭和56年4月24日民集35巻3号672頁 ……………… *83,412,513,516,519,526*
最判昭和56年7月14日民集35巻5号901頁 …………………………………… *382*
最大判昭和57年7月7日民集36巻7号1235頁 ………………………………… *242*
仙台高秋田支判昭和57年7月23日行集33巻7号1616頁 ……………………… *265*
横浜地判昭和57年7月28日訟月29巻2号321頁 ……………………………… *691*
東京高判昭和58年4月19日税資130号62頁 …………………………………… *691*
最判昭和58年9月9日民集37巻7号962頁 ……………………………… *150,637,638*
最判昭和58年12月6日時報1106号61頁 ……………………………………… *151*
最判昭和58年12月6日訟月30巻6号1065頁 ………………………………… *638*
東京高判昭和59年7月16日行集35巻7号927頁 ……………………………… *463*
最判昭和60年3月14日税資144号546頁 ……………………………………… *548*
最大判昭和60年3月27日民集39巻2号247頁 ………………… *19,150,229,281,638*
最判昭和60年3月27日民集39巻2号247頁 …………………………………… *619*
名古屋地判昭和60年5月31日税資145号731頁 ……………………………… *588*
大阪地判昭和60年7月30日訟月32巻5号1094頁 …………………………… *463*

昭和61年～63年

東京地判昭和61年3月18日時報1193号105頁 ………………………………… *402*
大阪高判昭和61年9月25日訟月33巻5号1297頁 ……………………………… *136*
最判昭和63年7月15日税資165号324頁 ……………………………… *62,344,345*
最判昭和63年7月19日時報1290号156頁 …………………………………… *463*

平成元年～10年

最判平成元年2月7日訟月35巻6号1029頁 …………………………………… *243*
最大判平成元年3月8日民集43巻2号89頁 ……………………………………… *242*
横浜地判平成元年6月28日月報35巻11号2157頁 ……………………………… *170*
東京地判平成元年7月24日税資173号292頁 ………………………………… *588*
大阪地判平成2年12月20日税資181号1020頁 ………………………………… *588*
大阪地判平成3年5月7日時報1421号67頁 …………………………………… *463*
大阪高判平成3年12月19日行集42巻11＝12号1894頁 ………………………… *159*
東京地判平成4年3月10日訟月39巻1号139頁 ………………………………… *463*
東京地判平成4年3月11日時報1416号73頁 …………………………………… *722*
最判平成4年10月29日裁判集民事166号525頁 ……………………………… *535,544*
東京高判平成5年1月26日税資194号75頁 …………………………………… *722*
東京地判平成5年2月16日判夕845号240頁 ………………………………… *724*

東京高判平成5年3月15日行集44巻3号213頁	196
宮崎地判平成5年9月17日税資198号1080頁	167
最判平成5年11月25日民集47巻9号5278頁	533
東京高判平成5年12月21日税資199号1302頁	724
仙台地判平成6年8月29日訟月41巻12号3093頁	106
最決平成6年9月16日刑集48巻6号357頁	170
東京地判平成7年4月27日税資209号285頁	691, 692
東京地判平成7年6月30日月報42巻3号645頁	723
東京地判平成7年7月20日行集46巻6・7号701頁	722
東京地判平成7年12月13日行集46巻12号1143頁	722
最判平成7年12月19日民集49巻12号3121頁	167
新潟地判平成8年1月30日行集47巻1＝2号67頁	463
高松高判平成8年3月26日 LEX/DB 28020057	428
仙台高判平成8年4月12日税資216号44頁	106
最判平成8年11月22日税資221号456頁	106
国税不服審判所平成9年5月30日裁決裁決事例集53巻205頁	441
最判平9年8月25日判時1616号52頁	345
東京地判平成9年11月28日税資229号898頁	691
旭川地判平成10年4月21日民集60巻2号672頁	244, 266
東京地判平成10年5月13日時報1656号72頁	297, 311

平成11年～20年

東京地判平成11年3月30日税資241号556頁	588
東京高判平成11年6月21日高等裁判所民事判例集52巻1号26頁	297
東京高判平成11年6月21日判時1685号33頁	312, 663
東京高判平成11年11月11日税資245号261頁	295
札幌高判平成11年12月21日民集60巻2号713頁	244, 266
東京高判平成12年3月30日時報1715号3頁	216
東京高判平成12年9月26日税資248号829頁	196
国税不服審判所平成13年1月22日裁決裁決事例集61巻259頁	441
東京地判平成13年2月15日税資250号順号8836	691
東京地判平成13年3月2日民集58巻9号2666頁	550
国税不服審判所平成13年5月24日裁決裁決事例集61巻246頁	441
大阪高判平成13年7月26日訟月48巻10号2567頁	548
東京高判平成14年3月14日民集58巻9号2768頁	550
東京地判平成14年9月13日税資252号順号9189	591
新潟地判平成14年11月18日訟月53巻9号2703頁	442, 450
東京高判平成15年5月15日訟月53巻9号2715頁	442, 452
最決平成15年6月13日税資253号順号9367	297, 312, 663
東京地判平成15年7月16日 TAINSZ 888—0748	692
東京高判平成15年9月9日時報1834号28頁	591
名古屋高金沢支判平成15年11月26日税資253号順号9473	209

東京地判平成16年9月14日税資・第254号—238(順号9745) ……………… *428*
最判平成16年12月16日民集58巻9号2458号 ………………………… *225*
最判平成16年12月20日時報1889号42頁 …………………………… *225*
最判平成16年12月24日民集58巻9号2637頁 ………………………… *550*
さいたま地判平成17年1月12日税資255号順号9885 ………………… *664*
最判平成17年1月25日民集59巻1号64頁 ……………………… *513*,*516*,*519*
東京地判平成17年1月28日判タ1204号171頁 ………………………… *344*
最判平成17年2月1日時報1893号17頁 ……………………… *152*,*463*,*464*
最判平成17年2月1日民集59巻2号245頁 …………………………… *213*
東京地裁平成17年2月4日訟月52巻8号2610頁 ……………………… *638*
東京高判平成17年2月9日税資255号—49(順号9930) ……………… *428*
名古屋地判平成17年3月3日判タ1238号204頁 ……………………… *374*
最判平成17年3月10日判タ1179号171頁 …………………………… *225*
名古屋地判平成17年7月27日判タ1204号136頁 ……………………… *430*
名古屋高判平成17年9月8日税資255号順号10120 …………………… *374*
東京高判平成17年9月29日訟月52巻8号2602頁 ……………………… *638*
名古屋高判平成17年12月21日税資255号順号10249 ………………… *430*
京都地判平成18年2月10日税資256号順号10309 …………………… *638*
大阪高判平成18年2月23日LEX/DB 25450655 ……………………… *428*
最大判平成18年3月1日民集60巻2号587頁 ……………………… *244*,*282*
東京地判平成18年3月23日民集64巻2号453頁 ………………… *484*,*503*
最判平成18年4月20日時報1933号76頁 ……………………… *152*,*442*
さいたま地判平成18年5月24日税資第256号順号10403 ……………… *503*
東京高判平成18年6月15日LEX/DB 25450908 ……………………… *428*
最決平成18年6月30日税資256号順号10455 ………………………… *430*
東京高判平成18年9月14日訟月53巻9号2723頁 ……………………… *442*
最決平成18年10月3日税資256号順号10522 ………………………… *374*
大阪高判平成18年10月25日税資256号順号10553 …………………… *638*
長崎地判平成18年11月7日民集64巻5号1304頁 ……………………… *346*
東京地判平成18年11月21日税資256号順号10577 …………………… *503*
東京高判平成18年12月13日民集64巻2号487頁 ………………… *484*,*503*
東京高判平成19年1月25日税資257号順号10616 …………………… *503*
東京高判平成19年3月27日税資257号順号10671 …………………… *503*
東京地判平成19年5月23日訟月55巻2号267頁 ……………… *46*,*128*,*313*,*330*
福岡高判平成19年10月25日民集64巻5号1316頁 ……………………… *346*
東京高判平成20年1月23日判タ1283号119頁 ……………… *46*,*128*,*313*,*331*
福岡地判平成20年1月29日判時2003号43頁 …………………… *121*,*295*
東京地判平成20年2月15日時報2005号3頁 ………………………… *528*
大阪地判平成20年2月29日判タ1267号196頁 ………………………… *638*
千葉地判平成20年5月16日民集65巻6号2869頁 ………………… *268*,*295*
大阪高判平成20年9月10日税資258号順号11020 ………………… *638*,*639*
福岡高判平成20年10月21日時報2035号20頁 ………………………… *122*

判例索引　757

東京高判平成20年12月 4 日民集65巻 6 号2891頁 ……………………………………… *268,295*

平成21年～

福岡地判平成21年 1 月27日民集66巻 1 号30頁 ……………………………………… *465,482*
東京高判平成21年 2 月18日訟月56巻 5 号1644頁 ……………………………………… *528*
最決平成21年 7 月10日 TAINS Z888-1490 …………………………………………… *528*
福岡高判平成21年 7 月29日民集66巻 1 号64頁 ………………………………………… *465*
最判平成22年 3 月 2 日民集64巻 2 号420頁 …………………………………………… *61,484*
最判平成22年 7 月 6 日民集64巻 5 号1277頁 ………………………………………… *61,346,482*
最判平成22年 7 月16日集民234号263頁 ……………………………………………… *701,710,721*
最判平成23年 2 月18日時報2111号 3 頁 …………………………………………… *49,61,128,313*
東京地判平成23年 8 月 9 日時報2145号17頁 …………………………………………… *405*
最判平成23年 9 月22日民集65巻 6 号2756頁 …………………………………………… *268*
最判平成23年 9 月30日裁判所時報1540号 5 頁 ……………………………………… *122,295*
最判平成24年 1 月13日民集66巻 1 号 1 頁 ……………………………………………… *465*
東京高判平成24年 9 月19日時報2170号20頁 …………………………………………… *405*
東京地判平成24年12月13日税資262号順号12116 ……………………………………… *725*
岡山地判平成25年 3 月27日民集72巻 4 号336頁 ……………………………………… *504,527*
最判平成25年 7 月12日民集67巻 6 号1255頁 …………………………………………… *707*
広島高判岡山支部平成26年 1 月30日税資264号順号12402 …………………………… *504,527*
東京地判平成26年 5 月 9 日判タ1415号186頁 ………………………………………… *640*
東京高判平成27年 3 月25日時報2267号24頁 …………………………………………… *640*
東京地判平成27年 5 月21日税資265号順号12666 ……………………………………… *527*
東京地判平成27年 7 月16日民集71巻 2 号307頁 ………………………………………… *722*
最判平成27年10月 8 日判タ1419号72頁 ………………………………………………… *504*
東京地判平成27年12月 9 日 LEX/DB 25532320 ……………………………………… *526*
最決平成28年 2 月18日税資266号順号12802 …………………………………………… *640*
東京地判平成28年 7 月15日税資266号順号12882 ……………………………………… *693*
東京地判平成29年 1 月12日 LEX/DB 25538511 ……………………………………… *609*
広島地判平成29年 2 月 8 日決民集72巻 4 号353頁 …………………………………… *504*
最判平成29年 2 月28日民集71巻 2 号296頁 …………………………………………… *722*
東京地判平成29年 3 月 3 日 LEX/DB 25449011 ……………………………………… *722*
東京高判平成29年 7 月12日 LEX/DB 25549650 ……………………………………… *609*
最判平成30年 9 月25日民集72巻 4 号317頁 …………………………………………… *504*

著者略歴
増田英敏（ますだ　ひでとし）
1956年　茨城県に生まれる
現　在　専修大学法学部教授（大学院法学研究科長）、法学博士
　　　　（慶應義塾大学）、弁護士、租税法学会理事、租税法務学
　　　　会理事長、日本税法学会常務理事、㈶租税資料館評議
　　　　員、地方裁判所民事調停委員、元税理士試験委員

主要著作
『納税者の権利保護の法理』（成文堂、1997年）
『租税憲法学』（成文堂、2002年）
『紛争予防税法学』（TKC出版、2016年）
『租税行政と納税者の救済』（中央経済社、1997年）共編著
『租税実体法の解釈と適用Ⅱ』（中央経済社、2000年）共著
『はじめての租税法』（成文堂、2011年）編著
『基本原理から読み解く租税法入門』（成文堂、2014年）編著
『租税法の解釈と適用』（中央経済社、2016年）編著
『租税憲法学の展開』（成文堂、2018年）編著
その他論文多数。

リーガルマインド租税法〔第5版〕

2008年3月10日　　初　版第1刷発行
2009年10月20日　　第2版第1刷発行
2011年6月1日　　第3版第1刷発行
2013年5月1日　　第4版第1刷発行
2019年7月10日　　第5版第1刷発行
2025年3月25日　　第5版第3刷発行

著　者　増　田　英　敏

発行者　阿　部　成　一

〒169-0051　東京都新宿区西早稲田1-9-38
発行所　株式会社　成　文　堂
電話 03(3203)9201(代)　Fax (3203)9206
https://www.seibundoh.co.jp

製版・印刷　藤原印刷　　　　製本　弘伸製本
☆乱丁・落丁本はおとりかえいたします☆　検印省略
Ⓒ 2019, H. Masuda　　　Printed in Japan
ISBN 978-4-7923-0649-6　C3032

定価（本体4500円＋税）